SV

Christian Stetter
Schrift und Sprache

Abs. ⇒ 1.-2. Kl.

Suhrkamp

Die Deutsche Bibliothek – CIP-Einheitsaufnahme
Stetter, Christian:
Schrift und Sprache / Christian Stetter.
– 1. Aufl. – Frankfurt am Main : Suhrkamp, 1997
ISBN 3-518-58253-4

Erste Auflage 1997

Druck: Druckhaus Beltz, Hemsbach
Printed in Germany

Inhalt

Vorwort 9

EINLEITUNG

0. Wort und Zeichen 21

ALPHABET UND GRAMMATIK

1. Orthographie und Schriftsystem 47
   - Alphabet und Ideographie 47
   - Der orthographische Mythos 51
   - Phonematisches und morphematisches Prinzip 56
   - Digitalisierung der Schrift und Konventionalisierung des Alphabets 66
2. Phänomenologie der Grammatik 75
   - Kategorienfehler 84
   - Regel und Analogie 88
   - Das Sprachverfahren 92
   - Grammatische Kategorisierungen 100
   - Analogische Grammatik 105

SPRACHWISSENSCHAFT UND SCHRIFT

3. Zur Metaphysik linguistischer Gegenstände 117
   - Das *fait linguistique* bei Saussure 121
   - Linguistische Objekte und sprachliche Fluktuanz 126
   - Schrift und linguistische Erkenntnis 131
4. Die Arbitrarität des Zeichens: Sprachwissenschaft als fiktionales Handeln 141
   - *L'arbitraire du signe* bei Saussure 145
   - Sprachliche und logische Form 150
   - *L'arbitraire du signe* und das Sprachspiel des Linguisten 155
   - Der Verlust der Analogie 161
   - Metaphern: die Inszenierung linguistischer Fiktionalität 166

5. Grammatik und Geschmack 172
6. Saussure und Chomsky:
Sprachwissenschaft versus Kognitivismus 197
Saussure 201
I: Die notes der neunziger Jahre 205
II: Semiologie 208
III: Langue und parole 214
Chomsky 229
I: Paradigmenwechsel: die Wende zum Kognitivismus 233
II: Das erkenntnistheoretische Problem:
Universalgrammatik und Einzelsprache 241
III: Generative Grammatik und Schrift 259

Schrift und Formalität

7. Text und Textur 273
Knowing-how und Knowing-that des Schreibens 282
Sprechen, reden, schreiben 287
Illokution und Textur 293
8. Logik und Schrift: Die Ausprägung des Formalitätsprinzips in den platonischen Spätdialogen 299
Phaidros 305
Abschied von der Mündlichkeit 310
Formales Argumentieren: *Kratylos*, *Theaitetos*,
Sophistes 319
Parmenides: Schrift und Wissenschaft 331
Die Metaphysik des Urteilens 346
9. Rhetorik und Grammatik: Reden nach der Schrift 356
Die Rehabilitierung der Rhetorik 356
Der rhetorische Apparat 367
Inszenierte Oralität: die *arche* der Grammatik ... 376
Rhetorischer und logischer Gebrauch der Rede 382

Philosophie der Grammatik

10. Wilhelm von Humboldt: Grammatische Weltansichten 391
Transzendentale Grammatik 395
Grundlagen: Kant, Fichte, Herder 400
Das Paradigma: der Dualis 412

Sprache und Rede 415
Die Analogie: Prinzip der Orientierung 426
Humboldts Semiotik: Zeichen, Abbild, Wort 432
Vergleichendes Sprachstudium 437
›Langage‹ und ›langue‹: ergon und energeia 447
Materie und Form der Sprache 451
Wort 455
Lautsystem 462
Schrift 466
Redeverbindung 480
Nominalansicht und Pronominalansicht der Sprache 491
Die grammatische Form als Symbol 502
Transzendentale und symbolisierende Grammatik 508

11. Ludwig Wittgenstein:
Grammatik und Metapher 515
Noch einmal transzendentale Grammatik:
die logische Syntax der Begriffsschrift 522
Grammatik I: Primitive Sprachspiele 536
Grammatik II: Werkzeuge 555
Privatsprache 571
I: Regeln 571
II: ›wissen‹ und ›zu wissen glauben‹ 579
III: Zur Metaphysik des Namens 587
IV: Die Arbitrarität der Namen 596
V: Autonome Syntax: ein privatsprachliches Konzept 602
Die Grenzen des Griceschen Mechanismus:
Grammatische Sätze 606
Die Übermächtigkeit der Sprache 622
Grammatik und Metapher 632

Literatur 649
Personenregister 664
Sachregister 667

Vorwort

Wer dieses Buch ein Stückweit gelesen hat, wird im Titel einen Begriff vermissen: den der Grammatik. Daß ich ihn nach langem Zögern nicht darin aufgenommen habe, hat seinen Grund: Grammatik war nicht das originäre Thema dieser Untersuchungen, sondern in gewissem Sinn ein abgeleitetes, ihr Resultat. Sie hat sich sozusagen aufgedrängt, sich immer wieder in den Vordergrund gespielt, ließ sich bei dem Thema nicht vermeiden. In den beiden letzten Kapiteln, im Zusammenhang der Lektüre Humboldts und Wittgensteins, erhält sie dann auch den ihr angemessenen Ort zugewiesen. Die leitende Fragestellung, der ich nachgegangen bin, liegt tiefer. Es ging um das Verhältnis von Sprache und Schrift bzw. von Schrift und Sprache – was nicht dasselbe ist. In der Schriftdebatte der siebziger und achtziger Jahre war längst klar geworden, daß der Begriff der Repräsentation, mit dem man in der aristotelischen Tradition dieses Verhältnis zu fassen gesucht hat, es in keiner Weise zureichend begriff. Für meine Annäherungen an das Problem habe ich es provisorisch mit einem der französischen Politik entlehnten Begriff zu charakterisieren versucht: mit dem der Kohabitation.

Die Schrift ist wie die Sprache ein Produkt der Evolution, nicht ›willkürliche‹ menschliche Erfindung. Dies ist eines der unbezweifelbaren Resultate der Paläontologie. Leroi-Gourhans chef-d'œuvre, *Le geste et la parole*[1], ist daher eine der Arbeiten, denen ich eine Art Grundorientierung verdanke. Sie hat klargemacht, daß von dem Augenblick an, wo sich der Graphismus dem Phonismus vollständig untergeordnet hatte, wo mit anderen Worten die Schrift durch ihre Unterwerfung unter die Sprache den gleichen Grad an artikulatorischer Differenzierungsmächtigkeit erlangt hatte, sie in ein neues Verhältnis zu dieser tritt. Zwar bleibt die Sprache immer das »ältere« Medium, aber sie wird nun von dem jüngeren mehr und mehr durchformt, je länger ihre Kohabitation andauert.

Wie diese sich gestaltet, hängt vom Schrifttypus ab. Im Alphabet ist das Problem der Verschriftung des Gedankens auf andere

1 Dt. *Hand und Wort.* Frankfurt a. M. 1984.

Art gelöst als in der chinesischen Schrift. Diese ist, wenn man die Differenz auf einen Nenner bringen will, der Kohabitation mit einem einzigen Sprachtypus entwachsen, der zudem mit seinem Verzicht auf jede Morphologie ein singulärer Typus menschlicher Sprache ist. Das macht ihre Partikularität aus. Das Alphabet ist demgegenüber aus der Jahrtausende währenden immer neuen Assimilation der je erreichten Schrift an verschiedenartige Sprachen und Sprachtypen entstanden. Seine entscheidende Formung hat es durch die Anpassung einer semitischen Schrift an die ganz andersartige Morphologie einer indogermanischen Sprache erhalten, des Griechischen. Erst damit wurde die Unterscheidung von ›Vokalen‹, ›Sonanten‹, ›Konsonanten‹ usw. erzeugt – die uns heute gleichsam natürlich scheint – und damit die Silbengrenze kategorial unterschritten. Dieser Assimilationsprozeß hat dem Alphabet seinen einzigartigen Abstraktionsgrad verliehen.[2] Den so gewonnenen graphischen Formen war weder Anschauung noch Begriff mehr zuzuordnen. Das hat es allererst zu der universellen Schrift disponiert, die es dann faktisch geworden ist.

An diesem Punkt kommt die Grammatik ins Spiel. Sie verdankt sich der formalen Natur des Alphabets, ja sie *ist* nichts anderes als die Systematisierung einer Sprachauffassung, die mit der allmählichen Ausbildung der orthographischen Register ausgeprägt wurde. Erst die Differenzierung von Getrennt- und Zusammenschreibung erzeugt das ›Wort‹ als grammatische Kategorie, und mit dem ›Satz‹ verhält es sich entsprechend.[3] So hat sich eine besondere Vorstellung von Sprache gebildet – in den allermeisten Lebenszusammenhängen gehen wir ja keineswegs formal mit ihr um. Man sieht, welche Probleme sich ergeben müssen, wenn ein solch partikulares Sprach-Bild das Muster abgibt, das einer allgemeinen Theorie der Sprache zugrunde gelegt wird.

Dieses Verfahren charakterisiert die nach-saussuresche Linguistik. Bei Noam Chomsky geht die grammatische Tradition eine in der Tat einzigartig zu nennende Liaison ein mit einer radikalen

2 Einem ähnlichen Assimilations- und Abstraktionsprozeß verdankt sich i. ü. die koreanische Buchstabenschrift, deren Schriftkonventionen bis heute ihre Abkunft aus einer Silbenschrift bewahren.

3 Hier spätestens kommt der orthodoxe Einwand: Aber auch nicht verschriftete Sprachen »haben« doch Wörter und Sätze. Mit Kant wäre hier zu entgegnen: Was ist die Bedingung der *Möglichkeit* dafür, dies zu wissen?

Naturalisierung des formalen Sprachbildes. Sein Fall macht paradigmatisch klar, wie unverzichtbar eine Philosophie der Grammatik für ein zureichendes Verständnis von Sprache ist. In den dieses Buch abschließenden Kapiteln über das Sprachdenken Wilhelm von Humboldts und Ludwig Wittgensteins habe ich deshalb versucht, die Grenzen eines ›grammatischen‹ Sprachverständnisses auszuloten. Zumindest macht die Lektüre dieser beiden »Klassiker« der modernen Sprachphilosophie klar, wie diese Grenzen grundsätzlich gezogen sind. Was Grammatik ›ist‹, kann man nur von einem Sprachbild her verstehen, das sie umfaßt. Philosophisch läßt sich eine ›formale‹ Sprachauffassung je nur von einer nicht formalen her als solche begreifbar machen.

Daß die Grundvorstellungen unseres Grammatik-Bildes, zu dem wir, mit Wittgenstein zu sprechen, vom Beginn der Schulzeit an abgerichtet werden, sich der formalen Anlage des Alphabets verdankt, hoffe ich hinreichend verdeutlicht zu haben. Dies scheint mir eines der definitiven Resultate dieser Untersuchungen zu sein. Doch ist damit nur ein Teilresultat benannt, wenn auch ein gewichtiges. Eingebettet ist es in die umfassendere *These, daß das in der Idee von Grammatik sozusagen kondensierte Sprachbild nur ein Aspekt eines formalen Weltverständnisses ist, dessen Genese gleichfalls mit der Evolution des Alphabets zusammenhängt.*

Auf diese Grundthese des Buchs haben mich Erfahrungen nicht wissenschaftlicher oder philosophischer, sondern durchaus lebenspraktischer Art gebracht, die ich in Japan gemacht habe, ausgerüstet mit nicht mehr als den allerrudimentärsten Kenntnissen der japanischen Sprache und der japanischen Schrift. Gerade dieses Defizit war – mit Kant zu sprechen – Bedingung der Möglichkeit für eine einzigartige Erfahrung: sich nämlich als kognitiv offenbar nicht defekter, literarisch und philosophisch halbwegs gebildeter Mensch zunächst wie ein Analphabet in einer Umwelt zu bewegen, die voller Zeichen ist. Ich *wußte* natürlich von ihnen, daß sie lesbar sind, aber ich konnte sie nicht lesen. Den sozialen Druck, die Kompetenz zu erwerben, zumindest pragmatisch relevante Zeichen seiner Umwelt entziffern zu können, die in Japan oder in China ja in einer Fülle von den Häuserwänden prangen, gegen die Trafalgar-Square in London einer reformierten Kirche gleicht, diesen Druck erlebt ein Europäer eben nicht, solange er in

Europa bleibt. Die lebensrelevanten Zeichen wird er dort mit den Brocken Latein und Englisch, die er in der Schule gelernt hat, immer entziffern können. Sie sind ihm aufbereitet in einer Schrift, die er nicht nur gelernt hat wie vieles andere im Leben, sondern in die er hineingewachsen ist: im Alphabet.

In Japan hilft ihm dieses aber nur noch in Tokyo. Selbst in Yokohama sind die Namen der Bahn- und U-Bahn-Stationen nicht mehr alle in Romaji[4] dargestellt. Diese von Tokyo aus schon für kaum 10 DM zu machende Erfahrung zwingt ihm die Einsicht auf, daß das Alphabet keineswegs die einzige und schon gar nicht die universelle Form ist, das, was man mitteilen will und verstehen muß, in graphische Zeichen zu bringen. Phänomenal um einige Grade verstärkt wird diese Erfahrung, wenn man Chinesen erlebt, die sich in mündlicher Kommunikation in die Hand schreiben, um sich zu verständigen.

Ein weiteres mußte hinzukommen, um daraus ein Projekt zu machen, dem nachzugehen sich lohnte – etwas, das ich nur als Eindruck charakterisieren kann, den mit »harten« Fakten zu untermauern ich allerdings große Schwierigkeiten hätte. Die Textsorte Vorwort erlaubt es jedoch, solche Eindrücke zu Papier zu bringen. Sie zu schildern soll hier ja nicht mehr bezwecken, als die Genese meiner Fragestellung zu verdeutlichen: Es hat sich also bei mir – in vielen Begegnungen und Diskussionen mit japanischen wie chinesischen Kollegen ebenso wie beim Einkaufen im Supermarkt von Hiyoshi – der Eindruck befestigt, daß mit dem fremden Typ von Schriftzeichen ein andersartiger Typ von Denken einhergeht.

Dieser Eindruck mag natürlich täuschen, nicht mehr reflektieren als die zivilisatorischen Differenzen, denen man jenseits der heimischen Lebensform unablässig ausgesetzt ist. Ein Faktum ist indessen, daß sich im Kulturkreis der chinesischen Schrift weder eine formale Logik noch eine Grammatik in »unserem« westlichen Sinn ausgebildet hat. Ich habe mich über dieses Thema einen unvergeßlichen Nachmittag lang auf Französisch mit einem japanischen Mönch unterhalten, in einem kleinen Tempel am Fuß des Fujisan. Während ab und zu Pilger die vielen hundert Stufen hinaufgestiegen kamen, ihre Gebete sprachen und die Opfermünzen dem Ritus entsprechend in das dafür vorgesehene Behältnis

4 »ji« = »Zeichen«.

warfen, saßen wir zwei Meter weiter im Tempelinneren und erörterten unser Thema bei geweihtem Sake, den wir aus Pappbechern tranken und zu dem mein Gesprächspartner Schmelzkäseecken reichte. Solche »Grenzerfahrungen« mit einer ganz andersartigen Schriftkultur haben mich zu der Fragestellung gebracht, der ich in diesem Buch nachgegangen bin: *ob es nämlich zwischen formalem Denken und Alphabetschrift einen intrinsischen Zusammenhang gibt.* Die Antwort auf diese Frage habe ich bereits oben als These formuliert. Im Verlauf dieser Untersuchungen bin ich zu der Überzeugung gelangt, daß es diesen Zusammenhang gibt und daß er sich auf den verschiedensten Ebenen nachweisen läßt, wo immer es um die Korrelation von Sprache und Denken geht.

Ich bin dem Problem auf vier verschiedenen Ebenen nachgegangen, die auf den ersten Blick vielleicht disparat anmuten, die aber doch miteinander zu tun haben: Zunächst auf der Ebene unseres alltäglichen Umgangs mit der Schrift, und zwar dort, wo sie uns in formaler Gestalt begegnet, d. h. im Bereich von Orthographie und Grammatik. Dann auf der Ebene der Sprachwissenschaft, für die nach Saussure die Grammatik als Inbegriff eines formalen Sprachsystems mehr und mehr ins Zentrum gerückt ist, die sich jedoch, je formaler ihr Zuschnitt wird, desto mehr von der Schrift entfernt und die Grammatik im ›Sprecherbewußtsein‹ bzw. im »mind/brain« (Chomsky) ansiedelt. Drittens auf der Ebene der philosophischen Grundlagen unserer Tradition, sprich der platonisch-aristotelischen Metaphysik, die den formalen Apparat von Logik und Grammatik hervorbringt – und zwar ebenso mit Hilfe wie auf Kosten der Rhetorik, die selbst schon eine schriftlich durchformte *techne* gewesen ist. Schließlich auf der Ebene der neuzeitlichen Philosophie dort, wo sie das Thema selbst direkt anschneidet.

So ist eine Mischung zustande gekommen, die nur exotisch anmuten kann: Alltagsgrammatik, strukturale und generative Linguistik, Platon, die Rhetorik, Humboldt und Wittgenstein. Doch es gibt in dieser Mixtur nicht nur einen, es gibt faustdicke Zusammenhänge, und in denen spielt allerdings die Grammatik eine zentrale Rolle. Sie erweist sich als Kind, ja geradezu als legitimer Erbe des Alphabets. Es ist ganz sicher kein Zufall, daß sich im Kulturkreis der chinesischen Schrift weder Grammatik noch formale Logik entwickelt haben.

Man kann eine solche These natürlich nicht beweisen. Es handelt sich hier nicht um einen monokausalen Zusammenhang. Die Evolution des Alphabets ist eingebettet in den einzigartigen geographischen Raum der östlichen Mittelmeerwelt und der daran angrenzenden Regionen, und es entwickelt sich aus einer unübersehbaren Vielfalt soziokultureller, historischer, geographischer Formen. Man kann die These jedoch immerhin plausibel machen, und zwar nicht mit der Geschichte entnommenen, also empirischen Gründen, sondern mit intrinsischen, der Logik der Sache abgewonnenen Argumenten. Das hoffe ich wenigstens ansatzweise gezeigt zu haben, indem ich in einer Lektüre der einschlägigen Quellen versucht habe nachzuzeichnen, wie sich in der Kohabitation mit dem Alphabet ein besonderer Typus von Intellektualität herausgebildet hat, dessen Charakteristik mit dem Topos des *formalen* Denkens angedeutet ist. Aus diesem Grund spielt die Lektüre der »einschlägigen« Texte Platons und Aristoteles' eine so zentrale Rolle. Hier kann man der Genese formalen Denkens – Logik und Grammatik – aus dem Umgang mit der Schrift, die hier aus kontingenten Gründen eben das Alphabet war, nicht nur zuschauen, sie wird in diesen Texten auch als solche reflektiert – mehr noch: diese Texte sind *die* Dokumente schlechthin eines singulären historischen Moments, der ›formales‹ Denken erzeugte. Dies hat sich – auch für den Autor erstaunlich – darin bestätigt, daß die im Platon-Kapitel dargelegte Interpretation der dialektischen Übung des *Parmenides,* die auf den ersten Blick wohl auch dem gutwilligen Leser aus dem Ruder gelaufen scheint, sich im Nachhinein als das systematische Zentrum des ganzen Buchs entpuppt hat. Sie ist, anders gesagt, bei der Arbeit an diesem Buch mehr und mehr zu dessen Zentrum geworden. Ohne sie fehlte der Diskussion der von Saussure angerissenen Problematik der Identität des sprachlichen Zeichens ebenso das philosophische Fundament wie der Erörterung des humboldtschen Sprachbegriffs, der in der Entgegensetzung der Ideen von ›ergon‹ und ›energeia‹ ausgelegt ist, wie letztlich auch der Erörterung von Wittgensteins Begriff der Grammatik, der ja in dezidierter Opposition zur metaphysischen, sprich platonischen Tradition entfaltet worden ist.

Die ersten Kapitel versuchen Wege zu einer Alltagsphänomenologie unseres Umgangs mit Schrift zu bahnen, mit der Orthographie – die keineswegs die Verachtung verdient, mit der sie oft überzogen wird, da sie ja nicht weniger ist als die Weise unseres geregelten Umgangs mit dem Alphabet – und mit der Grammatik, die sich in dieser Perspektive als *die* Schlüsseltechnologie unserer Zivilisation erweist. Freilich legt dies auch ein Paradox frei: Gerade weil Grammatik so unabdingbar ist für jeden Eleven, ist sie so verpönt.

Die dem Abschnitt Sprachwissenschaft zugeordneten Kapitel gehen diesem Befund auf dem Niveau der von Saussure initiierten und – seit Ende der fünfziger Jahre – von Chomsky geprägten Linguistik nach. Ihre zentrale These lautet, daß die von Saussure ingeniös zusammengebrachte linguistische Axiomatik sich im wesentlichen Vorentscheidungen verdankt, die der Jahrtausende alte Umgang mit der Alphabetschrift erbracht hatte. So legitim Saussures Abspaltung der langue von der écriture immanent auch scheint – hier liegt der Grund für ein Abdriften der Sprachwissenschaft in eine Psychologisierung von Vorstellungen über Sprache, die ganz und gar der Schrift abgewonnen wurden. Deren aus dieser Perspektive nur paradox zu nennendes Resultat ist der Mentalismus der chomskyschen Linguistik.

Ich will die Provokanz nicht verleugnen, die die mentalistische bzw. kognitivistische Orientierung der Lingustik auf mich seit jeher ausgeübt hat – weil nämlich meine Idee von Sprache, seitdem ich angefangen habe, mich mit Sprachwissenschaft zu befassen, wesentlich durch die Lektüre zweier Autoren geprägt worden ist: die Lektüre Humboldts und – vielleicht entscheidender noch – durch die Wittgensteins. Bei diesem findet sich die wohl schärfste Gegenposition zum kognitivistischen Programm: in seinen Erörterungen des Privatsprachenproblems ebenso wie in denen des Namenproblems. Damit geht einher die Erneuerung einer anthropologisch geprägten Idee von Sprache auf dem Niveau der zeitgenössischen Philosophie, die sich schon in Herders Sprachursprungsschrift niedergelegt findet. So befremdlich es klingen mag: Herder und Wittgenstein sind in ihrer Sprachauffassung aufs engste miteinander verwandt – natürlich nicht philosophisch, da sind sie andersartige Wege gegangen. Der gemeinsame Nenner beider lautet – in verpönter platonischer Diktion: die Seinsweise *der* Sprache ist eine Mannigfaltigkeit verschiedenster Sprachspiele, deren Telos – so paradox dies klingt – in nichts anderem liegt als in dem Gebrauch, den die Menschen, die in sie eingebunden sind, von ihnen machen. In Chomskys Grammatik ist das Denken gefesselt, abhängig von einem syntaktischen Korsett, das ihm unveränderlich vorgegeben ist. Bei Herder wie bei Wittgenstein ist es dagegen als frei begriffen, eben weil Sprache sein Medium ist.

Wege zum Verständnis dieser Paradoxie, daß der Zweck des Sprachverfahrens in nichts anderem liegt als in ihm selbst, könnte Humboldt ebnen. Er begreift es im alten aristotelischen Sinne als *energeia.*[5] Zumindest habe ich versucht, in einer zugegebenermaßen unorthodoxen Lektüre der zentralen Texte Wilhelm von Humboldts solche Wege zu eröffnen. Wie kein anderer kämpft er, der in seinem Denkansatz bis zum Schluß geradezu orthodoxer Kantianer bleibt, mit dem im Transzendentalismus angelegten Konzept einer ›internen‹ Grammatik. Dabei findet er einen Weg, der Kants Programm im Kern aushebelt: Weltkonstitution ist für ihn eine Funktion der Sprachkompetenz. Doch so klar die Einsichten sind, die Humboldt seiner sozusagen »konkurrierenden« Lektüre Herders, Kants und Fichtes abgewinnt – sie geben eine geradezu atemberaubende Ansicht auf den ästhetischen wie logischen Gebrauch der Sprache –, das Problem der Grammatik bleibt bei ihm eigentümlich ambivalent. Es zeigt sich hier aber auch, wie sehr es an das Problem der Schrift gebunden ist. Über diesen Denkansatz grundsätzlich hinausgehende Möglichkeiten hat wohl erst Wittgenstein eröffnet. – Dies mag genügen, um anzudeuten, weshalb gerade diese beiden Autoren hier so extensiv zu Wort gekommen sind.

Entstanden ist dieses Buch aus zunächst einzelnen Studien, deren erste – Kapitel 2 – 1990 in Japan geschrieben worden ist. Andere – die Kapitel 1 und 7 –, sind zunächst unabhängig von der Idee einer Buchpublikation entstanden.[6] Doch hat sich schnell der interne Zusammenhang gezeigt, unter dem schon sie konzipiert wurden, und die weiteren Kapitel sind dann dazugekommen – wie es die Koordination mit den laufenden Lehrverpflichtungen eben erlaubte. So sind mir viele Brüche im Detail erst bewußt geworden, als ich begonnen habe, aus dem disparaten Material *ein* Buch zu

5 Vgl. *Nikomachische Ethik* VI 4 f.

6 Alle Kapitel sind allerdings für die Buchpublikation mehr oder weniger stark überarbeitet worden.

machen. Ich hoffe, daß es trotz seiner Disparatheiten doch eines geworden ist.

Zum Schluß ist der schuldige Dank abzutragen: Zuerst an die japanischen Kollegen, die mir einen Forschungsaufenthalt an der Keio-Universität in Tokyo ermöglichten, ohne den dieses Buch – ich habe es versucht anzudeuten – mangels Erfahrung nie auf den Weg gekommen wäre.

Er gilt zweitens den Freunden des Aachener Platon-Kolloquiums, insbesondere Matthias Gatzemeier, Dieter Wandschneider und Susanne Pauß. Ohne die vielen Diskussionen mit ihnen bei unserem allwöchentlichen gemeinsamen Platon-Kolloquium wären die Platon- und Aristotelesinterpretationen der Kapitel 8 und 9 nicht zustande gekommen. Namentlich gilt dies für die Interpretation der dialektischen Übung des *Parmenides*. Sie kann sozusagen als Protokoll unserer zweisemestrigen Lektüre gelten, bei der wir versucht haben, uns diesen hermetischen Schlüsseltext unserer Tradition zu entschlüsseln. Der verantwortliche »Protokollant« bleibe natürlich ich.

Danken möchte ich auch Albert Bremerich-Vos, Ludwig Jäger, den Mitarbeiterinnen des Lehrstuhls für Deutsche Philologie der RWTH Aachen und den Studierenden meiner Lehrveranstaltungen, mit denen ich in diesem Buch diskutierte Probleme immer wieder erörtert habe.

Darüber hinaus habe ich viele Anregungen erfahren, die ich hier nicht alle benennen kann. Manchmal ist zum Schluß nicht immer mehr zu unterscheiden, wer was zuerst gesehen hat. Dies geht mir namentlich so mit Hans Julius Schneider, dessen Buch *Phantasie und Kalkül* meine eigenen Überlegungen, zumal die Wittgenstein-Lektüre, in viel stärkerer Weise beeinflußt hat, als dies in den Anmerkungen zum Text zum Ausdruck gekommen wäre. Wir kennen uns lange und gehen – wie wir irgendwann gemerkt haben – ähnliche Wege. Mir bleibt daher eigentlich nur dieser Weg anzuerkennen, was ich von ihm »habe«.

Einen besonderen Dank muß und möchte ich Hubert Ivo sagen. Er hat die Mehrzahl der Kapitel dieses Buchs mit einer Anteilnahme und Aufmerksamkeit bis in die Details hinein gelesen, die man selten findet. Selbst wo ein guter Schuß Narzismus dabei ist, sich an ein derartiges Projekt zu machen, tut eine solch solidarische wie kritische Anteilnahme nicht nur gut, sie hilft.

Last not least möchte ich der Fritz-Thyssen-Stiftung und der Werner-Reimers-Stiftung danken, die das Forschungsprojekt »Philosophische Grundlagen der Schrifttheorie«, aus dem dieses Buch entstanden ist, großzügig unterstützt haben.

Aachen, im März 1996.

Einleitung

0. Wort und Zeichen

Zeichen gibt man, Worte äußert man. Dies scheint auf den ersten Blick nicht mehr zu besagen, als daß Worte von innen kommen, während Zeichen von vornherein uns äußerliche Phänomene sind. Doch geht man unserem alltäglichen Sprachgebrauch nach, so zeigen sich in der Verwendungsweise der Wörter »Wort« und »Zeichen« eine Fülle von analogen Unterschieden, die auf eine kategoriale Differenz hindeuten. Wort und Zeichen gehören verschiedenen Ordnungen an. Zeichen kann man malen, erkennen, entziffern oder verabreden – alles Handlungen, die man mit Worten kaum oder gar nicht vollziehen würde. Worte dagegen sagt man, man kann sie aussprechen und vernehmen. Worte können anrühren, treffen, verletzen, sie können aufrichtig oder gelogen, liebevoll oder haßerfüllt sein. Nichts davon würde man im Deutschen von Zeichen sagen.

Freilich gibt es Zwischenbereiche. Zeichen wie Worte kann man verstehen, sie deuten, sie identifizieren, und Wörter kann man auch entziffern, erkennen oder malen, nicht allerdings Worte. Eines würden wir indessen auch nie von Wörtern behaupten: daß wir sie verabreden könnten. Als Zeichen ja, als Wörter jedoch nicht. So scheint kein Zweifel daran möglich, daß wir uns in »normaler«, alltäglicher Rede unterschiedliche Begriffe von Wort und Zeichen machen. Dies scheint auch in anderen Sprachen als dem Deutschen so zu sein: »... words are not signs ...«, erklärt Paul Grice lapidar in seinem einflußreichen Artikel »Meaning«, und zwar eben dort, wo es ihm darum geht zu klären, was unter der Bedeutung des Wortes zu verstehen ist.[1]

In der modernen Sprachwissenschaft und Semiotik hat sich demgegenüber die Vorstellung durchgesetzt, Wörter und andere sprachliche Ausdrücke grundsätzlich als Zeichen zu betrachten. Dies war keineswegs immer so. Ausdrücklich grenzt Wilhelm von Humboldt das Wort gegen Zeichen und Symbol als Kategorie sui generis ab, da es, »seiner innersten Natur nach, von beiden verschieden« sei.[2] Wohl zum ersten Mal in der neueren Philosophie

1 Phil. Review 66, 1957, S. 379. Vgl. auch Ong 1987, S. 78 ff.
2 *Grundzüge des allgemeinen Sprachtypus*, GS V, S. 427 ff.

wird hier explizit bedacht, daß Wort und Begriff nicht zu trennen sind wie Zeichen und Bezeichnetes. Unabhängig vom Wort – diese Überzeugung teilt Humboldt mit Saussure oder Wittgenstein – haben wir keinen Zugang und somit schlechterdings keine Vorstellung von dem Begriff, den zu denken es »anregt«. Die zweite Opposition, gegen die Humboldt die spezifische Natur des Wortes abhebt, ist das Symbol, eine zentrale Kategorie der Genieästhetik. Mit ihm teile das Wort die Eigenschaft, der Einbildungskraft durch eine sinnliche Form Anlaß zu geben, sich viel bei ihr zu denken.[3] Doch unterscheide es sich auch von ihm grundsätzlich. Das Symbol verlange eine eigene »Naturform«, die für sich, ohne Rücksicht auf die symbolisierte Idee müsse betrachtet werden können. »Der Laut im Wort ... ist hingegen«, so das grundlegende Argument, dessen Stellenwert dem Arbitraritätsprinzip im Denken Saussures vergleichbar ist, »nichts ohne Beziehung auf den Begriff, da er ausschliesslich die Bestimmung hat, diesen gestaltet hervorzurufen.«[4]

Spätestens gegen Ende des 19. Jahrhunderts sind der Linguistik diese im Kontext der Kantischen Ästhetik getroffenen Unterscheidungen verlorengegangen. Das Wort ist zum puren Laut degeneriert, dessen Eigenschaften man zu erfassen versucht wie die anderer Phänomene der äußeren Welt. Die Junggrammatiker orientieren ihren Begriff von Sprachwissenschaft am Vorbild der erfolgreichen Naturwissenschaften. Leitend für ihr Wissenschaftsverständnis wird der Begriff des Lautgesetzes.[5] In ihm sehen sie die Möglichkeit, die große Leistung der vergleichenden Indogermanistik systematisch zu fundieren, aus der sie selbst ja hervorge-

3 Vgl. *Latium und Hellas*, WW II, S. 62 f.

4 *Grundzüge*, GS V, S. 429.

5 Im sogenannten Vernerschen Gesetz, formuliert von dem dänischen Linguisten Verner, glaubte man ein solches ›Gesetz‹ gefunden zu haben. Es beschreibt den – wie wir heute sagen würden – regelmäßigen Zusammenhang zwischen dem Wechsel einer phonematischen Qualität und der Verlagerung des Wortakzents. Damit schien gesichert, daß der Begriff des Lautgesetzes nicht leer war. Freilich galten auch schon für dieses »Gesetz« all die Einwände, die später gegen das Konzept geltend gemacht wurden. Insbesondere galt es nicht universell, sondern nur für bestimmte Sprachen innerhalb bestimmter Zeiträume, und zweitens und vor allem ließen sich Lautgesetze nicht experimentell überprüfen und folglich auch nicht in technisches Wissen umsetzen. Vgl. Verner 1877 und Cassirer 1964, Bd. 1, S. 113 ff.

gangen waren. Diese hatte den Zusammenhang *der* ›indoeuropäischen‹ Sprachen, z. B. des Griechischen und Lateinischen, mit den modernen romanischen, germanischen und slawischen Sprachen gezeigt und somit dem Begriff des Sprachtypus empirische Evidenz verliehen. Auch wenn die Ursachen des Sprachwandels im dunkeln lagen, den Rask und Jacob Grimm in der sogenannten ersten und zweiten Lautverschiebung beschrieben hatten[6], so sollte doch zumindest deren Form vom Begriff des Naturgesetzes her zu denken und entsprechend zu beschreiben sein. Damit aber war der wissenschaftliche Begriff von Sprache auf den Inbegriff determinierter Lautwandelphänomene eingeschränkt. Die Erforschung semantischer »Inhalte«, der mit Worten verbundenen Begriffe, Bedeutungen, Konnotationen wurde der Psychologie zugewiesen. Diese ist dem Verständnis der Junggrammatiker zufolge für Inneres zuständig, die Sprachwissenschaft für sprachliche Phänomene nur, soweit sie äußerliche sind.

In bewußter, nicht selten bis zu polemischer Schärfe getriebener Wendung gegen diese naturalistische Reduktion des linguistischen Objekts begreift Ferdinand de Saussure dieses, die sprachliche Tatsache, als Verbund zweier Ordnungen. Er versucht, Laut und Bedeutung wieder zusammenzubringen:

»S'il est une vérité *a priori*, et ne demandant rien d'autre que le bon sens pour s'établir, c'est que s'il y a des réalités psychologiques, et s'il y a des réalités phonologiques, aucune des deux séries séparées ne serait capable de donner un instant naissance au moindre fait linguistique. – Pourqu'il y ait fait linguistique, il faut l'union des deux séries …«[7]

Saussure fügt hinzu, daß diese Einheit zweier Ordnungen von besonderer Art sei. Auch wo wir den Laut und seine Bedeutung begrifflich unterschieden, bildeten sie doch eine *unzertrennbare* Einheit. Doch gewinnt er damit das fait linguistique aus einer Paradoxie. Was synthetische Einheit sein soll, als solche unteilbar,

6 Unter dem Begriff der ›1. Lautverschiebung‹ sind bestimmte systematische Differenzen im Konsonantismus des Germanischen – repräsentiert insbesondere durch das Gotische – und »älterer« indoeuropäischer Sprachen – Sanskrit, Altgriechisch, Latein usw. – zusammengefaßt, unter dem Begriff der ›2. Lautverschiebung‹ entsprechende Differenzen zwischen dem Althochdeutschen – etwa ab dem 8./9. Jahrhundert – und älteren germanischen Sprachen.

7 N 15, [3310.6], EC fasc. 4, S. 36.

kann nicht anders denn als Ganzes gefaßt werden, dessen Teile wohlunterscheidbar scheinen. Erst insofern, auf Kosten eines kaschierten Widerspruchs, wird der Sprachwissenschaft des 20. Jahrhunderts ihr Objekt als *signe linguistique* vorgegeben. Die Disziplin konstituiert sich im Rahmen der Distinktion von *signifiant* und *signifié*. In der Topographie der Rede über Bedeutung wird das Wort dem Zeichen untergeordnet.

Paralleles vollzieht sich in der Semiotik. Durchaus begreift Peirce in der sprachlichen Darstellung von Welt den ausgezeichneten Modus, auf dessen Ebene allererst ›symbolische‹ Repräsentation in seinem Sinne möglich wird: eine Darstellung von etwas, die regelgeleitet und somit logischer Kritik zugänglich ist. Im Wahrnehmungsurteil werden die von sinnlicher Wahrnehmung erfaßten und aufbereiteten Qualitäten zu einer Einheit synthetisiert, in der sie aufhören, Stoff, d. h. Natur zu sein. In sprachlicher Repräsentation werden sie denkbar – logischer Stoff, der nunmehr symbolisch durchformt wird. Die kantische Opposition von Phänomen und Noumenon wird transformiert in ein Kontinuum von einander interpretierenden Zeichen, dessen Anfang und Ende sich im Unendlichen verlieren und wo irgendwo menschliche Wahrnehmung einsetzt, die sich in Handeln und Sprache verlängert. Doch wird damit der sprachliche Modus der *Repräsentation* in der Perspektive eines Denkens, das Welt insgesamt als Kontinuum von Interpretationsprozessen begreift, zugunsten eines holistischen Verständnisses von Interpretation zu einem besonderen Modus in der allgemeinen Sphäre von Zeicheninterpretation zurückgestuft.[8] Die Syntax des Wortes wird zu einem Beispiel für die das Zeichen schlechthin charakterisierende Interpretantenrelation. Bedeutung gewinnt das Zeichen dadurch, daß es sich an ein folgendes, es interpretierendes wendet, und so auch das Wort. Selbst der Mensch, bisher in der Philosophie stets als Subjekt gedacht, wird hierüber zum Zeichen, und seine Beherrschung des Wortes, die ihn für Herder oder Humboldt allererst zum Subjekt machte, erweist sich als Illusion. Der Mensch meint, er sei es, der seinen Worten Bedeutung verleihe. Aber Peirce kehrt die Perspektive um:

»... since man can think only by means of words or other external symbols, these might turn round and say: ›You mean nothing which we

8 Vgl. *Collected Papers* 2.227 ff. und 5.115 ff., dazu Stetter 1983.

have not taught you, and then only so far as you address some word as the interpretant of your thought.‹«[9]

Zweifellos beleuchtet dieser Perspektivwechsel das Verhältnis von Mensch und Sprache in bedenkenswerter Weise. Doch fällt der Generalisierung dieser Perspektive zum Opfer, daß dies doch in Analogie zu dem Begriff von Sprache gedacht war, den wir uns aufgrund unserer Sprachbeherrschung machen. Die Figur des Interpretanten ist dem Beispiel des Interpreten abgeschaut, nicht umgekehrt. Und der übersetzt aus einer Sprache in die andere.

In die Gegenwartsphilosophie hat sich die semiotische Nivellierung des Wortes aus verschiedenen Gründen übertragen. Im Ansatz der Interpretationsphilosophie liegt es gleichsam konstitutiv, Wörter wie Worte als Zeichen zu betrachten. Wenn man im Anschluß an Kant oder Nietzsche jedes Bilden und Anwenden von Gestalten, jeden Zugriff auf ein Anderes schon als interpretative Praxis begreift, dann muß sich die kategoriale Differenz von Wort und Zeichen auf eine von Unterarten minimieren, und so werden dort die Ausdrücke »Wort« und »Zeichen« fast synonym verwendet.[10] Andererseits hat die Philosophie des Zeichens es sich geradezu zum kritischen Programm gemacht, Worte als Zeichen zu betrachten, um in diesem Aspekt etwas reflexiv erfassen zu können, das von der metaphysischen Tradition im philosophischen Denken, auch in dem über Sprache, stets ausgegrenzt worden war. Es geht ihr um die Zeitlichkeit eines »etwas« Bedeutenden, das in solcher Hinsicht gerade für nichts anderes mehr steht, sondern in dieser Individualität für sich selbst an ein anderes Denken appelliert.[11] Doch wenn man das Wort *als* Zeichen betrachtet, so setzt dies ein deutlich unterschiedenes Verständnis der hier unter den Wörtern »Wort« und »Zeichen« zu denkenden Begriffe voraus. Selbst wenn wir diese Wörter als Zeichen nehmen wollen, so führt doch kein Weg daran vorbei, daß sie als solche im besonderen Zeichen- oder Symbolsystem der *Sprache,* und zudem einer je besonderen – hier der deutschen – unterschieden sind. Was in Philosophie und Wissenschaft zu einer Hierarchie geraten ist, weil man – Aristoteles wie Saussure – Begriffe brauchte, um Wörter in einer bestimmten Perspektive als etwas, als *symbolon* oder als

9 *Collected Papers* 5.313.
10 Vgl. Abel 1993, S. 58 ff. und Lenk 1993, S. 213 ff.
11 Vgl. Simon 1989, S. 6 ff.

signe linguistique zu fassen, um nämlich formale Logik oder Linguistik betreiben zu können – dies findet sich in den Sprachen zunächst als so oder so austariertes Nebeneinander von Worten. Wenn Aristoteles die gesprochenen und geschriebenen Wörter als *symbola*[12] bezeichnet, so faßt er sie damit unter einer Kategorie zusammen, welche sie als Eines, nämlich als Form, dem von dieser unter dem Aspekt der Bedeutung Durchformten gegenüberstellt. So geraten ihm das gesprochene und das geschriebene Wort zu Arten des Symbols. Doch im nichtterminologischen Gebrauch der griechischen Sprache auch bei Aristoteles bedeutete »symbolon« keineswegs etwas Allgemeineres als »onoma«, sondern einfach etwas anderes. Und in dem von Saussure gesprochenen Französisch verhielt es sich mit den Wörtern »mot« und »signe« genauso. Von daher verfügen wir somit keineswegs über einen allgemeinen Begriff vom oder von Zeichen, dessen Extension grundsätzlich das umfassen würde, was wir in welchem Sinn auch immer »Sprache« nennen – es sei denn, man *definiert* das Wort »Zeichen« so, wie es in Linguistik und Logik geschieht. Faktisch ist unsere Vorstellung von Zeichen je an bestimmte, historisch ausweisbare Sprachspiele gebunden. Ein Blick auf das Chinesische genügt, um zu verdeutlichen, daß sich – aufgrund des Prinzips der chinesischen Schrift – in dessen semantischem System das Verhältnis von Zeichen und Wort ganz anders ausnimmt als im Bereich der Alphabetschrift. Mit Wörtern wie »symbolon«, »signum«, »sign«, »Zeichen« verbinden wir in unserer Tradition Begriffe wie »x steht für y«, »x repräsentiert (interpretiert, stellt dar, ...) y« o. ä. Im Chinesischen aber steht nicht das Zeichen 中 für das chinesische Wort »zhong« (»Mitte«), es *ist* dieses Wort. Außerhalb des Zeichens hat es keine Identität. Zudem ist es – ganz gleich, ob man diesem Argument folgt oder es bestreitet – völlig irrelevant, ob Sprache hierin als Zeichen-, ob als Symbolsystem

12 Aus Gründen der Lesbarkeit zitiere ich – mit Ausnahme des Platon-Kapitels, wo aus philologischen Gründen der griechische Text gelegentlich im Original betrachtet werden muß – griechische Ausdrücke in lateinischer Umschrift, wobei notgedrungen der ganze Apparat an Akzentbezeichnungen etc. verloren geht, sodaß den Griechischkundigen diese Transkription oft irritieren muß. Da, wo es aufs Detail ankommt, stets auch die betreffende Textstelle zitiert ist, bitte ich diesen, dies zugunsten des Lesers hinzunehmen, der das Griechische nicht beherrscht.

oder einfach nur als Sprache bezeichnet wird. Das letztere *genügt*, um antworten zu können. Wir müssen in der Sprache, in unserem Gebrauch von Worten übereinstimmen, um über Zeichen diskutieren zu können, nicht im Gebrauch von Zeichen, um uns über Sprache zu verständigen. Das wäre ganz unmöglich. Worte sind uns auf essentielle Weise näher als Zeichen.

Im Verhältnis von Wort und Zeichen ist – die skizzierte Konstellation deutet es an – ein für unser Verständnis von Erkennen und Handeln grundlegendes Problem impliziert, dem die folgenden Untersuchungen nachgehen wollen, um Voraussetzungen eines Umgangs mit Sprache freizulegen, der zur Formierung von Denk- und Handlungsweisen geführt hat, die sich an einer mehr oder weniger prägnanten Idee des Formalen orientieren. Paradigmatisch steht für sie heute eine Linguistik, die sich mehr und mehr auf einen bestimmten Begriff von Grammatik kapriziert, in dem erneut signifiant und signifié auseinandergedriftet sind. In ihm scheint die Essenz von Sprache gefunden, sodaß darüber – paradoxerweise – die Sprache selbst mehr und mehr aus dem Blick gerät. Dies hat intrinsisch mit dem Problem der Schrift zu tun.

Ein erster Hinweis darauf ist der Unterscheidung von Worten und Wörtern zu entnehmen, die es im Deutschen gibt. Für den Plural »Wörter« findet sich in Englisch-Wörterbüchern das Äquivalent »unconnected words«. Wörter erhält man, wenn man mit Worten auf spezifische Weise umgeht, etwa, indem man sie buchstabiert. Wörter, nicht Worte konjugiert oder dekliniert man, schreibt sie groß oder klein, getrennt oder zusammen, ordnet sie alphabetisch in einem Wörterbuch an. Das geschriebene Wort unterscheidet sich nicht so sehr durch die Art seiner Erscheinung vom gesprochenen, sondern offenbar wesentlich durch die Art der Handlungen, die wir an und mit ihm vollziehen und nicht vollziehen können. Daß dies etwas mit dem Verhältnis von Wort und Zeichen zu tun hat, darauf deutet schon die Sprachregel hin – Wittgenstein hätte sie einen ›grammatischen Satz‹ genannt –, daß man nur Wörter vorsprechen kann, nicht Worte. Im Vorsprechen nimmt man das Wort nicht als Wort, sondern als Gestalt.

Den grundlegenden phänomenalen Unterschied zwischen gesprochenem und geschriebenem Wort hat man häufig beschrieben: Das gesprochene ist flüchtig, mit dem Aussprechen als Erscheinung verschwunden, und spricht das Ohr an; das geschriebene spricht das Auge an und ist dauerhaft, bleibt als Gestalt über die Situation des Geschrieben- oder Gedrucktwerdens hinaus erhalten. Die Konsequenzen dieses Unterschieds hat man insbesondere verfolgt, um die Spezifik unseres Umgangs mit Geschriebenem und damit die Bedeutung der Schrift als eines besonderen Mediums der Artikulation von Gedanken besser zu verstehen.[13] Doch läßt sich die Phänomenologie solcher Differenzen auch auf seiten des gesprochenen Wortes vertiefen:

Spricht man von geschriebenen Worten, so meint man damit in der Regel Sätze, jedenfalls Ausdrücke, die wir als Sinnäußerungen, als Illokutionen im Sinne Austins verstehen. Mit ihnen meinen wir jemandem gegenüber etwas Bestimmtes. Um dies zu realisieren, müssen wir bestimmte Wörter in bestimmter Reihenfolge schreiben. Von gesprochenen Wörtern reden heißt dagegen grundsätzlich, sie als nichttextuelle Elemente zu fassen. Diese Redeweise ist besonderen Situationen wie Vorsprechen, Ablesen einer Wörterliste o. ä. vorbehalten. Das gesprochene Wort scheint damit *per se* Sinneinheit zu sein. Die Flüchtigkeit des Lauts, seine Nichtpräsenz dem Ohr gegenüber – im Gegensatz zur Präsenz des geschriebenen gegenüber dem Auge – begünstigt den Umstand, daß es *als* Laut in der Regel gar nicht wahrgenommen wird, gerade indem es als artikulierter Laut verstanden wird. Erst in besonderen Situationen, etwa in einem fremdsprachlichen Erlebenskontext, nehmen wir den Laut der eigenen Sprache als solchen wahr, der uns gegenüber den Lauten der fremden Sprache in besonderer Weise berührt. So ist der Laut das ideale Substrat für ein sich Verständigen, dessen Paradoxie schon von Platon diskutiert wird, insofern es konstitutiv mit dem *legein,* dem Sagend-etwas-meinen, verbunden scheint. Zwar wird das Gemeinte diskursiv gesagt, aber nichtdiskursiv, nämlich als Ganzes, gemeint und verstanden.[14] Man kann etwas Geschriebenes teilweise entziffern und für das Entzifferte eine hypothetische Interpretation entwickeln. Gesagtes jedoch kann man nicht teilweise verstehen. Zwar muß das Gemeinte und Verstandene gesagt werden, sonst würde es weder für den Sprecher noch für den Hörer deutlich bzw. verständlich, doch als gemeintes wie verstandenes bleibt das gesagte Wort innerlich, bleibt, ohne einen Raum einzunehmen,

13 Vgl. etwa Ong 1987.

14 Vgl. *Theaitetos* 202 d ff.

Teil der noumenalen Welt – Wort der Seele, so wie Herder es beschrieben hat.[15]

In diesem Sinne ist es wohl auch zu verstehen, wenn Austin davon spricht, daß wir, wenn wir über etwas Bestimmtes reden, also eine Lokution äußern, damit in der Regel *eo ipso* eine Illokution vollziehen[16], eine bestimmte Handlung, etwa jemanden grüßen, nach etwas fragen, unsere Freude zum Ausdruck bringen oder unserem Ärger Luft machen. Orale Kommunikation ist konstitutiv daran gebunden, daß Sprecher und Hörer sich in ihr zugleich mit dem Gesagten über die Gelingensbedingungen dieses Handelns verständigen. Mit dem Vernehmen des Gesagten verstehen sie zugleich, uno actu, ob sie getroffen oder verfehlt wurden.

Hierin scheint der legitime, philosophisch fundamentale Sinn des Griceschen Bedeutungsmodells zu liegen, welches das, was der Sprecher mit einer Äußerung meint, in eine Folge rückgekoppelter Teilintentionen auflöst.[17] Nach Grice versteht der Hörer, was der Sprecher mit einer Äußerung meint, wenn er erstens versteht, was dieser ihm sagen will, und zweitens, in welcher Absicht ihm dies gesagt wird.[18] Das Modell läßt alle möglichen Komplikationen zu: Jemand kann dem Partner etwas als herbe Kränkung mitteilen und zugleich durch Wortwahl oder andere Mittel noch signalieren, daß er hofft oder darauf rechnet, daß der andere diese Kränkung als aus einem bestimmten Grund resultierende doch »irgendwie« noch versteht und so die Intention des Kränkens seinerseits begreift als Teilaspekt eines umfassenderen Verständigungshandelns. Dieser Rückkoppelungsprozeß ist – Strawson hat darauf hingewiesen[19] – prinzipiell offen. Der Sprecher kann seine Worte falsch wählen, der Hörer die gesamte Äußerung oder

15 Vgl. Herder [1978 a], S. 31 ff.
16 Vgl. Austin 1975, S. 98.
17 Vgl. Grice 1957 [1979].
18 In verallgemeinerter Form:
(1) S intendiert, daß der Hörer weiß (glaubt, realisiert), daß p
und
(2) S intendiert, daß der Hörer weiß (glaubt, realisiert), daß (1)
und
...
(n) S intendiert, daß der Hörer weiß (glaubt, realisiert), daß (n-1).
Vgl. Grice 1957 [1979], dazu Black 1979.
19 Vgl. Strawson 1964.

Teilaspekte von ihr mißverstehen, doch stets kann der Verständigungsprozeß so lange fortgeführt werden, wie die Rückkopplung offengehalten, Raum zugestanden wird dafür, die weniger gelungene Formulierung durch eine andere zu ersetzen. Eben deswegen ist es ein Modell oraler Kommunikation. Zum ersten bleibt das Gesagte nicht präsent, sondern gesagt ist es auch schon verschwunden, um Raum zu geben für das folgende. Deshalb kommt es hierbei, zweitens, nicht auf das Wort an, sondern auf die Verständigung. Wählt jemand seine Worte gezielt, kalkuliert er deren Effekt, so ist die für Verständigung wesentliche Offenheit per se aufgekündigt. *Hiermit nenne ich Sie einen Lügner* nimmt man keinem Muttersprachler des Deutschen als spontane Beleidigung oder Kränkung ab.

Solche Verständigung hat daher nur einen temporalen Modus, den des Präsens. Ein Präteritum kennt sie nicht. Was gesagt worden war, muß, soll es der Verständigung dienen, in die aktuelle Redesituation zurückgeholt werden. Ob dies akzeptiert wird, muß hic et nunc entschieden werden – ganz gleichgültig, ob es früher einmal akzeptiert worden war oder nicht. Das Gesagte kann nur verstanden werden als das jetzt Gemeinte.

Was »sich verständigen« hier jeweils heißt, muß daher offen bleiben, kann bestenfalls negativ gefaßt werden darin, daß die Folge mitgeteilter oder verstandener Intentionen de facto irgendwo abbricht. Daß man sich verständigt hat, zeigt sich darin, ja ist geradezu äquivalent damit, daß ein Bedürfnis nach weiterer Verdeutlichung des Gemeinten weder vom Sprecher noch vom Hörer geltend gemacht wird.[20]

Wir verständigen uns mit Worten. Genauer gesprochen müßte man sagen: in ihnen, denn wir verwenden sie, wo es um die Sache

20 Universelle Gültigkeit kann – wenn überhaupt – Grices Modell nur in diesem negativen Sinn zugebilligt werden. Black hat gezeigt, daß Grices spätere Versuche, notwendige und hinreichende Bedingungen für das zu formulieren, was man mit dem Ausdruck »etwas meinen$_{nn}$« (= etwas nichtnatürlich meinen) meint, zu einem infiniten Progreß führen (vgl. Black 1979, S. 80 f.). Und Grices Theorie konversationeller Implikaturen (vgl. Grice 1975 [1979]) beschreibt ersichtlich ein besonderes Rationalitätsmodell. »Be relevant« ist plausibel als Maxime für einen im Ton englischer Philosophie Geschulten, für andere kulturelle Sprachspiele kann es dagegen gerade zum guten Ton gehören, nicht ›relevant‹ zu sein, nicht mit der Tür ins Haus zu fallen, nur den anderen Bestätigendes zu sagen usw.

geht, nicht instrumentell. Verstehen wir uns auf das, worüber gesprochen wird, so steht uns hier die Sprache mit absoluter Leichtigkeit zur Verfügung. Das macht ihre anthropologische Funktion aus. Wir können uns in ihr unmittelbar äußern, mit einer Sicherheit in ihrem Gebrauch, die im Bereich der Kommunikation, die eine besondere Technik voraussetzt, nur der Virtuose und dies nur analogerweise erreicht.[21] Das Spiel mit Worten als besondere Weise der Verständigung bestätigt dies. Es funktioniert ja nur als Spiel, in der Korrespondenz zweier Kompetenzen von Sprachwitz, die einander wechselseitig ihren Geschmack anerkennen. Weder könnte wohl mit Worten Helmut Kohl Walter Jens beleidigen noch dieser ihn – trotz aller rhetorischen Gabe. So verschwindet das Wort, solange es um die Sache geht, beständig hinter dem Gemeinten, weil für die bei der Sache sich Aufhaltenden eine Differenz zwischen Ausdruck und Bedeutung nicht existiert. Daher ersetzt man gegebenenfalls das schlecht gewählte Wort durch ein anderes. Man faßt es nicht als ›willkürliches‹ Zeichen auf.

Das gesprochene Wort ist das natürliche Medium solchen Verständigungshandelns. Als solches bleibt es Attribut der Handelnden, tritt noch nicht wie in der Kunst der Rhetorik als besonderer Überzeugungsfaktor, als eigens zu bedenkender Logos zwischen Sprecher und Hörer.[22] Was der Redner tun muß, um methodisch zu überzeugen, seinen Text nämlich kalkulieren, damit sein Vortrag natürlich scheint, die distanzierenden Zeichen des Überlegens abstreift, dies darf der, der sich mündlich verständigen will, gerade nicht tun. Er würde damit seine Glaubwürdigkeit aufs Spiel setzen. Das gesprochene Wort ist das Medium, in dem nach Hum-

21 Erst hier wäre vom Wort als Mittel, als *organon* zu sprechen. Sokrates, der diese Analogie im *Kratylos* verwendet (387 d ff.), führt sie freilich nicht ein als Modell für sprachliche Kommunikation schlechthin, sondern für ein besonderes Sprachspiel, nämlich zur Analyse dessen, was »wahr reden«, *alethe legein*, heiße. Dies ist aber ein Reden, das besonderen Gelingensbedingungen unterliegt, denn der zugrunde gelegte Wahrheitsbegriff ist normiert. *alethe legein* heißt, so schlägt Sokrates vor, *legein ta onta hos estin,* die Dinge sagen, wie sie sind (385 b). Dies ist die Formel, auf die er die Ausgangsfrage nach der *orthotes ton onomaton,* der ›Richtigkeit‹ der Benennungen, bringt. Es geht hier also um eine besondere *praxis* (387 c), die als solche normativ zu beurteilen ist, und insofern hat die Analogie auch ihre Berechtigung. Doch weiter trägt ihr Sinn nicht.

22 Vgl. Kap. 9, S. 367 ff.

boldt Ich und Du sich als gemeinsam Handelnde verständigen. In erster Näherung ist das Wort Objekt. Es wird im Geist des Denkenden von diesem erzeugt und als Erscheinung geäußert, die als erkennbare ihm wie anderen Subjekten gegenübertritt. Doch das Wahrnehmbare und Erkennbare an ihm bleibt sekundär. Es soll nicht für sich, nicht als Objekt genommen werden, sondern als Ausdruck eines bestimmten Gedankens. Ob es aber so verstanden wird, hängt ab von dem Gebrauch, den das Subjekt vom Wort macht, und in diesem muß es sich mit dem Hörenden treffen. Eine ›objektive‹ Bedeutung kann das Wort erst im Austarieren, in der Annäherung von Sprachgebräuchen gewinnen. Hierin sind die verschiedenen Subjekte grundsätzlich frei, weil hier ihre Einbildungs- und Urteilskraft durch keine gemeinsamen Sprachregeln mehr gelenkt sein *kann*. Man muß im Gebrauch des Wortes übereinkommen. Dies ist Humboldt zufolge für das Wort als solches konstitutiv, deshalb muß es »Wesenheit in einem Hörenden und Erwiedernden gewinnen.«[23]

Humboldt thematisiert hier nicht die Differenz von geschriebenem und gesprochenem Wort, doch kann kein Zweifel daran bestehen, daß er mit dem ›Urtypus aller Sprachen‹[24] die Grundsituation oraler Verständigung beschreibt. Die metaphysische Differenz von Ich und Er, von erster und dritter Person, beruht, wie er schreibt, »auf innrer und äusserer Wahrnehmung«, diejenige von Ich und Du auf »Spontaneität der Wahl«.[25] Das Objekt ist als das ›Er/Sie/Es‹ konstitutiv an Wahrnehmbarkeit gebunden. Es begegnet nur als Erscheinung, nie als *Es* an sich. Das Du hingegen kann als solches nicht kritisch distanziert werden, in der Sphäre »gemeinsamen Handelns« mit dem Ich bleibt es irreduzible noumenale Instanz. Jede Abspaltung einer wie auch immer gedachten Erscheinung vom Du-an-sich würde das letztere als handelnde Instanz diskreditieren und zugleich seine Erscheinung mit allen seinen Rechten an seiner Stelle einsetzen. Das Du erscheint wesentlich in dem, wie es handelt und sich äußert. Seine Sprache bleibt daher in der Situation oraler Kommunikation von ihm nicht ablösbares Attribut seiner selbst, dem Ich wie dem Du unmittelbar gegenwärtig.[26]

23 *Verschiedenheiten*, WW III, S. 201 f. Vgl. Kap. 10, S. 412 ff.

24 Ebd. S. 202. 25 Ebd.

26 Humboldt hat diese Deutung des ›Urtypus‹ in einer Anmerkung aus-

Hier ist kein skeptischer Zweifel mehr möglich, weil diese Verständigungsebene vor jeder möglichen Grenzziehung zwischen »eigenem« und »fremdem« Gedanken liegt. Im Vernehmen ist das fremde Gemeinte je schon in eigenes Verstandenes verwandelt. Bezweifelte der Skeptiker dies, so würde er die performative Grundlage seines Handelns zerstören und sich selbst zum Schweigen verurteilen. Hierin liegt wohl auch der Ansatz des Privatsprachenarguments Wittgensteins:

»Wie kann«, so wird dort gefragt, »ich denn mit der Sprache noch zwischen die Schmerzäußerung und den Schmerz treten wollen?«[27]

Die Äußerung, daß ich da und da Schmerzen habe, ist in pragmatischer Hinsicht keine Bezeichnung einer Empfindung oder Beschreibung eines Zustandes, sondern unmittelbare Äußerung eines Ich, das sich an ein Du wendet. Würde dieses die Glaubwürdigkeit dieser Worte bezweifeln, so würde es damit *per se* die Glaubwürdigkeit der Person selbst bezweifeln, die sie geäußert hatte. Hier ist kein Raum für Interpretation – sofern man darunter in welch »schwachem« Sinn auch immer ein Übersetzen versteht –, sondern nur unmittelbare Verständigung oder deren Scheitern. Das könnte freilich in einem darauf sich beziehenden Verständigungshandeln »geheilt« werden. Doch auch dies könnte für sich nur wiederum unmittelbar gelingen.

Dieser Sachverhalt scheint der Grund dafür zu sein, daß Austin der Aufrichtigkeitsbedingung eine so fundamentale Rolle für das Gelingen jedes sprachlichen Handelns zugemessen hat. Zwischen den Mißlingensfällen, die er »Versager« und »Bruch der Verpflichtung« genannt hat[28], hält sie eine genau austarierte Mitte. Liegt eine Abweichung gegenüber dem vor, was die jeweilige Handlung an notwendigen Bedingungen voraussetzte, so kommt sie als solche nicht zustande. Pinguine kann man nicht taufen. Treten hingegen bestimmte von der Handlung geforderte Folgen nicht ein – ich will mein Versprechen zwar einlösen, doch trifft

drücklich bestätigt. Den zuletzt referierten Gedanken kommentiert er folgendermaßen: »Bernhardi, den ich bei diesen Materialien immer gern zu Rathe ziehe, druckt das Nemliche folgendergestalt aus: *Ich* und *Du* sind entstanden durch Sprache, Gespräch, Gegenwart. Anfangsgründe der Sprachwissenschaft. S. 191.4.« (Ebd.)

27 PU I, 245.

28 Vgl. Austin 1975, S. 16 ff., und Austin [1968], S. 141 f.

mich darüber der Schlag –, so ist die Handlung als solche zwar zustandegekommen, jedoch mittelbar, post festum mißlungen. Doch gab ich das Versprechen unaufrichtig, so kam es zwar zustande und war doch zugleich, uno actu gescheitert. Daß mit der Forderung der Aufrichtigkeit die Unmittelbarkeit solchen Gelingens angesprochen ist, zeigt sich darin, daß die Glaubwürdigkeit einer Äußerung niemals gesagt werden kann, sie kann sich nur zeigen. Wird sie thematisiert, ist damit per se die Äußerung als unglaubwürdig, weil als zu bezweifeln gekennzeichnet.

Das Wort kann hier nicht als Zeichen genommen werden. Es muß somit eine Ebene sprachlicher Verständigung angenommen werden, wo Wörter nicht vorkommen, sondern allein Worte. Gegen Derrida wäre hier geltend zu machen, daß auf dieser Ebene in dem gemeinten und vernommenen Wort der Gedanke dem Sprecher wie dem Hörer tatsächlich unmittelbar gegenwärtig ist, ohne daß dies ›Präsenz‹ des Logos bedeutete. So hellsichtig Derrida auch gegen die Tradition metaphysischen Denkens bzw. gegen das, was sich ihm als solche darstellt, eine Phänomenologie der Schrift bzw. des Zeichens gesetzt hat[29] – eine Phänomenologie des Meinens, die die von Austin und Grice eröffneten Wege weiterverfolgt, muß zu dem Schluß gelangen, daß auf der Ebene unmittelbarer Verständigung von einer Unterscheidung von Signifikant und Signifikat schlechterdings nicht mehr die Rede sein kann. Derridas Konstruktion kann an diesem Punkt nicht mehr greifen, weil hier Sprecher und Hörer sich einer Sprache bedienen, deren Syntax und Morphologie für sie identisch ist. Durch sie wird der Gedanke als das betreffende Wort schematisiert. Dies kürzt jede Differenz von Signifikant und Signifikat hinweg.

Hans Lenk hat im Rahmen seiner Interpretationsphilosophie aus einsichtigen Gründen den Begriff des Interpretationskonstrukts auf Kants Lehre vom Schematismus zurückgeführt. Wenn er daraus die These ableitet, daß alles, was wir »als erkennende und handelnde Wesen erfassen und darstellen können«, ›interpretationsimprägniert‹ sei[30], so ist ihm mit Blick auf die generelle Perspektivität unseres Erkennens und Handelns zweifellos zuzustimmen – bis auf den hier behandelten Punkt, für den diese These nicht gelten *kann*. Denn das Schematisieren des Gedankens im

29 Vgl. Derrida 1974, S. 97 ff.

30 Vgl. Lenk 1993, S. 232 ff., hier S. 239.

Wort, in einer von Sprecher und Hörer gemeinsam gesprochenen Sprache, macht jede mögliche perspektivische Differenz in der Auffassung des Artikulierten hinfällig. Was immer der Sprecher für sich gemeint haben mochte, als er das und das sagte, und was immer der Hörer für sich verstanden haben mochte, als er dieses Gesagte vernahm – Zeichen gelungener Verständigung kann je nur sein, daß beide darin *übereinkommen,* daß nichts anderes als *das und das* gemeint und verstanden worden war. Dies ist keiner Interpretation mehr fähig, weil dieses »das und das« nichts Wahrnehmbares ist, sondern, mit Kant zu sprechen, noumenales Produkt der jeweiligen sprachlichen Einbildungskraft von Sprecher und Hörer. Das Schema des Wortes können sie nur teilen oder nicht, und ob sie es taten, bemißt sich ausschließlich am Resultat. Dies festzuhalten heißt – wie wir sehen werden – keineswegs zu behaupten, daß beide dieselbe Sprache sprechen würden. Es handelt sich um eine Übereinstimmung nolens volens. Das sprachliche Schema kürzt individuelle Differenzen im Meinen und Verstehen weg bis zur Nichtvernehmbarkeit.

Man kann allerdings auch beim gesprochenen Wort in mannigfacher Hinsicht von Zeichenaspekten reden. Hier geht es um das Wort als Geste. Die Worte, die wir äußern, stellen nicht nur etwas dar, sondern qua Äußerung sind sie Ausdruck unserer selbst und zugleich Appell an unser Gegenüber. Worüber auch immer ich rede: es zeigt sich in meinen Worten ein Stück meiner selbst, wie ich mich eben jetzt befinde, angefangen beim Dialekt über die Syntax bis hin zur Metaphorik. Es wäre ganz unsinnig, solche Merkmale nicht für zeitlich begrenzte Ereignisse zu halten, sondern für allgemeine Merkmale ›der‹ betreffenden Person. Dialekt und Ausdrucksweise ändern sich im Lauf eines Lebens merklich. Insofern macht hier auch die Rede von Zeichen im herkömmlichen Verständnis Sinn. So genommen stehen die Worte tatsächlich für etwas, das sie selbst nicht ›sind‹. Betrachten wir das Wort in dieser Hinsicht als Ausdruck, so ist damit von seiner Semantik abstrahiert, die das Wort als solches wesentlich ausmacht. Die verbale Geste wird als Zeichen für Ruhe oder Aufgeregtheit, für klares oder verworrenes Denken genommen, aber auch für Herkunft oder Gruppenzugehörigkeit – kurz für alles, was die Rhetorik unter den Titeln von Ethos und Pathos thematisiert hat.[31] Hier stellt sich

31 Vgl. Aristoteles, *Rhetorik,* B 12 bis 17 und B 2 bis 11.

mithin nicht die Frage nach der Identität oder Verschiedenheit bestimmter Bedeutungen, sondern nach der der Person. Als Zeichen ordnen wir das gesprochene Wort nicht einem signifié zu, sondern dem Sprecher als sein in der Zeit wahrnehmbares Attribut, das wir in der Erscheinung seines Redens als solches wahrnehmen.

In keiner Weise tritt auf dieser Ebene unmittelbarer oraler Kommunikation Textualität als eine irgendwie faßbare Eigenschaft auf. Weder syntaktische Wohlgeformtheit noch semantische Konsistenz erscheinen hier als der Rede zuzuschreibende Bedingungen des Gelingens von Äußerungen. Syntaktische Wohlgeformtheit ist einerseits nicht notwendig, andererseits auch nicht hinreichend für das Gelingen der betreffenden, im unmittelbaren Vernehmen sich vollziehenden Handlung. Phänomene wie Anakoluthe, Ellipsen, die Wiederaufnahme von Satzteilen, Wortwiederholungen, Versprecher werden hier oft nicht einmal wahrgenommen. Bisweilen sind sie geradezu konstitutiv für die Verständigung. Häufig sind etwa die vom Grammatiker sogenannten Anakoluthe durch Blickkontakte motiviert. Das »korrekte« Vollenden des Satzes würde die Kommunikation eher stören. Wortwiederholungen fördern oft das Verständnis eines mündlichen Vortrags eher als daß sie es behinderten usw.

Auch semantische Konsistenz ist keineswegs immer gefordert. Die Äußerung selbst darf in der Regel nicht auf manifeste Weise selbstwidersprüchlich sein, doch ist als Bedingung für gelingende Verständigung in der Regel weder über die jeweilige Illokution hinausgehende Konsistenz von Meinungen noch gar im Gebrauch von Wörtern gefordert. Ob ein Sprecher ein Wort semantisch »homogen« oder in nichtwidersprüchlicher Weise verwendet, kann gar nicht in der beschriebenen Weise vernommen werden, sondern ist nur in begrenzten Fällen durch logische Kritik überprüfbar. Es gehört zu den Grundeinsichten, die die diachronische Linguistik des 19. Jahrhunderts vermittelt hat, daß sich die Worte einer Sprache und mit ihnen ihre semantischen Werte im Lauf der Zeit hinter dem Rücken der Sprecher unmerklich verändern. Entsprechend ist ein Begriff wie Konsistenz des Sprachgebrauchs auf das Kontinuum oraler Kommunikation nicht anwendbar.

Die Konsequenz aus diesen Befunden ist wohl unabweisbar: Was wir im philosophischen oder linguistischen Diskurs als Sprache unterstellen, ob mit Humboldt als die Gesamtheit von Wörtervorrat, Regeln und Analogien[32] oder ob mit Saussure als System parasemischer Zeichen, dies kommt auf der Ebene gelingender oraler Kommunikation nicht nur nicht in den Blick, sondern es *kann* hier schlechterdings nicht in den Blick kommen. Was Ong in kulturhistorischer Perspektive als ›primäre Oralität‹ beschrieben hat, die »Unberührtheit [einer sprachlichen Kultur] von jeder Kenntnis des Schreibens oder Druckens«[33], dies hält sich in analoger Form in jeder sprachlichen Kommunikation als elementarer Modus der Verständigung durch. Sprache als ›Interpretationskonstrukt‹, als reidentifizierbares Ganzes[34], existiert auf dieser Ebene nicht, weil hier alle Voraussetzungen fehlen, in irgendeiner überprüfbaren Weise von Identität zu sprechen.

Historisch lassen sich Phänomene benennen, die diesen Schluß stützen: Weder Platon noch Aristoteles verfügen über ein Wort, das in modernem Sinne mit »Sprache« übersetzbar wäre. Wo sie von »*phone*« sprechen und Übersetzungen dies mit »Sprache«, »langue« oder »language« wiedergeben[35], meinen sie Sprache im Sinne der vernommenen oder vernehmbaren Performanz, keinesfalls im Sinne von Sprachsystem. Sie reden über das Griechisch-Sprechen (*to hellenizein*[36]), nicht über die griechische oder eine sonstige Sprache.[37]

32 Vgl. *Grundzüge*, GS V, S. 387 ff. Der »Vorrath von Wörtern und das System von Regeln, welche wir Sprache nennen«, ist nach Humboldt »todte Sprache« (ebd. S. 398); Wortbildung und Formen der Redefügung sind ihrerseits durchgängig analogisch strukturiert, dies macht aus Sprache ein ›organisches‹ Ganzes. Hierin zeigt sich das Wirken der Einbildungskraft, die in der kontinuierlichen Arbeit daran, den artikulierten Laut zum Ausdruck des Gedankens zu bilden, den ihr gegebenen Stoff belebt und so – um eine Unterscheidung des Französischen zu nutzen – die langue in den langage transformiert, den allgemeinen Sprachgebrauch. Den analogischen Charakter des Systems betont Humboldt insbesondere bezüglich des Lautsystems und des Wörtervorrats (vgl. ebd. S. 400 ff. und S. 414 ff.), doch gilt das Prinzip ›organischer Strukturiertheit‹ in gleicher Weise für den grammatischen Bau der Sprache. Vgl. Kap. 10.

33 Vgl. Ong 1987, S. 16 ff.

34 Vgl. Abel 1993, S. 41 f.

35 Vgl. z. B. *Kratylos* 383 a oder 409 e f., Arist. *Rhetorik* III 1, 1403 b, *Peri hermeneias* 16 a.

36 *Rhetorik* III 5, 1407 a.

37 Der englische Übersetzer der häufig zitierten Stelle *Peri hermeneias* 16 a übersetzt das *τὰ ἐν τῇ φωνῇ* daher auch treffend mit »words spoken«, das *φωναὶ* wenige Zeilen später mit »speech«. Vgl. Loeb Bd. I, S. 115.

Von ›Sprache‹ kann auf dieser Ebene nur als von einem Können die Rede sein, einem Gewußt-wie des Sich-verständigens, Knowing-how in dem von Ryle beschriebenen Sinn.[38] Zum Begriff dieses Könnens gehört, daß seine Funktion grundsätzlich die des Mediums ist. Dieses war als solches nicht von vornherein auf sich selbst anwendbar, sondern gewann – Platons Sprache bestätigt es – erst allmählich diejenigen semantischen Werte hinzu, die es erlaubten, mit den Mitteln dieses Mediums einen Begriff seiner selbst zu bilden. So fragt es sich, ob sich Austins These halten läßt, daß der rhetische Akt, die konkrete Äußerung in der parole, stets einen ›phatischen‹ und ›phonetischen‹ Akt impliziere, die er im Gegensatz zum rhetischen Akt der langue zuordnet.[39] Denn was sollte es auf der Ebene unmittelbarer Verständigung überhaupt heißen, ein Wort *als* Wort der deutschen, englischen oder griechischen Sprache zu äußern?

Es gibt natürlich die Perspektive des Linguisten, der ein solches Urteil fällt. Sie ist deskriptiv, ist bei allem verstehenden Zugang doch die Perspektive des Dritten, nicht in der betreffenden Sprache aktualiter Kommunizierenden, der diesen, dem Ich und Du, zuschaut, denn nur so ist zu beurteilen, ob dieses Wort ein Wort dieser Sprache ist. Damit ist das linguistische Urteil per se ein beschränktes, eines, das das Wort als Wort gerade nicht erfassen kann, sondern je nur als phonologischen Komplex, als morphologische Einheit, als syntaktisches Element oder was auch immer, niemals aber als die Ganzheit, als die es in der parole erscheint.

Oder es gibt die lebensweltliche Perspektive, die sich in dem zeigt, was Humboldt als die Erfahrung der Verschiedenheiten von Sprachen beschrieben hat. Daß dieses Wort ein Wort der deutschen Sprache ist, daß sich dies so nur im Deutschen oder im Griechischen sagen läßt – *ich zufälligte als ein den Sokrates treffender*[40] –, ist eine Erfahrung, die man nur in spezifischen Situationen machen kann, beim Übersetzen oder beim Erlernen einer

38 Vgl. Ryle 1963, Kap. 2.

39 Vgl. Austin 1975, S. 96 ff.

40 »Zufällig traf ich den Sokrates«; das Griechische drückt im Verb *tygchanein* verbal das aus, was im Deutschen durch Angaben wie »zufällig«, »zum Glück« o. ä. wiedergegeben wird, und verweist das, worin wir »zufälligen«, in ein vom Verb abhängiges Partizip – zweifellos eine andere Perspektive.

fremden Sprache, analog auch beim Studium einer Wissenschaft. Lebensweltlich bringt sich diese Verschiedenheit auf den Ebenen des Wortes wie des Zeichens zur Geltung. Auf der des Zeichens, subsemantisch, als Kontrast dialektaler Färbungen, als gruppenspezifisches Merkmal, im gesamten Register von Ausdruck und Appell. Semantisch-pragmatisch ist sie erfahrbar auf allen Ebenen von ›Bedeutung‹, der der Wortbedeutungen, d. h. der Wortwahl, der Syntax, der logisch-stilistischen Artikulationsweise, der Illokutionen. Daß im Japanischen Höflichkeitsnormen sich in der Morphologie niederschlagen, ist für einen Europäer einer der am schwierigsten zu erlernenden Aspekte dieser Sprache.[41]

Doch ist dies eine Erfahrung besonderer Art, eine, die *zwischen* zwei Sprachen gemacht wird und die darüber hinaus über kein besonderes Kategorieninventar als tertium comparationis verfügt. Sie kann gewissermaßen nur »negativ« gemacht werden. Somit ist diese Erfahrung als solche begrifflich nicht darstellbar. Man kann nur konstatieren, daß sich etwas in einer anderen Sprache nicht in analoger Weise sagen läßt: Man kann den Satz »Er hat ihn geschlagen«, so einfach er scheint, nicht analog ins Chinesische übersetzen, weil dort die Personalpronomen sich auf Personen als psychische Größen beziehen, und man kann eine Seele nicht schlagen.[42]

Solche Erfahrung ist an die Möglichkeit und Fähigkeit des Übersetzen-Könnens gebunden. Gegenüber einer uns gänzlich fremden Sprache läßt sich die Besonderheit der eigenen nicht erfahren. Die Verschiedenheit von Sprachen ist daher grundsätzlich auch innerhalb »einer« Sprache erlebbar – als reflektierte Wortwahl gegenüber einer anderen, als syntaktische Einfachheit gegenüber Komplexität, als Vorliebe für dialektale Varianten usw. Stets bleibt jedoch Voraussetzung solcher Erfahrungen eine Ebene unmittelbaren Sprach-Könnens, das ihnen gegenüber unrelativiert bleibt, das eben *meine* Sprache ist, unmittelbar in mein Handeln verwoben.

Ein jeder Begriff von ›Sprache‹ bleibt so abhängig von dem Vermögen, Fragmente unseres jedesmaligen Sprechens re-identi-

41 Lautet bei Personen gleichen Ranges im Japanischen das Personalpronomen »ich« *watashi,* so ist es in derselben Redesituation für Frauen obligatorisch, in der Anrede einem Mann gegenüber eine höhere Höflichkeitsstufe zu verwenden, was durch ein zusätzliches Morphem – *wata-kushi* – ausgedrückt wird.

42 Man muß also im Chinesischen sagen, *wohin* der Betreffende geschlagen wurde.

fizierbar zu reproduzieren und auf mögliche Verwendungen zu projizieren. Dies gilt grundsätzlich. Was man »Kompetenz« und – insbesondere in der generativen Linguistik und den Kognitionswissenschaften – sprachliches *Wissen* sich angewöhnt hat zu nennen, ist auf der Ebene oraler Sprachlichkeit zugänglich und erfahrbar ausschließlich in der performance, als Können, Knowing-how des Sich-verständigens, und ob dies gelingt, kann man als Dritter nicht erkennen – man kann es nur verstehen.

Dies alles ändert sich grundsätzlich mit der Schrift. Geschriebene Worte sind, auch wenn sie gelesen werden müssen, um als Sinneinheiten zu gelten, nicht mehr innerlich. Nicht nur in ihrer Materialität treten sie nach außen. Die Funktion des noumenalen Wortschemas, von der wir auf der Ebene des Gesprochenen genau genommen nur analogerweise reden können, wird ersetzt durch eine wahrnehmbare Figur, die der Rede vom sprachlichen Schema allererst einen referentialisierbaren und vor allem operationalisierbaren Sinn gibt. Erst hier wird es als solches zugänglich. Der fluktuierende Sprachgebrauch wird fixiert, das Wortschema in Schreibregeln und -analogien objektiviert und verdinglicht.

Damit verändern sich grundlegend die Konditionen, unter denen nunmehr vom sprachlichen Zeichen die Rede ist. Einerseits verliert das Wort, wenn es schriftlich ge- und veräußert wird, eben das, was das gesprochene Wort zum Zeichen machte: den Charakter eines zeitlich begrenzten Attributs der sprechenden Person. Mündliches Sich-äußern gehört zu den universellen Lebensvollzügen. Selbst im Schlaf kann man noch sprechen. Man schreibt jedoch nur in bestimmten, dafür in aller Regel bis hin zum Arrangement des Mobiliars zubereiteten Situationen, die insbesondere durch eine Bedingung geprägt sind – durch Ruhe. Schon der Handschrift sind Rückschlüsse auf das jeweilige Pathos, erst recht auf das Ethos des Schreibenden nur sehr bedingt zu entnehmen. Das Schreiben schematisiert individuell wahrnehmbare Persönlichkeitszüge weitestgehend, der Druck sogar vollständig hinweg. Was im Text davon kodiert ist, kann man nur mehr über die Semantik verstehen: daß jemand klar oder verworren schreibt, die und die Stilelemente, kurze Sätze oder Hypotaxen bevorzugt usw.

Im Gegenzug nimmt das geschriebene Wort insofern Zeichencharakter an, als es qua geschriebenes sozusagen einen Doppelcharakter erhält: Geschrieben wird das Wort wahrnehmbar, erkenn- und identifizierbar durch Differenzen seiner Gestalt für jedermann, gerade auch für den Sprecher, will sagen: für den Schreibenden. Dies gilt für *alle* geschriebenen Wörter ohne Ausnahme. Die Distanz zwischen der Person und ihrem Wort, in oraler Kommunikation nur als besondere Form und in begrenzter Weise herstellbar, wird zum universellen Modus der Artikulation. Gleichzeitig bleibt das Wort aber nach wie vor insofern zeitliches Ereignis, als es im Zusammenhang geschrieben und gelesen wird. Die Grenze zwischen Schrift und Sprache verläuft keineswegs immer und genau entlang der von Vergänglichkeit und Dauer. Die ursprüngliche Rückkopplung von Lautäußerung und Gehör wird nicht zur Gänze ersetzt durch die von Auge und Hand. Vielmehr bleibt sie im Lesen virtuell erhalten. Hier wird das virtualisierte Element nun kommentiert durch ein zweites, das in einem zweiten, sichtbaren Modus artikuliert ist. Gesprochene und geschriebene Sprache analog zu begreifen, zu parallelisieren wie zwei Räder einer Achse, verkennt diese Struktur grundlegend. Gegenüber dem gesprochenen ist das geschriebene Wort durch eine strukturelle Asymmetrie gekennzeichnet: *Das* Wort kann geschrieben wie gesprochen werden, dies ist möglich dadurch, daß das geschriebene eine Darstellung des gesprochenen ist, besser gesagt ein Modell von diesem. Das gesprochene Wort ist aber und wird auch durchs Lesen kein Modell des geschriebenen, es bleibt autochthon.

Geschrieben wird das Wort nun in ganz anderer Weise typisiert als das gesprochene, indem es in der Schreibpraxis als Beispiel dafür genommen wird, wie dieses Wort künftig zu schreiben ist, denn seine Schreibweise ist arbiträr.[43] Per se ist das geschriebene Wort konventionalisiertes Zeichen und Beleg für die objektive Gültigkeit von Schreibkonventionen. Schreibenkönnen ist nicht angeboren, man muß es lernen. Für das, was der Strukturalismus als phonologische Universalien zu fassen versucht hat[44], gibt es auf der Ebene der Schrift kein Analogon. Jede Schrift repräsentiert eine besondere, nicht-universelle Lösung des Problems der Subordination des Graphismus unter den Phonismus, aus der jede Schrift

43 Mutatis mutandis gilt dies – bis zu einem gewissen Grad – auch für seinen Gebrauch. Man hält typische Verwendungsweisen von Wörtern, d. h. ganze Kontexte, in Wörterbüchern fest.

44 Vgl. Jakobson 1969, S. 59 ff.

entstanden ist.[45] Schrift im engsten Sinne ist nach Humboldt »die Darstellung bestimmter Wörter in bestimmter Reihenfolge«.[46] Nur eine solche kann wirklich gelesen werden, nur in ihr kann der Gedanke dem Geschriebenen unmittelbar, ohne sekundierendes Verlautlichen, abgelesen werden. Diese Darstellung kann aber auf verschiedene Weise geschehen – jede U-Bahn-Station in Tokyo beweist es. Überall ist dort der Name der Station, der oft aus mehreren Wörtern besteht, auf drei verschiedene Arten dargestellt, in Kanji, in Hiragana und in lateinischer Schrift.

Genauso könnte man umgekehrt Texte europäischer Sprachen mit dem »Mischsystem« der japanischen Schrift darstellen, das Wort »Mitte« etwa als

中 oder auch 中て[47] oder nur in Hiragana: みつて

Von konventionalisierten Zeichen zu reden macht nur Sinn, wo es alternative Repräsentationsweisen gibt. Bezüglich der Artikulation des gesprochenen Wortes ist dies nicht der Fall. Dagegen gibt es keine Schrift, in der nicht die je besondere Weise der Verschriftung zu Schreibkonventionen geführt hätte, seien diese orthographischer, kalligraphischer oder sonstiger Art. Nach deren Regeln und Analogien werden im kontinuierlichen gesellschaftlichen Gebrauch der Schrift sukzessive alle Wörter der betreffenden Sprache als geschriebene Elemente dieser Sprache erzeugt und beständig wiedererzeugt. Erst von diesem Zeitpunkt an macht es überhaupt Sinn, von *den* Wörtern dieser Sprache zu reden. Die ersten Verschriftungen von griechischen *logoi* im Alphabet stellen noch das Kontinuum des Textes als Ganzes dar. Erst allmählich werden darin Wörter als reidentifizierbare Einheiten unterschieden.[48]

In Schriftkonventionen wird allererst das expliziert, was man seit Saussure das Sprach*system* nennt. Das morphematische Prinzip der Alphabetschrift etwa, das sich allmählich gegen das phonematische als das dominierende durchsetzt, bringt nach und nach den Zusammenhang von Singular- und Pluralformen, von Wortstämmen, von Prä- und Suffixen usw. zur Erscheinung. Mit der

45 Vgl. Leroi-Gourhan 1984, S. 237 ff.

46 *Ueber den Zusammenhang der Schrift mit der Sprache*. GS V, S. 34.

47 In dieser Schreibweise würde das Kanji 中 den semantischen Wert ›Mitte‹ repräsentieren, das Kana て (*te*) den morphologischen Bestandteil, der notwendig ist, um das Wort als Substantiv darzustellen.

48 Vgl. Földes-Papp 1984, S. 143 ff.

Orthographie beginnt eine ›grammatische‹ Bearbeitung der Sprache, wie sie auf der Ebene der Oralität niemals denkbar wäre. Genau betrachtet *ist* die Entwicklung der Orthographie nichts anderes als eben diese Bearbeitung.[49]

Erzeugt wird somit im kontinuierlichen Gebrauch der Schrift tatsächlich ein Konstrukt: der Begriff von Sprache als eines Systems miteinander kombinierbarer arbiträrer Elemente, der seinen realen Grund in all den Operationen hat, die wir mit und an dem Geschriebenen vornehmen können: Texte in Wörter auflösen, diese nach bestimmten Prinzipien ordnen, alphabetisch oder nach der Anzahl und Reihenfolge der Striche, Deklinations- und Konjugationstabellen erstellen, syntaktische Regeln zusammenstellen usf. Für all dies gibt es im Bereich oraler Kommunikation kaum Analoga. Sprache begegnet hier – noch Platons Sprachgebrauch bestätigt es – als kontinuierliche Folge von Äußerungen. Erst durch besondere Schriftoperationen der skizzierten Art wird das Wort zum Zeichen.

Derrida hat die Differenz von Sprache und Schrift zu einem zentralen Thema der Philosophie gemacht. Zurecht begreift er Schrift als notwendige Bedingung der *episteme* und kritisiert er die Schriftvergessenheit der Linguistik, die ihre Abhängigkeit von der Alphabetschrift nicht durchschaut.[50] Doch verkennt er – vielleicht verführt durch Platons Schriftkritik, die ja durch und durch ambivalent ist[51] – in einem entscheidenden Punkt den konstitutiven Zusammenhang von eben dieser Alphabetschrift und jener metaphysischen Tradition, die er als Logozentrismus begreift. Keineswegs verdankt diese sich schlechterdings einer Verdrängung der Schrift, auch und gerade dann nicht, wenn man »Schrift« als Chiffre für »Differenz« nimmt.[52] Hier gibt es eine Dialektik: In gewissem Sinn verdankt sich die Metaphysik geradezu der Reflexion auf die Schrift. Zurecht ist darauf hingewiesen worden, daß Aristoteles bei seinen grundlegenden Unterscheidungen von Formen, auf die er die formale Logik aufbaut, bei der Schrift ansetzt, nicht beim gesprochenen Wort[53]. Dem kraft Konvention geltenden

49 Vgl. Kap. 1.
50 Vgl. Derrida 1974, S. 49 ff.
51 Vgl. Kap. 8.
52 Vgl. Derrida 1974, S. 10.
53 *Peri hermeneias* 16 a; vgl. dazu Simon 1988, S. 9 ff.

Wort – *to kata syntheken onoma* – setzt er die *agrammatoi psophoi* der Tiere entgegen – der englische Übersetzer gibt dies treffend als »inarticulate noises« wieder.[54]

Die Logos-Metaphysik mit ihren identitätsphilosophischen Grundannahmen ist schriftlich erzeugt worden und konnte nur in einem Schriftprinzip erzeugt werden, das es gestattete, in der Abstraktion vom Sinn des Gemeinten ein Bild seiner Form zurückzubehalten. Die Identifizierung von Logozentrismus und Phonozentrismus[55] geht in einem entscheidenden Punkt fehl: Identität und Differenz sind korrelative Begriffe, die als solche erst möglich wurden in einem Sprachspiel, das mit Wörtern formal begann umzugehen, nach ihrer Bedeutung fragte, sie definierte, ihren Gebrauch syntaktisch normierte – sie eben begann als Zeichen zu behandeln. Erstmals explizit als solcher dargestellt wurde in unserer Tradition solch methodischer Umgang mit *logoi* in den großen Dialogen *Kratylos, Theaitetos, Sophistes* und insbesondere in der dialektischen Übung des *Parmenides,* wo mit den Mitteln der Schrift der explizite Beweis geführt wird, daß *episteme* nicht möglich wäre, würde das Prinzip der Identität nicht in jeder epistemischen Argumentation als gültig *vorausgesetzt.* Dieser Beweis bedurfte der Idee des Anderen, des *heteron,* gegen das das *hen* als Identität gedacht werden muß und nur so gedacht werden kann.[56] Und geführt werden konnte er nur, indem in der Dauer des Geschriebenen eines gegen ein anderes gesetzt wurde und somit *gezeigt* werden konnte, daß etwa die Figur *hen éstin* eine andere ist als die Figur *hen hen* – was immer diese ›bedeuten‹ mochten.[57]

Der Logos jedoch, der dem Vernehmen unmittelbar gegenwärtig ist, entzieht sich jeder formalen Betrachtung. In seiner Domäne gibt es weder Präsenz noch Differenz – allein Fluktuanz.[58]

54 *Peri hermeneias* 16 a 28, Loeb Bd. I, S. 116 f.

55 Vgl. Derrida 1974, S. 25.

56 Vgl. Kap. 8, S. 338 ff.

57 Vgl. *Parmenides* 142 c.

58 Vgl. Kap. 3.

Alphabet und Grammatik

1. Orthographie und Schriftsystem

Alphabet und Ideographie

Alphabet und *Han ze,* das System der Buchstabenschrift und das der chinesischen Zeichen, erweisen sich, von welcher Seite man sie auch immer betrachtet, als Opponenten. Es mögen daher mehr als nur pragmatische Gründe sein, daß – Ende des 20. Jahrhunderts – diese beiden Typen als die polaren Resultate der Evolution der Schrift sich behauptet haben. Wir sprechen von dem Alphabet. Der Ausdruck deutet die Form der Bezeichnung des Gedankens an, die durch isolierte, für sich nichts bedeutende Partikel geleistet wird, steht somit für die Universalität, für die von einzelnen Sprachen unabhängige Anwendbarkeit dieses Kodierungssystems. Wenn heute noch ein nichtliterater Dialekt verschriftet wird, dann in diesem System, und selbst für das Chinesische, Japanische und Koreanische gibt es längst alphabetische Umschriftsysteme.

Dagegen meint der Ausdruck *Han ze,* auch wenn wir ihn mit »chinesische Schrift« übersetzen können, einen Plural, die Gesamtheit der Zeichen, die diese Schrift ausmachen. Er bezeichnet nicht die Kodierungsweise, sondern deren Resultat, die Menge des Repräsentierten. Dies sind für sich bedeutende Zeichen, nicht Ausdrücke, »hinter« denen ein Inhalt stünde. Man kann sie lesen und verstehen, ohne ein Wort Chinesisch zu sprechen. Und doch – ein reines Gedankenspiel –, beherrschte man, ohne Chinesisch sprechen zu können, dieses Schriftsystem so, daß man darin seine Gedanken vollkommen ausdrücken könnte, so dächte man vollkommen wie ein Han, wäre vollständig eingebunden in das semantische System des Chinesischen. Während das Alphabet seine Abstraktheit dem Faktum verdankt, daß seine Vorstufen, im vorderasiatisch-mediterranen Raum entstanden, auf Sprachen verschiedenartiger Typen übertragen und an diese angepaßt wurden, um schließlich im Übergang vom Phönizischen zum Griechischen, vom semitischen zum indoeuropäischen Sprachtyp, seinen letztlichen Abstraktionsgrad zu finden, repräsentieren die Han ze die

Tradition ein und desselben Kulturkreises. Sie sind der Prototyp einer partikularen Schrift.

Wir stehen somit vor einer Paradoxie: Das universelle, sprachunabhängige System des Alphabets ermöglicht es einem gebildeten Leser, mithilfe weniger Informationen über das grammatische und phonologische System einer ihm sonst unbekannten Sprache in dieser Sprache geschriebene Texte insofern zu »lesen«, als er zumindest die Wörter des betreffenden Textes, möglicherweise auch bestimmte syntaktische Fügungen als Formen identifizieren, allerdings nicht das Geschriebene verstehen kann. Umgekehrt ermöglicht das Kodierungssystem des Chinesischen – bis zu einem gewissen Grad – einen von Kenntnis der chinesischen Sprache bzw. eines chinesischen Dialekts unabhängigen Zugang zu der in Han ze kodierten Information. Jeder schriftkundige Japaner und auch jeder, der mit der japanischen Sprache Kenntnis der Kanji[1] erworben hat, kann chinesische Texte, etwa Tageszeitungen lesen und zumindest näherungsweise verstehen, ohne Chinesisch sprechen zu können.

Freilich ist die gängige Erklärung, nach welcher die Buchstabenschrift den signifiant bezeichne, die chinesische Schrift dagegen den signifié, kurzschlüssig. Sie trifft zwar in etwa auf die eben skizzierte Situation zu, aber im genauen Sinne selbst dort nicht. Bei hinreichender Einführung in den Gebrauch der chinesischen Schrift würde man unvermeidlich auch in die chinesische Sprache eingeführt, und Analoges gilt auch für Literatursprachen, die im Alphabet kodiert sind. Erst recht ist diese Erklärungsweise unzutreffend für jeden, der sich der betreffenden Schrift zur Artikulation seiner Gedanken in der eigenen Sprache bedient. Hier wie dort wird die Schrift dazu verwendet, Texte zu schreiben, die zwar gelesen werden und so partiell auch wieder ins Mündliche zu übertragen sind, deren Form aber eben eine genuin schriftliche ist. Der Bildungsgang der intellektuellen Eliten[2] welcher schriftsprachlichen Zivilisation auch immer ist je nicht nur eine Einführung in den schriftlichen Gebrauch der betreffenden Sprache,

1 *Kanji = Han ze,* die im Japanischen neben den *Kana* verwendeten chinesischen Zeichen, die im wesentlichen zur Bezeichnung von Begriffswörtern dienen.

2 Dieser Begriff hier rein extensional als die Menge derjenigen genommen, die einen Universitätsabschluß erreichen, wie immer dieser definiert sein mag.

sondern eine gleichsam zweite Sozialisation im Medium der Schriftsprache mit all den »elitären« Deformationen, die namentlich Juristen, Theologen und Philologen anhaften, den Zünften, die es professionell mit Texten zu tun haben. Hier stoßen wir in harter sozialer Realität auf das Problem der Schrift, dem wir uns einleitend zunächst sprachphänomenologisch genähert hatten, und dies eröffnet einen neuen Zugang zu diesem Problem, nämlich über die Erkenntnis, daß es sich offenbar nicht unabhängig vom jeweiligen Schrifttyp bedenken läßt oder umgekehrt, daß ein Ansatz bei diesem uns das, was quasi natürlich schien – für uns eben das Alphabet – eine besondere Problemlösung in der Evolution ›der‹ Schrift ist, und daß von daher das philosophische Problem, das die Schrift aufwirft, nur zu fassen ist, wenn man bei diesen Besonderheiten ansetzt. Es kann in den Überlegungen dieses Buchs natürlich nur darum gehen, dem Zusammenhang von Sprache, Denken und Schrift von seiten des Alphabets näher zu kommen. Doch wir werden sehen, wie erhellend der gelegentliche Blick auf andere Schrifttypen ist, namentlich eben auf das Chinesische oder Japanische.

Zweifellos sind die Kodierungsweisen beider Schrifttypen, des Alphabets und der Han ze, grundsätzlich verschieden voneinander. Sofern es also darauf ankommt, die Einflüsse und Rückwirkungen der jeweiligen Schrift auf das Denken und infolgedessen auch auf das Handeln mindestens ansatzweise zu begreifen, welches sich ihrer bedient, ist es von grundsätzlicher Bedeutung, diese Differenz genauer zu fassen. Ansatzpunkt dafür ist die Nähe der jeweiligen Schrift zum Bild. In dieser Hinsicht unterscheidet sich das Alphabet kategorial von den Han ze. Auch wenn diese wie jenes eine durch jahrtausendelangen Gebrauch vollständig konventionalisierte Schrift sind, so bewahrt es doch in sich als integralen Bestandteil des Systems, in einem Kernbestand seiner Ideogramme, den Ursprung einer jeden Schrift: bilderschriftliche Elemente.

Die Kontinuität der chinesischen Tradition erlaubt es, durch den Vergleich mit archäologischen Funden solche Elemente im heutigen Schriftsystem zu rekonstruieren. Eine der Faszinationen, die immer wieder die chinesische Schrift auf den im Alphabet Literalisierten ausübt, besteht darin, daß sich in ihrem Zeichenbestand ganze Regionalbereiche menschlichen Weltbezugs bildlich aufweisen lassen: der Mensch und sein Körper, Wasser und Berge,

Haustiere, Ackerbau, Wein und Krüge, Hanf und Seide, Werkzeuge und Waffen, Bücher und Musikinstrumente.[3] Für jeden dieser Bereiche existieren Ideogramme, deren konventionalisierte Formen sich auf bildliche Darstellungen der genannten Lebensbereiche zurückführen lassen:

人	–	Mensch	心	–	Herz
山	–	Berg, Gebirge	水	–	Wasser
魚	–	Fisch	弓	–	Bogen
田	–	Acker, Feld	竹	–	Bambus

usw.

Den Vorzug der Alphabetschrift hat demgegenüber Humboldt darin gesehen, von jedem bildlichen Element frei, reines »Zeichen des Zeichens« zu sein. Die ein Wort darstellende Buchstabenfolge präsentiert dem Leser dessen Bedeutung auf vollständig arbiträre Weise. Nicht die geringste bildliche Spur lenkt die Aufmerksamkeit ab von der Auffassung der logischen Bedeutung des Gemeinten. Lesen wir das Wort *Norden,* so legt die Buchstabenfolge ebensowenig wie die von *bei* oder *kita*[4] eine bestimmte perspektivische Deutung des damit benannten Begriffs nahe, während das Han ze bzw. Kanji 北 für jeden, der es erlernt hat, mit Vorstellungen wie Rücken an Rücken sitzen, sich wärmen, unterstützen usw. verbunden ist.

Die Nichtbildlichkeit der Alphabetschrift konstituiert dagegen Transzendenz. Das alttestamentliche Bilderverbot ist von der Tradition des göttlichen Wortes her ausgesprochen, und diese ist Tradition der Schrift. Transzendentes Wort und Schrift fallen hier zusammen. In analoger Weise hält Platon Bild und Wort auseinander, und bei aller visueller Metaphorik, die die platonische Begrifflichkeit durchzieht, ist es doch das Wort, dem im Unterschied zum Bild die Sphäre des Ideellen vorbehalten bleibt:

»Die [auf das Objekt der Rede] zutreffende Zuteilung des Bildes nenne ich«, so Sokrates im *Kratylos,* »die richtige, die des Wortes die richtige und wahre.«[5]

Die Dimension der Wahrheit bleibt der mimetischen Dimension des Bildes verschlossen. Sie erschließt sich allein vom Wort her.

3 So einige Kapitelüberschriften aus Lindquist 1990.

4 *bei* (chin.), *kita* (jap.) = *Norden, nördlich.*

5 *Kratylos* 430 d.

Diesseitigkeit und Transzendenz, Inhalt und Ausdruck, Bildlichkeit und Abstraktheit scheinen so Pole schriftlicher Kodierungsweisen, die sich in erster Näherung dem Vergleich des Alphabets mit seinem welthistorischen Opponenten abgewinnen lassen. Erneut stehen wir vor einer paradoxen Konstellation, daß nämlich zu den Attributen der Transzendenz und der Abstraktheit, die das Alphabet im Unterschied zu den Han ze charakterisieren, das des Ausdrucks tritt, der Äußerlichkeit. Hier wird erstmals das besondere, in seiner Anlage geradezu skandalöse Problem greifbar, vor das uns das Alphabet stellt. Wir nehmen es nur deswegen in der Regel nicht wahr, weil wir im Alphabet sozialisiert werden und es technisch beherrschen, längst bevor wir beginnen, über unser Handeln in ihm nachzudenken. Daher gibt es eigentlich auch nur einen Ansatzpunkt, dem Problem auf seine Schliche zu kommen, nämlich von der technischen Seite, von einer Betrachtung des Regelkanons her, der sich zur Beherrschung dieser Technologie ausgebildet hat. Im Geltungsbereich des Alphabets hat man diesen Kanon unter dem Namen der Orthographie zusammengefaßt.

Der orthographische Mythos

Wie die Kalligraphie zum Prinzip der Ideographie, so gehört die Orthographie intrinsisch zur Alphabetschrift. Kalligraphie ist die ästhetische Individualisierung des konventionellen Sinns, der mit einem Ideogramm verbunden ist. Ihre Werkzeuge sind Tusche, Pinsel und Papier, ihre Domäne somit die Schreib- bzw. Kursivschrift. Die Variation des ideographischen Schemas, die Reduktion der Graphie bis auf ein Minimum an Differenzen, das es dem Schriftkundigen noch immer erlaubt, aus der mit den Spuren des Pinselstrichs markierten Geste das Zeichen zu entschlüsseln, fordert über die graphischen Analogien die Einbildungskraft des Lesers heraus, diesen Spuren auf selbstgewählten Wegen nachzugehen. Die Schrift wird wieder in das Bild integriert, nicht als Unter-, Über- oder Nebenschrift, sondern als in dessen Symbolik einbezogene Graphie.

Damit verglichen ist der Nimbus der Orthographie denkbar schlecht. Der Orthographiekundige steht nie im Ruf des Künstlers, eher, und soweit das Wort »Orthographie« hier betont ist, geradezu unvermeidlich in dem des Beckmessers. Rechtschreiblektionen sind die von Schülern und Lehrern gleichermaßen gehaßten Obligationen der Einführung in den Gebrauch der Alphabetschrift. Eine durch und durch widersprüchliche Konstellation: Staat ist mit Erfüllung der Norm nicht zu machen, doch verfehlt man sie, so blamiert man sich. In der Kalligraphie beweist man Geschmack, in der Orthographie macht man Fehler.

Einen orthographischen Fehler nennt man die Abweichung von einer geltenden Regelung der Schreibweise von Wörtern oder Sätzen. Darunter werden Sachverhalte gefaßt wie

– die Abweichung der Schreibung von einer bestimmten »vorgeschriebenen« Buchstabenfolge: *Fogel* statt *Vogel, Maschiene* statt *Maschine, nummerieren* statt *numerieren*, …
– die Zusammenschreibung anstelle erwarteter Getrenntschreibung und umgekehrt: *infrage* statt *in Frage, Monitor Anschluß* statt *Monitoranschluß, irgendetwas* statt *irgend etwas*, …
– die Verwendung von Minuskeln anstelle von regulär erwarteten Majuskeln und umgekehrt: *recht* statt *Recht, das singen* statt *das Singen*, …
– schließlich ein von der herrschenden Norm abweichender Gebrauch von Interpunktionszeichen wie Komma, Anführungszeichen, Klammern usw.[6]

Nicht als orthographische, sondern als grammatische Fehler gewertet werden dagegen Abweichungen wie *wegen den* statt *wegen des/dem, ein Sack* statt *einen Sack* o. ä., obwohl sie, für sich betrachtet, als Fälle fehlerhafter bzw. irregulärer Buchstabenfolge interpretierbar wären. Die grammatische Wohlgeformtheit eines schriftlichen Ausdrucks ist offensichtlich auf einer anderen Ebene definiert als die orthographische. Das schulmäßige Reden über orthographische Sachverhalte, wie es sich im Zusammenhang des Schreibunterrichts ergibt, setzt stillschweigend die grammatische Wohlgeformtheit der betrachteten Ausdrücke je schon voraus. Umgekehrt sind in der Rede über Grammatik orthographische Fragen in der Regel geschenkt. Orthographie setzt – so

6 Buchstabenfolge, Getrennt- und Zusammenschreibung, Groß- und Kleinschreibung und Interpunktion nenne ich im folgenden die orthographischen ›Register‹.

scheint es – Grammatik voraus. Diese Auffassung gehört zum Grundsyndrom dessen, was man den orthographischen Mythos nennen könnte. Sobald systematisch bedacht wird, was da jeweils vorausgesetzt ist, zeigt sich – wie wir sehen werden –, daß das Verhältnis komplexer, verschlungener ist, ja daß sich in entwicklungsgeschichtlicher Perspektive das Verhältnis geradezu umkehrt.

Orthographie betrifft nach herrschender Auffassung[7] nur die Form schriftsprachlicher Ausdrücke, ihre Domäne scheint somit der signifiant, nicht der signifié. Dies legt Unterscheidungen nahe zwischen »geschriebener Sprache«, welche gemäß der saussureschen Doktrin Ausdruck und Bedeutung umfaßt, »Schreibung« bzw. Graphie, die Produktion der »Formseite« der geschriebenen Sprache, und schließlich der »Schrift« als des technischen Mittels der Schreibung.[8] Die Orthographie konstituierenden Grundsätze sind dieser Auffassung gemäß erstens der arbiträre Charakter orthographischer Normen, zweitens der Primat des phonematischen Prinzips. Legitimiert werden orthographische Normen in der Regel mit der Notwendigkeit einer Vereinheitlichung des Schriftgebrauchs. Ohne diese sei eine eindeutige Lesbarkeit des Geschriebenen nicht gewährleistet. Sie gelten als konventionelle Regelungen, die von befugten Autoritäten festgelegt und modifiziert werden können. Deswegen müssen sie als arbiträre Normen verstanden werden: Ob man *in bezug auf*, aber *mit Bezug* schreiben soll, *Korrektur lesen* oder *korrekturlesen*, scheint ohne Rekurs auf das mit diesen Worten Gemeinte entscheidbar. Man glaubt, die Wahl der »richtigen« Form festmachen zu können an äußerlichen Kriterien wie der statistischen Häufigkeit der Verwendung der jeweiligen Alternativen.

Doch die grundlegende Orientierung für solche Regelungen liefert, dieser extensionalen Betrachtungsweise völlig entgegenlaufend, der communis opinio gemäß, welche hierin noch immer dem spätestens bei Adelung kodifizierten Deutungsschema von Orthographie folgt[9], vor allem das phonematische Prinzip. Ihm zufolge hängt die Wahl des jeweils zu schreibenden Buchstaben vom »entsprechenden« Laut des gedachten Ausdrucks ab. Schrei-

7 Vgl. Nerius u. a. 1987, S. 24 ff.
8 Ebd. S. 18 ff.
9 Vgl. ebd. S. 79 ff., dazu Adelung [1971] II, S. 661 ff.

ben wird, logisch gesprochen, als Funktion gedeutet, welche die Elemente der Definitionsmenge {Buchstaben} auf die der Wertemenge {Laute/Phoneme} abbildet: »Beim Erlernen der Schrift wird«, so noch Ende der achtziger Jahre der in der Orthographieforschung vorherrschende Standpunkt, »der Lernende so vorgehen, daß er die anzueignenden Schriftzeichen auf lautliche Gegebenheiten der gesprochenen Sprache bezieht.«[10]

So selbstverständlich diese Auffassung auf den ersten Blick scheint – sie ist eine vom Prinzip der Alphabetschrift erzeugte Illusion. Die Unterscheidung von signifiant und signifié ist – wir werden darauf zu sprechen kommen[11] – eine Abstraktion, welche zwar die formale Behandlung von Texten und von Sprache ermöglicht, Logik und Grammatik, doch geht es in der Orthographie nicht wie in der Grammatik um die notwendigen, sondern gerade um die hinreichenden Bedingungen der Lesbarkeit von Wörtern und Sätzen. Orthographische Normen haben, pragmatisch betrachtet, zu allererst die Funktion, die Schreibung von Wörtern und Sätzen in einer Weise zu regeln, die eben hinreicht, das Geschriebene routinemäßig zu lesen. Daß man notwendigerweise so schreiben müsse, ist damit keineswegs gesagt. Zwar setzt die Entscheidung über die orthographische Wohlgeformtheit eines Ausdrucks dessen grammatische Wohlgeformtheit in der Regel voraus. Ob *ANGST* groß oder klein zu schreiben ist, *ENGLISCHSPRECHEND* getrennt oder zusammen, ob *UR* oder *UHR* gemeint ist, läßt sich meist nur aufgrund des syntaktischen Kontextes entscheiden. Dies scheint für die skizzierte »herrschende« Auffassung zu sprechen. Der entscheidende Punkt liegt jedoch darin, daß auf der Ebene der hinreichenden Bedingungen der Lesbarkeit das signe linguistique eine untrennbare Einheit bildet. Hier führt das Festhalten an der saussureschen Axiomatik in die Irre: Wer schreiben will, muß verstehen, was er schreibt. Schreiben-können ist hinreichende Bedingung für Lesen-können, dieses notwendige Bedingung für Schreiben-können. Um lesen zu können, ist es nicht notwendig, auch schreiben zu können. Dafür gibt es historische Belege. Umgekehrt kann man aber nicht schreiben, ohne das, was man schreibt, ipso facto auch lesen zu können. Wer chinesische Schriftzeichen von

10 Vgl. Nerius u. a. 1987, S. 79.
11 Vgl. Kap. 4.

einer Vorlage abmalt, ohne sie zu verstehen, »schreibt« nicht Chinesisch, sondern malt eben.

Das skizzierte Verständnis von Orthographie muß daher einen Kategorienfehler enthalten: Entweder gilt das Arbitraritätsprinzip, dann kann es keinen im signifiant des gesprochenen Wortes liegenden Grund für den Vorrang dieser oder jener Schreibweise geben, oder aber es gilt das phonematische Prinzip, dann ist die Wahl der zu schreibenden Buchstabenfolge eine Frage der korrekten phonematischen Analyse des betreffenden Ausdrucks. Phonematisches Prinzip und konventionelle Geltung der orthographischen Kodierung sind miteinander nicht zu vereinbaren. Man wird also grundsätzlicher zu fragen haben, was das ›ist‹, was man eine orthographische Regel nennt.[12]

Zweifellos existiert für jeden Schriftkundigen gleich welcher alphabetisierten Sprache eine mehr oder weniger scharfe Grenzziehung zwischen akzeptierten und nicht akzeptierten Schreibweisen, wobei der Spielraum, innerhalb dessen Schreibalternativen akzeptiert werden, bezüglich der eingangs benannten Register offenkundig variiert. Im Deutschen ist er bei der Groß- und Kleinschreibung, insbesondere aber bei der Getrennt- und Zusammenschreibung offenkundig größer als bei der Interpunktion oder der Buchstabenfolge. Diese kann kontextunabhängig durch Listen, also extensional geregelt werden. Sie scheint damit tatsächlich unabhängig von der Sprachverwendung, somit in der Tat unabhängig vom Sinn des Geschriebenen geregelt. Doch bleibt zu fragen, welchen Gebrauch man von Wörterlisten macht, welche Gesichtspunkte in ihre Redaktion eingehen, letztlich: Texte welcher Art Wörterlisten eigentlich sind. Gefordert ist damit eine Interpretation von »Ortho-Graphie«, die diesen Fakten Rechnung trägt, ohne in den beschriebenen Kategorienfehler zu verfallen. Im Rahmen einer Theorie der Orthographie ist somit ebenso eine Klärung des phonematischen Prinzips gefordert wie eine Klärung des konventionellen Charakters der Orthographie. So klar die Unterscheidung von Graphie und geschriebener Sprache scheint, so unklar ist sie, und man tut gut daran, sich dem Phänomen vom eingebürgerten Gebrauch des Wortes *Schrift* her zu nähern.

12 Vgl. hierzu Stetter 1991 b.

Unmittelbar einsichtig ist aus den eingangs angeführten Beispielen der intrinsische Zusammenhang von Orthographie und Alphabet. Am Anfang einer jeden adäquaten Theorie der Orthographie muß daher die Interpretation der Relation von geschriebenem und gesprochenem Wort stehen. Es geht also um ein zureichendes Verständnis des phonematischen Prinzips.

Übereinstimmung besteht darin, daß sich das in Europa etwa seit Beginn des 1. Jahrtausends v. Chr. gebräuchliche Alphabet durch die Übertragung der phönizischen Konsonantenschrift auf das Griechische herausgebildet hat.[13] Wenn dieser Prozeß selbst auch nur aufgrund archäologischer Indizien rekonstruierbar und durch nur wenige Dokumente belegt ist, so scheint doch unzweifelhaft, daß das entscheidende Moment hierbei die strukturellen Differenzen zwischen semitischem und indoeuropäischem Sprachtypus gewesen sind. Die Silbenstruktur der semitischen Sprachen, insbesondere der sog. Triliterismus[14] erlaubte es, mit einem heute als Konsonantenschrift bezeichneten Schriftsystem Texte dieser Sprachen für den Leser hinreichend lesbar zu schreiben, weil die zu interpolierenden »vokalischen« Elemente in der Regel aus dem Kontext zu erschließen waren. Diese sogenannte Konsonantenschrift war strukturell also noch als Silbenschrift anzusprechen, auch wenn das Buchstabenrepertoire sich wegen der Vernachlässigung der vokalischen Elemente schon in der Größenordnung des späteren Alphabets bewegte.

Griechische Wörter waren mit diesem Schriftsystem nicht eindeutig zu schreiben. Ihre Silbenstruktur kannte sowohl die Aneinanderreihung mehrerer konsonantischer Elemente – *anér, andros,* ... – als auch das Auftreten derselben Konsonantengruppe in verschiedener vokalischer Umgebung mit völlig unterschiedlicher

13 Vgl. hierzu den Forschungsbericht von Heubeck 1979, S. 73 ff.

14 Vgl. hierzu Richter 1978, S. 46 ff., der diesen für die semitischen Sprachen charakteristischen Typus am Althebräischen beschrieben hat. Danach besteht das Grundmorphem aus einer Kette von einem bis fünf Konsonanten und mindestens einem Vokal in einer Basis. Die Konsonanten legen eine Art Grundbedeutung der Basis fest, die von den Vokalen semantisch oder auch grammatisch differenziert wird. Der häufigste Typ ist die dreikonsonantische Basis.

Bedeutung und morphologischem Wert, z. B. *noun* und *nyn*[15]. Die Ökonomie des Sprachsystems beteiligte, m. a. W., im Griechischen die später Vokale genannten Elemente[16] in anderer Weise an der Fixierung des jeweiligen semantischen Werts als in den semitischen Sprachen. Man denke etwa an die fundamentale Rolle der Alternation zwischen *e* und *o*[17] oder den Mechanismus von Dehn-, Voll- und Schwundstufe des Grundmorphems im Griechischen, der über Vokalen operiert: *patér – patros – patera*[18]. Diese strukturellen Sachverhalte zwangen zu einer Analyse und zu einer Repräsentation der Binnenstruktur der Silbe bis zu einem Grad, der es gestattete, mit einem modifizierten »phönizischen« Repertoire nun auch griechische Wörter eindeutig lesbar zu schreiben. Dieser Grad wurde dadurch erreicht, daß man begann, Werte für nichtkonsonantische Silbensegmente durch diskrete Zeichen darzustellen. Die wohl wahrscheinlichste, zumindest in der Interpretation der sprachlichen Fakten zwingendste Rekonstruktion dieses Assimilationsvorgangs verortet ihn auf Zypern, dem Ort der frühesten Siedlungen von Phöniziern außerhalb ihres Stammlandes. Belegt ist der Gebrauch eines auf die minoische Silbenschrift zurückgehenden Syllabars durch die griechischsprechende kyprische Bevölkerung des 9. und 8. Jahrhunderts v. Chr. Die Koexistenz dieses Syllabars und einer Konsonantenschrift war zweifellos diejenige Konstellation, die durch den Vergleich beider Kodierungsweisen den entscheidenden Schluß im wahrsten Sinn des Wortes nahelegte. Die schon früh vertretene These, daß die Entwicklung des Alphabets die Kenntnis beider Systeme, des kyprominoischen Syllabars und der phönizischen Konsonantenschrift, vorausgesetzt habe[19], hat aus pragmatischen

15 *noun:* Akk. Sg. von *nous* (= der Verstand), *nyn:* Adverb (»jetzt«).

16 Genauer wäre von Funktionen zu reden, ich bleibe hier beim tradierten Sprachgebrauch.

17 Vgl. z. B. *eidos* (›Begriff‹, ›Gattung‹) und *oida* (»ich weiß« [»ich habe gesehen«]), beide »abgeleitet« aus einer Wurzel *-id;* vgl. lat. *video* [»ich sehe«]. Die ›Ableitung‹ ist natürlich eine Konstruktion des vergleichenden Morphologen. Im semantischen System des Altgriechischen, in dem Platon sich bewegt, existierten die Ausdrücke *idea, eidos, eidon* [ich sah], ..., *oida* usw. ja nebeneinander.

18 In Opposition gesetzt ist hier die sogenannte ›Vollstufe‹ *ter* zur ›Dehnstufe‹ *tér* und zur ›Schwundstufe‹ *tr.*

19 So Carpenter [1938], vgl. Heubeck S. 85 ff.

wie logischen Gründen vieles für sich, auch wenn sie sich kaum verifizieren läßt. Ein starkes Indiz ist jedenfalls die von Carpenter bemerkte Tatsache, daß im griechischen Alphabet nur und zwar die gleichen fünf Vokale durch besondere Zeichen repräsentiert sind wie im kyprischen Syllabar, obwohl im phonologischen System des Altgriechischen mindestens sieben verschiedene Vokale unterschieden waren.[20]

Doch darauf kommt es hier im einzelnen nicht an, so wichtig auch die historische Rekonstruktion der Evolution des Alphabets für ein philosophisches Begreifen der Sachlage ist. Die strukturellen Sachverhalte sind hinreichend deutlich. Noch Platon spricht geradezu formelhaft von der Darstellung des Gemeinten (*legomenon*) durch »Silben und Buchstaben«. Die Bedeutung des mit der Entwicklung des griechischen Alphabets vollzogenen Schritts in Kontrast zur phönizischen Schrift war also noch vierhundert Jahre später gegenwärtig.[21] Die Unterscheidung von Konsonant und Vokal, in allen Darstellungen dieser Entwicklung wie selbstverständlich als Kategorieninventar vorausgesetzt, ist freilich erst durch eben diese Entwicklung erzeugt worden – mit allen schon von Platon referierten Schwierigkeiten der Unterscheidung von Vokalen und Halbvokalen, Konsonanten und Sonanten, Halbvokalen und Sonanten usw.[22]

Resultat der Verschriftung griechischer Dialekte ist ein die genannten Buchstabenkategorien umfassendes Alphabet, das von der Literatur übereinstimmend als das erste »vollständige« Alphabet in der Evolution der Menschengattung beschrieben wird.[23] Doch gehört auch diese Deutung zum Inventar des orthographischen Mythos. Denn das einzige Kriterium, von dem her die hier erreichte Analyse des gesprochenen Wortes als hinreichend beurteilt werden konnte, war doch die Lesbarkeit der mit diesem Repertoire geschriebenen Wörter. Und »vollständig« war das griechische Alphabet nur insofern zu nennen, als, nach einigen Ergänzungen wie Φ oder Ω[24], alle griechischen logoi – was man hier noch einfach mit »Texte« übersetzen kann – mit ihm so

20 Vgl. Carpenter [1938], S. 101 f. und Heubeck 1979, S. 86.

21 Vgl. *Kratylos* 424c ff., *Theaitetos* 202e ff.

22 Vgl. *Kratylos* 424c ff.

23 Vgl. Földes-Papp 1984, S. 143 ff., Haarmann 1990, S. 282 ff.

24 Vgl. Földes-Papp 1984, S. 149 f.

geschrieben werden konnten, daß jeder Ausdruck von jedem anderen an der betreffenden Stelle nicht zu *lesenden* hinreichend eindeutig zu unterscheiden war. Man hat die phonematische Analyse nicht weiter getrieben als es für diesen Zweck notwendig war. Bekanntlich läßt sich ja das Phonem seinerseits als Komplex distinktiver Merkmale darstellen. Aber warum hätte man weitergehen sollen? Relevant für die Definition des Alphabets war allein die bedeutungsdiskriminierende Funktion der durch Buchstaben repräsentierten Wortsegmente. Dies ist nun etwas, das nicht sinnlich wahrnehmbar, sondern allein verstehbar war und ist. Funktionen sind abstrakte Entitäten, nichts sinnlich Gegebenes. Im Prinzip des Alphabets realisierte sich eine Weise schriftlicher Artikulation des Gedachten, die dem Prinzip der doppelten Artikulation der Rede, der Artikulation kleinster bedeutender Formen durch Binnendifferenzierung und des Aufbaus des logos aus ihnen, analog ist, ohne diese doch isomorph abzubilden. Logisch wäre dies gar nicht möglich, schon der Wechsel des Mediums verhindert dies. Die Zeit ist durch die Bewegung des Zeigers im Raum nur analog darstellbar – anders als bei der Digitaluhr, welche durch diskrete Sprünge die Zeit im selben Medium, diesbezüglich in der Tat also isomorph repräsentiert. Entsprechend konnte auch die Graphie nur ein analoges Bild der Formung des Lautes geben.

Hieraus folgt der für das Verständnis von Orthographie wesentliche Grundsatz: Buchstaben werden und wurden erst recht nicht bei der Entwicklung des Alphabets dazu verwendet, Laute zu bezeichnen, sondern *ausschließlich* dazu, *lesbare Wörter oder Texte* zu schreiben. Für Humboldts Definition der Schrift ist eben dieser Gedanke leitend, die Frage also des Gebrauchs, den wir von der Schrift machen:

> »Unter Schrift im engsten Sinne kann man nur Zeichen verstehen, welche bestimmte Wörter in bestimmter Folge andeuten. Nur eine solche kann wirklich gelesen werden. Schrift im weitläufigsten Verstande ist dagegen Mittheilung blosser Gedanken, die durch Laute geschieht.«[25]

Erst Schrift »im engsten Sinne« – dies der Sinn dieser auf den ersten Blick irritierenden Begriffsbestimmung – kann der subsi-

25 *Ueber den Zusammenhang der Schrift mit der Sprache.* GS V, S. 131 – 106, hier S. 34.

diären Interpretation durch die parole, d. h. durchs Vorlesen entraten. Ihr ist der mitgeteilte Gedanke ohne diesen »Umweg« zu entnehmen. Gerade die Abkürzung verdeutlicht dieses Prinzip, weil sie es voraussetzt. Daß »d. h.« die Wortfolge *das heißt* darstellt und nicht z. B. die Folge *da hilft,* muß man wissen, und man lernt es über die Verlautbarung. Daraus resultiert eine weitere Konsequenz für die Interpretation des phonematischen Prinzips: Die Fixierung des Alphabets ist nicht als Prozeß zu verstehen, durch den Buchstaben auf »Laute« abgebildet wurden. Das Gegenteil ist der Fall.

Eine historisch greifbare Analogie liefert die Verschriftung der althochdeutschen Dialekte. Diese wurde bekanntlich durch Mittellatein schreibende und sprechende Mönche geleistet. Die Verschriftung eines nur oral existierenden Dialekts *kann* immer nur von einer beherrschten Schriftsprache her geschehen. Die Verschriftung des im 10. Jahrhundert gesprochenen Altfränkischen etwa erforderte daher zunächst eine Assimilation der zu schreibenden Ausdrücke an die betreffende »mittellateinische« Aussprache, um sie überhaupt mittels des lateinischen Alphabets gemäß den für das Schreiben mittellateinischer Texte geltenden Analogien verschriften zu *können,* erforderte also ein »latinisierendes« Buchstabieren des zu schreibenden fränkischen Ausdrucks. Einen sprechenden Beleg liefert der Brief Otfrids von Weissenburg an den Mainzer Erzbischof Liutbert:

»Der rohe Zustand dieser Sprache« – so beschreibt Otfrid aus der Perspektive des lateinisch Gebildeten die eigene Muttersprache – »kennt keine Bildung und Disziplin und ist nicht gewöhnt, sich von den Regeln der Grammatik zügeln zu lassen, so ist auch die Verschriftung bei vielen Wörtern entweder wegen der Massierung von Lauten oder wegen [im Lateinischen, Ch. St.] ganz unbekannter Sonorität schwierig. Denn bisweilen sind, wie ich glaube, vom gesprochenen Wort her u u u verlangt, wobei die beiden ersten konsonantischen, das letzte vokalischen Wert hat, bisweilen aber weder a noch e noch i noch u. Das konnte ich umgehen, indem es mir am besten schien, dort ein griechisches y zu schreiben. Aber auch gegen diesen Buchstaben (elementum) sträubt diese Sprache sich bisweilen, indem sich manchmal für bestimmte Laute überhaupt kein oder nur auf gewagteste Weise (nisi difficile) ein Buchstabe fand, der ihnen zuzuordnen wäre ...«.[26]

26 Vgl. Rädle 1974, S. 222 f.

Die Verschriftung verlangt das Erwägen von Alternativen, und wenn sich Otfrid gegen eine Buchstabenfolge »u u u« sträubt, so ja nicht deswegen, weil phonetisch dagegen etwas einzuwenden wäre, sondern weil dies dem Sinn des zu Verschriftenden widersprechen würde. Die Lesbarkeit ist das Kriterium, von dem her Verschriftungsalternativen erwogen werden, und dies eben ohne Umweg über die Phonetisierung. Den Beweis liefert hier das »griechische y«. Phonetisch ist es schlechterdings nicht interpretierbar. Gewählt wird es wegen der graphematischen Differenz zu »a«, »e«, »i« und »u«.

Ein analoger Vorgang, uns nur viel näher und darum vom historischen Beispiel her allererst faßbar, wiederholt sich in jedem ontogenetischen Erwerb der Alphabetschrift in Form eines speziell dafür ausgebildeten Sprachspiels, das der Didaktiker »Lautieren« nennt. Die Kinder lernen, das gesprochene Wort, z. B. *in,* bei »langsamer und deutlicher« Aussprache in »seine« Elemente *i* + *n* zu »zerlegen« – als Vorbedingung dafür, das geschriebene Wort entsprechend dieser »Laut-Analyse« schreiben zu können. Nun wurde diese vom schriftkundigen Lehrer anhand des geschriebenen Wortes konstruiert und wird je wieder gegen andere Muster, *i* + *n* gegen *i* + *m, a* + *n* usw., rekonstruiert. Diese Konstruktionen gehören seit Generationen zum nie problematisierten Grundinventar aller Methoden, die Kinder ans Lesen zu bringen. Solches ist aber nicht die Bezeichnung der Laute dieses Ausdrucks durch Buchstaben. Das macht schon die Phänomenologie dieser Tatbestände klar. Dem »+« entspricht auf seiten des Sachverhalts buchstäblich nichts, insbesondere keine »Lautgrenze« oder ähnliches. Vielmehr handelt es sich um eine Abbildung von bedeutungsdiskriminierenden Fragmenten des gesprochenen Worts auf die Menge der Buchstaben des jeweils verwendeten Alphabets. Man projiziert für sich allein sinnlich nicht wahrnehmbare, weil kontinuierliche Fragmente des gesprochenen Worts auf diskrete, für sich wahrnehmbare Zeichen. Erst in dieser Projektion gewinnt »der« Laut seine Bestimmtheit.

Orientiert an der kantischen Ästhetik hatte Humboldt dies bereits klar gesehen: Die Buchstabenschrift, so beschreibt er deren Rückwirkung auf die Sprache, läutere und erhöhe deren sinnlichen Ausdruck, »indem sie den im Sprechen verbundnen Laut in seine Grundtheile zerlegt, den Zusammenhang derselben unter einander, und in der Verknüpfung zum Wort anschaulich macht, und durch die Fixierung vor dem Auge auch auf die hörbare Rede zurückwirkt.«[27] Die Grundanschauung ist die des Ganzen, und das ist hier das, was Humboldt »den im Sprechen verbundnen Laut« nennt: das Wort. Die Verbindung leistet das Verstehen, erst durch es wird das Wort *ein* Laut.[28] Wenn das phonematische Prinzip also einen Sinn haben soll, dann meint es nicht die Bezeichnung von Phonemen durch Buchstaben,sondern vielmehr die rekursive Definition des mündlichen durch das geschriebene »Element« und damit die Aufzählung einer Graphemmenge von hinreichender kombinatorischer ›Mächtigkeit‹.[29] Dieser Vorgang steht am Beginn jeder Verschriftung eines Dialekts durch eine Alphabetschrift. Im phonematischen Prinzip ist somit das *Konstitutions*prinzip der Alphabetschrift benannt, keineswegs aber ihr grundlegendes *Funktions*prinzip. Dieses ist auf seiner Grundlage erst freizulegen.

Zu diesem Zweck bietet sich wiederum eine historische Beobachtung an: Mit der Ausbildung des griechischen Alphabets ist die Entwicklung der griechischen Schrift und der Alphabetschrift überhaupt keineswegs im Prinzip abgeschlossen, sie beginnt vielmehr erst dort. Erst nach und nach werden die in diesem Schrifttypus angelegten Möglichkeiten erschlossen. Im Rahmen eines sich beständig weiter differenzierenden Gebrauchs der Alphabetschrift bildet sich allererst das heraus, was man »Orthographie« nennen kann und spätestens im Hellenismus dann auch so genannt hat[30] – im Zuge einer allmählichen Grammatikalisierung und Logisierung der Schriftsprache. Dies hängt mit drei Entwicklungsstadien der Alphabetschrift zusammen: Erstens mit der Entwicklung von Kursivschriften, sodann mit der Differenzierung von Majuskeln und Minuskeln als Folge davon, schließlich mit der parallel dazu verlaufenden Ausbildung einer Interpunktion.

27 *Ueber die Buchstabenschrift und ihren Zusammenhang mit dem Sprachbau.* GS V, S. 114.

28 So definiert Humboldt auch das Wort als einen Laut, der einen Begriff bezeichnet. Der Singular ist kein Versehen. Vgl. Kap. 10, S. 455 ff.

29 Die Differenzierung der Begriffe »Graphem« und »Buchstabe« ist erst eine Folge der beständigen Anpassung des Alphabets an immer komplexere Anforderungen der Schreibpraxis.

30 Vgl. Quintilian, *institutio oratoria* I 7, 1.

Auch das gegen die Kapitalschrift sich ausprägende Phänomen der Kursivschrift wird in der Literatur kaum seiner strukturellen Bedeutung gemäß erfaßt. Der herrschende Topos spricht vom Verfall der harmonischen Proportionen der Kapitalen im flüchtigen Gebrauch des Alltags. Doch liegt der phänomenologisch relevante Tatbestand gerade in dieser Flüchtigkeit. Mit der kursiven Verbindung von Buchstaben wird die Nichtverbindung zum Zeichen, das nun anstelle von Sonderzeichen wie vertikaler Strich oder Punkt zur Andeutung von Wortgrenzen verwendet werden kann und zunehmend verwendet wird. Mit der Kursivschrift wird so das morphematische Prinzip der Alphabetschrift ausgeprägt, und da es in diesem Schrifttypus das phonematische Prinzip impliziert, konnte es auch erst *nach* diesem in Schreibkonventionen ausgelagert werden.

Hiermit beginnt nun eine grammatische Bearbeitung der Sprache, die in rein oralen Sprachgemeinschaften undenkbar wäre. Mit der Entwicklung des Schreibsystems »... Wortlücke – Buchstabenverbindung – ... – Buchstabenverbindung – Wortlücke ...« wird die Alphabetschrift zum Medium der rekursiven Definition des Wortes als grammatischer Kategorie, so wie zuvor mit dem elementaren Schreibsystem »... – Buchstabe – Buchstabe – Buchstabe – ...« bereits die bedeutungsdifferenzierenden Elemente der Schriftsprache rekursiv definiert worden waren. Indirekter und doch schlagender Beleg dafür ist die »ausgeschriebene« Handschrift, die jeder routinierte Schreiber im Laufe seines Lebens ausbildet. In ihr werden die vom phonematischen Prinzip geforderten Differenzierungen der Wortgestalt bis auf ein Maß reduziert, das im Festhalten der morphematisch relevanten Strukturen die Lesbarkeit des Geschriebenen noch eben gewährleistet. So ist sie der ontogenetisch je wieder austarierte Kompromiß zwischen der Individualisierung des Wortes durch den Schreiber und den kognitiven Anforderungen der Lesergemeinschaft.

Gelegentlich hat man die geometrische Proportionalität der griechischen Buchstaben gegen das »schlechte Formniveau« der phönizischen Schrift ausgespielt.[31] Freilich verbirgt sich hinter diesem Kontrast wohl weniger eine überlegene Ästhetik der Griechen als eine Entwicklung des Schriftprinzips, für deren Verständnis erst die elektronische Datenverarbeitung den einschlägigen

31 Vgl. Földes-Papp 1984, S. 152.

Begriff geliefert hat: der zu be-schreibende Raum wird in zunehmendem Maße *formatiert*. Die für unser Auge »harmonische« Form der Kapitalen ergibt sich daraus, daß alle Elemente des Buchstabenregisters einer gedachten oder auch vorgezeichneten Folge regelmäßiger Rechtecke einzuschreiben waren. Stein ist für solche Inschrift natürlich das ideale Substrat.

Die Kursivschrift des alltäglichen Gebrauchs hebt entsprechend ihrem internen Prinzip diese Buchstabenformatierung teilweise wieder auf. In flüchtiger Schreibung tauchen zunächst unsignifikante Ober- und Unterlängen auf. Damit wird der Schreibbereich in vorerst noch undefinierte Räume erweitert, die ihrerseits allmählich im Zuge der Schriftentwicklung gegenüber dem bereits festgelegten Mittelbereich als Ober- bzw. Unterzone formatiert werden. Über die Kapitalkursive und Halbunziale führt dies zur Ausbildung der Minuskel[32], gegen die nunmehr das traditionelle Register den Wert der Majuskel annimmt und zum markierten Fall wird. Der wird nun zur Schreibung von Text- und Satzanfängen, später dann zur Indizierung von Eigennamen usw. verwendet. Damit ist innerhalb der Alphabetschrift eine weitere Differenz ausgebildet, die es nunmehr gestattet, nicht nur das Wort selbst nach dem Prinzip der Bedeutungsdifferenzierung zu schreiben und formal zu kennzeichnen, sondern auch bestimmte Wörter entsprechend ihrer syntaktischen Position oder ihrem semantischen Wert auszuzeichnen. Resultat dieser Entwicklung ist eine Schrift, der es in der Kombination ihrer verschiedenen Register gelingt, das Auftreten von Homonymen weitestgehend auszuschalten und selbst Polysemien bis zu einem gewissen Grad zu kennzeichnen.

Spätestens mit der Etablierung der mittelalterlichen Minuskelschriften stehen daher mit der festgelegten Buchstabenfolge, mit der Getrennt- bzw. Zusammenschreibung und mit der Groß- bzw. Kleinschreibung drei der eingangs genannten vier Register der späteren Orthographie bereit. Parallel dazu bildet sich schon seit der Antike die Interpunktion mit Punkt und Kolon heraus. Seit dem 15. Jahrhundert treten Semikolon, Komma, Ausrufezeichen, Anführungszeichen usw. hinzu. Vernachlässigt man der Wortschreibung zuzurechnende Zeichen wie Bindestrich oder Apostroph, so ist damit das Repertoire dessen, was Orthographie

32 Vgl. ebd. S. 180 ff.

im heutigen Sinn ausmacht, *vollständig* umrissen. Wie die Wortlücken die syntaktische Kategorie Wort formal kennzeichnen, so die Interpunktionszeichen syntaktische Kategorien, aus denen der geschriebene Text gebildet wird – freilich beileibe nicht alle. Als zentrale syntaktische Kategorie, die formal gekennzeichnet wird, bildet sich in the long run – im Deutschen ist diese Entwicklung erst im 19. Jahrhundert abgeschlossen – der Satz heraus. Denn sieht man vom einstelligen Aufzählungskomma ab, das gleichrangige Konstituenten gleich welcher Ordnung trennt, so handelt es sich beim gesamten Interpunktionsinventar von (zweistelligem) Komma, Semikolon, Doppelpunkt, Parenthesen usw. um ein Repertoire, das zur Kennzeichnung der Form von Sätzen bzw. von satzwertigen Konstituenten dient.

Wort und Satz werden so im jahrtausendelangen Gebrauch der Alphabetschrift als formale Kategorien des Textes allmählich ausgeprägt, d. h. – in der hier freilich irreführenden saussureschen Terminologie – als Kategorien der parole.[33] Diese Praxis ist Voraussetzung für eine jede grammatische Behandlung der Sprache qua langue, und die – so zeigt sich – hängt intrinsisch mit der Ausbildung der Alphabetschrift zusammen. Allein die Buchstabenfolge eines zu schreibenden Wortes bestimmt sich innerhalb syntagmatischer und paradigmatischer Relationen, in Differenz zu den Buchstabenfolgen aller an derselben Stelle nicht zu schreibenden Wörter. Das extensional, eben alphabetisch organisierte Wörterbuch zeigt sozusagen allein die paradigmatische Dimension. Doch hängt natürlich die Wahl des an der betreffenden Stelle passenden, treffenden »Lemmas« ebenso von der syntagmatischen Dimension ab. Wörterbücher werden aus Texten gewonnen. Getrennt- und Zusammenschreibung, Groß- und Kleinschreibung und Interpunktion werden dagegen ausschließlich von den syntagmatischen Relationen der Wörter des jeweiligen Textes bestimmt. Die Orthographie von nichttextualen Wortfolgen, z. B. die von Wörterbüchern, ist daher ein spezielles Problem, das nur auf der Grundlage der »normalen«, d. h. der innertextuellen Verwendung von Wörtern geklärt werden kann. Aus den mit diesen Registern gegebenen kombinatorischen Möglichkeiten der Schreibung von Wörtern und Sätzen ergibt sich alles weitere. Und alles folgt dem Prinzip der Differenz.

33 Irreführend, weil es sich ja um Schrift handelt, nicht um Rede.

Digitalisierung der Schrift und Konventionalisierung des Alphabets

Damit sich allerdings der heute übliche Begriff von Orthographie als einer relativ homogenen Norm der Schreibung von Wörtern und Sätzen einer Sprache ausbilden konnte, war ein Entwicklungssprung im Schriftgebrauch erforderlich, der die Voraussetzungen für die Ausbildung einer derartigen, als Konvention deutbaren Norm schuf. Er wird herbeigeführt durch die technologische Revolution des Buchdrucks.[34] Innerhalb eines Jahrhunderts reduziert dieser die Vielfalt der in den mittelalterlichen Scriptorien entwickelten, sowohl standort- wie schreiber- und adressatenabhängigen Kodierungssysteme auf eine Norm, die von diesen drei Variablen relativ unabhängig ist.[35] Bedenkt man das oben freigelegte Grundprinzip einer jeden Schrift, daß ihre Zeichen nicht dazu dienen, irgendwelche Ausdrucksformen zu bezeichnen, sondern lesbare Wörter und Texte zu schreiben, dann mußten sich auf dem mit der karolingischen Minuskel erreichten Niveau der Schreibschrift in dieser mit der Dauer ihres Gebrauchs logographische Tendenzen vervielfältigen. Die spätmittelalterlichen Handschriften enthalten eine – aus welchen praktischen Motiven auch immer entstandene – Fülle von Abkürzungen und Ligaturen, die der Buchdruck aus technischen wie kommerziellen Gründen auf ein überschaubares, in höchstem Maß standardisiertes Kodierungsrepertoire zurückführen mußte. Von Kodierung ist hier zurecht zu reden, denn im Gegensatz zum Schreiber braucht der Drucker in jedem Fall eine schriftliche Vorlage. Jede Abkürzung, die für den routinierten Schreiber Zeitersparnis bedeutete, wird für den Drucker zur zeit- und kostenträchtigen Sondertype. Es liegt in der Logik dieser Entwicklung, daß das Alphabet als die kleinste bekannte Menge diskreter Zeichen, mit welcher jeder Text zu schreiben war, eine neue, in jedem Sinn ökonomische Bedeutung gewinnen mußte. Denn das Druckverfahren, die Herstellung der Druckform aus Elementen des Setzkastens, schließt die mit der Schreibschrift intrinsisch verbundene Entwicklung des Kursiven aus.

34 Vgl. hierzu Giesecke 1991.

35 Ebd. S. 489 ff.

Erst mit dem Druck wird so die Digitalisierung der geschriebenen Information definitiv.[36] Erst damit wird ein Begriff von Orthographie möglich, der unter »Rechtschreiben« ein Handeln gemäß einer definierten Norm versteht: Hier wird das Schreiben nun als Verfahren in einem diskret formatierten Raum aufgefaßt, das für jede zu inskribierende Position eine Regel bereithält, welches Zeichen aus einem gegebenen Inventar hier zu wählen sei, um ein bestimmtes Gemeintes zu artikulieren. Die historische Form, in der sich dieses Prinzip realisiert, ist die allmähliche Homogenisierung der Schrift über Wortlisten. Diese sorgen für die Ausmerzung von Schreibvarianten innerhalb nicht mehr nur einer *Sprach*gemeinschaft, sondern einer Population, deren Identität nunmehr durch den Gebrauch ein und derselben *Schrift*sprache definiert wird. Das Sprachsystem, die langue, wird digital in einer Form aufbereitet, die es *a priori* als über die Schrift individualisiertes Allgemeines zurichtet. Das linguistische Konzept des Idiolekts, ein Konstrukt, das die Sprache eines Individuums I zu einem bestimmten Zeitpunkt t_j meint, ist im wörtlichen Sinne denkbar nicht allein unter Voraussetzung der Schrift im allgemeinen, sondern in strengem Sinn gar erst unter Voraussetzung der Druckschrift. Erst damit war die Sprache zu dem Maß an Diskretheit »aufbereitet«, welches dieses Konstrukt erfordert. Der Begriff von Orthographie ist verfehlt, faßt man sie lediglich als »graphische«, konventionelle Gestaltung des signifiant auf. Sie ist nicht weniger, freilich auch nicht mehr als die Normierung der Worte und Satzformen einer Literatursprache, und als solche nicht erdacht oder kodifiziert von Grammatikern wie Schottel, Adelung oder Duden, sondern »ausgeschwitzt« von der Gemeinschaft der Schreibenden beim Schreiben und, im Fall des Deutschen und vergleichbarer europäischer Sprachen, kodifiziert im Wechselprozeß mit diesen von den Druckern des 16. bis 18. Jahrhunderts.[37]

Das phonematische Prinzip war das grundlegende Konstitutionsprinzip der Alphabetschrift. Dies bedeutet – bedenkt man den Sinn eines solchen Prinzips recht –, daß es seine die Schreib-

36 »Digital« nenne ich die Kodierung einer Information derart, daß diese vollständig, ohne Verlust also an Information, wieder dekodiert werden kann. Vgl. zum Problem der Digitalisierung der Orthographie Stetter 1991 b.

37 Vgl. hierzu Kohrt 1990.

praxis konstituierende Funktion mehr und mehr verlieren *mußte,* war ein Dialekt erst einmal nach welchem Alphabet auch immer verschriftet. An seine Stelle tritt die Schreibung *in Analogie und in Differenz zu* in der betreffenden Schriftsprache bereits geschriebenen Wörtern. Der klassische Topos, unter dem sich dieser Grundsatz zur Geltung bringt, ist der des Schreibgebrauchs. Bereits Quintilian bringt ihn gegenüber der phonematisch begründeten Schreibung als eigenständiges Prinzip ins Spiel.[38] Selbst wenn man wie er phonematische Kodierung und Schreibusus als korrelative Prinzipien betrachtet, so mußte der Usus doch überall dort den Vorrang gewinnen, wo nicht mehr nur ein Dialekt, sondern – wie im Deutschen – eine Vielzahl mehr oder weniger divergierender Dialekte auf ein und dieselbe Schrift abzubilden waren. Das Unternehmen der lutherschen Bibelübersetzung setzte nicht nur einen Prozeß des Sprachausgleichs auf lexikalischer und folglich semantischer Ebene in Gang, sondern als dessen Implikation einen analogen Prozeß auf der Ebene der Orthographie.[39] Noch Adelung belegt es in seiner kuriosen Apologie des kursächsischen Dialekts der »oberen Classen«[40] auf jeder Seite. So gemein, wie dieser Dialekt in Leipzig auf dem Markt klingt – *Fleesch* statt *Fleisch, Bodden* statt *Boden* –, macht er sich dann doch nicht im Munde der Gebildeten aus, weil diese – eben nach der Schrift sprechen. Und so läuft das vermeintlich phonographische Prinzip seiner Orthographietheorie – »schreib wie du sprichst«, und zwar »der allgemeinen besten Aussprache gemäß«[41] – auf eine Tautologie hinaus: Schreibe so, wie man schreibt. Denn allein die technische Reproduzierbarkeit schriftlicher Zeichengestalten konnte die allgemeine Identität *einer Sprache* und folglich einer Aussprache verbürgen. Zunächst mußte deshalb die Schreibung von Wörtern und Sätzen innerhalb desselben Textes homogenisiert werden, dann innerhalb der von einem Drucker gefertigten Texte, in Konsequenz dessen schließlich die Schreibung der Texte der Lesergemeinschaft insgesamt. Der phonematische Wert des Geschriebenen mußte dabei eine umso geringere Rolle spielen, je mehr das laute durch leises Lesen verdrängt wurde. Selbst für das

38 *Institutio oratoria* I 7, 30 f.

39 Vgl. Arndt/Brandt 1983, S. 32 ff. und 150 ff.

40 Vgl. Adelung [1971] II, S. 682 ff.

41 Ebd. S. 679.

Vorlesen aber wurde mehr und mehr maßgebend nicht die phonematische Nähe der Kodierung zum jeweiligen Dialekt, sondern die Identifizierbarkeit des semantischen Werts des betreffenden Wortes. War diese gegeben, so wurde schon »richtig« vorgelesen, sei es nun auf Kursächsisch, auf Hessisch oder in rheinischem Dialekt.

Dies erst bringt die Idee von Orthographie in ihrer heutigen Gestalt auf den Weg. Denn gefordert ist nun ein Kodierungsverfahren, das die Homogenitätsforderung des Drucks in Einklang bringt mit dem in einer multidialektalen Schriftgesellschaft schwindenden Gewicht des phonematischen Kodierungsprinzips. Die moderne Orthographie verdankt sich zweifellos dieser Konstellation. Sie allein erklärt den Primat der konventionellen Geltung orthographischer Normen, der mit ihrem heutigen Begriff konstitutiv verbunden ist.

Die konventionelle Fixierung der Orthographie des Neuhochdeutschen ist paradigmatisch mit den Namen Adelung und Duden verbunden. Adelungs *Umständliches Lehrgebäude* schließt die Epoche der Formierung einer relativ homogenen nationalen Literatursprache definitiv ab. Der Name Duden steht nicht nur für den mit der 2. Orthographischen Konferenz von Berlin 1901 erreichten Abschluß der im 19. Jahrhundert geführten Debatte zwischen romantischer Philologie und den – natürlich erfolgreichen – pragmatischen Traditionalisten, die bei allen Detailkorrekturen doch am Kompromiß festhalten wollten, wie er einmal bei Adelung und der sich an ihm orientierenden Schreib- und vor allem Druckpraxis festhalten wollte. Noch mehr steht er für das Programm einer nunmehr sozusagen flächendeckenden, quasi industriell betriebenen Regulierung des Schriftgebrauchs, das man wohl als Korrelat der erst im 20. Jahrhundert erreichten weitgehenden Demotisierung der Schrift[42] betrachten muß.

Diese Normierung der Orthographie erfolgt im Medium des Buchdrucks – und sie erfolgt über Bücher von immer größerem Umfang. Adelung weit hinter sich lassend umfaßt der Große Duden heute bereits mehr als zehn Bände, die laut Verlagsmarketing »unentbehrlich« sind zum »korrekten« Gebrauch der deutschen Schriftsprache. Der Name Duden ist zum eingetragenen Warenzeichen eines Wirtschaftszweiges geworden, der vergleich-

42 Vgl. hierzu Maas 1985 b.

bar der Normierung von technischen Produkten nach DIN nunmehr standardisierte Normen der Produktion von Geschriebenem bzw. von Gedrucktem hervorbringt.[43] Dies hat allerdings die offenkundige, vielleicht darum aber nie bemerkte Paradoxie zur Folge, daß die Vereinheitlichung des Schreibens dieses offenkundig immer komplizierter macht. Der Duden wird immer dicker, nicht immer dünner.

Wiederum zeigt sich eine rekursive Struktur, deren Besonderheit hinter der gewachsenen Selbstverständlichkeit des Phänomens philosophisch erschlossen werden muß. Sie markiert einen kulturellen Sprung. Daß das Schreiben von Büchern sich an Büchern orientiert, bedeutet ja, daß eine solche Praxis eine andersartige voraussetzte und je wieder voraussetzt. Dieses aber, das je Vorausgesetzte, bedurfte als solches anderer Orientierungen. Es ist geradezu der Prototyp jenes von Ryle beschriebenen intelligenten Könnens, des Gewußt-wie, das seiner eigenen Theorie notwendigerweise vorausgeht.[44] Es ist die Dimension des Usus, in der sich das Knowing-how des Schreibens in einer sich an Beispielen und Analogien orientierenden Koordination der Druckerpraxis so deutlich ausgeprägt hatte, daß es sich schließlich als Knowing-that, als System von Regeln in Büchern fassen ließ. Nichts anderes als dies macht aus dem Orthographiekundigen den Beckmesser, daß er vergißt oder womöglich nie realisiert hat, daß pragmatisch wie logisch jede Regelung ein nicht geregeltes Schreibenkönnen voraussetzt. Dieses muß deswegen freilich keineswegs chaotisch sein – es organisiert sich analogisch.

Die Namen Adelung und Duden stehen für verschiedene Phasen der Fixierung des orthographischen Normensystems. Zurecht hat man darauf hingewiesen, daß zu unterscheiden ist zwischen den mehr oder weniger mythographisch ausgerichteten Beschreibungen dieses Prozesses innerhalb der orthographischen Historiographie und dem realen historischen Prozeß.[45]

43 Das Wort »Duden« ist laut Impressum des *Duden in 10 Bänden* »als Warenzeichen geschützt«.

44 Vgl. Ryle 1963, Kap. II. Ich verwende im folgenden in der Regel anstelle der Übersetzungen *Können* und *Wissen* Ryles Termini *knowing how* und *knowing that,* um den Bezug auf diesen philosophischen Ansatz zu verdeutlichen.

45 Vgl. Kohrt 1990, 106 ff.

Weder Adelung noch Duden schaffen ein neues orthographisches System, sie zeichnen – mehr oder weniger getreu – eines auf, das sich aus der homogenisierenden Praxis des Buchdrucks ergeben hatte. Bei Adelung ist dies noch mit dem Versuch verbunden, die aufgezeichnete Praxis grammatisch zu interpretieren, also abzubilden auf ein »zugrunde liegendes« System syntaktischer oder morphologischer Regeln, die der Grammatiker freilich nicht mehr als Produkte des Schriftgebrauchs durchschaut. Aus dem Hauptwort, welches groß geschrieben wurde, weil es semantisch wichtig war[46], wird das Substantiv, das groß zu schreiben ist, weil es eben ein Substantiv ist.[47] Wesentlich ist in diesem Zusammenhang Adelungs Insistieren auf dem Grundsatz der Schreibung »gemäß der erweislich nächsten Abstammung« gewesen, die grammatische Formalisierung des morphematischen Prinzips.[48]

46 Vgl. Arndt/Brandt 1983, S. 155 f.

47 Man hat hier gelegentlich eine Tautologie ausmachen wollen: »Substantive schreibt man groß. Man erkennt sie daran, daß sie großgeschrieben werden.« Doch damit ist die rekursive Struktur dieser Art von Definition verkannt, die ja extensional, also sozusagen durch Aufzählung von aus bestimmten Gründen großgeschriebenen Wörtern vor sich geht, wobei diese Gründe im Verfahren nicht benannt zu werden brauchen. Die Schreibenden orientieren sich an den Analogien, die sie in ihrer Praxis allmählich zusammengetragen haben. Auf diesen, nicht auf Regeln beruht ihr Können. Mancher, der über eine hohe orthographische Kompetenz verfügt, wäre außerstande, eine allgemeine Definition ›des‹ Substantivs zu geben. So bildet sich in der Schreibpraxis allmählich – völlig zirkelfrei – eine relativ genau definierte Liste dessen heraus, was in der betreffenden Gemeinschaft von ›Schriftkundigen‹ als Substantiv angesehen wird – und es gehört ebenso konstitutiv zum Verfahren dieser Art von Definition, daß sie in der Schreibpraxis beständig überprüft und daß die den Einzelfall betreffende Definition durchaus geändert werden kann wie z. B. im Fall *Er hat recht,* wo die betreffende Analogie in der Negation liegt: *Er hat nicht recht,* nicht: *Er hat kein Recht.* Dieser Grund muß dem, der in dieser Verwendung das Substantiv *Recht* nun kleinschreibt, keineswegs deutlich sein. Es genügt, wenn er das Gefühl hat, daß hier das Wort »Recht« nicht auf eine Weise verwendet wird, die der Grammatiker »Akkusativ-Objekt« nennt. Für das, was man »Sprachgefühl« nennt, ist es geradezu konstitutiv, daß es zwar Formulierungsalternativen genau zu unterscheiden weiß, aber in der Regel nicht vermag, dafür theoretische Gründe anzugeben. Es ist eben Knowing-how, nicht Knowing-that.

48 Vgl. Adelung [1971] II, S. 704 ff.

Kohrt hat in diesem Zusammenhang von einer doppelten Kodifikation der Orthographie des Deutschen gesprochen, nämlich durch die extensionale Regelung von Schreibweisen durch Listen einerseits und durch intensionale Regelformulierungen andererseits.[49] Dieser Prozeß erfaßt die Buchstabenfolge mit der kontinuierlichen Verdeutlichung des morphematischen Prinzips ebenso wie die Groß- und Klein- und die Getrennt- und Zusammenschreibung. Allein die Interpunktion entzieht sich, da vollständig syntaktisch determiniert, diesem Verfahren. Noch das Design der neuesten Duden-Ausgaben kann in der Ausdifferenzierung eines besonderen Regelteils, welcher der Wortliste vorangestellt wird[50], gleichsam als Modell für den historischen Prozeß dienen. In ihm spiegelt sich getreu das Grundproblem einer Normierung post festum. So wird als eine der Grundregeln der Getrennt- und Zusammenschreibung ein sogenanntes »semantisches« Prinzip formuliert: Zwei Wörter sollen dann zusammengeschrieben werden, wenn sich aus ihrer syntagmatischen Kombination ein neuer semantischer Wert ergibt, der nicht als logische Multiplikation der Werte der einzelnen Wörter aufzufassen ist. Exemplifiziert wird diese Regel an Beispielen wie *sitzen bleiben* vs. *sitzenbleiben, gehen lassen* vs. sich *gehenlassen* etc.[51] In Analogie dazu müßte beispielsweise die Konjunktion *sodaß* zwingend zusammengeschrieben werden, denn in *Er starb* (= p_1), *sodaß er nicht ausgeliefert werden konnte* (= p_2) wird p_2 nicht als Folge der Modalität eines Elements von p_1, nämlich von *starb,* dargestellt, sondern als Folge von p_1 selbst. Die Wortliste des Duden verzeichnet jedoch im Widerspruch hierzu die Schreibweise *so daß.* Diese erscheint folglich in Texten, die nach dem Duden korrekturgelesen wurden, als die statistisch häufigere. Entgegen der mythographischen Tradition der Orthographie setzt sich klarerweise nicht die Regel durch, sondern die Einzelfallregelung. Das Token ist unter den Typ ungleich leichter zu subsumieren als der Fall unter die Regel. Insbesondere spielt sich hier die sinnliche Präsenz des Geschriebenen gegen die Abstraktheit des Verstehens aus.

49 Vgl. Kohrt 1990.

50 Beginnend mit der Auflage 18 des Bandes 1: »Richtlinien zur Rechtschreibung, Zeichensetzung und Formenlehre in alphabetischer Reihenfolge«.

51 Duden Band 1, R 205.

Damit ist die Frage nach der Geltung von Regelungen aufgeworfen. Wozu orthographische Regeln, wenn man sich doch nicht konsequent an sie hält? Offensichtlich gibt es Grade der Lizenz im Umgang mit ihnen, die auf soziale Tatbestände wie Bildungsgrad, Berufsfeld etc. abbildbar sind. Studenten oder Freiberufler nehmen den Duden weniger ernst als Sekretärinnen oder Studienräte.[52] Offensichtlich erfüllen orthographische Normen die Kriterien des von Max Black beschriebenen »regulativen« Regeltyps[53]: Sie werden von einer Instanz inkraft gesetzt, die dazu legitimiert ist oder die doch als dafür legitimiert gilt. Der Verstoß gegen sie ist mit Sanktionen verbunden, die Beherrschung der Orthographie ist notwendige Bedingung für höher qualifizierende Abschlüsse. Die von der Normierung betroffenen Subjekte können andererseits je nach Status gegen sie verstoßen und – wie etwa im Fall des Kommas zwischen Hauptsätzen – durch mehrheitliches Verweigern der »Gefolgschaft« eine Revision der Norm erzwingen. Orthographische Konferenzen und Rechtschreibreformkommissionen sind der manifeste Beleg für die Herrschaft des regulation-sense über das orthographische Knowing-how.

Doch ist der Sinn orthographischer Regeln damit in grundlegender Hinsicht verkannt. Die konventionalistische Deutung der Orthographie ist neben der Verkennung des phonematischen Prinzips und seiner tatsächlichen Funktion für die Konstitution der Alphabetschrift das zweite wesentliche Moment des orthographischen Mythos. Wenn gilt, daß sich ein orthographisches Knowing-how als Bedingung dafür herausgebildet haben mußte, daß Schrift überhaupt durch Schrift geregelt werden konnte, dann *mußte* der Kodifizierung der Norm durch Adelung, Duden oder durch wen auch immer ein nicht kodifiziertes Schreiben-können zugrunde gelegen haben und je wieder zugrunde liegen. Die schriftliche Normierung des Usus ist damit ipso facto – will man beim Begriff der Konvention bleiben – als Kodifizierung einer Konvention in dem von Lewis beschriebenen Sinne ausgewiesen, als Aufzeichnung einer Praxis, die man als Herstellung eines koor-

52 Vgl. hierzu Stetter 1991 b.

53 Vgl. Black 1962, S. 115 ff. Black unterscheidet hier verschiedene Lesarten des Regelbegriffs, die er »regulation-sense«, »instruction-sense«, »precept-sense« und »principle-sense« nennt.

dinativen Gleichgewichts deuten könnte, treffender gesagt als Problemlösung.[54]

Als Modell dafür mag die Großschreibung der Substantive im Deutschen gelten – eine Regelung, deren Revision auch heute noch von Sprachdidaktikern, den professionellen Sachwaltern institutionalisierter Orthographiereform, für möglich gehalten und angestrebt wird. So hat etwa Mentrup für eine Rückkehr zur sogenannten gemäßigten Kleinschreibung[55] mit dem Argument geworben, daß die Substantivgroßschreibung in einem historisch rekonstruierbaren Prozeß per Konvention eingeführt worden sei, eben über die allmähliche Ausweitung des Eigennamenbegriffs in den Verzeichnissen der Drucker des 16. bis 18. Jahrhunderts. *Folglich* müsse dieser Prozeß auch per Konvention umkehrbar sein.[56] Die Beschreibung des Faktums ist durchaus zutreffend, doch der Schluß daraus ist nicht gerechtfertigt. Denn er verkennt den sachlichen Grund, der der konventionellen Praxis, in der es ja keinerlei legitimierte Regelungsinstanz gab, allein Geltung verschaffen konnte. Adelungs Bedeutung liegt nicht in seinen Deutungen, die in der Tat phonozentrisch zu nennen sind, sondern in seinem Blick für Funktionalität und Ökonomie des orthographischen Systems. Der setzt sich gegen alle phonographischen Tendenzen seiner Theorie durch, welche der Schrift doch von vorn bis hinten abgelesen ist. Recht betrachtet gibt für ihn der phonographische Grundsatz »Schreib wie du sprichst« nichts als die Folie ab, gegen die er die Bedeutung des morphematischen Prinzips und des Gebrauchsprinzips ausspielt.

Die Funktionalität der Substantivgroßschreibung liegt allerdings nicht – wie behauptet worden ist – in einer besonderen syntaktischen Struktur des Deutschen im Unterschied zu anderen europäischen Sprachen, sondern in zwei anderen, von der neueren Forschung klar identifizierten Tatbeständen: Zum ersten verbessert die Großschreibung der Substantive eindeutig, wenn auch

54 Vgl. zu dieser Deutung des Konventionsbegriffs Lewis' von Savigny 1983, dazu Stetter 1991 a. Konrad Ehlich hat in diesem Sinne die Schriftevolution grundsätzlich als sozial organisiertes Problemlösen gedeutet. Vgl. Ehlich 1981.

55 Die Kleinschreibung von Substantiven bei Beibehaltung der Großschreibung von Eigennamen, Anreden und Satzanfängen.

56 Vgl. Mentrup 1980.

nicht in erheblichem Maße, die Lesbarkeit der mit dieser Norm geschriebenen Texte. Es ist nachgewiesen worden, daß niederländische Leser in Substantivgroßschreibung kodierte niederländische Texte schneller lasen als in der ihnen vertrauten Kodierung mit Substantivkleinschreibung.[57] Zum anderen und vor allem sind mit der generellen Großschreibung von Substantiven die meisten Probleme der Eigennamenschreibung suspendiert, die logisch ungleich komplexer sind: Sei *Kölner Dom* Eigenname der gotischen Kathedrale von Köln – was selbst keineswegs eindeutig ist –, so wäre derselbe Ausdruck doch in einer so alltäglichen Verwendung wie *DER KÖLNER DOM IST GRÖSSER ALS DER AACHENER* zweifelsfrei nicht als Eigenname verwendet, sondern als sortales Prädikat, wäre hier also in einem bereinigten System der gemäßigten Kleinschreibung als *Kölner dom* bzw. – um es ganz genau zu nehmen – als *kölner dom* zu schreiben.

Eine analoge Funktionalität orthographischer Normen ist nachgewiesen worden etwa für die Distribution von zweiregistrigen, graphisch obstruenten Minuskeln[58], von Doppelkonsonanten an Silbengrenzen oder für das Zusammenspiel von Satzmajuskel und Satzschlußzeichen. Die beiden ersteren Regelungen dienen offensichtlich der Strukturierung des Wortbildes. So ist etwa die phonematisch unmotivierte Distribution des sogenannten Dehnungs-*h* motiviert entweder durch einen komplexen Silbenendrand sonantischer Grapheme, der ohne das *h* den vokalischen Silbenkern als kurz zu lesenden ausweisen würde, oder aber vermeidet wie bei *ge-hen* das Aufeinandertreffen eines vokalischen Silbenausgangs und -anfangs.[59] Alle diese Phänomene sind so als Ausfluß des morphematischen Prinzips zu deuten, dessen logische Priorität durch diesen Befund bestätigt wird. Das Schreibsystem »Satzmajuskel ... Satzschlußzeichen« erzwingt eine logische Linearisierung des geschriebenen Textes über die Eliminierung aller syntaktisch nicht als Satz interpretierbarer Syntagmen, die in mündlicher Rede gang und gäbe sind. Von der Schrift her werden sie als Anakoluthe oder als Ellipsen aus dem Bereich des Wohlgeformten ausgegrenzt, obwohl sie doch im Mündlichen »normal« sind.[60]

57 Vgl. Bock und Günther 1988.
58 Vgl. Naumann 1988, S. 194 ff.
59 Vgl. Butt und Eisenberg 1990.
60 Vgl. Stetter 1989.

Der Nachweis einer statistisch relevanten Korrelation von Anakoluthen und Blickkontakten der mündlich kommunizierenden Personen ist ein klarer Beleg für die Funktionalität solcher Formen mündlicher Kommunikation. Die Sicherung des Verständnisses qua Rückkoppelung storniert die Notwendigkeit, den Satz zu »vollenden«. Die grammatische Wohlgeformtheit des Satzes wird somit begreifbar als Funktion der medialen Bedingungen des Schreibens, die Ausprägung des graphematischen Zusammenhangs von Satzmajuskel und Satzschlußzeichen als eine orthographische Problemlösung, die die generelle Erfüllung der grammatischen Norm reflexiv zu sichern hilft.

In diesem Sinne muß allgemein gelten, daß dem regulation-sense orthographischer Normen ein instruction-sense zugrunde liegt, ein sachhaltiger Grund also. Zu erarbeiten bleibt somit ein Verständnis von Orthographie, das die intrinsische Funktion orthographischer Normen im Zusammenhang der Konstitution von Schrift und Grammatik ebenso im allgemeinen Begriff von Sprache verankert wie ihre Funktionalität für das jedesmalige Schreiben.

2. Phänomenologie der Grammatik

Die Muttersprache erwirbt man, Fremdsprachen muß man lernen. Daß man diese anders »lernt« als die Muttersprache, ist eine Binsenweisheit. Doch verbirgt sich hinter dieser Einsicht etwas über die Natur von Sprache, das zutage zu bringen eigentümliche Widerstände entfaltet. Dies hängt mit der Verflechtung von Schrift und Grammatik zusammen, auf die wir bei der Betrachtung der Entwicklung der Orthographie gestoßen waren. Das bringt das kategoriale Netz durcheinander. Der Sprache, nicht der Schrift rechnen wir die Grammatik zu. In Chomskys Mentalismus hat diese Sichtweise ihren extremsten Ausdruck gefunden.[1] Der Begriff der Grammatik wird dadurch ambivalent auf eine Weise, die geradezu systematisch den Weg zu einem angemessenen Verständnis verstellt. Freizulegen ist dies nur, wenn bedacht wird, wie wir mit Grammatik umgehen – nicht als Linguisten oder Philosophen, sondern als Angehörige einer literalen Kultur. Einige Unterscheidungen weisen den Weg:

(1) In der Muttersprache handelt, denkt und fühlt man.

(2) Wort und Bedeutung sind in ihr eins.

(3) Ihre Syntax und, so vorhanden, Morphologie sind uns selbstverständlich, wir beherrschen sie mit absoluter Leichtigkeit: Im Gebrauch der Muttersprache können wir in gewissem Sinne keine Fehler machen, ebensowenig wie wir Fehler beim Laufen oder Schlucken machen können.[2]

(4) Man weiß oder sieht, was man in der eigenen Sprache nicht sagt.

(5) Der Erwerb der Muttersprache geht dem der Schriftbeherrschung voraus.

Eine Fremdsprache »erwirbt« man, verglichen damit, ganz anders:

(1') Wir handeln, denken und fühlen nicht in ihr. Wo dies beginnt, hört die Fremdsprache auf, Fremdsprache zu sein, beginnt Multilingualität.

(2') Wort und Bedeutung sind in ihr – für den Lernenden – getrennt. Man muß die Verwendungsmöglichkeiten und folglich die Bedeutungen ihrer Wörter lernen.

1 Vgl. Kap. 6.

2 Stolpern oder Verschlucken beruhen nicht auf mangelhafter Beherrschung des Lauf- bzw. Schluckapparats, sondern auf Störungen bzw. Interferenzen im Wahrnehmungs- oder Steuerungssystem.

(3') Die Grammatik der Fremdsprache wird als ein System von Regeln gelernt, nach dem man Sätze »baut«. Man kann Fehler in Syntax und Morphologie, in der Verwendung der Wörter gemäß ihrem semantischen Wert und insbesondere in der Situierung von Äußerungen machen.
(4') Man kann lernen, was man in der fremden Sprache sagen kann und was in ihr ein Fehler ist, man kann nicht oder allenfalls begrenzt lernen, was man in ihr nicht sagt.[3]
(5') Der Erwerb der Fremdsprache wird – unter heute normalen Umständen – stets über die Schrift vermittelt.

Die Muttersprache *erwirbt* man, so läßt sich der Unterschied zusammenfassen, im Prozeß der primären Sozialisation, die Fremdsprache *lernt* man wie die Schrift. Dazu braucht man eine Grammatik, dies definiert geradezu den Lernprozeß. Man fängt an, die fremde Sprache zu beherrschen, wenn man an die Grammatik nicht mehr denkt.

Daß unser Begriff von Grammatik ambivalent ist, zeigt schon die Art, wie wir das Wort »Grammatik« verwenden und über grammatische Sachverhalte sprechen: Einerseits benutzen wir Grammatiken als Hilfsmittel zum Erlernen einer Fremdsprache. So betrachtet sind sie subsidiär: Solange man die Grammatik braucht, solange beherrscht man die zu erlernende Sprache noch nicht. Sprachbeherrschung und Gebrauch einer Grammatik schließen einander geradezu aus. Dies gilt erst recht für die Muttersprache. Grammatik spielt im muttersprachlichen Unterricht nur eine Rolle bei der Einführung in den Gebrauch der Schrift, und auch da nicht, um die Schüler die grammatisch beschriebenen Ausdrücke zu lehren, sondern entweder – im Fall des Rechtschreibunterrichts –, als Kategorieninventar zur Unterscheidung von Wörtern oder aber, um die Formen der Schriftsprache reflexiv zugänglich zu machen, gegen dialektale Varianten abzugrenzen usw., mit einem Wort: um in eine Sprachnorm einzuüben, die stets an eine bestimmte Literatur gebunden ist.

Andererseits gelten Grammatiken als theoretisches Mittel zur systematischen Beschreibung von Sprache. Man spricht von den

3 Den Grund dafür hat Humboldt verdeutlicht (vgl. Kap. 10, S. 426): Die Muttersprache erwerben wir ganzheitlich, sozusagen von außen nach innen, und dieses Erwerben ist ein wesentlich ästhetisch organisierter Prozeß. Die Fremdsprache dagegen lernt man logisch, und zwar »von innen nach außen«, Stück für Stück, und eben deswegen nie ganz.

grammatischen Regeln der eigenen Sprache, etwa des Deutschen, in demselben Sinn wie von denen einer Fremdsprache, des Englischen oder Japanischen. Es gehört zur selbstverständlich gewordenen Vorstellung von Sprache, daß eine jede ihre »eigene« Grammatik besitzt. Für Wilhelm von Humboldt sind die grammatischen Formen einer Sprache konstitutiv am Aufbau der jeweiligen ›Weltansicht‹ beteiligt, die diese Sprache von allen anderen unterscheidet. Daher müßte eine jede mit den ihr gemäßen, eigenen Kategorien beschrieben werden. Es sei daher, so leitet er den der »Redeverbindung« gewidmeten Teil der *Grundzüge des allgemeinen Sprachtypus* ein,

»wichtig, bei der Zergliederung der Sprachen und der Untersuchung ihres Baues den Typus der Construction voranzustellen, und die Beschaffenheit der einzelnen Redetheile aus ihm abzuleiten. Denn nur indem man so dem Gange der Natur selbst folgt, erkennt man die besondre Eigenthümlichkeit jeder einzelnen Sprache ...«[4]

Beide Aspekte verdanken sich einer theoretischen Einstellung zur Sprache, die ein besonderes Sprachbild erzeugt hat. Im Sinne des subsidiären Grammatikkonzepts spricht man *nach* den Regeln, im Sinne des theoretischen *gemäß* den Regeln der jeweiligen Sprache. Denn »nach Regeln sprechen« impliziert semantisch im Deutschen, sich an diesen Regeln zu orientieren, und dies heißt, sie im Vollzug dieser Handlung in irgendeiner Weise zu betrachten oder zu berücksichtigen. Man kann sich jedoch gemäß bestimmten Regeln verhalten, ohne sie überhaupt zu kennen: Läuft beim Trabrennen ein Pferd nicht mehr gemäß den betreffenden Regeln – des Traberverbandes oder wessen auch immer –, so wird es disqualifiziert. Es macht aber keinen Sinn zu sagen, vorher wäre es nach diesen Regeln gelaufen. Pferde verstehen die Regeln des Traberverbandes nicht. Entsprechend würde man im Deutschen eher sagen, daß man sich gemäß bestimmten Regeln verhält als nach bestimmten Regeln. »Handeln nach ...« ist dagegen ebenso möglich und üblich wie »handeln gemäß ...«, denn Handeln impliziert Gerichtetheit und somit Orientierung.

Als Hilfsmittel zum Erlernen einer Sprache repräsentieren

4 W. von Humboldt: *Grundzüge des allgemeinen Sprachtypus*, § 130, GS V, S. 449.

Grammatiken eine spezielle Technik. Diese verdankt sich einem besonderen Zugriff auf Sprache, einer theoretischen Einstellung, die sich mit der Idee der *episteme* herausgebildet hat, im Zusammenhang nämlich der Ausbildung einer *techne grammatike* im Kontext von Rhetorik und formaler Logik. Wir werden dies noch genauer betrachten.[5] Noch Chomskys systematisch doppeldeutige Verwendung des Begriffs »Grammatik« verdankt sich dieser Genese.[6] In dieser Tradition wird Grammatik begriffen als ein propositionales, theoretisches Wissen, als Knowing-that im Sinne Ryles[7]. Aus ihm ist abzuleiten, wie im besonderen Fall zu handeln ist. Theorien haben ihr spezifisches Erkenntnisinteresse. Im Fall der Grammatik ist es ein technisches. Bis in die Metaphorik hinein ist der Grammatiker ein Ingenieur: Man spricht von der grammatischen Konstruktion der Periode, man baut Sätze, beschreibt Satzbaupläne usw.

Das grammatische Schema ist eine punktgenaue Handlungsanweisung zur Verfertigung nicht von Gedanken, sondern von Sätzen. »Technisch« ist diese Verwendung der Grammatik zu nennen, insofern der Lernende bzw. der sie hier Verwendende bei ihrem Gebrauch sozusagen neutral »zusieht«, was passiert, wenn man ihren Regeln folgt. Es ergibt sich dann eben der und der Ausdruck. Wie man ihn verwendet, sagt die Grammatik selbst nicht. Der Lernende selbst, das handelnde Subjekt, bleibt davon ganz unberührt. Die Regeln bleiben ihm äußerlich wie dem Handwerker oder Techniker der Bauplan, nach dem er verfährt.

Unser alltäglicher Begriff von Reden oder Sprechen weist dagegen in eine ganz andere Richtung, und dies macht den Sinn von Grammatik als Theorie suspekt: Sprechen-können, Kommunizieren-können äußert sich als spontanes Handeln, in dem sich das zeigt, was wir praktische Intelligenz, Witz, Geschmack usw. nennen. Es ist eben ein Können, ein Gewußt-wie, Knowing-how, das ebensowenig ein theoretisches Vermögen ist wie das Spielen-kön-

5 Vgl. Kap. 9.

6 Chomsky versteht unter der Grammatik einer Sprache sowohl das internalisierte Regelsystem des native speaker wie die Theorie, die als ein Modell dieses internen Systems konstruiert wird; vgl. dazu Chomsky 1969, Kap. I.

7 Vgl. Ryle 1963, Kap. 2. Der Gegenbegriff zum Wissen, *daß* sich etwas so und so verhält, ist das Knowing-how, das Gewußt-*wie*.

nen des Virtuosen.[8] Sprechen-können ist eine sozusagen natürliche Kunst, Resultat unserer Veranlagung zur Sprache. Bereits Humboldt hatte in diesem Sinne Sprache begriffen als »eine natürliche menschliche, mit dem Begriff des Menschen selbst gegebene Function«. Er knüpft hier an Herders Konzeption des Menschen als sensorium commune an, innerhalb dessen Sprache als eine Art »Metasinn« fungiert[9].

»Der Mensch«, so Humboldt in einer Wendung, die bereits an den späten Wittgenstein erinnert, »spricht auf ähnliche Weise, als er sieht, als er sich bewegt, als er jede andre seinen Organen gemässe Verrichtung ausübt, jedoch mit dem merkwürdigen Unterschiede, dass die Sprache in ihm erst einer stufenartigen Entwicklung bedarf.«[10]

»Natürlich« – so wie uns scheint, daß eine jede Sprache eine Grammatik haben müsse – ist die theoretische Einstellung zur Sprache also keineswegs, sie ist erst recht nicht die ontogenetisch oder praktisch primäre: Es gibt ein ästhetisches Verhältnis zur Sprache ebenso wie ein praktisches: Man kann mit Sprache spielen, Äußerungen gefallen oder mißfallen uns, man kann reflektiert mit Sprache umgehen oder auch einfach in Sprache agieren. Wir fluchen, schimpfen, führen Selbstgespräche. Man respektiert sprachliche Regeln oder überschreitet sie, man kann Sprachgebräuche inflationieren oder vermeiden. Wir handeln nicht nur in und mit Sprache, sondern wir verhalten uns »in ihr«. Halten wir

8 Ryles Argument, mit dem er beweist, daß das Knowing-how nicht in der Befolgung von Regeln bestehen, also kein theoretisch geleitetes Vermögen sein kann, ist dasselbe, das Kant verwendet, um zu zeigen, daß die Urteilskraft ein eigenes Vermögen »neben« Verstand und Vernunft ist (*KrV* B 171 ff.): Folge ich einer Regel, so muß ich mein aktuelles Handeln mit der Regel vergleichen, eben mit dem, was sie für diesen Fall vorsieht. Dies aber ist selbst ein Handeln, das mehr oder weniger intelligent ist. Nun gibt es schwer zu entscheidende Fälle. Wäre jedes intelligente Handeln auf eine Regel zurückzuführen, so müßte die Betrachtung der Regel, die ich gerade befolge, wiederum auf einer Regel beruhen, dann aber auch deren Betrachtung auf einer weiteren usw. ad inf. Folglich muß die Anwendung von Regeln ein *Können* sein, das nicht auf Regeln beruht. Daher Ryles zentrale Schlußfolgerung, die auch für das Verständnis von Grammatiken einschlägig ist: »Efficient practice precedes the theory of it ...« (Ryle 1963, S. 31).

9 Vgl. Herder [1978 a] Teil I, Abschnitte 2 und 3.

10 *Grundzüge des allgemeinen Sprachtypus* § 132, GS V, S. 451; vgl. dazu Wittgenstein, *Philosophische Untersuchungen* I, 25, 415 und passim.

uns längere Zeit in einem fremden Land auf, dessen Sprache wir nicht verstehen und dessen Schrift wir nicht lesen können, so belastet uns dies bis hin zum Streß. Wir fühlen uns nicht wohl – nicht, weil wir Information entbehrten, sondern weil uns etwas am Leben fehlt.

»Befehlen, fragen, erzählen, plauschen«, so hat Wittgenstein diesen Sachverhalt beschrieben, »gehören zu unserer Naturgeschichte so wie gehen, essen, trinken, spielen.«[11]

Selbstverständlich ist das grammatische Sprachbild auch nicht im theoretischen Sinne, obwohl dies durch die Macht einer gut zweitausendjährigen grammatischen Tradition so scheinen kann. Jede Theorie ist eine besondere perspektivische Darstellung ihres Gegenstandes, und die Wahl der Perspektive hängt von den Zwecken ab, die man mit der Theorie verfolgt. »Frankreich ist sechseckig«[12] kann für das Marketing von französischem Honig schlagend wahr sein, ein Hersteller von Landkarten wird sich darauf nicht einlassen. Die Sprachwissenschaft hat – nach mühsamer Abnabelung von der Tradition der Schulgrammatik – verschiedene und verschiedenartige Grammatiktheorien entwickelt: Dependenzgrammatik, Kasusgrammatik, Rektions- und Bindungstheorie usw. Hier gilt dasselbe Prinzip. Man muß lernen, solche Theorien nach ihrem Zweck, dem sie leitenden Erkenntnisinteresse zu beurteilen. Für den Fremdsprachendidaktiker wird – um Chomskys bekannte Unterscheidung zu benutzen – eine »oberflächennahe« Grammatik eher vonnutzen sein als für den Aphasieforscher, der vor allem an Erkenntnissen über universelle Eigenschaften von Sprache, z. B. allgemeine Phänomene der Konstituenz oder Dependenz interessiert sein wird.

Es gehört zur Ambivalenz des Begriffs der Grammatik, daß wir solch reflektierten Umgang mit ihr als einer besonderen Theorie des Gegenstandes Sprache in aller Regel nicht lernen, denn wir lernen Grammatiken nicht wie Theorien. Wiederum zeigt sich dies in unserer Verwendung von Grammatiken, ja schon in der des Wortes »Grammatik«: Wir lernen »die« Grammatik – nicht Gram-

11 *Philosophische Untersuchungen* I, 25. Der Begriff »Naturgeschichte« ist hier wohl im alten Sinn einer empirischen Anthropologie zu nehmen; vgl. auch I, 415, dazu Kap. 11, S. 536 ff.

12 Vgl. Austin 1968, S. 152, der an diesem Beispiel die Vieldimensionalität des Wahrheitsbegriffs demonstriert.

matiken – in der Kindheit, zuerst beim Erwerb der Alphabetschrift, später im Zusammenhang des Fremdsprachenunterrichts. Obwohl dieser Unterricht ohne Grammatik bzw. ohne Grammatiken unmöglich wäre, tritt diese doch selbst als Lerngegenstand nicht in Erscheinung. Sie bleibt subsidiär. Die Kinder lernen Lehrsätze der Grammatik und der Orthographie – *Der Satz besteht aus Subjekt und Prädikat*; *Substantive schreibt man groß* – nicht wie Lehrsätze der Mathematik oder wie Regeln des Schreibens von Texten. Solches Lernen pflegt man so zu charakterisieren, daß die Schüler im Umgang mit den Lehrsätzen »Sinn und Verstand« entwickeln, daß sie lernen, wie man sie anwendet: Wann nimmt man den Sinussatz, wann besser den Tangenssatz, wie baut man die Argumentation in einer Erörterung auf, wie legt man eine Interpretation an usw. Analoges lernen die Kinder an der Grammatik aber gerade nicht. Man diskutiert in der Schule nicht wie in einem linguistischen Seminar darüber, ob jeder Satz aus Subjekt und Prädikat besteht oder was ein Substantiv ist, denn die Kinder sollen »eigentlich« nicht lernen, was ein Substantiv bzw. ein Satz ist, sondern, wann man groß schreibt. Sie werden grammatisch abgerichtet.

Die Kinder lernen an eigens dafür zurechtgestellten Beispielen, was ein Subjekt und was ein Prädikat »ist«. Sie lernen natürlich am besten im Lateinunterricht, was ein Kasus, z. B. ein Ablativ ist, und haben gar keine Chance, das grammatische Knowing-that, das ihnen vorgeführt wird, zu falsifizieren, ähnlich wie sich der Mathematiklehrer bemüht, in der Klassenarbeit Aufgaben zu stellen, die »aufgehen«. Nur *lernt* man die Mathematik gerade an Fällen, die nicht aufgehen; das hat etwas damit zu tun, daß man hier Gründe lernt. In der Grammatik dagegen nicht; das Kind wundert sich allenfalls, wieso das Deutsche keinen Ablativ hat, und dekliniert eben:

die Frau = Nominativ,
der Frau = Genitiv,
der Frau = Dativ,
die Frau = Akkusativ.

Dabei vergißt es irgendwann die Frage, was hier denn den Nominativ vom Akkusativ, den Genitiv vom Dativ unterscheidet, von der einen Form »Frau« ganz zu schweigen. Fragte man den Absolventen eines deutschen humanistischen Gymnasiums nach dem Genus des deutschen Wortes *Ferien,* so würde er vermutlich antworten: Femininum.[13]

Kategorienfehler

Aus dieser Abrichtung resultieren für das »grammatische Sprachbild« charakteristische Verwechslungen, Kategorienfehler, die schon häufig in verschiedener Form und unter verschiedenen Titeln bemerkt und kritisiert worden sind:

Man verwechselt, erstens, Sprache und Schrift. Das Motto »Schreib, wie du sprichst«, unter dem die Kinder in den Gebrauch der Alphabetschrift eingeführt werden, führt, falsch wie es ist[14], zu einer Identifizierung von Sprache und Schrift, deren bekannteste Vorurteils-Form in der Diskriminierung des gesprochenen Dialekts besteht. Wer sich in der mündlichen Kommunikation eines Dialekts bedient, in dem nur zwei Kasus unterschieden werden, spricht nach dieser Ansicht »falsches« Deutsch. Noch immer stoßen sich Leute daran, daß mittlerweile der Duden den Gebrauch von *wegen* mit dem Dativ als »zulässig« notiert, und ebenso häufig ist die Meinung anzutreffen, man dürfe *weil* nicht als nebenordnende Konjunktion verwenden: *weil er ist nicht gekommen.* »Falsch« im Sinne von »nicht gemäß einer allgemein akzeptierten Norm des Deutschen« ist diese Konstruktion freilich dann, wenn sie schriftlich verwendet wird, eben weil sie von kompetenten Benutzern des Schriftdeutschen weder verwendet noch folglich akzeptiert wird. Im Bereich der mündlichen Kommunikation ist, nicht weniger folgerichtig, das Faktum, daß sie von Deutschsprachigen dort häufig, wenn nicht überwiegend verwendet wird, gerade der Beleg dafür, daß dort *weil* in der Regel nicht mehr als »subordinierende« Konjunktion verwendet wird.

Mit dem ersten Kategorienfehler hängt unmittelbar ein zweiter

13 Tatsächlich ist aber das Genus von Pluraliatantum im Deutschen nicht bestimmbar.

14 Das Prinzip stimmt weder im orthographischen Sinne noch im weiteren. Vgl. Kap 1.

zusammen: Man verwechselt den deskriptiven Sinn einer grammatischen Regelformulierung mit der normativen Lesart grammatischer Regeln. Genauer wäre mit einer Unterscheidung Max Blacks zu sagen, daß man den instruction-sense einer Regel mit ihrem regulation-sense verwechselt.

Die Unterscheidung von deskriptivem und normativem Sinn von Grammatiken ist viel diskutiert worden. Man kann sie natürlich trivialisieren und damit aufheben: Jede Regelformulierung beschreibt ein Muster, das ›technisch‹ als Norm für die korrekte Erzeugung einer Äußerung gilt. In diesem Sinn ist jede Grammatik normativ. Zum reflektierten Umgang mit Grammatiken gehört jedoch die Einsicht, daß grammatische Regeln verändert werden können und faktisch ja auch werden. Im ›deskriptiven‹ Sinne bedeutet der Ausdruck »grammatisch korrekt« eben nicht mehr als »*gemäß* den Regeln der betreffenden Grammatik erzeugt«. Daß man nicht anders dürfe, sagt dies nicht. Daß die grammatische Rede über Sprache ein besonderes Sprachspiel ist, dessen Selbstverständlichkeit für uns sich jahre- oder jahrzehntelangem Unterricht im Gebrauch der Schrift verdankt, führt bis zu solchen Blüten, daß man einen von einem native speaker des Deutschen in unkontrollierter Rede geäußerten Satz wie *Es rufen eine Menge von Leuten an* ... für falsch hält, weil doch die Kongruenzregel zwischen Finitum und Subjekt verletzt sei: *eine Menge ... rufen* ... . Die in Anschlag gebrachte Regel ist durchaus zutreffend, nur sagt sie eben nicht aus, daß man anders als das Muster, das sie beschreibt, nicht sprechen dürfe, wenn nämlich die »Abweichung« von der Regel Sinn macht.[15]

Am dritten Kategorienfehler schließlich hängt das ganze hermeneutische Problem der Grammatik: Man verwechselt Sprachen miteinander, indem man eine Sprache nach dem Muster einer anderen deutet, die man als Paradigma nimmt. Dessen Prototyp ist in der europäischen Tradition das Latein. Den Grund für diese in gewisser Weise unvermeidliche Illusion hat Humboldt verdeutlicht. Sprachbeschreibung ist – dies ist für ihn als Kantianer eine Selbstverständlichkeit – eine Erkenntnis, die angemessener Kate-

15 Nicht die Menge ruft ja an, sondern die Leute. Die grammatische Hyperkorrektheit verwechselt den Quantor mit dem Subjekt. Vgl. zu diesem Hyperkorrektheitsphänomen, in dem so etwas wie eine Reinlichkeitsdressur verborgen ist, Stetter 1991 b.

gorien bedarf, zumal es sich bei ihrem Gegenstand nicht um einen naturgegebenen handelt, der mit den bewährten Kategorien der Physik sich erfassen ließe, sondern um ein noumenales Produkt. Sprachen sind nicht sinnlich wahrnehmbar, mithin auch nicht nach den Grundsätzen der theoretischen Vernunft zu deuten. Sie sind allein *verstehbar*. In der Einleitung der *Verschiedenheiten des menschlichen Sprachbaus* hat Humboldt den hieraus resultierenden methodologischen Grundsatz beschrieben:

»Sprache kann ... nicht, gleichsam wie etwas Körperliches, fertig erfasst werden; der Empfangende muss sie in die Form giessen, die er für sie bereitet, hält, und das ist es, was man *verstehen* nennt. Nun zwängt er entweder die fremde in die Form der seinigen hinüber, oder versetzt sich, mit recht voller und lebendiger Kenntnis jener ausgerüstet, ganz in die Ansicht dessen, dem sie einheimisch ist.«[16]

Lehrwerke des Deutschen als Fremdsprache verwenden zur Darstellung des syntaktischen Aufbaus von Sätzen des Deutschen häufig ein Schema der folgenden Art:

Inversionssignal – Subjekt – Verb – Subjekt – Angabe – obligatorische Ergänzung – Verb.[17]

Dieses Schema ist zweifellos nützlich. Es gestattet, Satzbaupläne des Deutschen, insbesondere bestimmte grundlegende Regeln wie die der Inversion »auf einen Blick« zu erfassen. Irritieren muß jedoch einen Chinesen oder Japaner, daß nach diesem Schema im deutschen Satz zwei ganz verschiedenartige Verben vorkommen können. Daß ein Partizip als Verb gedeutet wird, ist für einen Europäer, der Latein gelernt hat, vielleicht selbstverständlich, weil es eben, wenn auch falsch, so doch Bildungstradition ist.[18] Für Nicht-Europäer muß diese Kategorisierung jedoch als logisch schwer zu fassende Eigenart indoeuropäischer Sprachen erscheinen, weil sie die Formen der fremden Sprache von denen ihrer

16 *Verschiedenheiten des menschlichen Sprachbaus*, WW III, S. 156.

17 Vgl. z. B. *Themen 1 Kursbuch* 124 ff., S. 127, 130, 132 und passim.

18 Falsch natürlich nur von einer strengen Definition von »Konjugation« her, die man im Schulunterricht freilich nicht lernt. I. ü. besagt ja schon der Name »Partizip«, daß die alten Grammatiker es durchaus *nicht* als Verb angesehen haben, denn diese Bezeichnung kategorisiert es als Wortart, das sowohl Eigenschaften des Verbs wie des Adjektivs aufweist, das also an beiden »teilhat« und insofern im strikten Sinne keiner von beiden Wortarten zuzurechnen ist.

eigenen her deuten, und im Chinesischen oder Japanischen gibt es zum Partizip kein Analogon. Ähnlich befremdlich wird umgekehrt für einen Europäer das Faktum erscheinen, daß Adjektive, eine Wortart, die in den indoeuropäischen Sprachen dekliniert wird, im Japanischen in gewissem Sinne konjugiert werden, nämlich Vergangenheitsformen haben.

Natürlich handelt es sich bei einer derartigen Verwendung des Begriffs Konjugation allenfalls um eine Analogie zu seiner Verwendung im Rahmen der Beschreibung indoeuropäischer oder semitischer Sprachen. Humboldt beschreibt in der eben zitierten Überlegung die beiden Gegenpole des Sprachlernprozesses: Die im Anfangsstadium unvermeidliche Deutung der Formen und Verfahren der fremden Sprache durch die der eigenen und den Endpunkt der letztmöglichen Assimilation der Fremdsprache, in dem diese aufgehört hat, fremde Sprache zu sein.

Dem per Abrichtung vermittelten Begriff von Grammatik ist jedoch der von Humboldt beschriebene Wechsel der Perspektive fremd – man wundert sich über die umständliche Art, in der das Japanische Dinge ausdrückt, die im Deutschen so einfach sind und umgekehrt. Der Vergleich verschiedener Sprachen erfordert aus logischen Gründen stets ein tertium comparationis, und aus historischen Gründen ist es verständlich, wenn das Latein in diese Rolle geraten ist. In Analogie zu Lévi-Strauss' Begriff des Ethnozentrismus wäre hier von einem grammatischen Eurozentrismus zu sprechen, von dem selbst Humboldt – wie auch anders – nicht ganz frei war, nämlich dort nicht, wo er das Griechische als die »vollkommenste« oder »höchstgebildetste« aller Sprachen begreift.[19]

So verhält es sich auch in diesem Fall: Das doppelte Auftreten der Kategorie Verb ist Resultat der Anwendung der Grammatik des Lateinischen bzw. Griechischen auf das zwar dem Typ nach »verwandte«, das Verb aber eben doch anders behandelnde Deutsche. Daß man Formen wie

bin ... *gelaufen*
hat ... *getrunken*
wird ... *betrogen*
ist ... *erledigt*
usw.

19 Vgl. etwa *Grundzüge des allgemeinen Sprachtypus* § 141, GS V, S. 461, oder *Ueber das Entstehen der grammatischen Formen,* WW III, S. 41.

als *ein* Verb darstellt, ist nur durch die Analogie zu »entsprechenden« Formen des Lateinischen – *ambulavi, bibit, frauditur* etc. – zu erklären, verdankt sich also einem Kategorienfehler. Dieser macht aus dem Verhältnis zweier verschiedenen Sprachen angehörender Formen, die unter Berücksichtigung ihres Sinns wechselweise ineinander übersetzbar sind, ein asymmetrisches, nämlich metasprachliches Verhältnis: Der lateinische Ausdruck gerät zur Form, der deutsche intensional wie extensional zu seiner Bedeutung, und erst in dieser Metamorphose, durch die Projektion auf die *eine* lateinische Form, wird eine deutlich erkennbare Zweiheit von Formen – *bin + gelaufen* etc. –, zu deren Bezeichnung der Grieche den Dualis verwendet hätte, eine formale Einheit. Nur im Bereich des Noumenalen, allein dem logischen Verstehen Zugänglichen ist eine derartige Transformation möglich. Dies ist aber eine elementare Verletzung des für Grammatik konstitutiven Prinzips der Formalität. *bin ... gelaufen* sollte doch gerade als Form beschrieben werden, nicht als semantischer Wert.

Alle diese Verwechslungen beruhen, wie leicht zu sehen ist, auf der Identifizierung des Sprechens *gemäß* Regeln mit dem Sprechen *nach* Regeln, denn überall ist eine kaschierte Differenz zwischen verschiedenen Sprachen im Spiel. Es gilt also, diesen Unterschied zu erhellen. An ihm hängt die ganze Philosophie der Grammatik.

Regel und Analogie

Daß man sich Grammatik als Menge von Regeln denkt, gehört zu den Konstituentien desjenigen Sprachbildes, dem sich unsere Idee von Grammatik verdankt. Reflektiert wird man mit Grammatik nur umgehen können, wenn man diese Idee nicht verwässert. Warum aber denken wir uns Grammatik als Menge von Regeln? So selbstverständlich, wie dies scheint, ist es keineswegs. Offenbar hängt dies damit zusammen, daß wir uns das Sprechen einer fremden Sprache als *techne* denken, als Kunst, welche auf der Beherrschung von Routinen, von Erfahrungen, kurzum, welche auf Können beruht. Soweit ist allerdings von Regeln noch nicht explizit die Rede. Das einschlägige Modell liefert die Rhetorik, für deren Konzeption Aristoteles eingangs seiner *Rhetorik* die grundlegende Argumentation entwickelt hat, und wiederum dürfte es kein Zufall sein, daß sich der Schule machende Kunstbegriff in einer schriftlichen Rhetorik bildet: Reden ist eine besondere Kunst, die manche aufgrund ihres Talentes lernen, andere nicht; folglich muß sich diese Kunst methodisieren, in Regeln fassen lassen.[20]

Es ist diese Idee methodischen Lernens, die die *techne grammatike* zu einer auf Regeln beruhenden Kunst macht, sie in einem Ausmaß digitalisiert[21], das sie unserer Sprachpraxis geradezu diametral entgegenstellt. »Grammatik« bedeutet zunächst ja »Schreibkunst«, und in der Tat ist die Schrift etwas, dessen Beherrschung wir – im Gegensatz zur Sprache – lernen müssen, so wie man Reden halten im Unterschied zum Sprechen lernen muß. Folglich, der Schluß drängt sich förmlich auf, wird Reden analog zum Schreiben als unter Regeln subsumierbar gedacht. Von dem, was wir im Gegensatz zum Reden-halten »sprechen« nennen, war dabei freilich nie die Rede, doch erfaßt das *legein* diese Differenz nicht. Die Grammatik behandelt eben *logoi*, Sätze. Daß damit ursprünglich schriftlich konzipierte gemeint waren, geht mangels einschlägiger Unterscheidungen alsbald verloren. Die partes orationis werden zu den syntaktischen Positionen des Satzes schlechthin.

Die moderne Linguistik zumal in ihrer strukturalistischen Ausprägung, deren Paradigma die Phonologie ist, kopiert dieses Muster bis auf den Punkt. So beschreibt die Phonologie die Regeln, die unsere Lautbildung leiten, Morphologie und Syntax die der Wort- und Satzbildung usw., und jedes Ganze ist aus wohlbestimmten Teilen gebildet. Konsequent hat sich diese Ansicht allerdings erst im 20. Jhd. durchgesetzt, in dem Maße nämlich, in dem die Analogie als Grundkonzept aus der Sprachwissenschaft eliminiert worden ist.[22] Ansätze dazu sind freilich schon viel früher vorhanden. Für das Neuhochdeutsche wären hier etwa die Sprachgesellschaften des Barock oder Namen wie Gottsched und Adelung, insbesondere natürlich der Duden in Anschlag zu brin-

20 *Rhetorik* 1354 a, dazu Kap. 9, S. 367 ff.
21 Vgl. hierzu Kap. 1, S. 67 f.
22 Vgl. Kap. 4, S. 163 ff.

gen, der ja buchstäblich davon lebt, daß jede zu inskribierende Position des Papiers durch mindestens eine seiner Regeln abgedeckt, eben »geregelt« wird.

Die Formalität der Grammatik, die zu dieser Digitalisierung des Sprachbegriffs führt[23], hängt mit ihrem Substratcharakter zusammen, der aus der Perspektive der Rhetorik unmittelbar deutlich wird. Man kann – dies ist die Grundsituation, vor die sich jeder Redner gestellt sieht – zum fraglichen Gegenstand Verschiedenes denken oder meinen, stets aber doch in einer Sprache, die alle auf der Agora Versammelten gemeinsam sprechen. Dieses Gemeinsame der Sprache ist nur noch formal faßbar, so wie das Identische des Logos, der Rede, allein in formalen Argumentationsregeln zu erfassen war.[24] Die Grammatik ist das Analogon zur formalen Logik und hat sich historisch ja auch so entwickelt.[25]

Dieser Zusammenhang erst hat die Grundidee des grammatischen Sprachbildes erzeugt, die Vorstellung von Sprache als eines Systems von Regeln, die zumindest für die nachsaussuresche Linguistik leitend geworden ist. Wenn Austin in seiner Konzeption der Sprechakttheorie den phatischen Akt, die Erzeugung eines Satzes als Satz der betreffenden Sprache und entsprechend den Regeln dieser Sprache, als notwendige Bedingung für den rhetischen Akt, die sinnvolle Äußerung deutet, so korrigiert er damit zum einen den systematischen Status dieses Sprachbildes, holt es andererseits auch wieder ein in den konstitutiven Zusammenhang der Rhetorik, dem es entwachsen war.[26]

23 Chomsky, so sehr er mit der grammatischen Tradition zu brechen scheint, hat doch diese subkutane Tradition allererst auf den Punkt gebracht: Eine Grammatik zählt im Idealfall alle und nur die »korrekten« Sätze einer Sprache auf. Die betreffende Sprache ist dann äquivalent der Menge dieser Sätze. Was auch immer ein Sprecher dieser Sprache äußert, es ist entweder ein Satz dieser Sprache oder aber – da seine Kompetenz untrüglich ist – die Performanz war »gestört«. Die unendliche Kette menschlicher Rede wird sozusagen in standardisierbare Teile zerlegt. Dies meint hier der Begriff der Digitalisierung.

24 Daher nimmt die Argumentationstheorie in der aristotelischen Rhetorik-Konzeption, die überhaupt durch und durch von der Logik her entworfen ist, eine so zentrale Rolle ein. Vgl. Kap. 9, S. 369 ff.

25 Vgl. dazu die materialiter immer noch informative Darstellung durch Steinthal [1961], Bd. 1, S. 271 ff.

26 Vgl. Austin 1975, S. 94 ff.

Aus dieser Perspektive läßt sich nun der Unterscheidung von reden *gemäß* und reden *nach* Regeln ein ganz anderer Sinn abgewinnen: Sinnvoll reden können heißt danach nicht länger, damit natürlich entscheidend mehr als reden »nach« phonologischen oder grammatischen Regeln. Es impliziert das Vermögen, ad hoc zu beurteilen, ob ein Ausdruck in eine bestimmte Situation, in einen bestimmten Handlungszusammenhang »paßt«. Nach Kant ist dies eine Funktion der Urteilskraft. Die grammatische Kompetenz ist eingebettet in die kommunikative. Was das Knowing-how des Redens ausmacht, ist die Fähigkeit, eine gemäß Regeln oder wie auch immer erzeugte sprachliche Form auf die Gelingensbedingungen des betreffenden Handlungszusammenhangs zu projizieren. Dieses Knowing-how läßt sich also als Vermögen der *Abbildung von sprachlichen Ausdrücken auf Situationen* fassen.[27] Dies ist mit Ryle als intelligentes Handeln zu begreifen, das *sieht, wie* hier zu reden ist, und in Ermangelung von Regeln kann es sich dabei »nur« an Analogien orientieren.[28] Das »gemäß« drückt die Anerkennung des Zuhörenden aus, der in dem Gesagten »seine« eigene Sprache wiedererkennt. Es impliziert jedoch keinerlei Annahmen darüber, wie der Sprechende seine Sätze erzeugt.

Reflektiert mit Grammatik umgehen können wird man somit nur dann, wenn man am formalen Charakter dieses Sprachbildes so eindeutig wie möglich festhält. Denn die Formalität der Grammatik ist diejenige Eigenschaft, die sie allererst als Instrument des Sprachenlernens tauglich macht. Erst die Unterscheidung von Form und Inhalt erzeugt ein Objekt, auf das man sich erkennend beziehen kann. Solange wir uns verstehend auf etwas beziehen, sind wir als handelnde Subjekte in eine Kommunikation integriert. Für den Sprachlehrer muß aber der Sinn des vom Schüler in fremder Sprache Gesagten letztlich gleichgültig sein, denn er muß dieses ja danach beurteilen, ob es »richtig« oder »falsch« ist. Mit

27 In diesem extensionalen, nicht im herkömmlichen Sinne der »funktionalen« Deutung von Konstituenten, wo ja pragmatische Funktionen auf Konstituententypen abgebildet werden, spreche ich im folgenden von einer funktionalen Grammatik.

28 Gerade dieses »Sehen-wie« macht ja die Intelligenz aus. Dies hatte – wie auch anders – i. ü. schon Aristoteles gesehen: In der *Poetik* bezeichnet er das analogische Übertragen (*metapherein*) als etwas Großes, als Zeichen der Begabung, da es auf der Fähigkeit beruhe, Ähnliches zu *sehen*. Vgl. *Poetik* 1459 a 4 ff.

grammatischen Übungen kommuniziert man so wenig wie der Schüler mit seiner Lateinübersetzung. Nur wenn man Grammatik als formales Unternehmen begreift, läßt sich folglich auch klar beurteilen, wo und wieweit dieses Bild zweckmäßig ist. Dies wird von der Art und Weise abhängen, in der eine grammatische Sprachbeschreibung Formen bereitstellt, die sich auf Redesituationen abbilden lassen. Grammatiken können ihren Zweck als Hilfsmittel nur erfüllen, wenn sie formal und funktional aufgebaut, logisch also eindeutig kategorisiert sind. Wenn schon Grammatik, denn schon.

Das Sprachverfahren

Damit ist die Frage nach der Form einer grammatischen Beschreibung im allgemeinsten Sinne aufgeworfen, eine Frage, die systematisch den ›entechnischen‹ Problemen der Wahl des Strukturformats einer Grammatik – oberflächennah oder tiefenstrukturell, Art und Anzahl der Komponenten usw. – noch vorausgeht. Darum wird sie innerhalb der Linguistik explizit kaum gestellt. Sie scheint mehr oder weniger selbstverständlich. Ihre Beantwortung ergibt sich aus dem logischen Zusammenhang von rhetischem und phatischem Akt, den wir mit dem Begriff der Abbildung, also als Funktion beschrieben haben. Danach lautet die Grundform jeder grammatischen Beschreibung:

$$\text{Die Ausdrücke} \left\{ \begin{matrix} a' & +b' & +\dots & +n' \\ a'' & +b'' & +\dots & +n'' \\ a''' & +b''' & +\dots & +n''' \\ \dots & +\dots & +\dots & +\dots \end{matrix} \right\} \text{werden benutzt,}$$

$$\text{um} \left\{ \begin{matrix} A \\ B \\ C \\ \dots \end{matrix} \right\} \quad \text{zu} \quad \left\{ \begin{matrix} \text{sagen} \\ \text{fragen} \\ \text{befehlen} \\ \dots \end{matrix} \right\}$$

Die Form besteht also aus zwei Elementen: (1) der formalen Beschreibung der objektsprachlichen Ausdrücke »$a^* + b^* + \dots + n^*$«, (2) einer Beschreibung des mit dem jeweils beschriebenen Ausdruck vollzogenen Sprechakts, z. B.:

Mit *Dies … ist ein P*
(Dies … = 1. Pos., Dies … = Nominativ, … , *ist* = 2. Pos., …)
behauptet man [im Deutschen] etwas über einen bestimmten Gegenstand,
mit *Ist dies … ein P*
(1. Pos. = 0, ist = 2. Pos., 3. Ps. Sing. Präs., …)
fragt man […] etwas über einen bestimmten Gegenstand
usw.

Das zweite Element dieser Form fehlt in einer Grammatik in der Regel, systematisch ausgeführt findet es sich in keiner. Und doch ist es in *jeder* grammatischen Beschreibung impliziert. Konstituenz- und Dependenzverhältnisse werden immer beschrieben als Relationen innerhalb ›möglicher‹, ›korrekter‹, ›wohlgeformter‹ etc. Sätze – wie immer die betreffenden Titel lauten –, und das Urteil darüber, was ein ›möglicher‹ Satz (des Deutschen, Englischen etc.) ist, wird abhängig gemacht von der Frage, ob der als Satz beschriebene Ausdruck ›selbständig sinnvoll‹ in einer bestimmten ›möglichen‹ Normalsituation verwendet, d. h. auf eine derartige Situation abgebildet werden kann. An keiner Stelle kommt man aus dem Normieren heraus. Nirgends wird eine von einer vorgängigen Urteilsbildung eines konkreten Subjekts unabhängige Form greifbar.

Diese Schematisierung gestattet es, zwei Fragen relativ klar zu stellen: (1) Was ist eine formale Beschreibung von objektsprachlichen Ausdrücken, d. h. in welcher Sprache hat sie zu geschehen, wie wird ihr Vokabular gewonnen, welchen Status hat eine solche Beschreibung; (2) in welcher Sprache geschieht die Angabe des mit der beschriebenen Form vollzogenen Sprechakts?

Die Beantwortung der ersten Frage erfordert eine Reihe von Zwischenschritten. Sie wird im folgenden Abschnitt entwickelt. Elementarer ist jedoch unter systematischem Gesichtspunkt die zweite. Daß die Angabe des mit dem zitierten Ausdruck zu vollziehenden Sprechakts notwendig ist, um dem oben skizzierten funktionalen Aufbau der Grammatik gerecht zu werden, ist wohl unmittelbar einsichtig.[29] Erst eine solche Form, die sich in der

29 Keineswegs ist es notwendig, alle mit dem betreffenden Ausdruck möglicherweise artikulierbaren Sprechakte oder Sprechakttypen zu benennen, es geht hier nicht um den innerlinguistisch immer wieder diskutierten Zusammenhang von Form und Funktion. Der phatische Akt ist ja notwendige, nicht hinreichende Bedingung des rhetischen. Vielmehr genügt jeweils ein einziges Beispiel, reicht eben hin, um die Funktion dieses Beschreibungselements zu realisieren. Dieses eine aber ist unverzichtbar.

Regel nur in umfangreicheren, für den Fremdssprachenunterricht gedachten Lehrwerken ansatzweise findet, würde die von *jeder* Grammatik stillschweigend vorausgesetzten normativen Festlegungen über das, was als ›sinnvolle‹ Äußerung gelten soll, explizieren. Keine Grammatik, auch nicht die Universalgrammatik Chomskys, kommt ohne derartige Vorannahmen aus, in die eine durch und durch soziokulturelle Größe konstitutiv eingeht, nämlich der Geschmack des Linguisten bei der Beurteilung seines »Materials«.[30] Hieraus ergibt sich, daß die Angabe bzw. Beschreibung des jeweiligen Sprechakts mit Mitteln, auf dem Niveau der betreffenden Objektsprache geschehen *muß*. Dies wäre vom Standpunkt der Universalität von Sprechakten her, wie ihn Searle vertreten hat, allerdings keineswegs einleuchtend und scheint auch der üblichen Verfahrensweise von Fremdsprachengrammatiken zu widersprechen. In jedem Lehrbuch des Japanischen wird man finden, daß man Ausdrücke der Form ... *wa* ... ... *ka* verwendet, um etwas zu fragen. Selbstverständlich wird jeweils die Sprache des Lernenden, nicht die zu lernende Sprache verwendet, um die betreffenden Sprechakte zu beschreiben. Doch gerade das Beispiel des vom Deutschen kulturell weit »entfernten« Japanischen macht auf schlagende Weise klar, daß dies nur eine erste Näherung ist. Diese baut darauf, daß der Lernende, wenn er nun Japanisch beginnt mit Japanern zu sprechen, kraft seiner kommunikativen Kompetenz die betreffende Situation analogisch zu deuten versteht, im Vergleich nämlich damit, was es heißt, einen Deutschen auf Deutsch etwas zu fragen. Und diese Spielregeln sind zwar mehr oder weniger ähnlich, aber nicht identisch. Europäer müssen z. B. erst lernen, daß die Pause am Ende einer Äußerung, das Signal also für den Partner zu übernehmen, im Japanischen signifikant länger ist als etwa im Deutschen oder gar Italienischen. Ein Deutscher, der dies nicht erkennt, wird seinem japanischen Gesprächspartner regelmäßig das Wort abschneiden, ohne dies überhaupt zu realisieren. Er deutet die Länge der Pause als Zeichen, daß der andere nicht übernehmen will, dieser aber *kann* aufgrund der eigenen Kommunikationsregeln, die hier etwas mit dem für das Japanische charakteristischen Höflichkeitssystem zu tun haben, nicht eher übernehmen. Was also im Japanischen eine Frage ist, wird man treffend nur mit den semantischen Mit-

30 Vgl. Kap. 5.

teln des Japanischen klarmachen können. Das zweite Element der oben skizzierten Form grammatischer Beschreibung trägt somit der hermeneutischen Einsicht Rechnung, daß offensichtlich integraler Bestandteil einer jeden Sprachkompetenz die Fähigkeit zu reflexiver Deutung der in dieser Sprache geäußerten Sprechakte ist. Dies ist notwendiges Element der Fähigkeit, sich mit anderen in dieser Sprache zu verständigen, Teil also der kommunikativen Kompetenz. Jede Rede über eine Sprache beruht in letzter Instanz darauf, daß eine jede ›natürliche‹ Sprache ein reflexives Vokabular enthält, das auf sie selbst ›metasprachlich‹ anwendbar ist.

Erst ein wie hier beschriebener Aufbau einer grammatischen Beschreibung brächte somit formal den Status grammatischer Regeln oder Beispiele zur Geltung. Ihre Beherrschung ist notwendige Bedingung für diese kommunikative Kompetenz und nur dies. In jeder Sprache läßt sich das an bestimmten grundlegenden Regularitäten zeigen, auf denen das Sprachverfahren, der gesamte morphosyntaktische Apparat aufruht. Im Deutschen etwa sind dies die Regeln der Verwendung des Finitums, d. h. der Belegung der 2. syntaktischen Position im Satz. Die Wahl von Tempus, Person und Modus, die Frage der Besetzung der 1. Position usw. sind entscheidbar nur von der Ebene des rhetischen Akts bzw. der Illokution her. Im Japanischen wären entsprechend etwa die Wahl bestimmter »Höflichkeitsformen« zu nennen oder ähnliches. Erst eine solche Organisation grammatischer Beschreibung trüge somit der Einsicht Rechnung, daß die Wahl der »korrekten« Form Geschäft der Einbildungskraft ist, die mit Blick auf die je besonderen kommunikativen Rahmenbedingungen die ihr gegebenen Formen nutzt.

Reden ist nach Schleiermacher schematisieren[31]. Der Gedanke muß in die Form des Diskursiven gebracht, das Gemeinte also zu einer linearen Ordnung von Wörtern, damit zu einer bestimmten Form gefügt werden, sodaß die dergestalt gebildete Folge von Ausdrücken als sinnvolle Äußerung verstanden wird. Schematisieren heißt hier zunächst im alten kantischen Sinn verzeitlichen, d. h. Formen auszuwählen und sie in ein Nacheinander zu bringen. Hierin ist derjenige Sachverhalt impliziert, den die Linguistik als Konstituenz beschreibt: der Satz ist ein linear und hierarchisch

31 Vgl. Schleiermacher [1977], S. 458 ff.

strukturiertes Schema.[32] Die Wahl einer bestimmten syntaktischen Ordnung – steht z. B. das Finitum an 1. oder 2. Stelle – oder einer bestimmten Kasusform geschieht jedoch stets mit Blick auf das, was man meint oder will. Man kann aber nicht schematisch entscheiden, was in dieser oder jener Situation das richtige Wort ist, man muß es treffen. Das Schematisieren ist selbst nicht schematisch, ist vielmehr Produkt einer Kunst, eines noch genauer zu fassenden Vermögens, welches ästhetisch organisiert sein muß, da es nur auf intuitiver Wahrnehmung einer in gewissem Sinn gegebenen Situation beruhen kann. Man kann nicht zu gleicher Zeit kommunizieren und die Bedingungen dieser Kommunikation erkennen. Es verfährt also gemäß gegebenen oder verfügbaren Schemata, operiert mit oder über ihnen, verfährt selbst aber nicht *nach* einem solchen.

In diesem Schematisieren wirkt somit dasjenige Knowing-how, auf dessen Ausbildung jeder Sprachunterricht letztlich zielt, auch wenn er es nicht technisch erzeugen kann. Unsere kommunikative Kompetenz läßt sich mit Humboldt wie mit Austin als die Fähigkeit beschreiben, Sprechhandlungen gewissermaßen beliebig gegeneinander auszudifferenzieren. Die Pointe der Theorie Austins besteht ja nicht darin, fünf oder sechs oder n Klassen von Sprechakttypen unterschieden zu haben, sondern in dem Nachweis, daß diese Klassen kontinuierlich ineinander übergehen: Die Grenze zwischen den Verdiktiva und den Expositiva ist ebenso »fließend« wie die zwischen Expositiva und Kommissiva usw. Searle hat diese kritische Intention Austins, die erklärtermaßen in der Offenlegung des Fetischcharakters der Oppositionen von wahr/falsch und sein/sollen bestand, in ihr Gegenteil verkehrt. Austins zwölfte Vorlesung läßt sich doch nur so verstehen, daß diese Oppositionen Kategorisierungen sind, die auf einem von uns im Rahmen unserer soziohistorischen Traditionen erzeugten Kontinuum von Sprechhandlungstypen aufruhen. Ein Sprechakt wie das Behaupten kann zugleich – Austin zeigt es im einzelnen – verdiktive wie expositive Züge haben.[33] Zum Fetisch werden diese Kategorisierungen genau dann, wenn man sie verdinglicht und zum Objekt einer empirischen Forschung macht, die nun untersucht, zu wievielen ver-

32 Vgl. Baumgärtner 1970.

33 Vgl. Austin 1975, S. 151 ff.

schiedenen Sprechhandlungstypen der Mensch dispositioniert ist.

Das Konzept der Regel tritt in dieser Perspektive zurück. Zentrale Bedeutung gewinnt demgegenüber das zweite für die moderne Linguistik charakteristische Konzept: das der Differenz. Eine sprachliche Form existiert nach Saussure für die Sprecher einer Sprache nur, insofern sie sich von anderen unterscheidet.[34] Fallen aufgrund des Sprachwandels zwei Ausdrücke zusammen, so ist auch der Unterschied, der durch ihre Unterscheidung ausgedrückt wurde, auf Dauer nicht aufrechtzuerhalten. Treten umgekehrt zwei Varianten einer Form auf, die zunächst synonym verwendet werden, so wird sich im Gebrauch dieser Formen irgendwann auch ein Bedeutungsunterschied einspielen. Für Sprechakte gilt dies analog: Schon die Unterscheidung von Behauptung, Frage und Aufforderung baut im Deutschen auf Oppositionen von Ordnungsregeln für das Finitum auf:

(bitte)	*kommt*	*(doch) (bitte)*
	kommt	*ihr*
ihr	*kommt*	
wann	*kommt*	*ihr*
usw.		

Selbst der für den Fremdsprachenunterricht zweifellos zweckmäßige Begriff der »Inversion« erweist sich somit als durchaus prekäre Kategorisierung: Der Begriff setzt eine Normalstellung des Subjekts voraus, die in diesem Spiel von Differenzen nicht existiert, die vielmehr im Zusammenhang der Formalisierung der Logik, d. h. der Auszeichnung des Konstativums, gesetzt worden ist. Grundlegend für den Aufbau von Oppositionen ist vielmehr die *Variation* der Position des Finitums. Hieraus entwickelt sich dann – wie unschwer zu sehen ist – der gesamte syntaktische Schematisierungsapparat des Deutschen.

Das Formalitätsprinzip, das eine jede Grammatik kennzeichnet, hat also einen zweiten Aspekt, der vom Regelbegriff und somit von dem in unserer Tradition vorherrschenden theoretischen Grammatikbegriff völlig unabhängig ist: Die Unterscheidung von Formen ist die einzige Möglichkeit, Bedeutungen zu unterscheiden. Der wittgensteinsche Grundsatz, daß die Bedeu-

34 Vgl. Kap. 6, S. 214 ff.

tung eines Wortes aus seinem Gebrauch in der Sprache resultiere, ruht auf diesem Prinzip auf. Wann immer wir ein Wort oder eine andere sprachliche Form wählen, so geben wir damit diesem Wort in Hinblick auf das zu Sagende den Vorzug vor anderen, alternativ zur Verfügung stehenden. Wann aber diese, wann eine andere Formulierung angebracht ist, das lernt man beim Sprechen, an Beispielen gelingenden und mißlingenden Sprachgebrauchs. Der Zusammenhang unseres Sprechens ist somit analogisch, nicht digital konstituiert. Denn allein die Analogie erlaubt es, Beispiele zu »extrapolieren«, sie auf nie zuvor erlebte Situationen zu übertragen. Hierin, nicht in einem Vermögen, die Menge aller syntaktisch ›korrekten‹ Satzmuster einer Sprache zu generieren, liegt das eigentlich kreative Moment der Sprachkompetenz. Chomsky konstruiert den Geist als Maschine, deren Produktivität ganz und gar determiniert ist. Nach Humboldt bedarf es dieser Maschine nicht, genügt der Geist sich selbst. Die »intellectuelle Thätigkeit«[35] oder wie immer man dieses sich jeder empirischen Bestimmung entziehende »Vermögen« der Seele, des Bewußtseins, des Geistes nennen will, welches sich in der Verknüpfung von Wörtern zu Gedanken und eo ipso zu Sätzen zeigt, braucht nicht mehr als einen endlichen Vorrat an Formen, um von ihnen einen unendlichen, nämlich durch keine Regel mehr geleiteten und hierdurch begrenzten Gebrauch zu machen. Der wohlverstandene Begriff solch freier Sprachkompetenz meint ersichtlich ein Analogon zu dem, was bei Kant »Einbildungskraft« heißt, insofern diese mit Wörtern als ihren Symbolen operiert. Sie *ist* keine Grammatik – ihr Sein zeigt sich ja allein in ihrer Tätigkeit, entzieht sich jeder darüber hinausgehenden Bestimmung –, sie spielt mit Formen, die wir in Analogie zu unserem Verständnis von Schrift uns als ›grammatisch‹ organisierte denken. Was Chomsky Saussure als ›theoretisches‹ Manko angekreidet hat, daß er die langue nicht als Prozedur, lediglich als »trésor mental« begriffen habe, erweist sich in dieser Perspektive als bedachte Selbstbeschränkung, die, solange sie respektiert blieb, die Linguistik vor der Hypertrophie mythischer Konstruktionen bewahrte.[36]

35 Vgl. Humboldt, *Verschiedenheiten*, WW III, S. 191.

36 Chomskys mentalistisches Grammatik-Konzept ist ja *das* aktuelle Paradigma für das, was Ryle den »paramechanischen Mythos« genannt hat. Vgl. Ryle 1963, S. 20 ff., dazu Kap. 6, S. 243 ff.

Grammatik kann und muß danach als die Gesamtheit der Formen verstanden werden, die in einer Sprache ausgeprägt wurden, um die Bedeutung des im illokutiven Akt Gesagten zu differenzieren. Sie hat sich – so hat Humboldt diesen Sachverhalt gedeutet – nicht als synthetisches, sondern als analytisches Prinzip der Rede entwickelt.[37] Die ursprüngliche Einheit der Rede, des illokutiven Akts, ist bei allen Unterscheidungen grammatischer oder lexikalischer Formen stets noch vorausgesetzt. Die Grammatik muß somit selbst als ein nach *einem* Prinzip durchformtes Ganzes begriffen werden. Da sie entsprechend dieser Konzeption durch Differenzierung entstanden ist, muß dieses Prinzip darauf beruhen, in Verschiedenheiten noch eine gemeinsame Form oder Gestalt zu sehen. Die Systematik der Grammatik ist somit, wie die der Sprache insgesamt, analogisch erzeugt. Humboldt wie Saussure haben daher in der Analogie das »generative« Prinzip der Sprache gesehen.[38] Dieses Ganze, das es gestattet, die Artikulation des Gemeinten beliebig fein auszudifferenzieren, hat Humboldt »das Sprachverfahren«[39] genannt. Der Singular ist wesentlich.

Dessen intuitive Beherrschung ist es, die die muttersprachliche von der fremdsprachlichen Kompetenz unterscheidet, und in diesem intuitiven Moment lag der Grund dafür, sie ein ästhetisches Vermögen zu nennen. Die Sicherheit, die den native speaker ausmacht, beruht auf dem Blick für das Ganze der Sprache: »Das sagt man so nicht im Deutschen« ist eine Äußerung, die nur der Muttersprachler verwendet. Auch in der theoretischen Linguistik ist der Rekurs auf die ›Sprecherintuition‹ die letzte Instanz, Grammatikalitäts- oder Akzeptabilitätsannahmen zu legitimieren. Solche »Sprecherurteile« können zwar durch empirische Daten bestärkt oder in Zweifel gezogen, nie jedoch aufgehoben werden.[40]

Humboldts ganzheitliche Grammatikkonzeption eröffnet so eine zentrale Einsicht: Grammatik in diesem Sinne kann nicht nach Begriffen erlernt, sie muß intuitiv erworben sein. Das Verhältnis zu unserer Muttersprache ist danach schon von der Form

37 Vgl. *Grundzüge des allgemeinen Sprachtypus* § 129, GS V, S. 447.

38 Vgl. Humboldt, *Essai sur les langues du nouveau continent,* § 14, GS III, S. 321, und Kap. 6, S. 226 ff.

39 *Grundzüge des allgemeinen Sprachtypus,* § 27, GS V, S. 127 und passim.

40 Vgl. Kap. 5.

ihres Erwerbs her kein theoretisches, sondern ein ästhetisches.[41] Genau dies unterstellen wir jederzeit in der alltäglichen Praxis: Obwohl jedermann eine absolute Sicherheit in seiner Sprache hat, kann das Vermögen, diese Sprache zu benutzen, doch ausgebildet werden. Wir können Urteile darüber, wie man etwas auf Deutsch »treffend« sagt, nicht begründen, wir erwarten aber dennoch, daß andere mit entsprechender Kompetenz, mit hinreichendem sprachlichen Geschmack diesem Urteil »beistimmen«.[42]

Grammatische Kategorisierungen

Der theoretische Status der Grammatik ist somit ein Notbehelf, der etwas auf Begriffe bringen muß, das auf solche eigentlich nicht zu bringen ist. Das theoretische Modell ist ein Analogon, mithilfe dessen ein zwar der »Sprecherintuition« in gewisser Weise Zugängliches, im strikten Sinne jedoch logisch Ungreifbares anzunähern versucht wird. Logisch ungreifbar deswegen, weil wir uns einen sprachlosen Menschen nicht denken können oder weil, dasselbe erkenntnistheoretisch gesagt, die Formulierung einer jeden Grammatik die Selektion von passenden Beispielen eines als Ganzes unfaßbaren Sprachgebrauchs voraussetzt. Jede grammatische Kategorie ist mithin eine Kategorisierung, deren Sinn sich ausschließlich im Rahmen des Sprachspiels definiert, innerhalb dessen sie formuliert wurde. Einen darüber hinaus gehenden ›objektiven‹ Sinn kann sie nicht haben.

Die Sprache, in der eine Grammatik geschrieben wird, ist daher nicht gleichgültig. Die häufig zu beobachtende Nachlässigkeit im Gebrauch grammatischer Termini ist zwar aus dem Tatbestand der »Abrichtung zur Grammatik« ebenso erklärlich wie aus der Annahme, daß die Lernfähigkeit des Schülers den Mangel der Grammatik schon kompensieren werde, doch ist diese Annahme, wie das Beispiel der doppeldeutigen Verwendung des Begriffs »Verb« zeigt, irrig. Eine unzutreffende grammatische

41 Chomsky modelliert das Vermögen des Kindes, eine Sprache zu erwerben, dagegen als ein quasi theoretisches. Vgl. Schneider 1992, S. 56 ff.

42 Vgl. *Kritik der Urteilskraft* § 7, B 19 ff.

Kategorisierung muß wie jede falsche Theorie das Lernen erschweren.

Es fragt sich somit, woraus die Sprache der Grammatik gewonnen wird. Schon ein Blick auf die traditionelle Terminologie bestätigt eine Einsicht, die man den sprachanalytischen Grundsatz der Sprachbeschreibung nennen könnte: Kategorisierungen sprachlicher Elemente sind Folgerungen aus ihrem Gebrauch in der Sprache. Sie erklären nichts, aber sie schematisieren doch ein bestimmtes Verständnis der Struktur der Sprechhandlungen, die mit ihnen vollzogen werden. Der »Genitiv« ist diejenige Form, in der im Griechischen die Abstammung ausgedrückt wurde:

Alexandros ho Philippou – Alexander, der Sohn Philipps.

Ebenso sprechend, doch ebensowenig erklärend sind die Bezeichnungen »Dativ« oder »Akkusativ«. Nichts begründet, wieso der, *dem* etwas gegeben wird, im Dativ stehen muß, das, was gegeben wird, hingegen im Akkusativ, den man ja ebenso auch hätte »Dativ« nennen können, wie das deutsche *jemanden einer Sache berauben* vs. *jemandem eine Sache rauben* und ähnliche Beispiele zeigen. Das »Partizip« ist – wie schon erwähnt – diejenige Wortart, die etwas mit dem Verb gemeinsam hat, aber auch wie ein Adjektiv verwendet werden kann. Es »partizipiert« an beiden Wortarten. Der »Nominativ« – die *lexis onomatike* – gilt wie der »Infinitiv« deswegen als die »Grundform« der betreffenden Wortarten, weil dies die Formen sind, in denen die Wörter in Wörterbüchern oder Grammatiken aufgeführt werden.

Die Beschreibung der Verwendung der Wörter ist der *einzige* Begriff, den wir uns von Formen der Sprache machen können – und in der Praxis handeln wir auch so, wenn uns nicht die grammatische Tradition täuscht. Grammatische Kategorienfehler entstehen, wenn man Formen einer Sprache benutzt, um die einer anderen zu beschreiben. Selbst Wilhelm von Humboldt war von solchen Vorurteilen nicht gänzlich frei, und es ist im Lichte seiner eigenen Sprachphilosophie ebenso befremdlich wie amüsant zu sehen, wie er mit dem Chinesischen hadert, das sich seiner Theorie so gar nicht fügen will:

»Das ... *tchì* ist diejenige Chinesische Partikel, welche sich am meisten dem Begriff eines Casuszeichens, um nicht der Flexion zu sagen, nähert. In den Worten *thìan tchì mìng*, die Satzung des Himmels, scheint *tchì* nichts als ausdrückliche Andeutung des Genitivs, oder doch eine den Praepositionen v o n, *de* und *of* ähnliche Partikel. Allein dem Subject vor dem Verbum nachgesetzt, deutet es den Nominativ, und auf das Verbum folgend, den Accusativ an. Diese Genitive stehen sehr häufig ohne diese Partikel, und sie findet sich in einer Menge von Fällen, wo an keinen Genitiv zu denken ist ...«[43]

Mit jeder externen, von außen an die zu beschreibende Sprache herangetragenen Kategorie ist die Gefahr gegeben, sie zu mißdeuten. Der hier an Humboldt selbst zu beobachtende kategoriale Fehlgriff, eine Sprache mit denen eines gänzlich anderen Sprachtyps zu beschreiben, ist somit nur der krasseste Fall eines Kategorienproblems, das sich in *jeder* Beschreibung von Sprache stellt und das somit in der Natur solcher Beschreibung an sich liegen muß: Es liegt in der Wendung von der Ästhetik zur Logik, in der Versprachlichung der Intuition.

Stets stellt sich dabei die Frage nach der Verständlichkeit, der Unvermeidlichkeit und damit auch der Mißdeutbarkeit der zur Darstellung des »Stoffs« verwendeten Sprache. Zwar gehört es zu jeder natürlichsprachlichen Kompetenz, in einer Sprache über diese sprechen zu können, sowohl über ihre Ausdrücke wie über sie als Ganzes. Die Fähigkeit, Sätze wie

Was meinst du mit ...
Was bedeutet ... hier
Kannst du ... noch einmal langsam wiederholen
Chinesisch ist dem Deutschen näher als Japanisch
usw.

zu äußern, erwirbt man im Zusammenhang des »normalen« Spracherwerbs. Sie machen einen Teil der Verständigungskompetenz aus, der Fähigkeit, in der normalsprachlichen Kommunikation auftretende Mißverständnisse aufzuklären, die integrativer Bestandteil der kommunikativen Kompetenz ist. Die Verwendung dagegen von Ausdrücken wie *Subjekt, Prädikat, Akkusativ, Adjektiv, Adverb* usw. lernt man im Zusammenhang von Schrift- und Fremdsprachenunterricht, man erwirbt sie nicht wie diejenigen Elemente, die zur Verständigungskompetenz gehören. Ihre Bedeutungen werden in einem speziellen Sprachspiel festgelegt, der Sprachwissenschaft, nicht im alltäglichen Gebrauch. Daher fehlt die »natürliche« Sicherheit in ihrer Anwendung und es

43 *Ueber den grammatischen Bau der chinesischen Sprache*, GS V, S. 316 f.

kommt zu der für unzureichend beherrschtes Wissen charakteristischen Erscheinung, daß diejenigen Begriffe, die dieses Wissen ausmachen, verdinglicht werden. Je weniger durchschaut ist, daß »Subjekt«, »Prädikat«, »adverbiale Bestimmung« Kategorisierungen sind, die *mehr oder weniger* geeignet sind, sprachliche Erscheinungen zu treffen, desto schwerer wird ihre Anwendung auf Fälle, die nicht ins Schema passen, das die Kategorisierung voraussetzte. Denn eine Grammatik läßt sich nur schreiben, wenn man bestimmte Sätze eines als »normal« beurteilten Sprachgebrauchs auswählt und ihr Schema dann als Muster eines ›allgemeinen‹ Gebrauchs beschreibt.[44] Wer einmal gelernt hat, daß Sätze aus Subjekt und Prädikat bestehen und daß ein Verb Aktiv- und Passivformen hat, wird sich mit einem Satz wie *Morgen wird gestreikt* schwer tun, der weder ein Subjekt noch passivische Bedeutung hat.[45]

Man lernt, wie gesagt, den Gebrauch grammatischer Kategorien durch ihre Anwendung auf hinreichend deutliche Beispiele. Das Griechische oder Lateinische eignen sich natürlich in besonderer Weise, die Verwendung von Begriffen wie Kasus, Maskulinum, Femininum, Aktiv, Passiv etc. zu lernen, weil in der Morphologie dieser Sprachen entsprechende Formen deutlich unterschieden sind. Die Unterscheidung von Aktiv und Passiv ist für das Griechische oder Lateinische zweckmäßig, weil es dort formale Unterscheidungen gibt, die mit ihr erfaßt werden können.[46] Doch wenn

44 Vgl. Kap. 5 und Kap. 9, S. 376 ff.

45 Der Satz ist natürlich kein elliptischer Satz, und es macht keinen Sinn, in der Tiefenstruktur eine durch eine Passiv-Transformation getilgte Subjekt-NP anzunehmen, denn weder hat dieser Satz eine passivische Form, die gibt es im Deutschen – als Form wohlgemerkt – nicht, noch eine passivische Bedeutung, die es im Deutschen sehr wohl gibt. Man verwendet im Deutschen Syntagmen dieser Form vielmehr ganz regelmäßig, um agenslose Sätze zu bilden, um auszudrücken, daß da und da, dann und dann usw. »etwas passiert«. Ein analoges Beispiel wäre *Heute ist Sonntag*.

46 Für das Latein gilt dies allerdings nur für die ›Tempora‹ Präsens, Imperfekt und Futur I; im Perfekt, Plusquamperfekt und Futur II kennt das Latein formal ebensowenig ein Passiv wie das Deutsche generell. Passivformen wie *laudor, laudabitur* sind in Opposition zu entsprechenden *finiten* Aktivformen (*laudo, laudabit*) bestimmt. Eine solche Opposition fehlt aber bei Formen wie *laudatus/a/um sum/eram/ero,* denn die Formen von *esse* »haben« kein Passiv, wurden vom native speaker des Latein folglich auch nicht als »Aktiv«-Formen kategorisiert.

man nun im Deutschen nach dem Vorbild dieser Sprachen ebenfalls ein Aktiv und Passiv unterscheidet, was schon bei Formen wie *versetzt, erledigt, gepeinigt sein* zur Verlegenheitsformel vom »Zustandspassiv« führt, weshalb dann nicht auch im Lateinischen oder Deutschen ein Medium oder einen Aorist unterscheiden, die formal gleichfalls nicht vorhanden sind. Es würde durchaus »passen«, in Analogie zum Griechischen *ich bin versetzt worden* als Aorist zu bezeichnen, *ich bin versetzt* dagegen als Perfekt. Daß man dies nicht tut, ist nur mit der historischen Rolle zu erklären, die das Latein als europäische Bildungssprache gespielt hat.

Wo aber hinreichend deutliche formale Unterscheidungen in dem zu kategorisierenden Sprachmaterial fehlen, da wird auch die Anwendung von grammatischen Kategorien problematisch und folglich schwer verständlich, die ursprünglich auf formale Unterscheidungen gegründet waren. Die Unterscheidung von Adjektiv und Adverb ist für das Latein oder das Englische zweckmäßig, weil sie auf Differenzen von Formen abzubilden ist – *fortis – fortiter; quick – quickly* – nicht aber für das Deutsche – *er ist schnell – er läuft schnell.* Wäre die Grammatik am Beispiel des Deutschen entwickelt worden, würde sie die Unterscheidung von Adjektiv und Adverb vermutlich nicht kennen, dafür wahrscheinlich eine wie deklinierte : nichtdeklinierte Prädikatoren o. ä., die in jeder Grammatik des Deutschen von der Kategorie Adjektiv überlagert ist. Gerade wenn grammatische Terminologie dazu dienen soll, die Erzeugung fremdsprachlicher Ausdrücke zu leiten, dann ist ihre Abbildbarkeit auf formale Unterscheidungen der zu vermittelnden Sprache ebenso notwendige Bedingung dafür, daß die Lernenden sie anwenden können, wie die Distinktheit der grammatischen Termini.

Das Prinzip der Formalität gewinnt in diesem Zusammenhang eine zusätzliche Bedeutung: In der Beschränkung auf die pure Beschreibung der syntaktisch-morphologischen Formen und ihrer illokutionären Verwendung, im Verzicht auf jede semantische Kategorisierung grammatischer Formen liegt – negativ betrachtet – zunächst einmal die Chance der Minimalisierung derartiger Mißdeutungen. Als das grammatischen Kategorisierungen inhärente Erkenntnisinteresse ergäbe sich so das Ziel, allein das in Sprache zu fassen, was in der Sprache als Form erkennbar ist, was der Sprachkundige eben *sieht*.

Analogische Grammatik

Im sprachanalytischen Grundsatz der Sprachbeschreibung liegt darüber hinaus jedoch auch die Chance begriffen, das Analogon dem Urbild anzunähern: Wie kann, so wäre nach den bisherigen Überlegungen zu fragen, die Grammatik einer Sprache so beschrieben werden, daß sie zu einem Reden gemäß Regeln hinführt und dabei doch ihre für den Sprachunterricht unverzichtbare Qualität der begrifflichen Darstellung nicht verliert. Die Antwort ergibt sich aus dem Charakter der »natürlichen« Sprachkompetenz als eines analogisch organisierten, ästhetischen Vermögens: Die Darstellung der Grammatik muß eine Form haben, die das Schematisierungsverfahren als Ganzes anschaulich bis hin zur ästhetischen Deutlichkeit darstellt. Sie muß daher von demjenigen Punkt aus organisiert sein, der das spezifische Verfahren der jeweiligen Sprache charakterisiert. Was sich unter dem Sinnaspekt stets als Gegensatz darstellt, nämlich die ästhetische und formale Behandlung von Sprache, erweist sich hier als intrinsischer Zusammenhang.

Als Form des Satzes gilt seine Konstituentenstruktur. Formal darstellbar ist Konstituenz, z. B. die des Ausdrucks

eine	*schöne*	*Aufführung*	*des*	*Figaro,*
(= a)	(= b)	(= c)	(= d)	(= e)

bekanntlich durch Graphen wie

(A)

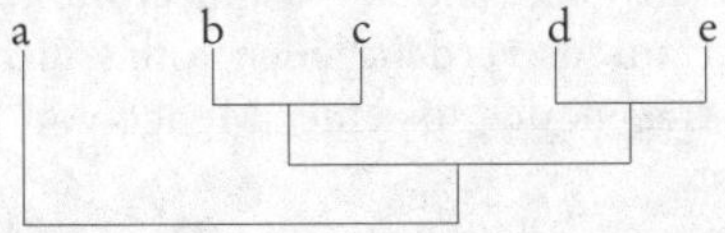

oder

(B)

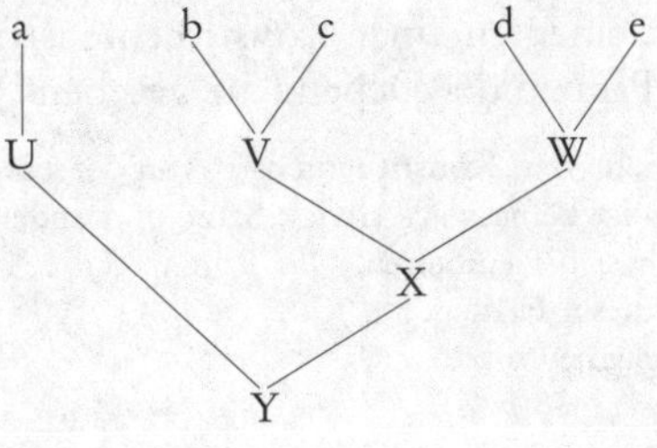

In (B) sind entsprechend der üblichen Definition von »Konstituente«

a unmittelbare Konstituente von U,
b, c unmittelbare Konstituenten von V,
d, e unmittelbare Konstituenten von W,
V, W unmittelbare Konstituenten von X,
a, b, c, d, e, U, V, W, X und Y Konstituenten von Y[47].

Was (A) lediglich graphisch zur Anschauung bringt: die durch Kommutationsproben und andere Verfahren empirisch verifizierbare Struktur des Ausdrucks, die Art also, wie der kompetente Sprecher ihn auffaßt bzw. gliedert, wird in einem Graphen wie (B) durch die Einführung von Symbolen (U, V, ...) *kommentiert*. Erst dies ermöglicht die Rede über Konstituentenstruktur, erzeugt jedoch dadurch auch die Möglichkeit ihrer logischen Mißdeutung. Dieser Gefahr versuchen moderne Syntaxtheorien dadurch zu begegnen, daß sie grammatische Kategorien rekursiv, also extensional definieren.

a, b, c, d und e, U, V und W, A und X sind einander »benachbart«, d. h. sie stehen zueinander im Verhältnis der Kontingenz.[48] Dieser Begriff drückt jedoch gerade aus, daß eine auf ihn gegründete Darstellung einer Konstituentenstruktur genau das nicht zum Ausdruck bringt, wonach mit dem Begriff der Form gefragt war, nämlich dasjenige Gestaltprinzip, das aus einer Menge von Regeln ein Ganzes macht. Er stellt Konstituenten nebeneinander, ohne für das Nebeneinander einen Grund dafür zu benennen, behandelt sie also extensional. Wenn Grammatik aber die Form des Sprachverfahrens verdeutlichen soll, so ist nach dem Zusammenhang zu fragen, der aus einer Menge von Konstituenten eine Einheit macht.

Gefragt ist so nach einem Prinzip, das die einzelnen Konstituenten miteinander vernetzt. Das relationale »Band« zwischen den Elementen einer Konstituentenstruktur hat man seit Tesnière im Prinzip der Dependenz gesehen.[49] Auch sie läßt sich

47 Jedes Element der Konstituentenstruktur ist eine Konstituente seiner selbst. Dies ist keineswegs trivial: Sätze und andere Konstituenten kann man in sich selbst einbetten. Das Prinzip der rekursiven Satzdefinition beruht auf dieser Festlegung.

48 Vgl. Baumgärtner 1970.

49 Vgl. Tesnière 1969.

formal darstellen, das oben betrachtete Beispiel etwa folgendermaßen:

b → c, d → e, (d → e) → (b → c) usw.

Der formale Ausdruck x → y wird üblicherweise im Sinne der folgenden Definition gelesen:

x dep y (x ist dependent von, »hängt ab von« y) := Die Erzeugung einer Konstituentenkette a + y + b ist notwendige Bedingung der Erzeugung einer Kette a + y + x + b bzw. a + x + y + b.[50]

Projiziert auf das ›Sprachverfahren‹ läßt sich dies so deuten, daß das Verständnis von Dependenzverhältnissen notwendige Bedingung für die Erzeugung von Konstituentenstrukturen ist.[51] Die Grammatiktheorie muß sie als gegeben voraussetzen und als die Valenzen von Ausdrücken der betreffenden Sprache zu beschreiben versuchen.[52] Aber auch dieses Verständnis von Dependenz ist ein extensionales. Dependenzverhältnisse können – wie ihre formale Darstellung zeigt – beschrieben werden, und sie werden beschrieben, ohne daß damit gesagt wäre, was sie ausmacht. Das Extensionalitätsprinzip erweist sich als die Tugend, die der Grammatiker aus seiner Not macht.

Die relationale Charakteristik der Wörter einer Sprache, die mit der Beschreibung ihrer Valenzen zum Ausdruck gebracht wird, ist somit derjenige Sachverhalt, der dem Sprachverfahren zugrunde liegt. In ihm zeigt sich, um Humboldts Grundidee aufzugreifen, der analytische Charakter der Grammatik. Die dem Wort als Relation eigenen, durch andere Ausdrücke zu ergänzenden »Leerstellen« – wir brauchen die Schriftmetaphorik, um diesen Sachverhalt zu fassen – stiften denjenigen Zusammenhang, der es gestattet, die Menge der Konstituenten eines Satzes auf eine Form zurückzuführen bzw. diese in sie zu »zerlegen«, und erst dies macht aus der Kette kontingenter Wörter *den* Satz. Der Zusam-

50 Die durch »a« und »b« angedeuteten syntaktischen Positionen können leer sein.

51 Natürlich können auch zwischen Sätzen bzw. »satzwertigen« Ausdrücken Dependenzverhältnisse bestehen:
Wo gehst du hin? (= a) *Nach oben* (= b): *b* dep *a*. Es ist also auch unter diesem Aspekt sinnvoll, den Satz als Konstituente seiner selbst aufzufassen.

52 *x* ist eine Valenz von *y* gdw *x* dep *y*.

menhang selbst ist noumenaler Art, nichts Wahrzunehmendes – etwas, das und auf das der Sprecher der betreffenden Sprache sich eben versteht. Somit scheint es die Kombination von Konstituenten- und Dependenztheorie zu sein, die eine Antwort auf die Frage nach dem obersten Gestaltprinzip der Grammatik erlaubt.

Nicht zufällig hat man in den unterschiedlichsten Sprachtheorien stets der Verbvalenz einen besonderen Rang eingeräumt. Daß erst das finite Verb den Satz zum Satz macht, unterscheidet – zumindest in Sprachen, zu deren grammatischen Mitteln die Konjugation oder analoge Verfahren zählen – die Satzkonstituente eben von allen anderen, den Nebensatz ebenso wie den Hauptsatz. Hierin liegt eine rekursive Struktur, die im Formalismus der X-bar-Theorie in der Auszeichnung des Satz- bzw. INFL-Knotens besonders zum Ausdruck gebracht wird.[53] Die Verbvalenz ist somit der archimedische Punkt, von dem aus die Grammatik als ein organisches Ganzes sich entfalten läßt.

Was »formale« Darstellung der Grammatik heißt, läßt sich somit präzisieren: Wesentlich dafür ist – wie sich gezeigt hat –

(I) die extensionale Beschreibung der Dependenz- und Konstituenzverhältnisse der jeweiligen Sprache in einer beide Gesichtspunkte integrierenden Darstellung;
(II) die Darstellung der grammatischen Mittel, die in dieser Sprache zur Verfügung stehen, um eine Konstituentenstruktur zu erzeugen. Dies sind im Deutschen
– die Intonation,
– die Reihenfolge (syntaktische Ordnung) und
– die Flexion.[54]

Intonation ist natürlich nur in der gesprochenen Sprache ein grammatisches Mittel. Ihre schriftlichen Analoga wären etwa vom Mündlichen abweichende Stellungsregularitäten, orthographische und typographische Mittel usw.

Das Sprachbild der Grammatik, so hatten wir bislang gesagt, gründet sich auf die Bereitstellung geeigneter Beispiele von Sprachgebrauch. Die Schematisierung von Dependenz- und Konstituenzverhältnissen liefert in diesem Sinne die Voraussetzung für die Beschreibung von Wortarten- bzw. Einheitenkategorien wie

53 Vgl. dazu von Stechow und Sternefeld 1988, S. 114 f.
54 Vgl. hierzu Eisenberg 1989, S. 44 ff.

transitives Verb [+ … , ____ , + NP_{Akk}]
Substantiv [+ $Artikel_{Kasus\ i}$, + … , ____ $Kasus_i$, + …],
Präposition [____ , + $NP_{(obliquer)\ Kasus}$]
usw.[55]

Das Deutsche ist wie andere flektierende Sprachen durch die Verfahren der Konjugation und Deklination charakterisiert, die neben der syntaktischen Ordnung unter anderem dazu verwendet werden, um Rektions- und Kongruenzrelationen[56] zu markieren, die die jeweilige Konstituentenstruktur auszeichnen: Zureichend sind diese Verfahren dadurch jedoch noch nicht beschrieben. Wenn die grammatische Beschreibung auf der Schematisierung des Gebrauchs von Ausdrücken beruht, dann muß, wenn die Definition dieser Mittel in einen ganzheitlichen Aufbau einer Grammatik integriert wird, diese Definition entsprechend ihre Funktion für das Sprachverfahren verdeutlichen. Erst dann wird gegenüber den Gemeinsamkeiten beider Verfahren, die ihre Kategorisierung als Flexion hervorhebt, die Differenz deutlich, die sie bezüglich ihrer syntaktischen Funktion unterscheidet: Die Konjugation bezieht sich auf genau eine syntaktische Funktion im Satz, die als grammatisches Prädikat eher mißverständlich beschrieben ist, denn diese Kategorisierung ist, zumindest ursprünglich, eine formalsemantische, d. h. eine logische, keine grammatische. Sie verdeckt – wie angedeutet – das Problem einer dem Sprachverfahren des Deutschen angemessenen formalen Darstellung der Syntax des Verbalkomplexes. Die syntaktische Funktion, die durch die Konjugation realisiert wird, ist durch nichts anderes markiert als durch ihre Stellung im Satz, je nach Sprechakttyp die 1. oder 2. Position – im Nebensatz entsprechend die Endstellung des Finitums –, und durch eben das Merkmal ›Finitheit‹. Die Funktion der Deklination besteht dagegen darin, durch Kasusmarkierungen Positionen bestimmter »Mitspieler«

55 Dies sind Beispiele in traditioneller Terminologie, der Formalismus ist natürlich nur angedeutet. Seine Gestalt, die *nicht* beliebig ist, steht hier nicht zur Debatte, wesentlich ist allein, daß er syntaktische Kontexte erfaßt (… ____ …). Eine kontextfreie Grammatik widerspricht dem analytischen Grundsatz der Sprachbeschreibung. Sie ist *immer* eine durch externe Gründe motivierte Konstruktion (die natürlich, z. B. für bestimmte Zwekke der Datenverarbeitung, zweckmäßig sein kann).

56 Zur Definition von Rektion und Kongruenz vgl. Eisenberg 1989, S. 52 ff., dessen Darstellung ich hier im wesentlichen folge.

des Verbalkomplexes zu charakterisieren. Die Deklination ist also, verglichen mit der Konjugation, ein »Gemisch« unterschiedlicher Funktionen. Syntaktisch relevant sind allein die Kasusmarkierungen, während die Numerusmarkierung ausschließlich semantische Funktion hat. Der Unterschied wird durch denkbare Äquivalente deutlich: Während die Kasusmarkierung durch syntaktische Ordnungsregeln wie im Chinesischen oder Englischen zu ersetzen wäre, müßte – wenn überhaupt – die Numerusdifferenz lexikalisiert werden.

Schickt man diese Charakterisierung der jeweiligen syntaktischen Funktion voraus, so ergeben sich folgende Definitionen:

Konjugation := Unterscheidung der Formen eines Wortes nach den Merkmalen ›Tempus‹, ›Person‹ und ›Modus‹.[57]
Deklination := Unterscheidung der Formen von Nomina (Pronomen, Substantive, ...) nach den Merkmalen ›Numerus‹ und ›Kasus‹[58].

Befreit man sich so von dem traditionsbedingten Vorurteil, ›Numerus‹ und ›Genus‹ als formale Subkategorisierungen des Verbs zu behandeln, so liefert die daraus resultierende Definition der Konjugation nicht weniger als den logischen Zusammenhang von phatischem und rhetischem Akt, von Grammatik und Sprechakt-

57 Dies bedarf der Kommentierung: Die infiniten Verbformen werden hier also nicht als ›konjugierte‹ aufgefaßt, und dies entspricht ihrer syntaktischen Verwendung. Die Konsequenzen dieser Konzeption für die Interpretation des Verbalkomplexes liegen auf der Hand. Doch ergeben sich auch Folgerungen ganz anderer Art: Die Identität eines semantischen Wertes ist ja die Voraussetzung dafür, finite von infiniten Formen zu unterscheiden. Ganz »nebenbei« zeigt sich so die Abhängigkeit syntaktischer von semantischen Kategorien, und dies bestätigt sich auch durch die folgende Überlegung: ›Numerus‹ ist hier eine Subkategorisierung von ›Person‹, die nicht identisch ist mit der Kategorisierung Numerus innerhalb der Deklination: *wir* ist nicht der Plural von *ich* wie *Häuser* der zu *Haus*. Passiv ist keine formale, sondern eine semantische Kategorie des Deutschen, die durch die Kombination von konjugierten und nichtkonjugierten Formen erzeugt wird.

58 In einer formalen Darstellung wären die in › ... ‹ gesetzten Ausdrücke, die ich hier der Abkürzung halber verwendet habe, wiederum extensional durch Aufzählung der entsprechenden Formen zu definieren. Im Sinne der oben gegebenen Form einer grammatischen Beschreibung wäre genauer zu sagen, daß die Differenz der Formen *gebe – gab*, *sage – sagte* als Unterscheidung von Präsens und Präteritum gedeutet wird, die von *gebe – gibst – gibt* als Unterscheidung von 1., 2. und 3. Ps. Sg. usw.

theorie, damit letztlich von grammatischer und kommunikativer Kompetenz: Der lokutionäre Gehalt einer jeden Äußerung muß bezüglich 1., 2. und 3. Person und bezüglich des Zeitpunkts der Äußerung »verortet« werden. Die Wahl der betreffenden finiten Form ist also stets eine vom Sprecher ad hoc realisierte Funktion. Der Terminus »Flexion« ist in diesem Zusammenhang eher irreführend. Natürlich wird hier nichts »gebeugt«. Wir »verfertigen« nicht die 2. Ps. Sg. von *geb-* dadurch, daß wir den »Stammvokal« wechseln und an den Stamm eine »Endung« anfügen. Eine solche Vorstellung resultiert aus einer synthetischen Auffassung von Grammatik. Die vom Sprecher realisierte Funktion ist vielmehr als Auswahl der »passenden« aus einer Menge von Formen zu begreifen. »Das« Verb ist ebenso wie jedes deklinierte Wort eine Menge partiell identischer Formen. Eine formal adäquate Repräsentation des Verbs *geben* sähe somit näherungsweise vielleicht folgendermaßen aus:

$\{$ *gebe, gibst, gib, gibt, geben, gebt, gab, …. , gegeben, geben* $\}_{geb\_\_}$

Daß die Konjugation im Deutschen wie im Latein oder Griechischen darüber hinaus auch Modi unterscheidet, läßt sich als formaler Ausdruck der Differenz von Lokution und Illokution deuten: Den Konjunktiv verwendet man z. B. in der indirekten Rede dann, wenn man den Wahrheitsgehalt des Referierten nicht behaupten will. Aufs engste hängt hiermit die Wahl der Position des Finitums zusammen. Nur der logischen Herkunft des Satzbegriffs ist es ja zu verdanken, daß als Normalstellung des Finitums im unbetonten Hauptsatz die 2. Position angenommen wird. Die davon abweichende Position in Frage oder Aufforderung ließe sich von der kommunikativen Funktion solcher Sprechakte her auch anders deuten. Man behauptet in der Regel nur, was in Frage gestellt wurde.

Eine derartiges Verständnis von Grammatik gäbe eine Möglichkeit an die Hand, die grundlegende Ordnung des Satzes im Deutschen, damit auch das Phänomen der sog. »Satzklammer« *verständlich* zu machen: Wenn der Aufbau der Konstituentenstruktur im Deutschen so intrinsisch mit der Artikulation und Ordnung konjugierter und deklinierter Formen zusammenhängt, dann ist zumindest plausibel, wieso im Normalfall erst die konjugierten und deklinierten Formen erzeugt werden, danach die nichtflektierten, d. h. die weder finiten noch durch Kasus markierten Formen.[59]

Damit läßt sich abschließend die wiederholt angesprochene funktionale Konzeption einer Grammatik wenigstens skizzieren. Der Begriff der Funktion ist hier, wie gesagt, im strikten logischen Sinn als Abbildung zu verstehen, »innerhalb« der Konstituentenstruktur als Abbildung von Konstituenten auf höherrangige, »außerhalb« als Abbildung des gesamten Ausdrucks auf eine Äußerungssituation. Abgebildet werden im Prozeß der »Verfertigung« des Gedankens beim Reden[60] z. B. die konjugierten Wörter auf die Menge der deklinierten, die Menge der Artikel auf die der Substantive usw. Manche »Wahlen« ergeben dabei Wortfolgen, die allein oder zusammen mit anderen »Sinn machen«, andere hingegen nicht. Gelernt haben kann man dies nur im Wege der lebensgeschichtlichen Differenzierung *des* Sprechakts in

[Angabe + Finitum + Nominal]
Heute ist Freitag
... + ... + ...
[Angabe + Finitum + Subjekt]
Gestern kam Victoria
... + ... + ...
[Angabe + Finitum + Subjekt + Objekt]
... + ... + ... + ... + ... + ...
[Angabe + Finitum + Subjekt + Objekte + Infinitum][61]
... + ... + ... + ... + ... + ... + ...
... + ... + ... + ... + ... + ... + ...
Gestern abend hat im Stadttheater eine schöne Aufführung des Figaro stattgefunden

Im Spracherwerbsprozeß werden also die innerhalb der jeweiligen Sprache entwickelten grammatischen Formen als individuelle

59 Ich kann hier keine detaillierte syntaktische Analyse vornehmen, die natürlich notwendig wäre, um diese These zu erhärten. Zumindest als statistische Regel dürfte sie jedoch haltbar sein. »Ausnahmen« sind sicher Zeit- oder Ortsadverbien, und dies wiederum ist eher eine Bestätigung der hier vorgeschlagenen Deutung, denn das Phänomen hängt mit der illokutiven Funktion solcher Adverbien zusammen.

60 Vgl. Kleist [1974].

61 Die Ausdrücke in Klammern [...] drücken zweierlei aus: Einerseits kommentieren sie »lediglich« die Ausdrücke, durch welche sie rekursiv definiert werden, hier z. B. ›Angabe‹ durch *gestern abend;* andererseits

Kompetenz je erneut aufgebaut. Dies kann grundsätzlich auf zwei verschiedene Weisen geschehen: Entweder man unterstellt wie Chomsky und die kognitive Linguistik ein genetisches, mithin universalsprachliches Programm oder aber man modelliert die Fähigkeit zum Spracherwerb als Bündelung bestimmter kognitiver, *nicht*sprachlicher Fähigkeiten wie Gedächtnis, Artikulationsfähigkeit usw. Der ontogenetische Spracherwerb würde damit *analog* zur jeweils vorgegebenen Grammatik erfolgen. Die allgemeine Evolutionstheorie spricht ebenso für die zweite Alternative wie die Aporien der kognitiven Linguistik, die wir noch genauer zu betrachten haben.[62]

Es ergäbe sich so der folgende formale Aufbau einer funktionalen Grammatik:

1. Stufe: f(a, b, c, …) = a(x), b(y), c(u) …
   mit a, b, c, … = terminale Einheiten (Wörter),
   x, y, u = Variablen für terminale Einheiten
2. Stufe: f[a(x)], f[b(y)], f[c(u)] … = A, B, C, …
   mit A, B, C … = präterminale Konstituenten wie
   VP, NP, PP, AP usw.
3. Stufe: f[A(X)], f[B(Y)], f[C(U)] … = Φ
   mit Φ = Variable für Satzkonstituenten,
   X, Y, U = Variablen für präterminale oder terminale Konstituenten.

Die Gelingensbedingungen, die die jeweiligen Funktionen definieren, sind also das logische Produkt aus den Leistungen, die den phatischen und rhetischen Akt ausmachen, und es ist klar, daß diese Konzeption in genetischer Perspektive das von Humboldt beschriebene analytische Verständnis von Grammatik voraussetzt. Alle Formen der ersten und zweiten Stufe sind durch Differenzierung der ›Urfunktion‹ der dritten entstanden. Anders ausgedrückt: Die Differenzen der Funktionen dieser Stufe ergeben sich, werden realisiert durch den unterschiedlichen Gebrauch der Funktionen zweiter und erster Stufe.

aber besagen sie, daß der betreffende Ausdruck eine Konstituente ist, auch wenn er wie *gestern abend* aus mehreren Wörtern oder Unterkonstituenten besteht. Die Kategorisierung erfaßt also eine synthetische Leistung, die der Sprecher artikulierend oder verstehend vollzieht.

62 Vgl. Leroi-Gourhans Begriff des Integrationsdispositivs (Leroi-Gourhan 1984, S. 109 ff.), kritisch zu Chomskys Evolutionstheorie Jäger 1991, dazu Kap. 6, S. 243 ff.

Eine jede Grammatik besteht aus Schemata, somit aus Regeln. Sie beschreibt nicht, wie man redet oder reden soll, sondern, wie der ›kompetente‹ Sprecher seine Rede schematisiert oder ordnet, wenn er so und so verstanden werden will. Im Gebrauch der grammatischen Formen aber – dies bringt die hier skizzierte funktionale Auffassung von Grammatik auf den Punkt, drückt es auch formal aus – ist die Sprachkompetenz frei. Keine Grammatik sagt, welche Worte man verwenden soll, sie sagt lediglich, was folgt, wenn man sich entschlossen hat, eines zu verwenden.[63]

Sinnvolle Rede besteht aber gerade in der Auswahl derjenigen Wörter, mit denen das Gemeinte hinreichend deutlich zum Ausdruck gebracht werden kann. Sie ist mit Kant als Produkt der Einbildungskraft, mithin der Urteilskraft oder anders ausgedrückt: des Geschmacks zu begreifen.[64] Die Fähigkeit zur Rede spielt mit den Formen und Ausdrücken, über die sie verfügt. Dies macht die eingangs beschriebene Leichtigkeit aus, mit der wir unsere Sprache beherrschen. Nie müssen wir in spontaner Rede überlegen, wie dies oder jenes »heißt«. Dieses spontane Vermögen ist es, das mit der Wahl irgendeines Wortes den Anfang macht, ehe da überhaupt etwas schematisiert werden kann, und so verfertigt es den Gedanken, indem es die »passenden« Wörter und Syntagmen aneinanderfügt, und wie man innerhalb eines Schemas den Sinn des Gesagten durch die Unterscheidung von Wörtern differenzieren kann, so auch durch Variation des Schemas selbst. Niemand hat vielleicht dieses Verfertigen des Gedankens schöner beschrieben als Kleist. Sein »allmählich« bedeutet ja keineswegs

63 Jede generative Grammatik »läuft aus« in Kategoriensymbolen wie Verb, Präposition usw., die ihrerseits durch Lexikonregeln rekursiv interpretiert werden. Diese haben folgende Form:

X { a, b, c, ... }, z. B.

Verb_{12} { *seh-*, *hör-*, *lieb-*, ... }

Die sogenannte Lexikonregel ist aber – wie diese Form zeigt – im logischen Sinn gerade keine Regel, denn eine solche hat die Form

»Immer wenn ..., dann ...«

Als Vorschrift besagt die Lexikonregel aber nicht mehr als

»Ersetze das Symbol X durch a oder b oder c oder ...«

und hier kommt kein generalisiertes Konditional vor. Die Lexikonregel ist, logisch betrachtet, eine Alternation von kategorischen Propositionen:

a ist ein X oder b ist ein X oder ...

64 Vgl. Kap. 5, zum Zusammenhang von Urteilskraft und Geschmack Gadamer 1965, S. 31 ff.

»schwerfällig« oder »langsam« oder ähnliches, sondern betont die kontinuierliche Progression des Verfahrens. Kleist beschreibt gerade, auch wo er mit Kant noch Denken und Sprechen unterscheidet, das spontane Wirken der sprachlichen Einbildungskraft: Man muß sie nur gehörig ablenken, d.h. von Reflexion entlasten, dann tut sie es, sodaß »die Erkenntnis zu meinem Erstaunen mit der Periode fertig ist«[65].

Hätte man – mit irgendeinem Wort anfangend – alle Substitutionsmöglichkeiten, die die Variablen im oben skizzierten Schema einer funktional aufgebauten Grammatik bieten, durchlaufen, so hätte sich damit die Grammatik sozusagen in ihrer Handhabung aufgelöst.

In dieser Weise reden wir also »gemäß« Regeln. Doch gewinnt das »gemäß« hier einen nicht-extensionalen Sinn, den des »analog zu« oder »ähnlich wie«. Eine Grammatik beschreibt, betrachtet man sie von der Funktion des Schematisierens her, nichts anderes als die Analogien, die der Sprache erwerbende Mensch in dem Sprachgebrauch, dem der Grammatiker seine Beispiele entnimmt, erkennt und die er sprechend selbst nutzt. Nicht zufällig ist in der Logik des Aristoteles der Terminus technicus für die Analogie das *paradeigma*, das Beispiel.

Die Differenzierung der Grammatik *ist* das ästhetische Verfahren, ihren subsidiären Status zu überwinden. Als Theorie scheint sie freilich zu diesem verurteilt. Mit dieser Paradoxie – wie passen ›Theorie‹ und ›subsidiär‹ zusammen? – werden wir uns im folgenden näher befassen. Dabei wird deutlicher zutage treten, was sich hier schon angedeutet hat: daß sie mit der kaschierten Schriftlichkeit des grammatischen Sprach-Bildes zu tun hat.

65 Vgl. Kleist [1974], S. 54.

Sprachwissenschaft und Schrift

3. Zur Metaphysik linguistischer Gegenstände

Die Separation der langue von der parole gilt als die grundlegende Unterscheidung, mit der Linguistik als Wissenschaft von der Sprache möglich wird. »La linguistique«, so fassen die Herausgeber des *Cours de linguistique générale* ihre Redaktion des saussureschen Textes zusammen, »a pour unique et véritable objet la langue envisagée en elle-même et pour elle-même.«[1] Die Wirkungsgeschichte des *Cours*, die diese Doktrin mehr und mehr verfestigt, hat hierin die Sprachidee Wilhelm von Humboldts, von der aus dieser seine Konzeption des ›vergleichenden Sprachstudiums‹ entworfen hatte, radikal umgekehrt. Für Humboldt war noch die »verbundene Rede« Bezugspunkt wie Telos dieses Studiums, in ihr liege die Sprache. Wir werden die Gründe für diese Ansicht bei der Diskussion seines »Hauptsatzes« im einzelnen erörtern.[2] Grammatik und Wörterbuch – so das berühmte Diktum – seien demgegenüber »kaum ihrem todten Gerippe vergleichbar«[3]. Für Chomsky hingegen, der in bestimmtem Sinn die bei Saussure begonnene Entwicklung vollendet, ist nicht mehr die Sprache Objekt der Linguistik, denn allzu heterogen erscheint das, worauf dieses Wort sich bezieht, ihr Gegenstand ist die Grammatik selbst geworden.[4] Dies scheint den Ansatzpunkt Saussures zu bestätigen. Das autochthone Gebiet der Linguistik ist das Sprachsystem. Das Studium von Anwendungs- bzw. Performanzphänomenen, so die zur kaum noch reflektierten Routine abgesunkene Logik dieses Denkens, setzt *per se* das des Systems je schon voraus.

Doch so selbstverständlich schon dies im Sprachspiel der Linguistik scheint, es gehen in der saussureschen Axiomatik dieser

1 CLG, S. 317. Dieser Satz wird durch die dem *Cours* zugrundeliegenden Quellen – Nachschriften der drei Vorlesungen, die F. de Saussure 1906 ff. über die allgemeine Sprachwissenschaft gehalten hat – nicht bestätigt. Vgl. Godel 1969, S. 119.

2 Vgl. Kap. 10, S. 415 ff.

3 *Verschiedenheiten*, WW III, S. 186.

4 Vgl. Chomsky 1981, S. 4: »Note that the central concept [of linguistic theory, Ch. St.] throughout is ›grammar‹, not ›language‹«.

Separation zwei analoge noch voraus, die in Geschichte und Selbstbewußtsein der Disziplin freilich nie problematisiert wurden. Sie können somit als der eigentliche transzendentale Rahmen der Linguistik gelten. Die erste ist die Unterscheidung von Synchronie und Diachronie – das Erbe der Sprachwissenschaft des 19. Jahrhunderts. In der Tat ist für die moderne Linguistik diese Unterscheidung die nirgends mehr infrage gestellte Grundannahme. Selbst wo die analoge Dichotomie von langue und parole mit Blick auf die sprachphilosophische Systematik, die F. de Saussure in seinen späten Vorlesungen entfaltet[5], im Sinne einer Dialektik neu verstanden wird, die wieder an den Sinn der humboldtschen Unterscheidung von ›Sprache‹ und ›verbundener Rede‹ anknüpft[6], ja selbst noch wo die diachronische Sprachbetrachtung gegen den Primatsanspruch der synchronischen verteidigt wird, bleibt doch die Dichotomie von synchronischer und diachronischer Ebene wie selbstverständlich vorausgesetzt – Grundlage des linguistischen Geschäfts, die ultima ratio, mit deren Preisgabe der Sprachwissenschaft ihr Gegenstand genommen wäre. Saussure selbst hat deren Problematik durchaus gesehen, Zeugnis dafür ist vor allem die große note über Whitney.[7] Die Linguistik studiert, so ist nicht ohne immanente Folgerichtigkeit der letzte Satz des *Cours* ausgelegt worden, die den Sprachen inhärente Konstanz, das, worin – mit Platon zu sprechen – ihre *ousia* gesehen wird.

Erst von hier aus konnte die saussuresche Separation von langue und écriture als *der* legitime Schritt gelten, der letztlich die Autonomie der Linguistik gewährleistete, indem er sie von den Zwecksetzungen der Philologie befreite. Schriftliche Quellen lenkten, schienen jedenfalls das linguistische Interesse unvermeidlich abzuziehen von dieser Konstanz auf das Gebiet der Diachronie. In diesem Sinne muß man – bei allen noch so fundamentalen Konsequenzen, die ihn von Saussure unterscheiden – Chomsky doch als dessen legitimen Erben begreifen. Sein Mentalismus – die Grammatik gilt ihm als qua Evolution im Genom sedimentiertes System, das als psycho-physische Naturanlage dem Menschen den Erwerb seiner je spezifischen Sprache ermöglicht – scheint zumindest die Implikationen dieses Schrittes auf den Punkt zu bringen.

5 Vgl. Stetter 1992, S. 520 ff.

6 Vgl. Jäger 1975.

7 N 10, EC fasc. 4, S. 21 ff.; vgl. Kap. 6, S. 207 ff.

Originärer Gegenstand der Forschung kann nicht das schriftlich fixierte Produkt, muß vielmehr die den Text generierende Kompetenz sein. Die Einheiten der Kompetenz sive langue sind schon bei Saussure als psychische Entitäten ausgemacht – nicht freilich als solche erkannt. Seine Begrifflichkeit bleibt – wie i. ü. trotz aller kognitivistischen Programmatik auch diejenige Chomskys – eine genuin linguistische. Vielmehr sind sie auf einer Ebene als psychologische vorbestimmt, die die Voraussetzung für eine auf ihre Erkenntnis zielende Empirie bildet und die darum per se weiterer Kritik enthoben ist.

Das *fait linguistique* bei Saussure

Über dieser Logik hat die auf Chomsky sich berufende Schule aus dem Blick verloren, daß die saussuresche Axiomatik, deren Gültigkeit auch Chomskys Theorie noch voraussetzt, eine Empirie besonderer Gegenstände erzeugt, nämlich die *noumenaler* Objekte, und dies unterscheidet die saussuresche Konzeption von Sprachwissenschaft dann doch kategorial von derjenigen Chomskys. Eine sprachliche Einheit existiert der saussureschen Axiomatik gemäß stets am Schnittpunkt der beiden Achsen von Synchronie und Diachronie. Sprechen wir von einem bestimmten Wort der deutschen Sprache, erklären z. B. einem des Deutschen nicht Mächtigen, was das Wort »Streik« bedeutet, so erläutern wir damit stets nur einen besonderen Gebrauch. Wir trennen das Wort ab von anderen Verwendungsweisen, die doch nur post festum, gegen diese eine betreffende, als andere auszumachen wären, und separieren es so von einem vorhergehenden »Zustand«, der gegeben scheint, auch wenn er sich bei näherem Zusehen erst als Resultat dieser Betrachtungsweise erweisen könnte.

Schon dies zeigt indes, daß – was immer als sprachliche Einheit sich identifizieren läßt, Morphem, Wort oder syntaktische Fügung – es sich dabei um eine Tatsache handeln muß, nicht um ein Ding. Nicht zufällig spricht Saussure vom »fait linguistique«. Immer handelt es sich darum, *daß* sich etwas so und so verhält. Das fait linguistique ist ein Sachverhalt im Sinne Wittgensteins.[8] Daß ›pf‹ oder ›st‹ Phoneme bzw. Grapheme ›sind‹, zeigt sich daran, *daß* sich Oppositionen wie *Pfeil – Teil, stand – fand* usw. finden. Das Finitum ist als solches im Deutschen dadurch ausgewiesen, *daß* es im Hauptsatz die zweite syntaktische Position einnimmt etc. Für Saussure reduziert sich das Kriterium für das, was die sprachliche Einheit ausmacht, letztlich darauf, *daß* jedem Signifikanten ein bestimmtes Signifikat ebenso eindeutig zugeordnet sein muß wie umgekehrt, und dies bedeutet, daß man sprachliche Einheiten nicht wahrnehmend erkennen kann, man muß sie verstehen. Für die Perspektive des sujet parlant, Saussures Terminus für das, was man dann seit Chomsky in der Zunft den ›native speaker‹ nennt, für den Menschen also, dessen Einstellung zu seiner Muttersprache nicht durch linguistische oder philosophische Reflexionen gebrochen, gar berufsspezifisch deformiert ist, existiert in der Sprache nur, was und sofern es Bedeutung oder Sinn hat.

Eine synchronische Identität E_i besteht dieser Doktrin gemäß für den betreffenden Ausdruck wie für seine Bedeutung, für signifiant wie für signifié in demjenigen Wert, der sich im Sprachgebrauch gegen eine bestimmte Reihe von Oppositionen herausgebildet hatte. Wo durch Lautwandel eine Ausdrucksdifferenz wie die von ahd. *hirta* zum Plural *hirti* zu einer Form nivelliert wurde, mhd. *hirte*, bildete sich eine neue Pluralform *hirten*, weil anders die Differenz des semantischen Werts nicht länger deutlich gewesen wäre. Der Term und sein Wert sind – mit Peirce zu sprechen – der abduktive Schluß, der eine Mannigfaltigkeit von Differenzen in eine Form faßt.[9]

Diachronie wird auf dieser Basis als diskrete Folge von Synchronismen $S_1, S_2, S_3, \ldots$ gedeutet, wobei sich S_n und S_{n+1} idealiter durch genau einen hinzutretenden oder wegfallenden Term unterscheiden. Die deutsche Schriftsprache hat sich dieser Auffassung, diesem Bild von Sprache zufolge verändert, als Ende der siebziger Jahre infolge des Flick-Skandals – vermittelt durch den *Spiegel* und andere Medien – das ominöse *wg.*, »wegen«, in den allgemeinen Schriftgebrauch als ein mit Süffisanz besetzter Wert integriert wurde. Und zweifellos ermöglichte dieser Wert neue Ausdrucksweisen, die vorher im Deutschen eben nicht möglich gewesen

8 Vgl. *Tractatus,* Satz 2 ff.

9 Vgl. Stetter 1979.

wären. Der Begriff Idiolekt meint in diesem Sinne die Sprache eines Individuums zu einem bestimmten Zeitpunkt. Die diachronische Identität zweier Einheiten E_i' und E_i'' – paradoxer Begriff in dieser Konstellation – besteht somit in einem in sich gleichbleibenden Kontext oppositiver Werte, relativ zu dem sich irgendeine Opposition und damit der Wert von E_i selbst veränderte. Verstehbar, wenn auch nicht unbedingt mehr verständlich ist uns heute noch Adenauers Reden über Demokratie, Sowjets usw., weil sich im Sprachgebrauch des Deutschen der neunziger Jahre noch genügend Oppositionen erhalten haben, die für den der fünfziger leitend waren, wenn auch alte verschwunden und neue hinzugekommen sind.

Soweit die Konstruktion. Was aber ist Kriterium für die Existenz einer bestimmten Einheit? Das Problem zeigt sich häufig schon an einer orthographischen Frage: Hat man die Konjunktion *sodaß* als ein oder als zwei Wörter zu schreiben? Die Schreibweise deutet ja an, ob man den Ausdruck als ein oder zwei Wörter auffaßt. Saussure, der gegen den Konventionalismus der Junggrammatiker die Frage aufwirft, was eine sprachliche Einheit *sei*, was ihre Existenz, ihre wesentliche Bedingung ausmache, beantwortet sie psychologisch. In dem großen Fragment zur Morphologie, entstanden wohl noch in den ersten Jahren seiner Genfer Lehrtätigkeit, formuliert er das »grand principe«: Real, existierende Einheit sei das, wovon die sprechenden Subjekte ein Bewußtsein haben.[10] Dies begründet den Primat der Synchronie vor der Diachronie und entsprechend den der »subjektiven« Analyse der sujets parlants vor der »objektiven« des Linguisten.[11]

Doch ist dies eine mehr als problematische Redeweise, denn was heißt: Bewußtsein von einer sprachlichen Einheit haben? Das einzige öffentlich zugängliche Kriterium dafür, ob eine Einheit E_i zu einem bestimmten Zeitpunkt in einer Sprachgemeinschaft ›existiert‹, ist die bezeugte Tatsache, daß sie dort und zu diesem Zeitpunkt verwendet wurde oder wird, und ebenso ist einziges Kriterium dafür, zwei Einheiten E_1 und E_2 voneinander zu unterscheiden, ihr relativ zueinander differierender Gebrauch »in der Sprache«, im mündlichen oder schriftlichen Diskurs. Ob das sujet parlant von E_1 und E_2 ein »Bewußtsein« hatte, kürzt sich

10 N 7, EC fasc. III. S. 419, al. 2779.
11 Vgl. CLG, S. 251 ff.

als irrelevant hinweg. Die Unterscheidung zweier Ausdrucksformen *weil das so und so ist* und *weil das ist so und so* ist das einzige ›entechnische‹ Mittel des Sprechers, den Sinn dessen, was er sagen will, zu verdeutlichen.[12] Man stellt einen Ausdruck gegen einen anderen, der dem ersten gegenüber vielleicht ähnliches, nicht aber eben genau dieses besagt hätte, was sich mit dem ersten sagen läßt. Das Wort *erläutern* meint ähnliches wie *erklären*, und manchmal kann man beides fast synonym verwenden, meist aber eben doch nicht. Man erklärt einem Schüler eine Aufgabe, den Eltern erläutert man gegebenenfalls deren Sinn. Das Verständnis des fait linguistique zeigt sich im Vermögen, solche Verwendungsweisen zu unterscheiden. Dies ist notwendige und hinreichende Bedingung zugleich für die Verwendung wie das Verständnis von Worten. Die Identität der Einheit beginnt somit gleichsam an dem imaginären Punkt, an dem aus Differenzen ihrer Verwendungen nicht mehr bzw. noch nicht auf einen Unterschied im semantischen Wert geschlossen wird, und damit ist sie eben noumenales Gebilde, eine Realität, die durch und durch idealer Natur ist. Die identité linguistique ist, mit Popper zu sprechen, ein Gegenstand der Welt 3.[13]

Genau hierin liegt die zentrale Schwierigkeit des saussureschen Begründungsgestus, denn das Prinzip der Differenz hebt – Derrida hat dies immer wieder verdeutlicht – eben die Differenz von signifiant und signifié auf. Sinn- oder Bedeutungsunterschiede sprachlicher Formen zeigen sich nur in ihrer Verwendung, und in dieser sind signifiant und signifié Äquivalente. Dies aber zerstört das signe linguistique als Objekt der Sprachwissenschaft. Als solches, als Form, der man einen bestimmten Wert allererst zu- oder abspricht, wäre es in der Geläufigkeit muttersprachlich-mündlicher Kommunikation niemals identifizierbar. Wie der Igel dem Hasen entzöge es sich permanent jedem identifizierenden Zugriff,

12 ›Entechnisch‹ nennt Aristoteles diejenigen Mittel, auf deren Beherrschung eine *techne* konstitutiv beruht – im Unterschied zu Begleitphänomenen. So hat z. B. der Redner durch seine Argumentations- und Redeweise zu überzeugen, nicht durch sein Äußeres, durch Zuwendungen an die zu Überzeugenden oder andere Mittel, derer sich auch oder gerade einer bedienen würde, der sich nicht auf die Redekunst versteht. Im zitierten Beispiel würde die Wahl der zweiten Alternative etwa einen höheren Grad an Informalität signalisieren.

13 Vgl. Popper und Eccles 1989, S. 64 ff.

denn in solcher Kommunikation ist mit sich herstellendem Verständnis der Ton je schon verschwunden und ipso facto gleichgültig geworden. Man kann nicht zugleich auf den Sinn und auf die Form, auf das Gemeinte und das Gesagte achten. Fragt man einen Ausdruck nach, so besagt dies doch, daß man ihn nicht verstanden hatte. Hatte man hingegen verstanden, selbst etwas anderes als gesagt wurde, so unterbleibt die Nachfrage. Man versteht oder mißversteht, was gemeint war.[14] Die Sicherheit, das Gelingen der Verständigung ist konstitutiv an die Flüchtigkeit des Tons gebunden. Dies ist es, was ihn zum idealen Medium des sich Verständigens macht.

Das Gricesche Bedeutungsmodell[15], das für alles Nachdenken über Schrift fundamentale Bedeutung hat, eben weil es ein Modell oraler Verständigung ist, macht dies formal deutlich. Nach Grice versteht – wir hatten dies bereits gesehen[16] – der Hörer, was der Sprecher mit einer Äußerung meint, wenn er sowohl versteht, was dieser ihm sagen will, als auch, in welcher Absicht ihm dies gesagt wird. Verständigung heißt hier also soviel, daß der Sprecher *will*, daß der Hörer versteht, was er ihm sagen *will.* Gelungen ist sie, wenn der Sprecher verstanden hat, daß der Hörer verstanden hat. Dieser Rückkopplungsprozeß ist – wie Black gezeigt hat[17] – prinzipiell offen. Stets kann der Verständigungsprozeß so lange fortgeführt werden, wie die Rückkopplung offengehalten, Raum zugestanden wird dafür, die weniger gelungene Formulierung durch eine andere zu ersetzen. Es geht nicht um das einzelne Wort, es geht hier ausschließlich um die Verständigung. Deswegen ersetzt man ja das schlecht gewählte Wort durch ein anderes. So verschwindet das Wort beständig hinter dem Gemeinten, weil weder für den Sprecher noch für den Hörer, solange es um die Sache geht, eine Differenz zwischen Ausdruck und Bedeutung existiert.

14 Vgl. Tugendhat 1976, S. 228 ff.
15 Vgl. Grice 1957 [1979].
16 Vgl. Kap. 0, S. 29 f.
17 Vgl. Black 1979, S. 80 f.

Will der Linguist also zu seinem Objekt kommen, so muß er die Einheit des signe linguistique zerstören. Hierin liegt der für die Sprachwissenschaft qua Wissenschaft konstitutive Sinn des Prinzips der Arbitrarität.[18] Wie aber ist dies möglich, in welchen Handlungen besteht die Abstraktion, die hier vorgenommen wird? Nur um eine solche kann es sich ja handeln. Dies ist ersichtlich eine philosophische, keine linguistische Frage, und deswegen ist sie in der Linguistik auch nie diskutiert worden. Sie zielt auf die elementaren Bedingungen, unter denen ein signifiant für sich isolierbar und damit beschreibbar wird – ein Problem, das durch die persönliche Sprachkompetenz des Linguisten in der Regel verdeckt wird. Kein Linguist kann »Sprachmaterial« analysieren, das er nicht verstanden hätte, das er nicht in analoge Ausdrücke seiner eigenen Sprache übersetzen könnte, mit einem Wort: das er nicht längst *als* Satz und Äußerung bestimmter Art kategorisiert hätte, bevor er sich ans Analysieren begab. Doch obschon notwendige Bedingung des Geschäfts, ist dies innerhalb der nachsaussureschen Sprachwissenschaft – vielleicht eben deshalb – nie mehr zum theoretischen Problem gemacht worden. Erst unter besonderen empirischen Bedingungen wie bei der Dokumentation mündlicher Kommunikation wird das Problem der Isolierung des ›Ausdrucks‹ wieder deutlich. Dort wird es als Transkriptionsproblem technisch handhabbar gemacht, damit aber philosophisch beerdigt. Dabei könnte schon das Wort selbst auf das Problem hinweisen: »Transkription« meint üblicherweise soviel wie »Verschriftung«, wird zumindest in der Regel so verstanden, und heißt doch genau betrachtet, etwas aus einer Schrift in eine andere, zweite zu bringen. Was verschriftet wird, ist nicht die mündliche Sprache, kann es gar nicht sein, sondern deren Aufzeichnung, eine Zurechtstellung, technische Aufbereitung dieser Sprache, die allererst ihre Übertragung in die Schrift ermöglicht.

Hier wird der phänomenologische Grundtatbestand berührt, auf dem Sprachwissenschaft aufruht: Das kontinuierliche Verschwinden des Wortes im Fluß der Kommunikation muß aufgehalten werden, und dies bringt unvermeidlich die Schrift ins

18 Vgl. Kap 4, S. 147 ff.

Spiel. Die Technik elektromagnetischer Aufzeichnung gesprochener Rede legt die elementaren Bedingungen dieses Vorgangs vor Augen, die, weil technisch gelöst, als theoretisch zu bedenkendes Problem nie in den Blick gerieten. Die Tatsache scheint trivial, daß ein derart aufgezeichneter Redetext, um ›transkribiert‹ werden zu können, an die Schreibgeschwindigkeit angepaßt werden muß, sozusagen das umgekehrte Verfahren wie beim Stenographieren. Erst dann kann entschieden werden, welcher schriftliche Text als Kodierung des gehörten gelten kann. Jede Transkription ist daher ein hermeneutisches Geschäft. Die uns erhaltenen Berichte über die Verschriftung althochdeutscher Dialekte bestätigen dies. Hier war das verfügbare Kodierungsregister das Mittellatein, und also mußte erst ein besonderes Sprachspiel geschaffen werden, eine »latinisierende Aussprache« des Altfränkischen etwa, die dann dazu noch so langsam zu geschehen hatte, daß der Text buchstabenweise zu »registrieren« war, ein Buchstabieren also, und es nimmt nicht wunder, daß der arme Otfried von Weißenburg sich über die Unaussprechlichkeit dieses Kauderwelsch bei seinem Bischof beklagt.[19] Nun war natürlich das Altfränkische – wie alle Dialekte – nicht in erster Linie fürs Verschriften gemacht. Unvermeidlich mußte die Transkription das Transkribierte mehr oder weniger gewaltsam verändern.

Das Buchstabieren wie das phrasenweise Abhören des Tonbands sind somit Handlungen der gesuchten Art. In ihnen, durch sie und viele analoge, deren Phänomenologie uns bis heute weitgehend fehlt, geschieht das Aufspalten des signe linguistique in signifiant und signifié, genauer gesagt das Abspalten des Ausdrucks von einem Inhalt, der in dieser Phase des Transkriptionsgeschäfts irrelevant wird, sobald geklärt ist, mit welcher Folge von Buchstaben bzw. von Graphemen das gerade zu verschriftende Äußerungsfragment so geschrieben werden kann, daß es von bestimmten Lesern hinreichend eindeutig zu identifizieren wäre. Erst nach vollzogener Transkription ist der so erstellte Text daraufhin zu überprüfen, ob er lesbar ist, und es bedarf vieler Versuche, bis pragmatisch akzeptable Verschriftungskonventionen gefunden sind. Keine Idee also von Repräsentation des Gehörten durch schriftliche Zeichen. Eine Grundbedingung jeder Transkription ist hinreichende Abstraktion von Zeit, Ort und Person

19 Vgl. Rädle 1974, S. 223, dazu Kap. 1, S. 60 f.

der Aufzeichnung, sonst wäre sie wert- und funktionslos. Denn mit der Verschriftung wird der Text in andere mediale Konditionen überführt. Orales Verstehen ist konstitutiv gebunden an unmittelbare Präsenz von Zeit, Ort und Personen. Für das Lesen gilt keine dieser drei Bedingungen. Das Geschriebene muß verständlich sein ohne Kenntnis der konkreten Situation der Äußerung, des Schreibers, der persönlichen ›Mundart‹ des Sprechers. *Per se* – vom Zweck des Verschriftens und des Gebrauchs des Geschriebenen her – ist jede Transkription schon ein Kompromiß zwischen dialektalen Idiosynkrasien und einer allgemeinen Sprachnorm, die in die Ausbildung von Verschriftungskonventionen und in der Folge in Schreibnormen projiziert wird. Wie Karl der Große das Altfränkische gesprochen hat, ist historisch ohne Belang. Es zählt allein, was »von ihm«, der ja selbst nicht schreiben konnte, für eine Allgemeinheit bestimmt schriftlich vermittelt wurde.[20]

Die Aufzeichnung des Gesprochenen – wie auch immer technisch realisiert – ist also nicht Verfälschung, sondern geradezu transzendentale Bedingung für das Erkenntnisobjekt der Linguistik. Erst sie fixiert die sprachliche Tatsache als identifizierbares Objekt, erst mit ihr wird das fait linguistique diskret, gewinnt es ausmachbare Grenzen. Selbst Humboldts Idee des energetischen Sprachvermögens, welches von endlichen Elementen einen unendlichen Gebrauch zu machen verstehe, setzt dies stillschweigend voraus. Ihre Grundlage ist – in semiotische Termini gebracht – die Doktrin, daß das Token eine Replica des Types sei. Wie oft wir auch das Wort »und« in den Mund nehmen, es bleibt danach die in sich identische Wiederholung *des* Wortes »und« *der* deutschen Sprache. Dies aber ist klarerweise eine metaphysische Unterstellung, und niemand hat dies schöner versinnbildlicht als Saussure selbst:

In den Vorlesungen, die er 1891 aus Anlaß seiner Berufung nach Genf gehalten hat, geht er von der diachronisch orientierten Sprachforschung der vergleichenden Indogermanistik aus, deren große Leistung die Entdeckung des typologischen Zusammenhangs der durch Jahrtausende und Kontinente voneinander getrennten Sprachen gewesen ist, die wir heute unter dem Begriff der ›indoeuropäischen‹ Sprachen zusammenfassen. Hieraus leitet er

20 Vgl. Biere 1989, S. 158 ff.

ein gleichsam transzendentales Prinzip für den wissenschaftlichen Begriff von Sprache überhaupt ab: das der kontinuierlichen Transformation der Sprache in Raum und Zeit.[21] Begäbe man sich von Genf aus westwärts auf Wanderschaft – unterstellt ist ein noch vorindustrielles Reisetempo –, so würde man gleichsam, ohne es zu bemerken, eine Isoglosse[22] nach der anderen überqueren und wäre spätestens in der Auvergne bei einem von dem Genfer merklich verschiedenen Dialekt angelangt. Und würde man einen imaginären Wanderer zwar an einem Ort, aber durch ein Menschenalter überschreitende Zeiten wandern lassen, so würde er ebenso unmerklich von *genesis* zu *generis*, von *fenestra* zu *Fenster*, von *frowe* zu *Frau* übergehen. Saussure hat diesen Sachverhalt in ein unvergeßliches Bild gebracht:

In einer russischen Kleinstadt – der Name wird nicht berichtet – habe ein Original namens Boguslawski gelebt. Dieser sei jeden ersten und fünfzehnten eines jeden Monats zum Photographen gegangen und habe von sich eine Portraitaufnahme machen lassen. Nach zwanzig Jahren veranstaltet Boguslawski eine Ausstellung, die nichts anderes zeigt als die derart entstandenen 480 Portraits in der Reihenfolge ihrer Entstehung. Nun zeigen zwei beliebige benachbarte Portraits stets den gleichen Boguslawski, und doch zeigen das erste und das letzte zwei verschiedene Männer.[23]

Sprache – dies zeigt das Boguslawski-Phänomen – ist das Paradigma schlechthin für nicht seiende, sondern werdende und insofern sich kontinuierlich verändernde Substanz, mit einem Wort, für Fluktuanz. Werner Stegmaier hat im Anschluß an Dilthey in diesen gegen die metaphysische Substanzidee formulierten Begriff den Gedanken einer Substanz gefaßt, die sich unter veränderlichen Bedingungen des Lebens kontinuierlich diesen sich assimiliert.[24] Selbst der Begriff der Veränderung, Saussure spricht von

21 Vgl. Stetter 1992, S. 515 ff.

22 Das Analogon des Dialektologen zur Isobare, diejenige Linie, die die geographische Begrenzung einer bestimmten phonemischen Besonderheit eines Dialekts bezeichnet, z. B. die sogenannte Benrather Linie, die anhand der Differenz von /t/ : /s/ bzw. /ts/ die niederdeutschen von den mitteldeutschen Dialekten trennt. Natürlich setzen solche Konstruktionen Immobilität der betreffenden Bevölkerung voraus. Für die »mobile« spätindustrielle Gesellschaft der zweiten Hälfte des 20. Jhds. haben sie ihre Bedeutung verloren.

23 N 1.2, EC fasc. 4, S. 8.

24 Vgl. Stegmaier 1992, S. 27 und 190 ff.

»transformation incessante«[25], ist hier logisch nicht mehr am Platz, denn von Veränderung sprechen meint, einen bestimmten Bezugspunkt zu unterstellen, von dem her und gegen den eine Veränderung konstatiert wird. Man sagt zu einem Freund, den man erst gestern gesehen hat, unter normalen Umständen nicht *Wie hast du dich verändert*, es sei denn, er hätte sich den Bart abnehmen lassen. Veränderung konstatieren heißt, einen gegebenen Zustand von einem anderen, früheren, durch Merkmale unterscheiden zu können. Trifft man jemanden nach Jahren das erste Mal wieder, so heißt dies eben, man ist älter, dicker geworden, hat Haare verloren, hinkt ein wenig auf dem linken Bein. Doch sind solche Kriterien von der Sprache, in der wir leben, in aller Regel nicht angebbar, geschweige denn von früheren »Sprachstufen«, die wir selbst nicht erlebt haben. Ebensowenig wie von einer Meeresoberfläche, auf die wir von einem erhöhten Ausblick aus schauen. Bei welcher Windstärke auch immer, stets handelt es sich um einen Wellengang von bestimmter Gleichförmigkeit. Obwohl wir sehen, daß sich die Oberfläche ständig bewegt, könnten und würden wir zu keinem Zeitpunkt sagen, daß sie sich gegenüber dem vorigen Moment verändert hätte, denn wir wüßten nicht zu sagen wie. Es macht das Sein dieser Oberfläche aus, daß sie sich bewegt, Fluktuanz im wahrsten Sinn des Wortes. Wir können vom Meer sagen, daß es sich gegenüber gestern beruhigt hat. Dann aber setzen wir eine konkrete Anschauung nicht gegen eine, die wir eben noch hatten, sondern gegen eine Erinnerung, und die kann, wenn die Differenzen nicht hinreichend groß sind, sich täuschen. Von der Sprache, die wir sprechen, haben wir aber keine konkrete Anschauung, denn gerade insofern wir uns in ihr verständigen, in ihr kommunizieren, ist ja die Aufmerksamkeit permanent von der Anschauung des Gesagten weggelenkt hin zum Verstehen des Gemeinten. Noch weniger könnten wir daher von einer derartigen Anschauung eine Erinnerung haben. Von daher wird schon auf einer phänomenologischen Betrachtungsebene zwingend, daß es der Dauerhaftigkeit der fixierten Schrift bedarf, die Fluktuanz der Sprache stillzustellen.

25 Er faßt dies in die Kombination zweier korrelativer Prinzipien, das der *continuité* und das der *mutabilité*: »Nous posons donc le principe de la transformation incessante des langues comme absolu.« N 1.2, EC fasc. 4, S. 8.

Die Sprachanalyse bestätigt diesen Befund: Sprache und Rede, langue und parole stellen wir seit Humboldt einander entgegen, deuten, auch wenn sich der Topos noch gehalten hat, der jemandem eine »schöne Sprache« zuspricht, die lingua nicht mehr als das sich Bewegende, die *phone* Platons oder Aristoteles'[26], sondern als das Statische »hinter« jenem, dem wir eben energeia, *dynamis*, Kompetenz zusprechen – ein Möglichkeitsgebilde. Schrift und Geschriebenes jedoch fallen immer wieder zusammen, weil sie das Bleibende sind, das gegenüber dem ephemeren Schreiben die Oberhand behält, und in dieser Konstellation nimmt der Begriff der Schrift selbst unweigerlich den Nebensinn des Veräußerlichten an. Es würde gar keinen Sinn machen, eine ›schriftliche Sprache‹ als internes System einer ›mündlichen‹ entgegenzusetzen, denn wo sollten sich die Differenzen anders zeigen als in der Veräußerung. Es kann, mit Humboldt zu sprechen, nur ein und dieselbe »intellectuelle Thätigkeit« sein, die mit zwei verschiedenen Artikulationsregistern, zwei verschiedenen Weisen der Veräußerung des Gedankens spielt.[27] So gewinnt der Gedanke Kontur, daß es eben dieser mit der Schrift offenkundig verbundene Nebensinn des Veräußerlichten war, gegen den in der unvermeidlichen, von der Evolution sozusagen gesetzten Opposition die Sprache mehr und mehr zum internen System geriet.

Schrift und linguistische Erkenntnis

Damit ergibt sich eine Art linguistisches Relativitätsprinzip: Es hängt von Art und Leistungsfähigkeit der jeweiligen Schrift ab, was als linguistisches Objekt phänomenal in Erscheinung treten kann. Der Japanisch lernende Europäer begreift die im Kana-Repertoire auftretende Reihe *a – i – u – e – o*

あ い う え お

26 *phone* wird in deutschen Platon- bzw. Aristoteles-Übersetzungen zwar meist mit »Sprache« wiedergegeben, doch meint dieses Wort den Diskurs. Der englische Übersetzer etwa von *Peri hermeneias* übersetzt es zutreffend mit »speech«. Vgl. Aristoteles, Loeb Bd. I, S. 115.

27 Vgl. Humboldts 1. »Hauptsatz«, WW III, S. 191, dazu Kap. 10, S. 415 ff.

als Vokalreihe, die für ihn sich allenfalls in ihrer Anordnung vom europäischen Pendant *a – e – i – o – u* unterscheidet. Für den Japaner jedoch, der die Kana als rekursive Deutung seiner Muttersprache erlernt hat[28] und sie somit grundsätzlich anders versteht als der im Alphabet großgewordene Fremdsprachler, der über die Kana Japanisch lernt, hat sie einen ganz andern Wert, nämlich einen silbischen. Er ergibt sich aus der Opposition zu den übrigen Kana-Reihen

ka	–	*ki*	–	*ku*	–	*ke*	–	*ko*
sa	–	*shi*	–	*su*	–	*se*	–	*so*
ta	–	*chi*	–	*tsu*	–	*te*	–	*to*
usw.								

Der Japaner deutet, was er durch die Zeichen あ, い, う, ... beschreibt und was für uns die Vokale *a*, *i*, *u* usw. sind, als Silben mit konsonantischem Nullwert, also als o + *a*, o + *i*, o + *u* usw., und daraus ergibt sich unmittelbar, daß »Vokal« selbst eine Deutungskategorie ist, die ihren Wert, ihre semantische Eindeutigkeit nicht allein im Rahmen der Opposition zu »Konsonant« etc. bewahrt, sondern darüber hinaus als Unterscheidungsmerkmal überhaupt nur im Geltungsbereich der eigenen Schrift, des Alphabets also, Sinn macht. Mit der Evolution einer jeden Schrift bildet sich unvermeidlich auch das für sie »passende« Repertoire an reflexiven Deutungskategorien heraus, das notwendig ist, um in ihren Gebrauch einzuführen. Wer schreiben kann, denkt beim Schreiben nicht darüber nach, ob er gerade Konsonanten oder Vokale schreibt, denn er übt nicht das Schreiben von Buchstaben, sondern schreibt, was er zu sagen hat. In gewissem Sinn sind diese Unterscheidungen für ihn gleichgültig geworden. Schlägt man in einem alphabetisch geordneten Wörterbuch ein Wort nach, so kommt es allein auf die Reihenfolge der Elemente *a*, *b*, *c*, ... an, nicht aber darauf, daß *a* Vokal, *b* hingegen Konsonant ist.

Die chinesische Schrift repräsentiert Morpheme bzw. Wörter[29],

28 Japanische Kinder lernen erst Hiragana, mit denen sich jeder Text japanischer Sprache vollständig schreiben läßt, bevor sie auf dieser Grundlage die Kanji (= *Han ze*, chinesische Zeichen) lernen. Zum Begriff der rekursiven Deutung der Sprache durch Schrift vgl. Kap. 1, S. 63 ff.

29 Auf das Chinesische, das keinerlei ›Morphologie‹ in unserem Sinne kennt und dessen Wortbildung rein syntaktisch verfährt, ist daher der Begriff des Morphems kaum, jedenfalls nur analogerweise zu übertragen.

nicht deren phonematische Artikulation. Dafür aber kennt sie semantische Radikale wie

上 – oben; 勹 – umfassen; 工 – Kraft; 卜 – Orakel usw.[30],

für die es in der Alphabetschrift kein Analogon gibt.[31] Das Alphabet wiederum repräsentiert zwar Analoga zu phonematischen Werten, nicht aber oder nur in Ausnahmefällen wie dem griechischen End-Sigma ς im Unterschied zum an- oder binnenlautenden σ deren Position im Wort, obschon der Wert des Phonems wesentlich von seiner Position in der Sprechsilbe abhängt.[32] Erst mit der Entwicklung der Graphematik treten solche Phänomene allmählich ins Bewußtsein.

Leisten kann Schrift diese Repräsentation der Sprache nur, weil und insofern sie in ihren verschiedenen Ausformungen – als Logographie, als Silben- und Konsonantenschrift oder als Alphabet – Evolutionsprodukt ist, Resultat jeweils eines langwierigen, nie endenden Prozesses der Anpassung an die Sprache. Dessen Grundlage ist je die Ausbildung eines bestimmten ›Graphismus‹: Mit der Befreiung der Hand und der darauf fußenden Entwicklung der Technik hat der Mensch die Fähigkeit zu graphischer Artikulation ausgebildet. Sukzessive – so hat Leroi-Gourhan diesen für uns nur noch in paläontologischer Perspektive zugänglichen Prozeß gedeutet – wurde der Graphismus in das Artikulationsprinzip des Phonismus integriert.[33] Wie in einem Rebus werden mehr und mehr graphische Zeichen in die Rede eingeflochten. Die graphische Artikulation wird so dieser allmählich untergeordnet, damit aber strukturell ihr assimiliert. Die Phonogramme des Chinesischen sind ebenso Produkt dieses Evolutionszuges wie die Wortlücken des Alphabets. Das Funktionsprinzip des Phonogramms nutzt den Reichtum der chinesischen Sprache an Homonymen aus. Waren zwei Homonyme gegeben, z. B. *gong*, einmal den semantischen Wert <Arbeit>, einmal <Wirkung> bedeutend, und existierte für einen dieser Werte ein Logogramm, hier 工 (<Arbeit>), so ließ sich durch Kombination dieses Logogramms mit einem zweiten, das eine beliebige semantische

30 Vgl. Hadamitzky 1980, S. 52 ff.
31 Darauf bauen Memoriersysteme auf; vgl. z. B. Heisig 1986, S. 26 ff.
32 Vgl. Butt und Eisenberg 1990.
33 Vgl. Leroi-Gourhan 1984, S. 237 ff.

Analogie zu dem Wert <Wirkung> aufwies, z. B. 力 (lì; <Stärke>, <Kraft>), für das keines existierte, ein neues Logogramm bilden, 工力, welches nun gegenüber den beiden »ursprünglichen« das strukturelle Surplus besaß, nicht nur wie diese auf arbiträre Weise die Bedeutung zu repräsentieren, sondern den semantischen Wert zugleich, über die graphische Analogie, als ein so und so, *gong*, zu sprechendes Wort zu identifizieren. In der Literatur ist meist von der Kombination eines Lautelements mit einem Bedeutungselement die Rede.[34] Diese Redeweise ist insofern irreführend, als sie den entscheidenden sprachstrukturellen Sachverhalt nicht erfaßt, daß nämlich das vorgebliche Lautelement tatsächlich immer ein Wort der gesprochenen Sprache darstellte, also einen morphologischen Tatbestand. Nur solche können ja semantische Werte repräsentieren. Somit repräsentiert das ›Phonogramm‹ die Identität einer morphologischen Struktur, die durch Einsetzen in verschiedene syntaktische Positionen als eben diese morphologische Identität gedeutet werden kann. Ihr semantischer Wert indessen wird durch den Schriftgebrauch, also über Differenzen im syntaktischen Kontext festgelegt. Mit steigendem Anteil der Phonogramme am Gesamtrepertoire der Zeichen wurde so dem Chinesischen sukzessive mehr und mehr sprachstrukturelle Information inskribiert, chinesische Texte gleichsam zunehmend morphologisch skandiert, allerdings nicht formal, sondern auf eine geradezu paradoxe Weise analogisch, indem ganz und gar die Bedeutung in den Vordergrund gerückt wurde: Zum einen wurden und werden je wieder dem seine Schrift lernenden Chinesen über das Bedeutungselement des Phonogramms semantische Analogien zwischen dem neuen Wort und bereits gelernten wie auch noch zu lernenden nahegelegt, zum anderen wird seine Aufmerksamkeit über die Lautanalogie – von der Verschiedenheit der ›Töne‹ wird in diesem Verfahren abgesehen – auf eine Ähnlichkeit ganz anderer Art gelenkt, die das Erstaunen darüber geradezu herausfordert, daß der gleiche Laut so Verschiedenes bedeuten kann.[35]

34 Vgl. etwa Lindqvist 1990, S. 347 ff.

35 Die Literatur spricht übereinstimmend von Homonymen, die für die Konstruktion von Phonogrammen verwendet wurden bzw. werden. Dies dürfte nur zum Teil zutreffen. In vielen Fällen wird es sich auch um Polysemien handeln, und in der Mehrzahl der Fälle wird überhaupt nicht zu unter-

Je mehr die Menge der Phonogramme den Anteil der Nichtphonogramme am Gesamtrepertoire der Zeichen überstieg, desto deutlicher wurde damit das Chinesische insgesamt morphologisch interpretiert, so per se in seiner syntaktischen Form verdeutlicht und in seinen semantischen Analogien und Differenzen mehr und mehr expliziert. Von diesem Punkt an besaß die chinesische Schrift dieselbe syntaktische und semantische ›Mächtigkeit‹ wie die chinesische Sprache. Alles war in ihr ausdrückbar. Noch einmal sei an Humboldts Definition erinnert, daß Schrift »im engeren Sinne« die Darstellung des Gedankens durch Darstellung der ihn bildenden Wörter in bestimmter Reihenfolge sei.[36] Diese Stufe erreichten die Japaner mit der Entwicklung der Kana, die sie zur Repräsentation der Morphologie des Japanischen entwickelten. Mit einem Kanji läßt sich zwar die allgemeine Bedeutung des Adjektivs »weiß« darstellen, nicht aber die im Japanischen ausdrückbare Differenz zwischen »weiß« und »weiß gewesen«,

白い (shiroi), 白かった (shirokatta) [37],

da das Chinesische ein System wie die sogenannte »Konjugation« des Japanischen nicht kennt. Doch mit den Kana allein oder durch die Kombination von Kanji und Kana läßt sich jeder Gedanke im Japanischen vollständig schreiben.

Der morphologischen Funktion der chinesischen Phonogramme Analoges leisten im Alphabet die Spatien, die, zunächst repräsentiert durch Punkte, in die Alphabetschrift eingeführt werden. Immerhin dauert es – dies muß man sich vor Augen halten – ein halbes Jahrtausend, während dessen sich die griechische Literatur und Philosophie von Homer bis zu den Alexandrinern entfalten, bis dieser erste Schritt in Richtung auf eine formale Interpretation des geschriebenen logos realisiert ist. Auch die Spatien interpretieren in gewisser Weise den Text, der hier die zunächst kontinuierliche Kette von Buchstaben ist, und zwar morphologisch. Sie

scheiden sein, ob Homonymie oder Polysemie vorliegt. Den meisten, die sich der chinesischen Schrift »mechanisch« bedienen, werden die angesprochenen Analogien natürlich keineswegs aufgehen. Es handelt sich um eine reflexive Möglichkeit, die im Funktionsprinzip dieser Schrift angelegt ist.

36 *Ueber den Zusammenhang der Schrift mit der Sprache.* GS V, S. 34.

37 Hiragana, die wie hier zur morphologischen Ergänzung eines Kanji zu einem Wort verwendet werden, werden »okurigana« genannt: begleitende Silbenzeichen.

definieren im Schreibprozeß rekursiv die Kategorie ›Wort‹ und stellen sie bildlich dar, machen das Geschriebene somit einer grammatischen Analyse zugänglich. Die Ausbildung alphabetischer Graphie und Orthographie und die Ausbildung der Grammatik sind, recht betrachtet, ein und derselbe Vorgang.[38] Von dieser Entwicklungsstufe an ist die Alphabetschrift dem gesprochenen Wort strukturell äquivalent, an formaler Deutlichkeit freilich schon überlegen.

Am Ende dieses Evolutionsprozesses läßt sich mit diesem Schrifttypus ebenso wie mit den Kana oder dem koreanischen Alphabet *jeder* beliebige Text – chinesische Texte möglicherweise partiell ausgenommen[39] – vollständig, nämlich so schreiben, daß er ohne die sekundierende Funktion der Verlautlichung des Geschriebenen gelesen, d. h. verstanden werden konnte. Solche Schriften müssen, so die Vorstellung, alles an Ausdrucksdifferenzen darzustellen imstande sein, was in der entsprechenden Sprache an semantischen Unterscheidungsmerkmalen verfügbar ist. Doch läßt sich *unabhängig* von der je betreffenden Schrift schlechterdings nicht angeben, welches Repertoire dieses »alles« umfassen sollte, denn schriftunabhängig war und ist dafür kein Begriff vorhanden. Die einzig sinnvollerweise anzunehmenden Kriterien für das Gelingen einer Verschriftung von Information konnten doch nur pragmatisch hinreichende Deutlichkeit, Verstehbarkeit des Geschriebenen sein und im Endresultat dessen Unabhängigkeit von der Verlautlichung, d. h. die Fähigkeit des Geschriebenen, »stumm« gelesen zu werden.

Die Unterordnung des Graphismus unter den Phonismus erweist sich dergestalt – auf dieses Grundprinzip werden wir immer wieder zurückkommen – als Abbildung der parole *in* die Schrift, nicht *durch* die Schrift.[40] Die Darstellung, die Exteriorisierung des

38 Vgl. Kap. 1.

39 Wegen der großen Anzahl von Homonymen, deren Unterscheidung mithilfe semantischer Radikale geschieht. Allerdings lassen sich hier semantische Ambiguitäten durch die Andeutung der ›Töne‹ mittels diakritischer Zeichen weitgehend abbauen. Am Ende dürfte wohl auch das Chinesische alphabetisch »schreibbar« werden. Freilich wird das Alphabet die Han ze ebenso wenig ersetzen wie im Japanischen die Kanji und Kana. Wie dort die »Romaji« dürfte sich im Chinesischen das Alphabet allmählich zu einem zusätzlichen Schriftregister entwickeln.

40 Vgl. Kap. 1, S. 59 ff.

Gedachten in den Graphismus geschah dementsprechend »nur« analog zur Darstellung des Gedachten in der parole und sie konnte auch nur analogerweise geschehen – mit je verschiedenen Dimensionen der Annäherung an den Darstellungsmodus der Sprache.[41] Denn zwar ist jede Schrift ein Bild der ihr zugehörenden Sprache, doch eben nur eines von vielen denkbaren. Die Ökonomie des Graphismus kann nicht ebenso organisiert sein wie die des Phonismus, sie kann mit der Dauerhaftigkeit des Artikulierten rechnen und sich somit Aufwand sparen, den die Flüchtigkeit des Tons erfordert, das Gemeinte zu verdeutlichen. Alle dem Memorieren dienenden Formen, rhythmische ebenso wie semantische, werden nach und nach aus ihr ausgemerzt, und Resultat dieses Prozesses ist eine Ausdrucksweise, die der ›poetischen‹ als ›prosaische‹ entgegengesetzt wird.[42] Die aristotelische *Rhetorik* dokumentiert bereits das Definitive dieser Unterscheidung.[43]

Der Schrift fehlt andererseits die Unterstützung der in mündlicher Kommunikation allgegenwärtigen nonverbalen Geste. Dies zwingt sie, einen diesen Mangel an Verdeutlichung kompensierenden Aufwand zu treiben, der auf der entsprechenden, also der illokutiven Ebene angesiedelt sein muß, da die nonverbale Geste den semantischen Gehalt des mit Worten Gesagten ja nur so oder so skandieren oder interpretieren, nicht aber logisch negieren kann – es sei denn, die Geste würde das Gesagte ganz und gar unglaubwürdig machen. Die Mehrdimensionalität des mündlichen Diskurses wird in der Eindimensionalität der Schrift in die rhetorischen Register von Logik und Lexis transformiert. Die *techne* der Rhetorik, ohne Schrift undenkbar, ist Produkt dieser Entwicklung.[44] Schließlich unterliegt die Schrift nicht dem kontinuierlichen Prozeß, den die diachronische Sprachwissenschaft

41 Vom korrelativen Begriff des Digitalen her wird dies unmittelbar deutlich. »Digital« wird die Kodierung einer Information in einer endlichen Folge diskreter schematisierter Elemente genannt, sodaß deren Dekodierung ohne Verlust an Information möglich ist. Eine in diesem Sinn digital zu nennende Verschriftung setzte eine morphologische, syntaktische und semantische Normierung des Sprechakts und der ihn konstituierenden Elemente voraus, die unter der für Sprache konstitutiven Bedingung der Fluktuanz a priori ausgeschlossen ist.

42 Vgl. hierzu Roesler 1983.

43 Vgl. Buch III, Kap. 1 ff.

44 Vgl. Kap. 9, S. 376 ff.

als ›Lautwandel‹ beschrieben hat. Sie bewahrt Redundanzen, die im Gesprochenen längst abgetragen und durch äquivalente Differenzen ersetzt wurden, oder es werden in ihr Elemente konstruiert wie im Schrift- bzw. Druckschriftdeutschen die Endungen *-er*, *-en*, *-em*, denen im Gesprochenen eine schwer zu erfassende Vielfalt von Auslautungen korrespondierten und bis heute korrespondieren.[45] Die Artikulation der Gedanken muß sich in der Schrift anders organisieren als in der Rede. Rhetorik ist die hohe Kunst, Reden so zu schreiben, daß ihr Vortrag natürlich wie die spontane Rede *scheint*, nicht so *ist*.

So ist jede schriftliche Darstellung des Gemeinten dessen Exposition in einem von der »natürlichen«, nichtrhetorischen Rede unterschiedenen, in einem besonderen Medium und hierin gerade Original. Denn jede Schrift hebt besondere Züge der artikulierten Gedanken hervor. In einzigartiger Weise verdeutlicht etwa die japanische Schrift, die für die semantischen »Kerne« von Nominal- und Verbalgruppen die Kanji verwendet, die morphologische Struktur des Japanischen, indem sie dessen Apparat von präpositions- und konjugationsähnlichen Partikeln, Suffixen etc. durch Hiragana darstellt. Der Kontrast der Schreibkonventionen, der bei den Hiragana den rechten Winkel ähnlich verpönt wie bei den Kanji den Kreis, bringt ein Moment der Sprachstruktur ästhetisch zur Darstellung, das in der Gleichförmigkeit der Alphabetschrift verborgen bleibt. Das zusätzliche Repertoire der Katakana markiert darüber hinaus alle Sprachelemente, die etymologisch nicht dem Japanischen oder Chinesischen, insbesondere also den europäischen Sprachen entstammen, und repräsentiert so wiederum auf ästhetischem Niveau[46] die schier unbegrenzte Fähigkeit des Japanischen, sich fremdsprachliche Elemente zu assimilieren. Andererseits sind weder Kanji noch Kana imstande, bestimmte submorphologische Züge wie die phonologische Struktur des Japanischen darzustellen. Auch syntaktische Eigenschaften des Artikulierten, in der Orthographie des Alphabets durch Groß-

45 In der Entwicklung der Druckschrift hat sich dies am Problem der Ligaturen gezeigt. Vgl. hierzu Giesecke 1990.

46 Katakana sind im Unterschied zu den Hiragana, die kursive Darstellungen des Schreibschemas von Kanji sind, Fragmente von Kanji und als solche ästhetisch ebenfalls durch Merkmale wie eckig, winklig o. ä. charakterisiert.

und Klein-, Getrennt- und Zusammenschreibung ebenso markiert wie durch die Interpunktion, sind in der japanischen Schrift ebensowenig wie in der chinesischen darstellbar. Die Geringschätzung der Linguistik im Kulturkreis der chinesischen Schrift steht in auffälligem Gegensatz zur Hochschätzung, die sie im Geltungsbereich des Alphabets genießt.

Eine Sonderstellung bewahrt sich zweifellos die chinesische Schrift dadurch, daß sie mit semantisch deutbaren Radikalen operiert und somit im Graphismus Bedeutungsanalogien tradiert, die den Chinesisch Sprechenden in der Regel wohl erst über das Erlernen ihrer Schrift zugänglich werden. Sein Gegenpol ist das Alphabet, das in seiner Entwicklung die formalen Elemente der artikulierten Gedanken, ihre phonologische Gestalt ebenso wie die morphologische und syntaktische darzustellen lernte, was die Repräsentation semantischer Analogien angeht jedoch, verglichen mit dem Chinesischen geradezu blind ist. Dem Alphabet in seinem Abstraktionsgrad vergleichbar ist die koreanische Schrift, doch kann diese, da sie über den Registerunterschied von Majuskeln und Minuskeln nicht verfügt, die syntaktische Struktur der in ihr artikulierten Gedanken bzw. Äußerungen nicht in gleicher Weise verdeutlichen und deuten wie jenes, und zudem gruppiert sie ihre »Buchstaben« nach Silben, ist insofern dem Gesprochenen doch noch eine anschauliche Dimension näher als das Alphabet.

Entscheidend bleibt jedoch, daß jede der genannten Schriften – und dies gilt für jede Schrift von vergleichbarer artikulatorischer ›Mächtigkeit‹ – so verwendet werden kann, daß beim Schreiben überhaupt nichts Gesprochenes mehr abgebildet oder repräsentiert, daß vielmehr von vornherein der Text im schriftlichen Medium selbst formuliert wird und so schon durch die Art seiner Prägung ›literater‹ Text ist im Gegensatz zum ›oraten‹, zum konstitutiv mündlichen.[47] Damit aber kehrt sich das Verhältnis von Sprache und Schrift, bis dahin immer gedacht als Subordination des Graphismus unter den Phonismus, um. Das nun nicht mehr wie im Theut-Mythos des platonischen *Phaidros*[48] als Novum zu bedenkende, vielmehr längst Jahrtausende dauernde Nebeneinander von Sprache und Schrift ist daher mit dem Begriff der Repräsentation denkbar schlecht erfaßt. Besser wäre etwa von

47 Vgl. Maas 1985.
48 Vgl. Kap. 8, S. 305 ff.

›Kohabitation‹, von interagierendem Neben- und Miteinanderleben zu reden, was eine relative Autonomie beider »Repertoires« voneinander implizierte, die logisch doch vorauszusetzen ist, wenn man von Rückkopplung zwischen beiden sprechen will.

Und Rückkopplung, Interaktion zwischen Sprache und Schrift ist der philosophisch vor allem geltend zu machende Tatbestand, dem letztlich auch das ›fait linguistique‹ entstammt. Je nach Schrift- wie Sprachtyp wird diese Interaktion verschieden ausfallen. Unzweifelhaft aber mußte und muß diese Rückkopplung beständig Rückwirkungen auf die Schrift wie auf die Sprache zeitigen. Denn an den Laut ist nach Humboldt das Wort nicht allein in seiner logischen Geltung »geheftet«, der durch seine Bedeutung fixierte ›Ton‹ ist darüber hinaus auch das Schema für seine sinnliche und Gefühlsgeltung[49], und dies gemäß den in diesem Medium möglichen und faktisch ausgeprägten Analogien. Die Übertragung des erst als Ton gehefteten Gedankens – ontogenetisch geht ja der Spracherwerb immer dem Erlernen der Schrift voraus – »auf einen Gegenstand des Auges« kann und muß aber »nach Massgabe der Art, wie sie geschieht, dem Geiste sehr verschiedene Richtungen geben«[50]. Dies ist eine der Grundeinsichten nicht erst der kantischen Ästhetik, von der her Humboldt hier argumentiert. Da nun jede derartige Repräsentation Produkt der Einbildungskraft ist und als solches ästhetisches Produkt, ist es damit *per se* jeweils mehr oder weniger gelungen, regt das Nachdenken mehr oder weniger an, bis hin zur Wahl der Schrifttype. Würde die »Süddeutsche Zeitung« – alles andere unverändert – über Nacht sich entschließen, ihren Namen in Fraktur zu drucken, sie würde damit den Verlust eines nicht unerheblichen Teils ihrer Leserschaft riskieren.

Hinweise auf solche Phänomene, empirische wie philologische Belege dafür gibt es die Fülle, schon auf umgangssprachlicher Ebene. Dem »Schreib wie du sprichst« korrespondiert das »Reden wie gedruckt«, beides ins Alltagswissen abgesunkene, dem Schrifterwerb und literaler Rhetorik abgewonnene Einsichten, die – wenn auch perspektivisch verzerrt – doch zum Ausdruck bringen, wie das eine Register zur Norm des anderen gemacht wird. Freilich trügt hier die scheinbare Symmetrie, denn auch die erste

49 *Grundzüge* §§ 88 ff., GS V, S. 419 ff.
50 *Ueber die Buchstabenschrift*, WW III, S. 84 f.

Maxime ist ja nicht so wörtlich zu nehmen, wie sie in der Regel zitiert wird, ist vielmehr nach Adelung zu ergänzen durch das »der deutlichen und richtigen Aussprache gemäß«, das unter der Hand die Schriftnorm als Bezugspunkt für das ins Spiel zurückbringt, was als deutliche oder richtige Aussprache gelten kann. Thematisiert ist hier also die Normierung der Aussprache von der Schrift her, die im Deutschen mit Siebs' *Deutscher Bühnenhochlautung* tatsächlich Buchform angenommen hat.[51] Umgekehrt meint das »Reden wie gedruckt« keineswegs ein Äquivalent zu dem, was man als Vorlesen einer schriftlichen Erörterung erleben kann – man weiß, wie ermüdend das Verlesen einer Vorlesung ist, die nicht als Vorlesung geschrieben wurde, sondern als Beitrag für eine wissenschaftliche Zeitschrift –, es meint vielmehr ein Reden, welches wie ein schriftlicher Diskurs entworfen wird, dabei aber doch – als quasi-literarische Verfremdung mündlicher Unmittelbarkeit – einem Bild stilisierter Spontaneität folgt, dem, was Humboldt als den »rednerischen« Gebrauch der Sprache ihrem »wissenschaftlichen« entgegengestellt hat.[52]

Man kann an Phänomene der Hyperkorrektheit denken wie an die im Rheinischen anzutreffenden Fälle, wo, um dialektal verpöntes */sch/* zu vermeiden, *König* und *Pfennig* – in Mißdeutung der morphematisch bedingten Schreibweise – zu */könik/* bzw. zu */pfennik/* geraten, wie umgekehrt an die Literalisierung dialektaler Ausdrucksweisen in naturalistischen Dramen. Auf jeder ›Ebene‹ der Sprache, von der Phonologie angefangen bis hin zur Semantik und Stilistik, lassen sich Spuren dieser Interaktion aufweisen, deren Pole längst als Oralität und Literalität terminologisiert sind.

In jedem Fall aber ist es die Schrift, die ihrer Dauerhaftigkeit wegen den Fix- oder Orientierungspunkt ebenso wie das Protokoll solcher Rückkopplung liefert. Denn die hier mit Begriffen wie Interaktion oder eben Rückkopplung bezeichneten Prozesse sind von anderer Art als die »hinter dem Rücken« der Beteiligten sich abspielenden Fluktuanz-Phänomene der Sprache wie Laut- oder analogischer Wandel. Sie sind Resultate intentionalen, reflektierten Handelns, dessen, was Humboldt die »innere und feinere

51 Vgl. Siebs 1969.

52 Vgl. *Ueber das vergleichende Sprachstudium*, WW III, S. 22.

53 *Ueber die Buchstabenschrift*, WW III, S. 85; vgl. auch *Ueber das vergleichende Sprachstudium*, WW III, S. 4 ff.

Ausbildung« der Sprache, ihre »Cultur« genannt hat, »für welche der Gebrauch der Schrift eigentlich erst den Anfangspunkt bezeichnet«.[53] Sie kann insbesondere als zunehmende ›Grammatikalisierung‹ von Schrift und Sprache historisch beschrieben werden, als Ausbildung hypotaktischer Stile bei Thukydides oder bei althochdeutschen Autoren, als zunehmende Explizierung von Anaphorik wie generell der Referentialität von Texten, als Stillstellen des semantischen Flottierens von Wörtern durch Definitionsverfahren, schließlich als die Ausbildung ›formal‹ zu nennender Argumentationsweisen, wie sie paradigmatisch in den Texten des späten Platon dargestellt sind.[54]

Sprachwissenschaft geht dieser »feineren Ausbildung« von Schrift und Sprache natürlich nicht voraus, sie ist ihr spätes Produkt. Was die Linguistik beschreibt, ist nicht die Sprache. Dies kann es logisch wie phänomenologisch niemals sein. Immer ist es eine Deutung der Sprache durch die Schrift und damit per se kulturell durchformtes Produkt. Die von ihr beschriebene, nachgeschriebene Sprache existiert nicht im Gehirn, sondern buchstäblich nur auf dem Papier. Was immer wir an Sprache »im Kopf« haben mögen[55], wir können uns davon nur von dem in der Schrift Fixierten und in Analogie zu diesem ein Bild machen.

So sind geschriebene Wörter und Sätze keineswegs als sekundär zu begreifen, als Repräsentationen, Abbilder von etwas, das uns intuitiv unmittelbar zugänglich wäre, sondern als ein Teil »ausgelagerter«, exteriorisierter Sprache, die doch originäre Sprache ist. Es ist Material, mit dem ein analogisch organisiertes Vermögen spielt, dessen genuin ästhetische Organisation in der Tradition der Sprachwissenschaft aus dem Begriff der ›Sprachkompetenz‹ zunehmend eskamotiert wurde. Nichtsdestoweniger ist es eben dieses Spiel mit ›äußerlichen‹ Formen, auf welchem die autochthone Sphäre der Sprach-Wissenschaft vollständig aufruht. Dementsprechend hätte an ihrem Anfang die Rekonstruktion der Differenzen von Rede und Schrift, von oraten und literaten Stilen als diejenige Unterscheidung zu stehen, die uns ein Bild – und nur um ein solches kann es sich handeln – der ›inneren‹ Sprache ermöglichte.

54 Vgl. Kap. 8.

55 Vgl. zu dieser Metapher und ihren erkenntnistheoretischen Implikationen Ryle 1963, S. 36 ff.

4. Die Arbitrarität des Zeichens: Sprachwissenschaft als fiktionales Handeln

> Man kann die Regeln der Grammatik »willkürlich« nennen, wenn damit gesagt sein soll, der *Zweck* der Grammatik sei nur der der Sprache.[1]

So eng Sprachphilosophie und Linguistik durch ihren Gegenstand verbunden waren, so weit haben sie sich mittlerweile voneinander entfernt. Längst hat die Sprachwissenschaft sich in Schulen und besonderen Gegenstandsbereichen eingerichtet und betreibt ihre Forschung mit einem methodischen Repertoire, das ebenso differenziert wie allgemein anerkannt ist. Demgegenüber scheint die Sprachphilosophie in Gefahr, ihren originären Gegenstand zu verlieren. Welchen besonderen Rang könnten philosophische Einsichten über Sprache neben methodisch gesicherten, unabhängig von Philosophie gewonnenen Erkenntnissen über phonologische, syntaktische, semantische Systeme, über die historische Entwicklung oder die soziale Funktionalität von Sprachen usw. für sich noch beanspruchen? Wo sie ihrem angestammten kritischen Geschäft nachgeht und die Voraussetzungen thematisiert, die die Wissenschaft von der Sprache als solche allererst ermöglichen, läuft die Sprachphilosophie Gefahr, ihre Spezifik einzubüßen und Wissenschaftstheorie zu betreiben.

Im Zentrum dieser Opposition, das Signum geradezu eines unauflösbar scheinenden Widerspruchs, steht das Prinzip der Arbitrarität. Daß das sprachliche Zeichen arbiträr sei, gilt der nach-saussureschen Linguistik als Binsenwahrheit. So selbstverständlich scheint einer sich selbst gewissen und erfolgreichen Disziplin dieser Grundsatz, daß er auch im Kontext prinzipieller Überlegungen kaum mehr bedacht wird. Er wird allenfalls als Formel wiederholt. Das prominenteste Beispiel in dieser Hinsicht bietet zweifellos Chomsky, der nicht an einer Stelle auf dieses Prinzip eingeht, obwohl doch gerade sein »oberster« Grundsatz, daß nämlich Sprache eine Menge von Sätzen sei, vollständig auf

1 Wittgenstein, *Philosophische Untersuchungen* I, 497.

ihm aufruht.[2] Den Begriff »Satz« versteht Chomsky im Sinne der distributionalistischen Tradition gänzlich »formal«, d. h. unter Abstraktion von jeglicher ›Bedeutung‹. Ein Satz ist für ihn technisch eine Folge von Geräuschen.[3] Auch in der Methodologie der generativen Grammatik ist nicht an einer Stelle erwogen worden, daß alle die der ›Kompetenz‹ zugeschriebenen Fähigkeiten, über die Identität zweier Äußerungen entscheiden, Ausdrücke korrekt segmentieren zu können etc. samt und sonders das arbitraire du signe linguistique voraussetzen.

Im Gegensatz dazu ist Sprachphilosophie geradezu definiert dadurch, daß sie vom nicht-willkürlichen Charakter des Wortes oder der sprachlichen Regel ausgeht, um von hier aus die Bedeutung der Sprache für menschliches Denken und Handeln zu fassen. Daß das Wort Abbild und Zeichen zugleich und somit keines von beiden sei, weder »ganz Product des Eindrucks der Gegenstände« noch »ganz Erzeugniss der Willkühr der Redenden«[4], ist der bereits in Herders Preisschrift freigelegte Grundsatz, auf dem Wilhelm von Humboldt sein Konzept einer philosophische und historische Erkenntnis integrierenden ›allgemeinen Sprachkunde‹ aufbaut.[5]

Auch die sprachanalytische Methode des Philosophierens schließlich gründet sich wesentlich auf die Einsicht, daß Sprachregeln mehr sind als pure Konventionen. Daß ein Ausdruck Bedeutung hat, ist nach einer schönen Formulierung Ryles nicht darauf zurückzuführen, daß hinter ihm ein Gedanke stünde, der ihn an der Leine führt.[6] Das Zeichen ist nicht durch das Bezeichnete verursacht, ist diesem gegenüber also kein externes Anderes. Was die Erklärung der Bedeutung eines Wortes erklärt, ist – so Wittgenstein in einer Reflexion, die Ernst Tugendhat den »Grund-

2 Daß diesem Grundsatz unter den Grundannahmen des chomskyschen Ansatzes tatsächlich der höchste hierarchische Rang zukommt, geht insbesondere daraus hervor, daß die These der Autonomie des Syntax-Moduls ihn voraussetzt.

3 Vgl. Schneider 1992, S. 77 ff.

4 Vgl. Humboldt, *Ueber das vergleichende Sprachstudium*, WW III, S. 21.

5 Einflüsse Herders auf Humboldt sind insbesondere greifbar im Fragment *Über Denken und Sprechen*, Thesen 6 ff., WW V, S. 97 ff., sowie in *Ueber das vergleichende Sprachstudium*, § 13 f., WW III, S. 10 ff. Vgl. Kap. 10, S. 400 ff.

6 Vgl. Ryle 1969, S. 404.

satz der sprachanalytischen Philosophie« genannt hat[7] – die Weise seines Gebrauchs, und dies ist ein Erklären-*wie*, nicht ein Erklären-*warum*. Sie erläutert, was mit einer Äußerung, mit einem bestimmten Wort gemeint war, indem sie die Besonderheiten dieses Gebrauchs gegen die anderer Verwendungsweisen abgrenzt. *Mich friert* meint im Deutschen etwas anderes als *ich friere*. Im ersteren Fall schließt man das Fenster, im zweiten rät man zum Gang zum Arzt. Der Gedanke ist Resultat einer je bestimmten Form des Gebrauchs von Worten, nicht seine Voraussetzung, und er läßt sich folglich auch nicht von dieser besonderen Form abstrahieren. Das Wort und seine Bedeutung sind, philosophisch betrachtet, Eines. In dieser Auffassung trifft sich die Philosophie mit der »natürlichen« Einstellung des Menschen, der *in* seiner Sprache denkt, fühlt und handelt.

Die vielleicht entschiedenste Position hat in dieser Hinsicht Grice bezogen. Eben dort, wo es ihm um die Klärung der Redeweise geht, daß ein Ausdruck dies oder jenes auf nicht-natürliche Weise bedeute bzw. meine[8], erklärt er so konsequent wie lapidar, daß Worte keine Zeichen seien[9]. Andernfalls könnte man ja bei der dualistisch-konzeptualistischen Redeweise der philosophischen Tradition bleiben. Freilich bleibt hier anzumerken, daß der Gricesche Mechanismus ein Modell mündlicher Kommunikation ist, nicht oder nur schwer übertragbar auf den Bereich des Schriftlichen – unsere Überlegungen sind davon ja ausgegangen.[10]

L'arbitraire du signe bei Saussure

Eigentümlich nimmt sich innerhalb dieser Konstellation die Skrupulosität aus, mit der Ferdinand de Saussure selbst, auf dessen Formulierungen man sich gemeinhin beruft, wenn man von der

7 Vgl. Wittgenstein, Philosophische Untersuchungen I, 560, dazu Tugendhat 1976, S. 197 ff.

8 D. h. nicht in der Art eines Index oder Symptoms, so wie etwa rote Pusteln auf der Haut Masern »bedeuten«. Vgl. Grice [1957].

9 Ebd. S. 4.

10 Vgl. Kap 0.

Arbitrarität des sprachlichen Zeichens spricht, dieses Problem bedacht hat. Erst gegen Ende der letzten der dem *Cours de linguistique générale* zugrunde liegenden Vorlesungen wird es als deren oberster Grundsatz benannt, im Zuge immer neuer Ansätze, eine konsistente Disposition für deren Thema zu finden: eine systematische Einführung in die allgemeine Sprachwissenschaft. Man stimmt darin überein, so Saussure, daß die Sprache, la langue, das genuine Objekt der Linguistik sei, aber wie wäre dieses Objekt zu fassen? Welche Phänomene wären dann intrinsisch linguistische, welche sind es nicht, vielmehr legitime Objekte der Philologien, der Soziologie oder der Psychologie? Seine Antwort auf diese Fragen, in der man zurecht einen Epochenschnitt gesehen hat, den Beginn der modernen Sprachwissenschaft, ist ebenso bekannt wie vieldeutig: Es sei die langue, begriffen als ein System von Zeichen. Eindeutig ist diese Position nur in Abgrenzung zur Doktrin der Junggrammatiker, die das linguistische Objekt auf den Bereich von Lautphänomenen reduziert hatten.[11] Eine sprachliche Tatsache ergebe sich, so argumentiert Saussure gegen diese Reduktion, erst als Resultat menschlicher, d. h. eben ›willkürlicher‹ Artikulation, und diese unterliege vollständig dem Grundsatz, sprachliche Einheiten allein unter dem Gesichtspunkt des Signifikativen zu unterscheiden. Dieser Zusammenhang ist es, der das »premier principe«, die »vérité primaire« herausbringt:

»*Le signe linguistique est arbitraire.*
Le lien qui relie une image acoustique donnée avec un concept déterminé et qui lui confère sa valeur de signe est un lien radicalement arbitraire.
Tout le monde est d'accord.
La place hiérachique de cette vérité-là est tout au sommet.«[12]

Nicht zufällig hat die Saussure-Rezeption das Wörtchen »radikal« unterschlagen, das Saussure selbst sorgsam verwendet, um – dichotomischer Denker, der er war – die Gegenposition vorzubereiten, dem Prinzip der radikalen Arbitrarität das Faktum der

11 Vgl. hierzu Stetter 1992a, S. 511 ff.

12 III C 280, al. 1121 ff. Wo Zitate nicht eindeutig nach der Seitenzahl der édition critique (EC) anzugeben sind, weil aus den Vorlesungsnachschriften zitiert wird, deren lineare Ordnung durch das Editionsprinzip der EC zerstört wurde, reicht die Angabe der betreffenden alinea-Nummer hin, um den Anfang der betreffenden Textstelle zu finden. Der weitere Text ist dann über die Verweise aufzufinden.

relativen entgegenzusetzen, die unter dem Namen der ›relativen Motiviertheit‹ bekannt geworden, damit allerdings auch trivialisiert worden ist. Man hat sich hier in der Regel auf das Feststellen etymologischer Zusammenhänge beschränkt.[13]

Saussure entfaltet das Prinzip in der traditionellen, konzeptualistischen Sprache der philosophischen Tradition. Was der Begriff »sœur« meint, was also der Französisch Sprechende darunter versteht, wenn ein sich des Französischen bedienender Sprecher das Wort »sœur« verwendet, um über eine Schwester zu reden[14], dies sei durch keine ›interne‹ Relation mit der Lautfolge, genauer gesagt, dem »korrespondierenden« Lautbild *s* + *ö* + *r* verbunden. Wie üblich rekurriert er hierbei auf das Argument der Übersetzbarkeit. Derselbe Begriff – so die Unterstellung –, der in einer Sprache als »hippos« bezeichnet werde, werde in einer anderen als »equus« repräsentiert, in einer dritten als »Pferd« usw. Wie an vielen anderen Stellen des *Cours* dient auch hier eine Schriftanalogie zur Erhellung des Gemeinten: Es handle sich um den gleichen arbiträren Charakter, der den Schriftzeichen zu eigen sei. Kein interner Zug lege fest, ob der Laut /p/ durch die »Strichfolgen« ›P‹, ›π‹ oder ›⊙‹ zu bezeichnen sei.[15]

Die radikale Arbitrarität kann somit als moderne Variante der These des Hermogenes aus Platons *Kratylos* genommen werden, daß die Namen das, was sie bedeuten, aufgrund von Festsetzung

13 Eine nichttriviale Konzeption der relativen Motiviertheit sprachlicher Terme findet sich zumindest in Umrissen in Humboldts Darstellung der Ökonomie des »Wörtervorraths« einer Sprache. Vgl. dazu Kap. 10, S. 455 ff.

14 Saussure unterscheidet systematisch »signification« und »valeur«. »signification« wäre näherungsweise mit »Äußerungsbedeutung« des betreffenden Wortes zu übersetzen. Allerdings stehen Saussure die analytischen Unterscheidungen von Situationsbedeutung, Äußerungsbedeutung etc. noch nicht zur Verfügung. »valeur« meint dagegen die zentrale Konstruktion, auf die das linguistische Interesse zielt: den semantischen Wert, wie er sich unter Abstraktion vom konkreten Sprachgebrauch als Eigenschaft des Sprachsystems ergibt. Auch dieser Begriff ist bei Saussure nicht viel weiter expliziert, geschweige denn operationalisiert worden. Man würde den Wert eines Wortes W_i in diesem Sinne heute wohl als Komplex semantischer Implikationen rekonstruieren, die ein Sprecher der betreffenden Sprache mit W_i unabhängig von seinem jeweiligen Gebrauch verbindet.

15 III C 280, al. 1124.

und Übereinstimmung im Gebrauch bedeuten.[16] Sie setzt voraus, daß das Wort der Festsetzung seines semantischen Werts aus eigener Natur nichts entgegenzusetzen hat, während es für das Weberschiffchen nicht gleichgültig ist, ob es aus Holz oder aus Eisen gefertigt wurde.[17] Der platonische Sokrates interpretiert diese These daher nicht nur als Ausfluß des Satzes des Protagoras, im Sinne also eines vernünftigen Pragmatismus – was die Worte bedeuten, zeigt nicht die Sache selbst, sondern unsere Sicht der Dinge –, sondern behandelt sie gar als Variante des Satzes des Euthydem, nimmt sie also in der extremsten Form einer durch Gründe schlechterdings nicht mehr einholbaren Willkürlichkeit der Bedeutungsfestsetzung.[18]

Doch ist zu fragen, ob Saussure mit dem Prinzip der radikalen Arbitrarität nicht hinter die eigene Einsicht zurückfällt, daß die sprachliche Einheit eine qua Artikulation erzeugte »Wittgensteinsche Tatsache« ist, eben das fait linguistique, *daß* ein bestimmter Ausdruck dies oder jenes bedeutet bzw. diesen oder jenen Wert hat.[19] Geradezu paradox scheint es, wenn Saussure in demselben Denkzusammenhang immer wieder darauf insistiert, daß erst die Synthesis von lautlicher und gedanklicher Artikulation eine ›Form‹ erzeuge, daß es sprachunabhängiges Denken ebensowenig geben könne wie bedeutungslose Lautelemente. Der Text des *Cours* gibt seine Position in diesem Punkt getreu wieder:

»Le rôle caractéristique de la langue vis-à-vis de la pensée n'est pas de créer un moyen phonique matériel pour l'expression des idées, mais de servir d'intermédiaire entre la pensée et le son, dans des conditions telles que leur union aboutit nécessairement à des délimitations réciproques d'unités. La pensée, chaotique de sa nature, est forcée de se préciser en se décomposant. Il n'y a donc ni matérialisation des pensées, ni spiritualisation des sons, mais il s'agit de ce fait en quelque sorte mystérieux, que la «pensée-son» implique des divisions et que la langue élabore ses unités en se constituant entre deux masses amorphes.«[20]

16 Vgl. *Kratylos* 384 d: *syntheke kai homologia*; dazu auch das Referat dieser Position in Aristoteles' *Peri hermeneias* 16 a 20 ff.

17 Sokrates deutet das *onoma* bekanntlich als *organon* des Benennens und vergleicht es hinsichtlich seiner *ousia* mit anderen Werkzeugen. Vgl. Kap. 8, S. 321 ff.

18 Vgl. *Kratylos* 386 d.

19 Vgl. Kap. 3, S. 123 f.

20 CLG S. 156.

Es ist diese Einsicht, die Saussure dazu veranlaßt, die eingangs zitierte Formulierung des Arbitraritätsprinzips mithilfe der Opposition von *signifiant* und *signifié* zu reformulieren, um im Geschäft des Unterscheidens doch die Einheit des signe linguistique in einer möglichst adäquaten Terminologie zu repräsentieren:

»Le signifiant (est auditif) et le signifié (est conceptuel) sont les deux éléments composant le signe. Nous dirons donc: 1° dans la langue, le lien unissant le signifiant au signifié est un lien radicalement arbitraire.«[21]

Dennoch bleibt trotz allem terminologischem Bedacht die Paradoxie virulent. Im selben Zusammenhang – man ist versucht, an die Geschichte von Hase und Igel zu denken –, wo sie terminologisch geklärt scheint, bringt sie sich als Frage nach dem Verhältnis von Form und Substanz erneut zur Geltung. Wiederholt hat Saussure diese Begrifflichkeit benutzt, um die Dialektik von langue und parole darunter zu fassen. Die parole als verlautbarte Rede ist psycho-physischer Natur, insofern wäre hier von Substanz zu sprechen, die freilich in der je bestimmten Folge von Wörtern je schon geformte Substanz ist. Die langue bleibt demgegenüber Domäne der reinen Form. Signifiant wie signifié sind ausschließlich psychischer Natur, und so ist, der psychologistischen Begrifflichkeit Saussures zum Trotz, der Term des Systems als noumenales Objekt zu begreifen, das allein dem Verstehen zugänglich ist, eben *das* elementare fait linguistique:

»La linguistique«, so haben die Herausgeber des *Cours* die saussuresche Doktrin zusammengefaßt, » travaille donc sur le terrain limitrophe où les éléments des deux ordres se combinent; cette combinaison produit une forme, non une substance.«[22]

Der letzte Satz wird durch die Quellen nicht bestätigt. Doch bleibt diese Deutung verständlich, auch wenn Saussure selbst immer wieder das Wechselverhältnis von langue und parole bedenkt: Die langue sei Produkt der parole wie diese das der langue. Man würde heute sagen, es handle sich um einen Rückkoppelungskreis, innerhalb dessen zwei Instanzen unauflöslich miteinander verbunden sind, in einem geschieden und doch per se wechselseitig aufeinander einwirkend.[23]

21 III C 309 al. 1165.

22 CLG S. 157. Vgl. auch die Einleitung von de Mauro, ebd. S. VIII.

23 Vgl. III C 265 ff., al. 191 ff.

Dennoch liegt Saussures Grundentscheidung fest: Die Linguistik der langue muß von der der parole unterschieden werden – es handelt sich um Objektbereiche verschiedener Ordnung.[24] Man kann diese Position durchaus in der Tradition jener Unterscheidung sehen, auf die Aristoteles in *Peri hermeneias* die formale Logik gründet. Hier wie dort handelt es sich um eine per Abstraktion gewonnene Isolierung von Formen. Doch verkehrt die psychologische Orientierung der modernen Linguistik die Perspektive in einem zentralen Punkt: *Symbola* sind für Aristoteles *ta graphomena,* insofern sie das Gesprochene, *ta en te phone* – keineswegs spricht Aristoteles von »Lauten« – als bestimmte Formen wiedergeben. *Ta en te phone,* die Wörter nämlich, *onomata,* aus denen sich der in der Rede artikulierte *logos* zusammensetzt, beziehen sich ihrerseits auf eine psychische Substanz, um sie durch eine *kata syntheken* gewählte, von Nation zu Nation variierende Form, eben ein bestimmtes *onoma* zu bezeichnen. Das *pathema tes psyches*[25] ist dem *onoma* gegenüber *hyle,* Stoff, der abgebildet wird in eine identifizierbare, geschriebene Form. Diese aber hat als *eidos* teil am Prinzip des Einen[26]. Deswegen handelt es sich bei diesem Verhältnis um eine Abbildung des *pathema* in das Wort, nicht durch das Wort. Erst *im* Wort wird es identifizierbar. Aristoteles setzt das konventionelle *symbolon* der menschlichen Sprache geradezu den *agrammatoi psophoi* entgegen, den in eine Grammatik nicht zu fassenden, weil unartikulierten Lauten, mit denen die Tiere etwas mitteilen.[27] Das Interesse des Logikers zielte natürlich auf die schriftlich fixierten, allgemeinen Formen des Argumentierens, die per se noumenalen Charakter haben. *Onoma* und *logos* sind – wie Platons 7. Brief erläutert – diejenigen notwendigen Formen, aus denen sich *episteme, nous* und *alethe doxa* bilden, und diese sind in der Seele verortet, nicht in Lauten

24 Vgl. III C 308 c ff., al. 367 f.

25 Wörtlich übersetzt: ein Widerfahrnis der Seele. Dabei kann es sich um eine Sinneswahrnehmung ebenso handeln wie um ein Gefühl oder eine Vorstellung.

26 Vgl. *Parmenides* 164 b ff., dazu Kap. 8, S. 313 ff.

27 *Peri hermeneias* 16 a 28 ff., dazu Simon 1989, S. 9 ff.

oder Körpergestalten.[28] Keineswegs widerspricht diese Stelle dem aristotelischen Text, sie bestätigt ihn. Jedes der Seienden (*ton onton)* wird in Namen, Sätze, Bilder gefaßt, mittels derer Wissen bzw. Annahmen über sie (*episteme* bzw. *doxa peri tauta)* formuliert wird. Und es ist eben dieser Akt des Etwas-in-einen-Namen-fassens, der aus dem Bezeichneten ein ›Seiendes‹ macht, denn der Name bleibt ja gleich, auch wo das Bezeichnete sich verändert. Daher ist noch jenseits dieser noumenalen Sphäre eine letzte, fünfte anzusetzen, das »zu Erkennende und wahrhaft Seiende« – die Ebene der Ideen, denen der *nous* am nächsten ist.[29] Entsprechend bilden in der von Aristoteles beschriebenen Hierarchie die *pragmata* und die durch sie in der Seele evozierten *pathemata* diejenige Hyle, auf die sich identifizierend und kategorisierend *onomata* und *logoi* beziehen.[30] Diese werden dialektisch, d. h. in der Rede gebildet. Platons Schriftkritik bezieht sich ja keineswegs darauf, daß das Geschriebene das Gemeinte – *legomenon* – »nur« repräsentierte, sondern vielmehr darauf, daß in ihr dieses ein für allemal fixiert, damit aber der dialektischen Praxis entzogen ist, welche als solche konstitutiv für Wahrheit ist.[31]

Schärfer läßt sich der Gegensatz von Logik und Grammatik, gerade wo sie sich als formale Disziplinen verstehen, kaum fassen. Die Formen, die der Logiker schreibt, wenn er Logik beschreibt, *sind* die Formen, deren Allgemeingültigkeit bewiesen oder zu beweisen sind. Zwar rcpräsentiert, wie man sagt, der Ausdruck »$p \cap q. \rightarrow q''$« eine allgemeingültige Form des Schließens, aber die Form haben wir eben nur in solchen Ausdrücken, und es ist wesentlich, daß sie in solchen zur Anschauung gebracht werden kann. Dies ist so, weil formale Logik eine normative, keine deskriptive Disziplin ist. Der formale Ausdruck ist die Norm, an der ein gegebenes Argument gemessen wird. In dieser Hinsicht geht Derridas Kritik an der Logos-Metaphysik grundsätzlich fehl. Die schriftliche Formel ist nicht, sie darf schlechterdings nicht auf-

28 342 a ff.

29 Die in den Akten des Benennens und Prädizierens implizierte Metaphysik ist in Aristoteles' Kategorienschrift, die ja etwa zeitgleich mit Platons späten Dialogen entstanden sein dürfte, im einzelnen dargestellt. Vgl. Kap. 9, S. 382 ff., dazu Tugendhat 1988, Kap. I.

30 So ist der ›kognitive Prozeß‹ auch im *Philebos* beschrieben, vgl. 38 b ff.

31 Vgl. *Phaidros* 275 d f., dazu Szlezák 1985. S. 9 ff.

gespalten sein in Signifikant und Signifikat, denn sie allein verbürgt in ihrer Fixierung jene Identität, auf die sich das Geschäft der logischen Kontrolle eines gegebenen Arguments bezieht. Es ist von systematischem Belang, daß der aristotelische Text die geschriebenen *onomata* in den Vordergrund rückt. Per se sind sie noumenale Gebilde.

Die formale Logik trennt die Form vom Inhalt, ohne die Form zu spiritualisieren – im Gegenteil. Die Abstraktion wird vollzogen, indem die Formen als solche geschrieben werden. So können sie als Formen betrachtet werden. Frege konzipiert trotz seiner Trennung von Zeichen und Inhalt, von Ausdruck und Gedanken seine »Zerfällungen« des Gedankens, d. h. die Konstruktion einer begriffsschriftlichen Darstellung der logischen Struktur des Gedachten, doch stets als Analyse- bzw. Konstruktionsregeln von *Ausdrücken* der Begriffsschrift, ja die Idee einer Begriffs*schrift* beruht vollständig darauf, daß der Gedanke, der »Inhalt« nichts dem Zeichen Transzendentes ist. Qua Gedanke ist er Gedanke-in-Zeichen.[32]

Saussure jedoch separierte gerade die écriture von der langue, um im Gegensatz zum aristotelischen Verfahren einen Objektbereich zu erzeugen, der phänomenal nicht mehr zugänglich ist. Erfahrbar bleibt allein die parole. Dies ist die Konstellation, unter der sich die Wissenschaft von der Sprache qua linguistique de la langue auf das Gebiet der Zeichen begibt, auf das der Signifikanten, welche von korrelierenden Signifikaten her als solche verstanden werden. »Cela indiquerait la transition.«[33] Die Abstraktion, die sich bei Aristoteles als Exteriorisierung schriftlicher Formen vollzog, kann, wo das Zeichen als vollständig interne Größe begriffen wird – beide Seiten des signe linguistique sind psychischer Ordnung – nur noch postuliert werden. Doch zeigt sich im fragmentarischen Charakter des Saussureschen Œuvre selbst, daß sich das Problem nicht dezisionistisch lösen läßt.

Schon, ja gerade durch die phänomenologische Analyse der Bedingungen und Formen von Sprachwissenschaft, die er leistet –

32 Vgl. Schneider 1992, Kap. 3, insbes. S. 225 ff. Ergänzend zu Schneiders Interpretation wäre darauf zu verweisen, daß Freges formale Auffassung begriffsschriftlicher Repräsentationen in der Tat nur im Medium der Schrift möglich sind.

33 III C 309, al. 1084.

Saussure war allen sprachlichen Phänomenen gegenüber offen – wird er allenthalben auf die Limitierungen des Grundsatzes der radikalen Arbitrarität durch eben das gestoßen, was die langue doch ausmacht. Die diachronische Identität eines Terms flottiert nicht willkürlich umher. Der Ort, den sein Wert im System einnimmt, wird ihm genauestens von den Relationen zu anderen Termen zugewiesen. Was sich synchronisch als kontingentes Faktum präsentiert, daß das Wort *x* dies oder jenes bedeutet und was deshalb auch ganz anders sein könnte, erhält im Licht der Diachronie seine »Geschichte«. Unter den notes zum dritten cours findet sich die bündige Bemerkung:

»Réduction dans tout système de langue de l'arbitraire absolu à l'arbitraire relatif, ce qui constitue le ›système‹«.[34]

Es macht den Rang Saussures aus, daß er nichts unter den Teppich kehrt. Was Bedingung der Möglichkeit einer Wissenschaft der langue schien, gerät ihm zur Grenzmarkierung, zu einer Randbedingung linguistischen Handelns. Die radikale Arbitrarität erweist sich als Folie, nicht auf der, vielmehr gegen die die systematische Natur der Sprache entfaltet wird:

Tout ce qui fait d'une langue un système <ou un organisme> demande d'être abordé sous ce point de vue, où on ne l'aborde guère en général: <comme une> *limitation de l'arbitraire* par rapport à l'idée.«[35]

Was wäre dann aber mit der relativen Arbitrarität, mit der Motiviertheit des Zeichens gemeint, welcher Problembereich damit thematisiert und in welchem Sinn wäre hier noch vom Zeichen die Rede?

Die erste Antwort gibt Saussure selbst. Man kann in manchen Fällen die Raison der Artikulation verstehen. Prägungen wie *dix-neuf*, *quatre-vingt-dix*, *Nachtigall*, *weiß* usw. geben uns vom Verständnis anderer Wörter her Hinweise darauf, wie sie zu verstehen sind.[36] Seit Rudolf Englers Deutung des Arbitraritäts-

34 EC fasc. 4, N. 23.5, [3338], p. 1, al. 2105.

35 III C 302, al. 2108; Hervorhebung von mir, Ch. St.

36 Bei *dix-neuf* oder *quatre-vingt* ist dies noch durch Rekurs auf Wörter desselben Synchronismus möglich, bei *Nachtigall* erst durch Rekurs auf eine ältere Sprachstufe, hier das Althochdeutsche. Bei *weiß* ist die Motiviertheit gar erst durch einen Vergleich mit dem Lateinischen – *video* – und dem Griechischen – *eidon/oida* – zu verdeutlichen.

problems, die auf eine sorgfältige Sichtung der Quellen gestützt ist[37], wird dies in dem Sinne verstanden, daß es »dans la langue« beides gebe, absolut arbiträre ebenso wie relativ motivierte Einheiten – eine Interpretation, die Saussure selbst offenkundig zumindest in Erwägung gezogen hat. Doch wie sollte dies möglich sein, wenn die Rede von der radikalen Arbitrarität mehr und mehr zur Auslotung der Grenzbedingungen einer Rede vom Sprachsystem überhaupt gerät?

Die Antwort auf unsere zweite Frage bestätigt dies: Was meint der Begriff der Motiviertheit des Zeichens? Es handelt sich hier nicht um ein empirisches, sondern um ein kategoriales Problem. Spricht man von der Motiviertheit der Form *dix-neuf,* so nimmt man den vermeintlichen Ausdruck tatsächlich doch wieder als Einheit von signifiant und signifié. Was man versteht, ist, warum eine bestimmte Form gebildet wurde, um etwas bestimmtes zu sagen, was sich so eben in Analogie zum Verständnis anderer Ausdrücke verständlich machen ließ. Man versteht die Perspektive der Prägung bezüglich des Sinns: *weiß* ist ein Präteritopräsentium, Vergangenheitsform wie *oida*, meint also »gesehen haben, folglich wissen«; *quatre-vingt* besagt »vier mal zwanzig« usw.

So erscheint schließlich die radikale Arbitrarität in Saussures Überlegungen nicht als der oberste Grundsatz der Linguistik, sondern als Korrelat der Motiviertheit, in Konsequenz dessen als notwendige Bedingung dafür, daß der signifiant, die Form, im Gebrauch durch die »masse parlante« einen Wert annimmt, welcher sich in letzter Instanz nichts anderem verdankt als dem Spiel der Differenzen:

»Le jeu des signifiants est fondeé sur différences. De même pour les signifiés. Il n'ya que des différences qui seront conditionnées par les différences de l'ordre acoustique.«[38]

Das Spiel selbst braucht keineswegs willkürlich oder blind zu sein. Dies bestätigt selbst dort noch, wo sie sich wie selbstverständlich auf das Arbitraritätsprinzip stützt, die moderne Linguistik, indem sie Regeln als ›Restriktionen‹, Beschränkungen eben eines ›willkürlichen‹ Gebrauchs der beschriebenen Ausdrücke faßt, über denen die Regeln operieren. Das Material des Spiels indessen

37 Vgl. Engler 1962.
38 III C 404, al. 1903.

besteht ausschließlich aus differierenden Formen von Signifikanten, die im alltäglichen Gebrauch gegeneinander gesetzt werden können. Geschieht dies in bestimmten, eben verständlichen und akzeptablen Weisen, dann ergibt sich, was Sinn und Verstand hat. Die Grenzen des Spiels sind keineswegs durch die Grammatik gezogen. Metaphern, auch syntaktische, können gelingen wie mißlingen.... *weil frau für Gleichberechtigung eintritt* hat sich durchgesetzt, *Thealogin* als Berufsbezeichnung für Pastorinnen stößt (noch) auf den Widerstand der Amtskirche[39]. Wann immer wir – nicht der Linguist – von Sprache im allgemeinen sprechen, so beziehen wir uns mit diesem Wort je wieder auf dieses kontinuierliche Spiel, auf das, was Wittgenstein mit Bedacht *das* »Sprachspiel« genannt hat, das »Ganze: der Sprache und der Tätigkeiten, mit denen sie verwoben ist«.[40]

L'arbitraire du signe und das Sprachspiel des Linguisten

Die Vorstellung eines arbiträren Zustandes Null sozusagen am Beginn dieses Spiels ist eine gegen die zeitliche Kontinuität der Sprache gesetzte Fiktion. Seit den notes der frühen neunziger Jahre kreisen Saussures Überlegungen immer wieder um das Problem, dem Fluß der Zeit ein Objekt abzugewinnen, das sich jeder Ordnung zu entziehen scheint, das sich ebenso als Zustand wie als Ereignis präsentiert, als Veränderliches wie als Unveränderliches, als individuelles, distributives Allgemeines ebenso wie als allgemeines Individuelles.[41] Die Idee der radikalen Arbitrarität scheint so die ultima ratio eines Ausgrenzungsgestus, der unabdingbar ist, wenn man denn logisch konsistent Sprach-Wissenschaft betreiben will. Sie ist das Signum des Entschlusses, die Form nicht wie im »normalen« menschlichen Umgang mit Sprache zu nehmen, auf der Ebene subjektiver Intentionalität also, sondern sie distanziert, »objektiv« zu betrachten und in Relationen zu setzen, die der

39 Vgl. die ZEIT vom 2. 4. 1993, S. 79.
40 *Philosophische Untersuchungen* I, 7.
41 Vgl. Kap. 3, S. 128 ff.

Perspektive der sujets parlants grundsätzlich fremd sind. Es geht um die Konstitution eines besonderen Sprachspiels, welches Allgemeines über Sprache aussagen will und doch von Anbeginn an unter dem Siegel des Als-ob operiert. Warum aber dann überhaupt am Prinzip der radikalen Arbitrarität noch festhalten, wie es Saussure trotz aller verlautbarten Skrupel letztlich doch getan hat und mit ihm die ganze Disziplin, an einem Prinzip mit dem offenbaren Zwitterstatus eines fiktionalen Grundsatzes?

Das philosophische Problem, das sich mit der Rede von der Willkürlichkeit oder Konventionalität des sprachlichen Zeichens stellt, beginnt mit der Selbstverständlichkeit einer Rede- und Denkweise, über der man vergißt, daß man keineswegs ebenso selbstverständlich von der Willkürlichkeit des Wortes, gar der Worte reden würde.[42] Wörter scheinen willkürlich, Worte sind es nicht. Gleichwohl herrscht das Prinzip der Arbitrarität unbestritten im abgegrenzten Bezirk der Sprachwissenschaft. Offenbar – der einzig auszumachende objektive Grund – ermöglicht es ein spezifisches Handeln, ein Sprachspiel der Beschreibung von Formen, linguistischer Einheiten, die als solche aus ihrem »natürlichen« Medium, der ›verbundenen Rede‹, dem Schriftgebrauch wie der alltäglichen Kommunikation, eben der parole isoliert werden. Daß die *schriftliche* Fixierung derartiger Einheiten mehr als »nur« technisches Hilfsmittel ist, nämlich transzendentale Bedingung, konstitutiv für die Bildung dieser Einheiten, hatten wir bereits gesehen.[43] Hier geht es nun um die Folgerungen, die sich aus diesem Tatbestand ergeben.

Aus dem so gewonnenen Material konstruiert die Linguistik im Gegenzug Systeme von Formen, die seit Chomsky als Modelle der Sprecher-Kompetenz interpretiert werden. Dessen Mentalismus kann man in dieser Perspektive durchaus als konsequente Fortführung des saussureschen Ansatzes beim sujet parlant sehen, auch wenn er konzeptionell völlig andere Wege gegangen ist als dieser. Solche Systeme haben ihre Architektur. Man spricht von linguistischen Ebenen, von Phonologie, Morphologie, Syntax und Semantik, mit festgelegter Arbeitsteilung. Derart wird ein einzelwissenschaftliches, erforschbares Objekt konstruiert, seit Saussure »langue« genannt, und damit ein Paradigma, dessen Design

42 Vgl. Kap. 0, S. 27 ff.
43 Vgl. Kap. 3.

aus durchaus internen Gründen mehr und mehr dahin tendiert, sich als Zweig der kognitiven Psychologie zu definieren. Nicht der Kognitivismus selbst, der sich durch die Rede von einem sprachlichen ›Wissen‹ zu erkennen gibt, welchem doch alle konstitutiven Merkmale von Wissen fehlen[44], wohl aber die grundsätzliche psychologische Orientierung der Sprachwissenschaft ist zweifellos schon bei Saussure angelegt.

Das linguistische Objekt wird in einer Reihe spezifischer Metaphern konstituiert. Bei Chomsky ist die Grammatik zunächst vorgestellt als Entscheidungsverfahren, welches die Spreu vom Weizen trennt, sprich ›grammatische‹ von ›ungrammatischen‹, nicht ›wohlgeformten‹ Satz-Ketten – die Operationalisierung der bereits erwähnten Grundannahme, daß Sprache nichts anderes sei als eine Menge von Sätzen. Sodann wird sie gedacht als Erzeugungsverfahren solcher ›Sätze‹, und damit läßt sich die Linguistik auf eine dem Bereich der Technik, nicht dem der Ästhetik zuzurechnende Metaphorik ein. Die »generative« Grammatik tritt der gewohnten Buch-Grammatik entgegen. So gerät sie zu einer Instanz, die die Grundmuster all jener Performanz-Phänomene produzieren soll, als die sprachliche Kommunikation nun im Gegensatz zu ihr selbst gefaßt – und an die Peripherie der Forschung verdrängt wird. In der Tradition der *techne grammatike* war dagegen der Usus, der Sprachgebrauch, neben der Beschreibung sprachlicher Regularitäten selbst integraler Bestandteil der Grammatik. Bei Quintilian ist deutlich ausgesprochen, daß der Grammatiker diesen stets mit erfassen müsse, weil sonst seine Beschreibung dem Objekt inadäquat würde.[45] Die linguistique de la parole gerät in der chomskyschen Linguistik zur Untersuchung kontingenter Randbedingungen, die die Funktion der ›idealen‹ Kompetenz nicht stimulieren oder gar über Rückkopplung konstituieren, sondern allenfalls beeinträchtigen.

Damit ist der Bruch mit der grammatischen Tradition definitiv vollzogen. Wo Aristoteles in Schrift und Rede der psychischen Substanz eine Form gegenüberstellt, in der die *pathemata* der Seele allererst sag- und erfahrbar werden, wird in der Linguistik nunmehr das Verfahren umgekehrt. Hier kommt die singuläre Problematik einer Wissenschaft von der Sprache ins Spiel, die sich

44 Vgl. Schneider 1992, S. 64 ff.

45 *Institutio oratoria* I 4 ff.

für keine andere Wissenschaft stellt. Sprache ist Medium jeder Wissenschaft. Allein für die Linguistik ist sie Medium und Objekt zugleich. Wie auch immer identifizierte Sprach-Formen werden qua Objekt vergegenständlicht, sie werden – mehr oder weniger naiv als »gegeben« genommen, tatsächlich aber durch eine spezifische Metaphorik verfremdet – zum Stoff der Forschung. Wohl deswegen wird das Problem der Identifizierung von Formen in der nach-saussureschen Linguistik so konsequent verdrängt. Allenfalls bringt es sich noch als Transskriptionsproblem zur Geltung.[46]

Hierin scheint der pragmatische Sinn des Arbitraritätsprinzips zu liegen, der den Begriff der Willkürlichkeit in ein ganz anderes Licht rückt. Mit der Fiktion der radikalen Arbitrarität wird Raum gewonnen für ein Handeln an und mit den dergestalt freigelegten, zur Disposition gestellten Formen, für das es auf der Ebene der von Herder beschriebenen, ursprünglich poetischen, metaphorischen Artikulationsfähigkeit keinen Raum gibt.[47] Herder setzt geradezu die verfeinerte, zivilisierte, grammatisch und metaphysisch durchformte Sprache der »ursprünglichen« entgegen, welche menschlicher Besonnenheit entsprungen war und sich in unmittelbarer Kommunikation mit Natur und Sozietät entfaltete. Doch formen sich für ihn auch im je sich wiederholenden Akt des Sprachursprungs – man muß Herder ja keineswegs nur phylogenetisch interpretieren – die Merkmale zur Sprache aus Tönen der Natur nicht willkürlich. Die ursprüngliche Sprache ist »Gesang« der Seele, ist ästhetisch organisiert, in ihr formt sich ein analogisches Bild dessen, was durch die Organisation der menschlichen Sinne »hindurchgeht«, wird im Hypersinn der Sprache, der diese sinnliche Organisation wie ein System kommunizierender Röhren zusammenfaßt[48], zu einer ästhetischen Etymologie der Welt organisiert, die freilich der Rationalist für »disiecti membra poetae« nimmt:

46 Für Saussure selbst war freilich das Problem der linguistischen Identitäten *das* Kardinalproblem der Linguistik. Vgl. hierzu Stetter 1976.

47 Vgl. Herder [1978 a], 1. Teil, 3. Abschnitt, insbes. S. 57 ff.

48 Ebd. S. 51 ff. Diese Auffassung Herders hat sich in paläontologischer Perspektive durchaus bewährt. Leroi-Gourhan begreift die Sprache als »Integrationsdispositiv«, in dem ältere Evolutionsstufen wie Sensomotorik etc. zusammengefaßt werden. Vgl. Leroi-Gourhan 1984, S. 105 ff. und 115 ff.

»Bei einem rohen, sinnlichen Naturmenschen ..., deßen Kräfte noch nicht fein gnug sind, um ins unnütze hinzuspielen, der, ungeübt und stark, nichts ohne dringende Ursache thut, und nichts vergebens thun will, bei dem ist die Erfindung einer Sprache aus schaaler, leerer Willkür der ganzen Analogie seiner Natur entgegen: und es ist überhaupt der ganzen Analogie aller Menschlichen Seelenkräfte entgegen, eine aus reiner Willkühr ausgedachte Sprache«.[49]

Grammatiken markieren schon für Herder den Bruch. Jede Grammatik ist »nur eine Philosophie über die Sprache«[50]. Sie ist, zumal als »wissenschaftliche«, nicht Re-Konstruktion, sondern Konstruktion, Produkt der Konventionalisierung. Sprachkompetenz wird zugerichtet für ein Handeln, dessen Katechismus die Grammatik im handfesten Sinn des Buchs ist. Ein Dialektologe berichtet, wie er auf einer Wanderung durch die italienischen Marken auf einen ihm unbekannten Dialekt gestoßen sei. Er bittet Leute auf dem Markt, ihm dessen Verbformen zu konjugieren, was bei diesen, die doch alle in der Schule Schrift-Italienisch gelernt hatten, geradezu tumultuöses Gelächter hervorruft: welch absonderliche Form, mit der Sprache umzugehen![51] Nicht nur hat dies aufs engste mit dem Syndrom der in der Linguistik verdrängten Schriftlichkeit des Gegenstands zu tun, es betrifft auch die Frage nach dem Zweck, dem subkutanen Erkenntnisinteresse linguistischen Handelns.

Was beschreibt der Linguist, wenn er beschreibt? Gewiß hat diese Frage mehr mit dem Arbitraritätsprinzip zu tun, als gewöhnlich bedacht worden ist. Wenn Grammatiken Konstruktionen sind, dann sind linguistische Beschreibungen fiktionale Texte – in einem freilich zu erläuternden Sinn.

Die bei Saussure selbst offengehaltene Dialektik von Form und Substanz ist schon bei der Redaktion des *Cours,* erst recht in den nachfolgenden Schulen aufgelöst, schließlich völlig aus der Disziplin eskamotiert worden. Doch drängt sich die Frage auf, ob die Kaprizierung auf die Form, auf die langue, die Verdrängung der parole qua Substanz sich in gewissem Sinn nicht als unabweisbar erweist, jedenfalls keineswegs nur schlechten Schülern geschuldet, die die Doktrin des Meisters unzureichend verstanden, sondern –

49 Herder [1978a], S. 50.
50 Vgl. ebd. S. 67 ff.
51 H. Lüdtke bei einem Kolloquium in Aachen 1986.

Linguisten, die sich auf die saussureschen Skrupel nicht einlassen wollten und wohl auch nicht konnten. Es scheint, als hinge dies mit intrinsischen Zwängen des Sprachspiels Linguistik zusammen, wie es sich jedenfalls mit der positivistischen Wende der Zunft im 19. Jahrhundert ergeben hatte.

Saussure hat schon früh, seit den Skizzen für ein Buch über die allgemeine Sprachwissenschaft[52], mit Blick auf die Konstruktionen der diachronischen Linguistik geltend gemacht, daß die »objektive« Analyse des Sprachwissenschaftlers, das, was er als Einheitenbestand einer Sprache behauptet, sich in letzter Instanz immer durch eine »subjektive« Analyse der Sprecher der je »beschriebenen«, re-konstruierten Sprache legitimieren müsse.[53] Der vergleichende Indogermanist segmentiert *hippo-s,* um das Substantivparadigma dadurch zu markieren und so Zusammenhänge zu Paradigmen anderer Sprachen, etwa des Latein, zu erfassen. So wird der Begriff der *o*-Deklination gewonnen. Doch segmentierte ein Zeitgenosse Platons zweifellos *hipp-os,* interpretierte die »Nominativendung« also in Analogie zu anderen Mustern seiner Sprache – *hipp-ou, hipp-o, …, anthrop-os, agath-os* usw. – und dachte dabei natürlich weder ans Latein noch an *o*-Stämme.[54] Noch die chomskysche Linguistik erkennt dieses Prinzip – nolens volens – in der Figur des ›native speaker‹ an, der an gegebenen Beispielen die Korrektheit eines grammatischen Modells zu überprüfen hat. Allerdings hat Saussure die Frage nicht viel weiter getrieben als bis zum Problem der entités concrètes de la langue. In diesem Sinne wäre also zu fragen, ob dem Arbitraritätsprinzip ein »subjektiver« Sinn zukommt und wie sich demgegenüber sein »objektiver« über das Faktum hinaus verstehen ließe, daß es Sprachwissenschaft als solche ermöglicht.

52 N 9, EC fasc. 4, S. 21.
53 Ausführlich ist dieses Thema im 1. cours erörtert. Vgl. CLG S. 251 ff.
54 Vgl. CLG S. 21 ff. und N 7, al. 2768, EC S. 417 ff.

Die sogenannte Willkürlichkeit des sprachlichen Zeichens läßt sich auf subjektiver Ebene als negatives Prinzip deuten. Einerseits steht es für Freiheit von Regeln der Repräsentation. Die Objekte determinieren nicht – so läßt sich Saussures Doktrin diesbezüglich zusammenfassen[55] – die Sprachprägungen, den Wert einzelner Einheiten ebensowenig wie etwa Valenzstrukturen. Als Objekte werden sie vielmehr in intensionalen Netzen fixiert, die in Handlungszusammenhängen aufgebaut werden. Dies ist der Sinn des vielzitierten »circuit de la parole«, der Kommunikation von Individuen, durch die die Sprache und in diesem Zusammenhang auch der Begriff einer allgemeinen Sprache konstituiert wird.[56] In gewissem Sinn gilt das Als-ob tatsächlich: Jeder Mensch baut sich seine Sprache *vollständig* selbst auf, insofern unterliegen die Werte der Terme seines Systems in der Rückkopplung kommunikativen Handelns ständiger Re-Interpretation. Andererseits meint das Arbitraritätsprinzip gerade Freiheit von individuellem Zugriff. So veränderlich sich Sprache als überindividuelles Phänomen erweist, als das Fluktuanz-Phänomen schlechthin[57], so unveränderlich ist sie in dieser Perspektive. Eben weil es keinen dem einzelnen Subjekt verfügbaren Grund für diese oder jene Prägung gibt, entzieht sich das System als Ganzes subjektiver Willkür[58]. Seine Motiviertheit organisiert sich hinter dem Rücken der Beteiligten. Solange der Sprachgebrauch sozialer und logischer Kontrolle unterliegt, korrigieren die je mitgelernten semantischen Implikationen jede nicht mit dem System verträgliche Idiosynkrasie.[59] Gewiß ist da-

55 Vgl. die vielzitierte »note onymique«, N 15 [3312.1], EC fasc. 4, S. 36 f.

56 III C 265 ff. Im »circuit de la parole«, der sich zwischen Individuen abspielt, bilden sich die Einheiten der langue durch die Assoziation von »image verbal« und »concept verbal«. »Par cette coordination«, so Saussures Konklusion, »nous approchons de l'idée de la langue«. Dies gilt für den Linguisten wie für den ›native speaker‹. Sprache und der *Begriff* von Sprache bilden sich »en parlant«.

57 Vgl. Kap. 3, S. 128 ff.

58 Vgl. III C 310, al. 1175 ff.

59 Dies ist wohl der grundlegende Sinn der Privatsprachendiskussion in Wittgensteins *Philosophischen Untersuchungen*. Vgl. Kap. 11, S. 571 ff., dazu v. Savigny 1988, S. 287 ff.

her das Arbitraritätsprinzip nicht im Sinne des Satzes des Euthydem zu verstehen. Hermogenes wäre – keineswegs nur aus pragmatischen Gründen – unweigerlich daran gescheitert, seinen Sklaven heute so, morgen so zu nennen.

Entsprechend läßt sich auch ein ›objektiver‹ Sinn des Prinzips ausmachen, und auch er ist negativer Natur. Mit seiner Anerkennung ist der Sprachwissenschaft das Verständnis, ja schon der Begriff dafür abhanden gekommen, daß die interne Organisation der je beschriebenen Sprache sich lebenspraktischen, lebensweltlichen Orientierungen verdankt. Man hat sich angewöhnt, von Sprachstrukturen zu reden. Die Frage ist, wie, nach welchen Prinzipien Sprachen ›strukturiert‹ sein sollen. Gesucht wird die Antwort in der Beschreibung von Formen, die darüber jedoch ihrerseits, in ihrem Verhältnis zueinander, zu Kontingenzen geraten. Es ist nun einmal so, daß das Griechische – formal betrachtet – ein Perfekt Passiv hat, das Lateinische nicht. Geradezu absurd nimmt sich in dieser Perspektive eine Forschungsstrategie aus, die mit Berufung auf einen Begriff ›der‹ Sprache, der sich doch selbst dem »circuit de la parole« verdankt, mithin nicht anders »gegeben« sein kann als in vielfältigen Redeweisen über »Sprache«, »langue«, »language«, »go« usw., nun im Gegenzug nach ›Universalien‹ sucht, die diese Kontingenzen ›erklären‹ sollen. Man erklärt ein Chaos, das man zuvor selbst angerichtet hat. In der Mimikry universeller Sprachprinzipien – das sogenannte empty-category-principle demonstriert es ad oculos – lacht dem kognitivistischen Forscher die eigene Forschungsstrategie entgegen.[60]

Der Preis, den die Linguistik für ihre formale Ausrichtung zu

60 Vgl. Chomsky 1981, S. 248 ff., dazu den Kommentar von von Stechow und Sternefeld 1988, S. 20 f. Das ECP (empty-category-principle) braucht man ja nicht, um eine »Oberfläche« zu beschreiben, sondern dazu, eine Tiefenstruktur zu konstruieren, die deren Formen ›erklären‹ soll. De facto betrachtet man dabei stets bestimmte *Oberflächen*:
John seems easy to please
it seems
someone pleases John
etc., die zunächst einmal auf *derselben* Ebene gegeneinander gestellt werden. Aus diesem Material wird dann eine Tiefenstruktur konstruiert, sodaß tatsächlich von der Betrachtung von Oberflächen her entschieden wird, wo in der Gesamtstruktur »leere« Kategorien anzusetzen sind. Vgl. hierzu Kap. 6, S. 243 ff.

entrichten hat, ist der Verlust der Analogie als theoretisches Konzept. Daß Chomsky schließlich gänzlich zur Aufgabe der Beschreibung zugunsten der Erklärung von Sprache gelangt ist, ist in dieser Hinsicht nur konsequent. Analogien können, weil sie sich über Ähnlichkeiten organisieren, Unverständliches, Fremdes entschlüsseln. Freilich muß man sie sehen, um die Sache zu verstehen. Eben deswegen aber erklären sie nichts und *können* aus rein logischen Gründen nichts erklären, denn Ähnlichkeit ist eine symmetrische Relation.

Im Gegensatz zur Linguistik des 20. Jahrhunderts hat Saussure hierin entschieden noch einmal an die Sprachidee Humboldts angeknüpft. Gegen die szientistische Orientierung der Junggrammatiker gerichtet, schreibt er in der zweiten Inauguralvorlesung von 1891, man dürfe eine beliebige Sprache zu einem beliebigen Zeitpunkt als nichts anderes betrachten denn als ungeheures Gewebe von analogischen Bildungen[61]. Dies kommt in der Tat überein mit dem zentralen Punkt der Sprachdeutung Humboldts, die aus der Kombination der herderschen Sprachidee mit dem Gedanken transzendentaler Weltkonstitution hervorgeht[62]. In Humboldts Auseinandersetzung mit der kantischen Ästhetik wie mit der literarischen Produktion Goethes und Schillers wird ein Verständnis von Sprachkompetenz entwickelt, welches leitend bleibt für sein gesamtes späteres Denken. In der literarischen Produktion zeigt sich die ursprüngliche poetische Qualität menschlicher Artikulationsfähigkeit. Sprachkompetenz wird hier als eine Instanz der Einbildungskraft begriffen. Im Wallenstein-Brief an Schiller definiert Humboldt sie entsprechend als

> »die Fähigkeit, innere Gedanken und Empfindungen und äußere Gegenstände vermöge eines sinnlichen Mediums, das zugleich Werk des Menschen und Ausdruck der Welt ist, gegenseitig auseinander zu erzeugen, oder vielmehr seiner selbst, indem man sich in beide theilt, klar zu werden ...«

Und er fügt explizit hinzu, daß diese Fähigkeit hier, in der literarischen Produktion, »allein den Gesetzen der Einbildungskraft gemäß thätig« werde«[63]. Dies muß natürlich für jede Form sprachlicher Produktion gelten, nicht allein für die sogenannte »literari-

61 N 1.2, EC fasc. 4, S. 10.

62 Vgl. zum Folgenden Kap. 10, S. 400 ff.

63 Brief an Schiller vom September 1800, WW V, S. 198.

sche«. Nach Kant werden die die Erscheinungswelt strukturierenden Relationen analogisch vorgestellt.[64] Humboldt, Kantianer, erkennt in der Sprache dasjenige Medium, über das die grundlegenden Analogien von ›Weltansichten‹ organisiert werden, und distanziert sich dergestalt vom transzendentalen Programm, unterläuft es mit einer Theorie besonderer Gegenstände, der Worte, auf deren ursprünglich weltkonstitutiver Funktion dieses in Wahrheit aufruht. Dies hängt aufs engste mit der Willkürlichkeit des Zeichens zusammen. Humboldt begreift das Wort insofern als »Zeichen«, als es Rede über eine Sache oder einen Begriff ermöglicht, insofern also dafür steht bzw. verwendet wird. Denn Gegenstände kann man nicht reden, man kann nur über sie reden[65]. Soweit trägt die alte Formel des »aliquid stat pro aliquo«. Gleichwohl ist aber das Wort selbst, als bestimmtes Element einer bestimmten Sprache, »ein eignes und selbständiges Wesen, ein Individuum«, und dies gilt auch für die Sprache selbst, »die Summe aller Wörter«. Sie »ist eine Welt, die zwischen der erscheinenden ausser, und der wirkenden in uns in der Mitte liegt«. Man kann sie als »Convention« begreifen, insofern sich eine Gemeinschaft auf ihren Gebrauch in hinreichender Übereinstimmung versteht. Dennoch entsteht das Wort »zuerst aus dem natürlichen Gefühl des Sprechenden« und wird analog »durch das ähnliche natürliche Gefühl des Hörenden verstanden«. Das Sprachstudium, so Humboldts für dessen Bestimmung zentrale Folgerung, »lehrt daher, ausser dem Gebrauch der Sprache selbst, noch die Analogie zwischen dem Menschen und der Welt im Allgemeinen und in jeder Nation insbesondere, die sich in der Sprache ausdrückt ...«[66]

Im *Essai sur les langues du nouveau continent* von 1811/12, der ersten systematischen Darstellung seiner Sprachphilosophie, formuliert er dann den entsprechenden Grundsatz:

»On peut le regarder comme un principe certain et invariable que tout, sans exception, repose dans une langue sur une analogie ou évidente, ou secrette, et que sa structure, jusques dans ses parties les plus fines, est une structure organique.«[67]

Das berühmteste Beispiel für die Darstellung einer analogischen

64 Vgl. KrV B 222.

65 *Latium und Hellas*, WW II, S. 62 f.

66 Ebd. S. 60.

67 *Essai*, GS III, S. 321.

Sprachprägung ist bekanntlich Humboldts Interpretation des Dualis, die exemplarische »Fallstudie« für das Verfahren des allgemeinen vergleichen den Sprachstudiums, wie es ihm wohl vorgeschwebt hat. In einem ist die grammatische Form des Dualis eine analogische Repräsentation von objektive Strukturen wie von subjektivem Weltbezug. Sie repräsentiert materielle wie ideelle Zweiheiten, sofern sie wechselseitig aufeinander bezogen sind, wird bei der Bezeichnung von Zwillingen ebenso angewandt wie bei der abstrakter Zweiheit. So stellt sie analogisch eine Grundstruktur menschlichen Weltverhältnisses dar, das sich in der Dualität zweier Oppositionen von Ich und Nicht-Ich auslegt, dem korrelativen Verhältnis von *Ich* und *Du* und *Ich* und *Er*. Die besondere grammatische Form des Dualis steht dergestalt in engster Korrelation zur Universalität einer Pronominalstruktur, die sich in allen Sprachen zeigt, und dies ermöglicht es bzw. legt es nahe, in Sprachen, die diese Form nicht ausgebildet haben, nach analogen Spuren zu suchen.[68] Wie von selbst erschließen sich von hier aus Wege einer verstehenden Sprachwissenschaft, die Humboldts »vergleichendes« Sprachstudium im wesentlichen sein wollte und sollte.[69]

Doch eben diesen Angang muß sich die moderne Linguistik versagen. Sie könnte wohl, aber sie darf als über das Arbitraritätsprinzip sich definierende Disziplin diesen Weg nicht gehen. Die ersatzweise eintretende, in diesem Sinne wegweisende Metapher liefert das Buch. Eine wissenschaftliche Grammatik besteht – Chomskys Modell zeigt dies in aller Deutlichkeit – aus syntaktischen Regeln und – einem Lexikon. Und dessen Ordnung ist, wenn formal geregelt, dann eben alphabetisch oder ähnlich formal strukturiert.

Das humboldtsche Programm ist bis heute nicht durchgeführt, ja nicht einmal in Angriff genommen worden. So fehlen uns weitgehend Vorstellungen der Konturen eines allgemeinen, vergleichenden Sprachstudiums – zumal auf den Gebieten der Grammatik und des »Lexikons«. Was indessen der Verlust der Analogie für die Leitvorstellungen von Sprachwissenschaft bedeutet, zeigt in nicht mehr zu überbietender Schärfe die Entwicklung, die Chomskys Mentalismus genommen hat. Mit dem Modularitätskonzept der generativen Theorie und mit der damit einhergehen-

68 Vgl. Humboldt [1827], WW III, S. 134 ff.
69 Vgl. Stetter 1991.

den, die Differenz von noumenalen und materialen Objekten systematisch nivellierenden Rede vom »mind/brain«[70] ist die Idee von Sprache als noumenalem Objekt, an der Saussure doch immer entschieden festgehalten hatte, definitiv aufgegeben. Man fragt sich freilich folgendes: Wenn man angeblich so wenig Bestimmtes über Sprache weiß[71], wieso dann ausgerechnet so sicher etwas von der »Autonomie« der Syntax – eine Annahme, die jeder Empirie, jeder phänomenologischen Annäherung ans Objekt schärfstens widerspricht. Tatsächlich wirkt hier pure Tradition: Es war im Distributionalismus eben »übliche« Sehweise, Sprache als Ensemble von Laut-Formen, mithin als Naturphänomen zu betrachten. Der Wissenschaftsbegriff der Naturwissenschaften ergab sich von daher zwangsläufig als das für die Linguistik leitende Paradigma.[72] Daß die »faculty of language«, die Humboldt der Einbildungskraft zurechnet, einer psychischen Instanz also, ein biologisches System sei, steht für Chomsky außer Frage.[73] Sein Kognitivismus beruht de facto auf einem krassen Materialismus.[74]

Metaphern: die Inszenierung linguistischer Fiktionalität

In der Annahme eines »autonomen« Syntax-Moduls wird die Buch-Analogie, jene Hilfskonstruktion, die anstelle der mit der radikalen Arbitrarität eliminierten Zugänge zur Deutung der internen Organisation einer langue zu treten hatte, dem technologi-

70 Vgl. hierzu Chomsky 1995.

71 ›Sprache‹ ist für Chomsky Resultat des – weithin unbekannten – Zusammenwirkens verschiedener kognitiver Systeme. Weil deren interne Anlage und ihr Zusammenwirken so wenig bekannt ist, muß sich der Linguist auf die Grammatik als sein eigentliches Objekt beschränken. Vgl. hierzu Kap. 6, S. 231 ff.

72 Vgl. Schneider 1992, S. 64 ff.

73 Chomsky 1981, S. 12.

74 Für Chomsky liegt das Fatale an der Formel vom »mind/brain« zweifellos darin, daß er auf das Wort »mind« nicht vollständig verzichten kann. Aber das ist unmöglich. Würde er auf dieses Wort verzichten, würde er damit *uno actu* seinen Gegenstandsbereich *vollständig* verlieren.

schen Fortschritt angepaßt. Doch das grundsätzliche Verfahren der Inszenierung linguistischer Fiktionalität ist das gleiche geblieben. Mangels besserer Metaphern wird das menschliche Sprachvermögen nun als Satzstrukturerzeugungsmaschine konzipiert, deren Grundmuster dem Genom eingestanzt sein sollen. Alle nicht-universellen Sprachmerkmale werden aus dem »Kern« der Theorie verbannt an die »Peripherie«, und es grenzt an ein Wunder, wie die universellen bzw. als Universalien hypostasierten Tiefenstrukturen auf bzw. unter die unendliche Vielfalt soziokulturell geprägter Oberflächenformen passen sollen. Eine Universalie soll die Beziehung von Subjekt und Prädikat sein, notwendig mithin allen Satzformen zugrunde liegen. Und doch kann man im Deutschen beliebig viele Sätze der Art wie *heute ist Samstag; morgen wird gefeiert* usw. bilden, die keinerlei Subjekt in grammatischem Sinn aufweisen und doch logisch vollständig in Ordnung sind, so wie sie sind[75]. Die Theorie entfernt sich mehr und mehr von der Empirie. Genau betrachtet, hat sie den Zugang zur »Oberfläche« vollständig verloren. Auf schlagende Weise zeigt sich dies am Problem der sogenannten Lexikon-Regel in einer generativen Grammatik[76]. Zwar spricht man technisch von ihr als von einer Regel, doch ist sie es im formalen Sinn nicht, und mit gutem Grund wird sie im Apparat auch anders repräsentiert. Was technisch als Anweisung einer Ersetzungsoperation gleicht – V_i {*geh_, schlaf_, wander_*, …} – und also zu lesen wäre als »Ersetze das Symbol ›V_i‹ durch [eine Form der in der Klammer genannten Verben] *gehen, schlafen, wandern,* usw.«, als Anweisung also, durch Einsetzung eines Verbs in die Position der Kategorie V[erb] innerhalb der betreffenden Konstituentenstruktur die Satzform in einen Satz zu verwandeln, ist tatsächlich keine Regel. Denn die logische »Übersetzung« dieser Lesart lautet: »*gehen* ist ein Verb oder *schlafen* ist ein Verb oder *wandern* ist ein Verb …«. Das Symbol »V« wird rekursiv durch eine Mengenangabe definiert, und dies ist weder materialiter noch formaliter eine Regel.

Regeln haben bekanntlich die Form »Alle P sind Q« oder

75 Sprechakttheoretisch gesehen bestehen sie aus einem Referenzausdruck und einer Prädikation, und dies *reicht*, um eine Lokution zustande zu bringen. Vgl. Austin 1975, S. 93 ff.

76 Vgl. Kap. 2, S. 114, Anm. 63, und Kap. 5, S. 176 ff.

»Wenn etwas ein P ist, dann ist es (u. a. auch) Q«. Sie sind in logischer Hinsicht generalisierte Konditionale. Die rekursive Definition einer Satzform läßt sich also lesen als: »Wenn etwas ein Satz ist, dann hat es die Form X«, und X ist dargestellt als eine bestimmte Konstituentenstruktur. Was macht man – dergestalt informiert – nun mit der Mitteilung, daß *gehen* ein Verb ist, denn *dies* ist die faktische Funktion der Lexikonregel. Sie »paßt« nicht zur vorhergehenden, jedenfalls nicht nach dem Dogma, welches die Autonomie des Syntaxmoduls behauptet. Angekommen bei »V« und ausgestattet mit nicht mehr als dieser Information kann man dies nur mehr oder weniger interessiert zur Kenntnis nehmen, nicht aber sie integrieren in den zuvor entfalteten konditionalen Zusammenhang und folglich nicht danach handeln, denn *gehen* kommt innerhalb des zuvor entwickelten Regelkomplexes nicht vor, mittels dessen die Satzform definiert wurde. Es fehlt – anders gesprochen – der Kompetenz die notwendige Information, den Schluß auf den hier zu findenden Einzelfall zu treffen. Vergleichbar ist dies der Situation des Vaters, dem die Tochter gesagt hat, sie wünsche sich zum Geburtstag ein Buch. Nun erfährt er in der Buchhandlung, daß *Dr. Faustus* ein Buch ist, desgleichen *Vom Winde verweht* und *Der letzte der Mohikaner*. Was wird er aufgrund *allein* dieser Information schenken?

Die Auswahl des richtigen Wortes kann von der Grammatik nicht nur nicht beschrieben, gar erklärt werden, sie kann als solche nicht einmal mehr dargestellt werden. Zwar bringt Chomsky mit dem Konzept der rekursiven Definition des Satzes die Not des Grammatikers auf den Punkt, der Satzstrukturen verstehen soll und dies doch nicht darf, es vom Ansatz her nicht einmal kann. Jedoch sind durch eben dieses Verfahren der Theorie, die doch letztlich auf eine ›Erklärung‹ der parole abzielen muß, denn diese ist das einzige Phänomen, auf das sich irgendwelche Verifikationen oder Falsifikationen der Theorie beziehen *könnten*[77], die

77 Theorieimmanent werden natürlich nur Kompetenzphänomene erklärt, eben ›Oberflächen‹, da die Performanz ja als das logische Produkt von unkalkulierbaren, die aktuale Kommunikation beeinflussenden Störfaktoren und dem jeweiligen Output der Kompetenz gedeutet wird. Doch ist erkenntnistheoretisch an diesem Punkt die Unterscheidung von Kompetenz und Performanz nicht länger durchzuhalten. Was phänomenal erfahrbar ist, ist per se Element der Performanz. Kompetenzformen erweisen

Möglichkeiten definitiv, weil logisch genommen, überhaupt noch von der Satz*form* zum *Satz* überzugehen. Die Konzepte dafür sind der Linguistik mit der Abkopplung von einer philosophischen Ästhetik und Hermeneutik abhanden gekommen, von der Humboldt seine wesentlichen Anstöße erhalten hatte. Für Saussure ist der Satz noch eine der parole zuzurechnende Form[78], mit Chomsky ist die Satzform als Inbegriff der Formen aller ›möglichen‹ Sätze der langue integriert, der konkrete Satz selbst interessiert die Linguistik nicht mehr.

Für Humboldt wie für Schleiermacher, der sich wie dieser an der Idee der Urteilskraft orientiert, ist Reden Schematisieren[79], und insbesondere Schleiermacher hat das »divinatorische«, auf Analogien beruhende Verfahren dieses Schematisierens genauestens beschrieben.[80] Nicht nur die langue ist analogisch strukturiert, auch die parole ist derart gebildet, ja gerade sie kann aufgrund der logischen Implikationen des Regelbegriffs, die Kant zur Anerkennung der Urteilskraft als selbständigen »Gemütsvermögens« neben Verstand und Vernunft veranlaßten[81], nur analogisch gebildet sein. Die Wahl des »treffenden« Wortes läßt sich in Ermangelung einer Regel nur als Schematisierungsprozeß denken, der sich an Beispielen gelungener Prägungen orientiert, der also eine Form, deren Applikation sich in einem Fall bewährt hatte, auf einen vergleichbaren überträgt[82]. Chomskys vermeintlich schlagendes Argument gegen Skinner – durch Induktion und Verstärkung kann man kein Handeln in neuen Situationen lernen, drum muß der Mensch über »Regeln für alle möglichen Fälle«

sich in dieser Hinsicht als von *bestimmten* Performanzerscheinungen »gereinigte« Formen der Performanz und somit selbst – als Performanzformen. Vgl. hierzu Kap. 5.

78 Vgl. CLG 30 f. und 172.

79 Vgl. *Über den allgemeinen Schematismus und die Sprache*, Schleiermacher [1977], S. 443 ff.

80 Vgl. *Über den Begriff der Hermeneutik*, ebd. S. 329 ff.

81 Vgl. KrV B 171 ff.

82 Schneider (1992, S. 332 ff.) hat dieses Verfahren mit Bezug auf den späten Wittgenstein als ein Projizieren von Satzkomplexen auf neue Situationen o. ä. gefaßt, in denen sich mit diesen Ausdrücken gelingende Kommunikation deswegen erzielen läßt, weil man sich auf das »passende« Übertragen versteht. Dies ist keiner Regel, sondern der Phantasie geschuldet. Es funktioniert – aber erklären kann man es nicht.

intern verfügen[83] – greift nur in Ermangelung von Alternativen. Es kennt die Logik der Analogie nicht, welche ja jederzeit aus geeigneten Beispielen – nicht zufällig ist das *paradeigma* Aristoteles' Terminus für den Analogieschluß[84] – Regeln aufbauen kann, unter die der betreffende Fall sich subsumieren läßt. Die Analogie stellt Orientierungen für eine Behandlung des Falls bereit, die eben Sinn macht. Die Artikulationsarbeit in der Schrift, die Spuren von Durchstreichungen, Umstellungen, Reformulierungen vermögen dies in ganz anderer Weise als die mündliche Rede zu verdeutlichen, weil in ihr das Verfahren als solches zugänglich wird.[85] Gesucht ist der »treffende« Ausdruck, der sich als treffend eben dann erweist, wenn man ihn nach langer Suche findet, und diese Suche ist kein stochastischer Prozeß.

Auf der anderen Seite ist auch die Wahl der angemessenen Illokution nach Austin eine Frage der Urteilskraft[86]. Es macht einen Teil der lebensgeschichtlich erworbenen kommunikativen Kompetenz aus, Sprechhandlungen in Weisen zu differenzieren, die der Hörer versteht. Man muß lernen, als Zeuge Vermutungen von Behauptungen zu unterscheiden. Kleinkindern kann man nicht, dem Kandidaten in der Prüfung sollte man nicht mit Aufforderungen, eher mit einer Bitte, einem Nahelegen oder etwas Analogem kommen.

Somit ergibt sich sozusagen das Problem einer Intervallschachtelung: Warum sollte, wenn sowohl der »Makrobereich« der Illokution wie der »Mikrobereich« des Wortes analogisch ausdifferenziert ist, es mit dem mittleren, mit Morphologie und Syntax, anders bestellt sein. Noch Saussure beschreibt ausführlich analogische Verfahren im Aufbau von morphologischen Systemen[87]. Nichts zwingt zu der Annahme, ausgerechnet die Subjekt-Prädikats-Regel müsse universell sein, und es müsse eben die Grundkategorien N[omen], V[erb], Adj[ektiv] und Präp[osi-

83 Vgl. Chomsky 1959, dazu Schneider 1992, S. 91 ff.

84 *Anal. pr.* II, Kap. 24, 68 b.

85 Vgl. hierzu Kap. 7, S. 295 ff.

86 Deutlich wird dies insbesondere im Vergleich der verschiedenen Illokutionstypen, den Austin in der letzten Vorlesung von *How to Do Things with Words* vorgenommen hat. Vgl. Austin 1975, S. 148 ff.

87 Vgl. etwa die analogische Bildung des mhd. (»schwachen«) Plurals *hirten* für »stark« *hirte*, in Analogie zum Paradigma *bote – boten*, I R 2.5 ff., EC S. 365 ff.

tion][88] geben. Als noumenal läßt sich das morpho-syntaktische Repertoire nur deuten, wenn es einer Interpretation zugänglich ist, die die Wahl von Alternativen, auch das Mißlingen solcher Wahl »vorsieht«. Mit weitaus größerer Plausibilität als von ›eingeborenen‹ Ideen her ließe sich beispielsweise die Stabilität der Zweitstellung des Finitums im Deutschen und verwandten Sprachen als Resultat analogischer Lernprozesse deuten, die freilich nicht dem Individuum als Subjekt zuzuschreiben sind, sondern über Zeiträume von Jahrhunderten fluktuanten Gesellschaftsformationen wie etwa der Nation, die Humboldt wiederum im Anschluß an Herder als zwischen Individuum und Gattung vermittelnde Instanz begreift.[89] Sprachkompetenz wäre so nicht grundsätzlich blindes Generieren von Mustern, sondern intelligentes, an Gelingensbedingungen orientiertes Spiel mit Formen, die ja nur als stets wieder verwendete verfügbar gehalten werden können. Die in der Linguistik nie ernsthaft gestellte Frage, wie denn ein Mensch fehlbar, damit aber verständig mit einem »Objekt« von der übermächtigen Komplexität der »natürlichen« Sprache umgehen könne, woher er seine Wegweiser durch das Labyrinth der Terme hat[90], über die er offenkundig verfügt – für diese Frage ließen sich vom Gesichtspunkt einer analogischen Organisation der langue her Antworten denken. Man orientiert sich an Ähnlichkeiten. Die Frage auf die Ebene von Wissenssystemen zu verlagern, hilft nichts. Entweder das Problem wird auf der Ebene der Sprachtheorie gestellt und dort auch beantwortet, oder es bleibt offen. Die Gründe dafür liegen in der geschilderten Logik des Arbitraritätsprinzips.

So könnte auch linguistisches Handeln »objektiv« einen ganz anderen, nicht re-konstruktiven, sondern analogischen Sinn gewinnen bzw. wiedergewinnen, denn in der grammatischen Tradition hat es diesen in gewissem Sinn je schon gehabt, in der Auswahl und Beschreibung nämlich von Beispielen gelungenen Sprachgebrauchs. De facto orientiert sich jeder Grammatiker,

88 Vgl. von Stechow und Sternefeld 1988, S. 143 ff. Man fragt sich bei derartigen Konstruktionen, warum dann nicht auch Konj[unktion] o. ä. Die Antwort liefert – natürlich – die Architektur der Theorie: die Tiefenstruktur kennt keine Nebensätze.

89 Vgl. *Über die Verschiedenheiten des menschlichen Sprachbaus*, WW III, S. 159 ff.

Chomsky ebenso wie Dionysios Thrax, an Beispielen elaborierter Formulierungskompetenz, und die Konsistenz dieses Materials muß Rückwirkungen auf diejenigen Kompetenzen haben, die einem von der Grammatik her organisierten Bildungsgang unterworfen werden. Erst die Wende vom traditionell normativen zu einem deskriptiv-empirischen Verständnis von Grammatik hat der Linguistik die geschilderten Probleme eingehandelt. In keiner Methodologie der Linguistik wird jedoch bedacht, daß als Datenmaterial für die Beschreibung einer Grammatik nur *exemplarische* Beispiele einer Sprachkompetenz genommen werden, deren Gelingensbedingungen oder Orientierungskriterien auf einer Ebene angesiedelt sind, die man sensus communis oder Geschmack nennen könnte.[91] Solchen Mustern werden Formen abgewonnen, die nun als Muster in sprachlichen Bildungsprozessen verallgemeinert werden. Man *be*schreibt nicht die Grammatik, man *schreibt* sie, und die im Buch zusammengestellten Formen sind nicht wie die der Landkarte als Abbildungen eines Objekts zu nehmen, das ähnlich einem geographischen identifizierbar wäre. Die Beschreibung erzeugt schriftliche Produkte – Beschreibung in buchstäblicher Bedeutung –, die einem jenseits der Schrift unfaßbaren Urbild gleichen wie eben das Gerippe dem lebendigen Leib. Angemessener wären sie als Produkte einer ›technischen‹ Phantasie zu begreifen, welche einer analog strukturierten Phantasie von Lehrern und Schülern Spielmaterial für einen Umgang zur Verfügung stellt, von dem die Theorie keinen Begriff hat, weil er sich *per se* jedem ›theoretischen‹ Zugriff entzieht. In die Fluktuanz, die Kontinuität sich kontinuierlich wandelnder Sprache werden so in der jahrtausendealten Kohabitation von Oralität und Grammatik mehr und mehr formale Schemata als Artikulationsmuster eingebracht.

Was die normative Grammatik gleichsam naiv noch bewahrte, geht mit der Wende zur Deskription verloren. Obwohl für die Musterbildung unentbehrlich, fällt der sie bildende Geschmack der Generalisierung grammatischer Beschreibung zum Opfer, wird weggekürzt im für das 20. Jahrhundert herrschend gewordenen Verständnis solcher Beschreibung als einer Beschreibung von Regeln. Wer Musik nur über die Schallplatte hören gelernt hat,

90 Vgl. Stetter 1986.
91 Vgl. Kap. 5.

dem geht über der technischen Reproduzierbarkeit des Spiels der Sinn für das Individuelle der Kunst leicht verloren. Doch erst, wenn man diese ästhetische Dimension in angemessener Form wieder in den Bereich der Linguistik integrierte, ließe die Entwicklung der Grammatik sich als das evolutionäre Faktum begreifen, als das sie Leroi-Gourhan beschrieben hat.[92]

So könnte man den »objektiven« Sinn linguistischer Fiktionalität gerade vom Beispiel her deuten, der Analogie damit wieder ihr Hausrecht im ›allgemeinen Sprachstudium‹ zurückgewinnen. Denn bereits in dem von Saussure beschriebenen Zusammenhang von subjektiver und objektiver Analyse ist angelegt, daß die Resultate einer jeden objektiven Analyse wieder intentional genutzt werden können. Was der Linguist als Form-Stoff betrachtet, wird in nichtlinguistischer Perspektive unvermeidlich wieder zur arbiträren Form, die kommunikativ der übermächtigen Sprache wieder einverleibt, re-motiviert wird. Jede etymologische Betrachtung kann synchronisch verwendet werden und ist damit selbst eine Handlung, die per se die Synchronie verändert.

Selbst das Prinzip der Arbitrarität erweist sich dergestalt noch als bei der Formierung der Sprachwissenschaft nolens volens gezeitigtes Resultat des Versuchs, einen Teil, und zwar den essentiell logischen, unserer *kommunikativen* Kompetenz zu verstehen. Unter dem Titel der Willkürlichkeit des sprachlichen Zeichens scheint eine Dialektik mißverstanden und doch berührt, die intrinsisch zur Idee von Sprache gehört, die Einsicht nämlich, daß Sprache durch ihre Unveränderlichkeit ebenso soziabel wie durch ihre Soziabilität veränderlich ist.

92 Vgl. Leroi-Gourhan 1984, S. 147 ff.

5. Grammatik und Geschmack

Grammatik ist in unserer Tradition so eng mit Logik und formaler Sprachbetrachtung verbunden, so weit von Ästhetik entfernt, daß mancher schon beim puren Wort sich bekreuzigt, nur weil er als Person von Geschmack gelten will. Er kann sich dabei auf Aristoteles berufen, der in der *Rhetorik* den regelgerechten Sprachgebrauch dem übertragenen geradezu dichotomisch entgegensetzt und in diesem Zusammenhang die grundlegenden Unterscheidungen trifft, an denen sich seither alles Reden über Grammatik orientiert. Die Kunst der überzeugenden Rede besteht darin, natürlich zu scheinen – nicht zu sein, dann wäre sie ja nicht Kunst. Der Schein wird erzeugt durch eine *techne*, die sich zwar methodisch reflektieren und in gewissem Sinne lernen läßt, die aber doch Kunst in dem Sinne ist, daß ihre Ausübung sich letztlich nicht in Regeln fassen läßt. Bei der Beschränktheit der Redezeit und – leider – auch der meisten Richter bzw. Zuhörer läßt sich nur ad hoc entscheiden, welches Argument am ehesten überzeugt. Dies diskreditiert Rhetorik als Wissenschaft. Ihre Domäne ist nicht die Wahrheit, sondern die Wahrscheinlichkeit. Verstand muß der Redner freilich haben, denn Überzeugen ist der Struktur nach ein logisches Geschäft. Doch entscheidend ist dabei der Witz. Dementsprechend verortet Aristoteles die *arete* der prosaischen Rede in der Metapher, im Witz, der darin besteht, das Vertraute im Bild des Fremden, und zwar geschmackvoll, mit Esprit vor Augen zu führen.[1] Dies kommt mit der Situation des »nur« Wahrscheinlichen überein, wo man am ehesten mit einem Beispiel überzeugen kann. Kann man Schuld oder Unschuld tatsächlich beweisen, kommt es auf die *lexis*, die Weise der Formulierung nicht mehr entscheidend an. Der Stil wird dann Dekor. Innerhalb dieser Oppositionen wird der Begriff der Grammatik austariert. An der regelgerechten Rede, dem *kyrion onoma*[2], haftet von Anfang an der Makel des Kunstlosen. Deren Tugend liegt in ihrer Klarheit, doch ist sie deswegen gewöhnlich. Man kennt zwar das Ver-

1 Vgl. Ricœur 1986, S. 36 ff.

2 Vgl. *Poetik* 1457 b f. Aristoteles' Paradigma, an dem er den Sprachgebrauch diskutiert, ist durchgängig das Wort.

traute, doch es langweilt, denn man lernt nichts aus ihm.[3] Der Bereich der Grammatik gilt von Anfang an als der des Konventionellen, nicht allein des Üblichen, sondern des zur Routine Abgesunkenen, des so Normalen, daß es die Anomalie als eigenen Typus hervorbringen konnte.

Der Grammatiker steht nicht nur im Schatten des Literaten – gegenüber dessen Kreativität haftet ihm etwas geradezu definitorisch Beckmesserisches an. Zwar orientiert sich Goethe in Grammatik und Orthographie an Adelung, weil er dialektale Beschränkungen seiner Texte vermeiden, eben Deutsch schreiben will[4], doch zieht er eine deutliche Grenze zum »Sprachforscher«:

»Anatomieren magst du die Sprache, doch nur ihr Kadaver;
Geist und Leben entschlüpft flüchtig dem groben Skalpell.«[5]

Geradezu paradigmatisch steht Wilhelm von Humboldt für eine Einstellung zur Sprache, einen Umgang mit ihr, der konstitutiv unpoetisch ist und bleibt. Wo er sich literarisch versucht, in der Agamemnon-Übersetzung oder in den späten Sonetten, ist das Resultat ungenießbar. »Er kann immer nie bilden, nur scheiden und kombinieren«, schreibt Schiller über ihn. Ähnlich vernichtend fällt Grillparzers Urteil aus: »Es kann wohl keinen größeren Gegensatz geben als die Gebrüder Humboldt«, notiert er 1852 in sein Tagebuch. »Wilhelm der greulichste Pedant ... ist mir zuerst durch seinen Briefwechsel mit Schiller widerlich geworden und durch seine hölzerne Spekulation in Sachen der Kunst und Ästhetik. ... Endlich blieb er in der spekulativen Grammatik hängen, und in diesem Sandboden gediehen seine Kartoffeln.«[6] Auch wenn solche Urteile dem philosophischen Rang des humboldtschen Œuvre in keiner Weise gerecht werden – es scheint doch mit

3 Vgl. hierzu Kap. 9, S. 376 ff.

4 Vgl. die auf Adelung gemünzten Gedichte aus den Xenien:
»All ihr andern, ihr sprecht nur ein Kauderwelsch. Unter den Flüssen
Deutschlands rede nur ich, und auch in Meißen nur,
Deutsch.« (Nr. 105)
sowie
Übrigens haltet euch ja von dem Dr **** r Wassermann ferne,
daß er nicht über euch her gieße den Elbestrom aus.« (Nr. 86). Sämtliche Werke 2, S. 457 und 454.

5 Xenien Nr. 141, Sämtliche Werke 2, S. 461.

6 Beide Zitate nach Berglar 1970, S. 162 f.

seiner poetischen Sterilität intrinsisch zusammenzuhängen, daß Humboldt sich letztlich auf die Grammatik geworfen hat. Im Sprachspiel der Literatur hat Grammatik nichts zu suchen, und wo diese herrscht, bleibt die Poetik auf der Strecke.

Handgreifliche Nahrung findet solche Meinung in der sprichwörtlichen Stupidität der Beispielsätze, anhand derer die Grammatiker ihre Regeln entwickeln. Geradezu notorische Berühmtheit hat in dieser Hinsicht ein Beispiel Chomskys erlangt –

Colourless green ideas sleep furiously –,

an dem er den Unterschied von syntaktischer und semantischer ›Wohlgeformtheit‹ erläutert.[7] Man könnte zunächst an Nonsense denken – »Dunkel wars, der Mond schien helle, ...« –, doch ist der Gebrauch, den der Grammatiker von Beispielsätzen macht, gerade nicht unter solch subversiver Kategorie abzubuchen, sondern geprägt von professioneller Seriosität. Der Beispielsatz ist in der Schule der generativen Grammatik, die die Empirie des tatsächlichen Sprachgebrauchs weitestgehend ersetzt durch den Rekurs auf die sogenannte Sprecherintuition, zum Instrument geworden, die empirische Triftigkeit des theoretischen Entwurfs zu beweisen. Dies hängt mit dem intrinsischen Erkenntnisinteresse dieses Modells zusammen.[8] Chomskys eben zitiertes Beispiel scheint die Legitimität eines Ansatzes zu bestätigen, dessen Programm darin besteht, die grammatische Struktur *des* Satzes unabhängig vom Sinn von Sätzen zu beschreiben und durch eine ›autonome‹ Theorie der Syntax zu erklären. Sein Sinn ist barer Unsinn, denn er impliziert semantische Widersprüche – farblos und grün, schlafen und furios etc. –, die durch keine Interpretation zu heilen sind, zumindest ist dies nicht zu sehen. Doch *jedes* der in diesem Beispiel miteinander unverträglichen Wörter steht an einer syntaktischen Position, wo es zusammen mit semantisch verträglichen Wörtern einen sinnvollen Satz ergeben könnte, steht somit für eine syntaktische Kategorie, die sich formal beschreiben läßt:

Adj[ektiv] + Adj + N[omen] + V[erb] + Adv[erb]

Chomskys vielleicht bedeutsamster Beitrag zur Entwicklung der sprachwissenschaftlichen Theorie besteht in der Idee, auf eine

7 Vgl. Chomsky 1965, S. 149.
8 Vgl. hierzu Simon 1971, S. 21 ff.

intensionale Charakterisierung des Satzbegriffs zu verzichten zugunsten einer rekursiven Definition der Kategorie ›Satz‹ im Rahmen einer Erzeugungsgrammatik, die aus Ersetzungsregeln der Form »A → B + C«[9] besteht. Jede solche Erzeugungsgrammatik endet daher in »Lexikonregeln« genannten Ausdrücken der Form »X {*a; b; c; …* }«[10], z. B. also

N {*Idee*; *Farbe*; *Grammatik*; … }
V {*schlaf_*; *lauf_*; *geh_*; … }
Adj {*groß*; *klein*; *hoch*; *tief*; … }
P {*in*; *an*; *auf*; *nach*; … }
usw.

Für jede syntaktische Endkategorie[11] wird derart eine offene Liste von Wörtern oder Morphemen angegeben, welche diese Kategorie an der durch sie »besetzten« Position in dem durch die Ersetzungsregeln erzeugten Ausdruck $A + B + C + \ldots + W$ substituieren können. Daß die sogenannten Lexikonregeln aus offenen Listen bestehen, bestätigt hier sogar formal die konstitutive Funktion des Beispiels für die Grammatiktheorie. Die drei Pünktchen, in denen jeder Klammerausdruck ausläuft, sind wesentlich. Sie besagen, daß der Grammatiker das, was er »Nomen«, »Verb« usw. nennt, nicht anders erklären kann als dadurch, daß er Beispiele von Wörtern gibt, die in die durch die betreffenden Kategoriensymbole besetzten Positionen »eingesetzt« werden können, die mithin *in dieser Verwendung* als Beispiel dafür dienen, was im Rahmen der betreffenden Theorie ein Nomen, ein Verb usw. genannt wird. Durch

9 Lies: »Ersetze das Symbol A durch den Ausdruck *B + C*.« Für derartige »rewrite rules« (Ersetzungsregeln) besteht die Konvention, daß mit Ausnahme des Anfangssymbols jedes Symbol rechts vom Pfeil, d. h. der Ersetzungsanweisung, eingeführt sein muß, bevor es links vom Pfeil erscheinen kann, und daß links vom Pfeil jeweils nur ein einziges Symbol aufgeführt werden darf, während ein Ausdruck rechts vom Pfeil aus mehreren Symbolen bestehen darf. Das Zeichen zu deren Verknüpfung, hier »+«, darf selbst entsprechend nicht links vom Pfeil erscheinen.

10 Lies: »Ersetze *X* entweder durch *a* oder *b* oder *c* …«. Das Kategoriensymbol darf jeweils nur durch ein Element der es definierenden Menge ersetzt werden. Daher lautet die nichttechnische Lesart der Lexikonregel: »*a* ist ein X; *b* ist ein X, *c* ist ein X; …«

11 Also eine Kategorie, die ihrerseits nicht weiter durch syntaktische Kategorien expandiert wird, sondern die in einer generativen Grammatik das Eingangssymbol einer Lexikonregel ist, hier also N, V usw.

dieses Verfahren werden also Mengen von Ketten erzeugt, durch die das Anfangssymbol – in unserem Beispiel »A«, in der Regel »S[atz]« – im technischen Sinne ›ersetzt‹ werden kann, die m. a. W. zulässige Deutungen dieses Anfangssymbols sind. Der Satz wird derart konstruiert als Inbegriff ›möglicher‹ syntaktischer Positionen und deren Kombinierbarkeit, vergleichbar ›dem‹ Skelett des Menschen, das die unendliche Mannigfaltigkeit aller je geborenen Menschen trägt. Die Fähigkeit, Beispielsätze der zitierten Art zu bilden, ist der offenbare Beweis für eine Kompetenz, die selbst dort noch zu funktionieren scheint, wo kein Sinn mehr auszumachen ist.

Der Befund scheint jedenfalls eine allem Sprechen zugrunde liegende Fähigkeit zu syntaktischer Organisation von ›Ketten‹ zu belegen, deren Material lediglich phonologisch artikuliert sein muß, und auch dies läßt sich mit Beispielen demonstrieren:

lein leiniger allwar sam

soll im Deutschen aussprechbar sein, somit phonologische Wohlgeformtheit einer ›Kette‹ repräsentieren,

Trnka reiste nach Tbilissi

hingegen nicht.[12] Daß man ein Beispiel wie das zitierte *lein leiniger allwar sam* bilden kann, scheint zu belegen, daß der Begriff der phonologischen Wohlgeformtheit nicht leer ist, daß ihm eine sprachliche Realität entspricht, die der Linguist »Ebene« nennt. Es gehört zu den wesentlichen Neuerungen strukturalen Sprach- und Theorieverständnisses, die integrale linguistische Theorie als Verbund sich fundierender Teiltheorien zu begreifen: Der Begriff des Phonems ist diesem Verständnis gemäß ›fundiert‹ in einer Theorie distinktiver Merkmale, die Morphologie in der Phonologie, die Syntax in der Morphologie usw.[13]

Der signifiant, die vom Grammatiker zu beschreibende Form, wird auf der Ebene der Theorie nicht mehr aus dem integralen

12 Bierwisch 1970, S. 21. Bierwisch hat diese Arbeit schon bei der Drucklegung 1963 als »inzwischen veraltet« bezeichnet, doch dürfte dies für das theoretische Modell gelten, nicht für das »Material«, das daher wohl als für den hier behandelten Zusammenhang und die dahinter stehende »Grammatikermentalität« einschlägig sein dürfte.

13 Vgl. Jakobson 1969, S. 59 ff.

signe linguistique qua Abstraktion vom signifié gewonnen.[14] Im Sprachspiel der (generativen) Grammatik wird ein elementarer Aggregatzustand der sprachlichen Tatsache unterstellt, in dem beide Bereiche unabhängig voneinander existieren, um erst im Verlauf der Satzerzeugung zueinander in Beziehung gesetzt zu werden. Konsequenz dieser grundlegenden Trennung ist eine Theorie syntaktischer Universalien. Bei Chomsky beinhaltet sie den Versuch der Konstruktion von lexikalischen Kategorien, welche aus ›Archetypen‹ gewonnen werden, die man nur mehr deuten kann als Chiffren für die elementaren Bausteine von Sätzen. Hier verändern sich nun Sinn und Bedeutung von Kategorien wie ›Nomen‹ oder ›Verb‹ in charakteristischer Weise. Sie bezeichnen nicht mehr Formen schriftlicher oder mündlicher Ausdrücke, also externer Objekte, sondern Formen der ›internen‹ Kompetenz, mentale Strukturen. Bei Chomsky zählen sie zum genetisch angelegten Bestand menschlicher Sprachfähigkeit. Sie lassen sich in diesem Modell also nur verstehen als Resultate erfolgreicher Anpassung des menschlichen Gehirns an die überlebensnotwendige Funktion sprachlicher Kommunikation.[15] Chomsky konstruiert die Archetypen als funktional definierte Merkmale – ›± V[erb]‹ und ›± N[omen]‹-, wobei das Merkmal ›+ N‹ soviel besagen soll wie »Referenzfunktion«, ›+ V‹ in etwa soviel wie »prädikative Funktion«[16]. Was *den* Satz *der* menschlichen Sprache ausmacht – so wird man diese Konstruktion zu verstehen haben – ist, daß er essentiell aus den beiden elementaren Funktionen Referenz und Prädikation besteht. Aus diesen Merkmalen werden kombinatorisch die Wortkategorien gewonnen, die den ›möglichen‹ Satz als Einheit *der* menschlichen Sprache ausmachen: Nomen, Verb, Adjektiv und Präposition:

14 Vgl. hierzu Kap. 4.

15 Vgl. allerdings – zur Kritik der hierin implizierten ›Saltationshypothese‹ – Jäger 1991.

16 Vgl. von Stechow und Sternefeld 1988, S. 143 ff., die allerdings von referentiellen und funktionalen Merkmalen sprechen, wobei sie »funktional« im erweiterten fregeschen Sinn verwenden (vgl. Frege 1969 a). Dieser Sprachgebrauch ist allerdings nicht sehr glücklich, da »funktional« im fregeschen Sinne ja gerade auch Ausdrücke mit ›adjektiver‹ oder ›nominaler‹ Charakteristik zu nennen wären (vgl. Frege 1969 b). Referentiell können nur Ausdrücke sein, die deiktische Elemente beinhalten – und diese kommen als »natürliche« syntaktische Merkmale bei Chomsky überhaupt nicht vor.

	+N	−N
+V	A[djektiv]	V[erb]
−V	N[omen]	P[räposition][17]

Mithilfe der so gewonnenen Kategorien werden schließlich »natürliche Klassen« von lexikalischen Kategorien gebildet. Eine solche ist definiert durch genau ein funktionelles Merkmal + X oder – X, also:

+ N: {A, N}
– N: {V, P}
+ V: {A, V}
– V: {N, P}

Nomina hätten dementsprechend eine primär referentielle, Verben eine primär prädikative Funktion, Adjektive wären in diesem Sinne bifunktional und Präpositionen keines von beidem. »Unnatürliche« Klassen wären dementsprechend {A, P} oder {N, V} – ›unnatürlich‹, weil sie durch sich widersprechende Funktionsmerkmale definiert wären, sowohl durch + N und – N wie durch + V und – V. Diese Klassen sollen der Theorie nach elementare syntaktische Eigenschaften des signifiant, der Ausdrucksseite der menschlichen Sprache repräsentieren, die im experimentellen Umgang mit Beispielsätzen zu bestätigen wären.[18] In diesen »na-

17 Diese Kombinatorik ergibt sich teils a priori, teils aber »nur« a posteriori: die Positionen der lexikalischen Kategorien ›Verb‹ und ›Nomen‹ stehen natürlich per definitionem fest. Sie stehen »unter« dem Merkmal, das ihrem Beipiel abgewonnen wurde. Das ›Adjektiv‹ hat Eigenschaften mit Verb und Nomen gemein, also [+ V, + N]. Übrig bleibt die vierte Position, die folglich wieder a priori vergeben wird. Das entspricht zwar der lateinischen, nicht jedoch etwa der japanischen Grammatik, wo die Positionen P[räposition] und A[djektiv] eher umgekehrt zu verteilen wären. Das Adjektiv gleicht dort morphologisch wie syntaktisch dem Verb viel mehr als im Lateinischen, während z. B. *super tabula* auf Japanisch heißt: *teburu no ue ni,* wörtlich übersetzt: in (*ni*) dem Über (*ue*) des (*no*) Tischs (*teburu*).

18 Wir verfügen über keine hinreichende Begrifflichkeit, um diese Idee präzise zu umschreiben. Chomskys Texte wie die seiner Interpreten vermeiden denn auch in ihrer Rede über die ›lexikalischen Kategorien‹ genauere Hinweise darauf, *wem,* d. h. welchem logischen Subjekt sie zuzuordnen wären. Wir sind gewohnt, nur abstraktiv vom signifiant zu sprechen, d. h. in Bezug auf gegebene Zeichen, von deren Bedeutung bzw. Sinn abgesehen wird. Hier wird aber nun über ein Abstraktum, »die« universelle Syntax,

türlichen« Klassen lexikalischer Kategorien spiegelt sich die Idee einer im Genom angelegten syntaktischen Grundstruktur, von der alles geformt wird, was Satz einer »natürlichen« Sprache werden soll. Doch stellt sich die Frage, von welchem Gesichtspunkt her zu entscheiden war, wie sich die beiden Archetypen A und P auf die Positionen [+ V, + N] und [– V, – N] verteilten.[19] Natürlich von der vorgängigen Unterscheidung »referentiell« und »prädikativ« bzw. »funktional« genannter Eigenschaften der lexikalischen Kategorien, und dies sind keine formal-syntaktischen, sondern klarerweise formal-semantische Merkmale. In ihnen sind Charakteristika der Art und Weise angesprochen, in der die Ausdrücke oder Zeichen, als deren Merkmale sie aufgeführt werden, »etwas bedeuten«. Dasselbe gilt natürlich schon für die Distribution von V und N. Würde man das nicht unterstellen, wäre schlechterdings kein Grund zu sehen, weshalb nicht auch P der Position [+ V, + N] zugeordnet werden sollte. Das Adjektiv ist in seiner Verwendungsweise, und das heißt nach Wittgenstein eben nichts anderes als: in der Art, wie es »etwas bedeutet«, dem Nomen wie dem Verb ähnlich. Das haben wir alle im Lateinunterricht gelernt.

Gern werden sogenannte ambige Beispielsätze angeführt, um daran die unterschiedliche syntaktische Strukturiertheit und damit das Faktum der syntaktischen Struktur selbst zu belegen:

Der Verlust der Freunde ist bitter
(Die Freunde haben etwas verloren;
jemand hat die Freunde verloren.)
Heute wird der Brief von Klaus verlesen
(Klaus' Brief wird von jemandem verlesen;
jemandes Brief wird von Klaus verlesen.)
Er sagte, daß die Leute aus Heidelberg kämen
(Irgendwelche Leute kommen aus Heidelberg;
Leute aus Heidelberg kommen irgendwoher.)

Auch *Der Flügel ist zu groß* soll in diesem Sinne noch doppeldeutig sein, doch ließe – versichert der Grammatiker – sich der Mangel heilen »durch Hinzufügung von *für dieses Zimmer* oder

extensional gesprochen, d. h. über ein als existierend unterstelltes Seiendes, ohne daß hinreichend deutlich gesagt würde, was die Extension des Begriffs »lexikalische Kategorie« ist, d. h. worauf dieser Begriff referiert.

19 Wenn man einmal unterstellt, daß die Zuordnung von V zu [+ V, – N] und von N zu [+ N, – V] sich sozusagen »natürlich« bzw. tautologisch ergibt.

für einen Kolibri«.[20] Abgerundet wird das Tableau dieses Befundes durch die Fülle konstruierter Regelverletzungen, anhand derer die Grenze ausgelotet werden soll zwischen dem Normgemäßen und der Abweichung, die das Normgemäße in einem nichtchomskyschen Sinne rekursiv als konventionell definiert. Solche Konstruktionen sind in aller Regel gesucht in jeder Bedeutung des Wortes. Grammatisch, syntaktisch und morphologisch ›wohlgeformt‹ sind im Deutschen nach dem kompetenten Urteil dessen, der diese Beispiele bildete,

Peter schenkt dem Bruder zu Weihnachten ein Buch
Zu Weihnachten schenkt Peter dem Bruder ein Buch
Dem Bruder schenkt Peter zu Weihnachten ein Buch
Peter schenkt zu Weihnachten dem Bruder ein Buch

Als ›ungrammatisch‹, nicht wohlgeformt gelten hingegen nicht nur

* *Dem Bruder schenkt zu Weihnachten ein Buch Peter*
* *Dem Bruder schenkt ein Buch zu Weihnachten Peter*
* *Zu Weihnachten dem Bruder schenkt Peter ein Buch*

sondern auch

* *Es schenkt Peter seinem Bruder zu Weihnachten* oder gar
* *Peter schenkt dem Bruder einen Buch*[21]

Die schriftlich notierten und mit dem Agrammatikalität indizierenden Asterisken versehenen Beispiele weichen so offenkundig vom konventionell Üblichen ab, daß die Frage offenbar nicht mehr gestellt werden muß, inwiefern und in welchem Sinn hier ›abgewichen‹ wird. Wohlgeformt soll *Hans ist im Keller* sein, nicht hingegen * *Hans ist jeden Donnerstag* oder * *Hans ist in den Keller.*[22] In sich hat es insbesondere das Passiv. Zwar »geht«

Man schwimmt → Es wird geschwommen,

nicht hingegen

*Das Boot schwimmt → * Es wird geschwommen.*

Die ›Sprecherintuition‹, dasjenige, was kraft seiner Kompetenz sieht, ob das ihm dargebotene Beispiel in Ordnung ist oder nicht,

20 Bierwisch 1970, S. 22.
21 Ebd. S. 31 ff.
22 Ebd. S. 47.

erweist sich als Instanz, die experimentell befragt sein will. Der Begriff der Sprecherintuition meint somit ein Können, das auf eigentümliche Weise sprachlos ist. Man muß die Toleranzgrenzen aus ihm herauskitzeln. Seine Reaktion schlägt sich in Asterisken nieder – eine Geste, die zwar als »Dieser Satz ist ungrammatisch« in theoretisches Knowing-that, d. h. in Begriffe übersetzt werden könnte, die im eigentlichen Sinne jedoch ein Gefühl syntaktischer Unlust repräsentiert, das dem Grammatikalitätsverdikt zugrunde zu liegen scheint wie das Gefühl von Lust und Unlust dem Geschmacksurteil. In letzter Instanz kann es nicht mehr kulturell vermittelt sein, sondern muß, folgt man Chomsky, als Ausdruck der natürlichen Anlage zur Sprache genommen werden.[23] Drei Zustände syntaktischen Wohlgefühls werden angenommen: Lust, Unlust und ein unentschiedener Zustand zwischen diesen beiden Disponiertheiten. So fragt sich der Grammatiker: »Ob ein Satz wie

(w) *Wo gewartet wird, muß angekommen werden!*

aus dem Gedicht ›Der Auftrag‹ von Brecht als voll grammatisch gelten soll oder nicht, kann weder mit ja noch einfach mit nein beantwortet werden. Auch dieses Schwanken muß durch eine angemessene Grammatik erklärt werden.«[24] Eigentümlich kehrt sich das Verhältnis von Literatur und Grammatik um: Poetik beruht auf Abweichung, Kunst ist ›gekonnte‹ Regelverletzung.

Dies ist mehr als ein Paradoxon. Es ist ein Widerspruch, der schon auf semantischer Ebene greifbar wird: Entweder muß man tatsächlich von *Verletzung* sprechen, dann aber macht »gekonnt«

23 Auf den Bereich morphosyntaktischer Strukturen beschränkte ›Intuitionen‹ müssen der Theorie zufolge *irgendwo* auf universelle Strukturen referieren, wären damit der ›Kompetenz$_{I}$‹ zuzuordnen, der angeborenen kognitiven Struktur, die Schneider von einer ›Kompetenz$_{II}$‹ bzw. ›Kompetenz$_{III}$‹ unterschieden hat, der syntaktisch-semantischen Beherrschung einer bestimmten Sprache und des eigentlichen, pragmatisch vermittelten Sprachvermögens (performance). Vgl. Schneider 1992, S. 44 ff. Daß in der Chomsky-Schule von Anfang an die Berücksichtigung des faktischen Sprachgebrauchs derart zugunsten des Rekurses auf die ›Sprecherintuition‹ vernachlässigt worden ist, hat zweifellos systematische Gründe. Methodisch ist der Mentalismus längst dagewesen, bevor er auch theoretisch virulent wurde.

24 Bierwisch 1970, S. 49.

wenig Sinn, allenfalls wäre hier eine Charakterisierung wie »geglückt« am Platz. Oder aber das poetische Verfahren war *gekonnt* in welchem Sinn auch immer, dann wird man nicht von »Verletzung« sprechen können, eher von einer Modifikation der Regel nach Maßgabe veränderter Rahmenbedingungen. Selbst im Kunstbegriff der Genieästhetik bleibt logische Stringenz notwendige Bedingung des Verfahrens. Diese Orientierung des Ästhetischen am Begriff des Regelmäßigen ist in grundlegendem Sinn ein Mißgriff. Kant verortet das Schöne ja gerade in der freien Übereinstimmung des ästhetisch Angeschauten mit den Formen des Verstandes.[25] Die Idee einer Regelverletzungspoetik – angelegt in der ›grammatischen‹ Sicht des Sprachgebrauchs als konventioneller Verwendung sprachlicher Zeichen – ist mit dem Grundprinzip jeder ästhetischen Produktion, eine Mannigfaltigkeit von Phänomenen zur Einheit *einer* Vorstellung zu versammeln, nicht vereinbar.[26]

Nicht Natürlichkeit charakterisiert also die Position des experimentierenden Grammatikers, nichts ist »natürlich« in irgendeinem Sinn des Wortes an einer Vorstellungsweise, die die Regel braucht, um dagegen Kunst zu erklären. Alles ist daran künstlich, erzeugt, fiktiv: Nicht an sich ist der Satz *Der Verlust der Freunde ist bitter* ambig. Zu einer Eigenschaft des Satzes qua Archetypus der Sprachkompetenz wird Ambiguität erst, weil die Beispielsätze, die diese Eigenschaft demonstrieren sollen, durch ihre Isolation aus dem Kontext doppeldeutig werden, ja eigens hierzu *als* isolierte Beispiele erfunden sind. Die Eigenschaft, die sie belegen sollen, wird durch das Erfinden solcher Sätze allererst erzeugt. Nichts ist in dem von Bierwisch behaupteten Sinne jemals ambig an *Der Flügel ist zu groß*, würde oder wird dieser Satz in einer konkreten Situation geäußert, denn mit *der Flügel* referiert der Sprecher auf ein bestimmtes Objekt. Er könnte den Ausdruck gar nicht bilden ohne zu wissen, wovon er spricht. Syntaktische Ambiguität im beschriebenen Sinn ist Produkt einer künstlich zurechtgestellten Situation, in der Sätze aller ihrer Referentialität und thematischen Bezogenheit entkleidet sind. Ihre Nacktheit ist

25 Vgl. *Kritik der Urteilskraft* B XLII ff. und B 68 ff.

26 Logisch gesprochen: Die Intension der Negation eines gegebenen Begriffs A ist unbestimmt, die Extension der Negation also nicht angebbar, und damit wäre der Begriff des Ästhetischen hier leer.

schriftlich hergestellt. Stets werden Beispielsätze typographisch oder durchs Layout als solche markiert, damit der Leser sie nur nicht für ›richtige‹ Sätze nehme, durch Unterstreichen, Kursivdruck, Einrücken usw. Der Beispielsatz ist Beispiel gerade nicht für den Satz. Das macht ihn zum Zeichen für anderes, das philosophisch begriffen sein will. Ein wesentlicher Punkt hierbei ist die Schriftlichkeit. Sie ist konstitutiv für das Beispielsatzverfahren, für die ganze Methode und Empirie, die an diesem Verfahren hängt.

Freilich hat die Künstlichkeit, das Gesuchte solchen Umgangs mit Sprache Methode und seinen sachhaltigen Grund. Der Linguist behandelt Sprache, wie er es offenbar tun muß, wenn er sie unter formalem Aspekt beschreiben will: als Menge willkürlicher Zeichen, willkürlich hinsichtlich dessen, was sie isoliert oder in syntaktischer Verbindung bedeuten oder meinen, weil er ja nur an den Formen interessiert ist und interessiert sein darf.[27] Jede nichtformale Grammatik ist ein lächerliches Unternehmen. Ein Kollege berichtet als Resultat langwieriger Forschung die Erkenntnis, man müsse im Deutschen mindestens 17 verschiedene Arten von Genitiven unterscheiden, nicht nur subjectivus und objectivus, possesivus und partitivus, gar Sächsischen Genitiv, nein – darüber hinaus auch einen quantitativus – *ein Sechstel der Bevölkerung* –, comparativus, natürlich auch einen superlativus – *der intelligentere der beiden, die schönste aller Frauen* usw.

Doch gäbe sich damit das Unternehmen Grammatik selbst auf. Am Ende hätte man ebenso viele Arten von Genitiven wie Verwendungsweisen *des* Genitivs. Schon genitivus subjectivus und objectivus, ehrwürdige Kategorien, sind nicht mehr solche des Grammatikers, sondern des Philologen. Beide Professionen haben ja Jahrhunderte symbiotisch miteinander verbracht und sind erst mit Saussures Grundlegung der Sprachwissenschaft voneinander geschieden. Mit der Separation der Linguistik von der Philologie hat Saussure die derart emanzipierte Sprachwissenschaft, und das hieß bei ihm doch in erster Linie Studium des Sprachsystems, nolens volens als formale Disziplin etabliert.[28] Damit ist dem Grammatiker der Text als Kategorie verlorengegangen, auch wenn es eine Textlinguistik gibt. Doch diese bestätigt nur diesen Befund durch ihre spezifische Weise, mit Texten umzugehen. Sie

27 Vgl. Kap. 4, S. 155 ff.
28 Vgl. Kap. 3.

behandelt satzübergreifende Phänomene, ›Textualität‹ erzeugende Elemente generalisierend, nicht individuell, sie ist nicht *am* Text, sondern *an* Text interessiert – eine Art Reparaturunternehmen, dessen Logik unschwer zu durchschauen ist, nämlich als Folgeerscheinung der Beschränkung der Grammatik auf den Satz.

Grammatik wird möglich dadurch, daß ›der‹ Text, genauer gesagt: die Textur[29], die eine Sprachgemeinschaft sukzessive aus sich herausspinnt, in standardisierte Elemente zerlegt wird. Wir haben gesehen, wie im Bereich der Alphabetschrift die Orthographie dies leistet.[30] Für *jede* Grammatik gibt es eine größte Einheit, die von ihr beschrieben wird, und für jede Grammatik *muß* es eine solche geben. Traditionell war dies der Satz, doch könnte es eine beliebige Einheit E sein. Was die Grammatik beschreibt, sind ›mögliche‹, empirisch jeweils durch Beispiele erfaßte Formen von E. Was die Grammatik nicht kann, ist, Formen zu beschreiben, d. h. in Regeln zu fassen, wie sich aus der Verknüpfung von E_1, E_2, E_3, … eine übergeordnete Texteinheit F bilden ließe. Zwar ließe sich nun eine Metagrammatik denken, die die Syntax der Elemente $\{E_1, E_2, \ldots, E_n\}$ beschriebe, also eine $Grammatik_F$, doch könnte diese ihrerseits keine Syntax der Elemente $\{F_1, F_2, \ldots, F_n\}$ enthalten usw. ad infinitum. Was Texte zu Texten macht, entzieht sich dem Grammatiker, weil er Grammatiker ist. Er kann professionell nicht anders als zunächst den Text in Sätze, die sodann in Wörter, diese schließlich in Morpheme, Grapheme, Phoneme etc. zerlegen. Möglich ist das nur, weil ihm der Text vorliegt in einer so oder so geschriebenen Textur. Er ist sozusagen zur Textur verurteilt. Derart gewinnt er das Material, aus dem er sein System konstruiert.

Nun fängt er an zu bauen, und die Gesuchtheit seiner Beispiele ist dieser Situation, der Rahmenbedingung seines Handelns geschuldet, keineswegs seiner Einfallslosigkeit. Tatsächlich beweist sich ja in den Paradigmen, die die sogenannte Intuition des ›eingeborenen Sprecher/Hörers‹ generiert[31], als welchen der Linguist vorzugsweise sich selbst als Informanten benutzt, eine beachtliche Kreativität, wenn auch eine sui generis. Die notorische Künstlichkeit der Beispielsätze verdankt sich der aus professionellen

29 Vgl. Kap. 7, S. 295 ff.
30 Vgl. Kap 1.
31 Die Terminologie hält die objektive Unschuld der Ungetrübtheit dieser »Anschauung« ebenso fest wie die subjektive des Verfahrens.

Gründen sich verordneten Orientierungslosigkeit des Linguisten. Wo die Sache klar ist, über die wir sprechen oder schreiben, steht uns die Sprache mit schier unbegrenzter Leichtigkeit zur Verfügung. Da suchen wir nicht nach Worten. Doch im Sprachspiel der Grammatik ist nun eine Rede in Beispielen gefordert, denen methodisch jeder Sinnbezug gekappt wurde, die buchstäblich nichts anderes meinen und besagen soll als ihre eigene Form – aber was wäre diese? »Sagen Sie bitte einen Satz« – diese Aufforderung setzte jeden in Verlegenheit, dem solch seltsame Form der Kommunikation nicht vertraut ist, wie es das Sprachspiel des Erfindens von Beispielsätzen ist. Man würde Ungelenkes erwidern ähnlich der Reaktion des Patienten, den der Orthopäde gebeten hat, ein paar Schritte zu tun.

Das Formalitätsprinzip, die professionell unterstellte, methodisch hergestellte Arbitrarität des sprachlichen Zeichens[32] erzeugt so eine spezifische Ästhetik der Sinnlosigkeit, die gemildert, bestenfalls kaschiert wird dadurch, daß die Beispielsätze in der Regel isoliert, nicht im Rudel auftreten. Doch lesen wir, um den Wahrnehmungsschwelleneffekt auszunutzen, aus einer älteren Grammatik folgende Beispiele – es geht um Objekte und Angaben – im Zusammenhang. Der Progreß von der Ergänzung im Nominativ zum Präpositionalobjekt – die Reihenfolge der Beispiele wurde nicht verändert[33] – organisiert, liest man sie so zweckentfremdet, ob wir es wollen oder nicht, eine Geschichte:

Karl ist mein Freund.
Karl wird Rechtsanwalt.
Kinder bleiben Kinder.
Die Mutter liebt ihre Kinder.
Der Bauer pflügt den Acker.
Es friert mich. Mich friert.
Es gruselt mich. Mich gruselt.
Der Sohn dankt dem Vater.
Dem Vater wird vom Sohne gedankt.
Karl hilft seinem Freunde. Ich helfe mir.
Er gefällt sich.
Die Füße schmerzen mich. Ihn juckt das Fell. Die Nase friert ihn.
Es dünkt mich oder *mir.*
Ich harre seiner.

32 Vgl. Kap. 4.
33 Allerdings wurden nicht alle Beispiele hier aufgeführt.

Sorgsam brachte die Mutter des klaren, herrlichen Weines.
Wie ich über das Schauspiel staune.
Ich schäme mich seines Verhaltens.
Inge achtet auf ihre Schwester.
Karl schreibt an seinen Vater. Ilse zweifelte an seiner Treue.
Ich gehe auf den Berg. Ich stehe auf dem Berg. Wohin gehe ich? Wo stehe ich?
München liegt an der Isar. Die Beratung dauerte zwei Stunden. Wilhelm benimmt sich schlecht. Das Verbrechen geschah aus Eifersucht.
Der Richter beschuldigte den Angeklagten.
Er verriet ihn an seine Feinde.
Karl legte seinem Freunde die Hand auf die Schulter.
Er zog das Gespräch in die Länge.
Mutter macht die Suppe warm.
Ich machte ihm die Beine lang.
Der Richter sprach diesen Mann des Diebstahls schuldig.
Mein Freund machte mich auf dieses Mädchen aufmerksam.
Karl nennt mich einen Lügner.
Herr Meier lehrte uns die französische Sprache.
Mir ist Dankbarkeit gelehrt worden.
Karl hört seine Schwester singen. Die Schwester singt.
Der Forschungsreisende sprach zu den Schulkindern über seine Afrikareise.
Ich klopfe meinem Freund auf die Schulter.
Ich bin diesem Manne fremd.

Beispiele aus den fünfziger Jahren.[34] Werfen wir zum Vergleich noch einen Blick in den Rechtschreibduden, Jahrgang 1991, Kommaregeln:

Als der Mann in den Hof trat, bellte der Hund, und die Gänse schnatterten.
Eines Tages, es war mitten im Winter, stand ein Reh in unserem Garten.[35]

Grammatiken werden, so gelesen, schier unvermeidlich zu Ansammlungen von Klischees. Sie stehen ungeschickt, weil nicht referentialisierbar, auf dem Papier. Doch spricht dies, recht betrachtet, weder für noch gegen die Grammatik, denn es scheint der Sache wenig gerecht zu werden, wenn man das Beispiel nicht als Beispiel nimmt. Relevant scheint vielmehr zu sein, ob es für den

34 Duden. Grammatik der deutschen Gegenwartssprache. Der Große Duden Band 4. Bearbeitet von Paul Grebe unter Mitwirkung von Helmut Gipper, Max Mangold, Wolfgang Mentrup und Christian Winkler. 2., vermehrte und verbesserte Aufl. Mannheim 1966. S. 473 ff.

35 Duden Band 1, 20. Aufl., S. 44, R 109 und 110.

betreffenden Zweck passend oder unpassend ausgewählt wurde. Aber was wäre dieser Zweck?

Der Theorie nach soll der paradigmatische Satz keine sinnvolle mündliche oder schriftliche Äußerung, sondern ein Schema repräsentieren, eine morphosyntaktische Struktur, und durch das Faktum, daß er erfolgreich, d. h. ohne Protest der Sprecherintuition hatte gebildet werden können, die theoretisch angenommene Struktur bestätigen. Doch ist andererseits – wie wir gesehen haben – überhaupt kein Begriff von einer syntaktischen, morphologischen oder morphosyntaktischen Struktur denkbar *unabhängig* von der Fähigkeit, Beispiele für eine derartige Struktur zu geben. Andernfalls wäre jeder solche Begriff leer. Gerade das von Chomsky in die Linguistik eingebrachte Prinzip der rekursiven Definition syntaktischer Kategorien hat dies vollständig klargemacht. Ob ein ›technischer‹ Ausdruck $X + Y + Z$, der von einer generativen Grammatik erzeugt wurde, empirisch interpretierbar, d. h. in irgendeiner Weise auf sprachliche Sachverhalte abzubilden ist, hängt ja, wiederum technisch gesprochen, davon ab, ob dieser Ausdruck in irgendeine ›Kette‹ von Wörtern einer bestimmten Sprache überführt werden kann:

du + kannst + mich
government + and + binding
pantapasi + men + oun
quid + tu + intellegas
ni + mang + ma
dore + desu + ka
usw.

Hier deutet sich eine Dialektik an, die intrinsisch mit der Idee einer ›kreativen‹ Kompetenz verbunden ist. Offensichtlich hängt sie mit dem Begriff des Schemas zusammen. Das Schema ist per se Schema-von-etwas, und wenn ein Beispiel für ein Schema gegeben wird, so ist damit eben per se ein Beispiel für ein Schema-von-etwas, nämlich von einem sprachlichen Ausdruck gegeben, anders gesprochen: ein syntaktisches, morphologisches oder wie immer geartetes Schematisierungsvermögen ist nicht unabhängig von einem Vermögen der Artikulation von sprachlichen Ausdrücken denkbar.[36]

36 Zurecht hat Schneider in diesem Zusammenhang darauf hingewiesen, daß sich Chomskys Annahme eines von ›Sprache‹ unabhängig zu erforschen-

Was tut also, so wäre zu fragen, der Grammatiker wirklich, wenn er Beispiele für ›wohlgeformte‹ Sätze sucht oder selbst erfindet. Was ist – auf diese Frage läuft die Philosophie der Grammatik hinaus – ein Beispiel? Wittgenstein fragt seinen Dialogpartner in den *Philosophischen Untersuchungen*, was das Gemeinsame an einem Muster sei, das verschiedene Schattierungen von Blau zeigt.

»... könnte es nicht« antwortet dieser, »solche ›allgemeine‹ Muster geben? Etwa ein Blattschema, oder ein Muster von *reinem* Grün?« – Gewiß! – so die Antwort – »Aber, daß dieses Schema als *Schema* verstanden wird, und nicht als die Form eines bestimmten Blattes, und daß ein Täfelchen von reinem Grün als Muster alles dessen verstanden wird, was grünlich ist, und nicht als Muster für reines Grün – das liegt wieder in der Art der Anwendung dieser Muster.«[37]

Der Grammatiker sucht oder formuliert nicht Beispielsätze, sondern Sätze, die er *als* Beispiele für das nimmt, was er als »der Norm entsprechend« einschätzt, und was dieses »der Norm entsprechend« meint, muß dabei aus logischen Gründen jeweils vorausgesetzt bleiben. Denn man kann nicht gleichzeitig fragen, ob etwas der Norm X entspricht und was der Ausdruck »Norm X« bedeutet. Wofür etwas ein Beispiel ist, dies gerade kann nicht *gesagt* werden, der Beispielgebende könnte sich ja in seiner Wahl vertun. Es kann sich nur am gelungenen Beispiel selbst *zeigen* – man muß verstehen, *wofür* es Beispiel sein soll. Was die Norm also ist, die durch es belegt werden soll, ob eine universelle oder ›einzelsprachliche‹, syntaktische oder semantisch-pragmatische, wird der impliziten Klärung im Verfahren überantwortet. Das macht den Beispielsatz zum Zeichen in einem Sinne, der von der linguistischen Dogmatik, die sich auf Saussures Arbitraritätsprinzip beruft, nie bedacht worden ist.

Die eigentümliche Ästhetik linguistischer Beispielsätze ist das Indiz dafür, daß an diesem Punkt die Fiktion der Arbitrarität, die Linguistik als Wissenschaft ermöglicht[38], nicht länger aufrecht zu erhalten ist. Die Geschmacklosigkeit grammatischer Beispiele liegt

den Syntax-›Moduls‹ rein externen, wissenschaftshistorischen Gründen verdankt, nämlich der Tradition des amerikanischen Distributionalismus, in der seit Bloomfield das Wort als ›Lautkette‹ konstruiert wurde. Vgl. Schneider 1992, S. 77 ff.

37 *Philosophische Untersuchungen* I, 73.

38 Vgl. Kap. 4.

an der Geschmacklosigkeit der Beispiele. Allenfalls blamiert sie den Grammatiker, der sie ausgewählt bzw. gebildet hat, nicht aber die Grammatik.

»Ich habe es lange versucht«, schreibt Manfred Bierwisch, »mich veranlaßt zu fühlen, zufrieden zu sein.«

Ja sogar:

»Ich habe mich lange versucht gesehen, mich veranlaßt zu fühlen, zufrieden zu sein, angemessen leben zu können.«[39]

Solche Katastrophen ereignen sich, wenn Sätze formuliert werden, die als Beispiele für »mögliche«, d. h. analog zu ihnen gebildete Sätze dienen sollen, die aber »Sätze« nur insofern genannt werden können, als sie in möglichen Lebenssituationen sinnvoll verwendbar wären. Ganz läßt sich selbst bei der Auswahl von Beispielsätzen eine lebensweltliche Orientierung als Kriterium der Kombinierbarkeit von Wörtern und grammatischen Formen nie ausblenden. Den meisten Grammatiken – wir haben es gesehen – sieht man an, wer sie wann geschrieben hat, und unvermeidlich gehen damit auch lebensweltliche Idiosynkrasien, persönliche Ansichten wie Deformationen in die Formulierung oder Auswahl von Beispielsätzen mit ein.

»Ich kannte einen Gelehrten«, notiert Lichtenberg, »der so oft den Homer las und so in der klassischen Welt lebte, daß er das Wort ›angenommen‹ nicht richtig lesen konnte, sondern stattdessen immer ›Agamemnon‹ las.«[40]

Alle Sätze, die da paradigmatisch formuliert werden, sollen doch Beispiele für *möglicherweise* sinnvolle Sätze sein. Nun ist der ›mögliche‹ Satz im Sinne der Grammatik aber nichts als ein Schema, ganz etwas anderes als das, was ein Beispielsatz selbst ist, nämlich ein konkreter Satz, von dem gefragt wird, ob er in einer bestimmten Situation Sinn machte. Das Schema

Mich + Verbstamm + *t*

tut es für sich genommen als Beispiel eines ›möglichen‹ Satzes nicht, weil es die ›Möglichkeiten‹ nicht hinreichend von dem un-

39 Bierwisch 1970, S. 148. Der Text ist nach seiner eigenen Angabe 1958/59 geschrieben worden.

40 Vgl. Nündel und Schlotthaus 1978.

terscheidet, was eben nicht möglich ist. Es paßt zwar auf *mich friert* und *mich fröstelt*, *mich freut* und *mich ärgert*, nicht aber auf unzählige andere Verbstämme des Deutschen. Wenn eine Konstruktion als »ungrammatisch« bewertet wird, so kann dies letztlich nur heißen, daß kein Kontext bekannt oder vorstellbar ist, in dem die Normverletzung – wie stupide die Norm*unterstellung* auch immer sein mochte – nicht doch einen bestimmten Sinn annähme, der auf sozusagen kalkuliertem Verstoß gegen eine sprachliche Regularität beruhte. Diese *kann* mithin nie als universell unterstellt werden. Stets bleibt sie auf die jeweiligen Normen der betreffenden Sprecher- bzw. Sprachgemeinschaft bezogen. Karl Kraus wird das Diktum zugeschrieben

Je preiser einer gekrönt ist, desto durcher fällt er.[41]

Der Witz dieser Äußerung beruht nicht auf Zufall, sondern auf der spielerischen Beherrschung des grammatischen Verfahrens einer bestimmten Sprache, hier eben des Deutschen, und ist der Grammatiker empirisch redlich, so müßte er diese Äußerung als Beispiel gelungenen Sprachgebrauchs akzeptieren, auch wenn es mit einer für universell gehaltenen grammatischen Regel kollidiert.

Nach Chomsky ist Grammatikalität jedoch notwendige Bedingung der Akzeptabilität.[42] So ergibt sich die paradoxe Konsequenz, daß Beispielsätze, sofern sie als Ausdruck einer »zurechnungsfähigen« Kompetenz genommen sein wollen – und dies dürfte bei den in grammatischen Abhandlungen zu *lesenden* Beispielsätzen immer der Fall sein – eine Eigenschaft aufweisen, die ihrer Zwecksetzung im Kern widerspricht: sie können ›grammatisch‹ nicht mißlingen. *Ge*lungen sind sie ja gerade, wenn sie als Beispiel für das verständlich sind, was als Normverletzung exemplifiziert werden soll. Wer Bierwischs Beispiel *Karl ist in den Keller* liest, ohne zu verstehen, daß hier »in den Keller« vom Erfinder dieses Beispiels nicht als Richtungs-, sondern als Ortsangabe gemeint war, wird sich fragen, was daran ›ungrammatisch‹ sein soll. Der berühmte ›native speaker‹ des Deutschen würde *niemals*, selbst hochgradig betrunken nicht, »Karl ist in den Keller« *sagen*, wenn er »Karl ist im Keller« *meint*. Der Gricesche

41 Vgl. Schneider 1992, S. 30.
42 Vgl. Chomsky 1965, S. 10 ff.

Mechanismus eignet sich in der Tat bestens zur Erhellung der Paradoxie, die konstitutiv mit dem paradigmatischen Satz verbunden ist. Was der Grammatiker sagt, wenn er einen solchen formuliert, ist immer geleitet von dem, was er meint, und das Setzen des Asterisken markiert somit keineswegs ein Gefühl syntaktischer Unlust, wie es die Schulmethode versteht, sondern indiziert im Gegenteil, daß in der Formulierung des Beispiels die Sprachkompetenz des Grammatikers gerade »störungsfrei« funktioniert hat, und da das Setzen des Asterisken eine punktgenau vorgenommene Handlung ist, muß die Formulierung des Rests des Beispiels, dessen integraler Bestandteil ja der Asterisk ist, dies ebenso sein. So weist gerade der »gekonnte« Umgang mit Beispielsätzen die ›syntaktische‹ Kompetenz als integralen Bestandteil einer Sprachkompetenz aus, die *Handlungskompetenz* ist im Sinne Wittgensteins oder Austins. Die Strukturierung der Syntax ist in die der Handlung integriert.[43]

Wenn Chomsky syntaktische Strukturen ins Genom verpflanzt, so ist dies einerseits nicht nur erkenntnistheoretisch betrachtet[44], sondern auch und zumal aus einer analytischen Perspektive, welche das Sprachspiel des Grammatik-Schreibens phänomenologisch reflektiert, Unsinn. Und doch ist in dieser Perspektive in Chomskys Position ein Körnchen Wahrheit auszumachen, das dieser selbst allerdings schwerlich im Sinn gehabt haben dürfte und das in seinen Konsequenzen auch durch und durch anti-universalistisch ist: Grammatische Formen, morphologische wie syntaktische, sind Resultat gelungener, wenn man so will: erfolgreicher Artikulationen, sie halten im Schema den Witz von Äußerungen fest, die eben in der jeweiligen Situation Sinn

43 Chomsky hat wiederholt seine These der Autonomie der Syntax mit dem Argument gerechtfertigt, eine eindeutige funktionale Deutung morphosyntaktischer Strukturen sei nie gelungen und wohl auch gar nicht möglich. Das Argument ist zwar zutreffend, doch nicht die Logik seiner Argumentation, die stillschweigend eine Isomorphie von Struktur und Handlung unterstellt. Doch dies heißt, mit Handlungen ›grammatisch‹ umzugehen. Der traditionelle, philologisch geschulte Grammatiker hat das freilich nie getan, sondern hat die grammatische ›Wohlgeformtheit‹ mehr oder weniger implizit, und auch dies nicht ganz streng, als notwendige, keineswegs jedoch hinreichende Bedingung für den Sinn des Satzes behandelt, und Austin, Altphilologe, ist ihm hierin gefolgt.

44 Vgl. hierzu Schneider 1992, Kap. 2.

machten, verstanden wurden, »durchkamen«. Doch hat nicht ein einziger der Prägung *mich friert* zum Durchbruch verholfen. Niemand kann mehr sagen – nur in seltenen Fällen ist solches überhaupt, und dann auch nie mit Sicherheit rekonstruierbar –, in Analogie wozu, zu welchem Vorbild und gegen welche es seinerseits geprägt wurde. Es liegt ja in der Logik des Beispielsatzes, daß, wenn er als *Beispiel*satz für andere ›mögliche‹ Sätze soll dienen können, er dann als Beispiel*satz* auf ein anderes Paradigma bezogen sein muß, gegen das er gestellt und verstanden wird.

Witz hat die Prägung *mich friert* zweifellos, denn mit sparsamsten formalen Mitteln bezeichnet sie einen relevanten lebenspraktischen Unterschied. Sagt jemand *mich friert*, so schließt man das Fenster, bei *ich friere* macht man einen Grog oder holt das Fieberthermometer. Der Grammatiker hingegen, der Not seiner synchronischen Beschränkung gehorchend, kann diese Prägung nur als ›wohlgeformt‹ kategorisieren und kaschiert bestenfalls mit diesem Wort die Tautologie, daß ›wohlgeformt‹ gleich ›grammatisch‹[45] letztlich nichts anderes heißen kann als ›in die Grammatik aufgenommen, zu ihr gehörend‹, und zwar aus Gründen, über die er aufgrund seiner methodischen Beschränkung nichts aussagen *kann*. So muß er das Faktum der Grammatikalität als arbiträr begreifen, darf es nicht zu erklären versuchen, sonst gäbe er die Grundlage seines Handelns preis. Die logische Absurdität des linguistischen Kognitivismus liegt genau darin, daß der linguistische *Kognitivist* etwas erklären, auf neuronale Strukturen zurückführen will, was er als *Linguist* als unerklärbar vorausgesetzt hatte. So kann er sich dem Gedanken nicht nähern, daß jede gelungene Prägung, jede sprachliche Form – Bestandteil jener Fluktuanz, die wir »Sprache« nennen –, als Produkt pragmatischer Bewährung, *organon* der Entfaltung menschlicher Technik und Kommunikation in dem gattungsgeschichtlichen Sprachspiel zu begreifen ist, als das Wittgenstein den Zusammenhang von Sprache und Lebensform gedeutet hat.[46] Sie sind Produkte, wissenschaftlich gesprochen, der Evolution der Gattung. In dieser Einsicht trifft sich die Philosophie, besser gesagt: holt sie wieder das ›natürliche‹ Sprachgefühl ein, das Herder in diesem Punkt anschaulich beschrieben hat:

45 Der Terminus heißt ja auch ›Grammatikalität‹.

46 *Philosophische Untersuchungen* I, 7.

Eine Sprache willkürlich und ohne allen Grund der Wahl aus dem Gehirn zu erfinden, ist wenigstens für eine menschliche Seele, die zu allem einen, wenn auch nur einigen Grund haben will, solch eine Qual, als für den Körper, sich zu Tode streicheln zu lassen.[47]

Den philosophischen Grund dafür hatte schon Sokrates in Platons *Kratylos* benannt: Es macht die *arete* des Werkzeugs aus, daß es der Technik angemessen ist, für die es als organon bereitstehen soll.[48] Noch in der befremdenden Ästhetik linguistischer Beispielsätze behauptet sich daher, wenn auch von der Methode bisweilen bis zur Lächerlichkeit verzerrt, eine Spur von jener permanenten, intelligenten Arbeit an und in der Sprache, ihre jeweiligen Formen, den Wörtervorrat wie die Grammatik, den jeweiligen Zwecksetzungen angemessen auszuprägen, Ausdrücke und Ausdrucksweisen zu finden, in der subjektive Denk- und Handlungsformen ebenso repräsentiert sind wie die Objekte, auf die dieses Denken und Handeln bezogen ist. Das Prinzip der rekursiven Definition des Satzes gewinnt so einen ganz anderen, nämlich pragmatischen oder, wenn man so will, evolutiven Sinn. Gerade in dem dem ›natürlichen‹ Sprachverständnis abstrus scheinenden Vermögen der Artikulation von ›ungrammatischen‹, von der Regel abweichenden Beispielsätzen beweist sich die Kreativität des sprechenden Subjekts, der der Linguist qua ›native speaker‹ doch bei aller professionellen Deformierung stets noch bleibt. Sie erfindet gegen die geltende Norm ein Beispiel, das in dieser betreffenden Situation Sinn macht, insofern es gegen ›wohlgeformte‹ Paradigmen gesetzt und mit ihnen auf einen bestimmten Punkt hin verglichen werden kann. Und so macht die Methodologie des Beispielsatzes unfreiwillig zwar – hier würde nun jeder zünftige Grammatiker sich bekreuzigen –, aber doch unmißverständlich klar, daß die Kreativität der Sprachkompetenz in ihrer Fähigkeit zum Übertragen, zur Metaphorik liegt. In Aristoteles' Terminologie liegt dies noch offen zutage: Das *paradeigma* ist der Terminus technicus für den Analogieschluß, auf dem das Übertragen beruht.[49]

Von diesem Blickwinkel aus wird der Begriff einer universellen Grammatik grundsätzlich fragwürdig. Das Übertragen geschieht

47 Herder [1978 a], S. 50.
48 *Kratylos* 387 ff.
49 *Analytica priora* II, Kap. 24 f., 68 b f.

ja immer *gegen* geltende Regularitäten. Daher sind die Richtungen, in denen dadurch das Repertoire an Ausdrucksformen erweitert wird, unbestimmt. Seien

$R_1, R_2, R_3, ..., R_n$

die in einer bestimmten Sprache aktualiter geltenden Regularitäten, so läßt sich im Prinzip gegen jede eine Metapher

$M_1, M_2, M_3, ..., M_n$

denken. Aber man kann nicht sagen, *wo* die Metaphorik das herrschende System »angreift«. Sicher ist nur, daß sie es permanent tut. Ist nun aber einem R_i ein M_i entgegengestellt, z. B. dem *ich friere* das *mich friert*, und gibt es ein R_j, das keine solche Opposition hat, z. B. *mich dünkt*[50], so lädt die Leerstelle geradezu ein, sie zu füllen. Wiederum aber ist nicht zu sagen, ob sich ein passender Anlaß finden wird. Wenn, dann wird zweifellos irgend jemand von dieser Möglichkeit Gebrauch machen.

Jede »gelungene« Metapher, sei sie morphologischer, syntaktischer oder semantischer Art, überschreitet nicht das Gebiet der Grammatik, sondern erweitert es, denn »gelungen« heißt ja, daß aus dem M_k ein R_k wird. Die Metapher wird zur Regel. Ein einstmals »harter« Regelverstoß wie *Er wird gegangen* ist längst in den alltäglichen Sprachgebrauch – nicht allerdings in die Schriftsprache – eingegangen und müßte in einer empirisch redlichen Grammatik des Alltagsdeutschen als Regularität beschrieben werden. Die Unterscheidung von Grammatikalität und Akzeptabilität würde dies nicht verhindern können, denn dieser Ausdruck ist ja ›grammatisch‹ korrekt, auch gemäß der Theorie. ›Akzeptabilität‹ nach Chomsky schränkt ›Grammatikalität‹ nur ein, erweitert sie nicht.

Jede Metapher wirkt nach dem Prinzip der Differenz. Stets wird eine Form oder Verwendungsweise gegen andere gesetzt. Stets verändert sich dadurch – Saussures Grundprinzip – auch der Wert der Form, die sich nun einer Opposition gegenübersieht, und dadurch verändert sich ihr Wert auch innerhalb ihrer »regulären« Oppositionen. Also tangiert der metaphorische Prozeß immer die gesamte Sprache. Insofern ist auch jede Grammatik etwas ganz anderes, als die linguistische Dogmatik von ihr behauptet: nämlich

50 *mich dünkt* ist hier die Regularität, darum die Indizierung.

Zeichen einer gerade nicht konventionellen oder gar konventionalisierten, vielmehr einer gelingenden Praxis intelligenter Sprecher. Diesem Grundprinzip werden wir immer wieder begegnen. Daher kann es, genau betrachtet, immer nur besondere Grammatiken geben, so wie es zum philosophischen Begriff des Menschen gehört, daß sich die Gattung in Arten, Nationen und Individuen ausdifferenziert hat, denn Grammatiken sind, weil durch Artikulation und Verstehen geprägt, noumenale Objekte. Gleichwohl sind sie real, Wesen der Welt 3 Poppers[51]. So wird letztlich auch jede individuelle Grammatik als eine Analogie des Geschmacks dessen zu begreifen sein, der sie in seiner Rede entfaltet. Die Linguistik hat sie als ›Idiolekt‹ sterilisiert. In diesem Begriff ist ja – wiederum aus methodischen Zwängen – die synchronische Arbitrarität auf die letztmögliche Spitze getrieben. Damit hat man aber den Begriff der Sprache atomisiert. Man begreift nicht mehr, wieso sich verschiedene Idiolekte noch in *einer* Sprache begegnen können. Versteht man aber die Metaphorik als integralen Bestandteil des grammatischen Prozesses, so läßt sich die Idee fruchtbar machen. Der Idiolekt wäre dann die Instanz, die qua Kommunikation auf andere Idiolekte zurückwirkt, und in dieser Rückkopplung käme es dann gerade auf die Differenzen zwischen den einzelnen idiolektalen Repertoires an.

Chomsky konzipiert Sprachkompetenz als einen unbewußten, der Kontrolle des Sprechers prinzipiell entzogenen Mechanismus, der darum von intelligenten Leistungen auch nicht tangiert werden kann. Die Begriffe »Sprecher« und »Hörer« bezeichnen hier denselben Apparat in zwei verschiedenen Funktionsweisen, die strukturell aber Punkt für Punkt übereinstimmen. Das Programm wird sozusagen nur von zwei verschiedenen Richtungen her durchlaufen. Weder kann daher der Hörer vom Sprecher etwas lernen noch dieser vom Hörer.

Begreift man dagegen den Idiolekt im skizzierten Sinn als das jeweilige Resultat intelligenter Leistungen, die zur Lebensgeschichte des betreffenden Sprechers gehören, in gewisser Weise diese Lebensgeschichte allererst als solche ermöglichen, so geht konstitutiv in seinen Begriff mit ein, daß er niemals in seinen Formen mit dem Formenbestand anderer Idiolekte vollkommen übereinstimmen kann, so wie dies ja bei Chomskys ›Sprecher-

51 Vgl. Popper und Eccles 1989, S. 64 ff.

Hörer‹ der Fall ist und wie dies bezüglich der postulierten Universalgrammatik für alle möglichen menschlichen Sprecher gelten soll. Dies gilt natürlich für Formen gleich welcher Art. Es ist kein Grund zu sehen, warum syntaktische Formen davon ausgenommen sein sollten. Die Differenz zu anderen Idiolekten *derselben* Sprache gehörte so konstitutiv mit zum Begriff *des* Idiolekts. Die Erfahrung einer fremden Form – es ist ja ein Faktum, daß wir Metaphern verstehen können – würde so zum produktiven Moment in der Ausprägung des Formensystems einer Sprache.[52] Der Begriff der Grammatik ›einer‹ Sprache erhielte so einen ganz neuen Sinn: das Resultat gelungener Rückkopplungsprozesse nicht zwischen mehreren im Prinzip gleichen Mechanismen, sondern zwischen verschiedenen Intelligenzen. Es springt in die Augen, wie von hier aus der Begriff der Sprachkompetenz ein kategorial anderes Gepräge annimmt. Dem werden wir im Zuge der Humboldt- und Wittgenstein-Lektüre nachgehen.

52 An diesem Punkt zeigt sich die Beschränktheit des nolens volens ›popperianischen‹ Arguments Chomskys in besonderer Deutlichkeit, dem Kind müsse die syntaktische Struktur eingeboren sein, denn induktiv lasse sie sich nicht erlernen. Wie wäre es danach möglich, eine Metapher zu verstehen, geschweige denn zu bilden? Wir haben aber ohne jeden Zweifel das Vermögen dazu; Aristoteles rechnet es zur Grundausstattung des menschlichen Sprachvermögens (*Rhetorik* III, 1404 b). Also *muß* dieses ›Vermögen‹, da es sich ja auf allen linguistischen ›Ebenen‹ auffinden läßt, auch in allen diesen Ebenen vorhanden sein, auch in der der Syntax. Wenn Chomsky daher in einem Set von Universalien $\{U_1, U_2, ..., U_n\}$ die Ebene entdeckt zu haben meinte, von der her alle besonderen sprachlichen Formen zu ›erklären‹ wären, so wäre entsprechend diesem Set eine Art Modalisator »M« vorzuschalten: $M \{U_1, U_2, ..., U_n\}$, der darüber zu entscheiden hätte, welcher Gebrauch jeweils – d. h. in *beliebigen* Randbedingungen des Gebrauchs der Sprachkompetenz – von $U_1, U_2, ..., U_n$ gemacht wird. Das aber macht, da M in seiner Funktion keinen Regeln unterliegt – er ist ja eine Instanz der Urteilskraft – aus *jedem* Universale ein *besonderes* Sprachelement.

6. Saussure und Chomsky: Sprachwissenschaft versus Kognitivismus

Von der Genese der Grammatik im Rahmen der Evolution der Alphabetschrift sind wir über eine Phänomenologie des pragmatischen Umgangs mit Grammatik, der intrinsisch stets mit Schriftgebrauch verbunden, ja konstitutiv an diesen gebunden bleibt, hingeführt worden zu einer tieferen Einsicht in die Art und Weise, wie sich aus der Kohabitation von Sprache und Schrift, als deren Kondensationsprodukt man die *techne grammatike* wohl zu begreifen hat, das entwickelt, was wir heute Sprachwissenschaft nennen. Auf dem Fundament eines alltagspraktisch beherrschten Umgangs mit Schrift und Grammatik haben sich im Bereich des Alphabets diejenigen metaphysischen Annahmen über Sprache ausgeprägt, die in den für Linguistik konstitutiven Prinzipien der Identität und der Arbitrarität des sprachlichen Zeichens ihren Ausdruck finden. Mit der Aufspaltung des signe linguistique in signifiant und signifié, ohne welche Sprachwissenschaft nicht möglich wäre, ist dieser gleichsam als Erbsünde mitgegeben, eine Wahrheit zwischen den Polen von ›Ausdruck‹ und ›Inhalt‹ suchen zu müssen, die sie doch nur finden könnte, wenn sie signifiant und signifié wieder im integralen Zeichen vereinigte. Damit steht man vor einem einigermaßen paradoxen Sachverhalt: In gewissem Sinne ist Sprachwissenschaft betreiben fiktionales Handeln. Freilich ist damit nicht in Abrede gestellt, daß diese Fiktionalität ihre guten Gründe hat. Die Legitimität linguistischer Erkenntnis wird sich so stets daran zu erweisen haben, daß und wie sie die Zwecke ihrer Konstruktionen mit bedenkt.

Per se ist also Sprachwissenschaft ein zweideutiges Unternehmen – hierin unzweifelhaft *das* Paradigma für Geistes-Wissenschaft. Die Protagonisten der Linguistik des 20. Jahrhunderts, Saussure und Chomsky, stehen geradezu exemplarisch für die Ambivalenz ihrer Disziplin. Zweifellos gibt es, an der Oberfläche betrachtet, eine Fülle von Parallelen zwischen ihren Konzeptionen. Die prominentesten Übereinstimmungen, die auf ein ähnlich gelagertes Erkenntnisinteresse hinzudeuten scheinen, sind sicher beider Konzentration auf das Studium des Sprachsystems, das als Synchronismus gedeutet wird, und ein Gestus, den man, als Folge der von Saussure vollzogenen Trennung von langue und écriture, als »Wendung nach Innen« bezeichnen könnte. Bezogen auf Saussure haben wir von »Psychologismus« gesprochen, bezogen auf Chomsky von »Mentalismus«, und haben auf systematische Gründe verwiesen, die Chomsky als denjenigen zu sehen nahelegen, der in der Linguistik der zweiten Hälfte des 20. Jahrhunderts offenbar am konsequentesten bestimmte Folgerungen aus der Programmatik Saussures gezogen hat.[1]

Doch sind mit Chomskys späteren Arbeiten die Differenzen zu Saussure immer deutlicher zutage getreten. Nicht zufällig konvergieren sie im Begriff der Grammatik, dem Paradigma schlechthin eines Synchronismus, als der er bei Chomsky universalisiert ist. Für Saussure bewegt sich das Problem der Grammatik dagegen eher am Rand einer Denkbewegung, die die Essenz der Sprache zu fassen sucht. Er erkennt sie, wie wir gesehen haben, im Prinzip der Fluktuanz, der kontinuierlichen Transformation der Sprache in Raum und Zeit. Die terminologische Fixierung des *Systems* als ›langue‹, nicht als ›grammaire‹ o. ä. widerspricht dem nicht, sondern trägt durchaus seiner Intention Rechnung, auch wenn er sich mit dieser Festlegung all die logischen Paradoxien auflädt, an denen er sich dann abarbeitet. Chomsky hingegen verabschiedet sich mehr und mehr vom klassischen Objekt der Linguistik. In *Government and Binding* macht er vollends klar, daß nicht Sprache sein Thema sei, sondern Grammatik.[2] Saussures mit dem Titel »Psychologismus« beschriebene Wendung nach innen hat zum Ziel die Autonomie einer Sprach-Wissenschaft, die das fait linguistique als *fait social* sui generis begreift. Chomskys Mentalismus zielt auf das genaue Gegenteil: die Überführung der Sprachwissenschaft in einen irgendwo zwischen Psychologie, Biologie und Neurologie angesiedelten Zweig der kognitiven Wissenschaften. Die sprachlichen bzw. grammatischen Sachverhalte, die hier allein von Interesse sind, werden in diesem Rahmen a priori als *natürliche Tatsachen* konzipiert. Und da sich die Differenzen beider Konzeptionen um den Begriff der Grammatik konzentrieren,

1 Vgl. Kap. 3 und 4.
2 Vgl. Chomsky 1981, S. 4

müßte es nach den bisherigen Überlegungen Wunder nehmen, wenn dies nicht mit Schrift zu tun hätte.

Damit sind die Kriterien beieinander, an denen zu bemessen ist, wie diese beiden Denker mit der bezeichneten »Erblast« fertig werden, was also die interne Finalität ihrer Entwürfe ist: Dies *muß* sich an ihrem Begriff von Grammatik erweisen, der daraufhin zu befragen ist, wie er mit dem übereinkommt, was wir im Begriff der Fluktuanz zu fassen versucht hatten, und es muß sich dementsprechend am Begriff des signe linguistique zeigen. Nach Lage der Dinge ist zu erwarten, daß hier ein systematischer Zusammenhang besteht. Es gilt also, bei Saussure wie bei Chomsky jenes Syndrom, den intrinsischen Zusammenhang von Sprachsystem, Grammatik und Schrift offenzulegen, die bisherigen Überlegungen an diesem Punkt zu präzisieren, um genauer zu verstehen, was die saussuresche Sprachwissenschaft vom Kognitivismus Chomskys konstitutiv unterscheidet.

Saussure

Der Zugang zu dieser Problemlage ist schwer genug zu gewinnen, denn von einem deutlich umrissenen Begriff von Grammatik kann bei Saussure keine Rede sein, wenn auch die späten Vorlesungen Überlegungen zu ihrer Grundlegung enthalten. Eine Orientierung bietet hier Wilhelm von Humboldt, an den Saussure in vieler Hinsicht systematisch angeknüpft hat und der in unserem Zusammenhang einschlägig ist, weil er – wir werden uns später ausführlich damit befassen[3] – seine Idee eines ›vergleichenden Sprachstudiums‹ dezidiert gegen die Ansicht entwickelt hat, das sprachliche Zeichen sei arbiträr. Insofern ist hier Verwandtschaft und Kontrast zugleich. Sein *Essai sur les langues du nouveau continent* von 1811/12 kann bis auf diesen Punkt als fast wörtliche Antizipation der saussureschen Konzeption gelten. Wie in dieser sind hier die ›faculté du langage‹ als universelle menschliche Anlage zur Sprache von der ›langue‹ als Sprachsystem und der ›parole‹ als der ›verbundenen Rede‹ terminologisch unterschieden, und wie Saus-

3 Vgl. Kap. 10, S. 437 ff.

sure begreift Humboldt die langue als analogisch organisierte Struktur, »structure organique«.[4] Doch bei all diesen Übereinstimmungen negiert er wie in seinen späteren Schriften bereits hier kategorisch das Arbitraritätsprinzip:

»L'étude généralisée des langues«, so charakterisiert er selbst seine Konzeption, »fixe surtout trois points importans: 1. que les langues ne sont point des masses de signes conventionnels, ...;
2. qu'on peut se former une idée du langage en général, des qualités qu'il pourroit réunir en lui, et qu'on devroit en exiger, mais qu'on ne trouve qu'éparses dans les langues particulières, et que chaque langue particulière d'un autre côté a un caractère à elle ...;
3. qu'on n'a vraîment approfondi une langue, qu'en autant qu'on est parvenû à se rendre compte des liaisons de ses élémens avec les idées des objèts, ou la nature des sensations, et à en bannir ainsi ce qui au premier abord semble arbitraire et conventionnel ...«[5]

Es ist für unseren Überlegungszusammenhang aufschlußreich zu sehen, wie sich in dieser Konstellation das Problem der Grammatik ausnimmt. Bekanntlich hat Humboldt unter dem Titel eines »Urtypus aller Sprachen« ein dialogisches Modell sprachlicher Artikulation entworfen, dessen Struktur von Kants Erkenntnistheorie her geprägt ist. Nach dieser ist Erkenntnis nur im Zusammenspiel von sinnlicher Anschauung und begrifflicher Repräsentation möglich. Folglich kann der Mensch nach Humboldt auch sein eigenes Denken nur erkennen, sofern sich dieses veräußert, in Zeichen artikuliert, die ihn sinnlich affizieren müssen, damit er sich auf diese, sie synthetisch deutend, beziehen kann.[6] Das Wort muß als Zeichen*gestalt* verobjektiviert werden, damit es als *Verstandes*einheit, gedeutetes Zeichen, intersubjektive Gültigkeit erlangen kann. Dies ist nach Humboldt nur möglich im Dialog. Die grundlegende Funktion der Sprache besteht somit nicht darin, vorgegebene Sachlagen zu repräsentieren, sondern darin, auch hierin bleibt er Kantianer, eine »an sich« unerkennbare Welt zu entschlüsseln.

Der Mensch muß so als erstes bestimmte Wörter prägen, um seine eigene soziale Situation und Umwelt als Basis darauf fußender Welterschließung verstehend zu ordnen. Die linguistischen

4 Vgl. *Essai*, GS V, S. 308 ff.
5 GS V, S. 318 f.
6 Vgl. hierzu Kap. 10, S. 400 ff.

Konsequenzen dieses Ansatzes hat Humboldt vor allem in den Schriften *Über den Dualis* und *Über die Verschiedenheiten des menschlichen Sprachbaus* unter dem Titel einer »Pronominalansicht der Sprache« angedeutet, und sie verweisen ins Zentrum des Problems, mit dem wir befaßt sind, das einer kategorialen Bestimmung des Begriffs der Grammatik:

Humboldt hat das ›vergleichende Sprachstudium‹ durchaus als in erster Linie *synchronisch* ausgerichtete Sprachbeschreibung verstanden.[7] Personalpronomina und deiktische Ausdrücke des Ortes und der Zeit – *ich, du, da, hier* usw. – müßten gemäß dieser Konzeption zusammen mit dem Verb als demjenigen performativen Element, mit dessen Äußerung der Sprechakt vollzogen wird[8], von der linguistischen Sprachbeschreibung als sprachliche Grundkategorien so gefaßt werden, daß sich daraus alle anderen sprachlichen Kategorien ergäben. Die traditionelle Grammatik verfährt hier umgekehrt. Da sie von der logischen Unterscheidung von Form und Bedeutung ausgeht, vernachlässigt sie die intersubjektive Konstitution dieser Relation. So begreift sie den assertorischen Satz als grundlegende Form sprachlichen Sinnzusammenhangs und entwickelt von daher *Nomen* und Verb als grundlegende grammatische Kategorien.[9]

Der Zusammenhang zwischen dem Begriff des signe linguistique und dem der Grammatik wird hier unmittelbar faßbar: Humboldts Theorie dialogischer Sprachkonstitution, deren Konsequenz ja die Negation des Arbitraritätsprinzips ist, führt zum Widerspruch zweier linguistischer Konzeptionen, der sich in seinem Spätwerk, insbesondere in der Einleitung ins Kawi-Werk systematisch zur Geltung bringt, indem Humboldt dort zwar an der Idee der inneren Sprachform festhält, die Pronominalansicht der Sprache, ohne die diese Idee doch nicht zu realisieren war, dagegen zugunsten der Nominalansicht tendenziell wieder aufgibt. Wir werden auf dieses Problem zurückkommen.

Saussures Bemühungen um eine kategoriale Grundlegung der

7 »historisch« hat bei Humboldt noch die alte Bedeutung von »empirisch«.

8 Vgl. *Einleitung*, *WW* III, S. 606 ff.

9 Chomskys auf dieser »Nominalansicht« aufbauendes Konzept der Konstruktion lexikalischer Kategorien aus sprachlichen ›Archetypen‹ »± N« und »± V« haben wir in anderem Zusammenhang bereits diskutiert. Vgl. Kap. 5, S. 179 ff.

Linguistik kreisen seit der großen note über Whitney[10] um eine analoge Problemlage. Das Problem der Begründung linguistischer Kategorien hat er in den späten Vorlesungen wiederholt angesprochen. Im zweiten cours kritisiert er die logische Unzulänglichkeit der »divisions traditionelles«[11] der Linguistik: In der Morphologie würden zweifellos auch syntaktische Sachverhalte behandelt, andererseits sei, wie etwa ein Vergleich von gr. *peitho – peithomai* und frz. *persuader – obéir* zeigt, auch eine scharfe Trennung zwischen Grammatik und Lexikologie kaum zu ziehen.[12] Welch prinzipiellen Stellenwert er dieser Frage beimaß, zeigt die folgende Bemerkung: »Il faut reprendre la question de plus haut. En quoi consiste tout ce qui se trouve dans un état de langue«.[13]

In dem mit »Les entités abstraites de la langue« überschriebenen Kapitel des dritten cours[14] nimmt Saussure dieses Thema wieder auf, ausgehend von dem Gedanken, daß die Artikulation der Rede von Ordnungskategorien geleitet sein müsse, eben den entités abstraites, die in dieser Funktion den syntaktischen Tiefenstrukturkategorien einer generativen Grammatik vergleichbar wären. Anders als später Chomsky formuliert Saussure jedoch das in seiner Semiologie begründete Prinzip, daß *jede* Theorie abstrakter Einheiten eine solche konkreter (Zeichen)einheiten voraussetze.[15] Den Stand der eigenen Überlegungen kennzeichnend bemerkt er, wohlgemerkt in seiner letzten Vorlesung: »C'est un domaine des plus difficile à explorer. Nous ne voyons ici que des rayons et non la clarté totale«.[16] Die im *Cours* überlieferten Skizzen zum Problem der »rapports syntagmatiques« und der »coordination associative«[17] können als ein erster Schritt in die Richtung angesehen werden, eine Theorie der Bildung abstrakter Einheiten zu entwickeln, aber auch nicht mehr als dies, denn die Natur der meisten dabei ins Spiel kommenden Relationen bleibt unspezifiziert.

10 N 10, EC fasc. 4, S. 21 ff.

11 Vgl. II R 85 ff. und II C 64 ff.

12 Der lexikalischen Differenz im Französischen entspricht im Griechischen in diesem Fall die von Aktiv und Passiv.

13 II R 88, al. 2150 und 1904.

14 III C 295, al. 2165 ff.

15 Vgl. III C 295, al. 2165 ff.

16 Ebd.

17 Vgl. CLG S. 170 ff. und 177 ff.

Die Radikalität seiner Fragestellung zeigt sich insbesondere in den notes der frühen neunziger Jahre – und erst vor diesem Hintergrund läßt sich der Grad ermessen, in dem Saussures Konzeption einer linguistique générale ein Torso geblieben ist. Saussure scheitert, wenn man so will, als linguistischer Theoretiker daran, daß er den Paradoxien, die in der Idee einer auf das Prinzip der *Arbitrarität* gegründeten *Sprach*wissenschaft angelegt sind, nicht ausweicht, sondern sich an ihre Aufklärung macht.

I: Die notes der neunziger Jahre

In den drei Inauguralvorlesungen von 1891[18] unternimmt Saussure den Versuch, den systematischen Ort der Linguistik als historischer Disziplin im Rahmen der philosophischen Fakultät zu begründen. Hierbei wendet er sich explizit gegen die szientifische Reduktion von Sprachgeschichte auf das Konzept einer quasinatürlichen Evolution, die dieser Begriff seit Schleicher, insbesondere aber bei den Junggrammatikern erfahren hatte:

»… il a y eu … un temps«, so beschreibt er, der ja bei den Junggrammatikern an Ort und Stelle studiert hatte, den Stand der Sprachwissenschaft um 1880, »où la science du langage s'était persuadée à elle-même qu'elle était une science naturelle <presque une science physique>; je ne songe pas à démontrer <comme quoi> c'était une illusion profonde, de sa part, mais au contraire à constater que ce débat est clos et bien clos. A mesure <qu'> on a mieux compris la véritable nature <des faits> de langage … il est devenu plus évident que la science du langage est une science historique et rien d'autre qu'une science historique.«[19]

Gegen bei den Junggrammatikern zirkulierende biologistische Vorstellungen von Sprachen als quasi naturgeschichtlichen Größen, entwickelt er in der zweiten dieser Vorlesungen das Prinzip einer kontinuierlichen Transformation von Sprache in Raum und Zeit.[20] Von Anfang an werden Sprachen hier nicht – wie bei Max Müller oder Hermann Paul – als Mengen von Lautbeständen gefaßt, sondern als von historischen Gesellschaften verwandte

18 N 1.1 bis 1.3, EC fasc. 4, S. 3 ff.

19 N 1.1, EC fasc. 4, S. 5. Die Zeichen »< … >« markieren Korrekturen des Textes durch Saussure selbst.

20 N 1.2, EC fasc. 4, S. 8 ff. Vgl. Kap. 3, S. 128 ff.

Zeichensysteme. Dies wird sich zu der für Saussure richtungweisenden Perspektive ausbilden. Unter einer solchen Perspektive ist es evident, daß kein Zeitpunkt angebbar wäre, der etwa den Übergang vom Spätlatein zum Altfranzösischen oder vom Althochdeutschen zum Mittelhochdeutschen etc. markieren würde[21], denn im Gebrauch von Sprachen gibt es keine Brüche. Damit ist die sokratische Frage des *tí estin* auf dem Tisch: *Was ist* Sprache? Denn Begriffe, die traditionelle Vorstellung von Sprachen als diskreten Zuständen mit der hier sich abzeichnenden Vorstellung von Fluktuanz zu vermitteln, waren schlechterdings nicht vorhanden. Mit diesen Überlegungen gewinnt Saussure der Arbeit an einer ›Sprachwissenschaft‹ die philosophische Dimension zurück, die sie nach Wilhelm von Humboldt verloren hatte.

In der note 9 expliziert Saussure seine Kritik an der junggrammatischen Sprachauffassung vor allem in methodologischer Hinsicht: Gegen die positivistische Annahme isolierter sprachlicher Laute als unmittelbar gegebener Objekte linguistischer Forschung – eine, wie wir gesehen haben, durch die Buchstabenschrift erzeugte Illusion[22] – bringt er den logisch-hermeneutischen Gesichtspunkt zur Geltung, daß ein fait linguistique nur existiere, sofern es als Zeichen von einem Sprecherbewußtsein artikuliert und verstanden wird, als Tatsache also, *daß* der Ausdruck *x* das und das bedeutet.

Die Junggrammatiker pflegten den von der vergleichenden Indogermanistik entwickelten grammatischen Beschreibungsapparat auf konventionalistische Weise zu handhaben: Sie leugneten jeden gegenständlichen Sinn der Rede über Wurzeln, Morpheme, syntaktische Relationen etc. und eskamotierten somit letztlich den Komplex der Grammatik ganz aus der Domäne ›wissenschaftlicher‹ Sprachbeschreibung.[23] Dagegen beharrt Saussure auf der Notwendigkeit und Legitimität linguistischer, z. B. morphologi-

21 Ebd. 6. ff.

22 Vgl. Kap. 1, S. 56 ff.

23 Vgl. hierzu H. Pauls vielzitiertes Diktum aus den *Prinzipien der Sprachgeschichte*: »Es ist eingewendet, daß es noch eine andere wissenschaftliche Betrachtung der Sprache gäbe, als die geschichtliche. Ich muß dies in Abrede stellen ...« (Paul 1960, S. 20). »geschichtlich« meint hier soviel wie »diachronisch«: die Betrachtung des als naturwüchsiges, nichtintentionales Phänomen begriffenen ›Lautwandels‹.

scher Kategorien, um die Prozesse der Analyse und Synthese von Zeicheneinheiten beschreiben zu können, mittels derer die Sprecher ihre Rede artikulieren. Um die Begründung dieser Kategorien geht es. Saussure gewinnt hier die hermeneutische Dimension des vergleichenden Sprachstudiums zurück, auf die Humboldt seinerzeit die Sprachwissenschaft zu bauen begonnen hatte. Er insistiert darauf, daß solche Kategorien nicht einer willkürlich gewählten Sprache entnommen und auf beliebige andere übertragen werden dürfen, so wie die vergleichende Indogermanistik die morphologische Analyse des Sanskrit unbedenklich als Beschreibungsraster für alle anderen Sprachen benutzt hatte.[24] Die Sprecher der jeweils beschriebenen Sprache müßten im Prinzip in den theoretischen Kategorien der Linguistik diejenigen Einheiten wiedererkennen können, derer sie sich beim Verfertigen ihrer Rede bedienen, ein hermeneutisches Prinzip der Theoriekonstitution: Die Wahl einer ein fait linguistique beschreibenden Kategorie muß grundsätzlich abbildbar sein auf – in Chomskys Terminologie – »Oberflächenformen« der beschriebenen Sprache, derer sich deren Sprecher willkürlich bedienen[25], um Sinnunterschiede zu artikulieren.[26] Damit ist der entscheidende Satz gewonnen, der in Saussures Überlegungen hier allerdings noch auf das klassische Gebiet der Indogermanistik beschränkt bleibt: »Le vrai nom de *morphologie* serait: La théorie des signes – et non des formes – », und für ihre Ausarbeitung formuliert er das »grand princip«:

24 Vgl. N 7, al. 2772 ff., EC S. 417 ff.

25 Die ›Willkürlichkeit‹ der sprachlichen Tatsache ist ja – vgl. Kap. 4 – notwendige Bedingung für seine Systematizität.

26 Im chomskyschen Paradigma gilt dagegen – das kann an dieser Stelle schon vorab gesagt werden – das genaue Gegenteil: Es ist geradezu konstitutiv für theoretische Kategorien, daß sie auf das Sprachverständnis des ›native speaker‹ in dem beschriebenen Sinne, d. h. auf seinen willkürlichen Umgang mit Oberflächenformen, nicht abbildbar sind, sondern sich nur unter Kenntnis der Theorie durch das sprachliche »Wissen« des native speaker stipulierende Operationen indirekt erschließen lassen. Der native speaker wird in solchen Operationen also nicht als verstehendes Subjekt genommen, sondern als Objekt, da von der Theorie unterstellt wird, daß sein sprachliches »Wissen« ihm selbst, d. h. seinem natürlichsprachlichen Welt- und Sprachverständnis gar nicht zugänglich ist. Daher ist in diesem Kontext das Wort »Wissen« eigentlich *nur* in Anführungszeichen zu verwenden. Vgl. hierzu Schneider 1992, S. 74 f.

»Ce qui est réel dans un état donné du langage, c'est ce dont les sujets parlants ont conscience, <tout ce dont ils [ont conscience et rien que ce dont ils peuvent avoir conscience]>«.[27]

Was hier als psychische Realität gedeutet wird, dies sind Bewußtseinsinhalte sui generis. Saussures Denkbewegung, die wir als »Wendung nach innen« beschrieben hatten, findet ihr Telos nicht in der Psychologie, sondern in der Semiologie. Der Mensch kann sich seine Sprache nur als System von Zeichen verfügbar machen, die er erkennen und verstehen *muß*, um mit ihnen operieren zu können. Dies ist die grundlegende Doktrin Saussures, die zur Grundlage zumindest des »älteren« Strukturalismus geworden ist.

Die zentrale Paradoxie, die wir als geradezu konstitutiv für Sprachwissenschaft ins Auge gefaßt hatten, ist damit berührt: Dieser Versuch einer Begründung der Linguistik als historischer Disziplin endet bei der Wiederentdeckung *synchronischer* Sprachanalyse als eines genuinen und Haupt-Zweigs der Disziplin. Andererseits – damit deutet sich das kategoriale Dilemma an, in das Saussure zunehmend gerät – folgte aus dem bereits etablierten Prinzip kontinuierlicher Sprachtransformation zwingend, daß eine Sprache zu jedem Zeitpunkt ihrer Existenz als nichts anderes zu begreifen ist denn als historisches Produkt früherer Epochen.[28]

II: Semiologie

Höhepunkt und Krise dieser Überlegungen bilden die notes 10 bis 12, niedergeschrieben um die Mitte der neunziger Jahre. In ihnen, insbesondere in der großen note über Whitney (N 10), gewinnt Saussure zunehmend Klarheit darüber, daß sein Versuch einer systematischen Begründung der Linguistik dessen in der Tat paradoxes Gegenteil zutage gefördert hatte: das systematische Auseinanderfallen der Disziplin in Dichotomien. In Saussures Skizzen bildet dafür die Opposition von *status* und *motus* den Obertitel, unter dem sich, wie er bemerkt, das gesamte tradierte Kategorieninventar der Linguistik subsumieren ließe, etwa in folgender Liste:

27 N 7, EC fasc. 4, S. 17 und 19. Die Zeichen »[..]« markieren Konjekturen des Herausgebers der EC, Rudolf Englers.

28 Vgl. N 10, EC fasc. 4, S. 23.

status : motus
état : événement
Form : Laut
Morphologie : Phonologie
Synchronie : Diachronie
etc.[29]

Das Ausmaß dieser Krise des jedenfalls unter philosophischem Aspekt bis heute konsequentesten, kompromißlosesten linguistischen Denkens[30] läßt sich erahnen, wenn Saussure beklagt:

»Nous nourrissons depuis bien des années cette conviction que la linguistique est une science double, et si <profondément, irrémédiablement> double, qu'on peut <à vrai dire> se demander s'il y a une raison suffisante pour maintenir sous ce nom de *linguistique* une unité <factice>, génératrice <précisément> des toutes les erreurs, de tous les inextricables pièges contre lesquels nous nous débattons chaque jour, avec le sentiment [d'une totale impuissance].«[31]

Zum zentralen Begründungsproblem der Linguistik als Wissenschaft wird so die Vermittlung zwischen ihren dichotomisch auseinanderfallenden Bereichen. Saussure erkennt in der faktisch vorliegenden Disziplin eine Einheit, die aus offenbar internen Gründen all die Paradoxien produziert, in die seine Begründungsversuche führten. Daraus gewinnt er den entscheidenden Gedanken: Wenn all diese Widersprüche systematischer Natur sind, dann muß es dafür auch einen systematischen Grund geben. So geht er daran, einen »catalogue des erreurs fondamentales« anzulegen, in dem der gesuchte Grund sich finden müßte. Wilhelm von Humboldts Ansicht, an der wir uns orientiert hatten, findet sich bestätigt. Es ist das per Konvention gebildete Sprachzeichen, dessen Struktur durch die Dichotomie von Laut und Bedeutung bestimmt ist, welches Saussure als Grund der Paradoxien der Linguistik ausmacht – eine erstaunliche Position, bedenkt man die Rolle, die das Arbitraritätsprinzip in der sich auf den *Cours* berufenden Linguistik des 20. Jahrhunderts gespielt hat:

29 Vgl. N 11 und N 12, EC fasc. 4, S. 26 ff.

30 Wir reden, wohlgemerkt, über diejenige Sprachwissenschaft, die sich *nach* Wilhelm von Humboldt durch Verabschiedung von dessen Idee einer systematischen Verknüpfung von ›philosophischem‹ und ›historischem‹ Sprachstudium etabliert hatte.

31 N 10, EC fasc. 4, S. 23.

»Item. Catalogue des erreurs fondamentales. – Méritent le nom d'erreurs *fondamentales* à cause de leurs conséquences: l° Erreur des signes pris chacun pour soi. – Ou erreur de croire qu'une langue composée de 500 mots représente 500 signes + 500 significations. – Ou erreur de croire qu'on représente en rien le phénomène de la langue quand on se croit autorisé à dire ›le mot et sa signification‹, oubliant <que> le mot est entouré de [autres mots].«[32]

Hieraus gewinnt Saussure die Idee, die für seinen Begriff von Sprachwissenschaft entscheidend wird: das Projekt einer Semiologie als Begründungsbasis linguistischer Kategorien. Dokumentiert ist es vor allem in den Skizzen der *notes item*.[33] Saussures Überlegungen setzen bei dem im zitierten Katalog umrissenen Begriff des konventionellen Einzelzeichens an, bei der Vorstellung von Sprache als einer Nomenklatur für vorab gegebene Mengen distinkter Objekte, wie er sie bereits in N 12 beschrieben hatte:

»D'abord l'objet puis le signe; donc (ce que nous niérons toujours) base extérieure donnée au signe et figuration du langage par ce rapport-ci:

	* ———————— a		
objets	* ———————— b		noms«[34]
	* ———————— c		

Wie Humboldt bei seinem Entwurf eines vergleichenden Sprachstudiums sieht sich Saussure genötigt zur Auseinandersetzung mit der im naturwüchsig-naiven Sprachverständnis des Alltags ebenso wie in der philosophischen Tradition beheimateten Vorstellung, »daß die verschiedenen Sprachen nur dieselbe Masse der unabhängig von ihnen vorhandenen Gegenstände und Begriffe mit anderen Wörtern bezeichnen«.[35] Saussures Einwände gegen dieses Modell sind methodologischer wie sinnkritischer Art: Einerseits wäre es unmöglich, sprachliche Zeicheneinheiten ohne Rekurs auf ein Sinnverständnis des jeweiligen Kontextes zu identifizieren, andererseits ist jede Rede über durch Sprache repräsentierte Begriffe in Wahrheit tautologischer Natur. Noch gegen Ende des dritten cours wird er diese Position entschieden bekräftigen:

32 N 15, 3313.1, EC fasc. 4, S. 37.

33 N 15, EC fasc. 4, S. 35 ff.

34 N 12, al. 1091.

35 So die bekannte Formulierung Humboldts, *Verschiedenheiten*, WW III, S. 153.

»nous voyons que cette représentation

idee : cher

image auditive : cher

tout en pouvant avoir son usage n'est qu'une facon d'exprimer qu'il y a en francais une (certaine) valeur cher«.[36]

Man bedenke, daß Saussure in derselben Vorlesung – und zwar an früherer Stelle[37] – das Prinzip der radikalen Arbitrarität als »vérité évidente« in die Diskussion eingeführt hatte, um die relative Motiviertheit des sprachlichen Zeichens darauf zu gründen.[38] Er beläßt ihm also seinen begrenzten Sinn, es ist eben für die Linguistik in gewisser Hinsicht zweckmäßig, und doch wird es auf prinzipieller Ebene verworfen: Wenn von einer Zuordnungs- oder Bezeichnungsrelation die Rede ist, die Form und Inhalt miteinander verknüpft –

»x« bezeichnet (bedeutet, besagt ...) y –,

so mag dies eine im Rahmen linguistischer Praxis durchaus zulässige Konstruktion sein, die die Beschreibung isolierter sprachlicher Tatbestände erlaubt, etwa die diachronische Veränderung von Wortformen. Philosophisch ist jedoch dabei zu bedenken, daß die Rede von dieser Relation je schon Sprachverständnis voraussetzt, d. h. eine Ebene, wo die ›Form‹ des Wortes nicht von einem wie auch immer beschaffenen ›Inhalt‹ abzutrennen ist. Für die Logik des 20. Jahrhunderts ist dies zu einer der grundlegenden Einsichten geworden. Tarskis Wahrheitsdefinition macht bekanntlich davon systematischen Gebrauch.[39] Bei Saussure führt

36 III C 401, al. 1829.

37 III C 299, al 2088 ff.

38 Vgl. Kap. 4, S. 145 ff.

39 Seine Wahrheitsdefinition »*Der Schnee ist weiß* gdw. der Schnee weiß ist« (vgl. Tarski [1972], S. 58 ff. und [1973] S. 452 ff.) hat ja den »strategischen« Sinn, das Zusammenfallen zweier Fragen zu verhindern: Entweder kann man fragen, was der Ausdruck *Der Schnee ist weiß* bedeutet, oder man kann fragen, ob der Schnee weiß ist – nicht jedoch beides uno actu, und fragt man, ob der Schnee weiß ist, so fragt man nicht nach einer vom Ausdruck *Der Schnee ist weiß* separierten ›Bedeutung‹, sondern eben nach dem Sinn genau dieses Ausdrucks, in dem, solange die Wahrheitsfrage anhängig ist, kein Wort durch ein anderes ersetzt werden kann. Anders machte ja die Frage nach der Bedeutung des ›Ausdrucks‹ keinen Sinn.

diese Einsicht unmittelbar zu der Frage, wie bzw. ob eine andere Form der Interpretation des Begriffs *signe linguistique* gefunden werden kann. In einer Art phänomenologischer Analyse legt er zwei Grundtatbestände frei, die für seine Konzeption der ›langue‹ entscheidend werden:

S_1: *Jede sprachliche Einheit (›terme‹) ist Element (›parasème‹) eines Systems von Zeichen (›langue‹).* Keine sprachliche Einheit »existiert« isoliert, sondern stets nur innerhalb eines Kontextes anderer Einheiten desselben Systems; diese sind notwendig, ihre Identität als signe linguistique aufzubauen. Die Systemeinheiten stabilisieren sich sozusagen wechselseitig. Die genaue Fixierung des Wertes eines Terms im Rahmen des jeweiligen Sprachsystems ist demzufolge als Umschlag von Quantität in Qualität zu begreifen, Konsequenz der Komplexität der zwischen den einzelnen Einheiten etablierten Bezüge, der »parasemischen Relationen«.[40]
S_2: *Die Etablierung einer parasemischen Relation geschieht in der parole.* Sie unterliegt der Bedingung der »unispatialité de l'aposème«, der Zeichengestalt. Jedes Operieren mit Termen unterliegt also dem später so bezeichneten Prinzip der Linearität des signifiant.

Insgesamt lassen sich Saussures semiologische Reflexionen als Versuch begreifen, den dualistischen Begriff des Zeichens durch ein Konzept *differentieller Wertbestimmung* zu ersetzen. Die Intensionalität erhält Vorrang vor der Extensionalität, dem Erbe der logischen Tradition der Grammatik.

Diese Semiologie ist in entscheidenden Punkten ein Fragment geblieben, und der Grund dafür ist – wie wir sehen werden – darin zu suchen, daß es Saussure nicht gelungen ist, einen Begriff des signe linguistique zu formulieren, in dem die Momente von Extension und Intension ins Lot gebracht wären. Saussures semiologische Skizzen haben jedenfalls nicht hingereicht, eine zur Tradition der Grammatik alternative Linguistik-Konzeption zu begründen. Dennoch haben sie nicht nur historischen Wert. Immerhin lassen sich an ihnen die Anlage des Problems, dem wir nachgehen, studieren und die Lösungswege, die Saussure erwogen hat, ein Stück Wegs weiterverfolgen.

Zunächst wäre somit der Begriff der differentiellen Wertbe-

40 Vgl. N 15, 3313.2, EC fasc. 4, S. 37: »*Les parasèmes.* Pour un mot quelconque <faisant partie de> la langue, un <second> mot, même n'ayant avec le <premier> aucune ›parenté‹, est un *parasème*. La seule et simple qualité <du parasème> est de faire partie du même système psychologique de signes …«

stimmung genauer zu betrachten, da aus seiner durch Saussure umrissenen Form unmittelbar nicht hervorgeht, wie ein auf ihn gegründeter Zeichenbegriff zwischen Synchronie und Diachronie vermitteln könnte. Dies hatte sich ja als der entscheidende Gesichtspunkt herausgestellt, an dem jedes Konzept von Sprachwissenschaft hängt. Es wäre also zu klären, welche Relation zwischen zwei Termen *a* und *b* als gemeinsames Implikat all der Begriffe parasemische Relation, Differenz, Opposition etc. zu begreifen ist, die seit Saussure verwendet werden, um das Konzept differentieller Wertbestimmung zu beschreiben.

Das Wort »Wertbestimmung« bezeichnet, dies ist gegen poststrukturalistische Saussure-Lektüren zu betonen, einen Prozeß oder einen Komplex von Handlungen, den der einen ›Sprachzustand‹ beschreibende Linguist als Voraussetzung seines Geschäfts zwar legitimerweise ausblendet, der hier aber, wo es um die konstitutiven Bedingungen dieses Geschäfts geht, betrachtet werden muß. Grundfigur ist je das Operieren mit mindestens zwei verschiedenen Termen *a* und *b*. In der Saussure-Rezeption ist in der Regel vernachlässigt worden, daß dieses Operieren ein zeitlicher Vorgang ist, der aufgrund der Beschaffenheit der matière phonique dem Linearitätsprinzip unterliegt – wir haben dies als Prinzip S_2 gefaßt. Werden zwei Terme als verschiedene aneinandergereiht, so kann die damit zwischen beiden etablierte Relation nur eine Art von Negation sein, für die – das ist logisch zentral – das »tertium non datur« der klassischen Logik *nicht* gilt. Wird in einer linearen Kette *b* als *nicht-a* artikuliert und aufgefaßt[41], so kann das nur heißen, daß es als *anders-als-a* gedeutet wird.

Hieraus ergeben sich – wie dies Saussure anläßlich der Formulierung des Linearitätsprinzips angemerkt hat[42] – für die Linguistik in der Tat unabsehbare Konsequenzen. Zunächst folgt aus diesem Befund trivialerweise, daß *jede* Identitätsfixierung eines Terms *a* ein gegebenes System von Termen *b*, *c*, *d*, … voraussetzt. Der Wert eines jeden wird durch ein Verfahren bestimmt, das ihn an der gegebenen Stelle betrachtet, um ihn mit bereits etablierten Identitäten zu »vergleichen«. Wir werden dafür eine Interpretation zu entwickeln haben. In jedem Fall handelt es sich um eine

41 Man denke z. B. an Wittgensteins Beispiel »Herr Schweizer ist kein Schweizer«, PU II, ii, Werkausgabe Bd. I S. 493.

42 III C 283, al. 1165 ff.

Funktion der Urteilskraft. »Treffend« ist ausgedrückt, was gesagt werden soll, wenn im fraglichen Textzusammenhang für *a* eben kein anderer Term eingesetzt werden kann und wenn der syntaktische Kontext genau so organisiert ist, wie das zu Sagende es erforderte. Saussure verfügt jedoch im Gegensatz zu Humboldt über keine Begrifflichkeit, die diesen Sachverhalt hinreichend deutlich fassen könnte. Immerhin ist das Problem in den Überlegungen zur Dialektik von langue und parole berührt, die er in der systematisch zentralen Einleitung zum zweiten cours entfaltet hat.[43] Die langue gilt Saussure als »consécration sociale«, als *fait social.*[44] Man hat hierin den Einfluß Durkheims gesehen[45], und zweifellos trägt diese Deutung der zentralen Intention des saussureschen Entwurfs Rechnung. Nun entwickelt Saussure aber im zweiten cours die Überlegung, daß man das Verhältnis von langue und parole auch in genau umgekehrter Perspektive betrachten kann und muß: Als semiologisch-psychologischer Tatbestand nämlich – so seine These – ist die langue ›individuell‹ zu nennen, integrales Sprachsystem des je einzelnen Individuums. In der nachsaussureschen Linguistik wird man diesen Tatbestand mehr oder weniger dogmatisch im Begriff des ›Idiolekts‹ fassen.[46]

III: Langue und parole

Der langue als fait social ist je die parole als fait individuel entgegengesetzt, diejenige Instanz, die Humboldt das »jedesmalige Reden« nennt. Doch insofern diese Instanz Ort der Kommunikation verschiedener Individuen ist, derjenige Ort, wo über die Akzeptanz von Sprachprägungen entschieden wird, weist auch sie eine »sozial« zu nennende Dimension auf. Diese bleibt als solche jedoch in Saussures Entwurf unentfaltet. In der Tat haben diese Überlegungen bei seinen Hörern vor allem Irritationen hervorgerufen.[47]

43 Vgl. die Rekonstruktion dieser Einleitung in Godel 1957.
44 Vgl. EC fasc. 1, S. 39 ff., und III C 263, al. 156 ff.: »Le fait social, ce sera une certaine moyenne qui s'établira, qui ne sera sans doute complète chez aucun individu« (al. 220 f.).
45 Vgl. Doroszewski 1973.
46 Vgl. hierzu Kap. 5, S. 197 f.
47 Vgl. I R 2.23, EC fasc. 3, S. 383 f.

Erst die Sprechakttheorie Austins wird der parole zu ihrem kategorialen Recht verhelfen.[48]

Leichter zugänglich ist dieser nur reflexiv zu erschließende Tatbestand im Fall sprachlicher Neubildungen. Saussures diesbezügliche Überlegungen sind sehr viel klarer, wo er sich auf dem vertrauten Terrain der diachronischen Sprachwissenschaft bewegt. Im Schema der Analogiebildung hat er die Form eines Verfahrens umrissen, mittels dessen neue Ausdrücke, ›aposèmes‹, gebildet werden können. Dabei etabliert der dabei je notwendige Rekurs auf bereits gebildete Terme diejenigen Relationen, die den neugebildeten Term in das System integrieren. Zurecht hat Saussure daher in den notes zum dritten cours, anderen Überlegungen in demselben Zusammenhang scheinbar widersprechend[49], bemerkt, daß das Prinzip der relativen Arbitrarität bzw. das der relativen Motiviertheit[50] ausnahmslos gelten müsse – wie hinzuzufügen ist: für die Neubildung von Termen qua aposèmes, denn aus der relativen Motiviertheit einer Zeichengestalt bezüglich einer sie »erzeugenden« Analogiekonstellation läßt sich natürlich nichts über den Sinn des Zeichens ableiten, der sich im sozialen Gebrauch etabliert:

»Réduction dans tout système de langue de l'arbitraire absolu à l'arbitraire relative, ce qui constitue le ›système‹«.[51]

So sehr Saussure die Bedeutung der Analogie betont: seine Perspektive bleibt – wir hatten dies schon indirekt berührt – allzu sehr auf den Systemaspekt der Sprache konzentriert. Hieraus resultiert das entscheidende Manko seiner Semiologie: Aus der Interdependenz von langue und parole folgt doch, daß grundsätzlich zwei Zeichenaspekte zu unterscheiden wären, die in jeder Sprachbildung produziert bzw. befestigt werden: (1) die Qualität des Terms als generalisierter Form, Element der langue, als welche der qua Analogie neu erzeugte Term im Gegensatz zu den dabei benutzten anderen jeweils *noch nicht* gelten kann. Seine Generalisierung hängt stets davon ab, ob die Analogie »durchkommt«.

48 Austin begreift bekanntlich das ›Rhem‹, die Instantiierung von Lokution bzw. Illokution, explizit – unter Berufung auf Saussure – als Element der parole. Vgl. Austin 1975, S. 98.

49 Vgl. N 23.5, al. 2090: »Il y a des éléments relativement arbitraires et d'autres absolument.«

50 Vgl. N 23.5, al. 2091.

51 N 23.5, al. 2105.

(2) die Eigenschaft der Zeichen als zeitlich unwiederholbarer und in diesem Sinne strikt individueller Ereignisse, als die alle Terme in der parole erscheinen. Unser Grundproblem läßt sich also folgendermaßen reformulieren: Wie läßt sich in einer linguistischen Theorie der Doppelnatur des Wortes bzw. einer *jeden* sprachlichen Einheit als Typ und Token Rechnung tragen.

Saussures Semiologie kennt diese Unterscheidung nicht. Was den Strukturalismus zum ›Strukturalismus‹ gemacht hat, resultiert ganz und gar aus diesem folgenschweren blinden Fleck.[52] Denn aus dem Doppelcharakter des signe linguistique folgt seine »nur« hypothetische, stets nur vorläufige Geltung sowohl hinsichtlich seiner Identität qua Zeichengestalt wie auch insbesondere bezüglich seiner Wertbestimmung im Rahmen des Systems koexistierender Terme.[53] Das Urteil, daß einem in der Rede artikulierten Token *a* derselbe Wert beizumessen sei wie einem zweiten Token *b*, könnte immer nur durch einen Vergleich der mit *a* und *b* verbundenen bzw. zu verbindenden Oppositionsfolgen begründet werden. Diese aber sind niemals vollständig erzeugbar. Anhaltspunkt einer solchen Identitätshypothese könnte immer nur ein sich auf den Aspekt der Zeichengestalt beziehendes Urteil sein, und zwar gleichgültig, ob es sich auf Lexeme, Morpheme, auf morphologische oder syntaktische Schemata bezieht. Hierin, im phänomenalen Vorrang des signifiant, der erkannt *sein* muß, wenn der signifié verstanden *werden* soll, liegt der Grund für die von Saussure in den *notes item* immer wieder bedachte Tatsache, daß der Wert eines jeden Terms »en soi nul« sei[54], weil er eben ausschließlich als logisches Produkt einer bestimmten Reihe von

52 In einer note zur Diskussion des valeurs-Begriffs Ende des dritten cours (vgl. N 23.6, al. 1864, EC S. 259) hat Saussure selbst indirekt auf diese »Lücke« hingewiesen, indem er bemerkt, daß der Wert eines Terms stets durch die Kombination zweier verschiedenartiger Relationen simile : simile und simile : dissimile, d. h. zwischen Elementen derselben Art und zwischen kategorial Ungleichartigem, festgelegt werde:

«La seule chose <indiscutable> est que la valeur va dans ces deux axes, est déterminée selon ces deux axes concouramment:

...

$$\leftrightarrow \text{ Similia } \leftrightarrow \frac{\text{Dissimile}}{\text{Simile}} \leftrightarrow \text{ Similia } \leftrightarrow \text{ Similia«.}$$

53 Vgl. hierzu Stetter 1979, S. 134 ff.

54 N 15, [3316.1], EC fasc. 4, S. 38.

Oppositionen zu anderen Termen desselben Systems existiert – ein Sachverhalt, an dem, betrachtet man ihn wie hier unter dem Handlungsaspekt, natürlich nichts Mysteriöses ist.

Übersetzt man die semiologische Rede über Oppositionsstrukturen in eine Betrachtung des Handelns bzw. Operierens, das diese Strukturen aufbaut, dann ergibt sich die Lösung des Saussureschen Dilemmas wie von selbst. Sie ist logischer Natur. Wir greifen zu diesem Zweck noch einmal zurück auf den Griceschen Mechanismus, weil sich daran zum einem zeigen läßt, was es mit der Rede über differentielle Wertbestimmung auf sich hat, zum anderen, welche Rolle in diesem Zusammenhang grammatische Strukturen spielen.

Im Griceschen Mechanismus ist – wir haben dies ausführlich erörtert – die Sicherung des »richtigen« Verständnisses des Gesagten erfaßt. Der Sprechakt ist gelungen, wenn der Hörer verstanden hat, was der Sprecher mit dem, was er gesagt hat, meinte. Es macht die kommunikative Kompetenz des Muttersprachlers aus, daß er im Normalfall seine Worte so wählt, daß dies gelingt. Charakteristisch für dieses Kommunikationsmodell ist also seine offene Rückkoppelungsstruktur: Die Intention, das Verständnis des Gesagten zu sichern, ist konstitutiver Bestandteil jedes Sprechakts. Somit kann der Sprecher auch *jederzeit* versuchen, das, was er sagen wollte, durch eine veränderte Wortwahl zu verdeutlichen. Dies ist genau diejenige Situation, die wir abstrakt als »Vergleich« verschiedener Terme beschrieben hatten. Ein solcher Vergleich kann sich immer nur im Gelingen von Sprechakten zeigen. Das, was man sagen will, kann man mehr oder weniger gut treffen. Das eine Wort sagt es an der betreffenden Stelle hier eben »besser« als das andere, und das angemessene zu finden ist eine Sache des Witzes, d. h. der Urteilskraft.

Man sieht, wie Saussures Schwierigkeiten mit der Ausblendung der Extension bzw. der sie thematisierenden Referenz zusammenhängen: Was die angemessene Wortwahl ist, kann sich ja nur in der jeweiligen Situation zeigen, hängt ab davon, was wie zu wem gesagt werden soll. Wenn der Linguist vom systematischen Wert eines Terms spricht, von dem also, was ihn als Typ ausmacht, so spielt er damit auf die Summe mehr oder weniger gelungener Verwendungen an, die an diesen Term in den vielfältigen Weisen seines Gebrauchs geknüpft wurden, und verdinglicht diese gleichsam als die ihm eingeschriebenen Spuren seiner Bewährung in Sprechakten. Erfahrbar, protokolliert war und bleibt dieser Sachverhalt allein in der Schrift – jedenfalls dort, wo das Geschriebene dauerhaft erhalten bleibt und die Annäherung an den treffenden Ausdruck mittels Durchstreichen, Überschreibungen und ähnlicher sichtbarer Korrekturen erfolgte. Hier allein kann auch sichtbar werden, wie syntaktische Schemata geändert oder verworfen werden, eine Tempusform durch eine andere ersetzt wird, Neben- in Hauptsätze verwandelt, Kongruenzen und Bezüge korrigiert werden usf. Auch diese ›abstrakten‹ Einheiten müssen dem Schreibenden phänomenal zugänglich sein, wenn er mit ihnen soll operieren können.

Der Wert eines jeden Terms wird somit letztendlich in der parole[55] gegen den eines jeden anderen Terms desselben Systems austariert:

$$V_a: = \neg V_b \wedge \neg V_c \wedge \neg V_d \wedge \dots \wedge \neg V_i \dots$$
$$V_b: = \neg V_a \wedge \neg V_c \wedge \neg V_d \wedge \dots \wedge \neg V_i \dots$$
$$\dots$$
$$V_i: = \neg V_a \wedge \neg V_b \wedge \neg V_c \wedge \dots \wedge \neg V_{(i-1)} \dots$$ [56]

Bei allem Fragmentarischen, das der Systematik Saussures als Spur der Brüche anhaftet, die er zu vermitteln versuchte, wird so doch eine Tendenz erkennbar, die mit dem Arbitraritätsprinzip gesetzte oder doch nolens volens hingenommene Aufspaltung von signifiant und signifié aufzuheben im Begriff des Wertes. Jeder Term wird als Resultat gelungener Abduktionen bzw. Hypothesen gedeutet, durch die ein bestimmter Ort in einem kontinuierlichen Raum von logischen Möglichkeiten fixiert wird. Logisch gesprochen ist ›differentielle Wertbestimmung‹ also eine Abbildung der Menge der Terme *auf sich selbst*, durch die jedem Term genau ein Wert zugeordnet wird. Dieser *eine* Wert aber, und dies ist die Lösung des Saussureschen Dilemmas, ist per se ein zeitlich limi-

55 Im »circuit de la parole«, den Saussure im 3. cours skizziert, bleibt freilich der Handlungsaspekt des Redens hinter der Formel der Assoziation von Lautbild und Begriff weitestgehend verdeckt. Unausgesprochen bleibt, daß diese Assoziation eine Funktion des Sprachwitzes ist, diese somit per se Resultat *mehr oder weniger* gelingenden Sprachgebrauchs (vgl. III C 266, al. 194 ff.).

56 »V_x« := der Wert von x; »∧« := »und«; » ¬« := »anders als«, d. h. ¬¬ x ist (in der Regel) nicht gleich x.

tiertes *Ereignis*. Denn der Schluß von einer notwendigerweise endlichen Folge von Oppositionen $\neg a \wedge \neg b \wedge \neg d \wedge \ldots \wedge \neg i \ldots$ auf einen damit verbundenen Term *c*, dessen Wert in der Vergangenheit »in der Regel« durch die betreffende Folge fixiert wurde, ist im strikten Sinne durch keine Regel zu rechtfertigen. Die Identität des Terms – wir bleiben hier noch bei der Redeweise Saussures – und damit seines Wertes kann immer nur unter ›willkürlicher‹ Ausschaltung von in der konkreten Hypothese nicht auftauchenden Oppositionen und damit je nur auf Zeit festgestellt werden. Das Prinzip der Arbitrarität – so können wir unsere früheren Überlegungen nunmehr präzisieren – *ist notwendige Bedingung der Konstruktion von Synchronismen*.

Doch damit steht man vor einem kategorialen ›Skandal‹. Wie ließe sich denn theoretisch fassen, daß der Wert ein zeitliches Ereignis ›ist‹ und wie verträgt sich dies zumal mit dem systematischen Charakter des Typs? Hinweise auf eine Antwort wären vor allem den Überlegungen zu entnehmen, die Saussure gegen Ende des dritten cours zum Verhältnis von syntagmatischen und assoziativen Relationen entwickelt hat.[57] Der Wert des Terms konstituiert sich danach im Zusammenspiel dieser beiden Ordnungen – wir haben eine Interpretation dafür gegeben. Saussures Skizzen laufen auf die These hinaus, daß assoziative Relationen zwischen Termen, als solche phänomenal unzugänglich, nebeneinander nur in der Schrift darstellbar[58], gewissermaßen die Spuren der syntagmatischen festhalten und wiederum in solchen und in solche veräußert werden. Aber – hier wird erstmals der produktive Sinn der Trennung von langue und écriture faßbar – keineswegs sind diese Spuren dauerhaft oder invariabel. Weil rein psychischer Natur, nicht in feste Materie eingeschrieben, können sie »überschrieben« werden. Assoziative Relationen wie syntagmatische Ordnungen sind in gewissem Sinn in der Tat ›willkürlich‹ veränderbar. Diesen negativen, gleichwohl aber konstruktiven Hintersinn des Arbitraritätsprinzips hat Saussure durchaus gesehen. In einem rechtfertigt es den gegebenen Zustand der Sprache. Er ist eben, wie er ist, die Worte bedeuten, was sie bedeuten, wir haben sie als mehr oder weniger vollkommenes Produkt von den vorausgegangenen Generationen übernommen – warum also et-

57 III C 379, al. 1990 ff. Vgl. CLG S. 172 ff.
58 Vgl. CLG S. 173 ff.

was daran ändern? Es gibt keinen Grund dafür. Eben deswegen aber gibt es auch keinen Grund dagegen. Weil das signe linguistique arbiträr ist, ist seine Veränderlichkeit die Kehrseite seiner Unveränderlichkeit[59]: *wegen* »regiert« in der mündlichen Standardsprache längst den Dativ, während die Schriftsprache die frühere Assoziation mit Genitivformen noch festhält, und ähnlich ist das schriftsprachliche *weil das so ist* im Mündlichen schon weitgehend durch *weil das ist so* verdrängt, die syntaktische Subordination durch die Koordination ersetzt worden.

Hier scheint der eigentliche Sinn der irritierenden Separation der langue von der écriture zu liegen, deren Ambivalenz uns von Anfang an beschäftigt hat, und eine in der Tat verblüffende Pointe zeichnet sich ab: In dieser Perspektive erweisen sich Relationalität und Fluktuanz des Sprachsystems als die beiden Seiten ein und derselben Medaille. Im zweiten cours hat Saussure diesen Sachverhalt berührt, nämlich dort, wo er das »delikate« Problem *diachronischer* Identitäten berührt.[60] Es macht durchaus Sinn, von solchen Identitäten zu sprechen, denn es ist ja keineswegs pure Konstruktion, wenn der Sprachhistoriker die nhd. Form *Hirten* auf mhd. *hirten* und ahd. *hirti* zurückführt. Eine derartige »selektive« Darstellung blendet natürlich das Kontinuum von Synchronismen

S_{ahdi}: $a_1 - a_2 - a_3$ – – *hirta* – *hirti* – – a_i – … – a_n …

…

S_{mhd1}: $b_1 - b_2 - b_3$ – – *hirte* – *hirte* – – b_i – … – b_n

S_{mhd2}: $c_1 - c_2 - c_3$ – – *hirte* – *hirten*[61] – – c_i – … – c_n

…

S_{nhdj}: $x_1 - x_2 - x_3$ – – *Hirte* – *Hirten* – – x_i – … – x_n

aus, innerhalb dessen sich die diachronische Identität der sich wandelnden Formen als Konsequenz der Stabilität des betreffenden Kontextes von Oppositionen ergab. Auch hier gilt ja das Boguslawski-Phänomen: Ebensowenig wie zu einem definitiven Zeitpunkt das Althochdeutsche »aufgehört« und das Mittelhochdeutsche »begonnen« hätte, *gibt* es einen definitiven Zeitpunkt, zu dem der Term *hirta* durch einen folgenden, von ihm verschiedenen ersetzt worden wäre. Irgendwann hat man bemerkt, daß Singular- und Pluralform sich nicht mehr unterschieden. So ist die

59 III C 310, al. 1175 ff.

60 Vgl. EC fasc. 3, S. 409 ff.

61 In Analogie zu *bote : boten.*

auf den ersten Blick paradox anmutende Redeweise, wie sie in sprachhistorischen Darstellungen zu finden ist, ahd. *hirta* »sei« ndh. *Hirte*, logisch tatsächlich ebenso berechtigt wie die unverfänglicher scheinende, ahd. *hirta* sei »zu ndh. *Hirte* geworden«.

Man hat sich mithin die langue nicht als Reservoir fest etablierter Klassen von Morphemen, Lexemen, syntaktischen Strukturen etc. zu denken, sondern als stets nur fragmentarisch und auf Zeit geordneten »trésor mental«, dessen ›mentale‹ Beschaffenheit bei Saussure freilich undiskutiert bleibt. Aus ihm baut das Sprecherbewußtsein bei der Verfertigung der Rede beständig ad-hoc-Klassen auf, von denen man entsprechend vermuten muß, daß viele von ihnen sich wieder auflösen, nicht als Typen etabliert werden, wenn die Urteilskraft durch neu gegebene Merkmale »abgelenkt«, auf neue Fälle konzentriert wird. Diachronische Sprachbeschreibung erweist sich so als der Versuch, in diesem schier unübersehbaren Meer von Fluktuanzen Strömungen auszumachen, die in bestimmter Hinsicht relevant scheinen. Rask und Jacob Grimm haben solch relevante Stellen in der Topologie des indoeuropäischen bzw. germanischen Konsonantismus gesehen, eine perspektivisch isolierende Selektion von Phänomenen, die dann als erste und zweite »Lautverschiebung« zu historischen Ereignissen wie die Eroberung Galliens durch Caesar oder die Völkerwanderung verdinglicht wurden. Labovs Studien zum sprachlichen Wandel haben inzwischen eine ganz andere Perspektive auf solche Phänomene eröffnet.[62]

Doch wie immer man ›Sprachwandel‹ auch deuten mag: Eine jede langue – dies ist das alles entscheidende Resultat – ist nach alldem als *noumenales* Gebilde zu begreifen, als Produkt, wie Humboldt sagen würde, der menschlichen Einbildungskraft. Und jeder Wert somit selbst ein »idealisches« Gebilde[63], oder mit Popper zu reden eine Entität der Welt 3 [64]. Denn die für den Wert konstitutive differentielle Relation »*a* anders als *b*« ist nichts, das man sinnlich wahrnehmen könnte, man muß sie verstehen. Ihr Definitionsbereich sind – wie wir gesehen haben – selbst Werte. Die Wahl des treffenden Ausdrucks, der Vergleich verschiedener Terme im Zuge der Artikulation von Sprechakten, geschieht ja

62 Vgl. Labov 1976 und 1994.
63 Vgl. *Ueber Göthes Herrmann und Dorothea*, WW II, S. 138 f.
64 Vgl. Popper und Eccles 1989, S. 61 ff.

stets nur in Hinblick darauf, was sie im Unterschied zu anderen bedeuten. An diesem Punkt ist die Unterscheidung von signifiant und signifié nicht mehr aufrechtzuerhalten. Der Term und sein Wert erweisen sich in der Tat als die beiden Seiten ein und desselben Blatts Papier.[65]

Beispiele hierfür wären in schier beliebiger Vielfalt zu nennen, sie bilden den Stoff der kontrastiven Linguistik: Pronominalsysteme, Zahlsysteme, Wortfelder wie Farb- oder Geschmacksbezeichnungen etc. wären entsprechend Sprache für Sprache in ihrer Verschiedenheit darzustellen. Für alle solche Teilsysteme einer langue gilt, daß der Wert ihrer Elemente sich relativ zueinander bestimmt. Diese Fakten sind allgemein bekannt, niemand hat sie je bestritten, doch läuft die Linguistik, die ihre Autonomie der Trennung von der Philologie verdankt, Gefahr, sie aus den Augen zu verlieren. Deshalb bleibt festzuhalten, daß die methodischen Besonderheiten des philologischen Studiums, das diese Sachverhalte bearbeitet, indem es alles an das Verständnis des Individuellen am gegebenen Text, am betreffenden Autor oder seiner Epoche setzt, wo die Linguistik aufs Allgemeine geht, ganz und gar auf diesem noumenalen Charakter der Sprache aufruht und ihn durch ihre Praxis immer wieder bestätigt.

Dasselbe muß aber auch für diejenigen Systemteile gelten, die traditionellerweise Gegenstände der Sprachwissenschaft sind, für morphologische Sachverhalte wie Tempus- oder Modalsysteme ebenso wie für syntaktische Sachverhalte wie Verbstellung, Koordination oder ähnliches. Man verwendet das Präteritum im Englischen anders als im Deutschen, und der Philologe sucht diese Unterschiede zu fassen. Partizipien haben im Griechischen einen anderen Wert als im Deutschen, wo das Partizip I kaum prädikativ verwendet wird, das Partizip II zur Bildung »zusammengesetzter« Tempora, die es im Griechischen nicht gibt. Dessen Verwendung des genitivus absolutus unterliegt ähnlichen, aber doch nicht denselben Regularitäten wie die des ablativus absolutus im Lateinischen. Für einen Chinesen oder Japaner ist der Gebrauch des Artikels im Schriftdeutschen selbst bei höchster Sprachkompetenz oft ein Buch mit sieben Siegeln, denn ihre Sprachen kennen diese grammatische Form nicht. ›Abstrakte‹ Einheiten verhalten sich bezüglich ihrer Verwendung nicht anders als konkrete. Man

65 Vgl. CLG S. 157.

muß sich auf ihren Gebrauch verstehen, denn auch bei ihnen handelt es sich um ›Wittgensteinsche Tatsachen‹: Das Finitum ist im Deutschen dadurch charakterisiert, *daß* es im Hauptsatz die zweite syntaktische Position besetzt, Modalverben dadurch, *daß* sie Präteritopräsentia sind usw.

Als noumenales Gebilde, Summe von Funktionen, kann die langue nicht naturhaft existieren und sich entwickeln, sondern muß durch Prozesse gleicher Art erzeugt sein *und aufrechterhalten* werden. Die dies leistende Instanz ist der Sprachgebrauch, die parole, der somit bezüglich der langue eine konstitutive Funktion zukommt, und das heißt zugleich, ruft besser gesprochen in unsere Erinnerung zurück, daß ›langue‹ und ›parole‹ nichts anderes als Kategorisierungen sind. Intensional meinen diese Terme Verschiedenes, und doch referieren sie auf einen Gegenstandsbereich, der sich extensional nicht in gleicher Weise unterscheiden läßt, weil die synchronische Identität eines jeden Wertes nichts anderes ist als der Grenzwert seiner diachronischen Identität, und diese gehört der Ordnung der Fluktuanz an.[66] Saussures sprachphilosophische Position gleicht in dieser Hinsicht vollkommen derjenigen Humboldts oder auch Wittgensteins. Der Wert des Wortes ist, so könnte man seine Doktrin sprachanalytisch reformulieren, die ontogenetische Folgerung aus seinem Gebrauch in der parole.

Entsprechend ist der Satz nach Saussure ein Element der parole, nicht der langue.[67] Der Gebrauch des individuellen Wortes ist damit nicht als von Regeln geleitet anzusehen, so sehr dies gängigen Vorstellungen widerspricht. Natürlich machen wir im Sprechen Gebrauch von Schematisierungen morphologischer und syntaktischer Art, doch ist das Sprechen selbst nicht schematisch. Wir behandeln ›abstrakte‹ Einheiten wie etwa eine Kongruenzregel nicht anders als ›konkrete‹ wie Wörter. Weder die Wahl des syntaktischen Schemas noch die des in dieses sich fügenden Wortes könnte durch eine Regel erklärt werden, denn zu entscheiden ist jeweils, ob der Typ auf den Fall »paßt«. Jeder Grammatiker, auch wenn er

66 Vgl. II C 42, al. 1508: »Le terme de *synchronique* est un peu indéterminé: < = ce qui appartient à un instant déterminé de la langue. Il semble supposer que tout ce qui est simultané constitue un même ordre.> Il faut peut-être employer *idiosynchronique* pour indiquer l'ordre spécial correspondant à une langue déterminée.«

67 Vgl. CLG S. 172.

niemals über das Schematismusproblem nachgedacht hat, erkennt diesen Tatbestand doch implizit an, wir haben dies am Problem der sogenannten Lexikonregel einer generativen Grammatik ausführlich erörtert.[68] Er beschreibt Schemata, nicht konkrete Sätze. Saussure begreift demnach Sprechen als intelligentes Schematisieren, und folglich *muß* die langue selbst analogisch aufgebaut sein. Von Anfang an gehört dies zu seinen Grundpositionen. Hierin unterscheidet er sich namentlich von der generativen Linguistik, der der Begriff der Analogie – wir haben dies bereits berührt[69] – als theoretische Kategorie abhanden gekommen ist:

»... une langue quelconque«, so Saussure in der zweiten seiner Genfer Inauguralvorlesungen, »à un moment quelconque n'est pas autre chose qu'un vaste enchevêtrement de formations analogiques, les unes absolument récentes, les autres remontant si haut qu'on ne peut que les deviner.«[70]

Daß wir unsere Muttersprache perfekt beherrschen, ist eine reflexiv gewonnene Einsicht, die im strengen Sinn auf die Beherrschung von Schemata beschränkt ist. Tatsächlich kann jeder Sprechakt fehlgehen, doch es gibt Grade der Fallibilität, die sich mit Kategorien Austins fassen lassen: Die Begriffe Illokution und Lokution bzw. rhetischer Akt, phatischer Akt und phonetischer Akt bezeichnen bekanntlich sich implizierende Sachverhalte.[71] Wie das Gelingen des phonetischen Akts notwendige Bedingung für das Gelingen des phatischen, so ist dessen Realisierung im rhetischen Akt, den Austin ja als Element der parole begreift, notwendige Bedingung der Lokution usw.[72] Deswegen läßt sich diese Reihe auch als Skala von Mißlingensgraden lesen, die sich auf Phasen des Spracherwerbs abbilden läßt. Wenn auch nicht auszuschließen ist, daß ein Mensch auch als Erwachsener noch sein phonologisches System verändert, sich etwa an eine neue dialektale Umgebung anpaßt, oder, insbesondere im Schriftgebrauch,

68 Vgl. Kap 5, S. 177 f.

69 Vgl. Kap 4, S. 163 ff.

70 N 1.2, EC fasc. 4, S. 10.

71 Die Begriffe Lokution, Illokution und Perlokution bezeichnen bei Austin verschiedenartige Resultattypen des rhetischen Akts. Dieser ist der »eigentliche« Sprechakt qua Vollzug, den Sprecher bzw. Hörer eben in bestimmter Weise, als Frage, Versprechen, Drohung usw. verstehen.

72 Vgl. Austin 1975, S. 92 ff.

noch neue syntaktische Muster in sein »Register« aufnimmt, so halten wir doch grundsätzlich den Erwerb der phonologischen und morphosyntaktischen Schemata der jeweiligen Muttersprache spätestens mit dem Beginn der Pubertät für abgeschlossen. Auf den Ebenen von Lokution und Illokution dagegen lernen wir, zumindest idealiter, lebenslang dazu.

Was es bedeutet, wenn die langue als noumenales Objekt begriffen wird, zeigt sich hier in der wohl wichtigsten Konsequenz: Die bezeichneten Fallibilitätsgrade spiegeln die Struktur lebenslanger Spracherwerbsprozesse wider. Dennoch wird die angedeutete Differenz zwischen dem Erwerb der ›grammatischen‹ und dem Erlernen der ›illokutiven‹ Kompetenz in dieser Perspektive nicht zu einem Argument für sprachliche Universalien, geschweige denn für ein genetisch angelegtes Repertoire phonologischer, morphologischer oder syntaktischer ›Formen‹. Zwar ist die Beherrschung solcher Formen notwendige Bedingung für das Gelingen lokutiver oder illokutiver Akte, doch ist eben deswegen deren Gelingen hinreichende Bedingung für ein Gelingen dafür notwendiger phatischer bzw. phonetischer Akte. Selbst wer behauptet, solche Universalien würden lediglich »bei Gelegenheit« ihrer Konfrontation mit »primären sprachlichen Daten« sozusagen aktiviert[73], muß ipso facto doch einräumen, daß phatische Akte *ausschließlich* im Rahmen von Lokutionen oder Illokutionen gelingen. Als phatische Akte kommen sie nicht vor. Phänomenal zugänglich sind uns nur Situationen, in denen Kinder ihr morphologisches und syntaktisches Repertoire erproben und erweitern, *indem* sie kommunizieren. Das Gelingen isolierter phonologischer Akte kann unabhängig von der Deutung irgendwelcher kommunikativer Intentionen, die mit Äußerungen welcher Art auch immer unterstellt werden, niemals festgestellt werden. Man kann nicht Phoneme isolieren wie physikalische Partikeln. Hier gibt es eine definitive Grenze linguistischer Empirie, die sich in jeder Transkription von technischen Aufzeichnungen frühkindlicher Äußerungen zeigt, und dies umso deutlicher, je weniger ausgebildet die Sprache des betreffenden Kleinkindes ist.

Eine jede langue wird gemäß dieser Konzeption also ontogenetisch *vollständig* aufgebaut, und das heißt insbesondere, daß alle Elemente einer linguistischen Ordnung bzw. ›Ebene‹ demselben

73 Vgl. Chomsky 1965, S. 24 ff., dazu Schneider 1992, S. 94 ff.

Rang zugehören. Eine Unterscheidung in universellen ›Kernbereich‹ und einzelsprachliche ›Peripherie‹ verbietet sich aus den Gründen, die wir oben in die Grundsätze S_1 und S_2 gefaßt haben. Sprache ist nach Saussure ein distributives Allgemeines. Jeder Sprecher der betreffenden Sprache beherrscht sie und verfügt über sie *ganz*, denn alle seine Lebensbezüge organisieren sich über sie: Die Syntax von *versprechen* erwirbt man, indem man lernt, was ein Versprechen ist, die von *herzlichen Glückwunsch*, indem man lernt zu gratulieren. Dies gilt für jedes Wort der Muttersprache, und für jedes Wort kann man diesen Zusammenhang umkehren: Was gratulieren ›ist‹, lernt man, indem man *herzlichen Glückwunsch* sagen lernt. Was Häuser ›sind‹, indem man das Wort *Häuser* verwenden lernt, was fragen ›ist‹, indem man lernt, die Stelle vor dem Finitum »freizulassen« usw. Hierin liegt die kategoriale Differenz dieser anthropologisch angelegten Kompetenz zu jeder fremdsprachlichen Kompetenz, die in kulturell je unterschiedlichen Lernprozessen erworben wird. Gerade in der primärsprachlichen, anthropologisch relevanten Kompetenz *kann* es Universalien im Sinne Chomskys wegen der für *die* Sprache konstitutiven Bedeutung des Differenzprinzips nicht geben.[74]

Den Akkusativ hat man als universellen Kasus gedeutet, als universelle Repräsentation der Tatsache, daß es in jeder Sprache direkte Objekte »gibt«. Doch ist dies ein Schein, der eben auf dem Prinzip der Differenz beruht: Wenn eine Sprache ›Kasus‹ als syntaktisches Mittel ausgebildet hat, dann *muß* es aus rein logischen Gründen in dieser betreffenden Sprache mindestens zwei verschiedene Kasus geben. Die vermeintliche Universalität von Nominativ und Akkusativ beruht darauf, daß, *wenn* eine Sprache einen »2. Fall« von Nominalen markiert, um dadurch eine syntaktische Position zu kennzeichnen, sie dies nur kann, indem sie ihn von einem »1. Fall« unterscheidet und umgekehrt. Doch diese Option ist beliebig ausdifferenzierbar. Mit jeder weiteren Kasusunterscheidung verändert sich der Wert aller übrigen, selbst die des Nominativs. »Akkusativ« hat im System des Altgriechischen

74 Man fragt sich ohnehin nach der ratio dieser Unterscheidung. Wenn Chomskys »Spracherwerbsargument« aus der Skinner-Rezension (Chomsky 1959) tatsächlich triftig wäre, müßte es ja für alle Peripherieformen in gleicher Weise gelten. Hier gibt es aber *per definitionem* keine ›eingeborenen‹ Spracherwerbsmechanismen. Vgl. dazu unten S. 245 ff.

einen anderen Wert als in dem des Lateins, das mehr Kasus kennt. *Daß* aber eine Sprache dieses morphologische Mittel ausbildet, ist keineswegs notwendig. Weder das Chinesische noch das Japanische kennen überhaupt Kasus, und es macht ebensoviel bzw. ebensowenig Sinn, dem Chinesischen in der Tiefenstruktur einen Akkusativ anzudichten, der auf dem Weg zur Oberfläche getilgt und durch eine Reihenfolgeregel ersetzt wird wie umgekehrt den Akkusativ des Griechischen als Oberflächenrepräsentation einer tiefenstrukturellen Reihenfolgeregel zu deuten.

Die einzige tatsächlich *universelle* Sprachform besteht darin, daß alle Terme linear angeordnet sind.[75] Dieser Sachverhalt ist bei Saussure im Prinzip der Linearität des signifiant gefaßt.[76] Wie aber die Reihenfolge genutzt und folglich gedeutet wird, dies ist von Sprache zu Sprache verschieden. Für das Deutsche hat die zweite syntaktischen Position im Satz eine zentrale Funktion, ähnlich wie für das Englische oder Chinesische, anders als für das Latein oder gar das Japanische, wo die Endstellung des Verbs obligatorisch ist.

Analoges gilt für *jedes* Sprachelement. So folgt aus der Universalität des Linearitätsprinzips gerade, daß morpho-syntaktische Strukturen erst mit dem Erwerb konkreter Sprachelemente erworben werden *können*, denn im Rahmen dieser universellen Bedingung sind alle Lösungen des syntaktischen Grundproblems – wie kann eine Menge phänomenal unterschiedener Zeichenereignisse zu *einer* noumenalen Einheit organisiert werden – funktional äquivalent. Es ist daher nur konsequent, daß in der Konzeption Saussures die Theorie abstrakter Einheiten eine Theorie konkreter Einheiten zwingend voraussetzt.[77]

Den logischen Grund all dieser Folgerungen hatte Saussure bereits in den Inauguralvorlesungen von 1891 als Prinzip der

75 Selbst die Intonation wird ja unterschiedlich ausgeformt und genutzt. Charakteristischerweise wird in der generativen Theorie die lineare Ordnung gerade als ›Oberflächen‹-Phänomen behandelt.

76 In der Schrift ist, da hier die Eindimensionalität des Tons nicht gilt, sondern die Mehrdimensionalität des Raumes, die prinzipiell unendlich viele verschiedene lineare Ordnungen ermöglicht, eine *konventionelle* Regelung notwendig, und folglich gibt es in verschiedenen Schrifttypen auch verschiedene Problemlösungen. Deswegen sind andererseits auch in jede Schrift nicht-lineare Darstellungsweisen integrierbar. Schon die Fußnote macht davon Gebrauch.

77 Vgl. Stetter 1986.

kontinuierlichen Transformation der Sprache in Raum und Zeit ausgemacht. Wir können es hier – Saussures Hang zur Axiomatik um demonstrativer Deutlichkeit halber noch einmal folgend – als Prinzip S_3 fassen:

S_3: Eine jede sprachliche Einheit existiert per se als »zweidimensionale«, als synchronische *und* diachronische Identität.

In anthropologischer Hinsicht bedeutet dies, daß sich die menschliche Sprache (le langage) qua Ausdifferenzierung von Sprachen (les langues) entwickelt.[78] Daß ein Kind eine je besondere Sprache erwirbt – der Bilingualismus ist ja ein extremer Sonderfall, der dem im übrigen nicht widerspricht –, ist somit für den Spracherwerbsprozeß nicht »beiläufig«, sondern *konstitutiv*. Damit rückt ein anthropologisches Universale in den Blick, für das es in Chomskys Konzeption keine Funktion gibt, das aber im Sinne Herders oder Humboldts wie auch im Sinne der Konzeption Saussures als notwendige Bedingung gelingenden Spracherwerbs begriffen werden muß: die soziale Organisation der Gattung. Die Literatur zu den sogenannten »wilden Kindern« verweist auf eben diesen Zusammenhang mit aller Deutlichkeit. Das tragische Scheitern Itards bei der Erziehung des Wilden von Aveyron beruht auf dem Scheitern der sozialen Re-Integration des Kindes in die Gesellschaft, und dessen Folge ist nicht nur das Scheitern der Erziehung Victors zur Sprache, sondern dessen Tod.[79]

Für gelingenden Spracherwerb ist nach dieser Konzeption auf seiten des Kindes nicht mehr erforderlich als organisch »normale« Wahrnehmungs- und Artikulationsfähigkeit in physiologisch-motorischem Sinn, Intelligenz und Gedächtnisfähigkeit[80] – und die soziale Organisation der Gattung, in die das Kind von Anfang an eingebettet ist und aus der heraus es sich in beständig sich ausdifferenzierender Rückkopplung von langue und parole allmählich individualisiert. Dieser Sachverhalt ist wohl als die anthropologische Quintessenz einer Theorie zu begreifen, die

78 Dieser Sachverhalt ist schon von Herder im 2. Teil seiner Schrift über den Ursprung der Sprache als solcher formuliert worden. Vgl. sein 3. »Naturgesetz«, Herder [1978 a], S. 93 ff.

79 Vgl. Malson u. a. 1972.

80 Die Einmaligkeit des primären Spracherwerbs wäre danach vielleicht eher auf das »Belegen «einer »ungeprägten« neuronalen Region zurückzuführen.

Sprache (langage) im Begriff der Fluktuanz zu fassen versucht. Alles kommt somit an auf die jeweilige sprachliche »Oberfläche« und ihren sozialen Gebrauch. Diesen aber kann man nur – so genau und systematisch wie möglich – beschreiben. Erklären läßt sich die Oberfläche nicht, und zwar aus einem logischen Grund: wegen des analogischen Charakters der langue.[81] Im Arbitraritätsprinzip ist dieser Sachverhalt indirekt anerkannt, so läßt es sich jedenfalls deuten, und hierin liegt letztlich der Grund für seinen Rang innerhalb der linguistischen Axiomatik.

Chomsky

In all diesen Positionen ist Saussure nicht der Vorläufer Chomskys, sondern steht in entschiedenstem Gegensatz zu diesem. Allerdings – wir haben es gesehen – ist seine Konzeption keineswegs eindeutig. Es scheint, als hätte ihn die Konsequenz, mit der er die grundlegenden Bedingungen von Sprachwissenschaft bedenkt, geradezu daran gehindert, eine linguistische Doktrin zu formulieren, die hinreichend prägnant gewesen wäre, um schulbildend zu wirken. Daß seine Überlegungen zur Grammatik, zur Morphologie ebenso wie zu den entités abstraites de la langue, Skizzen geblieben sind, weit entfernt von dem, was man eine »ordentliche«, explizit ausformulierte Theorie nennen könnte, ist zweifellos Reflex der logischen Skrupulosität, mit der er die Unterscheidung von signifiant und signifié, die doch notwendig scheint, will man in praxi Linguistik betreiben, theoretisch zu überwinden, im Konzept differentieller Wertbestimmung aufzuheben trachtet. Mit anderen Worten: Saussure ist, was er für die Sprachwissenschaft und darüber hinaus für die Geistes- und

81 ›Erklärung‹ ist die Rückführung eines Einzelnen, des betreffenden Falls, auf eine Regel. Diese ist im Fall der Analogie nicht gegeben: Wenn B *in Analogie* zu A gilt, dann kann deswegen doch nicht von B auf A als den Grund des Geltens von B zurückgeschlossen werden, denn der Übergang von A zu B ist nicht durch einen Allquantor geregelt, sondern durch eine Ähnlichkeitsrelation »nur« nahegelegt. Die ist zwar symmetrisch, beschreibt jedoch ein lediglich kontingentes Verhältnis zwischen den Korrelaten.

Sozialwissenschaften des 20. Jahrhunderts bedeutet, dank seiner ambivalenten Haltung gegenüber dem Arbitraritätsprinzip.

Solche Skrupulosität kennt Chomsky nicht, und daher hat er, nicht Saussure, Schule gemacht, ist schließlich zu der die moderne Sprachwissenschaft konzeptionell prägenden Figur geworden. Dies gilt namentlich für das Konzept der ›generativen‹ Grammatik, das aus der in der Tat epochalen Idee einer rekursiven Definition des Satzes erwachsen ist. Mit ihr hat Chomsky der Linguistik de facto den Weg als deskriptive Disziplin geebnet, indem er sie von unvermeidlich normativen Zwängen vorgängiger intensionaler Satzdefinitionen[82] befreite. Chomsky operationalisiert das Problem, bringt damit die latente extensionale Ausrichtung der grammatischen Tradition auf den Punkt wie auf den Begriff und verlegt die Definition ins Verfahren. Wenn man schon nicht sagen kann, was ein Satz ist, so kann man doch näherungsweise alle in menschlichen Sprachen möglichen Satzformen ›aufzählen‹, d. h. sukzessive erzeugen.

Doch ironischerweise ist Chomsky keineswegs den Weg gegangen, den er damit der Linguistik eröffnet hatte, den einer beschreibenden Disziplin. In den *Aspects* hatte er noch die ›deskriptive Adäquatheit‹ der Theorie, i. e. des Grammatik-Modells, als unabdingbar für eine auf ›explanative Adäquatheit‹, auf Erklärung des Kategorieninventars der Grammatik angelegte Theorie begriffen.[83] Liest man dies retrospektiv, in Kenntnis der in den *Lectures on Government and Binding* entfalteten Konzeption, so scheint das frühere Verständnis von Linguistik nur Durchgangsstation zu

82 Vgl. Ries 1931.

83 Vgl. Chomsky 1965, S. 24 f. Gedacht war dies im Sinne einer graduellen Perfektionierung grammatischer Beschreibungen. Bei zwei gegebenen Grammatiken gleicher deskriptiver Adäquatheit war der der Vorzug zu geben, die explanativ adäquater war, d. h. mit einer Theorie über angeborene bzw. universelle grammatische Prinzipien besser in Übereinstimmung zu bringen war. Dies müßte dann – immer der Theorie zufolge – wiederum zu einer graduellen Optimierung der deskriptiven Adäquatheit führen usw. Das Problem, ob die Hypothese einer dafür notwendigen Bewertungsprozedur von alternativen deskriptiven Grammatiken sich halten ließ, war dabei ausgeklammert. Tatsächlich haben logische Probleme, die an diesem Punkt entstanden, wesentlich zur Abkehr von der »Standardtheorie« der *Aspects* beigetragen und die Entwicklung des sogenannten Prinzipien- und Parameter-Modells (Chomsky 1981 und ff.) motiviert.

einem Selbstverständnis, bei dem die Sprachwissenschaft zu sich selbst findet, indem sie sich aufgibt, sich auflöst in einen Zweig der kognitiven Wissenschaften. Was man traditionell unter »Sprachsystem« verstanden hatte, wird hier nun als Resultat zwar unbekannter, doch als existierend vorausgesetzter ›Wissenssysteme‹ begriffen.[84] Chomsky konzentriert sich ganz und gar auf die Erforschung derjenigen sprachlichen *Universalien*, von denen qua Produkten der Evolution der Gattung her sich ›erklären‹ ließe, wieso die existierenden Sprachen die Formen haben, die sie eben haben, und nicht ›mögliche‹ andere. Auch wenn Chomsky beim gegenwärtigen Erkenntnisstand noch keine Möglichkeit sieht, Hypothesen über linguistische Universalien abzubilden auf neuronale Sachverhalte, so ist dies doch das erklärte Ziel.[85] Zwar ist die Linguistik noch nicht Naturwissenschaft. Noch muß sie ihre Objekte in einer Sprache beschreiben, der die Eierschalen ihrer geisteswissenschaftlichen Herkunft noch anhaften. Aber sie wäre es doch gern, und methodisch gibt sie sich auch so. Ihr eigentliches Objekt ist das System an der »Schnittstelle« der kognitiven Systeme, die irgendwie Sprache zuwege bringen: das Syntax-Modul, durch das alles hindurch muß, was Satz in einer Sprache werden will, denn Sprache ›ist‹ – so die grundlegende Voraussetzung –, wenn man von den historisch-sozialen Gegebenheiten ihres Gebrauchs, d. h. von ihrer Funktion im Rahmen menschlicher Sozialverbände einmal absieht, nichts anderes als eine Menge von Sätzen. Daß dem Begriff des Satzes, *effektiv* betrachtet, nur in bestimmten, dafür hinreichend organisierten Schriftsystemen eine formal charakterisierbare Extension gegeben werden kann, bleibt unberücksichtigt oder – wenn man so will – systematisch ausgeblendet.[86] Vielmehr

84 Vgl. Grewendorf, Hamm und Sternefeld 1987, S. 35 ff., und Fanselow und Felix 1987, Bd. 1, S. 14 ff.

85 Vgl. Chomsky 1995.

86 Die systematische Ausblendung der Differenz von Schriftlichkeit und Mündlichkeit ist nicht nur für die generative Theorie der 60er oder 70er Jahre charakteristisch, sondern in der gleichen Durchgängigkeit auch für das in den 90er Jahren vorherrschende theoretische Selbstverständnis der Schule. Man vergleiche etwa Grewendorfs Darstellung des Ansatzes in Grewendorf 1995, die explizit auch auf methodologische und erkenntnistheoretische Probleme eingeht, dabei jedoch das Schriftproblem nicht mit einer Zeile auch nur streift. Die Schriftlichkeit von Äußerungen gilt innerhalb des Paradigmas wohl so ausgemacht als kulturelles Phänomen jenseits

sieht Chomsky im Syntax-Modul die dem Genom implantierte Ursache dafür, daß die Sätze, die wir verwenden, um miteinander zu kommunizieren, die Form haben, die sie für uns kontingenterweise zu haben *scheinen*, daß, mit anderen Worten, die Produktion dieser Sätze so relativ reibungslos und »uniform« funktioniert. Man sieht, daß dieser Ansatz irgendwann mit dem Arbitraritätsprinzip in Konflikt kommen, es aufgeben muß zugunsten der alten These des Kratylos, sprachliche Elemente bedeuteten letztlich, was sie bedeuten, *physei*, von Natur aus.

Selbst wenn man Chomskys mentalistische Modularitätsthese nur für einen metaphorischen Rahmen hält, der die Rede über einen genuin *linguistischen* Gegenstandsbereich ermöglichen soll[87], so bleibt davon unbeschadet ein sprachtheoretischer Kernbereich mit deutlichen internen Besonderheiten. Zwar verweisen Chomsky und seine Schule darauf, daß die wesentlichen Resultate früherer linguistischer Forschungsparadigmen, insbesondere des Strukturalismus und des amerikanischen Distributionalismus, in der neuen Konzeption aufgehoben seien, und dies trifft zweifellos in vielen Punkten zu. Die Unterscheidung von ›Kompetenz‹ und ›Performanz‹ folgt zumindest grosso modo der für strukturale Sprachtheorien konstitutiven Unterscheidung von langue und parole, freilich – wie schon jetzt zu sehen ist – nicht im Sinne Saussures. Die Kompetenz wird, zumindest in ihren »tiefer« liegenden Schichten, als Ursache aller Performanz-Phänomene angesehen.[88]

der Domäne des auf die Exploration ›kognitiver‹ Prozesse ausgerichteten Ansatzes, daß von vornherein nicht in den Blick kommt, daß ausgerechnet diese Schriftlichkeit für die Konstitution dieses Ansatzes *wesentlich* sein könnte.

87 Diese Einstellung schlagen etwa von Stechow und Sternefeld demjenigen vor, der der Nativismushypothese skeptisch gegenübersteht oder sie gar für tautologisch hält. Vgl. von Stechow und Sternefeld 1988, S. 32 f.

88 Schneider (1992, S. 43 ff.) hat drei verschiedene Kompetenz-Begriffe bei Chomsky unterschieden:
Kompetenz$_{I}$ (= Universalgrammatik, die die Funktion hat, die ›möglichen‹ Formen sprachlicher Wissenssysteme zu beschränken, die das Kind im primären Spracherwerb ausbilden *könnte*); Kompetenz$_{II}$ (= der Verbund derjenigen Systeme, die seine bestimmte Sprach*fähigkeit* ausmachen, also Syntax, Semantik bzw. »Logische Form« und Morpho-Phonologie); schließlich die Kompetenz$_{III}$ (= Kompetenz$_{II}$ plus zusätzlicher »Systeme« wie das der sozialen Interaktion, affektives System etc.). Ich schließe mich im folgenden diesem Sprachgebrauch an.

Eine Rückkoppelung von diesen zur Universalgrammatik, ja selbst zur faktisch ausgebildeten Grammatik, d. h. zum Verbund von $\text{Kompetenz}_{\text{I}}$ und $\text{Kompetenz}_{\text{II}}$, ist in der Theorie nicht vorgesehen.

I: Paradigmenwechsel: die Wende zum Kognitivismus

Chomsky hat sich in der Konstituentenanalyse an Theoriekonzepten des Distributionalismus orientiert. Die Einführung von Transformationsregeln geht bekanntlich auf das Problem diskontinuierlicher Konstituenten zurück. In der Kasus-Theorie knüpft man an die Kasustheorie Fillmores an, und in der Theorie der sogenannten θ-Rollen –, die gleichfalls von Fillmore übernommen ist, sind unschwer Einflüsse der Dependenztheorie auszumachen. Dennoch nötigen die Besonderheiten der generativen Grammatik dazu, von einem neuartigen, sozusagen poststrukturalen linguistischen Forschungsparadigma zu sprechen, mit dem ein Epochenschnitt in der Sprachwissenschaft des 20. Jahrhunderts vollzogen ist.

Markiert wird der Bruch mit der Tradition der Sprachwissenschaft durch drei miteinander systematisch verknüpfte Entscheidungen hinsichtlich des »Designs« der Theorie: Es handelt sich (I) um eine radikale Unterscheidung von ›Sprache‹ und ›Grammatik‹; (II) um den bereits erwähnten Universalismus, der sich in der systematischen Unterscheidung des ›Kerns‹ einer Grammatik von ihrer ›Peripherie‹ niederschlägt, wie sie sonst in keiner Grammatiktheorie zu finden ist. Die Trennungslinie markiert – wie wir sehen werden – die Aufgabe des Arbitraritätsprinzips, den Wechsel zum Physikalismus. (III) handelt es sich um den radikalen Verzicht auf Sprachbeschreibung zugunsten der Explanation grammatischer Phänomene.

Die Schwierigkeiten, die damit vollzogene Wende angemessen zu verstehen, ergeben sich aus der fortdauernden Verwendung von Ausdrücken wie »Sprache«, »Grammatik«, »Subjekt«, »Objekt«, »Verb«, »Nomen«, »Regeln«, »Satz« usw. Dieser Sprachgebrauch erzeugt die fast unvermeidliche Illusion, hier würde doch noch über dasselbe linguistische Objekt Sprache, über die ›langue‹ Saussures oder des Strukturalismus gesprochen, wenn auch unter neuer Perspektive. Doch bedenkt man die Konsequenzen der genannten Entscheidungen, so scheint es sich bei dem bezeichneten Epochenschnitt doch um eine Art Mutation des Sprachspiels Linguistik zu handeln, die weitaus gravierender ist als der Paradigmenwechsel vom Diachronismus der Junggrammatiker zur strukturalen Phonologie. Bei allen programmatischen und methodologischen Differenzen blieb deren gemeinsames Objekt doch ›Sprache‹ in einem empirisch faßbaren Sinn, nämlich die »Sanskrit«, »Griechisch«, »Latein«, »Französisch«, »Englisch«, »Deutsch« genannten Sprachen, wie sie in ihren jeweiligen Literaturen dokumentiert waren.

Chomsky bündelt dagegen gleichsam die naturwissenschaftlich-positivistischen Tendenzen der Junggrammatiker und die universalistische Orientierung der strukturalen Phonologie, um ein Objekt zu konstruieren, das erklärtermaßen jenseits aller phänomenal zugänglichen Empirie liegen soll: ein kognitives System ›abstrakter‹ Prinzipien und Parameter, welches Subsysteme wie die X-bar-Theorie, eine allgemeine Theorie ›möglicher‹ Phrasenstrukturen, und darauf aufbauende Theorien wie die Grenzknotentheorie, Bindungstheorie usw. enthält, um als Verbund die Phänomene zu erklären, die wir gemeinhin unter dem Begriff menschlicher ›Sprachen‹ zusammenfassen.[89] Die in der kognitiven Linguistik geläufige Bezeichnung dieses Systems als »Wissenssystem« ist freilich problematisch, denn zu diesem Wissen hat der native speaker keinerlei Zugang. Er kann mit ihm nicht bewußt oder gar reflektiert umgehen wie mit dem, was wir sonst »Wissen« nennen. Es funktioniert *in ihm* wie seine Bauchspeicheldrüse.[90]

Zugrunde gelegt ist diesem Entwurf eine Annahme, die als Evidenz vorgetragen wird und in der Schule längst zum Topos geronnen ist:

»Existing languages«, so hat Chomsky die *Pisa-lectures* eingeleitet, »are a small and in part accidental sample of possible human languages ...«[91]

Die Suche nach der Kompetenz$_I$, nach genetisch kodierten Ele-

89 Vgl. Chomsky 1981, S. 5 ff. Die Grenzknotentheorie (bounding theory) ist bei von Stechow und Sternefeld (vgl. 1988, S. 358 ff.) wegen Inkonsistenzen, die in der Anwendung dieses Theoriemoduls bei der empirischen Sprachbeschreibung auftreten, aufgegeben worden.

90 Vgl. hierzu Schneider 1992, S. 68 ff.

91 Chomsky 1981, S. 1.

menten einer Universalgrammatik, hat somit die Funktion, diese auf den ersten Blick verblüffende Kontingenz zu erklären. Diese erscheint hier als Attribut des Objekts. Doch im Licht der saussureschen Überlegungen zum Problem diachronischer Identitäten, zu dem, was wir als »Boguslawski-Phänomen« apostrophiert und im Begriff der Fluktuanz zu fassen gesucht hatten, fragt man sich, wie diese Behauptung, so selbstverständlich sie klingt, überhaupt *referentialisiert* werden soll. Wo und wie wären die Grenzen der Identitäten zu bestimmen, die hier als isolierte Fakten behandelt werden? Welche Kriterien wären bei der Hand, die »existierenden« Sprachen, von denen gemäß Boguslawski keine einzige jemals zu existieren begonnen hat, als einen »kleinen Teil« aller ›möglichen‹ Sprachen zu bemessen, wo dieser Teil doch nicht weniger ausmacht als die gesamte Extension des Begriffs der menschlichen Sprache. An welche ›Möglichkeit‹ wäre hier überhaupt zu denken? Andererseits könnte man mit nicht weniger Berechtigung von einer bis ins Unendliche gehenden Differenzierung dieses Gesamtbegriffs in Idiolekte sprechen. Es verhält sich so, als behauptete ein Geograph, der die Gebirge der Welt beschrieben hat[92], diese seien nur ein kleiner und zufälliger Teil aller auf der Erde ›möglichen‹. Nun gibt es aber nur diese, und fragt man, wieso sich die Anden am Westrand von Südamerika erheben, nicht aber in der nordeutschen Tiefebene, so wird man als Erklärung auf das Faktum der Kollision einer Kontinentalplatte mit einer ozeanischen verwiesen, das eben zwischen Hamburg und Hannover nicht gegeben sei, und so bleiben die norddeutschen Anden ›möglich‹ nur in der Fiktion.

Man steht – dies macht den Epochenschnitt aus, von dem wir sprachen – vor der Paradoxie eines empirischen Programms mit gleichsam transzendentalem Anspruch. Sprachen werden in einem als kontingente Naturobjekte genommen, und doch soll versucht werden, die Grenzen aller möglichen Formen dieser Naturobjekte zu bestimmen. Seit Platon versteht man unter einer *möglichen* Form jedoch ein *ideales* Gebilde, nicht einen weltimmanenten Gegenstand. Dies gilt auch für den Bereich der Empirie.[93] Es ist diese

92 Das Entsprechende trifft nota bene auf Chomsky bzw. die generative Grammatik keineswegs zu.

93 Vgl. Kant, KrV 265 ff. Die Postulate des empirischen Denkens überhaupt: »Was mit den formalen Bedingungen der Erfahrung (der Anschauung und

Paradoxie, die die in der Sprache der generativen Grammatik beibehaltenen Terme »Sprache«, »Grammatik« usw. zu puren Homonymen gegenüber dem tradierten Sprachgebrauch stempelt. Hier handelt es sich, mit anderen Worten, um einen Wandel des Paradigmas, der philosophisch keineswegs hinreichend begriffen ist.

Damit wären die drei genannten Entscheidungen genauer zu betrachten. Alle drei sind bezogen auf die alte, spätestens in den *Aspects* kodifizierte Unterscheidung von Oberflächen- und Tiefenstruktur, die sich somit als der über den Wechsel der Modelle hinaus bleibende, die generative Grammatik wesentlich konstituierende Sachverhalt erweist.

(I): Der generative Linguist ist per se nicht interessiert am signifié und dessen Funktionen – die kommunikativen Funktionen von Sprache, Bedeutungsaspekte usw. –, sondern ausschließlich an bestimmten formalen Eigenschaften des signifiant. Insofern liegt konstitutiv auch dieser Theorie noch das Arbitraritätsprinzip zugrunde. Dies zeigt sich schon in der »Architektur« der Gesamttheorie. Auf die Bedeutung der rekursiven Satzdefinition für die generative Grammatik wie für die Linguistik insgesamt hatten wir bereits hingewiesen. Geleistet wird die Erzeugung von ›Satzketten‹, über deren Natur noch zu reden ist, von einer syntaktischen Basiskomponente, die Tiefenstrukturen bzw. -formen generiert, um sie in Oberflächenstrukturen[94] zu überführen. Allerdings hat das Wort »Form« bei Chomsky eine besondere Bedeutung, die die philosophische Paradoxie, von der wir sprachen, kaschiert. Er versteht darunter im Anschluß an die distributionalistische Tradition ›Ketten‹ von Elementen, die dadurch definiert sind, daß sie den Imput liefern für Regeln, die diese Ketten phono-

den Begriffen nach) übereinkommt, ist möglich.« Der Begriff des ›möglichen‹ Satzes wäre gemäß dieser Definition nur formulierbar von einem unabhängig von gegebenen Sätzen verfügbaren Kriterium her, anhand dessen sich die Grenze von ›möglich‹ und ›nicht möglich‹ abstecken ließe, z. B. von einer unabhängig von der Grammatik verfügbaren und darum hier vorauszusetzenden Theorie über kognitive Verarbeitungsprozesse. Erst dann würde der Begriff des ›möglichen Satzes‹ einen *empirisch* faßbaren Sinn erhalten, der freilich mit allen möglichen, kognitiven, psychologischen, ... Kategorien umschrieben werden könnte, nur nicht mit syntaktischen.

94 Ich kürze diese Termini im folgenden in technischen Zusammenhängen gelegentlich als *D-Struktur* bzw. *S-Struktur* ab.

logisch »interpretieren« und dadurch in eine greifbare Gestalt überführen, extensional betrachtet also grosso modo in das, was in der Sprache des Strukturalismus der ›signifiant‹ genannt wurde. Hier wird er jedoch lediglich als Folge von Geräuschen begriffen, keineswegs mehr als psychisches Schema.[95] Das Wort wird gleichsam in drei Sorten von Informationen zerlegt, die an verschiedenen Stellen des generativen Apparats deponiert sind: Das sogenannte ›Lexikon‹ beschreibt seine ›morpho-phonologische Struktur‹ und ›syntaktischen Merkmale‹, die phonologische Komponente beschreibt seine Lautgestalt und gibt somit die Regel, wie die Oberflächenstruktur in ein sinnlich wahrnehmbares Phänomen überführt werden kann, und schließlich die sogenannte LF-Komponente[96], wie das Wort als das zu nehmen ist, was es ›eigentlich‹ ist, nämlich als signe linguistique, denn hier kommen Aspekte ins Spiel, die mit seiner Bedeutung zu tun haben. Was das, was phonologisch interpretiert wird, selbst sein soll, die sogenannte Oberflächenstruktur, bleibt im genauen Sinn offen: eine Kette von im Gegensatz zum konkreten Laut abstrakten »Formativen« – was immer dies heißen mag, genau genommen eine tautologische Bezeichnung: diejenigen Elemente, aus denen diese Form gebildet wird. Nun besteht der Witz des Systems aber gerade darin, daß seine Elemente rekursiv, d. h. extensional definiert werden. Interpretationsregeln (PF, LF; ...) setzen die rekursive Definition von Kategorien durch Endkettensymbole zwingend voraus, doch bleibt darum deren Status selbst an diesem Punkt genau genommen undefiniert, weil die S-Struktur ja die letzte Derivation in einer »Transformationsgeschichte« ist.[97] Chomsky regelt das hier sich andeutende Sprachproblem »technisch«:

»I will use the term ›surface-structure‹ in something like its original sense, referring to the actual labelled bracketing of an expression at the level PF.«[98]

95 Vgl. zu Chomskys Begriffen »Form« und »formal« Schneider 1992, S. 77 ff.

96 Diejenigen Regeln, die die ›logische Form‹ der generierten Satzkette beschreiben.

97 Dies gilt weiterhin, auch wenn der Versuch aufgegeben worden ist, konkrete Folgen von Transformationsregeln zu formulieren, und man statt dessen nur noch von einem universellen Prinzip »Bewege-α« spricht.

98 Chomsky 1981, S. 18. »PF« = phonetic form. Chomsky bezieht sich hier auf die in den *Aspects* gegebene Definition von »S-Struktur«, wo darunter

In früheren Modellen bedingte diese Konstruktion der Syntax eine »interpretative« Semantik, von der aber stets zweifelhaft blieb, was genau sie interpretierte, die Tiefen- oder die Oberflächenstruktur. Die in den *Aspects* vertretene These, Transformationen seien bezüglich der Satzbedeutung »neutral«[99], die semantische Interpretation beziehe sich also auf die Tiefenstruktur, hat sich nicht halten lassen. Im GB-Modell[100] ist an die analoge Stelle eine die »logische Form« der von der Syntax generierten Strukturen beschreibende Komponente getreten, die als Teil des Syntax-Moduls begriffen wird, obwohl diese logische Form nichts anderes ist als die Modellierung einer propositionalen Intension. Insbesondere haben die LF-Regeln die Funktion, den jeweiligen Bereich (Skopus) der in Nominalphrasen implizierten Quantoren so darzustellen, daß daraus die semantisch »richtigen« Beschränkungen für die Interpretation der Quantoren und damit des betreffenden Satzes insgesamt ableitbar sind. Damit ergibt sich das irritierende Faktum, daß diese Syntax sich mit ihrer Universalisierung einerseits von der Semantik gänzlich loslöst, um sich andererseits nun selbst mit einem Submodul auszustatten, das ausschließlich *semantische* Funktionen hat. Der Gedanke liegt auf der Hand, daß dies systematisch damit zu tun haben muß, daß man die Syntax eben als autonomes Modul begreift. Die Defizite, die man sich damit einhandelt, müssen sich systematisch irgendwo zur Geltung bringen.

Zur Repräsentation dieser ›logischen‹ Form greift man auf die Quantorenlogik zurück, d. h. auf eine wahrheitsfunktionale Semantik.[101] Ein normativer, unter Voraussetzung der Wahrheitswertdefinitheit der Elementarsätze extensional aufgebauter Kalkül wird somit *deskriptiv* verwendet, um Intensionen zu beschrei-

eine gemäß den operationalen Verfahren der distributionellen Konstituentenanalyse in ihre ›unmittelbaren Konstituenten‹ analysierte Kette von ›Formativen‹ verstanden wird. Vgl. Chomsky 1965, S. 16 f. Wie man sich das durch PF Interpretierte zu denken hätte, läßt Chomsky dort wie später offen.

99 Vgl. Chomsky 1965, S. 132.

100 So kürze ich künftig das in den *Lectures on Government and Binding* beschriebene Prinzipien- und Parameter-Modell ab.

101 Vgl. Chomsky 1981, S. 34 ff. und passim; von Stechow und Sternefeld 1988, S. 61 ff.; Fanselow und Felix 1987, Bd. 2, S. 181 ff.; Grewendorf, Hamm und Sternefeld 1987, S. 317 ff.

ben.[102] Thematisiert wird dieses Problem allerdings an keiner Stelle. Entweder man sieht es nicht oder man hält es für belanglos. Dabei sind doch in der Linguistik die Verzerrungen bestens bekannt und intensivst diskutiert worden, die entstehen, wenn man einen normativen Kategorienapparat wie etwa die lateinische Schulgrammatik zur empirischen Sprachbeschreibung verwendet. Ein Blick in Freges *Über Sinn und Bedeutung* hätte genügt, um die normativen Voraussetzungen zu verdeutlichen, die der Konstruktion einer Intension vorausgehen: Man muß dabei von allen nicht wahrheitsrelevanten Aspekten des Sinns des betreffenden Satzes absehen, der ja erst durch diese Abstraktion als ›Proposition‹ konstituiert wird[103], die Ausblendung also aller subjektiven, affektiven u. ä. Faktoren, die bei der Artikulation des *Satzes* eine Rolle gespielt haben mochten und – für den Linguisten doch ein relevantes Faktum – unvermeidlich gespielt haben mußten. Doch ist die Inanspruchnahme einer wahrheitsfunktionalen Semantik hier in gewissem Sinn durchaus konsequent. Eine der Grundannahmen der chomskyschen Nativismusthese lautet ja, daß es syntaktische Formen geben müsse, deren Funktionalität nicht sozio-historisch zu deuten ist, die mithin »tiefer«, eben im Genom anzusiedeln wären. Hintergrund dieser These ist die Überzeugung, daß eine funktionale Deutung syntaktischer Formen, d. h. ihre Abbildung auf Typen pragmatischer Verwendungen, nicht möglich sei.[104] Die Regeln, die der Oberflächenstruktur ihre logische Form zuordnen, können sich mithin nur an Kriterien orientieren, in denen *jeder* Bezug auf irgendwelche subjektiven Determinanten der Artikulation des Satzes a priori ausgeblendet ist. Sei

102 Eine Aussage über die Koreferentialität von Pronomina oder Anaphern ist ja in diesem syntaktischen Rahmen eine Aussage über die *Intension* dieser Ausdrücke, nicht über deren Extension, wie es scheinen könnte. Denn wenn gesagt wird, in einem Satz wie *Wer* $_i$, *glaubt er* $_j$, *ist verreist* könnten *wer*$_i$ und *er*$_j$ nicht koreferentiell verwendet werden, so heißt das ja, daß diese Ausdrücke in jedem derartigen syntaktischen Kontext so *verstanden* werden, daß man mit ihnen *auf Verschiedenes* referiert, und das Verständnis des logisch damit Gesagten ist die Voraussetzung dafür, daß Koreferenz im konkreten Fall unterbleibt bzw. »blockiert« wird.

103 Vgl. Frege 1969, S. 43 f.

104 Vgl. hierzu Schneider 1992, dessen Diskussion der Theorie Chomskys sich insbesondere an dieser These orientiert.

$A + B + \ldots + C$ ein syntaktisch wohlgeformter Ausdruck der Universalgrammatik, $a + b + \ldots + c$ ein unter ihn subsumierbarer, d. h. durch $A + B + \ldots + C$ formal erklärbarer Ausdruck einer beliebigen Einzelsprache und sei $x + y$ eine nichtkommutative Relation, dann besagt Chomskys These, daß die Tatsache, daß $A + B + \ldots + C$ auf der Ebene der Universalgrammatik existiert, auf keine Form $a + b + \ldots + c$ welcher Einzelsprache auch immer zurückzuführen, d. h. in ihrem Formenbestand zu erklären ist, namentlich also auch nicht die Ordnung dieser Elemente, sondern allenfalls darauf, daß wir heutigen Sterblichen und unsere heutigen Sprachen das mehr oder weniger zufällige Evolutionsprodukt der Gattungsgeschichte sind, innerhalb derer sich aus uns unzugänglichen Gründen eine Form $A + B + \ldots + C$ entwickelte, für sich selbst betrachtet unerklärbar, kontingenterweise in der Welt vorhanden wie der aufrechte Gang des Menschen.

Hierdurch aber wird der Begriff von Grammatik auf eine Weise von dem der Sprache abgetrennt, die diese einer anderen *kategorialen* Ordnung zuweist als die Grammatik. Für Sprache soll und muß, selbst nach der Architektonik der chomskyschen Theorie, noch immer das Arbitraritätsprinzip gelten, für die Formen der Universalgrammatik hingegen *kann* dies per definitionem nicht mehr gelten, denn diese ›sind‹, was und wie sie sind, von Natur aus. Die Trennungslinie zwischen $\text{Kompetenz}_{\text{I}}$ und $\text{Kompetenz}_{\text{II}}$, im Resultat identisch mit der Unterscheidung von ›Kern‹ und ›Peripherie‹ der Grammatik, markiert die Grenze der Domäne des arbitraire du signe. Jenseits ihrer, im Kern, herrscht der reine Physikalismus.[105] Die Universalgrammatik ist nach Chomsky in der Tat Ursache, nicht Grund dafür, daß das Kind eine $\text{Kompetenz}_{\text{II}}$ von bestimmter Form erwirbt.

105 Das gilt in dieser Kategorialität, auch wenn betont wird, daß bei der Rede über »abstrakte Prinzipien« der Universalgrammatik nicht daran gedacht und auch nicht daran zu denken sei, sie als Bezeichnungen für lokal begrenzbare neuronale Tatbestände oder ähnliches zu nehmen. Unbeschadet davon lautet die These, daß es sich bei diesen Bezeichnungen um Bezeichnungen für natürliche Tatbestände und nur um solche handle, auch wenn einstweilen noch nicht gesagt werden könne, wie diese neurophysiologisch, biochemisch oder wie auch immer zu interpretieren wären. Wie auch immer: in *keinem* Fall jedoch soziologisch oder historisch oder gar philologisch, d. h. mit Kategorien von Disziplinen, deren Grundlage das Arbitraritätsprinzip ist.

Rätselhaft bleibt bzw. wird bei dieser Lage der Dinge, warum und wie ein einzelsprachliches *a + b + … + c* überhaupt noch auf ein universalgrammatisches *A + B + … + C* zurückgeführt werden *kann*, weshalb nicht auf ein *B + A*, ein *X + Y + Z* usw., d. h.: wie die Übersetzung einzelsprachlicher Ausdrücke in solche der Universalgrammatik möglich ist? Denn was auch immer eine universelle Kategorie wie ›Adjektiv‹ bedeutet, sie *kann* dort nicht den Sinn haben, den wir dem Wort »Adjektiv« geben, wenn wir von den Unterschieden der Adjektive im Japanischen und im Lateinischen sprechen, denn im Japanischen verhalten die »Adjektive« genannten Wörter sich morphologisch und syntaktisch anders als im Lateinischen.[106] Wenn wir also das japanische Wort *taka-i*, *taka-katta* (»hoch«, »hoch-gewesen«) ebenso wie das lateinische *altus*, *-a*, *-um* ein Adjektiv nennen, dann kann dieses Wort in beiden Fällen nicht genau dasselbe bedeuten, denn es sind damit unterschiedliche sprachsystematische Sachverhalte benannt. Analoges gilt für syntaktische Sachverhalte: Worauf soll in dem japanischen Satz

Tokyo wa ima nanji-desu-ka (»Wie spät ist es jetzt in Tokyo?«)

der Ausdruck *Tokyo wa* »zurückgeführt« werden, auf eine Kategorie ›Subjekt‹[107] oder aber auf so etwas wie ›Angabe‹[108] oder

106 Im Japanischen haben Adjektive Präteritumsformen, können also in gewissem Sinn »konjugiert« werden und ähneln in dieser Hinsicht Verben, weisen andererseits keine verschiedenen Genus-Formen auf, die es im Japanischen nicht gibt, und sind – dies betrifft die *na*-Adjektive – in bestimmten Kontexten von Substantiven nicht zu unterscheiden.

107 ›Subjekt‹ ist im GB-Modell die höchste von S (bzw. INFL') dominierte NP:

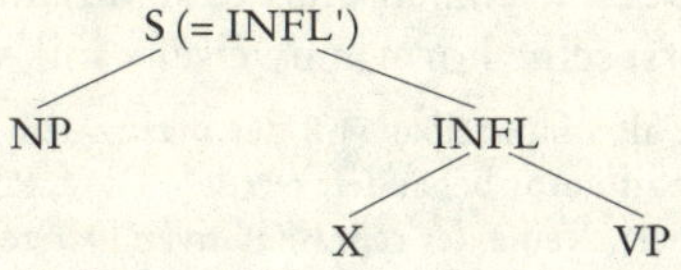

108 Eine in der generativen Grammatik im Gegensatz zur Dependenztheorie sträflich vernachlässigte Kategorie. In dieser kann die ›Ergänzung‹ nur *gegen* die ›Angabe‹ bestimmt werden. In der GB-Theorie fällt dies dem Dogma des Subjektprinzips zum Opfer. Logisch betrachtet müßte die

ähnliches? Für die erste Option würde sprechen, daß der Ausdruck __ *wa* im Japanischen das Thema kennzeichnet, das häufig durch das grammatische Subjekt bezeichnet wird, für die zweite, daß man *Tokyo wa* im Deutschen eben mit »*in* Tokyo« übersetzen würde. Allerdings entspricht diesem »in« im Wortlaut des japanischen Satzes nichts. Logisch würde natürlich nichts dagegen sprechen, »Tokyo« als Subjekt aufzufassen, dem ein bestimmtes Prädikat zugesprochen wird, nämlich *daß* dort gerade eine bestimmte bzw. erfragte Uhrzeit herrscht.[109] Oder betrachten wir, um das Problem der Vermittlung von Oberflächen- und Tiefenstruktur zu verdeutlichen, eine im Deutschen durchaus übliche Redeweise wie

Er ist erwischt worden, was mich freut.

Die Tiefenstruktur kennt per definitionem keine Nebensätze. Sie muß also *was mich freut* ebenso als ›Satz‹ erzeugen wie *Er ist erwischt worden*. Nach welchem Kriterium wird nun entschieden, welcher Satz in welchen »einzubetten« ist? Semantisch betrachtet könnte ja der Satz *Er ist erwischt worden* ebensogut als Subjekt zu *was mich freut* betrachtet werden wie dieser umgekehrt als Angabe zu *Er ist erwischt worden*, und so, in letzterem Sinn, versteht ein Sprecher des Deutschen den gesamten Satz auch. Woher, wenn nicht vom Gemeinten her, sollte das Einbettungsproblem, eine Frage also, die das Verhältnis von Tiefenstrukturen angeht, zu entscheiden sein? Welcher von zwei jungen Hechten, die sich mit aufgerissenem Maul entgegenschwimmen, frißt den anderen auf? Wir werden auf dieses Problem zurückkommen. Trotz oder gerade wegen des Arbitraritätsprinzips suchte der prä-chomskysche Grammatiker doch die Grammatik *im* signifiant, nicht jenseits von ihm, und Saussure gibt dem – wir haben es gesehen – in seiner Konzeption der entités abstraites die entsprechende semiologische Form. Doch wenn jenseits des signifiants angesiedelt ist, was diesem allererst seine Form »zuweisen« soll, wie soll diese dann zu

Angabe ja als unmittelbar von der maximalen INFL-Projektion dominierter Spezifikator behandelt werden. Diese Position ist aber vom Subjekt blockiert. Keine der repräsentativen Darstellungen der Theorie verschwendet auch nur eine Seite auf dieses Thema. Dies ist natürlich kein Zufall, vgl. Chomsky 1981, S. 37.

109 Man spricht ja immer nur *vom* Subjekt – *kata tou hypokeimenou*; vgl. hierzu Kap. 9, S. 384 f.

seiner Form überhaupt werden können? Grundsätzlich kann doch nur Gleichartiges Gleichartiges kausal affizieren, so wie dies bei Chomsky gedacht ist. Nie ist innerhalb der Schule über diese Frage nachgedacht worden. Man sieht das Problem der Vermittlung von kategorial Ungleichrangigem schlechterdings nicht, und dies hat seine Gründe. Die alte metaphysische Ordnung von Form und Stoff ist, wo die Grammatik einem anderen kategorialen Rang zugeordnet wird als die Sprache, diese – noch einmal mit Popper zu sprechen – der Welt 3, Grammatik jedoch der Welt 1, heillos durcheinandergeraten, ja geradezu auf den Kopf gestellt. Was im ›klassischen‹ Verständnis immer Stoff war, ist zur Form geworden und braucht nun seinerseits etwas, im Verhältnis zu dem er ›Form‹ sein kann, ein in der Tat einzigartiger, weil platonisch organisierter Materialismus. Chomsky hat ja weder programmatisch noch materiell je die Metaphysik der klassischen Naturwissenschaften verlassen.[110] Stoff ist bei Platon *soma*, Form das *eidos*.[111] Daran hängt – im *Theaitetos* ist dies abgehandelt – die Ordnung der Erkenntnistheorie: *somata* kann man nur wahrnehmen, Erkenntnis spielt sich ausschließlich auf der Ebene der *eide* ab. Bei Chomsky werden die *somata* zu Formen, und damit ist die Frage nach dem Geformten nicht mehr zu vermeiden.

Erst von hierher wird die in physikalistischem Kontext doch befremdlich anmutende Rede von logischen Formen in ihrem »strategischen« Zweck verständlich. In ihr bringt die in die Welt 3 abkomplimentierte Sprache sich auf der Ebene der Welt 1, in der Mimikry semanto-syntaktischer Regeln, zur Geltung. Im Sinne der skizzierten Architektonik der Theorie kann die Funktion der ›Logischen Form‹ – Chomsky selbst bezeichnet sie als »zentral« für seinen Gegenstand[112] – nur darin bestehen, eine Art »Bedeutung überhaupt« zu organisieren als Bezugspunkt für Aussagen über die Syntax der Strukturen jenseits des ephemeren signifiant, die »irgendwie« ja doch *Sprach*-Strukturen ›sein‹ sollen. Sozusagen ersatzweise – der Autonomiethese streng genommen

110 Im Gegenteil: In Chomsky 1995 stellt er sich ausdrücklich in diese Tradition.

111 Vgl. Platons *Timaios* 48 e ff., wo das Verhältnis von ›Stoff‹ (*ta gignomena [somata]*) und ›Form‹ (*ta eide*) logisch (49 d f.) wie ontologisch (50 a ff.) geklärt wird.

112 Vgl. Chomsky 1981, S. 34.

widersprechend – wird hier derjenige semantische Stoff bereitgestellt – syntaktisch »noch« ungeformte Argument-Prädikat-Strukturen –, dem im Zusammenwirken von Tiefen- und Oberflächenstruktur seine (Oberflächen)form zugewiesen wird und der sich in dieser als »seiner« Form wiedererkennen kann, weil er in einem doch derselben Ordnung angehört wie jene, ›abstrakt‹ wie die Formative der Tiefen- oder Oberflächenstruktur, denn auch er ist jenseits des ephemären signifiant angesiedelt. Chomsky selbst hat diesen Zweck der LF-Komponente, der viel grundsätzlicher ist als nur der der Regelung von Quantorenbereichen, deutlich genug ausgesprochen:

»Let us assume that LF must be so designed that such expressions as *the man*, *John*, *he* are assigned θ-roles, that is, are assigned the status of terms in a thematic relation.«[113]

Nur so können die Wörter sein, was sie sind – Worte. Was auf der einen Seite aufgegeben wurde – das Lexikon buchstabiert ja nur die morpho-phonologische Struktur und die syntaktischen Merkmale der »lexical items«, abstrakte Zeichengestalten also ohne jede Bedeutung –, muß auf der anderen Seite wieder eingebracht, kompensiert werden. Es ist paradox genug: Die These eines autonomen Syntax-Moduls zieht das Postulat einer Art von transzendentaler Semantik nach sich, für sich *seiender* Bedeutungsformen, die Stoff für die syntaktische Bearbeitung ebenso werden wie die Lexikonelemente. Tatsächlich sind sie für die Syntax unverzichtbar. Ohne sie wäre jeder Versuch, Kombinationsregeln für syntaktische Kategorien zu formulieren, orientierungslos. Chomskys Subjektprinzip – jeder Satz hat genau ein Subjekt[114] – wäre ja als kontingentes Evolutionsprodukt unplausibel, als solches schlechterdings nicht *verständlich*, wenn diesem Prinzip nicht eine Argument-Prädikat-Struktur als ontologisches Korrelat unterschoben würde. Onto-logisch verfremdet meldet sich die auf dem Niveau der ›Sprache‹ geleugnete Funktionalität grammatischer Formen zurück, in welcher die Syntax zu fundieren ist, will sie in welch vagem Sinn auch immer noch als Syntax »natürlicher« Sprache gelten können. Und in der Tat ist eine solche Funktionalität auch von keiner Syntaxtheorie ganz zu verleugnen. Allerdings ist sie

113 Ebd. S. 35.
114 Vgl. von Stechow und Sternefeld 1988, S. 77 ff.

nicht intensional zu fassen, wie dies in den betreffenden »funktionalen« Grammatiken in der Regel versucht worden ist, sondern extensional: im Sinne der These Austins, daß das Gelingen des phatischen Akts nicht hinreichende, aber doch notwendige Bedingung für das Gelingen des rhetischen ist.[115]

Wie auch immer die Konstruktion einer derartigen Ebene von »Bedeutung überhaupt« zu denken ist, mit der Unterscheidung von signifiant und signifié und der Abstraktion von diesem könnte sich Chomsky durchaus noch in der gemeinsamen Tradition von Grammatik und Logik sehen, auch wenn die Abspaltung der Grammatik von der Sprache die kategoriale Ordnung der Grammatiktheorie durcheinanderbringt. Doch dies ist für den Linguisten eine cura posterior. Es kommt darauf an, was im Rahmen des kognitivistischen Programms aus dem signifiant selbst wird. Dies muß sich bei der Erörterung der zweiten und dritten der oben benannten Grundsatzentscheidungen zeigen:

(II): In der Tradition der Grammatik war der signifiant stets begriffen als derjenige manifeste Ausdruck, dessen ›relevante‹ Eigenschaften *an sich* zu beschreiben waren. Daraus ergaben sich die elementaren grammatischen Sachverhalte

– Syntax (= lineare Ordnung des betreffenden Ausdrucks),
– Morphologie (= Konjugation, Deklination, ...) und
– Phonologie (bzw. Graphematik).

Die Alphabetschrift war – wie wir gesehen haben[116] – für diese Tradition konstitutiv. Erst sie erlaubte, ja erzeugte den »grammatischen« Umgang mit dem sprachlichen Material. Für die generative Grammatik ist dagegen der manifeste signifiant, die eigentliche »Oberfläche« der betrachteten Sätze, mehr und mehr uninteressant geworden, ist nicht oder doch nicht mehr das intendierte Forschungsobjekt. Bei ihm handelt es sich in ihrer Perspektive um eher ephemere Erscheinungen einzelner Sprachen, die den Blick auf das eigentliche Objekt geradezu verstellen. Sie werden an die ›Peripherie‹ der Grammatik abgeschoben.[117] Schon die Oberflächenstruktur ist ja nicht mehr Oberfläche selbst, sondern eine Abstraktion von dieser. Die Abspaltung des

115 Vgl. hierzu Kap. 2, S. 112 ff.
116 Vgl. Kap. 1.
117 Vgl. von Stechow und Sternefeld 1988, S. 40 ff.

signifiant vom signifié gewinnt hier – wir haben dies bereits berührt – einen im Sprachspiel der Linguistik neuen Sinn. Sie dient dazu, zum Eigentlichen selbst zu gelangen, dem ›Kern‹ der Grammatik. Als Form-des-signifiant interessieren den generativen Linguisten letztlich nur Formen, die Sprache überhaupt als Konstituentien zugeschrieben werden können. Insofern *kann* die These vom modularen Aufbau des »mind/brain«[118] nicht nur als façon de parler betrachtet werden. Sie ist für das generative Paradigma konstitutiv.

Von Universalien ist hier also in anderem Sinne die Rede als in dem, der immer impliziert ist, wenn über Sprache im allgemeinen gesprochen wird. Eine jede Sprachtheorie baut in diesem Sinne bekanntlich auf Annahmen über diejenigen Eigenschaften auf, die *Sprache überhaupt* charakterisieren. Man pflegt sie in der Regel als ›Prinzipien‹ der Arbitrarität und Linearität, der Konstituenz und Dependenz usw. zu explizieren, und in diesem Sinne haben auch wir sie diskutiert.

Hier geht es jedoch

(1) um materiale Prinzipien bzw. Regeln[119] wie etwa das X-bar-Schema $X^n \rightarrow \ldots X^{n-1} \ldots$, das Kopf-Vererbungs-Prinzip, das Prinzip der Peripherität des Kopfes, das Leere-Kategorien-Prinzip (ECP), ... , die Regel *Bewege-α*, ... und
(2) um Kategorien wie S, INFL, VP, NP, V, N, ... , KAS_1, KAS_2, ... , θ_1, θ_2, ...
usw.

Unter (2) sind diejenigen syntaktischen Formen angedeutet, über denen die unter (1) aufgeführten bzw. aufzuführenden Prinzipien oder Regeln operieren. Die Ebene (2) bezeichnet also die Menge ›substantieller‹ Universalien, ohne deren Annahme das kognitivistische Programm leer wäre.[120] Bei aller Abstraktheit sind sie doch gedacht als konkrete, materiale Eigenschaften bzw. Elemente der

118 Chomskys Bezeichnung für das, was der Sprecher/Hörer »im Kopf hat«. Vgl. dazu Schneider 1992, S. 73 ff.

119 Gegebenenfalls können diese ›parametrisiert‹, d. h. einzelsprachlich spezifiziert werden.

120 Im Rahmen der GB-Theorie wird in der Regel nicht mehr – wie in den *Aspects* – zwischen ›formalen‹ und ›substantiellen‹ Universalien unterschieden. Sachlich ist jedoch klar, daß es sich bei den oben skizzierten Ebenen (1) und (2) in etwa um diese alte Unterscheidung handelt.

Universalgrammatik, über die gelegentlich durchaus Hypothesen darüber erwogen werden, wie sie neuronal »repräsentiert« sein könnten.[121] Damit aber stellt sich die Frage nach dem empirischen Status dieser Theorie. Wenn die Elemente der Universalgrammatik phänomenal unzugänglich sind, wie sollten dann ›empirische‹ Hypothesen über sie *überhaupt* validierbar sein? Jede derartige Hypothese könnte ja nur eine Form haben wie:

Wenn man die Elemente α, β, …, δ der Universalgrammatik als gegeben voraussetzt,
dann ergeben sich für die einzelsprachlichen Elemente $x + y + \ldots z$ die und die Annahmen.

Falsifizierbar wäre eine solche Behauptung nur, wenn man zeigen könnte, daß das Consequens falsch, unabhängig davon aber das Antecedens wahr wäre.[122] Dies ist aber *per definitionem* nicht möglich. Der Zwitterstatus der ›substantiellen‹ Universalien, daß sie einerseits als Designatoren materieller Elemente gedacht sind, andererseits aber doch stets als ›theoretische‹ Begriffe auftreten, nämlich ›Satz‹, ›Nominalphrase‹, ›Verbalphrase‹ etc., verhindert dies.[123] Nun läßt sich im Ernst kein generativer Linguist durch dieses Argument beeindrucken. Es muß also eine Art von Evidenz verfügbar sein, die entgegen aller Programmatik einen unmittel-

121 Vgl. etwa Chomsky 1981, S. 35: »… there is no *a priori* reason to suppose that the brain uses such notations as (2) – seems (sad(John)) – in preference to (1) – John_i $[_{VP}$ seems $[_S$ t_i to $[_{VP}$ be sad$]]]$ –, though there might be empirical evidence …«

122 Vgl. von Stechow und Sternefeld 1988, S. 32 ff., die dieses Problem keineswegs unter den Teppich kehren, sondern in aller Offenheit erörtern. Was sie nicht erörtern (an dieser Stelle natürlich auch keinen Anlaß dazu haben), ist das logische Faktum, daß eine Verifikation oder auch nur eine Plausibilisierung der Theorie umso schwieriger wird, je mehr Voraussetzungen in einer Hypothese impliziert sind. Denn diese Hypothesen H_1, H_2, …, H_n bilden eine Konjunktion, die durch Widerlegung eines einzigen Gliedes insgesamt falsifiziert wird. Je größer n wird, desto schwieriger wird es mithin, das betreffende Theoriefragment H_1, H_2, …, H_n zu verteidigen. Es ist paradox, aber simple Aussagenlogik: Je komplexer die Theorie wird, desto mehr wird die Unentschiedenheit über alternative Hypothesen zu einem die Geltung der Theorie stabilisierenden Tatbestand.

123 Dies zeigt sich insbesondere am Verhältnis von ›Kern‹ und ›Peripherie‹. Vgl. dazu oben S. 245 f.

baren Zugang zur Universalgrammatik ermöglicht oder doch zu ermöglichen scheint. Diese *muß* im Argumentationstypus, in der spezifischen Weise der Organisation der Rede über Universalien liegen, die die generative Linguistik charakterisiert. Wir gehen dieser Vermutung nach, indem wir zunächst die dritte der genannten Grundsatzentscheidungen noch etwas eingehender betrachten, das Verhältnis von Sprachbeschreibung und -erklärung:

(III): Bereits in den *Aspects* hatte Chomsky die deskriptive Adäquatheit einer Grammatik ihrer explanativen Adäquatheit systematisch untergeordnet. Wenn die deskriptive Adäquatheit damals noch Ziel der grammatischen Sprachbeschreibung blieb, so lautete doch die grundsätzliche Annahme, daß bei gleicher deskriptiver Adäquatheit zweier Grammatiken derjenigen der Vorzug zu geben sei, die explanativ adäquater wäre.[124] Im Rahmen der kognitivistischen Wende der generativen Theorie ist diese Akzentsetzung entscheidend verschärft worden. In den *Aspects* war die Annäherung an das Ziel explanativer Adäquatheit noch als eine Funktion der Annäherung an die deskriptive betrachtet worden. Deskriptive Adäquatheit der Grammatik war jedenfalls als notwendige Bedingung für die explanative betrachtet worden wie umgekehrt[125], und dies konnte doch nur heißen, daß jede Rede über die Erklärung grammatischer Fakten stets eine mehr oder weniger *vollständige und korrekte* grammatische Beschreibung der betreffenden Sprache *voraussetzte*. Im Rahmen der sich kognitivistisch interpretierenden generativen Theorie ist das letztere Ziel jedoch aufgegeben und der »Schulgrammatik« anheimgestellt worden. Der generative Grammatiker zielt prinzipiell nicht mehr auf Vollständigkeit seiner Beschreibung, d. h. auf die Darstellung des Sprach*systems* der betreffenden Sprache, und es ist im Licht unserer bisherigen Überlegungen klar, daß dies mit dem Verständnis der Elemente der Universalgrammatik zusammenhängt, das wir eben betrachtet hatten. Sie werden als kontingente, dem Arbitraritätsprinzip nicht mehr unterworfene, folglich diskrete und zudem isolierte Evolutionsfakten begriffen. Also interessiert den generativen Linguisten gerade die Interpretation

124 Vgl. Chomsky 1965, S. 24 ff.

125 Im Sinne eines pragmatischen Rückkopplungsverfahrens. Vgl. Anmerkung 83.

einzelner »Züge« der je betrachteten Sprache mit dem Ziel, die Form des betreffenden Zuges auf das Zusammenwirken bestimmter universeller Formen $U_1, U_2, \ldots, U_n$ zurückzuführen und dadurch zu erklären, so wie z. B. der in manchen Sprachen »beobachtete« Zusammenhang von Subjekt-Inversion und sogenannter ›langer *Wh*-Bewegung‹ auf das Leere-Kategorien-Prinzip (ECP) zurückgeführt wird.[126]

Die ›Erklärung‹ eines einzelsprachlichen Ausdrucks S^j_i [127] besteht also

(1) in der *Konstruktion* eines Ausdrucks $U_1 + U_2 + \ldots + U_n$,
(2) in der Angabe eines Verfahrens, wie S^j_i aus $U_1, \ldots, U_n$ zu »rekonstruieren« ist.

Wären also

$$S^1{}_1, S^1{}_2, \ldots, S^1{}_n,$$
$$S^2{}_1, S^2{}_2, \ldots, S^2{}_n,$$
$$\ldots$$
$$S^m{}_1, S^m{}_2, \ldots, S^m{}_n$$

alle empirisch erfaßten einzelsprachlichen Ausdrücke, die die native speakers aller Sprachen S^1 bis S^m als »wohlgeformte« Ausdrücke ihrer jeweiligen Sprachen akzeptierten, so wären

$$U^*{}_1, U^*{}_2, \ldots, U^*{}_n$$ [128]

diejenigen Universalien, aus denen sich letztendlich alle Formen S^j_i im skizzierten Sinne ›erklären‹ ließen.

Das Wort »Erklärung« hat also in diesem Kontext einen besonderen Sinn. Es meint die Konstruktion eines den betreffenden einzelsprachlichen Ausdruck interpretierenden Metaausdrucks mithilfe eines endlichen Vokabulars, das einzelsprachliche Ausdrücke mit diesem auf spezifische Weisen kombiniert, im wesentlichen dadurch, daß sie ergänzt, »umschrieben« werden durch Indizes und Markierungen wie

126 Vgl. von Stechow und Sternefeld 1988, S. 17 ff. Natürlich ist dieser Zusammenhang selbst schon nichts empirisch ›Beobachtbares‹, d. h. kontingentes objektives Faktum, sondern ein Implikat der Theorie. ›Lange *Wh*-Bewegung‹ ist ein theoretischer Begriff, kein sprachliches Phänomen.

127 Lies: Ausdruck *i* der Einzelsprache *j*.

128 Hier ist nicht zwischen formalen und substantiellen Universalien unterschieden. »*« soll die »letzte« Annäherung an explanative Adäquatheit indizieren.

[± KAS] (bzw. $N_1, N_2, \ldots$),
[± finit],
[± θ] (bzw. $\theta_1, \theta_2, \ldots$)
usw.

Dieses Verfahren bedeutet somit die Konstruktion einer dem Anspruch nach universellen Beschreibungssprache Σ mit folgenden wesentlichen Merkmalen. Folgen wir hier Chomskys systematisch zweideutigem Gebrauch des Terms »Grammatik« – einerseits Theorie, andererseits von dieser beschriebenes Objekt –, so sind dies per se Merkmale der Universalgrammatik (UG):

Σ_i: In Σ (bzw. UG) ist das syntaktische Linearitätsprinzips zugunsten einer Indizierung grammatischer Funktionen bzw. θ-Rollen storniert.

Σ_{ii}: Σ (bzw. UG) verfügt über eine einfache, an die Prädikatenlogik angelehnte Syntax. Für die Tiefenstruktur gilt: Die θ-Rolle entspricht dem, was in der Prädikatenlogik das Argument ist.[129] Folglich gibt es in der Tiefenstruktur keine Nebensätze. Der ›Satz‹ entspricht der ›elementaren‹ Proposition.[130]

Σ_{iii}: Σ (bzw. UG) ist charakterisiert durch eine Universalisierung der Semantik derart, daß einzelsprachliche »Wurzeln« durch ein universalgrammatisches Vokabular »kommentiert« werden, z. B. dt.

mich friert $\Rightarrow (\theta_1)$ FRIER $_{[+\text{ finit}]}$;
$\Rightarrow (\theta_1) \Rightarrow N_1$
sie gefällt mir $\Rightarrow (\theta_1)$ GEFALL $_{[+\text{ finit}]}$ (θ_2)
$\Rightarrow (\theta_1) \Rightarrow N_1, \Rightarrow (\theta_2) \Rightarrow N_2$

usw.[131]

Daß auf dieser *syntaktischen* Ebene von einer Semantik gesprochen wird, ist immanent betrachtet kein Widerspruch – wir hatten dies bereits berührt. Sie spielt hier vielmehr die unverzichtbare Rolle des ›Stoffs‹, ohne den die Rede von syntaktischen ›Formen‹ sinnlos, weil leer wäre. Aus den Ausdrücken *friert*, *gefällt* usw. wird das Material gewonnen, das man als Substrat der Kommentierung braucht. Die spezifische »einzelsprachliche« Bedeutung des dergestalt »rekonstruierten« Ausdrucks kann sich innerhalb des Verfahrens erst dadurch ergeben, daß die tiefenstrukturellen

129 Vgl. von Stechow und Sternefeld 1988, S. 64: »Die D-Struktur repräsentiert die Prädikat-Argument-Relation.«

130 D. d. dem Elementarsatz im Sinne des *Tractatus*.

131 Zu lesen als: FRIER hat die syntaktischen Merkmale θ-Rolle 1 und + finit; θ-Rolle 1 fordert (unter zu spezifizierenden Bedingungen) ein Nomen mit Kasus 1 usw. Vgl. von Stechow und Sternefeld 1988, S. 161 ff.

Ausdrücke durch einzelsprachliche Parameter ergänzt werden, die letztendlich dafür sorgen, daß der Ausdruck *so* verstanden wird, wie man annimmt, daß er eben in der betreffenden Sprache verstanden würde, im Fall FRIER/*frieren* etwa dadurch, daß das aus θ_1 abgeleitete N_1 in einen Akkusativ gesetzt wird, der nicht als ›strukturell‹ gilt, sondern als ›idiosynkratisch‹. Merkwürdigerweise sagt man halt im Deutschen *mich friert*, wo man nach der θ-Rollen-Theorie »*ich* friere« erwarten würde, im Lateinischen *vino fruor* statt »zu erwartendem« *vinum* usw.

Bezeichnet man die einzelsprachlichen »Wurzeln« dieses Verfahrens mit griechischen Minuskeln, Kategorienausdrücke mit lateinischen Majuskeln, Indizierungen, Markierungen oder ähnliche Elemente mit *, so kennt Σ nur Ausdrücke der Form

α^* ß* μ^* ... A* B* Z* ...[132]

Zwei Punkte sind hierzu zu bemerken: Erstens ist klar, daß das Vokabular von Σ beschränkt ist und dem Forschungsziel nach beschränkt bleiben muß. Dies hat zur Folge, daß man, um aus diesem Vokabular die ganze Fülle und Komplexität einzelsprachlicher Oberflächen zu erzeugen, Kombinationsregeln und diese restringierende Beschränkungen einführen *muß*:

– Adjunktionen und Konjunktionen;
– Bindungsprinzipien, Peripheritätsprinzip, ... , Kasusfilter, ... , ECP etc.

Dabei gilt aus leicht einsichtigen Gründen der Grundsatz: Je mehr das Vokabular substantieller Universalien *beschränkt* wird, desto mehr muß das Repertoire von Regeln und Beschränkungen *erweitert* werden.[133] Und ebenso klar ist, daß die Entscheidung, die

132 Metaregel: Jeder Ausdruck besteht aus wenigstens einer Minuskel oder Majuskel, * ist fakultativ.

133 Nimmt man etwa mit Chomsky (1970) Merkmale [± N] und [± V] als Grundrepertoire zur Definition lexikalischer Kategorien an, so lassen sich daraus rein kombinatorisch 4 lexikalische Kategorien definieren; verallgemeinert gesprochen also n lexikalische Kategorien durch ein Repertoire von $\sqrt{n}$ Merkmalen. Freilich ist dann für *jede* lexikalische Kategorie mindestens eine Kombinationsregel vonnöten.
Eine analoge Argumentation ließe sich natürlich für beliebige syntaktische Kategorien aufbauen: Sei $x + y$ ein linear geordneter Ausdruck und x = synt. Kat.$_1$, y = synt. Kat.$_2$, so ließen sich x und y leicht durch eine »Grundkategorie« z *plus Reihenfolgeregel* darstellen: $x + y \Leftrightarrow z_1 + z_2$, so wie es durch die sogenannten Subjekt-Objekt-Verb-Sprachen (SOV),

Ebene U^* auf eine Ebene U^{**}, allgemein gesprochen also U^{n*} auf $U^{(n+1)*}$ zurückzuführen, keine empirische, sondern eine *a priori* zu treffende ist. Diese Anlage des Erklärungsmodells bestätigt somit, was wir oben über die für die Universalgrammatik konstitutive Begrenzung des Arbitraritätsprinzips gesagt hatten. Das semiologische Prinzip der Differenz ist hier außer Kraft gesetzt zugunsten einer metasprachlichen Zuordnung von Form und Bedeutung, wobei letztere hier paradoxerweise – konträr zu allem, was seit Platon darüber gedacht worden ist und was auch in der nichtkognitiven Linguistik galt und gilt – gegenüber der Syntax als ›Stoff‹ behandelt wird.[134]

Zu fragen ist bei dieser Sachlage, welche Argumente für die kognitivistische Position sprechen: Zunächst sicherlich die wohl unbestreitbare Tatsache, daß *jedes* Kind die Fähigkeit besitzt, bis zu einem bestimmten Alter jede beliebige Sprache *vollständig* zu erwerben. Dafür sprechen gerade auch Fälle von Bilingualismus. Ist dieser Prozeß des primären Spracherwerbs einmal abgeschlossen, d. h. eine bestimmte, bei bilingual heranwachsenden Kindern zwei Sprachen erworben, so können wir danach – dafür scheint jedenfalls alle Erfahrung zu sprechen – weitere Sprachen nicht mehr erwerben, nur mehr lernen.[135] Dies heißt: auf der Grundlage einer bestimmten Sprache die nächste mehr oder weniger fehlerhaft, nie aber mit jener intuitiven Sicherheit beherrschen lernen,

darüber hinaus durch die gesamte Typologie von SOV-, SVO-, SOV-Typen ja auch empirisch nahegelegt wird. Vgl. hierzu Anm. 143.

134 Auch wenn man gemäß dem Arbitraritätsprinzip sprachliche ›Form‹ und ›Inhalt‹ bzw. ›Bedeutung‹ unterschied, um Wort- oder Satzformen zu beschreiben, so war die Bedeutung doch nie als das von der betreffenden ›Form‹ her Durchformte, mithin als deren Materie bzw. Stoff verstanden – im Gegenteil. Den einzelnen Wörtern und dem Satz insgesamt wurde die jeweilige Form vom Sinn bzw. von der Bedeutung her zugeordnet. Das Geformte war das phonische bzw. graphische »Material«. Der Sinn des Arbitraritätsprinzips bestand und besteht ja gerade darin, die so gebildeten Formen für sich nehmen, sie unabhängig von dem ideellen Gesichtspunkt, unter dem sie ihre jeweilige Form gewonnen hatten, als gegebene Objekte behandeln zu können (vgl. Kap. 4). Das Wort »Form« in Opposition zu »Bedeutung« hatte also einen gleichsam passiven Sinn.

135 Die Gründe für dieses offenbare Faktum liegen bisher völlig im dunkeln und sie werden auch, so ist hinzuzufügen, durch Chomskys Theorie in *keiner* Weise erklärt – was von der Motivation des Theorieansatzes her doch eigentlich zwingend zu erwarten wäre.

die die muttersprachliche Kompetenz auszeichnet. Selbst wenn etwa ein Zwanzigjähriger, der emigrieren mußte, die Sprache seiner neuen Umgebung lernt und diese dreißig Jahre lang ausschließlich benutzt, um darüber die als Kind erworbene Muttersprache so gut wie zu vergessen, so kann er doch, solange sein Denk- und Wahrnehmungsapparat noch im Rahmen des »Normalen« funktionieren, weder durch Krankheit noch durch auf den Tod hinführende Schwäche unwiderruflich beeinträchtigt sind, binnen kürzester Zeit die volle Kompetenz in der ersten Sprache zurückerwerben. Es ist wie mit dem Schwimmen: man verlernt es nie. Dieses Faktum spricht in jedem Fall für genetische Anlagen, die den Spracherwerb ermöglichen. Dahin steht freilich, ob man sich diese als autonomes Syntaxmodul zu denken hat. Saussures Modell rechnet, wie wir gesehen haben, mit keinerlei derartiger »Sonderausstattung« der menschlichen Natur, will allerdings den ontogenetischen Spracherwerb auch nicht erklären, sondern setzt ihn als je gegeben voraus.

Zugunsten seiner These ist von Chomsky seit der Skinner-Rezension[136] immer wieder ein methodologisches Argument bemüht worden, das im Kern übereinkommt mit Poppers Widerlegung des Induktionismus: Die Perfektion des primären Spracherwerbs wäre induktionistisch, nach dem Schema von Stimulus und Response, nicht zu erklären. Die Universalgrammatik, so physikalistisch sie auch bei Chomsky gedacht ist, ist doch jene poppersche Theorie, in deren Licht das Kind die ihm gegebenen primären sprachlichen Daten deutet. Aber diese Annahme ist in ihren Details selbst ein empirisch schlechterdings nicht überprüfbares, geschweige denn überprüftes Argument. Denn wie »defekt« sind diese Daten tatsächlich? Das Argument setzte doch nicht weniger voraus als die nicht fragmentarische Aufzeichnung wenigstens eines gelungenen Spracherwerbs unter natürlichen Bedingungen, etwas, das selbst unter japanischen Video-Verhältnissen kaum zu realisieren wäre. Und vor die Verifikation wäre in jedem Fall – wir haben dies in anderem Zusammenhang ausführlich erörtert – die Transkription gesetzt.[137]

Selbst wenn aber dieses Argument akzeptiert wird, so wäre der Schluß auf eine genetisch vererbte Universalgrammatik nur dann

136 Vgl. Chomsky 1959.
137 Vgl. Kap. 3, S. 133 ff.

zwingend, wenn in methodologischer Hinsicht hier das tertium non datur gelten würde, der gelingende Spracherwerb nur *entweder* induktionistisch *oder* popperianisch zu erklären wäre. Nun gibt es aber eine dritte Schlußweise: die Analogie. Ihre fundamentale Rolle für die Sprachkonzeption Saussures haben wir bereits erörtert. Sie wird uns in ähnlicher Bedeutung wieder begegnen, wenn wir unser Thema mit einer Lektüre Humboldts und Wittgensteins zu Ende führen. Klar ist indessen schon hier, daß Chomskys sozusagen unfreiwilliger Popperianismus, der so wenig ins Bild paßt wie seine Inanspruchnahme Saussures oder gar Humboldts, das schlichte Resultat der Vernachlässigung, des Vergessens, ja der Verdrängung der Analogie ist.

Um welchen Preis also ist die chomskysche Position formuliert? Als erstes ist hier nun die schon erwähnte *Empirieferne* der generativen Theorie zu benennen: Vom Ansatz her wären Kandidaten für hypothetisch formulierte Universalien stets solche einzelsprachliche Formen, für die es starke Analoga in anderen Sprachen gibt. Sie werden mit zum Kernbestand der betreffenden Grammatik gerechnet werden. Vom Standpunkt des Grammatikers aus werden dies naturgemäß eher die »regelmäßigen« als »unregelmäßige« Phänomene der betreffenden Sprache sein. Dies führt zu dem Paradoxon, daß danach gerade die für die betreffende Sprache *spezifischen* Erscheinungen per definitionem zur Peripherie der jeweiligen E-Grammatik[138] gerechnet werden müssen, z. B. die ›starke‹ Verbkonjugation des Deutschen oder Englischen.[139] Paradox ist dies nicht nur deswegen, weil die Besonderheiten einer Sprache doch wohl den Kern der betreffenden E-Grammatik bilden sollten, sondern darüber hinaus auch deswegen, weil man grundsätzlich doch erwarten sollte, daß gerade die Charakteristika einer Sprache dem allgemeinen Begriff von Sprache besonders »nahe« sind. Was die Schreibweise Mozarts charakterisiert und sie von derjenigen Bachs unterscheidet, wird man seiner Besonderheit wegen doch nicht als für unseren Begriff von Musik unwesentlichen Zug betrachten, im Gegenteil.[140] Zudem

138 E-Grammatik = Einzelsprachengrammatik.

139 Vgl. von Stechow und Sternefeld 1988, S. 40 ff.

140 Vom Begriff des Sprachsystems her, wie Saussure ihn umrissen hat, sind solche Unterschiede wie »fern« und »nah«, »Kern« und »Peripherie« natürlich insgesamt irreführend. Jedes Element einer bestimmten Sprache

stellt sich die Frage nach der Perspektive, von der her etwas *als* typisch erscheint. Binnenflexion ist ein Typus von syntaktisch-semantischer Markierung ebenso wie Endflexion. Ginge man von den semitischen Sprachen als Paradigma aus, so erschiene daneben unsere »regelmäßige« Endflexion ganz und gar untypisch. Nähme man schließlich das Chinesische zur Norm, müßte jegliche Flexion parametrisiert werden. Die Fokussierung auf eine Universalgrammatik hin macht es unmöglich, in den Verschiedenheiten des menschlichen Sprachbaus eben dessen *ousia* zu erkennen und damit eine jede besondere Sprachstruktur als relativ gleichwertig gegenüber jeder anderen anzuerkennen. De facto ist Chomskys Universalismus ein Rückfall in eine Art grammatischen Eurozentrismus.

Die Empirieferne dieses Ansatzes äußert sich aber auch auf anderen Ebenen: Wider jeden phänomenalen Befund muß die generative Position »Lücken« in der Oberflächenstruktur postulieren: *Max seems to be considered to win* muß aus theorieimmanenten Gründen gedeutet werden als Max_i *seems* $[_S\ t_i$ *to be considered* $[_S\ t_i$ *to win*$]]$[141]. In der tiefenstrukturellen Repräsentation dieses Satzes der englischen Sprache fungiert gemäß den Annahmen der Theorie thematischer Rollen *Max* als Subjekt der Prädikate *to be considered* und *to win*[142], nicht jedoch als das des Oberflächenprädikats *seems*. Die Oberflächen- wird aus der Tiefenstruktur dadurch erzeugt, daß *Max* aus seinen »ursprünglichen« Subjektspositionen an andere, nämlich die des jeweils einbettenden Satzes, »herausbewegt« wird. Diese »Bewegungen« müssen jedoch rekonstruierbar sein – nur dies legitimiert die tiefenstrukturelle Analyse. Die »Erinnerung« an die Bewegungen soll ja repräsentieren, daß *Max* als logisches Subjekt der betreffenden Prädikate verstanden wird. Und folglich *muß* die Oberfläche noch »Spuren« der Bewegung enthalten, die mangels Masse nur als »Lücken« vorstellbar sind.

Das berühmte Null-Morphem der strukturalen Linguistik war – bei aller Absonderlichkeit dieser Begriffsbildung für Nicht-

ist dem Begriff ›der‹ Sprache genau so fern oder nah wie jedes andere dieser Sprache und wie jedes Element einer jeden Sprache, weil es ein *tertium comparationis* nicht gibt, das man doch logisch zwingend bräuchte, um ›Nähe‹ und ›Ferne‹ zu unterscheiden.

141 Die »Lücken« sind bezeichnet durch t_i.

142 Genau genommen als Objekt des Prädikats *to consider*.

Linguisten – doch durch das Prinzip der Differenz *phänomenal* gut motiviert. Die Abwesenheit einer Markierung ist in Opposition zu markierten Termen notwendigerweise ein Zeichen, sie hat wahrnehmbare und deutbare Qualität. Doch die Spuren von »Bewegungen« von der Tiefen- zur Oberflächenstruktur haben keinerlei Zeichenqualität. Sie stehen für nichts als für ein theoretisches Konstrukt, und mit Kant wäre doch zu fragen, wie der Mensch etwas soll erkennen *können* – wie unbewußt auch immer das betreffende ›Wissen‹ gedacht ist –, das er *nicht* wahrnehmen kann.

Ähnliches wäre von der durch den Theorieansatz erzwungenen analogen Behandlung bestimmter Elemente der Oberflächen- und der Tiefenstruktur zu sagen, nämlich der Deutung von Reflexivpronomen und Spuren. Beide werden in der generativen Theorie als ›Anaphern‹ den ›Pronominalen‹, d. h. den Personalpronomen, entgegengesetzt, wo jede »oberflächenorientierte« Grammatik die Reflexivpronomina doch als Personalpronomen mit zusätzlichen Referenzbedingungen behandeln würde.

Am gravierendsten scheint jedoch die hier in Anschlag zu bringende Vernachlässigung der linearen Oberflächenordnung als *der* bedeutungskonstitutiven Kategorie schlechthin. Daß diese Ordnung Zeichenfunktion hat, wird von niemandem bestritten, auch nicht vom generativen Grammatiker. Warum gerade ihr nicht universeller Rang zugemessen, sondern sie parametrisiert wird[143], ist

143 Wird als universelle Grundstruktur des Satzes etwas angenommen wie

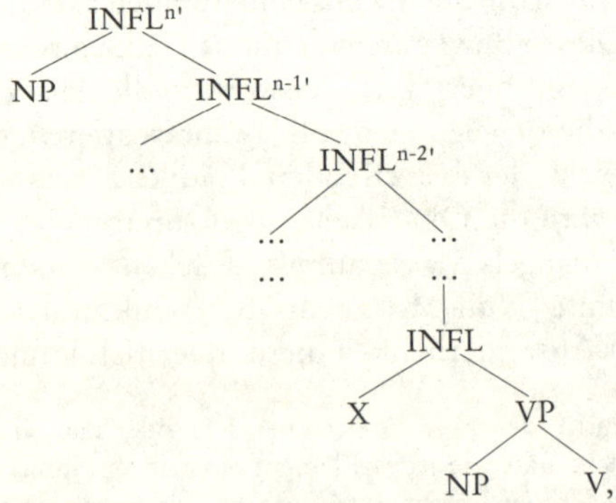

so muß zum Zweck der Erzeugung der jeweiligen Oberflächenstruktur die lineare Anordnung jeder Verzweigung durch einzelsprachliche Parametrisierung festgelegt werden.

nur von dem Argument her zu verstehen, daß – würde die lineare Ordnung der ›Formative‹ auf der Ebene der Tiefenstruktur als bedeutungskonstitutiv anerkannt – ihr dieser Rang auf der Ebene der Oberfläche schwerlich abzusprechen wäre. Damit aber geriete der Theorieansatz überhaupt ins Wanken. Spätestens an dieser Stelle wird jede generative Grammatik, solange sie irgend an der Unterscheidung von Tiefen- und Oberflächenstruktur festhält, *zwangsläufig* dogmatisch. Dies führt zu solchen Blüten, daß etwa die für die gesamte Syntax des Deutschen zentrale Zweitstellung des Finitums, derjenige syntaktische Mechanismus, an dem das gesamte Sprachverfahren des Deutschen hängt[144], in der generativen Beschreibung der Syntax des Deutschen vernachlässigt wird: für »zugrunde liegend« nimmt man die Endstellung des Finitums an.[145]

Doch ist damit die Reihe der »generativen Paradoxien« keineswegs erschöpft. Mit dem Erklärungskonzept dieser Theorie verbunden sind methodologische Widersprüche. Der erste ergibt sich daraus, daß *methodisch*, nämlich bei der Konstruktion von Logischer Form und Tiefenstruktur, das Verständnis nicht nur des betreffenden Ausdrucks, sondern darüber hinaus der Äußerung konstitutive Bedingung ist. Überlegungen, wie der Skopus der Quantoren der Ausdrücke

(1) *Jeder in diesem Raum versteht zwei Sprachen* bzw.
(2) *Zwei Sprachen werden von jedem in diesem Raum verstanden*[146]

tiefenstrukturell zu repräsentieren sei, setzen voraus, daß diese Ausdrücke nicht nur als Propositionen, sondern als in bestimmter Weise referentialisierte Behauptungen verstanden sind. *Methodologisch* jedoch werden ›Sprache‹ und ›Grammatik‹ im Sinne des Postulats einer autonomen Syntax strikt getrennt. Sprache soll

144 Zum Begriff des Sprachverfahrens vgl. Kap. 2, S. 94 ff.

145 Vgl. von Stechow und Sternefeld 1988, S. 98 f. und 388 ff. Nur am Rande sei hier angemerkt, daß diese Position zu einer erheblichen Verkomplizierung der Behandlung der Quantoren führt.

146 (1): Für alle x gilt: x befindet sich in diesem Raum und x versteht zwei Sprachen.
(2): Es gibt ein y und ein z, für die gilt: y und z sind verschiedene Sprachen und jeder in diesem Raum versteht y und z. (I. ü. gilt alternativ natürlich auch die Lesart (1) für (2): Der versteht Deutsch und Englisch, der Spanisch und Französisch usw.)

sich erst durch ein Zusammenwirken mehrerer Module ergeben, welches jedoch nicht weiter expliziert wird. Methodologisch wird so die Syntax als notwendige Bedingung der logischen Form konstruiert, methodisch wird sie dagegen als hinreichende Bedingung behandelt.[147]

Der zweite Widerspruch ergibt sich daraus, daß im Rahmen dieses Konzepts nicht nur unerklärt, sondern *per definitionem* unerklärlich bleibt, wie das Kind die jeweilige Peripherie der betreffenden E-Grammatik erwirbt. Für diesen »Lernprozeß« müßte doch die auf Skinner angewandte Argumentation ebenso gelten wie für *jede beliebige* sprachliche Form. Die Ablautreihen der ›starken‹ Konjugation sind Schemata, sprich types wie die Bildungsweisen der ›schwachen‹, und für jene gilt wie für diese, daß ihr Schema nicht für alle Verben gilt, nur ist die Menge der schwachen Verben größer als diejenige der zu einer Ablautreihe gehörenden, und daß die ›starken‹ Verben eine geschlossene morphologische Form repräsentieren, ist selbst kein empirisches Faktum – das Nichtauftreten einer Neubildung dieses Typs kann man an sich nicht erfahren –, sondern eine theoretische Hypothese.

Der dritte Widerspruch betrifft schließlich den empirischen Status der generativen Grammatik. Obwohl auf ein falsifikationistisches Argument aufgebaut, ist sie selbst prinzipiell nicht falsifizierbar. Wir hatten dies schon grundsätzlich angesprochen. Die Unterscheidung von ›Kern‹ und ›Peripherie‹ der Grammatik beleuchtet dieses für den theoretischen Anspruch des Modells geradezu vernichtende Faktum auf besondere Weise: Falsifiziert werden könnte die Theorie nur durch den Aufweis einer Oberfläche, die mit dem verfügbaren Apparat von Universalien und Kombinationsregeln nicht erklärbar ist, z. B. durch einen einzelsprachlichen Ausdruck, in dem der Kopf nicht peripher ist. Nun ist aber die Unterscheidung von Kern und Peripherie selbst ein Universale, nämlich eines »für alle Fälle«, und bei einer Mehrheit von Fällen, die für die bisherige Theorie sprechen, ist es von der Logik des Paradigmas her geradezu gefordert, den nicht passen-

147 Die Konstruktion der D-Struktur setzt das Verständnis der LF voraus. Dieses ist somit notwendige Bedingung für die Konstruktion der D-Struktur. Hinreichende Bedingung natürlich nicht, denn die Konstruktion der D-Struktur erfordert ja zusätzliche Kenntnisse, die das Verständnis der LF nicht notwendig impliziert.

den Einzelfall der Peripherie zuzuordnen oder ein weiteres Universale anzunehmen, das ihn mit der Theorie verträglich macht.

III: Generative Grammatik und Schrift

Empirieferne wie methodologische Widersprüche beruhen zweifellos darauf, daß die erkenntnistheoretischen Implikationen der Rede über Tiefenstrukturen oder logische Formen innerhalb der generativen Theorie niemals geklärt worden sind. Dies verhält sich in diesem Paradigma prinzipiell anders als in denen der traditionellen Grammatik oder der formalen Logik. Wo dort von einer grammatischen oder logischen Form gesprochen wurde, bezog man sich stets auf einen explizit formulierten *schriftlichen* Ausdruck, der für jedermann, dem ein grammatisches oder logisches Argument zugemutet wurde, jederzeit deutlich wahrnehmbar und lesbar sein mußte.

Dem Kind wird von Chomsky jedoch eine Sprache Σ zugeschrieben, die weder es selbst noch irgend ein anderer je wahrnehmen noch erkennen *kann,* unter die es bzw. sein ›mind/brain‹ gleichwohl aber der Theorie nach alle ihm im primären Spracherwerb begegnenden »primären sprachlichen Daten« subsumieren *muß,* um die sie deutende E-Grammatik ausbilden zu können. Auch die Black-box-Metapher hilft hier nicht weiter, den dunklen Sinn der Rede von einer Korrektur wahrgenommener durch nicht wahrnehmbare Formen aufzuhellen, der in der Nativismushypothese impliziert ist. Die angeblich so defekten sprachlichen Daten erfährt das Kind ja als sinnlich wahrgenommene Phänomene, mit denen es in sozialem Kontakt konfrontiert wird. Was in der schriftlichen Repräsentation von Tiefen- und Oberflächenformen gleichartig aussieht, ist von den theoretischen Annahmen her kategorial grundverschieden. Und es gibt nicht die mindeste Vorstellung darüber, wie eine Beeinflussung der einen Ordnung von Objekten, Elemente der Kompetenz$_{III}$, durch die andere, Kompetenz$_{I}$, möglich sein soll. *Irgendwie* müßte das Aufeinandertreffen dieser verschiedenartigen Elemente doch phänomenal in Erscheinung treten, denn es ist ja notwendigerweise als zeitliches Ereignis gedacht. Man braucht nur an die Schwierigkeiten zu erinnern, die Austin mit der Unterscheidung von Illokution und Perlokution hat, um die Brisanz dieses Problems zu erkennen. Da handelt es sich ja um eine ganz ähnliche kategoriale Differenz.

Ursache dieser Dunkelheit ist offenkundig die Tatsache, daß das Kategorieninventar der U-Grammatik nicht aus einer Phänomenologie der kommunikativen Kompetenz des native speaker abgeleitet ist, sondern *ausschließlich* aus theorieimmanenten Zwängen resultiert, die sich aus der vorausgesetzten, eben a priori *gesetzten* Unterscheidung von Oberflächenstruktur und Tiefenstruktur ergeben. Diese verdankt sich ihrerseits einem dogmatisch gesetzten Satzbegriff, dessen logische, mithin *funktionale* Provenienz, so evident sie ist[148], systematisch geleugnet wird. Dem Kind wird, um es mit einem Wort zu sagen, eine genetisch tradierte Sprache zugesprochen, die keinerlei Züge von dem aufweist, was man in welchem Sinn auch immer eine »menschliche Sprache« nennt.

Es fragt sich bei dieser Sachlage, woher der Linguist seinen Begriff von Tiefenstruktur nimmt, woher bei der kaum zu bezweifelnden *Un*möglichkeit, diesen Begriff in der einen oder anderen Form empirisch zu bestätigen, die Gewißheit rührt, daß er nicht leer ist. Woher ›weiß‹ man in irgendeiner der philosophisch einschlägigen Verwendungsweisen des Wortes »wissen«, daß der Begriff der Tiefenstruktur Sinn macht? Die Antwort auf diese Frage kann sich letztlich nur aus der Betrachtung des linguistischen Handelns ergeben, das diesen Begriff und die an ihn sich knüpfenden Überzeugungen ausgebildet hat, und diese Betrachtung verweist unübersehbar auf die Schrift. Sie allein bietet die Möglichkeit, die Abstraktionen zu vollziehen, die notwendig sind, um diejenigen Konstrukte herzustellen, über die geredet wird. Betrachten wir ein Element der Tiefenstruktur:

(θ_1) GEFALL $_{[+\text{ finit}]}$ (θ_2)

ist eine Figur, die als das, was sie ›sein‹ soll – »zugrunde liegendes« Material der Erzeugung eines Satzes der deutschen Sprache – *per definitionem* weder zu sprechen noch wahrzunehmen ist, denn sie hat – noch – keine phonologische Form. Diese muß ihr erst durch entsprechende Regeln zugewiesen werden. Ebensowenig aber ist sie zu denken, denn sie hat auch noch keine Bedeutung. Als »Oberflächenelement« wäre *gefallen, gefällt* oder welche besondere Form auch immer unvermeidlich das, was sie ist: ein Wort der

148 Vgl. hierzu Kap. 10, S. 395 ff.

deutschen Sprache. Als linguistisches Objekt kann das »Tiefenelement« erst und allein in schriftlicher Form zur Anschauung gebracht werden, die der Grammatiker wenn nicht als Christ, so doch als Mensch braucht, um sich auf es beziehen und als Element einer Regel verwenden zu *können*.

Wie jede andere linguistische Theorie ist die generative Grammatik auf die schriftliche Repräsentation ihres Materials angewiesen. Der Satz muß hingeschrieben werden, damit er so zerlegt werden kann, wie die Theorie es fordert. Hier gewinnt diese allgemeine Bedingung sprachwissenschaftlichen Handelns jedoch im buchstäblichen Sinn des Wortes eine zusätzliche Dimension: Die üblichen Diagramme, die den Aufbau der Theorie darstellen -

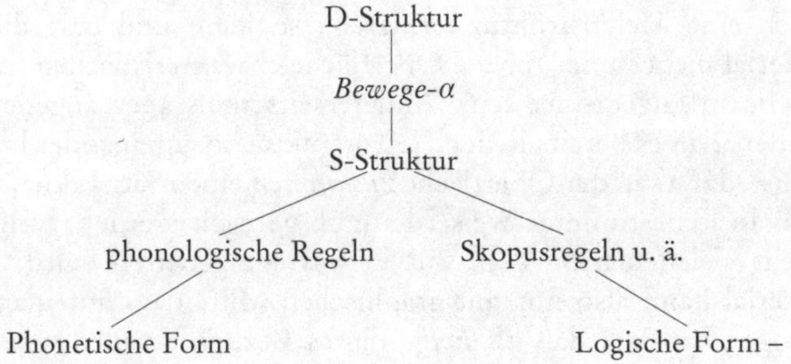

organisieren ein *Nebeneinander* von Formen, das als solches für die generative Theorie konstitutiv wird. Die verschiedenen zur Darstellung von Satzstrukturen verwendeten Repräsentationsformen beleuchten dies in augenfälliger Weise. *Max seems to be considered to win* kann zwar repräsentiert werden als

Max_i *seems* $[_S\, t_i$ *to be considered* $[_S\, t_i$ *to win*$]]$.

Doch macht diese Form noch Gebrauch von einem linearen Verhältnis zwischen den Termen des analysierten Ausdrucks, das für die »Oberfläche« charakteristisch ist, ordnet z. B. *Max* »links von« *seems* an und drückt so nicht das explizit aus, was nach dem für die Universalgrammatik charakteristischen Merkmal Σ_{ii} doch gerade repräsentiert werden müßte, nämlich die Argument-Prädikat-Struktur des betrachteten Ausdrucks. Erst die Repräsentation durch den P-marker, das Baumdiagramm, erzeugt diejenige Anschauung, die der Rede über Tiefenstrukturen ihre Evidenz verleiht. Sie erst trennt die verschiedenen Ebenen im buchstäblichen

Sinn voneinander und verwandelt dadurch die dem Linearitätsprinzip unterworfenen Wörter in zweidimensional angeordnete und an*zu*ordnende Figuren. Nach Σ_{ii} kennt die Universalgrammatik auf der Ebene der Tiefenstruktur keine Nebensätze, und doch muß auf dieser Ebene das propositionale Material bereitgestellt werden, aus dem die Nebensätze in der Oberfläche gebildet werden:

Max
x seems
y to be considered
z to win

Will man die Oberflächenform gemäß den Bedingungen Σ_i bis Σ_{iii} durch eine Tiefenstruktur ›erklären‹, so kann und darf dieses Material nicht in der für die Oberfläche charakteristischen linearen Form angeordnet sein. Andererseits muß aber angedeutet werden, daß es bereits in der Tiefenstruktur so aufeinander bezogen ist, daß es in der Oberfläche *zusammen* einen Satz bildet, und zwar in je bestimmter Weise. Es muß geregelt werden, welcher Hecht welchen frißt, d. h. was in was »eingebettet« wird. Das Material kann also nur mit graphischen Mitteln so aufeinander bezogen werden, daß *als Folge* dieses Bezugs Formen gebildet werden können, die sich ihrerseits auf phänomenal erfaßbare sprachliche Sachverhalte abbilden lassen:

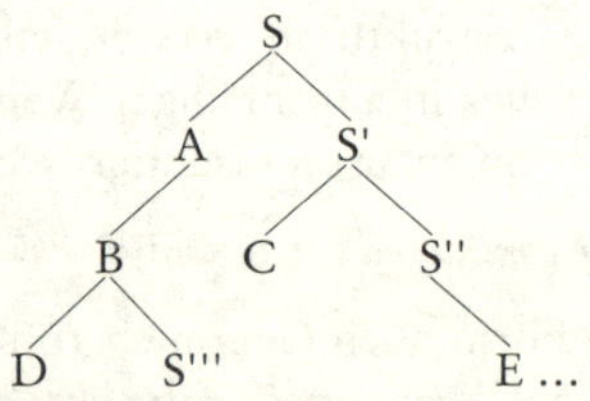

Genau betrachtet müßten die hier als S', S'' usw. angedeuteten Knoten des Diagramms durch Dummy-Symbole bezeichnet werden, Platzhalter *für* Satzknoten, die gemäß Σ_{ii} erst in der Oberflächenstruktur dort erscheinen dürften. Denn der der Doktrin nach *einzig mögliche* Platz für einen Satzknoten in der Tiefenstruktur ist durch den obersten ja besetzt: Jeder Satz hat seine eigene D-Struktur, die die für ihn charakteristische Argument-Prädikat-Struktur auslegt. Diejenige *jedes beliebigen* S', S'' usw.

muß also per definitionem durch eine eigene D-Struktur repräsentiert werden. Und diese verschiedenen D-Strukturen D', D'', D''' usw. können nicht linear angeordnet sein, da das Konzept des Syntax-Moduls Regeln der linearen Abfolge von D-Strukturen nicht kennt und auch gar nicht kennen *kann*. Nun soll D^n doch »irgendwie« in D^{n-1} eingebettet werden, und dies notwendigerweise gemäß den für D^{n-1} gültigen Syntax-Regeln, und also müßte letztlich D^2 in D^1 gemäß den für D^1 gültigen Syntax-Regeln eingebettet werden. Also kann es neben den für $D^1, D^2, \ldots, D^n$ gültigen Syntax-Regeln keine anderen geben, die die jeweilige syntaktische Position von $D^2, D^3, \ldots, D^n$ festlegen würden, so wie es ja auch keine gibt, die diejenige von D^1 in einen übergeordneten linearen Textzusammenhang festlegten. Die Theorie kann für *ein* D nur ›mögliche‹ Positionen für D's vorsehen. Sobald aber mehr als ein D' in D vorgesehen ist, und aus empirischen Gründen muß ein D' in verschiedenen Positionen vorkommen können, denn es gibt Subjektsätze, Objektsätze, Attributsätze usw., dann ist für *kein* D' mehr geregelt, wo es in die Struktur von D einzubetten wäre – ein analoges Problem wie bei der Lexikonregel.

So ergibt sich die irritierende Konsequenz, daß das, was wir als Chomskys bahnbrechende linguistische Leistung begriffen hatten, die Deutung des Satzbegriffs mittels des Begriffs der rekursiven Funktion, *im strengen Sinn inkompatibel ist mit der Aufspaltung des Satzes in Oberflächen- und Tiefenstruktur*. Indiz dieses Bruchs ist der Begriff der Spur, diejenige *leere* Kategorie, die der Theorie nach in der betreffenden D-Struktur »zurückbleibt«, wenn aus ihr auf dem Weg zur Oberfläche ein Element »herausbewegt« wird.[149] Die entstandene »Lücke« muß – wir hatten dies bereits diskutiert – koindiziert sein mit der Kategorie α, die sie »ursprünglich« ausfüllte. α_i hinterläßt ein t_i. Doch soll dies funktionieren, so muß eine gemeinsame Referenzebene vorausgesetzt werden, die die Identität der Indizes sichert. *Theoretisch* kennt die generative Grammatik eine derartige Ebene nicht. Die These der Autonomie der Syntax schließt sie explizit aus. Es müßte sich ja um so etwas wie eine Textebene handeln. Das einzige, was dann noch sichern kann, daß es sich bei α_i und t_i um dasselbe $*_i$ handelt, ist die Möglichkeit, beide Indizes in der Anschauung aufeinander zu beziehen, zu *sagen* also: »Dieses $_i$ indiziert dasselbe wie jenes $_i$«,

149 Vgl. von Stechow und Sternefeld S. 95.

und dabei auf das zu *zeigen*, was sich theoretisch nicht sagen läßt, nämlich auf das je *gemeinte* »$_i$«.[150] Die einzig mögliche Referenzebene, die dies ermöglicht, ist das schriftliche Diagramm, in der die verschiedenen Ebenen tatsächlich und buchstäblich nebeneinander auf *derselben* angeordnet sind: auf demselben Blatt Papier. Die Darstellung *einer* »Transformationsgeschichte« auf der Vorder- und Rückseite eines Blattes wäre nur möglich, wenn durch wiederum besondere Indizes die Fortsetzung jeder auf der ersten Seite abgebrochenen Linie des Graphen auf der zweiten eindeutig markiert wäre. Ohne diese scheinbar *äußerliche* Bedingung wäre der *Begriff* der Tiefenstruktur nicht möglich.[151]

Solange es beim systematisch zweideutigen Gebrauch des Wortes »Grammatik« bleibt, wäre damit, um das Konzept der Tiefenstruktur zu halten, ein theoretisches Analogon für das zu fordern, was die Seite des Papiers praktisch für das Schreiben einer generativen Grammatik ist: eine endliche Ebene gemeinsamer Anschauung, sprich kognitiver Verarbeitung der betreffenden D-Strukturen. Und für eine solche Vorstellung haben wir kein anderes Modell als das des Lesens und Schreibens bzw. das des Kodierens und Dekodierens, das zwar einen allgemeineren Sinn hat, technisch gesehen aber nur eine bestimmte Art des Schreibens und

150 Wollte man es *sagen*, so müßte man einen entsprechend »feinkörnig« formatierten Raum voraussetzen, dessen einzelne Bereiche oder Raumfragmente durch die Angabe von Zeilen und Spalten oder ähnliche Verfahren identifizierbar wären und in dem die aufeinander zu beziehenden D-Strukturen in einer bestimmten Weise angeordnet wären. Dann könnte man in der Tat sagen: Das i in Bereich x indiziert dasselbe wie das i in Bereich y. Doch wäre damit das Identifikationsproblem lediglich auf die nächste Ebene verlagert, z. B.: Wann wurden dem ja notwendigerweise begrenzten Raum die betreffenden D-Strukturen inskribiert, denn in demselben Bereich x könnten sich ja zu verschiedenen Zeiten verschiedenen D-Strukturen zugehörige Indizes i befinden usw. ad infinitum. Der jeweilige Bezugsrahmen jedweder Identifizierungsleistung kann allgemein nicht festgelegt werden. Subkutan meldet sich hier die parole zu Wort, die im saussureschen System eigenes kategoriales Recht besitzt, das ihr im chomskyschen Paradigma abgeht.

151 Von Stechow und Sternefeld etwa (1988, S. 278 ff.) kommen daher nicht von ungefähr zu einer »repräsentationellen« Auffassung der Beziehung von D- und S-Struktur, holen de facto die D-Struktur in die S-Struktur ein, was jedoch auf der Ebene der Theorie bruchlos nicht gelingen *kann*. Das beschriebene Einbettungsproblem bleibt.

Lesens ist. Was wir oben als die wesentlichen Eigenschaften Σ_i bis Σ_{iii} der generativen Metasprache beschrieben hatten, läßt sich so »operational« begreifen als Konstruktionsmerkmale eines spezifischen Graphismus. Σ_i erlaubt die Auflösung der linearen Ordnung der parole in propositionale Bestandteile, die den Status von Elementen der D-Struktur allererst dadurch gewinnen, daß sie zu deren Konstruktion spezifisch »aufgearbeitet« werden: *Max*, *seems*, *to be considered*, *to win*. Für sich betrachtet sind sie pures Material, Stoff, der zu Konstruktionselementen aufbereitet wird, indem in einem ersten Schritt seinen Elementen Leerstellen zugeschrieben werden:

__ *Max* __
__ *seems* __
__ *to be considered* __
__ *to win* __

In diese werden dann gemäß Σ_i bis Σ_{iii} die entsprechenden Kommentare *inskribiert:*

Max$_i$
t_i *seems* $[_S[_S$ — $]]$
t_i *to be considered* $[_S$ — $]$
t_i *to win*

Das so aufbereitete Material kann nun zweidimensional angeordnet und durch Pfeile, Linien etc. oder durchkreuzte Pfeile und Linien kommentiert werden, die lokale Veränderungen der Figuren oder deren Verhinderung markieren:

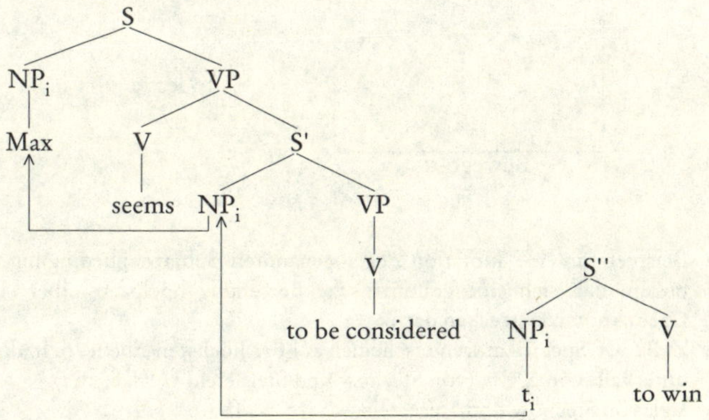

oder

$\ldots X \ldots [_S \ldots [_S \ldots Y \ldots]_S \ldots]_S \ldots X \ldots$[152]

XXX XXX

usw.

Die Metaphorik der generativen Metasprache ist durch und durch am Raum orientiert: Man spricht von der Regel »Bewege-α«, davon, daß ein Formativ in eine Position »hineinbewegt« wird, von den »Verzweigungen« einer Phrase, von »Projektionsebenen«[153], von der »Peripherität« des Kopfes, von der »Anhebung« (*raising*) von Subjekten oder Verben, und diese Metaphorik ist keineswegs »nur« metaphorisch zu verstehen. Es wird diskutiert, ob man sich *Bewege-α* »dynamisch« oder »repräsentationell« vorzustellen habe, als Beschreibung einer Bewegung von der D- zur S-Struktur oder aber als Repräsentation von Beziehungen zwischen zwei Positionen innerhalb der S-Struktur[154], die Struktur etwa von *Mary seems to leave* als ›repräsentationell‹:

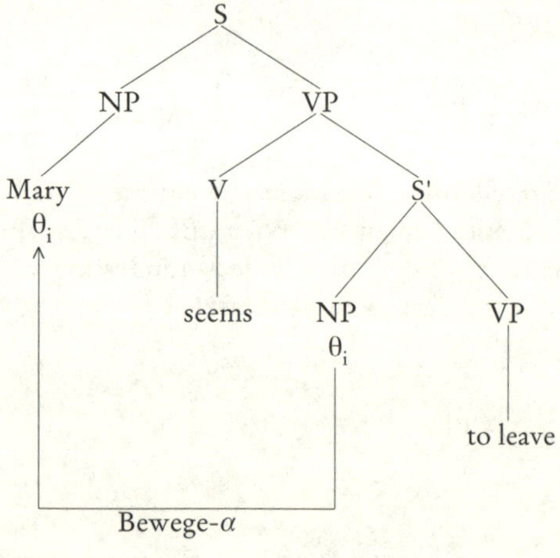

152 Beispiel für eine Notation der sogenannten Subjazenzbedingung, die besagt, daß sich eine grammatische Beziehung höchstens über einen Grenzknoten erstrecken darf.

153 Z. B.: »X-Spezifikatoren erscheinen auf der höchsten Ebene, d. h. direkt unterhalb von X^{max}« (von Stechow und Sternefeld 1988, S. 132).

154 Vgl. von Stechow und Sternefeld 1988, S. 84 ff.

oder als ›dynamisch‹:

D-Struktur:

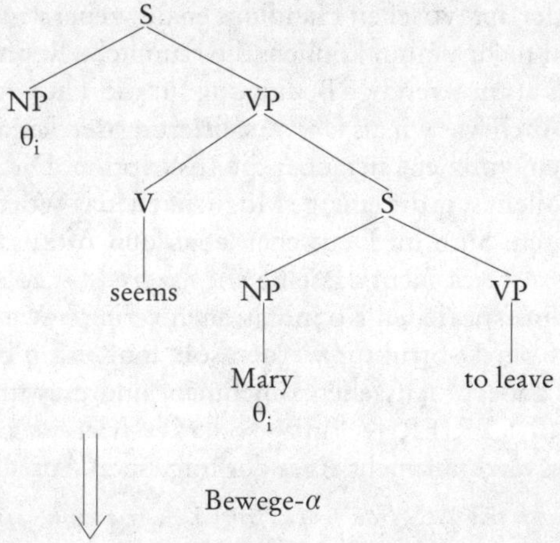

S-Struktur:

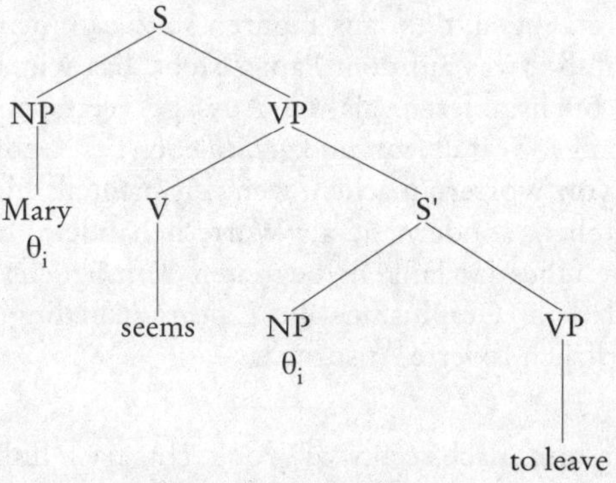

Doch in beiden Fällen wird etwas behauptet, für das es nur eine zweidimensionale Darstellungsweise gibt, was folglich auch nur räumlich vorstellbar und referentialisierbar ist. Denn es fehlt jedwede von dieser Darstellungsweise unabhängige Kenntnis über mentale Prozesse, die dem entsprächen, was hier »Transformation« genannt wird.

Man könnte dieses Thema beliebig ausspinnen. Eine Phänomenologie der analytischen Handlungen des generativen Grammatikers wird nicht umhin können, die räumliche Repräsentation des Materials als notwendige Bedingung für die Theorie selbst zu begreifen. Auch was wir als Universalisierung der Semantik beschrieben hatten, vollzieht sich über die Inskription. Die Zuschreibung von θ-Rollen ist ja die einzige Möglichkeit, das Wort *frieren*, das in bestimmtem Sinn im Deutschen eben den Akkusativ verlangt – *mich friert* meint nicht dasselbe wie *ich friere* –, so aufzubereiten, daß es seine speziellen Konnotationen verliert. Wenn es zu einem Formativ der D-Struktur werden soll, muß es im buchstäblichen Sinn ein anderes Aussehen annehmen, und dies mag sein wie es will – »(θ_I) FRIER [+ finit]« oder »x-frier-y« oder wie auch immer, es *darf* nur nicht eines der folgenden Aussehen haben:

friere, frierst, friert, ... fror, frorst, froren, ... frierend, gefroren, ... –

denn dann wäre es von einem Wort der *deutschen* Sprache nicht zu unterscheiden.

Stets ist bei all diesem graphischen Handeln vorausgesetzt, daß man dessen Zweck im buchstäblichen Sinn vor Augen hat, nämlich den, den *sprachlichen* Ausdruck »mich friert« oder »sie gefällt mir« zu erzeugen, d. h. aus Figuren so zusammenzusetzen, daß zum Schluß etwas auf dem Papier steht, das wir, indem wir die Figuren buchstabieren, als die Aussage verstehen, *daß* sie mir gefällt, und so von *sie*, *mir* und *gefällt* eben den Gebrauch machen, den wir von Wörtern machen, wenn sie nicht als Figuren auf dem Papier stehen, sondern sie als Worte behandeln: daß wir sie als Elemente eines Gedankens begreifen. Ermöglicht wird dies dadurch, daß im Graphismus die Linearitätsbedingung nicht gilt. Der schriftlich fixierte Ausdruck

$$t_i \longrightarrow \alpha_i$$

kann von links nach rechts wie von rechts nach links,

$$\begin{array}{c} \alpha_i \\ \Big\downarrow \\ t_i \end{array}$$

von oben nach unten wie von unten nach oben gelesen werden. Der Pfeil verhindert dies nicht. Ohne diese Rahmenbedingung wäre die generative Theorie nicht nur nicht wahrheitsfähig, sondern schlechterdings unmöglich. Sie erst hebt den Widerspruch zwischen Methodologie, die erklären will, und Methode, die verstehen muß, zwar nicht auf – dies wäre unmöglich –, aber domestiziert ihn sozusagen, indem sie dem Umgang mit grammatischen Formen eine Ebene schafft, wo er nicht in Erscheinung tritt.

So ist in der generativen Theorie trotz aller kognitivistischen Programmatik die *techne grammatike* auf ihr ursprüngliches Medium zurückgekommen und hat nolens volens ihre ursprüngliche Bedeutung zurückgewonnen – die Kunst des Umgangs mit schriftlichen Elementen. Nicht im Genom residiert das Syntaxmodul, sondern auf dem Papier.

Schrift und Formalität

7. Text und Textur

Unsere bisherigen Überlegungen haben einen intrinsischen Zusammenhang von Alphabetschrift und Grammatik zutage gefördert. Die *techne grammatike* – Produkt wie Vehikel der Schriftevolution – prägt im Umgang mit dem neuen Medium Formen des Geschriebenen aus, für die es im Bereich des Oralen keine Begriffe gibt, weil diese Formen dort an sich nicht thematisch und somit auch nicht deutlich werden konnten: ›Wort‹ und ›Satz‹ und ihre jeweiligen Konstituenten als grammatische Kategorien. Noch bei Platon bezeichnet das Wort »logos« beides, Wort wie Satz, darüber hinaus Rede, Erzählung usw. In seinen späten Dialogen erst ist jene terminologische Fixierung des Sprachgebrauchs zu beobachten, der sich die Ausprägung der grammatischen Kategorien von *logos, onoma* und *rhema* verdankt.[1] Das Konstitutionsprinzip der Alphabetschrift, das den Graphismus zu einer für die Verschriftung jeder Sprache hinreichend distinktiven Repräsentation des Phonismus zurüstete, bringt mit der Evolution der Orthographie diese Formen mehr und mehr zu anschaulicher Deutlichkeit.[2]

Wir hatten in diesem Sinne von einer rekursiven Definition grammatischer Formen durch den Schriftgebrauch gesprochen und gesehen, wie sich ein ›grammatisches‹ Sprachbild im alltagspraktischen Umgang mit Schrift beständig reproduziert – eine Praxis, in die jede einzelne Biographie innerhalb literaler Gesellschaften eingefädelt wird. Selbst der Analphabetismus noch wird von dorther via negationis, als verfemter Bezirk, ausgegrenzt.

Daß die Alphabetschrift die Sprache *repräsentiere*, erweist sich in dieser Perspektive als ebenso wahr wie falsch. Sie repräsentiert sie, indem mit ihrer Ausbildung der Graphismus dem Phonismus vollständig untergeordnet und zu einer syntaktischen und morphologischen ›Mächtigkeit‹ ausgebildet wurde, die an Fähigkeit semantischer Differenzierung dem gesprochenen Wort äquivalent ist – soweit sich dies überhaupt feststellen läßt.[3] Wird der affektive

1 Vgl. Kap. 8.

2 Vgl. Kap. 1.

3 Belege wären die Wiedergabe von Chorliedern in der antiken Tragödie ebenso wie die Möglichkeit, noch im Gebrauch befindliche Dialekte mit-

Gehalt oraler Poetik oder Rhetorik mit der Aufzeichnung auch unweigerlich zerstört, die verbale Geste gleichsam stillgestellt, so bleibt doch der semantische Gehalt – was worüber gesagt wurde – erhalten, und selbst das Wie ist noch in gewisser Weise darstellbar.

Doch hier ist die definitive Grenze des Repräsentierbaren erreicht. Mit der vollständigen Unterordnung unter den Phonismus, die mit der Unterscheidung von ›Vokalen‹ und ›Konsonanten‹ definitiv erreicht war, gewinnt die Schrift ihre Autonomie und entwickelt sich fortan nach eigenen Gesetzen. Deren Grundprinzip – die entscheidende Differenz zum Phonismus – lautet von Anfang an, daß das Kontinuum der gesprochenen Rede überführt wird in endliche Mengen diskreter Elemente. Als Gewinn ist damit zu verbuchen, daß Formen der Sprache für sich nun erkennbar und deutbar werden. In ihnen werden die Gedanken veräußerlicht und so der Betrachtung in einer Weise vor Augen gestellt, wie dies im Mündlichen unmöglich wäre. Doch werden damit alle Vorstellungen von Sprache einer systematischen Zweideutigkeit unterworfen. In der Kohabitation von Schrift und Sprache wird immer schwerer unterscheidbar, auf wessen Konto was zu rechnen ist, was ›schriftlich‹, was genuin ›sprachlich‹ bzw. ›oral‹ an den Formen ist, mit denen man umgeht.

In der Erörterung der für Sprachwissenschaft konstitutiven Grundannahmen haben wir versucht, ein klareres Bild dieser Ambiguitäten zu gewinnen. Als Ansatzpunkt der Linguistik qua besonderer Wissenschaft von der Sprache jenseits von Philologie und grammatischer Tradition hat sich dabei der Schnittpunkt der Prinzipien der Fluktuanz und Arbitrarität erwiesen. Deutlich wurde dies insbesondere in der vergleichenden Lektüre der beiden Protagonisten der modernen Linguistik, Saussure und Chomsky. Und da ergab sich eine einigermaßen irritierende Bilanz:

Saussure trennt die langue von der écriture – ein in gewisser Weise geradezu fiktionales Unterfangen. Die Rede von sprachlichen Identitäten wäre ohne deren schriftliche Fixierung grundsätzlich nicht referentialisierbar. Doch eben deswegen gelingt es ihm auf der anderen Seite, Sprache und Grammatik als Objekte sui generis, nämlich als *noumenale* Realitäten freizulegen, Entitäten der popperschen Welt 3. Saussures Psychologismus ist nicht re-

hilfe von Transkriptionssystemen zu verschriften, die nicht viel mehr brauchen als das »normale« Alphabet und einige diakritische Zeichen.

duktionistischer Art. Mit dem Prinzip der differentiellen Wertbestimmung hat er einen Weg gefunden, die gegenläufigen Implikationen des Fluktuanz- und des Arbitraritätsprinzips zumindest partiell in der Balançe zu halten. Allerdings ist es Saussure nicht mehr gelungen, das für die Sprachwissenschaft doch kardinale Problem der Grammatik auch nur näherungsweise zu klären. Seine Skizzen hierzu haben nirgends das Niveau der Theorie erreicht, das erforderlich wäre, um den Begriff der Sprachstruktur für die Linguistik handhabbar zu machen.

Genau dies hat Chomsky geleistet. Er löst in gewisser Weise das Kernproblem der traditionellen Grammatik, die Definition des Satzbegriffs, durch das Konzept einer ›generativen‹ Grammatik, d. h. durch die rekursive Definition des Satzes.[4] Doch dem Schriftthema und dem damit verbundenen Problem der Konstitution linguistischer Objekte gegenüber ist er geradezu blind. So treibt er die Zweideutigkeit der Disziplin auf die Spitze. In einem verdinglicht er sprachliche Einheiten und Regeln zu natürlichen Objekten, wechselt sozusagen im Verfahren vom Arbitraritätsprinzip, von dem auch er ausgehen muß, zu einem allerdings nur programmatischen Physikalismus neuronaler Zustände, und gibt im selben Zuge auch das Fluktuanzprinzip dran, verabschiedet sich vom Differenzprinzip zugunsten eines Konzepts *an sich* diskreter Elemente, der Regeln und Kategorien der Universalgrammatik – die als solche phänomenal erfahrbar und operationalisierbar werden *ausschließlich* in schriftlicher Repräsentation. Dies nun stempelt den Begriff der Repräsentation definitiv zum Mythos. Man trifft die Essenz des chomskyschen Angangs zweifellos besser, wenn man den innerhalb der Schule geradezu zum Topos geronnenen Begriff der Repräsentation[5] aufgibt, um statt dessen von Konstruktion zu reden. Der generative Grammatiker will sprachliche Phänomene durch universelle, ›mentale‹ Regeln erklären, doch *de facto* deutet er schriftliche Beispielsätze durch schriftliche Konstrukte. Erst das Nebeneinander des Graphismus ermöglicht – wie wir gesehen haben – die Konstruktion verschie-

4 Der Begriff des Satzes wird extensional definiert: durch die Angabe eines Verfahrens, das alle und nur die Ausdrücke erzeugt, die Elemente der Menge ›Satz der Sprache L*‹ sind.

5 »Levels of representation« ist der Oberbegriff für D-Struktur, S-Struktur, LF usw.

dener Ebenen und deren Bezug aufeinander. Dies kaschiert den im Konzept der Tiefenstruktur angelegten Widerspruch, daß Nebensätze in ihr nicht vorkommen dürfen, durch Platzhalter dort aber doch schon repräsentiert sein müssen, damit Satzhierarchien aufgebaut werden können. Die ›logischen Formen‹, von denen her die Syntaxregeln letztlich festgelegt werden, müssen zuvor – für den formalen Logiker eine Selbstverständlichkeit – aus natürlichsprachlichen Sätzen dadurch gewonnen werden, daß man, unter Abstraktion von deren affektiven oder ästhetischen Funktionen, sie allein unter dem Gesichtspunkt ihres propositionalen Gehalts in einen graphischen Symbolismus so übersetzt, daß theoretische Entscheidungen aus ihm ableitbar werden.

Was also erklärt der kognitive Linguist, wenn er erklärt: anthropologische Fähigkeiten sprachlicher Artikulation oder Fähigkeiten des Operierens mit schriftlichen Elementen, die *per se* jenseits des Bereichs von Universalien angesiedelt sind? Die Frage braucht hier nicht entschieden zu werden. Der Nachweis der Schriftgebundenheit des Sprachspiels der kognitiven Linguistik genügt, um *jeden* ihrer Sätze unter den Verdacht der Zweideutigkeit zu stellen.

Nirgends zeigt sich der Fetischcharakter der Schrift so deutlich wie an diesem Fall. Ihre konstitutive Funktion für Denken und Handeln liegt bei aller empirischer Bemühung um das Thema immer noch weitgehend im dunkeln. Eben darüber wird sie zum philosophischen Problem. Indem Schrift Wissenschaft ermöglicht, gerät sie der Wissenschaft als ihre transzendentale Bedingung aus den Augen oder verformt sich ihr zum innerweltlichen Objekt. Wo Schriften beschrieben werden, wird die Schrift zwangsläufig vernachlässigt.

Eine Philosophie der Schrift finden wir expressis verbis schon bei Wilhelm von Humboldt, bei Derrida besetzt das Thema das Zentrum des philosophischen Diskurses. Subkutan weisen seine Spuren jedoch zurück bis in die überlieferten Anfänge des griechischen und jüdischen Denkens.[6] In seiner *Grammatologie* hat Derrida die von ihm »logozentrisch« genannte Grundvorstellung beschrieben, deren Resultat der oben skizzierte Mythos der Repräsentation ist, als dessen Ausfluß man zweifellos auch Chomskys Mentalismus zu nehmen hat: Spaltet man das Wort mit

6 Vgl. hierzu Blumenberg 1983.

Aristoteles oder Saussure in Zeichen und Bezeichnetes auf, so ergibt sich nach Derrida eine Hierarchie von Signifikanten, denn einem jeden muß infolgedessen von vorgeordneter Stufe aus sein Signifikat zugewiesen werden. Den höchstmöglichen Rang nimmt in dieser Hierarchie der Logos selbst ein, in der griechischen Bedeutung von *logos* das Gedanken-Wort. Doch verliert der Begriff des Logos als Folge der Unterscheidung von signifiant und signifié die Lesart »Wort« bzw. »Rede«. Er wird zum reinen Gedanken verinnerlicht. Das Auseinandertreten von phonologischer und semantischer Interpretation in einer generativen Grammatik dürfte die wohl extremste Ausformung dieser Vorstellungsweise sein. Der Schrift bleibt in diesem Mythos bestenfalls ein sekundärer Rang als Zeichen des Zeichens. Das geschriebene Wort soll – in krasser Umdeutung der vielzitierten aristotelischen Formel aus *Peri hermeneias,* deren Sinn wir bereits diskutiert hatten[7] –, was es besagt oder meint (*legei*), symbolisieren nicht analog zum gesprochenen, sondern in Abhängigkeit von diesem. Es bezeichnet den Signifikanten der nächsthöheren Stufe als sein Signifikat, und für das geschriebene Wort ist dies eben das gesprochene.

Dennoch bringt sich gegen die logozentrische Perspektive das Problem der Schrift, selbst wo nur Differenzen von Schriftarten registriert werden, auch im Vergleich empirischer Formen unvermeidlich zur Sprache. Je dichter die Befunde werden, desto zwingender legt das Material selbst den Schluß nahe, daß kulturelle oder zivilisatorische Unterschiede keineswegs zufällig mit unterschiedlichen Typen von Schriften einhergehen. Es muß etwas mit dem Typus der chinesischen Schrift zu tun haben, welche den signifié »bezeichnet«, daß sie in der Kalligraphie den ästhetischen Umgang mit dem Gesagten befördert, im Gegenzug aber seine formale Betrachtung verstellt.

Der Intensivierung der empirischen Schriftforschung, angestoßen durch Disziplinen wie Paläontologie, Ethnologie oder Altphilologie, koinzidiert kaum zufällig eine durch die »neuen Medien« verursachte Debatte um die dadurch vorgeblich geschmälerte, in jedem Fall wohl veränderte Funktion von Buch und Schrift. Die literarische Öffentlichkeit wird im ausgehenden 20. Jahrhundert schwerlich noch das Modell für die Konstitution der politisch-sozialen abgeben können, wie dies – zumindest der

7 Vgl. Kap. 4, S. 150 ff.

Theorie nach – im ausgehenden 18. und im 19. Jahrhundert der Fall gewesen ist.[8]

Daß sich die Funktion der Schrift in diesem Kontext verändert haben muß, ist sicher, wenn auch höchst ungewiß ist, welche Veränderungen sich da vollziehen. Der Einschränkung der Funktion des Lesens durch visuelle Medien steht ebenso gewiß die Potenzierung der Möglichkeiten zur Herstellung schriftlicher Texte durch den Einsatz der elektronischen Datenverarbeitung gegenüber. Dies gilt keineswegs nur in technischem Sinn. Die Möglichkeit, Hypertexte zu erzeugen, mit Textbausteinen zu arbeiten usw. haben dem Schreiben ohne Zweifel eine neue Qualität gegeben. Technische Innovationen, an jeder neuen Version eines Textverarbeitungsprogramms zu bestaunen, verändern nicht nur die äußere Form des Geschriebenen, sie haben Einfluß auf das Gesagte selbst. Versicherungsnehmer, Bausparer, Rentner, Bankkunden begegnen in der schriftlichen Kommunikation mit dem jeweiligen Institut in der Regel nur noch der stereotypisierten Freundlichkeit von Standardbriefen.[9]

Doch eine Philosophie der Schrift, welche Orientierungen für die kategoriale Verortung solcher Phänomene vermitteln könnte, existiert bis heute bestenfalls in Ansätzen. Derridas These des Primats der Differenz vor der Repräsentation ist im wesentlichen – dies hängt mit Derridas Text selbst zusammen – poststrukturalistisch verstanden worden und sollte wohl auch so verstanden werden: Im differentiellen Spiel der Signifikanten ad libitum ist das »dezentrierte« Zentrum vollends auf der Strecke geblieben.[10]

8 Vgl. Habermas 1969.

9 Dies ist für die betriebsinterne Weiterbildung des Personals längst zu einem Programmpunkt geworden: In eigenen psychologisch oder rhetorisch orientierten Kursen lernen Sachbearbeiter, mit dem Faktum umzugehen, daß ihre kommunikative Kompetenz sich in den allermeisten Fällen auf die Auswahl des »passenden« Standardbriefs beschränken muß, denn die technisch durchaus »machbare« Variation eines solchen Textes bringt nicht nur stilistisch, sondern auch sachlich schwer kalkulierbare Risiken mit sich, und daß sie infolgedessen von den Adressaten solcher Schreiben für einen Text verantwortlich gemacht werden, den sie nicht »persönlich« geschrieben, d. h. formuliert haben.

10 Am deutlichsten ist diese These vielleicht ausgesprochen in Derridas programmatischem Essay *La structure, le signe et le jeu dans le discours des siences humaines* [1967]. Dt. in Derrida 1972, S. 422 – 442. Vgl. dazu Frank 1983, S. 78 ff.

Doch ist die These eines Widerspruchs zwischen differentieller Konstitution von Sinn und dessen logischer Ordnung selbst ein Mythos. Ordnungen sind nicht per se metaphysischer Natur. Sie können zu bestimmten Zwecken errichtet und ebenso verändert werden. Prinzipiell ist es jederzeit möglich, jeden beliebigen Ordnungsgesichtspunkt unter der Perspektive eines anderen zu betrachten. »Effektives« Handeln orientiert sich pragmatisch. Gerade die Veräußerung, das Stillstellen des Gedachten in der Schrift ermöglicht den Aufbau sozusagen regionaler Subzentren von Handlungsorientierungen, deren Hierarchie jedoch stets veränderlich, weil nicht prinzipiell festgelegt bleibt. Derridas These enthüllt weniger als sie verdeckt: die genuinen Leistungen schriftlichen Handelns für die Entwicklung eines Typus von Intellektualität, dessen Charakteristikum nicht die Semantik, sondern die *Form* ist. Die Schwierigkeiten, auf die wir bei Saussures und insbesondere bei Chomskys Umgang mit dem Begriff der Form gestoßen sind, deuten darauf hin, daß hier ein undurchschauter Zusammenhang zwischen langue und écriture besteht, dessen spezifische Natur der Aufklärung bedarf. Es geht um den Zusammenhang von Alphabetschrift und Formalität.

Eine der grundlegenden Schwierigkeiten, die der Entwicklung eines adäquaten Schriftverständnisses entgegenstehen, ist zweifellos der besondere Rang, der in logozentrischer Perspektive der Alphabetschrift im Vergleich zu anderen Schriftarten eingeräumt wird. »Die Buchstabenschrift ist an und für sich die intelligentere«, lautet Hegels bekanntes Diktum[11], das Derrida seiner *Grammatologie* als Motto vorangestellt hat. Erst mit ihr war – wie wir gesehen haben – die vollständige Unterordnung des Graphismus unter den Phonismus insofern besiegelt, als sie in ihren orthographischen Registern Modelle dessen ausbildete, was die strukturale Linguistik später als »doppelte Artikulation« bezeichnen wird. Schon Humboldt hat in diesem Sachverhalt den entscheidenden Vorzug der Buchstabenschrift gesehen. Bilderschriften beruhen auf dem Prinzip der paradigmatischen Darstellung des bezeichneten Begriffs durch das Bild eines Objekts, das logisch oder analogisch unter ihn subsumierbar wäre, den Begriff des Vogels etwa durch das Bild eines Kranichs. Doch beeinträchtigt diese Weise der Darstellung des Gedankens das Verständnis des Ge-

11 Vgl. *Enzyklopädie* § 459, *Werke* Bd. 10, S. 274.

schriebenen insofern, als ihre Bildlichkeit sozusagen auf Nebengleise verleitet, der Leser bei der Auffassung des Gedankens in dessen allgemeiner Geltung irritiert wird. Die Figuren- bzw. Ideogrammschrift, welche den Gedanken gleichsam »rein« darstellt, ohne den signifiant der Wörter zu repräsentieren, die ihn bilden, scheint daher im Vergleich mit der Bilderschrift gerade das logische Verständnis des Textes und damit »die Idealität« der Sprache zu befördern[12]. Sie hat nach Humboldt jedoch den Nachteil, die sinnliche Wahrnehmung der »Individualität« der Wörter zu beeinträchtigen und damit ihren affektiven Gehalt zu vernichten. Denn das Gefühl ist an den Ton »geheftet« – bereits Herder hatte diesen Zusammenhang von Sprache und Emotionalität beschrieben[13]. So weckt seine Verlautbarung in der vernehmenden Seele die an ihn je geknüpfte »eigenthümliche Wirkung«.[14] Selbst wenn eine Ideogrammschrift letztlich doch immer als Lautschrift gelesen werde – jeder Chinese liest seine Zeitung doch in seinem besonderen Dialekt, leises Lesen lernt man über das laute –, selbst dann vermittle die Ideographie doch nur den abstrakten logischen Gehalt und führe so auf Dauer zu einer unvermeidlichen Sterilität des Denkens, in Ermangelung sozusagen einer dieses beflügelnden Ästhetik. Gefühl und Schwung hängen am Ton.

»Die Buchstabenschrift ist«, so Humboldts Konsequenz, »von diesen Fehlern frei, einfaches, durch keinen Nebenbegriff zerstreuendes Zeichen des Zeichens, die Sprache überall begleitend, ohne sich ihr vorzudrängen, oder zur Seite zu stellen, nichts hervorrufend, als den Ton, und daher die natürliche Unterordnung bewahrend, in welcher der Gedanke nach dem durch den Ton gemachten Eindruck angeregt werden, und die Schrift ihn nicht an sich, sondern in dieser bestimmten Gestalt festhalten soll.«[15]

So konsequent dies von der kantischen Ästhetik her auch gedacht ist, es bleibt in dieser Konzeption ein logozentrischer Rest. Der Vorzug vollständiger Konventionalisierung, den die Figurenschrift mit der Alphabetschrift teilt, ist bei der ersteren keineswegs mit einem Verlust an individualisierender sinnlicher Anschauung erkauft. Vielmehr tritt in der chinesischen Schrift an die Stelle der Lautanalogie die graphische. Was für den in der Buchstabenschrift

12 *Ueber die Buchstabenschrift,* WW III, S. 87 ff.

13 Vgl. Herder [1978 a], S. 53 ff.

14 *Ueber die Buchstabenschrift,* WW III, S. 87.

15 Ebd. S. 89.

schreibenden Lyriker der Reim, ist für seinen chinesischen Kollegen die im Zeichen kodierte graphische Alliteration.

Humboldt, der in der Auszeichnung des Tons offenkundig Herders Theorie des Gehörs als des »mittleren«, dem in buchstäblicher Weise zwischen den anderen vermittelnden Sinn folgt, beschreibt zwar das konstitutive Prinzip der Alphabetschrift durchaus zutreffend, keineswegs »phonozentrisch«: Sie führe der Seele das Verfahren der Artikulation des »im Sprechen verbundenen Lauts« – des Wortes bzw. der Äußerung nämlich – in Elemente vor Augen, die beim sprechenden Lesen Ohr und Auge zugleich, simultan »fühlbar« würden[16]. Zweifellos beruht die Buchstabenschrift auf einer phonematischen Analyse der Rede, doch wird bei dieser Erklärung der phänomenologisch relevante Unterschied zwischen Modell und Urbild vernachlässigt, den wir schon wiederholt benannt hatten: An die Stelle eines modulierten Kontinuums, *des* logos, tritt eine Folge diskreter Elemente, *die* stoicheia, lat. articuli, die schon bei den Vorsokratikern – Platons *Kratylos* und *Theaitetos* liefern die zentralen Belege[17] – als Grundbestandteile der Rede gedeutet werden. Erst diese rekursive Deutung der Sprache *von der Schrift her* hat den Mythos erzeugt, die Alphabetschrift repräsentiere den signifiant, Bilder- und Figurenschrift dagegen den signifié. Hierin aber sind – wie wir gesehen haben – *Konstruktions*prinzip und *Gebrauchs*prinzip von Schrift miteinander verwechselt. Denn natürlich stellt in Buchstabenschrift Geschriebenes ebenso »den signifié« dar wie jede andere Schriftart auch. Solange man buchstabiert, liest man noch nicht.[18] Die Alphabetschrift stellt ihn freilich auf besondere Weise dar. Ihr »technischer« Vorzug, der hohe Abstraktionsgrad auf nur wenige Elemente, auf dem ihre leichtere Erlernbarkeit beruht[19], verstellt

16 Ebd. S. 89 ff.«fühlbar« bezeichnet im Sinne der kantischen Ästhetik die Affektion der Sinne in der Wahrnehmung.

17 *Kratylos* 423 e ff., *Theaitetos* 202 d ff. Vgl. Kap. 8. S. 299 ff.

18 Die häufig anzutreffende Behauptung, man könne einen in Alphabetschrift verfaßten Text einer Sprache, die man nicht beherrscht, in dem Sinne »lesen«, daß man ihm zumindest den »signifiant« entnehmen könne, ist klarerweise kurzschlüssig. Ohne eine zumindest rudimentäre Kenntnis der Morphologie dieser Sprache wäre dies völlig unmöglich.

19 Möglicherweise ist freilich selbst das ein Mythos, denn immerhin brauchen auch europäische Kinder gut zehn bis fünfzehn Jahre – nicht weniger als chinesische oder japanische bei ihren Schriften –, bis sie die Alphabetschrift

allerdings das Verständnis für grundlegende Differenzen von sprachlichem und schriftlichem Handeln.

So fehlen bis heute weitgehend Begriffe, die für schriftliches Handeln spezifischen konstitutiven Momente in Differenz zur mündlichen Rede hinreichend deutlich zu unterscheiden. Es klingt paradox: Uns fehlt eine »Grammatik« des Schreibens als Inbegriff einer *techne*, die ähnlich wie die klassische Rhetorik das Wissen um die *entechnischen* Mittel im Gebrauch der Schrift zu einer Kunst organisierte. Offenkundig liegt dies an der formalen Natur unseres Begriffs von Grammatik, der – mit Wittgenstein zu sprechen – den Grund dieser Formalität selbst nicht mehr sagen, allenfalls noch *zeigen* kann.

Knowing-how und Knowing-that des Schreibens

Kategoriale Mittel zur Formulierung einer derartigen »Grammatik des Schreibens« sind am ehesten wohl der an den späten Wittgenstein, an Ryle und Austin anknüpfenden sprachanalytischen Philosophie abzugewinnen, obwohl diese unter weitgehender Vernachlässigung der Differenz von mündlicher Rede und Schrift entwickelt wurde. Allenfalls in Nebenbemerkungen wird das Thema Schrift gelegentlich berührt[20]. Aber – hierin liegt ihr entscheidender Vorzug – sie entwickelt ihr kategoriales Gerüst ausgehend vom Handlungsaspekt der Artikulation von Gedanken und Äußerungen. Der Gedanke liegt daher nahe, innerhalb dieses Rahmens den Differenzen von Sprechakten und schriftlichem Handeln nachzugehen, um Grundkategorien einer Schriftphilosophie zu gewinnen.

Versucht man in diesem Sinne, Sprechakte bezeichnende Begriffe auf das Schreiben zu übertragen, so ergeben sich aufschluß-

leidlich beherrschen. Allerdings ist das Erlernen der Alphabetschrift anders strukturiert: die auch hier unabdingbare Mnemotechnik wird von Anfang an grammatisch »unterbaut«. Dies dürfte ein »strukturelles« Lernen zumindest erleichtern. Vgl. hierzu Kap. 1.

20 Vgl. *Philosophische Untersuchungen* I, 4, oder Ryle 1963, S. 295 ff. (dt. S. 431 ff.), dazu Kap. 11, S. 525 ff. und 580 ff.

reiche Schwierigkeiten, die jeweiligen Analoga zu bestimmen, Schwierigkeiten, die mit der Frage zusammenhängen, mit welcher Bezeichnung man die je einschlägigen Gelingensbedingungen am besten trifft:

Sprechhandlung:	analoge Schreibhandlung:
versprechen	*einen Vertrag entwerfen, unterzeichnen, abschließen ?*
behaupten	*eine These formulieren, veröffentlichen, verteidigen ?*
fragen	*eine Anfrage an ... richten ?*
grüßen	*eine Anrede formulieren ?*
.....	.....

Diese Liste ließe sich beliebig verlängern. Zwar haben wir offenkundig ein reiches Vokabular, um Sprechhandlungen zu unterscheiden, doch geht man nur etwa die Listen der 12. Vorlesung von Austins *How to Do Things with Words* durch, so zeigt sich zum einen, daß (a) der Gebrauch der meisten sprechaktbezeichnenden Begriffe bezüglich der Differenz von Rede und Schrift nicht spezifiziert ist und daß (b) eine weitaus größere Anzahl der von Austin aufgeführten Sprechakte in nur mündlicher Performanz möglich sind als in nur schriftlicher.

Dem korrespondiert zum zweiten der Befund, daß, sobald wir das spezifisch Schriftliche einer derartigen Handlung fixieren wollen, wir die Handlung selbst häufig aus dem Auge verlieren: Man vergleiche

einen Vertrag abschließen mit *unterzeichnen*,
jemanden einstufen mit *eine Einstufung ausstellen*
usw.

Noch deutlicher wird das in solchen Beobachtungen sich abzeichnende Problem, wenn man es auf die Bedeutungstheorie Grices[21] projiziert, die uns von Anfang an als Modell der Mündlichkeit gedient hat. Der Gricesche Mechanismus funktioniert in der Schrift nicht. Das Charakteristikum dieses Rückkoppelungsmechanismus, welcher als Kriterium gelingender Kommunikation jeweils als eine Teilintention I_n des Sprechers fordert, daß der Hörer dessen Teilintention I_{n-1} verstehen solle, wird in der Regel schon storniert durch die Komplexität schriftlicher Texte, die eine

21 Vgl. Grice 1979 [1957], dazu Black 1979, S. 56 ff.

auch nur relativ eindeutige Zuordnung von Schreibhandlungen und Autorenintentionen unmöglich macht. Als charakteristische Besonderheit schriftlichen Handelns zeigt sich so von Anfang an, daß die Intention des Verfassers hinter seinem Text zurücktritt. Dieser bedeutet, was er an Interpretationen trägt, nicht, was der Autor ihn bedeuten lassen wollte. Für literarische Texte, deren symbolische Qualität geradezu auf diesem Grundsatz beruht, gilt dies ebenso wie für juristische: Vor Gericht zählt, was der Gesetzestext an Lesarten hergibt. Der Rekurs auf die Intention des Gesetzgebers ist nur ein Hilfsmittel unter anderen bei der Auslegung einer »dunklen« Formulierung.

Die Stornierung des Griceschen Mechanismus hängt – wie diese Beispiele zeigen – aufs engste mit der Aufhebung des unmittelbaren zeitlichen Zusammenhangs zusammen, der konstitutiv für mündliche Kommunikation ist. Je dicker eine Akte wird, desto mehr verlieren sich in ihr die Spuren des Handelns, dem sie sich verdankt. Gerade deswegen führt hier der sprachanalytische Ansatz ein wesentliches Stück weiter, indem er nämlich die *Grammatik* einer Äußerung als Implikat der Äußerungs*handlung* darstellt, nicht – wie in der Theorie Chomskys – als deren Ursache.[22] Das Verständnis einer sprachlichen Handlung, dessen also, was der Sprecher meinte, impliziert nach dieser Konzeption ein analoges Verständnis bestimmter sprachlicher Formen, ohne deren Verwendung die Handlung nicht oder doch nur rudimentär gelingen könnte. Dies muß auch für *alle* Aspekte des Schreibens gelten. Will man also den konstitutiven Leistungen der Schrift für das Gelingen von Handlungen auf die Spur kommen, so ist eine Phänomenologie dessen notwendig, was wir *tun*, *indem* wir schreiben.

Den Ansatzpunkt einer solchen Analyse hatten wir bereits gegen bestimmte aus der Funktionsweise der Alphabetschrift resultierende Illusionen freigelegt: Wenn wir schreiben, reihen wir Buchstaben aneinander, aber dies tun wir nicht, um etwas in der Rede zu bezeichnen, ihre Laute oder was sonst auch immer, sondern um Wörter zu schreiben, die wir zu Sätzen und diese zu Texten zusammenfügen. Die Belege hierfür sind eindeutig: Wann immer wir Buchstaben tatsächlich zur Bezeichnung von Lauten,

22 Vgl. *How to Do Things with Words*, 7. und 8. Vorlesung: Das Gelingen des phonetischen und phatischen Akts sind notwendige, nicht jedoch hinreichende Bedingungen für das des rhetischen.

Phonemen oder auch Graphemen verwenden, behandeln wir sie in besonderer Weise, rücken sie etwa ein zwischen Schrägstriche, Klammern oder ähnliche Sonderzeichen:

/a/, /a:/, … <i>, <ie>, <ih>, … usw.

Daß wir hier bei der Bezeichnung von Graphemen genauso verfahren wie bei der von Phonemen[23], belegt, daß die Verwendung von Buchstaben zur Bezeichnung von Elementen der Artikulation des Wortes, des geschriebenen wie des gesprochenen, eine Sonderverwendung ist, nicht die im Schreiben normale. Wo es – etwa in Lehrwerken oder Wörterbüchern von Fremdsprachen – tatsächlich um die Darstellung der Lautgestalt von Wörtern geht, werden in der Regel spezielle phonetische Umschriften mit eigenen Symbolen verwendet, deren Aussprache in einem Kommentar zu regeln ist. Dessen Handhabung setzt stets die Fähigkeit voraus, »normal« geschriebene Wörter der eigenen Sprache laut lesen zu können, so z. B., wenn das International Phonetic Alphabet (IPA) zur Darstellung der Aussprache deutscher, französischer oder englischer Wörter verwendet wird.

Die normale Verwendung der Buchstaben dient demgegenüber dazu, auf eine der phonematischen Artikulation des Wortes »nur« analoge Weise die Artikulation des zu schreibenden Wortes nach dem Prinzip der Differenz so weit zu verdeutlichen, daß das Wort von allen anderen, an seiner Stelle nicht zu lesenden unterschieden werden kann. Die vom Repräsentationsprinzip her den Schülern so schwer zu erklärende Tatsache, daß man Lautumschriften nur im Sonderfall des Fremdsprachenunterrichts verwendet, in der Regel aber gerade nicht, ist keineswegs Beleg für eine – stets sprachhistorisch erklärte – Unvollkommenheit der normalen Schrift, vielmehr der Beleg dafür, daß diese es bestens tut. Das normale Alphabet genügt völlig, um *alle* Texte, die man – im Deutschen, Englischen, Französischen, Italienischen, … – schreiben will, so zu schreiben, daß man das mit ihnen tun kann, was man eben mit Texten tut: sie lesen.[24] Die kombinatorischen Möglichkeiten, die sich aus ca. 30 Elementen ergeben, reichen hin, um

23 Vgl. beispielsweise die Notationsweisen in Butt und Eisenberg 1990.

24 Daß man in wissenschaftlichen oder technischen Texten oft Sonderzeichen, mathematische oder logische Symbole etc. benötigt, liegt natürlich auf einer anderen Ebene.

die eindeutige Lesbarkeit *jedes* deutschen, französischen, englischen Textes zu gewährleisten, so wie dem Japaner seine 46 Kana genügen, um alles in einem japanischen Text für Japaner lesbar darzustellen.[25] Wir schreiben, nicht um *vor*lesbare, sondern um *lesbare* Texte herzustellen, und Texte können lesbar oder unleserlich, leicht oder schwer zu entziffern, sie können verständlich oder schwer verständlich, ja gänzlich unverständlich geschrieben sein.

Schreiben erweist sich so als ein Handeln, das in Hinsichten gelingen oder mißlingen kann, welche in analoger Weise nicht unbedingt für die mündliche Rede gelten. Wiederum zeigt dies in besonderer Deutlichkeit die Orthographie. Auf der Ebene des Idiolekts, Dialekts oder Soziolekts gibt es so etwas wie eine »Orthophonie« nicht. Die natürliche Sicherheit, mit der wir uns in unserer Sprache bewegen, schließt jeden Gedanken einer Konformität mit einer Lautnorm, mithin auch den der Abweichung von einer solchen aus. Sprecherziehung, wie sie in germanistischen Seminaren gelehrt bzw. praktiziert wird, ist die an einer bestimmten Literatur entwickelte Ausbildung eines künstlichen Dialekts, der ohne diese Literatur undenkbar wäre.

Orthographische Normen sind eine Menge spezifischer Gelingensbedingungen des Schreibens. Man kann sich sklavisch an den Duden halten oder man kann mit diesen Normen differenziert umgehen, *sodaß* statt, wie »vorgeschrieben« *so daß*, *schweizer*

25 Daß die Japaner zusätzlich zum semantischen Grundrepertoire der Kanji zwei parallele Silbenrepertoires, die Hiragana und die Katakana, bewahrt haben, ist kein Einwand gegen diese These. Die Differenz beider Repertoires wird ausschließlich zur kulturellen Differenzierung benutzt: Nicht-japanische und nicht-chinesische Namen werden in Katakana repräsentiert, und wenn der Pianohersteller Yamaha sich in Katakana anpreist, so eben wegen dieser Differenz. Die Werte der Elemente beider Repertoires sind jedoch absolut identisch, und dies ist gerade ein eindrucksvoller Beleg für die These.
Einem Europäer, der Japanisch lernt und noch über wenig Leseroutine verfügt, kann natürlich die Entzifferung eines in Katakana geschriebenen französischen Namens eines Restaurants in der Ginza große Schwierigkeiten bereiten, z. B. »Montagné« durch die Abfolge der Kana *mo – n – ta – ni – e* oder »France« durch *fu – ra – n – su*, und zwar deswegen, weil, im letzteren Fall, das japanische Schriftbild etwas in vier Elemente zerlegt, was wir gewohnt sind als eine Silbe zu lesen. Natürlich kommt man ebenso wie der Grundschüler bald über das »Buchstabieren« *fu – ra – n – su* hinaus und liest den Namen dann auf einen Blick.

Uhren statt dudenkonform *Schweizer* schreiben usf. Es hat Zeiten gegeben, wo orthographische Normen einen viel geringeren Stellenwert hatten als heute, und es gibt Gesellschaftsbereiche, wo ihnen ein höherer Wert zugemessen wird als in anderen.[26]

Die Rechtschreibnormen sind jedoch nur eine kleine Teilmenge dieser Gelingensbedingungen. Wer rechtschreiben kann, kann noch lange nicht schreiben. Dieses ist vielmehr ein spezifisches Können, ein Knowing-how[27], dessen internes Profil, die Summe der Eigenschaften, die zum »gekonnten« Schreiben disponieren, schwer auf den Begriff zu bringen sind, weil sie nicht formaler Natur sind, jenseits der von der Grammatik behandelten Domäne liegen, in einem zwischen Technik und Kunst angesiedelten Bereich. Man braucht Talent zum Schreiben, und manche lernen es nie, obschon, ja gerade weil man es lernen kann und muß.

Sprechen, reden, schreiben

Sprechen und *reden* sind im Deutschen deutlich unterschieden; vergleichbare Differenzen des semantischen Werts dürften in jeder Sprache auszumachen sein. Daß jemand spricht, braucht nicht mehr zu besagen als daß er lebt und halbwegs bei Bewußtsein ist. »sprechen« meint hier reines Verhalten, Lebensäußerung. »reden« verwenden wir nicht in gleicher Weise. »... redet ...« verlangt als obligatorische Valenz normalerweise nicht nur ein Agens, sondern eine weitere Valenz, in der gesagt wird, *mit wem*, *zu wem*, *über was* oder *von wem* geredet wird. Im Bereich dieses Redens läßt sich dann wiederum ein rhetorischer vom nicht-rhetorischen Sprachgebrauch unterscheiden: die bedachte, geplante, kunstvolle Rede von der unbedachten, spontanen, informellen. Nur der rhetorische Gebrauch läßt sich – partiell – der Kontrolle eines Knowing-that unterwerfen, am explizitesten bezeichnenderweise dort, wo man Reden schriftlich entwirft.

Ein Schreiben analog zum Sprechen ist kaum denkbar. Man müßte hier zurückgehen auf die Ebene unkontrollierter graphi-

26 Vgl. hierzu Stetter 1991 a.
27 Vgl. Ryle 1963, Kap. 2, insbes. S. 40 ff. (dt. S. 47 ff.).

scher Artikulation, auf den Komplex des Graphismus, den Leroi-Gourhan als Voraussetzung der Entwicklung der Schrift beschrieben hat.[28] »Schreiben« impliziert semantisch, daß da Les- und Verstehbares produziert wird, Wörter also oder Wortlisten, Syntagmen, Sätze, ganze Texte.

Ist auf der Ebene des mündlichen Sprachgebrauchs bei den rudimentären Formen des Sprechens nicht einmal ein Knowing-how in Anschlag zu bringen – nichtintentionales, rein gewohnheitsmäßiges Sprechen[29] ist kaum als intelligentes Handeln zu bezeichnen –, so impliziert »schreiben« selbst in den rudimentärsten Formen in der Regel schon nicht nur ein bestimmtes Können, sondern auch schon ein bestimmtes, orthographisches oder wie auch immer beschaffenes Wissen. Man könnte also folgendes Schema aufstellen:

			Knowing-how	Knowing-that
Sprache:	(1) sprechen		–	–
	(2) $reden_1$	nicht-rhetor. Gebrauch	+	–
	(3) $reden_2$	rhetor. Gebrauch	+	+[30]
Schrift:	(1) —			
	(2) $schreiben_i$		+	(+)
	(3) $schreiben_j$		+	+[31]

Eine solche Kombinatorik der An- bzw. Abwesenheit von bestimmten Gelingensbedingungen stellt natürlich nur Möglichkeiten vor Augen. Doch wenn die eben skizzierten Interpretationen

28 Vgl. Leroi-Gourhan 1984, S. 237 ff.

29 Man geht, mit den Gedanken ganz woanders, einen Gang entlang und begegnet einem flüchtigen Bekannten. Dieser grüßt der Situation angemessen. Man wird »gedankenverloren« den Gruß erwidern, ohne dies vielleicht überhaupt zu registrieren.

30 Hier sind alle kombinatorischen Möglichkeiten erschöpft. Natürlich ließen sich zwischen Zeile (1) und (n) weitere Differenzierungen denken, vom *sprechen*$_1$ …*sprechen*$_i$, *reden*$_1$ … bis *reden*$_n$ – wie immer diese Unterscheidungen empirisch zu interpretieren wären. Stets würde aber die Bewertung der ersten Zeile »– –«, die der letzten »+ +« lauten. »+« ist als »ist erforderlich« o. ä. zu lesen, »-« als »ist nicht erforderlich«.

31 Die Indizes »i« und »j« stehen hier für verschiedene Formen des Schreibens, die in jedem Fall unterschieden werden müssen, es sei denn, man nähme an, Schreiben sei immer dasselbe.

von *sprechen* und *schreiben* nur in etwa einem allgemein akzeptierten Sprachgebrauch entsprechen, so ergibt sich daraus unmittelbar ein Schluß, der nur auf den ersten Blick trivial scheint: Im Gegensatz zum mündlichen Sprachgebrauch, den man erwirbt[32], ist Schreiben in jedem Fall etwas, das man lernen muß, zu dem kein anderer Zugang besteht, etwas, bei dem man Fehler machen kann und muß. Hierauf beruht ja die Möglichkeit des Treffens bzw. Verfehlens von Gelingensbedingungen. Was in der Sprechakttheorie zum Problem geworden ist, daß keineswegs jedes Sprechen als intentionales oder gar konventionales Handeln zu deuten ist – zurecht hat dies Strawson gegenüber Austins Entwurf eingewandt[33] –, bewahrheitet sich im Medium der Schrift: Schreiben ist von Anfang an als intentionales, mehr oder weniger konventionales Handeln zu begreifen.

Sprechen im oben beschriebenen Sinne, auch das *Reden*$_{1}$ im eigenen Idiolekt ist – von Performanz-Störungen abgesehen, die jedoch nicht als Fehler der Kompetenz anzusehen sind, sondern als Interferenzen anderer Faktoren – stets phonologisch, morphologisch, syntaktisch wohlgeformt. Die spontane, unüberdachte parole funktioniert im Regelfall »natürlich«. Wo dies nicht gegeben ist, sprechen wir von Krankheitsbildern wie Stottern, Aphasie o. ä. Zu einer analogen, quasi-natürlichen Sicherheit im Schreiben gelangt dagegen – wenn überhaupt – nur eine Minderheit derjenigen, die schreiben gelernt haben, und dies nur nach jahrzehntelangem Lernprozeß. Medium dieses Schreibens war – zumindest bis zur Einführung des Personal Computer und entsprechender Textverarbeitungsprogramme – die Schreibschrift.

Es ist eben die in den 80er Jahren erreichte allgemeine Verfügbarkeit des Schreibens auf dem Computer, welche das Faktum ins Bewußtsein gehoben hat, daß der Unterschied von Schreibschrift und Druckschrift keineswegs ein »rein technischer« ist. Die Exteriorisierung des Denkens, das Veräußerlichen von Operationen macht mit der technischen Differenzierung der Operationen Differenzierungen der Form des Produkts möglich, die ohne diese Technik undenkbar wären. Neben dem Schmier- und Einkaufszettel, der Notiz im Terminkalender steht der »persönliche« Geburtstagsbrief, das Manuskript, der Neujahrsglückwunsch, der

32 Vgl. Kap. 2, S. 79 ff.
33 Vgl. Strawson 1964.

Druck und Handschrift ebenso vereinigt wie die Korrekturfahne. Und neben dem gesetzten oder per Schreibmaschine »getippten« fertigen Text steht nunmehr der auf Diskette oder Festplatte gespeicherte, dem mit wenigen Befehlen die »passenden« Druckformate zugeordnet werden können. Was der Sprache als Schrift entgegengesetzt wird, ist längst zu einem Kontinuum je spezifischer Formen geworden:

... Monumentalschrift ... Kursivschrift ...Druckschrift ... PC-Schrift ...

Das Ende dieser Reihe ist wie ihr Anfang offen. Projiziert man sie auf den Bereich des Mündlichen, so wird sofort deutlich, daß sich hier analoge Unterscheidungen finden wie Idiolekt, Dialekt, Gruppensprache, öffentliche Sprache usw., die in Hinblick auf ihre Funktionalität längst erforscht werden. Also wird man auch zwischen privatem und öffentlichem, kontrolliertem und unkontrolliertem Schreiben zu unterscheiden und nach weiteren Unterschieden zu suchen haben. Der Versuch, Gelingensbedingungen des Schreibens zu formulieren, dient somit dem Zweck, Kategorisierungen für die Unterscheidung solch differierender Formen des Schreibens zu finden.

Zu dem, was man privates Schreiben nennen könnte, gibt es im Bereich des Mündlichen kein Analogon. Jede Form des Sprechens oder Redens genügt per se zumindest den Wohlgeformtheitsbedingungen, die den phonetischen oder phatischen Akt in der betreffenden Sprache definieren[34], und in der Regel – sieht man von psychischen Krankheitsbildern ab[35] – wird man auch kaum von einer privatsprachlichen Semantik sprechen können. Qua Performanz unterliegt die Rede der ständigen Kontrolle der Hörer. *Per se* ist der Sprecher/Hörer eine soziale Instanz. Hier ist – von dieser Einsicht haben wir von Anfang an systematisch Gebrauch gemacht[36] – von vornherein nicht das Gesagte relevant, sondern das Gemeinte. Auf dieses, nicht auf das Gesagte bezieht sich jeweils das Verstehen. Unter dem Zwang beständigen kollektiven Memorierens der Tradition in der oralen Gesellschaft werden sozial nicht akzeptierte semantische Prägungen kontinuierlich wieder ausgefiltert.

34 Vgl. Austin [1979], S. 110 ff. Der Grund für dieses Argument liegt in der »natürlichen« Sicherheit der Sprachkompetenz.

35 Vgl. hierzu Lorenzer 1970.

36 Vgl. Kap 0.

Im Gegensatz dazu ermöglicht Schrift einen privaten Umgang mit dem Gedachten. Nicht einmal orthographische oder syntaktische Wohlgeformtheit des Geschriebenen ist auf dieser Ebene gefordert. Es genügt, daß der Schreiber selbst das, was er sich für diesen oder jenen Zweck notiert hatte, bei Bedarf wieder entziffern kann. Daß man selbst nach einer gewissen Zeit nicht mehr lesen kann, was man irgendwann schnell oder flüchtig, bei schlechtem Licht oder in einem schwankenden Fahrzeug zu Papier gebracht hatte, ist eine jedermann vertraute Erfahrung. Was im Grundschulunterricht als »Schönschreiben« trainiert und als »Schrift« auf dem Zeugnis benotet wird, ist die Schematisierung der Handschrift bis zu einem Grad, der eine situations- und personenunabhängige Lesbarkeit des Geschriebenen gewährleisten soll. Freilich entwickelt im Gegenzug jeder, der über die Schule hinaus sich regelmäßig der Schrift bedient, seine eigene, persönliche »Handschrift«. Daß dies oder jenes die Handschrift von ... trägt, ist geradezu zur Metapher für Idiosynkrasie geworden. Die »ausgeschriebene« Schrift ist der in der Praxis jahre- und jahrzehntelangen Schriftgebrauchs austarierte Kompromiß zwischen Individuum und sozialer Gemeinschaft. Er verbindet das Minimum an Differenzen, das zur logisch hinreichenden Identifizierung des Gedachten unumgänglich ist, mit einem Maximum an persönlicher Lizenz zu einer individuellen Signatur.

Auf Schmierzetteln, Einkaufslisten, im Notizblock oder in der Stichwortsammlung halten wir für den Augenblick fest, was wir gegebenenfalls weiter verarbeiten, ergänzen, korrigieren wollen. Hier vor allem fungiert die Schrift als Gedächtnisstütze, als Exteriorisierung eines Teils des zu Memorierenden und damit als Entlastung der memoria, und damit wird auch deutlich, worin der Mythos des Theut, den Sokrates im *Phaidros* erzählt[37], prinzipiell fehlgeht: Dies hat mit der Repräsentation des Denkens nichts zu tun, ist vielmehr partielle Exteriorisierung des Verfahrens der Artikulation des Gedachten selbst. Repräsentiert werden allein die Punkte, dasjenige Material, das im Verfahren nicht aus den Augen verloren werden soll. Das Festhalten selbst aber repräsentiert ebensowenig oder ebensoviel etwas wie das Handwerkszeug eine technische Fertigkeit der Hand. Es erweitert die Denkmöglichkeiten wie das Werkzeug die »natürliche« Technik, erzeugt

37 Vgl. Kap 8. S. 301 ff.

neben und zusätzlich zum internen individuellen ein externes Gedächtnis, das den Aufbau von Operations- und Handlungsketten ermöglicht und gattungsgeschichtlich hervorgebracht hat[38], die ohne diese Technik undenkbar wären. Daß Chomsky die syntaktische Kompetenz als Algorithmus konstruiert, verrät vielleicht mehr als alles andere die Abhängigkeit seines Sprachbegriffs von Vorstellungen, die ganz und gar zur Domäne der Schrift qua *techne* gehören.

In mündlicher Kommunikation verflüchtigt sich das Gesagte hinter der Rückkopplung von Meinen und Verstehen. Im privaten Schreiben wird demgegenüber der Gricesche Mechanismus ersetzt durch die Rückkopplung von Schreiber und Geschriebenem. Vor der Veröffentlichung kann die Formulierung des Gedachten an jedem beliebigen Punkt unter den Gesichtspunkten der Grammatik, der Orthographie, der Logik oder Stilistik überdacht und revidiert werden, und hierüber verliert das Wort »Gedachtes« seinen üblichen perfektivischen, nimmt evidentermaßen durativen, präsentischen Sinn an. Das Denken selbst als zeitlicher Vorgang, weitgehend unzugänglich im Mündlichen, weil es sich in der Äußerung stets als je schon vollzogenes präsentiert, wird im Verfahren der Schrift zerstückelt, gedehnt – und damit für Kontrolle und Planung disponibel. Es wird – mit einem Wort – *programmierbar*[39]. Konstitutiv für Schrift ist so von Anfang an, daß im Schreiben der Gricesche Mechanismus ersetzt ist durch den – so möchte ich ihn nennen – *Leroischen Mechanismus* der Rückkopplung von Gesicht und Hand.[40] Qua Verfahren ist Schreiben die Verobjektivierung des Denkens in einem Sinn, der in der mündlichen Rede nicht auszumachen ist.

Ein Charakteristikum schriftlichen Knowing-hows ist hier vor jeder weiteren Analyse festzuhalten: Es ist dasjenige Können, mittels dessen Theorie, Knowing-that[41] formuliert wird, und dies

38 Vgl. Leroi-Gourhan 1984, S. 273 ff., hier insbes. 288 ff.

39 Auf die schriftphilosophischen Implikationen dieses »technischen« Begriffs hat Leroi-Gourhan ebenso hingewiesen wie Derrida. Vgl. Derrida 1974, S. 19 ff. und Leroi-Gourhan 1984, S. 307 ff.

40 Vgl. Leroi-Gourhan 1984, S. 49 ff.

41 Das Charakteristikum des Knowing-that liegt darin, daß es *propositionales* Wissen ist – im Gegensatz zum Gewußt-wie des Praktikers, der *sieht*, wie's geht.

ist keine Äußerlichkeit, vielmehr eine Art transzendentaler Bedingung von Theorie an sich. Theorien haben ihre interne »Architektur«, eine Disposition des Materials zu längerfristigen und situationsunabhängigen Zwecken, die gegenüber dem konkreten Umgang mit ihm konstant bleiben muß und deshalb eine Konsistenz von Syntax und Semantik verlangt, die der Unmittelbarkeit mündlicher Kommunikation fremd ist.

Daß sich mit Logik und Grammatik theoretisches Wissen entwickelt hat, welches sich auf schriftliches Handeln bezieht, gibt eine *rekursive Struktur* vor, die eine Philosophie der Schrift grundsätzlich bedenken muß, denn in ihr liegt das von Ryle als Korrektiv gegen die intellektualistische Legende – jedes Handeln erfordert vorgängiges Wissen – formulierte Prinzip begründet, daß erfolgreiche Praxis ihrer eigenen Theorie vorausgeht[42]. Schreiben-können muß daher wie die Kunst des Redners in einem analogisch organisierten Vermögen fundiert sein, das sich so wenig wie die Rhetorik vollständig theoretisch fassen läßt. Andererseits muß es, da es erlernbar ist, ein Handeln sein, welches partiell sehr wohl einer »theoretisch« zu nennenden Kontrolle unterworfen werden kann, die im Bereich der mündlichen Rede nur in Grenzfällen denkbar ist.

Illokution und Textur

Schreiben ist – so lassen sich die bisherigen Überlegungen zusammenfassen – in viel eindeutigerer Weise als ein Gelingenskriterien unterworfenes Handeln zu begreifen als Sprechen oder nichtrhetorisches Reden. Strawson hat kritisch gegen Austins Entwurf der Sprechakttheorie eingewendet, daß sich der konventionale Charakter sprachlichen Handelns bei vielen elementaren Formen mündlicher Kommunikation nicht ausweisen lasse, wenn man nicht jede sprachliche Regel als Konvention deuten, damit aber das gesamte Konzept trivialisieren wolle. Dieser Einwand bezieht seine Berechtigung zweifellos aus diesem Sachverhalt. Die von Strawson zur Rettung der austinschen Idee ins Spiel gebrachte

42 Ryle 1963, S. 28 ff., (dt. S. 33 ff.).

Opposition von Intention und Konvention reflektiert grosso modo diejenige von Sprache und Schrift, die bei Austin vernachlässigt ist. Der formalere Charakter der Konvention im Vergleich etwa mit Abmachung, Vereinbarung oder Absprache liegt eben darin, daß wir unter Konventionen in der Regel kodifizierte Texte verstehen, die einzuhalten sind und auf die man sich gegebenenfalls berufen kann.

Diese Bedeutung, welche dem Wort »Konvention« außerhalb der Linguistik oder der Sozialwissenschaften in der Regel beigemessen wird, verweist auf einen Sachverhalt, der vor jedem Versuch einer schriftphilosophischen Rekonstruktion des Konventionsbegriffs zu klären ist: Schreiben hat stets die Form der Konstruktion eines Textes, und diese besteht in der Verknüpfung von Elementen – Wörtern, Sätzen, sonstigen Zeichen – zu einer Textur. Text ist dasjenige, was geschrieben und verstanden *wird*, die Textur das, was geschrieben *ist* und gelesen *wird*. Zwar verstehen wir »normalerweise« unter Lesen einen Vorgang, der das Verstehen des Gelesenen impliziert, aber man kann durchaus etwas lesen, ohne es zu verstehen[43]. In dieser Spanne zwischen Lesen und Verstehen wird der »tote« Buchstabe zum »lebendigen« Wort erweckt bzw. gefriert – umgekehrt betrachtet – der Text zur Textur. Textur ist Text im Modus des Präteritums, ein Modus, den – wie wir gesehen hatten – die orale Kommunikation nicht kennt.[44]

Daß die Metapher vom toten Buchstaben spricht, nicht vom toten Text, hebt jenes Charakteristikum der Textur hervor, daß sie Text *vor* oder *nach* der Bearbeitung ist und somit das Substrat der Bearbeitung des Textes. Auf sie beziehen sich alle Schreiboperationen. Chomskys Tiefenstruktur ist das Paradigma der Textur schlechthin – das, was geschrieben ist und gelesen wird, ohne verstanden zu werden, verstanden werden zu dürfen. Dieses Privileg bleibt der Oberfläche vorbehalten. Noch die Oberflächen*struktur* war ja weder zu sprechen noch zu denken[45] – Schriftkonstrukte durch und durch.

43 Entsprechend der oben skizzierten Skalierung des Redens und Schreibens müßte man so das Lesen in eine Folge differierender Formen mit den Grenzwerten Entziffern und Verstehen unterscheiden.

44 Vgl. Kap 0, S. 27 ff.

45 Weil weder phonologisch noch semantisch »interpretiert«.

Schreiben ist, mit Derrida zu sprechen, die »Temporalisation eines *Erlebten*«[46], welches am Beginn eines jeden neu zu schreibenden Textes die Leere – das Nichts ist, weder räumlich noch zeitlich zu lokalisieren, das *me on* des Parmenides[47]. In ihm hat Derrida den archimedischen Punkt seines Denkens gefunden, auch wenn er ihm diesen Rang auf seine Weise bestreitet – indem er den diesen Punkt bezeichnenden Namen mit Attributen umgibt, die seinen Sinn aufzuheben scheinen:

»Es gilt ... zu erkennen, daß die Differenzen im spezifischen Bereich jenes Eindrucks und jener Spur – in der Temporalisation eines *Erlebten*, welches weder *in* der Welt noch in einer »anderen Welt« ist, das im Laut nicht mehr als im Licht sich bewegt, und *in* der Zeit nicht eher als *im* Raum ist – hier zwischen den Elementen in Erscheinung treten, besser noch, sie produzieren, sie als solche an die Oberfläche dringen lassen und *Texte*, Ketten und Systeme von Spuren konstituieren. Diese Ketten und diese Systeme können sich nur im Gewebe jener Spur, jenes Abdrucks einzeichnen. Die unerhörte Differenz zwischen dem Erscheinenden und dem Erscheinen (zwischen der »Welt« und dem »Erlebten«) ist die Bedingung für alle anderen Differenzen, alle anderen Spuren, *sie ist selbst schon eine Spur. ...*
*In Wirklichkeit ist die Spur der absolute Ursprung des Sinns im allgemeinen; was aber bedeutet, um es noch einmal zu betonen, daß es einen absoluten Ursprung des Sinns im allgemeinen nicht gibt. Die Spur ist die *Differenz ...*[48]

Am Beginn des Schreibens – nichts scheint trivialer zu sein – steht das leere Blatt Papier oder der leere Bildschirm. Auf ihm werden

46 Derrida 1974, S. 113 f.

47 Vgl. *Cogito und Geschichte des Wahnsinns*. In: Derrida 1972, S. 53 – 101. Parmenides ist diejenige Figur, die im Fokus der zahlreichen Platon-Anspielungen dieses Textes steht. In diesen wird unter dem Titel der *mania* ein transrationaler Bereich umschrieben, namentlich bei der berühmten sokratischen Bestimmung des Guten *Politeia* VI, 509 b, als jenseits des Seins seiend, im Bereich des *me on* also angesiedelt, was Glaukon mit dem Kommentar bedenkt: »Welch dämonische Hyperbel (*daimonias hyperboles*)«. Erst ganz zu Ende des Textes gibt Derrida den Namen selbst preis. Das Nichts ist der infinitesimal kleine Punkt, an dem die beiden Wege des Parmenides sich scheiden: weder Vernunft noch Nicht-Vernunft, im platonischen *Parmenides* das *exaiphnes* (155 e – 157 b), das »unbegreifliche Etwas, das keiner Zeit angehört« (156 e). Vgl. hierzu auch Kap. 8, S. 345.

48 Derrida 1974, S. 113 f. »*Differenz« bezeichnet in der deutschen Übersetzung Derridas Ausdruck der *différance*.

mit Tinte oder per Tastatur die ersten Spuren markiert, auf die sich jede weitere Bearbeitung bezieht. Doch ist dieser Sachverhalt, der in der Differenz der Ausdrücke »geschrieben *ist*« und »geschrieben *wird*«, »*gelesen* wird« und »*verstanden* wird«, eben der von *Textur* und *Text* sich andeutet, alles andere als trivial. Vielmehr muß er gegen den Schein der Unmittelbarkeit im jeweiligen Verstehen, das ja auch den Schreiber leitet, phänomenologisch freigelegt werden.

Man muß Derrida nicht in allen Konsequenzen folgen, die er aus diesem Tatbestand gegen die Tradition der Subjekts- bzw. Identitätsphilosophie ableitet[49]. Zweifellos jedoch eröffnet die im Schreiben kontinuierlich geleistete Sedimentierung der Textur den Raum für ein Handeln am Text, für das es im Bereich der Rede kein Analogon gibt. Die hieraus resultierende, nach »Überarbeitung« schreiende Beschaffenheit der Textur hat Derrida mit dem französischen Wort *brisure* charakterisiert, dessen Lexikon-Bedeutung er folgendermaßen referiert:

»– Partie brisée, cassée. Cf. brèche, cassure, fracture, faille, fente, fragment. – Articulation par charnière de deux parties d'un ouvrage de menuiserie, de serrurerie. La brisure d'un volet. Cf. joint.«[50]

Die fragmentarische, in disparaten Zeichen und Partien ausgelegte Textur muß durch die Arbeit an ihr je wieder zur semantischen, logischen, stilistischen Konsistenz und Kontinuität des Textes aufbereitet werden. Eine Fülle verschiedenartigster Schreibhandlungen werden zu diesem Zweck an oder »über« ihr vollzogen: durchstreichen, umstellen, korrigieren, ergänzen, alles Operationen, die in der Arbeit an einzelnen ›Formen‹ die spezifische Gestalt des Textes herstellen. Für diese Operationen gibt es im Mündlichen kaum Äquivalente, sieht man von der Korrektur des Versprechers ab, die jedoch nicht kalkuliert vorgenommen wird, sondern mit derselben »unbedachten« Spontaneität, welche Vorbedingung des Versprechers ist. Zur Kalkulation des Schreibens hingegen zählt schon die Aufzeichnung von Stichwörtern, das Clustering, der Entwurf einer Gliederung, und es zählt dazu

49 Vgl. ebd. S. 116 ff.

50 Ebd. S. 114: »- Zersplitterter, zerbrochener Teil. Cf. Bresche, Bruch, Fraktur, Spalte, Ritze, Bruchstück. – Scharnierartige Verbindung zweier Teile einer Tischler- oder Schlosserarbeit; wie bei einem durchbrochenen Fensterladen. Cf. Gelenk.«

insbesondere der Akt der Veröffentlichung. Er hat vielfältige Formen: Man wirft den Brief ein, gibt den Antrag ab, heftet die Suchanzeige ans schwarze Brett, gibt eine Annonçe auf, schickt dem Verlag den endredigierten Text – alles kulturell geprägte Handlungen, die man in ganz anderem Sinn *lernen* muß als die Formen mündlicher Kommunikation. Sie sind intentionales Handeln in einem präzisen und greifbaren Sinn, der auf der Ebene des Sprechakts nicht oder doch nur selten auszumachen ist. Denn alle diese Handlungen werden bewußt und mit Blick auf daraus resultierende Konsequenzen vollzogen. Die Textur wird abgenabelt, als Objekt freigegeben. Erst die Veröffentlichung unterwirft das privat Geschriebene der Kritik des Lesers. ›Theorie‹ wird in der Arbeit an der Textur formuliert.

Im Gegenzug tritt damit der Schreiber hinter dem Geschriebenen zurück. Man hört dem Sprecher zu, aber man liest den Text, nicht den Autor. In *Ich lese gerade Döblin* bezeichnet »Döblin« nicht die Person, sondern seinen Roman. Entsprechend ist, was verstanden wird, der Text, nicht der Schreiber. In der Textur ist dessen Handeln, sind seine Intentionen stillgestellt und verdinglicht. Der illokutive Gehalt des Textes ist – wenn überhaupt – nur über den lokutionären rekonstruierbar. Was letztlich zählt, ist der Wortlaut. Insofern bleibt Derridas Umkehrung der Tradition – die Schrift konstituiert das Subjekt[51] – der Metaphysik dieser Tradition noch verhaftet. Tatsächlich sprengt jedoch die mit der Veröffentlichung markierte Zäsur die in der Figur der Konstitution gezogene Differenz von Subjekt und Objekt, vertauscht ihre Rollen und nähert sie einander bis zur Ununterscheidbarkeit an. Die Unmittelbarkeit des transzendentalen Subjekts wird im Schreiben zu geronnener Tinte, wird Stück für Stück herausgeschwitzt, und so ist das Subjekt nach dem Gang zur Post nicht mehr, was es war: in einem überflüssig und Objekt der Konsequenzen der Veröffentlichung, die anonym auf es zurückwirken können. Hierin liegt der Grund für das Verschwinden der Intentionalität im Geschriebenen. Sie wird in der Textur eingefroren.

So scheint die Zweideutigkeit, die die Sprachwissenschaft kennzeichnete, ein Erbe der Schrift zu sein, die man nehmen muß, als was sie erscheint – Textur –, und die man doch als solche nicht haben will, sondern den Text in ihr. *In* ihr verbirgt sich der Text,

51 Ebd. S. 119.

nicht hinter ihr, aus ihr heraus, von ihr ab löst ihn keine Abstraktion, sondern die »intellectuelle Thätigkeit«, die sich im Schreiben und Lesen zeigt. Der Charakter der Formalität, dem wir im Begriff der Grammatik auf die Spur gekommen waren, dasjenige, was Theorie ausmacht, muß sich aus der Differenz von Text und Textur entfalten. Es scheint zumindest der Umgang mit der Textur zu sein, der in den mannigfachen Handlungsweisen, als deren Resultat wir den Text haben, dessen Formen herausbringt, die wir jedoch je nur in der Mimikry von Eigenschaften der Textur erkennen können. Aber jede Handlung, die durch eine Klammer die Argumentstelle einer Proposition oder durch einen Index die Spur einer Transformation markiert, behandelt diese Formen nicht als Formen an sich, sondern als Formen des Beispieltextes, den man je der Form unterlegen muß, um sie von ihm abstrahieren zu können.

Bei dieser Sachlage, wo das eine mit dem anderen bis zur Ununterscheidbarkeit zusammenfällt und doch logisch streng zu unterscheiden ist, nimmt es nicht wunder, daß Platon der Schrift grundsätzlich mißtraute, so wenig seine Philosophie ohne sie möglich war. Das Handeln mit und in ihr verbirgt Implikationen, die uns im pragmatischen Umgang mit ihr der Mythos vom Repräsentationscharakter der Schrift weitestgehend vom Leibe hält, die aber schon auf der Ebene von Grammatik und Rhetorik sich zur Geltung bringen und auf der Ebene der Philosophie daher explizit zu bedenken sind.

8. Logik und Schrift: Die Ausprägung des Formalitätsprinzips in den platonischen Spätdialogen

> … So wollen auch wir die Buchstaben den Dingen auftragen, bald einem einen, wenn uns das nötig scheint, bald mehrere zusammen, indem wir bilden, was man Silben nennt, und wiederum Silben zusammensetzend, aus denen Wörter, Haupt- und Zeitwörter, zusammengesetzt werden, und aus diesen endlich wollen wir dann etwas Großes, Schönes und Ganzes bilden, … den Satz …
>
> *Kratylos* 242 e f.

Platons Schriftkritik ist aufs engste mit seiner Idee philosophischer Dialektik verbunden. Durchaus mit Recht hat Derrida das, was er »logozentrische« Metaphysik nennt, auf ihn zurückgeführt. Doch daß sich der Logos als reine noetische Instanz ausbilden konnte, hängt intrinsisch mit der Alphabetschrift zusammen. Deren Funktionsweise gibt Platon das Modell für eine *techne dialektike* an die Hand, die methodisch Probleme analysiert und zu Lösungen zusammenführt, wie dies dem Wort mit den Buchstaben geschieht. Im *Theaitetos, Sophistes* oder *Philebos* finden sich eine Fülle von Beispielen für den paradigmatischen Gebrauch, den Platon von der *techne grammatike* macht.[1] Und wenn im *Politikos* der Schlüsselbegriff des ›paradeigma‹ selbst am Modell des Lesenlernens, also am Alphabet erläutert wird, so hat dies bei dem Autor Platon zweifellos symbolische Bedeutung.[2] Um so irritierender nimmt sich in diesem Kontext das kategoriale Verdikt aus, mit dem er die Schrift überzieht, die er selbst doch so meisterlich für die Darstellung seiner Philosophie zu nutzen weiß. Daß uns dies heute irritierend vorkommt, indiziert zweifellos die

1 Vgl. *Theaitetos* 202 d ff., *Sophistes* 252 e ff., *Philebos* 17 b ff.

2 Vgl. zur Bildlichkeit der Darstellungsweise Platons Szlezák 1985, S. 9 ff.

zivilisatorische Macht, die die Schrift seither gewonnen hat. Auch Philosophie ist längst ein schriftliches Sprachspiel geworden, definitiv mit Aristoteles, genau betrachtet aber schon mit Platon. Dennoch ist dessen Schriftkritik nicht als ein Selbstmißverständnis zu nehmen. Eher wird man in ihr einen Beleg für die Hellsichtigkeit sehen können, mit der Platon am Beginn dieser Entwicklung die mit dieser Macht verbundene philosophische Problematik gesehen hat. Diese hängt mit dem Charakter des Definitiven zusammen, den die schriftliche Formulierung dem Gedanken aufprägt und ihn damit zu einem Gedachten macht.

Immer wieder ist in diesem Zusammenhang auf die in ihrer Eindeutigkeit nicht anzuzweifelnden Stellen aus dem *Phaidros* und dem 7. Brief hingewiesen worden, die die schriftliche Fixierung des Gedankens gegen diesen selbst ausspielen.[3] Schrift wird hier gezeichnet als *eidolon,* als Abbild des *logos,* und dies ist dem ›Urbild‹ gegenüber das grundsätzlich Inferiore. Es bleibt dem ›eigentlichen‹ Gedanken gegenüber, dem Vollzug des Denkens, als den Platon den Logos begreift, grundsätzlich äußerlich. Immer wieder zitiert worden ist auch das Referat dieser Position, auf das der junge Aristoteles seine Theorie des Satzes aufbaut:

»Es sind also die Wörter, zu denen die Stimme gebildet wird (τὰ ἐν τῇ φωνῇ), Zeichen der in der Seele hervorgerufenen Vorstellungen, und die geschriebenen [Wörter] (τὰ γραφόμενα) sind Zeichen des Gesprochenen. Und wie nicht alle dieselbe Schrift haben, so sind auch die [gesprochenen] Wörter nicht bei allen dieselben. Was aber durch beide an erster Stelle angezeigt wird, die seelischen Vorstellungen, die sind bei allen Menschen dieselben ...«[4]

In der Tradition hat man diese Stelle etwa folgendermaßen verstanden: Logik wird möglich dadurch, daß Schrift als Zeichen des Zeichens gefaßt wird, als äußerlichste und damit – so hat Derrida

3 Zuletzt Szlezák 1985, dessen Deutung des *Phaidros* ich mich im folgenden im wesentlichen anschließe, auch wo dies nicht explizit erwähnt wird.

4 *Peri hermeneias* 16 a. Diese Schrift dürfte wie die übrigen des *Organon* während Aristoteles' Aufenthalt in der Akademie entstanden sein, damit in unmittelbarer zeitlicher Nachbarschaft zum *Phaidros* und den übrigen Dialogen, die wir hier diskutieren.
Die häufig anzutreffende Übersetzung von τὰ ἐν τῇ φωνῇ mit »Laute« ist sicher verfehlt. Wörter, nicht Laute symbolisieren τὰ ἐν τῇ ψυχῇ παθήματα. Die englische Übersetzung von Cooke übersetzt sinngemäß »words spoken« bzw. »written words«. Vgl. Aristotle, Loeb vol. I, S. 11.

dies gesehen – untergeordnetste Form in einer Hierarchie von Signifikanten, die je für ein anderes stehen. An der Spitze oder im Zentrum aller Ränge steht der Logos, reiner Gedanke, unmittelbar dem denkenden Ich präsent.[5] Bedenkt man jedoch den Zweck dieser Definitionen, so wird die Paradoxie dieser Lesart offenkundig. Die Funktion der von Aristoteles kodifizierten Unterscheidung besteht doch eben darin, formale Logik zu ermöglichen – Darstellung der Formen des *logos* für eine sie bearbeitende *techne*. Diese sollen erfaßt werden. Wir werden im Verlauf unserer weiteren Überlegungen zu einem anderen Verständnis dieser vielzitierten und -diskutierten Stelle gelangen. Zunächst haben wir das Faktum zu registrieren, daß die Idee der Repräsentanz, die die Auszeichnung einer ›Form‹ ermöglichte, diese im Gegenzug als »bloße« Form diskreditiert.

Kaum 400 Jahre nach jener »kulturellen Revolution«[6], in der sich durch die Adapation der phönizischen Konsonantenschrift an das Griechische die Alphabetschrift herausbildete, existiert schon die literarische Version dieser Diskreditierung der Schrift, der vielzitierte Mythos vom Theut, den Sokrates dem Phaidros am Ende des nach diesem benannten Dialogs erzählt.[7] Bekanntlich erzählt Sokrates immer dann einen Traum oder einen Mythos, wenn es gilt, in den philosophischen Diskurs Wissen einzubringen, dessen man für die Diskussion bedarf, ohne daß es doch als Wissen eingeführt würde. Als Traum aber oder Mythos – die Götter oder die Alten sind es, die »gewußt« haben – ist es in einem präsent und doch der dialektischen Praxis und damit der Kritik unterworfen. Die Erzählung des Sokrates versammelt alle Elemente, die für eine Erörterung des Themas relevant sind. Sie stellt Vorzüge wie Nachteile der *techne grammatike* vor: Die Buchstabenschrift ist göttliches Geschenk, erfunden vom Gott Theut, und durch ihn im Ensemble der Wissenschaften und Künste – Mathematik, Astronomie, auf Regeln beruhende Spiele – verankert. Sie ist zum Nutzen der Menschen erfunden, doch die Beurteilung dieses Nutzens ist hierarchisch geregelt. Sie unterliegt der Priesterschaft bzw. dem Priester-Kö-

5 Vgl. Derrida 1974, S. 35 ff.

6 Vgl. Havelock 1990, S. 57 ff.; zur Entwicklung des Alphabets und damit zusammenhängenden Datierungsfragen vgl. Heubeck 1979 und Pfohl 1968.

7 274 c ff.

nig[8]. Und dieser wacht darüber, daß nichts seiner Herrschaft entgleitet, zumal nicht eine Erfindung von der Sprengkraft der Schrift.

»Diese Kunst«, so Theut aus der Perspektive dessen, dem an Innovation liegt, »wird die Ägypter weiser machen und gedächtnisreicher, denn als ein Mittel für den Verstand und das Gedächtnis ist sie erfunden.«

Doch dem stehen die für die Hierarchie bedrohlichen Seiten dieser Erfindung entgegen, die – seiner Funktion entsprechend – der König geltend macht: Die Lernenden entgleiten der sozialen Kontrolle. Indem sie das zu tradierende Wissen aufschreiben, vergessen sie es und sind ihm so nicht mehr unmittelbar unterstellt,

»weil sie im Vertrauen auf die Schrift sich nur von außen fremder Zeichen, nicht aber innerlich sich selbst und unmittelbar erinnern werden.«

Schrift zerstört das Gedächtnis, die *mneme*, die ja, zumal in der vorliteralen Gesellschaft, eine soziale Instanz ist, Bewahrerin der Tradition.[9] Eben hierin bedroht Schrift die Solidarität dieser Gesellschaft. Von der Weisheit bringt sie den Lehrlingen »nur den Schein« bei, nicht die Sache selbst. Sie werden sich dem Unterricht entziehen, der gemeinsame Praxis, Einübung in die Tradition ist, und so werden sie »schwer zu behandeln« sein. *Dies* ist wohl auch der entscheidende Punkt der Schriftkritik des 7. Briefes. Über die »eigentliche« Philosophie habe er, so Platon, nie etwas schriftlich verfaßt und darüber könne es auch niemals eine schriftliche Darstellung geben. Der Grund dafür liegt jedoch nicht allein in der Schrift, sondern in der Struktur des Lernens der Philosophie. Dieses »läßt sich schlechterdings nicht *sagen* wie andere Lehrgegenstände, sondern entsteht plötzlich in der Seele aus vielfachem gemeinsamen Umgang mit der Sache und aus dem Zusammenleben.«[10]

Die Schrift hat ambivalenten Charakter, und *Phaidros* werden von Sokrates ihre bedenklichen, bedrohlichen Seiten bedacht. Zweifellos aber spiegelt sich im Mythos der verdoppelten Repräsentation, den die aristotelischen Definitionen festhalten, auch die grundlegende Leistung, welcher sich das griechische Alphabet

8 Vgl. *Politikos* 290 d f.: »... So daß in Ägypten kein König ohne Priestertum regieren darf ...«

9 Vgl. Assmann 1992, S. 66 ff.

10 341 b f.

verdankt. Er reflektiert die Tatsache, daß die Entwicklung der Alphabetschrift bei den ägyptischen Hieroglyphen begonnen hatte, ebenso wie den Endpunkt dieser Entwicklung: die Schreibung von Wörtern durch nichts mehr bedeutende Elemente, die deshalb anders als nach dem Repräsentationsschema interpretiert werden mußten. Im *Theaitetos* wird dies eigens thematisiert werden, und zwar wiederum in einem mythologischen Text, einem Traum des Sokrates.[11]

Die Adaption der an einem fremden Sprachtypus ausgebildeten Schrift an die eigene Sprache zwang die Griechen zu einer unerhörten Abstraktionsleistung, die umso mehr der Vergessenheit anheim fiel, je selbstverständlicher der Gebrauch des Alphabets wurde. Um ihre Sprache schreiben zu können, mußten sie die verbundene Rede, den logos, das natürliche Medium also, in dem man sich bewegte und verständigte, in Formen zerlegen, die jenseits sogar der Silben angesiedelt waren. Noch wo Sokrates im *Kratylos*, *Theaitetos* oder *Politikos* die Zerlegung der Wörter in ihre Urelemente demonstriert, erwähnt er jedesmal, geradezu formelhaft, diese als die Zwischenstufe der Analyse.[12] Den Silben konnte man mit den Akzenten noch ein sinnlich wahrnehmbares Schema zuordnen. Dem aber, was nun die Buchstaben – *stoicheia*[13] – bezeichnen sollten, entsprach in der Wahrnehmung schlechterdings nichts mehr. Nach fast drei Jahrtausenden Kohabitation mit dem Alphabet ist der Blick für den qualitativen Sprung, der mit diesem Schritt »hinter« das Wahrnehmbare vollzogen wurde, abhanden gekommen. Nicht einmal das Faktum selbst wird in der Regel mehr gesehen. Es muß erst phänomenologisch wieder freigelegt werden. Was wir in sprachlicher Kommunikation vernehmen, ist zwar das, was gesagt wird, unser Verstehen ist jedoch im Normalfall auf das Gemeinte gerichtet. Auf den Ausdruck richtet sich die Wahrnehmung nur dann, wenn die Kommunikation gestört ist, und auch dann interessieren nur die Wörter, nicht deren Elemente.

Die Anpassung der phönizischen Silbenschrift an das Griechische zwang somit die Konstrukteure des Alphabets zu einer pho-

11 201 d ff.

12 *Kratylos* 423 e und ff., *Theaitetos* 203 a ff., *Politikos* 277 e ff.

13 στοιχεῖον: Glied einer Reihe, Meßstab der Sonnenuhr, Buchstabe, Element; lat. *articulus*.

nematischen Analyse der zu verschriftenden Sprache, wie es sie bislang noch nie gegeben hatte. Man mußte das Niveau der Silbe, auf dem sich auch die sogenannten Konsonantenalphabete der semitischen Sprachen noch bewegt hatten, unterschreiten. So kategorisierte man die Sprachelemente in Selbst- und Mitlaute und handelte sich damit natürlich die Fälle ein bzw. erzeugte allererst damit all die Fälle, die sich dem Schema nicht fügen wollten, die Halbvokale bzw. -konsonanten wie *j, l, m, n* oder *r* usw. Keineswegs kann man indessen annehmen, da wäre alles verschriftet worden, was gesprochen wurde. Dem steht schon das ökonomische Prinzip der Redundanz entgegen, das im Spiel der Signifikanten stets einen »Überschuß« an Signifikativem bereithält, welches unter der Rahmenbedingung der Dauerhaftigkeit des Geschriebenen keineswegs alles festzuhalten bzw. ins neue Medium zu übertragen war. Die schriftliche Repräsentation des logos ist von vornherein in Abstraktion eingebettet.

Das Modell der Auflösung der Erscheinungswelt in für sich nichts mehr bedeutende Elemente, deren Kombination gleichwohl Bedeutung ergibt, war damit in der Welt, und es beginnt, die Gesellschaft, die sich die neue *techne* adaptiert, zu infiltrieren. Nach dem Vorbild des Alphabets beginnen – wie Platon berichtet[14] – die ionischen Naturphilosophen, die phänomenale Welt des Kosmos in Elemente zu zerlegen, um sie dann aus ihnen zu re-konstruieren. Die Idee des Atoms, der sinnlich nicht mehr wahrnehmbaren Bausteine der Materie, ist in Analogie zur Idee der Zerlegung des logos in Elemente entstanden, aus denen wir alles bilden, was Sinn und Bedeutung hat – nicht umgekehrt.

Der Mythos der Repräsentation hat seine Funktion: Er leistete die Integration der Schrift in die orale Gesellschaft und war und ist wenn nicht unentbehrlich, so doch hilfreich bei ihrer ›technischen‹ Bewältigung. Aber er bewahrt auch die Ambivalenz dieser Erfindung, die ja die – bis dahin orale – Gesellschaft zerstört, welche sie sich adaptiert. Eine Dialektik fundamentaler Art wird hier sichtbar, die auch Platons Schriftkritik bestimmt. Anders wäre der

14 Vgl. *Theaitetos* 202 d ff. Die Buchstaben und Silben hätten, so kommentiert Sokrates seinen 201 e ff. berichteten Traum über die Erklärung der Erscheinungswelt aus Urelementen, das *paradeigma* abgegeben für diese Vorstellung.

Stellenwert nicht verständlich, den das Thema im *Phaidros* erhält.[15]

Im Anschluß an den Mythos vom Theut, insbesondere mit Berufung auf den 7. Brief, hat die Platonforschung des 20. Jahrhunderts den Versuch unternommen, die ungeschriebene Lehre Platons als das eigentliche Zentrum seines Philosophierens zu rekonstruieren.[16] In der Tat spricht Platon im 7. Brief davon, daß es eine schriftliche Darstellung seiner Lehre nicht gebe, ja gar nicht geben könne. Wir haben das schon berührt. Doch heißt dies keineswegs, daß Platons Philosophie ohne Schrift möglich gewesen wäre – so wenig wie sie ohne Logik möglich war. Zumindest in Derridas Bild dieses Zusammenhangs herrscht an dieser Stelle ein Widerspruch. Logik und Schrift schließen einander nicht aus, sondern fordern einander geradezu. In der *Parmenides*-Lektüre dieses Kapitels werden wir viele Belege für das Faktum einer »ungeschriebenen«, in der dialektischen Praxis der Akademie entwickelten und tradierten Lehre Platons finden – ein Text wie die dialektische Übung wäre undenkbar ohne einen solchen Hintergrund. Doch in demselben Zusammenhang finden sich unübersehbare Hinweise auf eine intrinsische Verknüpfung dieser Lehre mit der *techne grammatike*. Gerade dort, wo Platon über Sokrates hinausgeht und seine, die ›platonische‹ Vision von Dialektik entfaltet, gewinnt sie eine konstitutive Rolle.

Phaidros

Es kann kein Zweifel darüber bestehen, daß Platon der Schrift reserviert gegenübersteht. Doch kann dies nur, wer ihr Prinzip erkannt hatte. Eben dies aber dokumentieren die großen Spätdialoge, der *Kratylos, Theaitetos, Sophistes* und *Parmenides* und vor allem der *Phaidros,* vielleicht das Zentrum der Denkbewe-

15 Gegen die auf Schleiermacher zurückgehende Lektüretradition, die den Schlußteil des Dialogs vom übrigen Text abtrennt, um ihn als eine Art Appendix zu behandeln, hat sich zurecht Szlezák ausgesprochen. Diesem Teil kommt systematische Bedeutung zu. Vgl. Szlezák 1985, S. 6 ff.

16 Vgl. Krämer 1959 und 1964; Gaiser 1968.

gung, in der der alte Platon über das sokratische Philosophieren entscheidend hinauskommt, indem er, eleatische Motive aufgreifend, seine Idee einer formalen Dialektik entwickelt.[17] Keineswegs hat er die Schrift verachtet. Vielmehr werden im *Phaidros* Schreiben und Schrift geradezu inszeniert, zur philosophischen Reflexion bereitgestellt – freilich in einem bis heute irritierenden Szenario.

Was ist Thema dieses Dialogs? »Phaidros oder vom Schönen« lautet der Titel einer modernen Übersetzung, »Eros und Psyche« überschreibt Wyller seine Interpretation. Zunächst jedenfalls geht es nicht um Schrift, sondern um den Eros. Drei Reden über diesen stellt der Text nebeneinander: Eine erste, von Lysias verfaßte[18], mit der Sokrates aus der Stadt in die Natur hinausgelockt wird. Platon nutzt die Charakteristik des Sokrates zur Darstellung einer mit dessen Oralität verbundenen Dialektik. So versessen ist Sokrates, der selbst nicht schreibt und der sonst nie freiwillig die Stadt verläßt, auf alles Geschriebene, daß er dem Phaidros einfach folgen muß:

»Du scheinst«, gesteht er diesem, »das Zauberkraut gefunden zu haben, mich herauszulocken. Denn wie man hungriges Vieh weitertreibt, indem man es mit frischem Laub oder irgendeiner Frucht lockt, so kannst du mich in ganz Attika herumführen und wohin du sonst willst, wenn du mir so die Rollen mit Reden vorhältst.«[19]

Phaidros liest ihm, unter einer schönen Platane, Lysias' Text vor. In der literarischen Inszenierung wird Schrift in eine doppelte Opposition gebracht, als Zivilisationsprodukt der Natur gegenübergestellt, als vorgelesener Text der von dieser Natur inspirier-

17 Vgl. hierzu auch Szlezák 1985, S. 7 ff., der diese These indirekt bestätigt bzw. von einer ähnlichen Annahme ausgeht, wenn er die Schriftthematik des *Phaidros* zur systematischen Grundlage seiner Interpretation der frühen und mittleren Dialoge macht.

18 Ob es sich bei dieser Rede tatsächlich um einen von Lysias geschriebenen Text handelt, ist nicht klar. Die »Logik« des platonischen Textes spricht durchaus für diese Interpretation. Zumindest aber gibt Platons Text bekannte Muster wieder, die in Athen im Umlauf waren. Vgl. auch die durch und durch konventionelle Abhandlung desselben Themas durch Phaidros im *Symposion* (178 a ff.), an das der *Phaidros* ersichtlich anknüpft, um allerdings in seinem letzten Teil zu einer Diskussion der formalen Probleme des Redens zu kommen, die dort unerörtert bleiben.

19 230 d.

ten, mündlichen Rhetorik des Sokrates. Die *techne rhetorike*, um deren Kritik es im zweiten Teil des Dialogs gehen wird, ist eine ganz und gar der Schrift sich verdankende Kunst. Gesagt wird dies freilich nicht. Die im literarischen Szenario entfaltete Bildlichkeit des Textes legt dem Leser, der sie zu lesen versteht, diesen Schluß nur nahe. Ziehen muß er ihn selbst. Andernfalls wäre er schwerlich zu überzeugen.

Der Inhalt des Lysias-Textes ist so künstlich, wie es dessen konventioneller Rhetorik entspricht. Ein Liebhaber will den begehrten Knaben damit ködern, daß er sich als Nichtverliebten ausgibt und den Jungen zu überreden[20] versucht, ihm aus eben diesem Grund zu willfahren. Denn ein Verliebter würde doch am Ende nur ihre Liebe selbst, dazu den Ruf des Knaben, schließlich sein Vermögen ruinieren usw. Daher möge er besser ihm, dem Nichtverliebten, zu Willen sein. Sokrates kritisiert diese Rede herb: Sie ist schlecht proportioniert, Lysias wiederholt sich, hat nicht die Sache im Blick, sondern strebt vor allem danach, seine Redekunst darzustellen.[21] Er wird daher von Phaidros gezwungen, auf der Stelle eine bessere zu erfinden, und zwar mit einem Argument, welches wiederum davon Gebrauch macht, daß der im platonischen Text als stets nur redender, ›oraler‹ Dialektiker stilisierte Sokrates ein in Schriften geradezu vernarrter Leser ist:[22]

»Wahrlich«, so Phaidros, »wenn du mir nicht angesichts dieser Platane« – noch im Zusammenhang konventionellen Redens symbolisiert der Text die Göttlichkeit des Ortes – »deine Rede hältst, so werde ich dir niemals [mehr] irgendeine Rede irgendeines Menschen vorzeigen noch vermelden.«
Sokrates: »Ha, du Verruchter! Wie gut hast du das Mittel gefunden, einen redeliebenden Mann zum Gehorsam zu zwingen!«[23]

Sokrates beweist also die Redevorgabe des Phaidros, »daß der Verliebte verglichen mit den Nicht-Verliebten an Krankheit leide«, handelt also das Thema nach demselben Schema ab wie

20 πείθω bedeutet bekanntlich beides: überzeugen oder überreden. Hier geht es aber klarerweise um eine Überredungsrhetorik, nicht um die von Aristoteles philosophisch reflektierte Kunst des Überzeugens.

21 235 a. Vgl. auch Sokrates' Kritik an der Lysias-Rede 262 ff., zur Unproportioniertheit 264 b f.

22 Vgl. auch *Gorgias* 462 c.

23 236 d f.

Lysias, nur eben viel besser als dieser, weil sein Thema genau definierend und klar argumentierend. Gleich zu Beginn markiert Sokrates den Unterschied im *logischen* Verfahren: Den »Vielen«, οἱ πολλοί, ist eben verborgen, daß sie das Wesen der Dinge nicht kennen. Und so – als wüßten sie es[24] – versäumen sie es, zu Beginn der Rede Einverständnis herzustellen bezüglich des weiteren Sprachgebrauchs, und können sich daher auch im folgenden nie verständigen. Das zentrale Thema des *Kratylos*, ja dessen gesamte Disposition spielen in den Beginn dieser Rede hinein: Eben weil man die Wahrheit nicht kennt – über das Wissen verfügten die Alten oder verfügen die Götter –, muß man, will man sich ihr nähern, Übereinstimmung (ὁμολογία) im jeweiligen Sprachgebrauch herstellen, um überhaupt sinnvoll streiten zu können.[25] Sokrates also – jedenfalls derjenige, den wir hier im *Phaidros* und in den »benachbarten« Dialogen *Kratylos* und *Theaitetos* kennenlernen[26] – definiert seinen Gegenstand, ausgehend vom üblichen Sprachgebrauch: Daß die Liebe eine Begierde sei, das sei jedermann klar. Ihre Behandlung fällt demgemäß in die Topologie jener beiden Instanzen, die das menschliche Handeln beherrschen und leiten: der aufs Beste gerichteten, am Logos orientierten Meinung, der δόξα, die deswegen σωφροσύνη genannt werde einerseits und der vernunftlosen, aufs Vergnügen gerichteten Begierde andererseits, die deswegen grundsätzlich als ὕβρις, »Frevel« zu bezeichnen

24 237 c 3, d. h. also im Gegensatz zu Sokrates, der eben weiß, daß er nicht weiß.

25 Vgl. *Kratylos* 430 a, wo Sokrates den Kratylos zu Beginn der entscheidenden Debatte explizit fragt: »Stimmst du zu (ὁμολογεῖς), daß das Wort (ὄνομα) eine bestimmte Darstellung / Nachahmung (μίμημα) der [von diesem bezeichneten oder benannten] Sache ist?« – Kratylos: »Am ehesten dies« [d. h.: wenn er sich denn auf dieses Verfahren einlassen muß, Ch. St.]. Vgl. dazu auch unten S. 319 ff.

26 Auch im *Sophistes* und indirekt im *Parmenides* wird immer wieder argumentativ Gebrauch gemacht vom Rekurs auf einen als gemeinsam unterstellten Sprachgebrauch und daraus abgeleiteten Definitionen. Nur ist es hier nicht mehr Sokrates, der diese Argumentationsform verwendet, sondern der eleatische Fremde bzw. Parmenides selbst. Vgl. *Sophistes* 218 c, 219 a f., 220 d und 221 a f., wo die neue Methode demonstriert wird, 223 a, insbes. 236 e ff. und passim; *Parmenides* 131 b ff., in der dialektischen Übung insbes. die Ausgangsfragen 137 c, 137 d, entsprechend 142 b f., 157 b, 159 b f., 160 b f. sowie analog 141 d f., 143 d, 147 d f., 156 b ff. und passim.

sei.[27] Diese aber sei »vielnamig«, weil vielteilig und vielartig – eine in den Dihairesen des *Sophistes*, des *Politikos* und des *Philebos* extensiv abgehandelte logische Problematik. In solcher Systematik der Begierden ergibt sich der Ort des Eros als die vernunftlose Begierde an leiblicher Schönheit, die, wenn sie die Herrschaft über das Handeln gewonnen habe, ἔρως genannt werde nach dem Namen des elementaren Triebs, der der Liebe innewohnt, der ῥώμη[28]. Daraus ergibt sich dann die weitere Disposition der Rede.

Verhüllten Hauptes spricht Sokrates dies, weil er sich schämt über den Frevel, den er solches sprechend begeht. Denn Klarheit und poetische Gestalt seiner Rede verdanken sich keineswegs nur der Logik des Redeverfahrens, sondern viel grundsätzlicher der Schönheit des Ortes und der Schönheit des Phaidros, die ihn beflügeln, sodaß seine Rede in einem den Eros erniedrigt, ihn aufs Niveau städtischer Konvention herunterbringt und doch darüber selbst mehr und mehr hymnischen Charakter gewinnt. So feiert sie den Gott noch, wo sie ihn erniedrigt.

Selbst in der durch und durch rhetorisch empfundenen Übersetzung Schleiermachers geht weitgehend die Kunst verloren, mit der der Schriftsteller Platon in seinem Text die Mündlichkeit inszeniert: Als Form der Hybris hatte Sokrates, sich auf den Sprachgebrauch berufend, die Begierde definiert. Daraus folgt die bereits angedeutete Charakterisierung des Eros, deren hymnischer Stil die Bewunderung des Phaidros hervorruft:

»Nämlich die Begierde« – so preist Sokrates die Liebe –
»vernunftlos
beherrschend die auf das Rechte zielende Meinung
geführt auf die Lust an der Schönheit und
von den ihr wiederum verwandten Begierden
mit Macht auf die Schönheit der Leiber gezogen –
hat sie gesiegt in diesem Widerstreit –

27 237 d f. Die Definition der Begierde als »Hybris« ist, wie der Fortgang des Dialogs zeigt, in der Tat grundlegend. Das τῇ ἀρχῇ (238 a 2) ist daher entsprechend zu übersetzen.

28 238 b f. ἔρως wird hier von ῥώμη (Kraft) abgeleitet – eine etymologische Anspielung nach dem Muster, das im *Kratylos* erprobt und perfektioniert worden war. Platon macht davon i. ü. auch an der systematisch wichtigen Stelle 244 c Gebrauch, wo μανία (Wahnsinn) mit μαντικός (seherisch) in Zusammenhang gebracht wird.

hernehmend den Namen von eben dieser Kraft
wird sie Eros genannt.«[29]

Solche Rede aber ist Blasphemie, Versündigung gegen die göttliche Schönheit des Ortes ebenso wie gegen den Eros selbst, an dem sich, den Phaidros vor Augen, das Daimonion des Sokrates entzündet hatte. Er kann somit kein vernunftloser Trieb sein. So hält Sokrates zur Entsühnung eine zweite, den Widerruf der ersten, die große Palinodie. In ihr feiert er die Liebe als kosmisches Prinzip, als diejenige Form von Über-Rationalität, in der menschliches Handeln die Versöhnung von Verstandes-Rationalität und Triebbestimmtheit finden kann. Ihren Abschluß bildet das Gebet an den Eros:

»... haben wir, Phaidros und ich, in der vorhergegangenen Rede etwas gesagt, was dir verhaßt ist, so rechne es Lysias, dem Vater jener Rede zu« – die *techne grammatike* ist das Ungöttliche – »und gebiete ihm Einhalt in solchen Reden und wende ihn zur Philosophie ...«[30]

Abschied von der Mündlichkeit

Mit diesem Gebet könnte der Dialog beendet sein. Doch schließt sich – der impliziten Schuldzuweisung im Gebet entsprechend – ein Gespräch an über das, was gut reden und schreiben heißt. Viele Interpreten haben hierin einen im Grund überflüssigen Appendix gesehen, manche sind gar soweit gegangen, im *Phaidros* die Kompilation zweier unabhängiger Teile zu sehen. Was hätte Liebe mit Schrift zu tun?

Zumindest, scheint es, soviel, daß der Eros hier als Symbol steht für Wahrheits-Liebe, für Philosophie schlechthin, während die *techne grammatike* für den Gegenbereich steht, die Konventionalität der Polis-Gesellschaft. Diese Opposition hat ihre interne

29 238 b f. Meine eigene Übersetzung, die versucht, das im Metrum artikulierte rhetorische Element zu erfassen. Der dithyrambische Charakter dieser Stelle beruht auf der gehäuften Verwendung der Partizipien: κρατήσασα ... αχθεῖσα ... ἐρρωμένως ῥωσθεῖσα ... νικήσασα ... λαβοῦσα, die zwischen das Subjekt ἐπιθυμία und das Prädikat ἔρως ἐκλήθη treten.

30 257 b.

Dialektik. Wahrheit und Konvention schließen sich wechselseitig aus und gehören doch zusammen. Zurecht hat daher Wyller die Proportionen dieses Dialogs ins Spiel gebracht.[31] Die Palinodie steht im Zentrum des Textes, nicht nur von ihrer Bedeutung her, sondern im buchstäblichen Sinne. Man kann es mit dem Zirkel abgreifen – ein indirekter Hinweis auf die Kunst, mit der Platon das Schrift-Analogon zur Redezeit, den Raum, nutzt. Die Palinodie ist gewiß eine Rede über und an den Eros – und doch entscheidend mehr. Hymnisch gefeiert werden hier durch den Mund des Sokrates die drei zentralen Lehrstücke der sokratisch-platonischen Philosophie, die in den mittleren Dialogen sich herausgebildet hatten:

(1) die Lehre von der Unsterblichkeit der Seele als der Arche aller Bewegung und allen Handelns,
(2) die Lehre von der Schau der Ideen – der Theoria –, dargestellt im hymnischen Mythos[32] der periodischen Ausfahrt des beflügelten Seelengespanns,
(3) die Lehre von der Ideenanamnese als der Leitinstanz praktischen Handelns.

Exemplifiziert, dargestellt als ›Abbild‹ philosophischer Hilfe für den Schüler[33] wird dem Phaidros und dem Leser des Dialogs dies am Eros als dem menschlichen Weltbezug, in dem Verstand und Triebnatur einerseits aufs innigste verbunden sind, der andererseits gespeist ist von der Erinnerung an die Idee des Schönen. Wen er beflügelt, der vermag sich zu erheben wie das befiederte Seelengespann – die beiden Rosse, der Trieb zum Niederen und der zum Höheren, die vom lenkenden Verstand zu zügeln sind. In diesem systematischen Kontext findet sich die entscheidende Opposition zum Vergessen, welches nach dem Mythos des Theut die Schrift bewirkt – Erinnerung, Gedächtnis, die μνήμη.[34] Sie verhält sich zur Idee wie die Lethe zur Anamnesis. So organisiert dieser Text die zentralen Oppositionen, innerhalb derer sich die philosophische Vision des späten Platon entfaltet: Natur und Stadt, göttliche und

31 Vgl. Wyller 1970, S. 123 ff.

32 Man vgl. 247 d f.: καθορᾷ μὲν αὐτὴν δικαιοσύνην, καθορᾷ δὲ σωφροσύνην, καθορᾷ δὲ ἐπιστήμην … (… schaut er die Gerechtigkeit selbst, schaut er die Besonnenheit, schaut er das Wissen …).

33 Szlezák 1985, S. 12 ff.

34 249 c und 250 c.

konventionalisierte Liebe, Mythos und Rationalität, Frömmigkeit und Hybris, Dialektik und Rhetorik – Idee und Schrift. Gefragt ist damit auch und nicht zuletzt nach dem Stellenwert der Schrift, Konstituens städtischer Zivilisation, in diesem Koordinatensystem. Der Zusammenhang dieser Frage mit dem Thema der Palinodie, der Möglichkeit der Orienticrung menschlichen Handelns an der Theoria, ist intrinsischer Natur. Anders läßt sich die Komposition dieses Dialogs schwerlich deuten. Keineswegs sieht Platon in der Schrift nur das Zeichen des Zeichens, sondern – die genannten Oppositionen deuten es an – diejenige Techne, mit deren Erfindung die alte, traditionale Gesellschaft Homers, die orale Kultur unwiderruflich dahin war.

Paradoxer scheint die Konstellation kaum denkbar: Sokrates, der nicht schreibt, ist doch in alles Schriftliche vernarrt, denn es ist Medium der im ursprünglichen Sinn ›politischen‹ Bildung. Schrift hat, so wird man den *Phaidros* verstehen dürfen, die athenische Polis emporgebracht – Athen ist das Gegenmodell zum illiteraten Sparta. Mit Literalität verbunden ist die unglaubliche Eruption des Demokratieexperiments[35], das in der Katastrophe des Peloponnesischen Krieges die eigenen Kinder verschlingt: Sokrates wird von demselben Demos zum Tode verurteilt, dem er angehört und als dessen Teil er sich selbst bis zuletzt begreift.[36]

Platon, Aristokrat, Nachfahre Solons, erlebt dies mit und distanziert sich von dieser Polis, begründet eine esoterische Privat-Philosophie – und er schreibt. Er läßt den demokratischen Sokrates in einer literarischen Fiktion die Mauern seiner Stadt verlassen, um von außen die konstitutiven Bedingungen seines Denkens und Handelns zu beleuchten. Schrift in der städtischen Zivilisation erzeugt Schein, zerstört die Erinnerung an natürliche und traditionale Zusammenhänge, in die auch diese hybride Polis doch eingebettet bleibt. Sie macht Erkenntnis zur Ware. Und doch erweist sie sich eben dort, wo der entscheidende Unterschied von Dialektik und Rhetorik bezeichnet wird, als unverzichtbar. Dialektik geht auf Erkenntnis des objektiv Wahren aus,

35 Das Szenario des *Symposions* läßt sich als Andeutung dieses Zusammenhangs deuten: Es bringt Agathon und Aristophanes zusammen mit Alkibiades, der seinerseits die *arete* des Sokrates an Beispielen aus dem Krieg preist. Vgl. *Symposion* 219 e ff.

36 Vgl. *Kriton* 50 a ff.

des unveränderlich Seienden, auf ἐπιστήμη, Rhetorik auf die δόξα, den Beifall des Publikums, dessen Meinung sich von heute auf morgen in ihr Gegenteil verkehren kann. In dieser Proportion verhält sich Schrift zum Logos wie der Schein zum Wahren. Doch im selben Akt noch, in dem die lebendige Rede gegen den toten Buchstaben als dessen Schattenbild ausgespielt wird, bringt die Schrift sich sachlich unübersehbar zur Geltung: Funktion der Dialektik sei es, so Sokrates, der Seele den wahren Logos *einzuschreiben*, auf daß er ihr immer präsent sei: γράφεται – eine Metapher, die Platon in diesem Kontext kaum versehentlich in die Feder geflossen ist.[37]

Die logische Argumentationsweise des Sokrates-Platon wird in der Schrift entfaltet. Ihre illokutive, logische Qualität, die aufs Überzeugen qua Beweis geht, wo Gorgias, Thrasymachos oder Protagoras auf die Perlokution, das Überreden, setzen[38], kann sich erst zeigen, kann als Verfahren überhaupt erst in der Schrift entwickelt und demonstriert werden. Der eleatische Fremde im *Sophistes* demonstriert in diesem Sinne eine neue »Methode«[39], ein Argumentationsverfahren. Zurecht hat Wyller in dieser Wendung zu einer formalen Dialektik die entscheidende Distanzierung Platons von einem Sokrates gesehen, der zwar alle Schriften genauestens kennt, dessen originäres Denken sich aber stets und nur in der Unmittelbarkeit des gesprochenen Dialogs entfaltet.[40] Platon dagegen schreibt nicht nur; er nutzt – kein Dialog *zeigt* dies schöner als der *Phaidros* – die Mittel der Schrift zur ästhetischen Darstellung seines Denkens, auch wenn er sie zugunsten einer esoterischen Konzeption von Philosophie diffamiert.

Die Distanzierung des Sokrates, die sich in den um den *Phaidros* gruppierten Dialogen vollzieht, wird mit allen Mitteln litera-

37 276 a.

38 Der erste Dialog Platons, in dem logisches und rhetorisches Verfahren einander explizit gegenübergestellt werden, ist der *Gorgias*. So etwa 449 b ff., wo Sokrates Gorgias auf die Regel kurzer Antworten anstatt langer Reden verpflichtet, da nur so ein *logisches* Widerlegen der Hypothese möglich ist. Vgl. demgegenüber die Reden des Thrasymachos im 1. Buch der *Politeia* (340 d ff., 343 a ff.) oder die Rede, die Sokrates für den abwesenden Protagoras im *Theaitetos* hält (165 e ff.). Hier wird ›rhetorisch‹ argumentiert.

39 219 a.

40 Vgl. Wyller 1970, S. 59 ff.

risch inszeniert, die das Medium Schrift bietet. Im Zuge einer Gesamtbewegung, die von der Klärung der sprachphilosophischen Voraussetzungen formaler Dialektik bis hin zu einem ausgearbeiteten Beispiel solcher Dialektik führt, wechselt er allmählich von der Rollc des Lehrers über die des Zuhörers in die des Schülers. In den ersten drei Dialogen, *Kratylos*, *Phaidros* und *Theaitetos*[41], führt Sokrates noch selbst das Gespräch: Im *Kratylos*, der wohl noch am »traditionellsten« geschrieben ist, geht es zunächst um die Klärung der sprach-logischen Grundlagen dialektischer Praxis. Die Schulfrage nach der »Richtigkeit der Namen« – ὀρθότης τῶν ὀνομάτων – war von der Sophistik bald im Sinne konventioneller Geltung der Wörter – Protagoras –, bald im Sinne einer Abbildtheorie – Kratylos – beantwortet worden. Sobald Sokrates in die Diskussion des Problems eintritt, wendet er sie in Richtung auf die Frage, was Wahrheit sei[42], und orientiert die Debatte um beide Thesen[43] vollständig auf den Punkt hin, was dieser Opposition für eine auf objektive Wahrheit abzielende Dialektik abzugewinnen ist. In der Tat werden hier Elemente für die

41 Diese Reihung bedarf der Erläuterung. Wyller läßt seine Darstellung mit der des *Kratylos* beginnen, und in der Tat sprechen viele systematische Gründe für eine solche Einordnung des Dialogs, als Übergang gewissermaßen vom mittleren zum Spätwerk. Dennoch bleibt eine genaue lineare Datierung wohl unmöglich. Mir scheint eine Deutung plausibler, die im *Phaidros* das thematische Zentrum einer Gruppe von Dialogen sieht, deren sprachphilosophische, erkenntnistheoretische, ethische und logische »Detail«-Probleme in die Peripherie der umgebenden Dialoge (*Kratylos, Theaitetos, Sophistes, Politikos, Parmenides*) »ausgelagert« werden, weil es sich eben nicht nur um Details handelt, sondern um Kardinalprobleme der formalen Dialektik. Vgl. *Politikos* 285 d: Sinn der Methode ist es, die in ihr sich Übenden insgesamt dialektischer zu machen. Es ist die schriftliche Produktion, die ein derartiges »Nebeneinander« nacheinander und gleichzeitig in einem zu komponieren gestattet.

42 Vgl. *Kratylos* 385 b: Sokrates fragt den Hermogenes: »Nennst du etwas wahr bzw. falsch reden«, d. h. ist dir die sinnvolle Anwendung solcher Ausdrücke geläufig. Als Muttersprachler des Griechischen hat Hermogenes keine Chance. Er muß diese Frage bejahen und damit hat er das Spiel, den dialektischen Agon schon verloren. Kratylos wehrt sich dann auch verbissen gegen das Zugeständnis, daß es so etwas wie falsche Rede gebe (vgl. 428 d ff.), wird aber von Sokrates durch definitorische Mittel schließlich dazu gezwungen.

43 In der Literatur in der Regel als φύσει- und νόμῳ- *(θέσει-)*These bezeichnet. Vgl. hierzu Derbolav 1972, S. 50 ff.

Organisation einer ›rational‹ zu nennenden Diskussionspraxis entwickelt.[44] Dies gilt insbesondere für die Definition: Sie setzt den Rekurs auf den üblichen Sprachgebrauch voraus, der konventionell und doch nicht willkürlich ist, denn Sprachelemente haben mimetische Funktion, ohne daß sie doch die Natur der Dinge per se zur Erscheinung brächten. Die Verbindung von onoma und rhema zum logos[45] ist, wie der Abschluß des Dialogs zeigt, eine Funktion, die an Ideen wie Erkenntnis und Wahrheit orientiert sein muß.

Im *Phaidros* ist dies bereits vorausgesetzt. In ihm wird der transzendenten Idee die endliche Bearbeitung von Begriffen in der Schrift entgegengestellt, um gegen die Schriftrhetorik den Begriff einer Dialektik zu entfalten, d. h. beispielhaft vorzuführen, die zwar noch sokratisches Erbe ist, doch bereits unübersehbar beginnt, die formalen Mittel der Schrift selbst dort zu nutzen, wo sie diese zugunsten des Logos diffamiert.

Der *Theaitetos* bringt eine erste, noch indirekte, weil ästhetische Anerkennung dieses Sachverhalts. Wurde im *Phaidros* noch erzählt, daß und wie eine Rede vorgelesen wurde, so ist es nun der Dialog selbst, der vorgelesen wird. Er wird als Erzählung des Sokrates dargestellt, die ein Eukleides, weil er sie nicht als Ganzes im Gedächtnis behalten konnte, aufgezeichnet hat, indem er sie nach und nach entsprechend den Korrekturen des Sokrates in die definitive Form brachte.[46] Es genügt, in einer »strukturalen« Lektüre die einschlägigen Oppositionen einander gegenüberzustellen, um das Schreibverfahren des Autors offenzulegen, den Text als Bild, um eine Formel des *Kratylos* aufzugreifen, der Wahrnehmung der Augen zu präsentieren[47]: Wo im *Phaidros* in den beiden Reden des Sokrates die kreatürliche Liebe als die »ver-

44 Vgl. hierzu Lorenz und Mittelstraß 1967.

45 Daß der logos als »Synthesis« von onoma und rhema zu denken ist, wird bereits im *Kratylos* explizit gesagt, und zwar im Zusammenhang der Erörterung der Frage, was unter »wahr reden« zu verstehen sei (431 a f.). 425 a wird diese Synthesis ein »Großes, Schönes und Ganzes« genannt. Freilich steht die Interpretation dieser Verbindung im Lichte der Ideenlehre noch aus. Diese wird erst im *Sophistes* geleistet. Vgl. dazu Lorenz und Mittelstraß 1966.

46 Vgl. *Theaitetos* 142 c ff.

47 Vgl. *Kratylos* 430 e. An dieser Stelle werden die der Phonie und Graphie korrespondierenden Sinne einander gegenübergestellt.

nunftlose, die auf das Rechte gerichtete Meinung beherrschende Begierde«[48] dem Verstand Gottes kategorisch entgegengesetzt wurde, der »sich von unvermischter Vernunft und Wissenschaft nährt«[49], geht es im *Theaitetos* nun um die Bestimmung eben des Verhältnisses von *doxa* und *episteme*. Der *Phaidros* endet mit dem Mythos vom Theut, der *Theaitetos* setzt sozusagen mit der umgekehrten Deutung desselben Mythos ein. Schrift wird diesmal nicht als Zerstörung des Gedächtnisses gefaßt, sondern als Wahrung der Erinnerung. Und wie das Ende des einen Dialogs mit dem Beginn des anderen motivisch verknüpft ist, so Beginn und Ende des *Theaitetos* selbst. Dem in der Rahmenhandlung angekündigten Tod des Schülers, Theaitetos, korrespondiert die Ankündigung des Todes des Meisters:

»Jetzt muß ich zur Königshalle gehen wegen der Anklage, die Meletos gegen mich eingeleitet hat«, so beschließt Sokrates den Dialog. »Morgen früh aber, Theodoros, wollen wir uns wieder hier treffen.«

Der Hinweis auf den folgenden Dialog, den *Sophistes*, ist damit gegeben. Dem entspricht wiederum dessen Beginn:

»Der gestrigen Verabredung gemäß, o Sokrates«, so Theodoros, »stellen wir selbst uns gebührend ein und bringen auch hier noch einen Fremdling mit, seiner Abkunft nach aus Elea, und einen Freund derer, die sich zum Parmenides und Zenon halten, einen gar philosophischen Mann.«

Bis in die Einzelformulierung hinein konstruiert Platon ein System von Verweisungen. An den Beginn des *Sophistes* anspielend beginnt schließlich der *Politikos*:

»Wahrlich«, so Sokrates, »viel Dank bin ich dir schuldig, o Theodoros, für die Bekanntschaft mit dem Theaitetos und auch für die mit dem Fremden.«

In einem wird zurückverwiesen auf den *Theaitetos* und den *Sophistes*, was Sokrates, an beziehungsreicher Stelle, wenig später noch einmal ausdrücklich betont.[50] *Theaitetos*, *Sophistes* und *Politikos* bilden eine Trilogie, die wir uns nach der Rahmenhandlung des *Theaitetos* als ein Buch – βιβλίον[51] – zu denken haben. Dieser wiederum entspricht eine zweite, thematische Trilogie, die von

48 238 b f.
49 247 d.
50 258 a.
51 Vgl. *Theaitetos* 143 c.

Sophist, Staatsmann und Philosoph, zuerst als solche benannt im *Sophistes*[52]. Sokrates gibt als letzte Handlung des diskutierenden Lehrers die Themen vor, deren Erörterung er in zunehmender Regression beiwohnen wird: Im *Sophistes* gibt er die Rolle des Dialogführers an den Fremden aus Elea ab, welcher eingeführt wird als ἑταῖρος, Geliebter, aus dem Umkreis des Parmenides und Zenon[53], und nimmt man das Verweissystem überhaupt ernst, so muß dies seinerseits als prospektiver Hinweis auf den *Parmenides* genommen werden, wie der erste Halbsatz retrospektiv auf den *Theaitetos* bezogen war. Im *Politikos* wird der junge Theaitetos, der als Gesprächspartner die Einheit des Zusammenhangs wahrte, innerhalb dessen Sokrates seine Rolle als Lehrer aufgab, ausgetauscht gegen einen jungen Sokrates, Namensvetter des alten, der seinerseits ein einziges Mal, kommentarlos und an dieser Stelle völlig funktionslos, im *Theaitetos* erwähnt wird, zweifellos hier in den Text hineingeheimnist als Hinweis auf die ihm im *Politikos* zugedachte Rolle. Auch dieser Rolle aber mußte, wenn so frühzeitig vorbereitet, symbolische Funktion zugedacht sein. Der junge Sokrates tritt als Homonym neben den alten[54], und in dieser Homonymie vollzieht sich die Metamorphose vom Lehrer zum Schüler, als der Sokrates schließlich im *Parmenides* erscheint, um dann selbst als Schüler noch abzudanken zugunsten eines jungen Aristoteles, Lehrling in formaler Dialektik. Und auch dies wird man wohl lesen dürfen als Homonymie: Der Autor der *Topik*, der *Analytiken* und der *Rhetorik*, der gegen Ende des zweiten Buchs der *Rhetorik* einen diskreten Hinweis auf den *Phaidros* als Beispiel in den Text einschmuggelt[55], erscheint, den historischen

52 217 a.

53 216 a.

54 Vgl. *Theaitetos* 147 d und *Politikos* 257 d f.: »Mit mir«, so Sokrates, »scheinen ja beide eine gewisse Verwandtschaft zu haben. Denn von dem einen sagt ihr, ihr fändet seine Gesichtszüge den meinigen ähnlich [vgl. *Theaitetos* 143 e], und an dem anderen stellt schon der gleichlautende Name und die Anrede eine gewisse Verwandtschaft dar.«

55 *Rhetorik* II, 25, 2 ff. Es geht um das widerlegende Argument. Für die Ableitung der Widerlegung aus dem Argument selbst gibt Aristoteles folgendes Beipiel: »Wenn ... das Argument (ἐνθύμημα) zeigen sollte, daß Liebe gut ist, sind zwei Einwände möglich: entweder der generelle Einwand, daß jede Begierde schlecht ist, oder der spezielle, daß, gäbe es nicht schlechte Formen von Liebe, Kaunische Liebe nicht sprichwörtlich wäre.« Dies ist

Umständen der Biographie des Sokrates angepaßt, in der Mimikry eines der Dreißig Tyrannen.[56]

Man kann das natürlich auch anders lesen, und doch fällt dies bei der Dichte der Indizien schwer: Im *Sophistes* war der alte Sokrates expressis verbis »verabschiedet« worden. Seinen Platz nimmt in ihm und im *Politikos* der Fremde aus Elea ein. Im *Parmenides* wird dann – infolge dieser Entwicklung – der *junge* Sokrates, der zwar schon über den Begriff der Idee verfügt, nicht aber auch schon über die logischen Mittel, philosophisch mit ihr widerspruchsfrei umzugehen, als Schüler des alten Parmenides wieder eingeführt, um in dieser Inszenierung sozusagen zuzuschauen, wie der alte Meister dem *jungen* Aristoteles eine Lehrstunde in formaler logischer Argumentation erteilt. Betrachtet man das kunstvolle Arrangement des Erzählkontextes, so spielt Platon hier zweifellos auf den (zukünftigen) Verfasser der *Topik* und der *Analytiken* an, meint nicht das vorgebliche spätere Mitglied der Dreißig Tyrannen, als der dieser Aristoteles im Text vorgestellt wird, vorgestellt werden muß, um die Fiktion des Gesprächs Parmenides – Sokrates nicht über Gebühr zu dehnen. Das Szenario lädt freilich förmlich ein zur Spekulation darüber, ob der *Parmenides* nicht geschrieben wurde, als Aristoteles noch »sehr jung«, vielleicht zwischen 17 und 20 Jahre alt war, in dem Alter also, das hier dem Sokrates zugeschrieben wird.[57] Den vielleicht deutlichsten Hinweis auf einen solchen Hintersinn der literarischen Fiktion liefert der Text gegen Ende des ersten Teils[58], wo Parmenides dem jungen Sokrates, der mit seiner »vordialektischen« Version der Ideenlehre vom alten Lehrer von einer Aporie in die andere geführt wurde, zu bedenken gibt:

»Allzu früh eben, ..., ehe du dich gehörig geübt hast, o Sokrates, unternimmst du zu bestimmen, was schön ist und gerecht und gut, und so jeden anderen Begriff. Schon neulich habe ich dies bemerkt, als ich hörte, wie du dich mit Aristoteles unterredetest ...«

das Grundargument, auf dem die beiden ersten Reden im *Phaidros* aufgebaut sind. Man kann diese Stelle – im Kontext der Diskussionen in der Akademie – schwerlich *nicht* als Anspielung auf den *Phaidros* verstehen.

56 Vgl. *Parmenides* 127 d, dazu den Kommentar von Dietrich Kurz, Werke V, S. 205, Anm. 7.

57 127 c.

58 135 c f.

Der junge Sokrates, die Ideenlehre, der junge Aristoteles – fast geometrisch schon fordert dieses Bild den alten Platon, denn *dessen* Ideenlehre war es ja, die der junge Aristoteles in der Akademie diskutierte – eine versteckte Hommage an das philosophische Genie des Schülers.

Formales Argumentieren: *Kratylos, Theaitetos, Sophistes*

Beweisen läßt sich all dies freilich nicht, es handelt sich um ästhetische Sachverhalte.[59] Doch lassen diese als solche sich gleichwohl demonstrieren. Man mag die Frage unentschieden lassen, ob der Schriftsteller Platon diese Verstrickung von Motiven »künstlich« arrangiert hat oder ob ihm da sozusagen etwas in die Feder geflossen ist – in jedem Fall produziert das Schreibverfahren unübersehbare Spuren, die der Textur[60] auf Dauer eingegraben wurden und somit für jeden, der sie zu sehen vermag, zur Interpretation freigegeben sind. Immerhin, daß Platon mit dieser Möglichkeit rechnet, spricht sein der Mündlichkeit verpflichteter Sokrates im *Phaidros* deutlich aus:

> »Ist die Rede [bzw. der Text] ... einmal geschrieben, so schweift sie gleichermaßen unter denen umher, die sie verstehen, wie unter denen, denen sie nicht zukommt, und weiß nicht zu unterscheiden, wem sie etwas sagen soll und wem nicht. Und wird sie beleidigt oder unverdienterweise beschimpft, so bedarf sie immer ihres Vaters Hilfe ...«[61]

Sokrates spricht hier als *polites,* als einer, dessen Element die Unmittelbarkeit der mündlichen Kommunikation und der damit unlösbar verbundenen sozialen Kontrolle des Individuums ist. Jacob

59 Vgl. hierzu auch Szlezák 1985, S. 9 ff., der mit Blick auf die im *Phaidros* entfaltete Schriftkritik Platons Schreiben überzeugend als die Verfertigung von ›Abbildern‹ der mündlichen dialektischen Praxis gedeutet hat und zurecht darauf verwiesen hat, daß – nach Maßgabe der jeweiligen schriftstellerischen Potenz – diesen platonischen Bildern besonderer Rang zukommt.

60 Vgl. Kap. 7, S. 295 ff.

61 275 d f. Vgl. hierzu auch Szlezák 1985, S. 7 ff.

Burckhardt, bürgerlicher Liberaler, hat von diesem Motiv her die athenische Polis als »città dolente« gezeichnet, als Zwangsinstitut, das mit Gesetzen, Pflichten, Leiturgien, mit tausend Regelungen bis in die intimsten Bereiche des Privaten eingriff.[62]

In der Tat gibt es zu dem, was man ›privates‹ Schreiben nennen könnte, im Bereich des Mündlichen kein Analogon. Nicht nur funktioniert die spontane, »unüberdachte« Rede gleichsam natürlich, u. d. h. ebenso wie die Sprache der Gruppe, der man angehört. Insbesondere ist der Sinn des Gesagten beständiger Kritik ausgesetzt. Hierin liegt wohl das Kernmotiv der platonischen Schriftkritik: Während der verschriftlichte Text, die Textur, »nur immer ein und dasselbe bedeutet«, da die Kombination der Zeichen ja festgeschrieben ist, sie selbst sich aber eben deswegen nicht gegen unangemessene Interpretationsversuche »wehren« kann, die das Geschriebene nun so oder so deuten, unterliegt die Rede qua Performanz der ständigen Kontrolle der Hörer, der uno actu auch der Sprecher unterworfen wird. Unter dem Zwang einer beständigen kollektiven Memorierung der Tradition in der oralen Gesellschaft werden sozial nicht akzeptierte semantische Prägungen kontinuierlich wieder ausgefiltert. Die heute »modern« anmutende Konventionsthese, die im *Kratylos* der junge Hermogenes gegen die *physei*-These setzt, repräsentiert doch das entwicklungsgeschichtlich »ältere« Sprachverständnis, wie ja auch der Nomos im Verhältnis zur Physis die traditionale Legitimationsinstanz für soziale oder rechtliche Geltungsansprüche ist.[63]

Platons Idee philosophischer Dialektik bewahrt einerseits noch das Moment der Praxis der Verständigung, die die orale Gesellschaft charakterisierte. Was Philosophie im Kern ausmacht: die dialektische Prüfung der Richtigkeit, Angemessenheit etc. von Denken und Handeln, das läßt sich in der Tat nicht wie »andere Lehrgegenstände« aussprechen.[64] Es entfaltet sich als gemeinschaftliche Praxis, in der gemeinsamen Bemühung um die Sache.

62 Vgl. Burckhardt 1962 Bd. I, S. 53 ff. und insbes. S. 213 ff.

63 Vgl. hierzu Strauss 1977, S. 83 ff.

64 7. Brief, 341 c: ῥητὸν γὰρ οὐδαμῶς ἐστιν. Nicht: es läßt sich nicht *schreiben*, sondern: es läßt sich schlechterdings nicht *in Worte fassen* – damit freilich per se nicht schreiben –, weil dies erst im gemeinsamen Vollzug (ἐκ πολλῆς συνουσίας γιγνομένης) der Dialektik geleistet werden kann. Gemeinsam notwendigerweise deswegen, weil diese kritische Praxis allgemeinen Kriterien unterliegt.

Ist die Liebe zu solcher Praxis einmal in der Seele entfacht, dann »nährt sie sich schon aus sich heraus.«[65]

Die Verschriftung der Tradition aber sprengt den Konsens und zwingt zum Streit über die »richtige« Lesart des homerischen Textes im besonderen wie über die Richtigkeit der Benennungen im allgemeinen, d. h. darüber, welche von mehreren konkurrierenden Lesarten eines Wortes als die richtige, nämlich sozial akzeptierte gelten konnte.[66] Platons Reserven gegenüber der Verschriftlichung seiner Philosophie sind ersichtlich begründet in der Sorge, daß deren Theorie und Praxis auseinanderdriften.

Mit der Akademie als einer Art Privatinstitut hatte die Philosophie eine Form gefunden, die auf Dauer in eine schriftliche Zivilisation doch wohl besser paßte als die sokratische Mündlichkeit. Sie paßt sich der Evolution der Technik an. Bei aller Kritik an der Schrift hat Platon die Möglichkeiten des neuen Mediums klar gesehen und sie konsequent genutzt. Es ist daher nur folgerichtig, wenn im *Sophistes,* dem letzten der späten Dialoge, in denen die sprachlichen und in diesem Sinne »proto-logischen« Bedingungen philosophischer Dialektik überprüft werden[67], Sokrates als Dialogpartner verabschiedet wird. An seine Stelle tritt der Fremde aus Elea[68] – wiederum ein Bild, in dem Platon ein Symbol dafür findet, daß die formale Dialektik, deren Grundlagen hier paradigmatisch demonstriert werden, wesentlich durch eleatische Momente geprägt ist.

Platon entfaltet schreibend das Charakteristikum von Schriftlichkeit schlechthin: Schreiben-können ist *die* episteme, dasjenige

65 Ebd. 341 c f.

66 Hierin liegt zweifellos das tieferliegende Motiv für die Abfassung des *Kratylos*. Vgl. dazu Wyller 1970, S. 29 ff. Über der Diskussion dieses Problems entwickelt Platon dann die Elemente für eine formale Behandlung des Gedankens in der Schrift, die mit der Buchstabenanalogie – *Kratylos* 424 a – 425 b, *Theaitetos* 201 e – 206 e – sozusagen »auf der Hand« lag, von der Platon seither systematisch Gebrauch macht und die letztlich die Grundlage bildet für die formale Behandlung des Satzbegriffs. Vgl. *Sophistes* 253 a ff. und 261 d ff., wo dieser Zusammenhang selbst thematisiert wird, schließlich *Politikos* 277 e ff. und 285 c ff.

67 Die Theorie des *paradeigmas*, die im *Politikos* entwickelt wird (277 b ff.), ist auf einer anderen Ebene angesiedelt. Sie setzt die im *Kratylos* und *Sophistes* entwickelte »Proto-Logik« bereits voraus.

68 Zurecht hat Wyller hierin die schärfste Zäsur im gesamten Werk Platons gesehen. Vgl. Wyller 1970, S. 59.

Können[69], mittels dessen Theorie formuliert wird. Dies ist keine Äußerlichkeit, vielmehr transzendentale Bedingung von Theorie an sich. Der theoretische Gebrauch der Schrift wirkt auf die Sprache zurück und vergegenständlicht sie. Theorien haben ihre interne »Architektur«, eine Disposition des Materials zu längerfristigen Zwecken, die gegenüber dem konkreten Umgang mit ihm konstant bleiben muß. Mit der Idee der *theoria* war deshalb eine Konsistenz von Syntax und Semantik verlangt, die der Unmittelbarkeit mündlicher Kommunikation fremd ist, *eine neue Methode im Umgang mit der Sprache*.

Unverkennbar ist von einer neuen Methode zu sprechen, die sich im Schreibverfahren des späten Platon abzeichnet: Wörter werden definiert, auf der Basis eines als allgemein anerkannten Sprachgebrauchs, das Definiendum von Fall zu Fall in die entsprechende Argumentstelle eingesetzt, bis die Widerlegung des Gegners formal schlüssig vollzogen ist. Erstmals ist wohl ein solches Verfahren explizit im *Kratylos* demonstriert[70], wo Sokrates in einem in der Tat methodisch zu nennenden Verfahren[71] eine rudimentäre Prädikationstheorie Schritt für Schritt einführt, um den Kratylos zum Eingeständnis zu zwingen, daß es so etwas wie falsche Rede geben müsse:

1. Kratylos gesteht zu (ὁμολογεῖ), daß das Wort (ὄνομα) eine gewisse Darstellung bzw. Nachahmung (μίμημα) des [von diesem bezeichneten oder benannten] Dinges sei.
2. Bilder (ζωγραφήματα) sind auf eine andere Weise *mimemata* als Wörter.
3. Mit Wörtern wie Bildern bezieht man sich auf die Dinge und ordnet sie denjenigen zu, von denen sie jeweils *mimemata* sind.[72]
4. Man kann nun das Bild eines Mannes einem Mann zuordnen, das Bild einer Frau einer Frau und jeweils umgekehrt.

69 Platon verwendet ἐπιστήμη häufig im Sinne von »Können«. Vgl. etwa *Gorgias* 448 c τέχνης ἐπιστήμων und 450 b, wo *episteme* selbst im genauen Sinn des Beherrschens einer Kunst verwendet wird, entsprechend *Sophistes* 232 a und 253 b oder *Politikos* 258 b ff.

70 430 d ff.

71 Vgl. Lorenz und Mittelstraß 1967.

72 430 b 6 ff. Platon unterscheidet hier terminologisch die beiden Handlungen des Referierens (προς- bzw. ἐπιφορά) und der Prädikation, Zuteilung des zukommenden Namens (διανομή), verwendet jedoch auch resümierend (431 b) den Term διανομή als Bezeichnung für die gesamte Handlung des Zusprechens einer bestimmten Bezeichnung.

5. Richtig ist diejenige Zuordnung, die einem jeden Ding das ihm zukommende (προσῆκον) bzw. das ähnliche [*mimema*] zuteilt.

Sokrates nun:

»Damit wir nun, du und ich, uns nicht um Worte streiten – wir sind doch Freunde – so nimm von mir an, was ich sage: Ich jedenfalls nenne (καλῶ) eine derartige [wie die in (5.) definierte] Zuteilung der *mimemata*, [d. h. der Bilder und der Wörter], auf etwas eine richtige (ὀρθῆν), eine solche von Wörtern allein eine richtige und wahre (ὀρθῆν καὶ ἀληθῆ). Die Zuteilung (δόσιν τε καὶ ἐπιφοράν) des unähnlichen [*mimema*] nenne ich eine nicht richtige, und eine nicht richtige und falsche, wenn es sich um eine [Zuteilung] der Wörter handelt.«[73]

Als sich Kratylos noch immer sträubt, präzisiert Sokrates dies, indem er für beide mimetischen Handlungen ein Beispiel gibt: Eine bildliche Darstellung auf jemanden beziehen und sie ihm zuordnen heißt, dieses Bild dem Betreffenden vor die Augen zu halten (εἰς τὴν τῶν ὀφθαλμῶν αἴσθησιν) und zu ihm zu sagen: »Dies hier ist dein Bild«. Eine Darstellung durch Wörter geschieht entsprechend, wenn man zu einem Mann sagt, er sei ein Mann, zu einer Frau, sie sei eine Frau. Die beiden für das Schriftverfahren konstitutiven Momente des Leroischen Mechanismus[74] sind hier erstmals zusammengebracht.

Zwingend wird eine derartige Argumentation in der Tat aber erst, wenn sie es ermöglicht, demjenigen, der etwas bestreitet, jederzeit »vor die Augen« bzw. »vor die Ohren« zu stellen, was er bereits zugegeben hatte. Unter Freunden mag der Appell ans Gedächtnis genügen, und dem Kratylos bleibt dann auch kein Ausweg mehr übrig.[75] Doch dies allgemein, für jedermann kontrollierbar zu leisten, dies vermag nur die schriftliche Fixierung der Argumentation. Und der Autor Platon zeigt dies. Nicht nur inszeniert er den *Theaitetos* als *vorgelesenen* Dialog. Gelegentlich stößt er seine Leser förmlich auf die Besonderheiten des In-der-Schrift-denkens. So, wenn er beispielsweise den Sokrates dem Theaitetos am Modell des Wachsblocks hintereinander vierzehn kombinatorische Möglichkeiten entwickeln läßt, in bzw. nach denen man unmöglich falsch urteilen könne. Gegenstand des Gesprächs

73 430 d.
74 Vgl. Kap. 7, S. 292 ff.
75 Vgl. 433 b und 435 b.

ist Theaitetos' Hypothese, Wissen, ἐπιστήμη, sei ἀληθὴς δόξα, wahre Meinung.[76] Hieraus folgt die Frage, was »Falsches meinen« bedeute. In diesem Zusammenhang entwickelt Sokrates folgende Argumentation, die der Demonstration halber hier vollständig zitiert sei:

»*Sokrates:* Man muß hierüber folgendes behaupten, indem man es von Anfang an noch einmal unterscheidet: Es ist unmöglich, (1) daß man etwas, das man weiß, indem man davon eine Erinnerung in seiner Seele hat, das man aber nicht wahrnimmt, für etwas anderes hält, wovon man ebenfalls weiß, indem man auch hiervon einen Abdruck [im Wachsblock, d. h. in der Seele, Ch. St.] hat, das man aber ebenfalls nicht wahrnimmt; (2) daß man ferner etwas, das man weiß, für etwas hält, das man nicht weiß und wovon man kein Siegelbild besitzt; (3) etwas, das man nicht weiß, für etwas, das man nicht weiß; (4) etwas, das man nicht weiß, für etwas, das man weiß; (5) und daß man, was man wahrnimmt, für etwas anderes hält, das man wahrnimmt; (6) was man wahrnimmt, für etwas, das man nicht wahrnimmt; (7) was man nicht wahrnimmt, für etwas, das man nicht wahrnimmt; (8) was man nicht wahrnimmt, für etwas, das man wahrnimmt; (9) ferner auch, daß man etwas, das man weiß und wahrnimmt und wovon man den der Wahrnehmung entsprechenden Abdruck hat, für etwas anderes hält, das man weiß und wahrnimmt und wovon man ebenfalls den der Wahrnehmung entsprechenden Abdruck hat, dies wäre noch unmöglicher als die vorigen Fälle; (10) auch daß man, was man weiß und wahrnimmt, indem man ebenfalls das Erinnerungszeichen in der richtigen Weise dagegenhält, für etwas hält, das man weiß, ist unmöglich; (11) auch, was man weiß und wahrnimmt, indem man dasselbe tut wie im vorigen Fall, für etwas, das man wahrnimmt; (12) ferner, was man weder weiß noch wahrnimmt, für etwas, das man weder weiß noch wahrnimmt; (13) was man weder weiß noch wahrnimmt, für etwas, das man nicht weiß; (14) und was man weder weiß noch wahrnimmt, für etwas, das man nicht wahrnimmt. In allen diesen Fällen ist es mehr als unmöglich, eine falsche Meinung zu haben. Also bleiben nur folgende Fälle, wenn überhaupt welche, in denen dies vorkommen kann.

Theaitetos: In welchen denn? Vielleicht kann ich es an ihnen besser verstehen. Denn jetzt kann ich nicht folgen.«[77]

Nicht nur hier, gleich mehrfach zwingt diese Weise des Argumentierens den doch gewiß nicht auf den Kopf gefallenen Theaitet zu dem Eingeständnis, er könne nicht mehr folgen. Erst die im Ver-

76 187 b.

77 *Theaitetos* 192 a ff. Übers. von E. Martens, der zur Verdeutlichung die einzelnen Fälle numeriert hat.

hältnis zum Sprechen weitaus langsamere, dabei aber das schon Gedachte stets präsent haltende Verfahrensweise des Schreibens macht die kontrollierte Entwicklung einer derartigen Kombinatorik möglich.

Es ist der eleatische Fremde, der auf dieser Basis im *Sophistes* eine neue Methode des Argumentierens demonstriert. Deren Grundidee war schon im *Phaidros* umschrieben worden: Dialektik besteht in der Kunst, den jeweiligen Gegenstand der Untersuchung angemessen zu analysieren und die Resultate der Analyse nach einem einheitlichen Prinzip zu einem Ganzen, einem logos, zu verbinden, welcher sich eben hierin, in der Kombination von zutreffender Analyse und Synthese, als *der* logos, als die zutreffende Erklärung des Objekts erweist.[78] In der neuen Methode hat man stets das Verfahren der Dihairese gesehen, das der Eleat vorführt, um das von Sokrates aufgeworfene Problem zu lösen, ob »Sophist«, »Staatsmann« und »Philosoph« nur verschiedene Bezeichnungen für ein und dasselbe seien oder ob diesen verschiedenen Namen jeweils eine besondere Art zuzuordnen sei[79] – des Seienden, wie hinzuzufügen ist, um die in der Fragestellung implizierte Herausforderung an den Fremden zu verdeutlichen. Daß dieser nun, der natürlich von Platon vorgegebenen Reihenfolge gehorchend, seine Methode gerade am Sophisten demonstriert, hat seine eigene Bewandtnis. Der Sophist kommt, wie sich zeigt, mit dem Eleaten darin überein, daß er ist, was er ist, aufgrund eines logisch unzulässigen Umgangs mit der Verneinung. Und so wird, um den Sophisten zu fangen, der Fremdling aus Elea die logische Widerlegung des Satzes des Parmenides entwickeln.

Mit der dihairetischen Methode scheint der Sophist schnell gefangen[80]: Angelangt bei der bildermachenden Kunst wird er unter die »trugbildnerische« zu subsumieren sein. Doch eben diese Erklärung ist mit der allergrößten Schwierigkeit verbunden:

»Es wagt ja«, gibt der Fremde dem Theaitetos zu bedenken, »diese Erklärung (*logos*) vorauszusetzen, daß das Nichtseiende sei.«[81]

78 Vgl. *Phaidros* 265 d ff.

79 Unschwer ist zu sehen, wie die Behandlung des Problems der ὀρθότης τῶν ὀνομάτων Pate steht bei der Formulierung des dialektischen Problems.

80 Vgl. zur Darstellung des Verfahrens Wyller 1970, S. 66 f.

81 237 a: ... ὑποθέσθαι τὸ μὴ ὂν εἶναι.

Denn Falsches reden oder meinen[82] werde in der Regel erklärt als Behauptung, etwas sei der Fall, was nicht der Fall ist. Man gibt als [so oder so] seiend aus, was eben nicht [so oder so] ist.

Das Nichtseiende, τὸ μὴ ὄν, ist aber nach Parmenides ganz und gar undenkbar und unaussprechbar, weil unlogisch – ἄλογον[83]. Denn wenn man es als logisches Objekt behandelte, müßte man es sprachlich entsprechend kategorisieren, als Eines oder Vieles etwa, und »*on*« sprechend hätte man es, weil den Singular verwendend, als Eines kategorisiert, obgleich es als Nichtseiendes doch gerade dadurch definiert ist, daß ihm keinerlei Bestimmung zukommt, und selbst diese Erklärung hier beginge noch genau den Fehler, den sie moniert.[84] So wird der Sophist, wenn man ihn mittels der Dihairese fangen will, gerade an diesem Punkt sich nicht mit einer Bild-Metapher abspeisen lassen, sondern auf einer ausschließlich logisch abgeleiteten Erklärung seines Wesens bestehen.[85]

Diese »logische« Problemlösung wird im folgenden entwickelt, sie ist der eigentliche Gegenstand des Dialogs und gipfelt folglich in einer Erklärung des logos selbst als einer Verknüpfung von bestimmten Wörtern, nämlich onoma und rhema, zu einem logos, welcher eben nicht nur etwas benennt, sondern etwas behauptet, λέγει[86], und zwar nach Maßgabe der Verknüpfbarkeit von Ideen[87], denn ›wahr‹ kann nur sein, was auch idealiter möglich ist, sodaß hic et nunc ein Satz entsteht, der die Dinge sagt wie sie sind.[88]

Die Lösung des Problems des nichtseienden Seienden kann nur darin bestehen zu zeigen, daß aus von Eleaten wie Sophisten nicht bestrittenen bzw. nicht zu bestreitenden Voraussetzungen ein logos widerspruchsfrei abgeleitet wird, in dem das μὴ ὄν als ὄν, das Nichtseiende als seiend behauptet wird. Die ἀρχή dieser Argumentation[89] bildet die Unterscheidung der fünf Grundkategorien

82 236 e: ψευδῆ λέγειν ἢ δοξάζειν. Vgl. *Theaitetos* 187 d ff.

83 238 c.

84 237 a ff.

85 240 a: … τὸ δ' ἐκ τῶν λόγων ἐρωτήσει σε μόνων (… seine Fragen werden sich ausschließlich auf deine Formulierungen beziehen …), d. h. er wird die Hypothese angreifen.

86 262 c f. Vgl. hierzu Lorenz und Mittelstraß 1966, S. 128 ff.

87 259 e.

88 263 a f.

89 Vgl. Wyller 1970, S. 68.

– μέγιστα γένη –, die auch der Eleat nicht bestreiten kann, sofern er zugibt – und er *muß* dies zugeben –, daß die Seele das Sein erkenne[90], nämlich ›Sein‹, ›Ruhe‹, ›Bewegung‹, ›dasselbe‹ und das ›Verschiedene‹[91].

Der Skandal für den Eleaten besteht darin, daß er die Bewegung als Grundkategorie zulassen muß. Dies verdankt sich mittelbar der Schrift, denn argumentiert man wirklich in formalem Sinn »logisch«, so *zeigt* sich in ihr, daß das Rhema »ist« mit »ruht« oder »bewegt sich« niemals identifiziert werden kann. Den Ausgangspunkt des Beweises bildet die – zugestandene – Prämisse, daß die Seele das Sein erkenne. Darüber verändert sich ihr Zustand, folglich impliziert Erkennen Bewegung. Dann auch Nichterkennen Ruhe. Gegeben sind damit die Kategorien ›Sein‹, ›Ruhe‹ und ›Bewegung‹. Schriftlich können nun verschiedene logoi, die mit diesen Kategorien gebildet sind, *in ihrer jeweiligen Formulierung* nebeneinandergestellt werden, und jeder, der Deutsch bzw. Griechisch kann, *muß* zugeben, daß jeder der Sätze

Das Sein ist	*Die Ruhe ist*	*Die Bewegung ist*
Das Sein ruht	*Die Ruhe ruht*	*Die Bewegung ruht*
Das Sein bewegt sich	*Die Ruhe bewegt sich*	*Die Bewegung bewegt sich*

etwas anderes bedeutet[92], daß also insbesondere *Das Sein ruht* etwas anderes bedeuten muß als *Die Ruhe ist* usw.[93] Damit sind auch Identität und Verschiedenheit als Grundkategorien ausgewiesen. Diejenigen nun, die alles unter ein Prinzip, d. h. formal: unter ein Prädikat subsumieren wollen, sind folglich gezwungen, dieses Prinzip mit tausend verschiedenen Bezeichnungen zu benennen[94], und – argumentum e silentio – die Bedeutungsunterschiede, die für das (grammatische) Prädikat wesentlich sind, für das (grammatische) Subjekt für akzidentell zu erklären bzw.

90 248 a ff.

91 254 d ff.

92 σημαίνει; vgl. 250 b, wo die von mir ausgeführte Kombinatorik an einem Fall angedeutet wird.

93 Vgl. 250 d: »Das Seiende hat sich uns aber jetzt außerhalb beider [Ruhe und Bewegung] gezeigt, ist das nun wohl möglich?« Theaitetos: »Gewiß das Allerunmöglichste.«

94 Vgl. die bereits referierte Frage des Sokrates an den Eleaten 217 a, ob man in der Schule von Elea »Sophist«, »Staatsmann« und »Philosoph« lediglich für verschiedene Namen für ein und dasselbe halte.

umgekehrt.[95] Diejenigen andererseits, die die Welt als Komplex isolierter Partikel erklären, machen ihre eigene Rede lächerlich, in der sie doch das Isolierte in eine – syntaktische – Verbindung bringen.[96] In jedem Fall ergibt sich: Entweder man leugnet die Möglichkeit einer (beliebigen) Verknüpfung, dann muß man konsequenterweise auch die Möglichkeit der Rede selbst als der Verknüpfung von onoma und rhema leugnen, oder aber man gibt diese Möglichkeit zu, dann sind als erstes, wenn man schon »logisch« argumentieren will, diejenigen Verknüpfungen zu betrachten, die man vollzieht, wenn man redet. Wenn man schon, macht der Eleat geltend, vom Sein *spricht*, d. h. logoi formuliert, ist man

»doch überall genötigt, das ›sein‹ zu gebrauchen und das ›getrennt von‹ und das ›von anderen‹ und das ›an sich‹ und tausenderlei anderes ...«[97]

In der schriftlichen Repräsentation werden Wörter zu Gegenständen, werden der Reflexion und Bearbeitung vor Augen gestellt – εἰς τὴν τῶν ὀφθαλμῶν αἴσθησιν, wie es im *Kratylos* hieß. Gerade *in* der Repräsentation erweist sich der logos selbst, weil repräsentiert, als eine Gattung des Seienden – τῶν ὄντων ἕν τι γενῶν[98] –, und zwar als diejenige, die mit vollem Recht bereits im *Kratylos*, dort, wo die Buchstabenanalogie das erste Mal entwickelt wurde, als »Großes, Schönes und Ganzes« gefeiert worden war. Denn »ihrer beraubt«, so verdeutlicht der Eleat gegen die Sprachskepsis der Heraklitäer, »wären wir, was das größte ist, auch der Philosophie beraubt.«[99]

Kehrseite der Ontologisierung des logos ist die neue »Dimension« seiner formalen Bearbeitung, die nicht nur in der Schrift allererst möglich wird, sondern für die die Alphabetschrift auch das Modell abgibt. Die dialektische Kunst, das Verfahren der Philosophie, ist konzipiert nach dem Modell der *techne grammatike*: So wie nicht alle beliebigen Verbindungen von Vokalen und

95 251 a ff. Natürlich verfügt Platon noch nicht über den Begriff des grammatischen Subjekts oder Prädikats, aber er macht in seiner Argumentation implizit von der Unterscheidung syntaktischer Positionen Gebrauch (vgl. 261 e) und prägt so ein Knowing-how aus, das die Grundlage abgibt für die Formulierung des entsprechenden Knowing-that, der Grammatik.

96 252 b f.

97 252 c.

98 260 a.

99 Ebd.

Konsonanten sinnvolle Wörter oder Ausdrücke, d. h. logoi, abgeben, sondern nur bestimmte Verknüpfungen, so wird ein wahrer logos sich auch nicht durch die Verknüpfung beliebiger Begriffe, μιμήματα, Kundmachungen von Seiendem, ergeben, sondern auch nur durch bestimmte:

Fremder: »Da wir nun zugestanden haben, daß auch die Begriffe sich gegenseitig auf die gleiche Weise in Absicht auf Mischung verhalten: muß nicht auch mit einer Wissenschaft [ἐπιστήμη] seine Reden durchführen, wer richtig zeigen will, welche Begriffe [γένη] mit welchen zusammenstimmen, und welche einander nicht aufnehmen? Und wiederum, ob es solche sie allgemein zusammenhaltende gibt, daß sie imstande sind sich zu vermischen? Und wiederum in den Trennungen, ob andere durchgängig der Trennung Ursache sind?«
Theaitetos: »Wie sollte es hierzu nicht einer Wissenschaft bedürfen und vielleicht wohl der größten!«[100]

Eine solche Wissenschaft der »richtigen« Verbindung setzte aber voraus, daß man über einen allgemeinen Begriff des zu Verbindenden verfügte, über einen allgemeinen Begriff von »Elementen« des logos, über die eine orale Gesellschaft, für die die Rede Medium unmittelbarer Verständigung war, niemals verfügen konnte. Erst mit dem Analogon des Schriftelements, des *stoicheion,* war ein Modell für die Ausprägung eines allgemeinen Begriffs des ›Wortes‹ als zum ›Satz‹ korrelativem Begriff gegeben, mit dem Platon sich ja auch noch schwer genug tut.[101]

In der Schrift wird ein kombinatorischer, an formalen Kriterien sich orientierender Umgang mit Wörtern denk- und darstellbar, der diese etwa nach Wortformen wie z. B. Endungen etc. unterscheidet:

100 253 b f. Übersetzung von Schleiermacher/Kurz. γένη wäre hier wohl eher mit »Idee« oder »Kategorie« zu übersetzen. Denn mit den »sie allgemein zusammenhaltenden« bzw. »trennenden« γένη ist ja zweifellos auf die μέγιστα γένη angespielt, die dann 254 d ff. insgesamt entwickelt werden, und vernachlässigt man στάσις und κίνησις als materiale, den Eleatismus bzw. die Heraklitäer charakterisierende Prinzipien, so bleiben drei formale bzw. ›logische‹ übrig: οὐσία, ταὐτόν und ἕτερον.

101 ὄνομα, μίμημα oder δήλωμα wären hier als erste zu nennen, wobei ὄνομα durch die Opposition zu ῥῆμα bald zur Unterkategorie von ›Wort‹ wird, obgleich es – noch die Metapherntheorie des Aristoteles beweist es – das Paradigma für das Wort schlechthin bleibt; vgl. dessen *Poetik* Kap. 21 und 22, 1457 b f.

βαδίζει – τρέχει – καθεύδει
λέων – ἔλαφος – ἵππος
ὄντων – γιγνομένων – γεγονότων – μελλόντων.[102]

Gegen diesen bzw. *über* diesem formalen Sprachgebrauch kann nun die Idee einer »richtigen« Kombination dieser Elemente sich ausprägen, die bestimmten, bei der Verknüpfung zu beachtenden Kriterien genügt, die Idee einer *logischen Syntax*. Die Gültigkeit eines logos wäre dieser Idee zufolge dann gegeben, wenn die Verknüpfungen der Elemente aus akzeptierten Hypothesen aufgrund gültiger Verknüpfungsregeln erfolgte, deren Anwendung »effektiv«, Schritt für Schritt zu überprüfen war.

Genau dieses Verfahren demonstriert nun der Fremde aus Elea auf der Basis der μέγιστα γένη: Müssen Sein, Ruhe und Bewegung als voneinander unabhängige γένη akzeptiert werden, dann a forteriori Identität und Verschiedenheit. Und hinblickend auf diese γένη kann nun z. B. im genos ›Verschiedenheit‹ ein »Teil« aufgefunden werden, der insofern dem genos ›schön‹ entgegengesetzt ist, als er von diesem eben verschieden ist, und der *infolgedessen* zurecht als »nicht schön« benannt wird. Verallgemeinert man dieses Verfahren, so muß es unter Berücksichtigung der Kategorie ›Verschiedenheit‹ für jeden Ausdruck *x* einen in Bezug auf diesen sinnvollen Ausdruck *non-x* geben, der sinnvoll genau deswegen ist, weil er eben die Verschiedenheit von jenem bezeichnet. Und ›Verschiedenheit‹ war ja als genos akzeptiert.[103]

Da auch ›Sein‹ als genos akzeptiert war, muß dieselbe Argumentation gelten, wenn für *x* nun ὄν eingesetzt wird:

»Also ist auch der Gegensatz von einem Teile der Verschiedenheit und dem Sein, wenn diese einander gegenübergestellt werden, nicht minder, wenn man es sagen darf, als das Seiende Sein und keineswegs das Gegenteil von jenem bedeutend, sondern nur soviel, ein Verschiedenes von ihm.«[104]

Gezeigt ist damit, daß es eine Argumentation gibt, die eine sinn-

102 262 b ff. Vgl. auch *Parmenides* 141 d.

103 Die μέγιστα γένη geben also, mit Frege zu sprechen, die ›Bedeutungen‹ ab, auf die in der Argumentation referiert wird. Dies rechtfertigt den Gebrauch der Prädikate »heteron«, »tauton« usw.

104 258 a f. Erst der *Parmenides* wird, in der dritten Hypothese der dialektischen Übung, hierfür eine Deutung entwickeln: Gesprochen wird hier vom logischen, nicht vom empirischen ›Sein‹. Vgl. dazu unten S. 346 ff.

volle, weil nicht bestreitbare Verknüpfung der beiden Wörter »Nichtseiendes« und »ist« ergibt:

Δῆλον ὅτι τὸ μὴ ὄν … αὐτό ἐστι τοῦτο.[105]

Die Gründe für das Akzeptieren der Argumentation werden in diesem Verfahren aus dem Konsens der Kommunikanten ausgelagert in den Text, expliziert in diesem und so auch nachprüfbar. Wer das Resultat bestreiten will, muß einen der vorherigen, protokollierten Schritte bestreiten. Nun war aber jeder Schritt explizit zugestanden. Die Kontrollierbarkeit des Verfahrens beruht auf der Schriftlichkeit und macht *eo ipso* seine Formalität aus.

Parmenides: Schrift und Wissenschaft

Vollends symbolisch wird die Transzendentalität der Schrift im *Parmenides*. Der Text, komplexeste formale Semantik[106], die Parmenides mit seinen Dialogpartnern *gesprächs*weise entwickelt, soll – so muß man wohl das literarische Szenario verstehen – als Bedingung der Möglichkeit von Dialektik[107] so der memoria *eingeschrieben* sein, daß er selbst im verdoppelten Ohrenzeugenbericht noch glaubwürdig, verbürgter Text bleibt: Jemand erzählt, wie Antiphon den Text erzählt, den ihm wiederum ein Pythodoros berichtet habe, daß nämlich Zenon mit Sokrates, Sokrates mit Parmenides, dieser mit dem jungen Aristoteles das und das durchgesprochen habe.[108] Nach demselben Verfahren, das erstmals im *Sophistes* durchgeführt worden war, läßt Platon nun den Parmenides selbst dem zuhörenden, zum Schüler rückverwandelten Sokrates nicht weniger demonstrieren, als daß der eigene Satz logisch unhaltbar ist, daß aber, wenn man ihn einer systematisch verfahrenden logischen Analyse unterwirft, ihm durch eben dieses Verfahren nicht weniger abzugewinnen ist als die metaphysische Grundlage logisch orientierten Philosopierens. Daß es gera-

105 258 b: Es ist klar, daß das Nichtseiende … eben dieses ist.
106 Vgl. hierzu Ryle 1939.
107 Vgl. 135 c f.
108 127 a f.

de Parmenides ist, der die philosophisch-logische Bedeutung der neuen Methode dem Sokrates erklärt, und daß es der junge Aristoteles ist, der die Korrektheit der einzelnen Argumentationsschritte attestiert, wird man wie die ganze Inszenierung symbolisch zu nehmen haben: Philosophie wandelt ihr Gesicht, streift die Oralität des Sokrates ab, wird zur epistemisch orientierten Kunst – die hyperbolische Analogie zur *techne grammatike*, als die sie der Eleat im *Sophistes* gekennzeichnet hatte.[109]

Der junge Sokrates steht für die nichtformale Dialektik, deren logische Probleme im ersten Teil des Dialogs offengelegt werden, der alte Parmenides und junge Aristoteles zugleich für das im zweiten Teil, der berühmten dialektischen Übung, demonstrierte neue Niveau einer formalen Dialektik, die über Mittel verfügt, die logischen Paradoxien zu bemeistern, die sich innerhalb der früheren Ideenlehre ergeben hatten.

Von allen Interpreten des *Parmenides* hat wohl am klarsten G. Ryle diese Problemstellung des Dialogs erkannt.[110] Sie wird, ausgehend von Zenons Verteidigung des Satzes des Parmenides, in knappsten Zügen entwickelt: Zenon verteidigt diesen Satz – ἓν εἶναι τὸ πᾶν[111] – dem platonischen Referat zufolge folgendermaßen: Wäre das Eine vieles, so müßte es zugleich ähnlich und unähnlich sein, was unmöglich ist. Daß Sokrates diesen Versuch nicht mit dem Hinweis darauf widerlegt, Zenon verwechsle hier

109 Vgl. *Sophistes* 253 a ff.

110 Vgl. Ryle 1939. Ich schließe mich im folgenden, ohne dies noch i. e. zu belegen, dessen Problemexposition an, auch wenn ich in der Interpretation der dialektischen Übung selbst zu einem anderen Resultat komme als er.

111 128 a f.: Das All (τὸ πᾶν) ist Eines bzw. Einheit. Ryle (1939, S. 142 f.) hat gegen die übliche Übersetzungspraxis, welche τὸ ἓν als *das Eine* bzw. *the one* o. ä. zu übersetzen pflegt, eingewandt, daß der Ausdruck τὸ ἓν in diesem Dialog zweifellos zur Bezeichnung des Prinzips der ›Einheit‹ verwendet werde, und 129 d f. gibt ihm recht, wo neben ὁμοιότης, στάσις, κίνησις und πλῆθος (Menge, Vielheit) auch τὸ ἓν als *eidos* aufgeführt ist. Schleiermacher übersetzt es hier auch gegen seine sonstige Gewohnheit, wo er vom »Einen« spricht, mit »Einheit«. Dies zugestanden bleibe ich, nicht nur aus pragmatischen Gründen, im folgenden doch bei der Übersetzung »das Eine«, verstehe diesen Ausdruck natürlich im Sinne des Prinzips der Einheit. Denn »Das All ist Eines« scheint mir die Pointe des parmenideischen Lehrsatzes schärfer auszudrücken als »Das All ist Einheit«.

kategorische mit relationalen Prädikaten, sondern die Problemstellung sogleich auf die Ideenlehre projiziert, indiziert zweifellos, daß sie es ist, deren interne Aporien diskutiert und – im zweiten Teil – unter bestimmtem Bezug auf das parmenideische Prinzip des Einen gelöst werden sollen.

»Ich würde mich umso mehr freuen«, sagt Sokrates ausdrücklich zu Ende seiner Exposition einer Version der Ideenlehre, in der die εἴδη unterschiedslos als Begriffe bzw. Prädikate behandelt werden, »wenn jemand eben diese Aporie (ἀπορίαν), die in eben die Ideen (εἴδεσι) ganz und gar verflochten ist, ... aufzeigen könnte.«[112]

Intrinsisch mit der Annahme von Ideen hängt eben das Problem zusammen, ob man sie »vermischen«, unterschiedslos also miteinander verbinden dürfe oder aber sie unterscheiden müsse.[113] Die Aporien, die sich aus der Unentschiedenheit dieser Frage ergeben, werden im folgenden Dialog zwischen Sokrates und Parmenides entwickelt. Dieser präzisiert zunächst die Exposition des Problems:

»Glaubst du, wie du sagst, es gebe gewisse Ideen (εἴδη), durch deren Aufnahme in sich diese anderen Dinge (τάδε τὰ ἄλλα) den Namen von ihnen erhalten ...«[114]

Damit ist zum einen der unmittelbare sachliche Zusammenhang zum *Sophistes* gegeben. Der Begriff des ›wahren‹ Satzes war dort ja expliziert worden als eine Verknüpfung von onoma und rhema mit Blick auf eine entsprechende Verknüpfung von Ideen.[115] Was dies heißt, war dort aber offengeblieben. Dieses Problem wird nun aufgegriffen. Zum anderen exponiert die Frage des Parmenides wohl das zentrale Problem der hier zur Diskus-

112 Sokrates unterscheidet nicht formale Kategorien wie Einheit, Ähnlichkeit, Ganzheit usw. von materialen wie Gerechtigkeit, Schönheit, dem Guten, gar von εἴδη wie Mensch, Feuer oder Wasser, was den nachfragenden Parmenides zu der ironischen Bemerkung veranlaßt, dann nehme er möglicherweise gar eine Idee des Haars, des Schmutzes oder des Schlamms an. Dies deutet bereits die zentrale Problemstellung an: Müssen innerhalb des Gebiets des nur logisch zu Erfassenden – ἐν τοῖς λογισμῷ λαμβανομένοις (130 a) – nicht Hierarchien etwa im Sinne der Unterscheidung von Prinzipien, Ideen und Begriffen angenommen werden?

113 129 e f.

114 130 e.

115 *Sophistes* 259 e.

sion stehenden Ideenlehre, daß nämlich εἴδη als ὀνόματα für Entitäten behandelt werden und somit die Teilhabe an der Idee X als eine Art Relation › ... ist eine Exemplifizierung von X‹ behandelt wird.[116]

Alle folgenden Deutungen dieser Relation enden in einer Absurdität oder einem infiniten Regreß. Nimmt man die Teilhabe im wörtlichen Sinn als Anteil-von-etwas-haben, dann würde dies entweder zur Materialisierung alles Noetischen führen und etwa die Größe würde umso kleiner, je mehr Dinge an ihr teilhätten, oder aber umgekehrt zur Idealisierung alles Materiellen, und alles würde entweder denken oder, obschon Gedanke, undenkbar sein, soweit es sich nämlich um Materie handelte.[117] Deutet man die Teilhabe als Relation der Ähnlichkeit, die Exemplifizierung also im Sinne eines Vergleichs, ergibt sich ein infiniter Regreß, denn um ein Großes in Bezug auf die Größe als groß zu beurteilen, müßten Großes und Größe in Hinsicht auf das ihnen Gemeinsame miteinander verglichen werden, und dies wäre eben die Größe, die aber nicht dieselbe sein könnte wie diejenige, die mit dem Großen verglichen wurde, sondern eine Größe', an der nun beide, Großes und Größe, teilhätten usw. ad inf.

Aus beiden Deutungsversuchen ergibt sich als Konsequenz der Chorismos: Die Ideen selbst könnten von uns überhaupt nicht erkannt werden, denn sie sind nicht bei uns, sondern für sich. Der Sklave ist nicht Sklave eines Herrn an sich, sondern eines Menschen, der bezüglich des Sklaven Herr ist. So kann auch unsere Erkenntnis des Wahren nicht Erkenntnis an sich des Wahren an sich sein, sondern nur unsere Erkenntnis des für uns Wahren. Folglich werden wir weder das Wahre an sich noch die Erkenntnis an sich noch X an sich jemals erkennen können – mit der schon ans Blasphemische grenzenden Konsequenz, daß Gott, per definitionem im Besitz der Erkenntnis an sich, uns und unsere Dinge niemals erkennen könnte.[118]

In dieser Exposition ist bereits das Problem ausgelegt, um dessen Lösung es in der dialektischen Übung geht: Wie ist der Zusammenhang zwischen dem Einen und der Vielfalt von Dingen zu denken, d. h.: wie ist die materiale Welt ›logisch‹ zu begreifen?

116 Ryle (1939, S. 134) spricht von der Relation »being an instance of«.
117 131 c ff. und 132 c.
118 134 d f.

»Glaubst du«, fragt Parmenides den Sokrates, »daß die Idee als Ganzes (ὅλον) in jedem einzelnen der vielen [Dinge] ist, obschon sie Eines ist (ἓν ὄν)?«[119]

Es ist die im *Sophistes* gegen den Satz des Parmenides entwickelte Deutung der Negation – »non-x« bedeutet »von x verschieden« –, welche nun eine Diskussion des eleatischen Prinzips ermöglicht, deren Resultat die Lösung der angesprochenen logischen Probleme impliziert. Dies erfordert eine gegenüber der alten sokratischen neue Art dialektischer Praxis, auf deren Bedeutung explizit verwiesen wird:

»... außerdem mußt du aber«, so charakterisiert Platon durch den Mund des Parmenides das, was man einen vollständigen Beweis nennen könnte, »noch dies tun, daß du nicht nur etwas als seiend voraussetzt und untersuchst, was sich aus der Voraussetzung ergibt, sondern auch, daß jenes nicht sei, mußt du nachher zugrunde legen, wenn du dich noch besser üben willst.«[120]

Parmenides referiert hier das Prinzip der zenonschen Dialektik, die eingangs des Dialogs dargestellt und durch den jungen Sokrates kommentiert wird.[121] Ihre Besonderheit liegt darin, daß nicht nur die Diskussion der aus der Hypothese folgenden Konsequenzen gefordert ist, sondern zusätzlich die der Folgerungen aus der Negation der Hypothese. Dies verweist darauf, daß hier logische Grundprobleme eines Philosophierens diskutiert werden, welches sich unter die Maxime der Widerspruchsfreiheit begeben hatte und nun in Verfolgung dieses Programms mit dem Auftreten von Antinomien konfrontiert wird.[122] In der Logik des 20. Jahrhunderts ist das Antinomienproblem intensiv bearbeitet worden, und man hat gelernt, ›syntaktische‹ bzw. ›logische‹ von ›semantischen‹ Antinomien zu unterscheiden. Die Grundform ist jedoch stets dieselbe: Gegeben ist eine Hypothese H, bei deren Formulierung keine offenkundigen logischen Fehler gemacht wurden, wie z. B. bei der schon in der Antike bekannten sogenannten Lügner-Paradoxie, bei der es sich jedoch um eine Antinomie handelt: Der Kreter Epimenides behauptet von sich – gemäß dem Diktum, daß alle Kreter Lügner seien –, daß er jetzt lüge, daß also sein Satz »Ich

119 131 a.
120 135 d f.
121 127 d ff.
122 Ryle hat dies als einziger wohl sehr klar gesehen; vgl. Ryle 1939, S. 141 ff.

lüge jetzt« gelogen sei. Es zeigt sich, daß sowohl die Annahme, daß H wahr ist, wie die, daß H falsch ist, in einen Widerspruch führt. Ist Epimenides' Satz »Ich lüge jetzt« wahr, so ist er gelogen, denn genau dies besagt ja die Behauptung, wenn man sie für wahr nimmt. Ist der Satz »Ich lüge jetzt« hingegen gelogen, so ist er ebenso offenkundig wahr, denn er sagt ja, daß Epimenides, indem er ihn behauptet, lügt. Ist also H die vorausgesetzte Hypothese, und zeigt sich, daß sowohl H wie nicht-H in einen Widerspruch führen, so ist damit H nicht nur als falsch, sondern als *alogisch* bewiesen. Für Platon war dieses Problem neu, sein philosophisches Programm provozierte es jedoch förmlich. Antinomien können immer dann auftreten – das Lügner-Beispiel zeigt es –, wenn ein Satz auf sich selbst bzw. auf seine eigenen Voraussetzungen angewandt wird.[123] Die Diskussion der Ideenlehre – Gegenstand des ersten Teils des *Parmenides* – setzt aber, indem sie sie thematisiert, deren Gültigkeit zugleich voraus. Ohne sie – dies bleibt die nirgends bestrittene These des Parmenides – wäre Philosophie gänzlich unmöglich.[124] Das Thema des zweiten Teils des Dialogs ist damit bezeichnet: Wie läßt sich bzw. läßt sich überhaupt eine Lösung für dieses Problem finden? Nun gibt es zwei Lesarten des eleatischen Prinzips – (εἰ) ἕν ἐστιν bzw. ἕν (εἰ) ἔστιν[125] –, also H und H', und in der berühmten dialektischen Übung zeigt Parmenides Schritt für Schritt, daß alle vier Möglichkeiten, H und H', nicht-H und nicht-H'[126] für sich allein zu aporetischen Konsequenzen führen, daß sie zusammengenommen jedoch das ausweisen, was als metaphysische Grundlage von Erkenntnis überhaupt anerkannt werden muß, wenn man sich an die Logik hält, und er zeigt dies in einer Weise, die in doppeltem Sinn, methodisch wie inhaltlich, »formal« genannt zu werden verdient.[127] Mit bei-

123 Vgl. hierzu genauer Wandschneider 1995, S. 29 ff.

124 135 b f.: Würde jemand das Sein von Ideen leugnen, so würde er das Vermögen (δύναμιν) zur Dialektik ganz und gar verderben.

125 Zur Interpretation der Hypothesen vgl. unten S. 338 ff. und S. 346 ff.

126 Tatsächlich handelt es sich nur um drei, da sich H als Implikat von H' erweist und Parmenides somit nur noch die Negation von H' diskutiert. Diese wird daher auch explizit als »Hypothese« nach den beiden positiven (137 c und 142 b) eigens benannt (160 b).

127 Bereits Ryle hat – auch wenn er die dialektische Übung selbst anders deutet – gesehen, daß der Gegenstand der Übung formaler Natur sein *mußte*; vgl. Ryle 1939, S. 146 ff.

dem hat die Schriftlichkeit solchen Argumentierens konstitutiv zu tun.

Daß auch Platon einen solchen Zusammenhang gesehen hat, deutet er entsprechend an, mit dem Mittel des Zitats: Parmenides akzeptiert die Aufforderung, ein Beispiel dialektischen Philosophierens zu geben, mit den Worten »... da doch einmal das mühsame Spiel gespielt werden muß ...«[128] Als Spiel, παιδιά, war aber das schriftliche Abfassen von Reden gegen Ende des *Phaidros* von Sokrates dem Ernst der dialektischen Praxis entgegengestellt worden.[129] Daß es keinerlei Sinn macht, die dialektische Übung mit Blick auf dieses Wort als »bloßen Scherz« abzutun, nach dem bekannten Wort Wilamowitz' als »Schulfuchserei«, hat schon Ryle in aller Klarheit dargelegt. Dem widerspräche auch das Attribut πραγματειώδη, mit dem dieses Spiel gekennzeichnet wird. Es ist mühsam oder besser: erfordert hohen Aufwand. Freilich ist es »Spiel« in dem Sinne, daß hier »nur« ein Beispiel für eine Praxis gegeben wird, die als andauernder Vollzug in der Akademie hinter dem Schreiben dieses und der anderen Texte Platons stand, eine argumentative Praxis, die solche Texte allererst ermöglichte. Andererseits ist aber dieses Schreiben selbst schon nach den Worten des Sokrates aus dem *Phaidros* allem anderen Spiel und Zeitvertreib entgegengesetzt und wird jedem, der seinen Spuren nachgeht, zur Freude gereichen. Es ist insofern doch ein »herrliches« Spiel, anders als die »schlechten«, spielt »mythologisierend« mit den Gegenständen, die eben des Philosophen genuine Gegenstände sind, und wird nur noch vom Ernst des Vollzugs dialektischer Praxis übertroffen.[130] Das Spiel ist exemplarisch.[131] In diesem Sinne wählt auch Parmenides einen exemplarischen Gegenstand, das Prinzip der Identität, nur vordergründig als eine Hypothese unter anderen ausgewählt[132], tatsächlich aber – so wird sich zeigen – das Grundprinzip formaler Dialektik schlechthin.

128 137 b.
129 *Phaidros* 276 b.
130 *Phaidros* 276 d f.
131 Dies hat überzeugend Szlezák gezeigt, vgl. Szlezák 1985, S. 9 ff.
132 Vgl. 137 b: »Oder wollt ihr, da doch einmal das mühsame Spiel gespielt werden muß, daß ich von mir selbst anfange und von meiner Voraussetzung ...«

Schon der Ansatz der 1. Hypothese – εἰ ἕν ἐστιν[133] – ist ein Ansatz bei der Form. Der sie präzisierende Nachsatz ist die Konklusion aus ihr, der sie allererst zu einer bestreitbaren Behauptung ergänzt:

(1.1) *Wenn* Eines ist, *dann* kann dieses Eine doch nicht Vieles (πολλά) sein.

Die Präzisierung wird von Aristoteles als trivial zugestanden – »wie anders« – und kann sich somit nicht auf eine semantische Interpretation von »hen« beziehen – diese ist im folgenden ja erst zu leisten –, sondern allein darauf, daß, wäre ἕν πολλά, wir es mit einer anderen Hypothese zu tun hätten, nämlich mit εἰ πολλά ἐστιν. Das ἕν kann in dieser Fassung der Hypothese nicht durch πολλά ersetzt werden, im Unterschied zur zweiten Lesart, wo sich dies durchaus als möglich erweist.[134] Was immer sich aus der Hypothese ergeben mag, es ergibt sich erst unter dieser zusätzlichen Voraussetzung. Diese aber klärt, daß ἕν hier als durch keinen anderen ersetzbarer Ausdruck mit einer bestimmten syntaktischen Funktion innerhalb des in Rede stehenden logos zu nehmen ist – was immer er bedeuten möge –, nämlich in prädikativer Funktion: Das Eine soll Eines sein, nicht vieles.[135] Es wird in der ersten Hypothese also betrachtet als Prinzip möglicher Prädikation überhaupt, denn Prädizieren heißt, etwas unter einen Begriff bringen. Bereits dies deutet darauf hin, *daß Gegenstand der dialektischen Übung die Form des Behauptens ist*, die Form eines Vollzugs mithin, die als solche nur in ihrer schriftlichen Repräsentation zum Gegenstand einer Erörterung werden kann, und daß hier – um an ein ähnliches Unternehmen zu erinnern – die Frage erörtert wird, was die Einheit dieses Urteilens ausmacht und was sie philosophisch bedeutet. Denn auch der logos selbst ist ja ein Eines, nicht vieles. Dem systematischen Stellenwert des *Parmenides* im platonischen Œuvre entspricht die der transzendentalen Deduktion im Werk Kants.

133 137 c.

134 Da in der zweiten Hypothese dem Einen alle möglichen Prädikate zukommen, so natürlich auch das Prädikat »πολλά«, sodaß ein logos »ἓν πολλά ἐστιν« zugelassen werden muß.

135 137 d: Δεῖ δέ γε μὴ πολλὰ ἀλλ' ἓν αὐτὸ εἶναι. αὐτὸ, grammatisches Subjekt des von δεῖ abhängigen A. c. i., referiert auf das ἕν der Hypothese, und dieses soll eben als »Eines« genommen werden, d. h. als Prädikat. Explizit formuliert müßte die 1. Hypothese also lauten: εἰ ἓν ἕν ἐστιν.

Aus der Präzisierung der Hypothese ergibt sich, daß (1.2) das ἕν weder Ganzes sein noch Teile haben kann, denn Ganzes wäre es nur in Bezug auf Teile und umgekehrt, in jedem Fall damit aber ein Vieles, nämlich der Begriff »Ein Ganzes, dem kein Teil fehlt« (οὗ ἀν μέρος μηδὲν ἀπῇ ὅλον) bzw. der Begriff »Teil des Ganzen« (μέρος ὅλου)[136]. In beiden Fällen würde sich die Komplexität des so gedachten ἕν in der Komplexität des an seiner Stelle eingesetzten Ausdrucks zeigen. Das ἕν ist danach auch unbegrenzt, ohne Gestalt, nirgends. Daraus wiederum ergibt sich, daß (1.3) es weder ruht noch sich bewegt und – die erste »formal« zu nennende Folgerung, insofern hier von zwei der drei formalen μέγιστα γένη Gebrauch gemacht wird, die als solche im *Sophistes* entwickelt worden waren – daß es (1.4) weder mit sich selbst oder anderem identisch (ταὐτόν) noch von sich oder anderen verschieden (ἕτερον) ist.[137]

Zum ersten Mal entwickelt Platon hier eine die Vollständigkeit der Argumentation demonstrierende Kombinatorik. Es gibt vier Möglichkeiten:

(1.41) H *taut* H
(1.42) H *taut* A
(1.43) H *het* H
(1.44) H *het* A[138]

Die Widerlegung von (1.42) und (1.43) folgt unmittelbar aus der Hypothese selbst: Wäre das Eine verschieden von sich selbst oder wäre es identisch mit einem Anderen(-als-das-Eine), so wäre eben nicht das Eine, sondern ein Anderes. Würde nun (1.44) gelten, so würde das Eine ja ein ἕτερον sein, im Widerspruch dazu, daß nach (1.1) das ἕν prädikativ zu lesen ist, in (1.44) würde es aber in dieser Position nicht erscheinen können, da diese ja durch ἕτερον besetzt wäre. Dann aber wäre die Hypothese nicht mehr, was sie ist.[139] Die Widerlegung von (1.41) – diese Folgerung schien doch selbstverständlich[140] – folgt derselben Argumentationsform, und diese

136 137 c.

137 139 b ff.

138 Lies: H[en] ist identisch (*taut*) mit bzw. verschieden (*het*) von A[nderem].

139 139 c 3: »Ein anderes eines anderen wird das Eine nicht sein, solange es Eines ist«: Das ἕν »blockiert« die syntaktische Position des ἕτερον, daher scheidet auch (1.44) aus.

140 Vgl. den Kommentar des Aristoteles 139 d: Wie sollte das Eine nicht mit sich selbst identisch sein!

wird nun als solche auch expliziert: Die Beschaffenheit (φύσις) des ἕν kann nicht identisch sein mit der des ταὐτόν, denn wenn etwas mit einem x identisch wird, so wird es eben mit diesem x identisch, nicht aber mit dem Einen. Wenn etwas Vieles wird, so wird es Vieles, nicht Eines. Gäbe es nun keine Differenz von ἕν und ταὐτόν, so müßte in diesen logoi für ταὐτόν, in welcher syntaktischen Position auch immer es erscheint, ἕν substituierbar sein, dies ist aber, wie gezeigt, nicht möglich.

Daraus ergibt sich die bekannte Konsequenz der 1. Hypothese: Wenn [Eines] Eines ist, dann ist [es] weder P noch non-P, weder Q noch non-Q usw., und Parmenides spielt dies auch ansatzweise formal durch: Das ἕν ist weder ähnlich noch unähnlich, weder gleich noch ungleich, weder jünger noch älter noch gleichaltrig. Freilich steht eine Interpretation dieser Konsequenz einstweilen noch aus. Tatsächlich bringt buchstäblich erst der letzte Satz des Textes die materielle Lösung des Rätsels. Man muß die Argumentation daher zunächst formal nehmen im wörtlichsten Sinne: Die Formen, in denen argumentiert wird, sind als solche zu betrachten – eine Verfahrensweise, welche konstitutiv daran gebunden ist, daß die argumentativ entwickelten Denk-Formen in der Schrift der Betrachtung repräsentiert werden. In dieser Perspektive ergibt sich, daß, wenn in dem logos εἰ ἕν ἐστιν das Eine als Prinzip jeder Prädikation thematisiert wird – was behauptet oder bestritten wird, muß semantisch eindeutig sein, sonst wäre eben kein Streit darüber und folglich auch keine Wahrheit möglich –, daß dann Prädikation selbst unmöglich wird, weil der Ausdruck ἕν genau diejenige Position im Schema des logos »blockiert«, die ein *jedes* Prädikat einnehmen müßte.[141] Wenn Eines ist, dann ist eben Eines und sonst nichts.

Konsequent ist dies bis auf das eine Prädikat ἕν selbst, für das doch das allgemeine Substitutionsverbot auch gelten müßte. Um dieses Problem zu lösen, betrachtet Parmenides nun, anknüpfend

141 Der Begriff des Schemas ist Platon bereits im wörtlichen wie im figurativen Sinn geläufig, etwa *Timaios* 22 c, wo vom μύθου σχῆμα – »in der Form der Erzählung, [nicht des logos]« – die Rede ist. Im *Sophistes*, wo der Begriff der Form einer wahrheitsfähigen Proposition entwickelt wird, verwendet Platon den etymologisch und semantisch mit σχῆμα eng verwandten Term συνέχεια: … κατὰ ταύτην δὴ τὴν συνέχειαν οὐδεις πω συνέστη λόγος … (262 c). Vgl. Stegmaier 1992.

an den zuvor demonstrierten Ausschluß aller Zeitprädikate[142], die Form des logos bzw. die diesen bildenden Formen selbst: Wo immer in einem – griechisch geschriebenen – logos ein »war« (ἦν) oder ein »ist geworden« (γέγονε) oder ein »wurde« (ἐγίγνετο) auftaucht, so bedeutet (σημαίνει) dies Anteilhabe an einer Zeit.[143] Dies gilt für alle möglich Zeitformen, und so werden die entsprechenden grammatischen Formen durchbuchstabiert: ἔσται, γενήσεται, γενηθήσεται[144], ἔστι, γίγνεται. Dies ist ersichtlich ein erst von der *techne grammatike* entwickelter Umgang nicht mit Worten, sondern mit Wörtern. Im mündlichen Diskurs stets als Sinneinheiten im linearen Ablauf der Rede gebraucht, werden sie hier als Formen zitiert – das »war«, das »ist geworden« usw.[145] – und in der Schrift nebeneinandergestellt, sodaß die Vollzähligkeit der aufgezählten grammatischen Alternativen *überschaubar* wird. Denn dies ist für die daraus abzuleitende Konsequenz essentiell: Da dem ἕν so, wie es in der Hypothese formal-semantisch[146], d. h. als prädikative Form expliziert war, aus den genannten Gründen keinerlei Prädikat zukommen kann, so kann das ἕν auch auf keine Weise an der οὐσία – das dritte formale der μέγιστα γένη – teilhaben. Also kann ihm auch kein Zeitprädikat zukommen. Da andererseits das Prädikat jedes möglichen (griechischen) logos eine Zeitform aufweisen müßte, so kann es über das so genommene Eine weder ὄνομα noch λόγος geben und folglich auch weder Wahrnehmung noch Meinung noch gar Wissen davon. Und so kann es, das ἕν, auch weder benannt (ὀνομάζεται) noch behauptet (λέγεται) noch angenommen (δοξάζεται) noch erkannt werden (γιγνώσκεται), und insofern kann es auch nicht wahrgenommen werden (αἰσθάνεται)[147], als gesprochene oder geschriebene Form nämlich. Nicht nur materialiter, sondern auch formaliter wird die

142 140 e ff.: Das ἕν ist weder älter noch jünger noch gleichaltrig, noch kann es so werden.

143 141 d f.

144 Schleiermacher folgt nicht dieser Lesart (»wird hervorgebracht werden«), sondern liest γεγενήσεται, also Futur II, was der Systematik dieser Stelle zweifellos besser entspricht.

145 Im Griechischen τὸ ἦν, τὸ γέγονε etc.

146 Ich folge hier dem von Tugendhat (1976, S. 35 ff.) entwickelten Begriff einer formalen Semantik.

147 Das ἕν als Referenzobjekt aller dieser Konstativa ist benannt 141 e: Οὐδαμῶς ἄρα τὸ ἓν οὐσίας μετέχει usw.

1. Hypothese aufgehoben, und daß Platon das αἰσθάνεται als letztes Prädikat aufführt, wird man als Betonung des formalen Aspekts dieser Argumentation verstehen dürfen.

Formal ist somit gezeigt, daß über das ἕν als Prinzip möglicher Prädikation selbst keine Behauptung und damit Prädikation möglich ist, weil es eben Voraussetzung, und zwar noumenale, weil allein logisch zu erfassende Voraussetzung *jeder* Prädikation ist, modern gesprochen diejenige illokutive Form, die wir zu beherrschen gelernt haben müssen, wenn eine bestimmte Behauptung gelingen soll.

Die 1. Hypothese beruhte somit auf einem performativen Widerspruch, der in dieser aporetischen Konsequenz deutlich wurde: Sie machte etwas zum Diskursobjekt, von dem sie materialiter behauptete, daß es aus formalen Gründen niemals Diskursobjekt werden könne. Die 2. Hypothese – ἓν εἰ ἔστιν – zieht daraus die Schlußfolgerung. Sie behandelt das ἕν nicht mehr in seiner prädikativen Funktion, sondern eben als Diskursobjekt, als logisches Subjekt. Formal geht es nun um die sprachlich verbleibende Lesart der Wortfolge εἰ + ἕν + ἔστιν, deren veränderte Bedeutung durch den nicht-enklitischen Gebrauch des ἔστιν, markiert also durch den anders gesetzten Akzent, angedeutet wird. Was dies bedeutet, wird im Text gezeigt. Das zu Beginn der 1. Hypothese noch implizit verwendete Argumentationsschema wird nun an der Satzform demonstriert: Wenn das ἕν im Sinne dieser Lesart verstanden wird, dann muß es an der οὐσία teilhaben – es wird ja als Subjekt gesetzt. Eben dies bedeutet (σημαίνει) hier das ἔστιν. Die – wie auch immer zu verstehende – οὐσία des ἕν kann aber nicht identisch sein mit diesem selbst, denn sonst müßten die beiden logoi ἓν εἶναι und ἓν ἕν logisch äquivalent (ὅμοιον) sein. Nun ist aber die Hypothese nicht ἓν ἕν, sondern ἓν εἰ ἔστιν. ἔστιν ist nicht durch ἕν substituierbar, das ἕν ist formal-semantisch folglich nicht zu verstehen als Prädikats-Ausdruck, sondern als Kennzeichnung des logischen, mithin als grammatisches Subjekt. Daß ein solches in der ersten Version der Hypothese gar nicht vorhanden war, zeigt sich hier erst im nachhinein.

Es geht in der zweiten Version also um ein ἕν, das begriffen werden muß als Gegenstand, über den nach der ersten Hypothese also auch Prädikationen möglich sein müssen. Dies formal zu beweisen, ist nach dem bereits explizierten Verfahren nicht mehr schwierig: Die ganze zweite Hypothese enthält zwei deutlich voneinander unterschiedene logische Elemente; die Rede ist sowohl vom Sein des Einen als auch vom Eines-Sein des seienden Einen. Wo Teile existieren, muß es ein Ganzes geben. Ein Ganzes aber ist, was *Eines ist und Teile hat*[148], und dieses *Eines ist* dieses Satzes ist als logisch-semantische Form identisch mit der zweiten Version der Hypothese selbst[149], denn wenn etwas ist und Teile hat, dann wird es als logisches Subjekt dieses Gedankens – es hat Teile –, mithin als in bestimmter Weise existierend vorausgesetzt. Für jedes existierende Eines muß somit gelten, daß es qua existierendes Eines ebenso Ganzes ist wie Teil von diesem, qua *Eines* nämlich Element des seine Bedeutung explizierenden logos *Eines ist*. Das seiende Eine erweist sich somit als ein Vieles. Ein solches ist es zumal aufgrund seiner Doppelidentität von zugleich wahrnehmbarer und zu verstehender Form. Diese ist im buchstäblichen Sinn ein und dieselbe, sie muß es sein, sonst wäre der logos nicht referentialisierbar. Somit repräsentiert hier das ἕν die Form des logischen Subjekts selbst, deren Identität, wie sich zeigt, als solche demonstrierbar wird in der Schrift. Nimmt man die erste und zweite Hypothese zusammen, so ergibt sich als Fragestellung der dialektischen Übung: Was folgt, wenn Etwas-als-wahr-behaupten gefaßt wird als Handlung, in der bestimmten Subjekten bestimmte Prädikate zu- oder abgesprochen werden; was sind – anders gesprochen – die Implikationen eines derartigen Verständnisses von Wahrheit. Wo Kant beweist, daß die transzendentale Einheit der Urteilsform Bedingung der Möglichkeit des Urteilens ist, erörtert Platon die metaphysischen Voraussetzungen eben dieser Einheit, und diese sind formal-semantischer Natur.

Wie sich aus der Negation »Das Eine ist also nicht Vieles« in der ersten Version der Hypothese die Konsequenz der Form

(I) ἕν ist weder P' noch non-P', weder P'' noch non-P'', weder P''' noch non-P''' etc.

ergab, so ebenso »logisch« aus »Das Eine ist Vieles« die Aussageform

148 142 d.

149 Morphologisch differiert im Griechischen die Form des Finitums, das hier aus »grammatischen« Gründen im Konjunktiv gebraucht ist.

(II) ἕν ist P' und non-P' oder[150] P'' und non-P'' oder P''' und non-P''' etc.

So muß es sich verhalten, denn es macht erstens die Form des logischen Subjekts aus, daß es mit jedem möglichen Prädikat verbunden werden kann. Es gibt ja wahre, falsche und – wie sich zeigt – sinnlose Sätze. Zum zweiten, wenn das ἕν nun als logisch-semantische Form für beliebige Gegenstände steht, dann müssen ihm insbesondere alle diejenigen Prädikate zu- wie absprechbar sein, die einen Gegenstand als innerweltlichen, als Element eines bestimmten universe of discourse ausweisen. Dies wird im Text in einer Weise entfaltet, welche die Parallelität der Argumentation und somit den logischen Zusammenhang von 1. und 2. Hypothese für jedermann nachvollziehbar vor Augen führt: Dieses Eine wird nicht unbegrenzt sein, nicht ohne Gestalt – σχῆμα[151] –, nicht nirgendwo, es muß sich bewegen usw. *und* das jeweilige Gegenteil. Denn insofern das Eine Vieles ist, muß es genauso unbegrenzt der Masse nach sein. Was für das ἕν als ὅλον gilt, gilt auch für jedes seiner Teile: ein jedes ist ein μέρος ὄν, existierender Teil, und so wiederum formal in sich eine Vielfalt, was sich materialiter darin zeigt, daß jeder Teil qua existierender selbst teilbar sein muß. Wiederum ergibt sich eine Kombinatorik: Jedes ἓν ὄν ist per se

(2.1) ἓν ὄν, *Eines* seiendes, zugleich aber auch
(2.2) ὂν ἕν, Eines *seiendes*, nämlich existierendes, und insofern
(2.3) ἓν ἕτερον, in sich Verschiedenes.

Per se ist also das ἓν ὄν ebenso Einheit – als ἓν ὄν wie als ὂν ἕν wie als ἓν ἕτερον – wie Zweiheit – als ἕν + ὄν etc. – wie Dreiheit – (2.1) + (2.2) + (2.3). Es *gibt* folglich die Zahl und damit Zahlen, sowohl gerade wie ungerade, und daraus folgt die unendliche Menge der »ganzen« Zahlen ebenso wie die ihrer Teile, der rationalen.[152]

Namentlich muß diese Argumentation auch für die formalen Prädikate ταὐτόν und ἕτερον gelten, von denen in dieser Argumentation ja schon Gebrauch gemacht war. Als ebenso in sich ruhendes wie sich bewegendes ist das ἓν ebenso mit sich selbst identisch, denselben Raum als Ganzes ausfüllendes wie verschieden von sich

150 Bei der 1. Hypothese handelt es sich um eine Konjunktion – dem ἕν kommt überhaupt kein Prädikat zu –, bei der zweiten hingegen um eine Alternation: es kommen ihm ja beliebige Prädikate zu.

151 145 b.

152 143 b ff.

selbst, von diesem Raum in einen anderen übergehend.[153] Die dialektische Übung als das Einschreiben dieser Logik in die memoria besteht insbesondere darin, die Systematik aller dieser Zusammenhänge in Parallelität zur 1. Hypothese offenzulegen. Im Schreiben des Textes werden die Analogien in einem entfaltet und zur Betrachtung nebeneinandergestellt – in der Tat eine πραγματειώδης παιδιά.

Nach demselben Schema wird nun leicht zu zeigen sein, daß den seienden Einen auch alle Zeitprädikate zu- wie abzusprechen sind, daß die darüber gebildeten logoi folglich auch alle Zeitformen und Zeitreferenzen aufweisen werden –

das νῦν (jetzt), das ποτέ (einstmals), das ἔπειτα (dann), entsprechend die finiten Verbformen ἔστι, ἔσται, ἐγίγνετο, γίγνεται, γενήσεται, ... usw.[154]

Folglich wird es auch von diesem Einen ὄνομα und λόγος geben, also auch Wissen, Meinung und Wahrnehmung.[155] Es bleibt ein »Drittes« daraus abzuleiten: Das Eine kann P und non-P sein, insofern es wird. Solange es P ist, ist es aber noch nicht non-P, sobald es non-P ist, nicht mehr P. Ein Übergang im Werden von P zu non-P wäre nicht denkbar, wenn es zwischen diesen beiden Zuständen nicht das unendlich kleine Intervall gäbe, in dem das Eine weder P noch non-P ist, das Plötzlich – ἐξαίφνης –, den Grenzwert.[156]

So muß es sich mit allen Übergängen verhalten, die sich aus der phänomenalen Form des existierenden Einen, dem Wechsel von Sein und Werden, ergeben. Κατὰ τὸν αὐτὸν λόγον, nach demselben Grund muß das Eine, wo es ins Viele übergeht, weder Eines noch Vieles sein, wo aus dem Ähnlichen ins Unähnliche, weder ähnlich noch unähnlich,

(III) wo aus P* in non-P*, weder P* noch non-P*.

Alle diese Bestimmungen kommen dem Einen zu, insofern es existiert.[157] Damit ist *formal gezeigt*, daß die zweite Hypothese

153 146 a ff.
154 155 c f.
155 155 d.
156 156 d ff.
157 157 b: Bestimmungen sind die παθήματα, die dem ἕν zukommen (πάσχοι). Dies zeigt ein letztes Mal formal, daß es hier als logisches Subjekt diskutiert war.

die erste impliziert. Sofern logische Subjekte unterschieden werden, impliziert dies je schon den Gebrauch von Prädikaten – der formale Beweis der Einheit des Urteils, den Kant »nur« materialiter führt. (III) gilt für alle möglichen logischen Subjekte. Auch dies ist noch zu beweisen, indem nach demselben Argumentationsschema gezeigt wird, daß, was für das seiende Eine gilt, ebenso für alles andere Seiende gilt, damit für alles, auf was immer als Subjekt einer Behauptung Bezug genommen werden kann. Für das andere (τἆλλα) gilt ebenso, daß es ebenso P' wie non-P', P'' wie non-P'' ist, wie weder P' noch non-P'', weder P'' noch non-P'' usw.[158] Wenn also das Eine existiert, so ist es alles und nichts, nicht einmal eines selbst, und dies ist, wie Aristoteles (der es ja wissen muß) bestätigt, vollständig bewiesen.[159]

Die Metaphysik des Urteilens

Gemäß der von Parmenides vor Beginn der Übung charakterisierten Methode wäre nun die Negation der Hypothese zu diskutieren, und da gezeigt wurde, daß die zweite die erste impliziert, so ist auch nur die Negation der zweiten noch durchzugehen: εἰ δὲ μὴ ἔστι τὸ ἕν.[160]

Wie eng Logik und Metaphysik in dieser von Parmenides, d. h. Platon entfalteten Dialektik zusammenhängen, zeigt insbesondere dieser zweite, »negative« Teil der Übung.[161] Während in den beiden ersten Hypothesen die formal-semantischen, d. h. logischen Aspekte des Etwas-als-wahr-behauptens erörtert wurden, bringt, so könnte man sagen, die Diskussion der Negation die

158 157 b ff. und 159 b ff.

159 160 b. M. E. ist die Lesart … και οὐδὲ ἕν ἐστι … in b 3 durchaus zutreffend. Die auch erwogene Lesart οὐδὲν wäre schon syntaktisch schwierig.

160 160 b ff.: »Wenn aber das Eine nicht ist [bzw. existiert].«

161 Wieviele Hypothesen man zählen will, ob zwei, drei, sieben oder x, hängt – sobald man über drei hinausgeht: die 1., die 2. (welche die 1. impliziert) und die Negation der 2. – vom Interpretationsstandpunkt ab bzw. vom Grad der je gewählten Differenzierung, den man in der Interpretation erreichen will.

epistemologischen und metaphysischen Aspekte des Urteilens ans Licht, von denen im ersten Teil noch unthematisiert Gebrauch gemacht worden war. Auch sie werden nun »vor Augen geführt« in einer Betrachtung der betreffenden Aussageformen. Zunächst ist zu klären, was die jetzt in Rede stehende Hypothese bedeutet. Die Unterscheidung von logischem Subjekt und Prädikat wird benutzt, um diese Frage zu operationalisieren und formal darzustellen. Als erstes wird gefragt, ob und inwiefern sich εἰ ἓν μὴ ἔστιν von εἰ μὴ ἓν μὴ ἔστιν unterscheidet. Wenn jemand fragte, ob es Größe, Kleinheit oder was auch sonst immer nicht gebe, so unterscheidet er offensichtlich den im Subjektbegriff gekennzeichneten Rede-Gegenstand von allen anderen, indem er eben von ihm, nicht von den anderen behauptet, daß er nicht existiere. Man sagt und meint (λέγει) ihn, bezieht sich auf ihn also erstens als einen erkennbaren (γνωστόν), zweitens als einen von allen anderen (τῶν ἄλλων) unterscheidbaren (ἕτερον). Hierin liegt der logische Grund für das formale Resultat des ersten Teils der Übung, für die Einsicht, daß die zweite Lesart der Hypothese die erste impliziert. Ein ›logisches Subjekt‹ ist immer schon in bestimmter Hinsicht als etwas gefaßt. Daß dies in der Diskussion der Negation der Hypothese als erstes festgehalten wird, ist von der der Schriftlichkeit sich verdankenden Methode der dialektischen Übung her nur konsequent. Das jeweilige logische Verfahren wird zunächst praktiziert bzw. demonstriert, um im nächsten Schritt als solches auch begrifflich expliziert zu werden.

Die erste der metaphysischen Voraussetzungen der positiven Hypothese wird nunmehr sichtbar. Sie macht post festum deren Diskussion von einer grundlegenderen Ebene her verständlich. Platon legt hier eine fundamentale Unterscheidung frei, auf der letztlich der Begriff der Wahrheit aufruht, nach dem im *Theaitetos* gefragt war und der im *Sophistes* eine erste, näherungsweise Bestimmung erfahren hatte. Das Sein des logischen Gegenstandes ist etwas anderes als seine kontingente Existenz. Daher war eingangs der 2. Hypothese zwischen dem ἓν und seiner οὐσία qua Existenz unterschieden worden. Diese ist für das logische Subjekt als solches nicht wesentlich. Wesentlich ist vielmehr, daß es erkennbar ist.[162] Eben dieses ist im Namen des ἓν ausgesagt, insofern es, das

162 Erinnert sei an die an Sokrates gerichteten Worte des Parmenides 135 e: »... ich habe mich gefreut, wie du [zu Zenon] sagtest, daß du ihm nicht

Gemeinte[163], qua Unterscheidung identifizierbar sein muß. Die οὐσία des ἓν ὄν ist logischer Natur, nur darum kann es zugleich Eines wie Vieles sein. Formal zeigt sie sich in der Verknüpfung mit einem Prädikat, grammatisch gesprochen in der συμπλοκή mit einem Finitum.[164] Dies gehört eben zur ousia des logischen Subjekts, nicht zu der des Prädikats, dessen Funktion in nichts anderem besteht als darin, das Subjekt sozusagen zu einem ›logischen‹ zu machen. Das rhema ›bedeutet etwas‹ (σημαίνει τι) nur über das onoma. Das Umgekehrte gilt nicht: dieses bedeutet etwas *per se*. In dieser Asymmetrie der Beziehung von Subjekt und Prädikat liegt die Lösung für das Segeltuchproblem.[165] Demgemäß wird das Sein des *logischen* Gegenstandes ein anderes sein als das des logischen *Gegenstandes*. Der epistemische Charakter des Wissens ist folglich nicht an das Kriterium der Faktizität eines Gegebenen gebunden – diese wäre ebenso Voraussetzung für *doxa* und *aisthesis* –, sondern an die Weise des Darüber-redens, also an die Logik. Dies macht rückblickend die keineswegs nur scheinbare Aporetik der Position des jungen Sokrates aus dem ersten Teil des Dialogs verständlich. Das Problem der Teilhabe an den Ideen ist nur auf zureichender logischer Grundlage lösbar.

Es gibt also über das nicht-seiende Eine eine Erkenntnis, sofern es nämlich darüber verstehbare Rede gibt[166] im Sinne der eingangs dieses Durchgangs geklärten Voraussetzungen. Das Subjekt muß identifizierbar sein. Als solches kommt ihm Verschiedenartigkeit von allen möglichen anderen Redegegenständen zu (ἑτεροιότης), und dies zeigt sich darin, daß es an Formen wie

ἐκείνου (von jenem), τινός (von etwas), τούτου, τούτῳ, τούτων usw.

teilhat (μετέχει). Damit wird zugleich geklärt, was μέτεξις heißt bzw. in welcher Weise von ihr geredet werden kann, ohne in

zugeben würdest, im Bereich des Sichtbaren nur die diesbezüglichen Kontingenzen zu untersuchen (περὶ ταῦτα τὴν πλάνην ἐπισκοπεῖν), sondern daß man jenes prüfen müsse, was man vorzüglich logisch erfaßt (ἃ μάλιστά τις ἂν λόγῳ λάβοι) und das man für Begriffe/Ideen (εἴδη) hält.«

163 160 d 1: τὸ λεγόμενον.

164 Rekursiv rechtfertigt diese Einsicht die entsprechenden grammatischen Reflexionen im Rahmen der Diskussion der 1. Hypothese, 141 d f.

165 Vgl. 131 b: »... wie wenn du, mit einem Segeltuch viele Menschen bedekkend, sagen wolltest, es wäre ganz über vielen.«

166 160 d.

Widersprüche zu geraten: Sie ist nichts – um Wittgensteins Formel zu benutzen –, das gesagt werden könnte. Sie kann sich nur zeigen, in der syntaktischen Verknüpfung nämlich des auf das logische Subjekt referierenden Namens mit all den Relationsausdrücken, die notwendig sind um klarzumachen (δηλοῦν), daß es sich eben um jenes Eine und um nichts anderes handelt, welches nicht ist[167], die also semantisch erforderlich sind. Wäre jedoch weder von jenem Einen noch von einem anderen die Rede, so könnte man nicht einmal etwas aussprechen – φθέγγεσθαι[168]. Die οὐσία dieses nicht existierenden Einen, an dem es als logisches Subjekt teilhat, ja die es allererst als logisches Subjekt ausweist, ist daher auch von besonderer Art, es ist eine Funktion des Behauptens: Wir sagen ja, wie es ist, indem es nicht ist.[169] Wahrheit wäre ohne die Unterstellung dieses metaphysischen Seins des logischen Subjekts unmöglich, diese ist folglich auch jeder Existenzannahme vorausgesetzt.

Expliziert wird hier das logisch-metaphysische Prinzip, von dem Parmenides an der entsprechenden Stelle der Erörterung der 1. Hypothese bereits Gebrauch gemacht hatte. »Scheint nicht«, so fragte er dort[170], »das ›war‹ (ἦν) und das ›ist geworden‹ (γέγονε) und das ›wurde‹ (ἐγίγνετο) zu bedeuten (σημαίνειν), daß das je Gewordene an der Zeit teilhat?« Diese Position wird explizit verschärft: Es gibt keine Teilhabe an der Zeit als gemäß einer dieser Formen.[171] Also hat das – prädikativ verstandene – Eine auf keine Weise an einem Sein[172] teil, da es ja weder ruht noch sich bewegt etc., und also ist es nicht.[173] Im Licht der formal-semantischen Deutung, die der Begriff der *methexis* hier erfährt, ist dies in der Tat zwingend, und der Text bestätigt diese Lesart ausdrücklich: Das nicht am Sein teilhabende Eine wäre auch nicht so, daß es Eines wäre, denn andernfalls hätte es ja, nämlich formal, am Sein teil. Folglich kann es für das prädikativ genommene Eine weder

167 161 a.
168 161 a 3.
169 161 e: »Wenn wir, wie wir behaupten, die Wahrheit sagen, sagen wir notwendigerweise auch [etwas über] Seiendes.«
170 141 d f.
171 141 e 7 ff.
172 οὐσία ist 141 d f. stets ohne Artikel verwendet.
173 141 e 10. Das ἔστι ist nicht nur als »existiert« zu lesen, denn der Akzent ist durch das vorhergehend ἄρα motiviert.

logische noch faktische Existenz geben – τὸ ἓν οὔτε ἕν ἐστι οὔτε ἔστι.[174]

Mit der Idee einer logischen *ousia* des nichtseienden Einen ist endlich dasjenige Prinzip freigelegt, das dieser dialektischen Übung wie jeder in gleicher Weise organisierten Argumentation formal zugrunde liegt bzw. zugrunde zu legen ist. Sein muß das nicht-seiende Eine als solches, denn ließe es auch nur einen Augenblick von seinem Nicht-Sein ab, so *wäre* es ja – im Widerspruch zur Hypothese, daß es *nicht ist*. Also gilt ein Eindeutigkeitsprinzip wie

(IV) Für alle logischen Subjekte P_j gilt:
P_i hat Teil am Sein, P zu sein und dasselbe P_i hat Teil am Nichtsein, nicht P zu sein[175] –

die metaphysische Grundlage von Prädikation überhaupt, Grundlage selbst noch des Satzes vom Widerspruch, dem Aristoteles den Rang des Grundprinzips der Ersten Philosophie zumessen wird[176], denn dieses Prinzip erst sichert die Trennschärfe des Begriffs, ohne die dieser Satz nicht gelten würde. Identifizierendes, in seinem Wahrheitsanspruch bestreitbares Unterscheiden wäre ohne die Voraussetzung von eindeutig zu- wie absprechbaren Prädikaten unmöglich, eine – wenn man so will – »effektive« Auffassung des Seins von Ideen. Diese Voraussetzung ist ebenso konstitutiv an das Sprachspiel des Behauptens (*to legein*) gebunden wie dieses an diese Voraussetzung. Die Vermittlung von Idee und Realität gelingt, wenn sie denn gelingt, in der Schematisierung des logos, im Vollzug der *dianoia*.[177]

Insofern liegt der Argumentation des Parmenides bis hierhin noch immer eine Zweideutigkeit zugrunde, welche aufzuklären

174 »Das Eine ist weder Eines noch existiert es als solches.« Die Paradoxie dieses Satzes resultiert also daraus, daß, um diese doppelte Negation über das prädikative ἕν zu behaupten, es in zweifacher Weise syntaktisch verwendet werden muß, in der prädikativen und in der Subjektsposition, mittels derer hier auf das logische Subjekt, nämlich das nichtseiende ἕν, referiert wird.

175 Vgl. 162 a f.

176 *Metaphysik* Γ 1005 b ff.

177 Daß sie mißlingen kann, ist geradezu konstitutiv für die hier entwickelte Lösung. Der ›wahre‹ logos ist Resultat einer ›verständigen‹ Verknüpfung von Begriffen zu Behauptungen. Natürlich kann dies auch »danebengehen«; dann sagt man die Dinge eben nicht so, wie sie sind.

bleibt. Das Eindeutigkeitsprinzip gilt ja für Prädikatoren in Subjekts- wie in Prädikatsposition.[178] Bislang war von der Subjektsposition die Rede, die Gegenbetrachtung bringt deren Ambivalenz und damit erneut die Prädikatsposition ins Spiel: Kann das ἓν εἰ μὴ ἔστιν nicht auch das Sein nicht nur des ἕν als kontingenten Gegenstandes sondern auch des ἕν als logischen Subjekts negieren?[179] Dann aber folgte, daß, wo kein logisches Subjekt, auch kein Prädikat sein kann. Also würde das so betrachtete nichtseiende Eine weder sein noch werden, ein Fall klarerweise der ersten Lesart der Hypothese.

Übrig bleibt allein noch zu erörtern die Frage, was für das andere (τἆλλα) des nun in den zwei logischen Möglichkeiten betrachteten nicht-seienden Einen folgt. Zunächst scheint klar, daß es »irgendwie«, zumindest logisch, gegeben und damit sein müsse, sonst könnte man nicht darüber reden. Dann aber gilt alles wie gehabt: Diesem bzw. diesen Anderen[180] käme alles ebenso zu wie nicht zu, denn sie sind – so betrachtet – nichts als Eine, mögliche logische Subjekte.[181] Doch nimmt man die Negation der Hypothese – ἓν εἰ μὴ ἔστιν – im umfassenden, zuletzt erläuterten Sinn, so wäre das Eine ja nicht mehr nicht nur als kontingentes Seiendes, sondern auch als logisches Subjekt nicht mehr gegeben. Wo aber ein x nicht mehr logisch identifizierbar ist, ist es auch nicht mehr von einem beliebigen y unterscheidbar. Kein x könnte mehr als anderes erkannt werden, dazu müßte es von einem Einen unterschieden werden können, denn entweder wäre x das eine oder das andere. So könnte es weder als Eines noch als Vieles noch als irgend sonst etwas erscheinen (φαίνεται), phänomenal ebenso wenig in Erscheinung treten wie erkannt werden. Da das Sein im logischen wie im faktischen Sinne suspendiert wäre, könnte im buchstäblichen Sinne von dem so betrachteten Anderen nichts *sein*, weder Vorstellung (δόξα) noch auch nur Einbildung (φάντασμα). Mit dieser letzten Betrachtung ist definitiv die metaphysische Grenze, die Bedingung der Möglichkeit von Erkenntnis freigelegt, auch die der Unterscheidung der *episteme* von *doxa* oder *aisthesis*, und Parmenides markiert sie dann auch als solche: Ist das nicht-

178 Zugrunde gelegt ist ja die »natürliche« Syntax des Griechischen.
179 163 c.
180 Der griechische Plural sagt beides.
181 164 b ff., 165 d.

seiende Eine noch logisch verfügbar, dann erweist sich das Andere als Welt des Scheins: Unbegrenzt der Masse nach meinen wir wie im Traum Kleinstes und Größtes wahrzunehmen, meinen im Fluß der Phänomene eines gegen das andere plötzlich (ἐξαίφνης[182]) sich abzeichnen zu sehen, meinen im Übergang vom Kleineren zum Größeren Gleichheit wahrzunehmen, das φάντασμα ἰσότητος[183]. Wird aber das Eine nun auch logisch als nicht-seiend vorausgesetzt, so wird es von allem anderen weder Meinung noch überhaupt Vorstellungen geben. Wenn in diesem Sinne das Eine nicht ist, so ist auch das Andere nicht noch wird es vorgestellt (δοξάζεται)[184], weder als Eines noch als Vieles. So bleibt zusammenfassend zu sagen:

ἓν εἰ μὴ ἔστιν, οὐδέν ἐστιν – Wenn Eines nicht ist, so ist nichts.

Wenn aber das Eine *ist oder nicht ist*, dann sind es und das Andere alles auf alle Weise und[185] wiederum auch nicht, sowohl für sich selbst wie in Bezug auf das Andere, und dann erscheint es auch oder auch nicht. Wird – mit anderen Worten – das logische, noumenale Sein des Einen als das Prinzip von Identifikation und Prädikation nicht vorausgesetzt, dann gibt es keine Phänomene und a forteriori auch keine Erkenntnis von ihnen. Erkannt werden freilich kann es selbst nicht. Nimmt man das Eine als logisches Subjekt, so produziert man Tautologien, nimmt man es als Prädikat, Kontradiktionen. Doch ohne es *logisch vorauszusetzen,* gäbe es auch den Bereich zwischen Tautologie und Kontradiktion nicht, den der wahrheitsfähigen Rede. Dies wurde in der Tat vollständig bewiesen, wie des Aristoteles' »vollkommen wahr« bestätigt.

Das resümierende »also« des Parmenides[186] referiert auf einen Zusammenhang, der dem zur Zustimmung Aufgeforderten als vollständiger Beweis präsent sein mußte und den dieser – so wird man die Rahmenerzählung des Dialogs zu verstehen haben – nach hinreichender Übung auch präsent hatte. Er war dann dem Verstand nach der Formel des *Phaidros* eingeschrieben worden, was

182 164 d 3.
183 165 a.
184 166 b.
185 Dieses »und« ist logisch zweifellos als nicht ausschließendes »oder« zu lesen: … τε … καὶ.
186 166 b 8.

jedoch niemals möglich gewesen wäre, ohne die Argumentation im buchstäblichen Sinn schriftlich entwickelt zu haben. Die Schriftlichkeit der Methode ist – dies darf man wohl der Lektüre dieser Texte, zumal des *Parmenides*, entnehmen – konstitutiv für die Ausbildung formalen Denkens und damit der formalen Logik. Im Schreiben erst lassen sich die Formen der zeitlich vorübergehenden Handlung des Behauptens, lassen sich die Formen der logoi als solche betrachten, läßt sich fragen, was ἓν ἕν im Unterschied zu ἓν ἔστιν heißen könne, läßt sich die grammatische Substituierbarkeit von Wörtern als Kriterium der Sinnklärung operationalisieren.

Zweierlei leistet die Auslagerung des Denkverfahrens ins Schreiben: Zum einen unterbindet sie die unmittelbare Rückkopplung des Gemeinten (λεγόμενον) an Zustimmung oder Widerspruch des Hörers, suspendiert so den Konsens als Korrektiv des Gesagten. Dafür aber stellt sie das legomenon der Betrachtung vor Augen wie Sokrates dem Kratylos sein γράμμα, sein Bild der Wahrnehmung seiner Augen präsentierte.[187] Dies macht es disponibel für eine Überprüfung seines Sinns. Zugleich jedoch spaltet, indem sie dies tut, die Externalisierung des Verfahrens die Bedeutung vom Wort ab. Fragen, was x bedeute (σημαίνει), kann nur derjenige, der x zwar als Sprachform identifiziert, die ihm geläufige Bedeutung aber suspendiert. Die Einheit des gesprochenen Wortes wird aufgespalten, verteilt sozusagen auf die Positionen von Subjekt und Prädikat, die das ›logische‹ Sein des logos ausmachen, und in der Definition einem neuen Verfahren der Bedeutungszuweisung unterworfen. Als Form belegt hier das *onoma* die Stelle des Subjekts, seine Bedeutung wird ihm vom Prädikat zugesprochen. Das Schreibverfahren macht die Wörter zu Formen, mit denen nun ›grammatisch‹ umgegangen werden kann:

βαδίζει – τρέχει – καθεύδει;
ὄντων – γιγνομένων – γεγονότων – μελλόντων[188];
νῦν – ποτέ – ἔπειτα;
ἔστιν – ἔσται – ἐγίγνετο – γίγνεται – γενήσεται …[189];
ἐκείνου – τινός – τούτου – τούτῳ – τούτων[190] usw.

187 *Kratylos* 430 e.
188 *Sophistes* 262 b.
189 *Parmenides* 155 d.
190 Ebd. 160 e.

Aus solchen Formen wird der Sinn des *legomenon* konstruiert, und hierin leistet die Schriftlichkeit des Verfahrens ein zweites: Sie vermag offenkundig Widersprüchliches –

x ist weder P' noch non-P', weder P'' noch non-P'';
y ist sowohl P' wie non-P', sowohl P'' wie non-P'' ... –

in Konsistenzen zu verwandeln, indem sie dem Betrachter solch ungereimter logoi andere ins Blickfeld zurückholt, aus denen sie »logisch« folgen, wenn die Deduktion kontrollierbar, der Argumentationsgang lückenlos dokumentiert ist. Das Schreibverfahren erweitert in einem den Verständlichkeitsraum des legomenon und transformiert seine Struktur. An die Stelle des oralen Konsenses tritt eine semantische Konsistenz der Textur, die aus definierten Wörtern erzeugt wird.

Analog verhält es sich mit der empirischen Wissenschaft, der *historia*. Thukydides schreibt den Text der im Peloponnesischen Krieg gehaltenen Reden nicht, wie die Redner sie wirklich gehalten hatten, sondern wie er die vom Historiker hinter dem ephemeren Schein ermittelte Wahrheit am besten charakterisierte.[191] Er konstruiert Wahrheit in der literarischen Montage des empirischen Materials, breitet einen überprüften Zusammenhang aus *als* Geschichte, d. h. *Empirie*, der sich doch phänomenal derart keinem Beteiligten gezeigt hatte. Doch geht über den neuen Erkenntnismöglichkeiten der Blick für das spezifisch Schriftliche solchen Argumentierens verloren. Im Rahmen der Geschichte wird diese Perspektive rückblickend wiedergewonnen, dort nämlich, wo mit den Grenzen der schriftlichen Überlieferung der ›Geschichte‹ selbst ihre Grenze gezogen wird. Das Gebiet jenseits dieser Grenze bezeichnet man als Vorgeschichte, die Domäne von Archäologie und Paläontologie.

Im Bereich der Logik jedoch, für die die Formalität des Argumentierens konstitutiv ist, sorgt dies für eine Entwicklung, die man mit Kant die Transzendentalisierung der Schrift nennen könnte. Gerade weil formales Denken ohne die Schrift unmöglich wäre, entschwindet sie der Philosophie als Gegenstand der Reflexion.

Doch deutet sich das philosophische Problem der Schrift schon und gerade in Platons Texten unübersehbar an. In der Ambivalenz

191 Vgl. Thukydides [1993], I, 20 ff., S. 27 ff.

seiner Haltung der Schrift gegenüber, in seiner Warnung vor den Gefahren eines unkontrollierten Gebrauchs der neuen Kunst artikuliert sich – so könnte man es vielleicht fassen – die Sorge des Meisters, daß die vom Zauberlehrling entfesselte Macht sich am Ende nicht mehr beherrschen ließe, daß die mit der Schrift entfesselten Potenzen, die unüberschaubaren Folgen theoretischen Denkens, der sozialen Kontrolle entgleiten könnten. Doch ist seine Haltung wie gesagt ambivalent. Dies zeigt sich nicht nur in dem ersichtlichen Widerspruch zwischen Platons Schriftkritik und seiner litararischen Praxis. Im *Timaios*, einem der spätesten Werke, stellt er die Schrift nicht als Zerstörerin, sondern als Bewahrerin dar. In Solons Mythos sind es die schriftkundigen Ägypter, deren aufgeschriebenes Wissen die Konstruktion des kosmologischen Mythos allererst ermöglicht.[192] Die Entwicklung war unumkehrbar. Eine Generation später, mit Aristoteles, ist die Wissenschaft definitiv in der Welt. In dessen Texten deutet sich daher eine – wenn man so will – distanziertere, in jedem Fall aber pragmatischere Perspektive auf den Zusammenhang von Dialektik, Logik, Grammatik und Rhetorik an. Insbesondere der Zusammenhang von Schrift und Rhetorik wird bei ihm in neuer Weise beleuchtet, obwohl Aristoteles von eben den platonischen Grundlagen ausgeht, die wir hier betrachtet haben. Seine Pragmatik läßt ihn manches anders gewichten. Er erkennt die technischen Aspekte des Verfahrens und vermag sie ohne Vorurteil philosophisch zu würdigen. Damit eröffnen seine Texte einen andersartigen Blick auf die Genese eines formalen Verständnisses von Denken und Sprache. Hier treten nun beide Begriffe deutlich auseinander. An Aristoteles' Philosophie der Logik wie der Rhetorik lassen sich die Rahmenbedingungen eines Verständnisses von Sprache und Grammatik beobachten, das nicht mehr um einen formalen Standpunkt ringt, sondern bereits selbstverständlich von ihm ausgeht.

192 Vgl. *Timaios* 22 b ff.

9. Rhetorik und Grammatik: Reden nach der Schrift

Die Rehabilitierung der Rhetorik

Die Platon-Lektüre hat uns an *dem* paradigmatischen Fall unserer philosophischen Tradition einen Blick eröffnet für die gleichsam transzendentale Funktion, die die Alphabetschrift für die Entwicklung formaler Wissenschaft ausgeübt hat. Deren *ousia* beruht, mit Platon zu sprechen, auf einer Leitidee von Identität, deren Manifestation intrinsisch mit dem Modus schriftlicher Artikulation von Gedanken zusammenhängt.

In einem zweiten Schritt haben wir nun zu verfolgen, wie diese *episteme* auf die *techne grammatike*, die ihr das Paradigma geliefert hatte, zurückwirkt und sie, die bis dahin ja reines Können, Knowing-how ist, ihrerseits nun begrifflich so zurüstet, daß aus ihr die Grammatik im heutigen Sinn wird, die Lehre von der Bildung von Sätzen aus Wörtern und Konstituenten, den *mere ton logon* (*partes orationis*). Zwar bleibt sie *techne* – sie bleibt dies bis zu den »philosophischen« Grammatiken der neuzeitlichen Philosophie –, doch wird sie aufgrund ihres kategorialen Zuschnitts die unverzichtbare Vorläuferin der späteren Theorie.

Der Weg unserer Betrachtung verläuft über die der Rhetorik, der die *techne grammatike* – nicht ganz zurecht – als Hilfsdisziplin zugeschlagen wird. Noch Quintilians Lehrbuch belegt es: Das erste Buch der *Institutio oratoria* handelt die grammatische Propädeutik ab. Die platonische Philosophie benutzt die Rhetorik als Gegenfolie, die bei aller Polemik, mit der Platon sie überzieht, für sie doch unverzichtbar ist. Gerade in ihrer formalen Orientierung ruht sie auf einer besonderen Ausprägung des Redens auf, einer rhetorischen Qualität des logos, der für Philosophie ebenso unverzichtbar ist wie für die Rhetorik. Der moderne Titel dieser Qualität lautet »grammatische Wohlgeformtheit«, einmal in logischem, einmal in empirisch-sprachlichem Sinn gedacht. Aristoteles ist es, der in seiner Philosophie der Rhetorik diese beiden bei

Platon strikt unterschiedenen Zusammenhänge wieder zusammenführt und auf den Begriff bringt.

Rhetorik ist nach Aristoteles die Kunst, an jedem Gegenstand das möglicherweise Überzeugende zu erkennen.[1] Diese Definition hat ihm den Tadel Quintilians eingetragen.[2] Sie verkürze die Redekunst auf die inventio, die Technik, Überzeugungsgründe zu finden, und sei überdies ethisch bedenklich, da sie für Gutes wollende Redner ebenso einschlägig sei wie für deren Gegenteil. So hält er sich an die Formel, Rhetorik sei die Wissenschaft, gut zu reden – *bene dicendi scientia*[3]. Damit würde er freilich – ginge er die Frage philosophisch an und nicht als Lehrer der Redekunst, der die Definition als Grundlage für sein Lehrbuch braucht – sich in all die Schwierigkeiten begeben, in die schon Gorgias in der Debatte mit Sokrates über der Frage geraten war, was sie denn sei, die *techne rhetorike*.[4] Die Crux dieser Definition liegt darin, daß sie die Güte einer Wissenschaft behauptet, der jeder spezifische Gegenstand abgeht. »Gut reden« muß der Politiker ebenso können wie der Arzt, wenn er seinem Patienten eine bittere Medizin empfiehlt. Nun gibt es für alle Wissens- und Tätigkeitsgebiete (*praxeis*) die entsprechenden Spezialisten, deren Können sich mehr oder weniger im Gebrauch der Rede vollzieht, beim Mathematiker eben mehr, beim Koch weniger. Es findet sich darunter aber kein Gebiet, dessen Beherrschung in der Rede an sich läge.[5]

Aus dieser Not macht Aristoteles' Definition eine Tugend. Sie zieht die Quintessenz aus Platons Behandlung des Themas, und man muß die Prägnanz bewundern, mit der dies geschieht. Daß die Rhetorik keinen besonderen Gegenstandsbereich hat, den sie bearbeiten würde wie andere *technai* ihren jeweiligen, eben dies weist sie als das Vermögen aus, an *jedem* Gegenstand zu erkennen, was für oder gegen ihn spricht. Aus demselben Grund kann aber Rhetorik keine Wissenschaft sein, denn eine jede Wissenschaft *muß* ihren speziellen Gegenstand haben. Insofern kann ihre Domäne auch nicht das Gebiet des Wahren sein, sondern »nur« das des Wahrscheinlichen, woraus folgt, daß das genuine Vermögen

1 *Rhetorik* I 2 1355 b 25 f.
2 *Inst. orat.* II, 15, S. 234 ff.
3 Ebd. S. 242 f.
4 *Gorgias* 449 a.
5 Ebd. 449 d ff.

des Redners sich nur auf das beziehen kann, was *möglicherweise* überzeugen könnte – eine Pointe, die Quintilian gänzlich entgeht. Andererseits handelt es sich auch nicht um eine beliebige Praxis. Denn da es naturbegabte Redner und solche, die aufs Geratewohl drauflosreden, ebenso gibt wie solche, die dabei planvoll verfahren, muß es möglich sein, die Ausbildung des Vermögens der Rede zu methodisieren.[6] Es geht mithin um das nicht-natürliche Reden, das, um zu überzeugen, natürlich scheinen, also Kunst sein muß. Rhetorik erhält als techne ihren Platz zwischen episteme und alltäglicher Praxis.

Kant hatte – zu Unrecht – von der Logik behauptet, daß sie seit Aristoteles kaum einen nennenswerten Schritt über das von diesem erreichte Niveau hinaus getan habe. Mit vielleicht größerer Berechtigung kann dies von der Rhetorik gesagt werden. Daß Aristoteles ihr ein eigenes Buch gewidmet hat, welches im Rang durchaus neben die *Analytiken* zu stellen ist[7], unterstreicht die Bedeutung dieser Kunst. In der antiken Polis spielt sie eine besondere Rolle. Insbesondere in der Epoche des mit dem Aufstieg und Fall Athens verbundenen Demokratieexperiments zählt Rhetorik zu denjenigen *technai*, die für die Organisation des ›politischen‹ Lebens grundlegend sind, und ein Blick auf Ciceros *De oratore* oder auf die von Quintilian berichteten Beispiele lateinischer Beredsamkeit genügt, um über die öffentliche Bedeutung der Rhetorik zumindest für die Zeit der römischen Republik hinreichend belehrt zu werden.[8] Das größte Gut der Menschen sei es, so Gorgias im gleichnamigen Dialog Platons, wenn man durch Worte überreden könne, im Gericht, in der Volksversammlung und in jeder anderen öffentlichen Versammlung. Darauf beruhe die Freiheit der Menschen ebenso wie ihr Vermögen, über andere zu herrschen.[9] Perikles, auch nach Platons Zeugnis[10] der bedeutendste Redner zumindest seiner Epoche, beherrscht die Athener

6 *Rhetorik* I 1 1354 a 6 ff.

7 Der korrespondierende Text ist die *Topik*, die Behandlung des dialektischen Argumentierens. Vgl. I 1 1354 a 1: Die Rhetorik ist das Gegenstück (*antistrophos*) zur Dialektik.

8 Vgl. *De oratore* I, 30 ff., S. 58 ff. und *Inst. orat.* II 13 ff., S. 220 ff.

9 *Gorgias* 452 d f. Das letzte Argument spricht dafür, das Wort *peithein* (452 d 9) hier wie Schleiermacher mit »überreden«, nicht mit dem semantisch auch möglichen »überzeugen« zu übersetzen.

10 Vgl. *Phaidros* 269 e.

durch eben sein rhetorisches Vermögen. Seine Gewalt über den Demos, so beschreibt es Thukydides, rührte daher, daß er nicht,

> »um mit unsachlichen Mitteln die Macht zu erwerben, [ihm] zu Gefallen redete, sondern genug Ansehen hatte, [ihm] wohl auch im Zorn zu widersprechen. Sooft er wenigstens bemerkte, daß sie [die Athener] zur Unzeit sich in leichtfertiger Zuversicht überhoben, traf er sie mit seiner Rede so, daß sie ängstlich wurden, und aus unbegründeter Furcht hob er sie wiederum auf ...«[11]

Politik ist hier noch nicht ins konventionalisierte Funktionieren arkaner Institutionen ausgelagert. Reden erläutern nicht Entscheidungen, die in Ausschüssen, Kommissionen, privaten Zirkeln vorbereitet wurden. Die politische, beratende Rede (*genos symbouleutikon*) ist in der unmittelbaren Herrschaft des Demos vielmehr das Organ, mittels dessen die Entscheidung herbeigeführt wird. Für so wichtig hält der Verfasser der *Geschichte des Peloponnesischen Krieges* die in diesem gehaltenen Reden, daß er ihre Wiedergabe zum Mittel der Darstellung stilisiert. Die wörtliche Rede seines Textes gibt nicht die tatsächlich gehaltenen Reden in wörtlicher Genauigkeit wieder. Das wäre, bemerkt Thukydides, schwierig sowohl für ihn wie auch für seine Gewährsleute von anderwärts gewesen. Vielmehr habe er sie verfaßt, wie seiner Meinung nach ein jeder in seiner jeweiligen Lage wohl habe sprechen müssen. Dies geschah aber – wie er betont – »in möglichst engem Anschluß an den Gesamtsinn des in Wirklichkeit Gesagten«.[12] Die literarische Fiktion verobjektiviert die Reden zu historischen Fakten.

Zur Zeit der Abfassung der aristotelischen *Rhetorik*[13] war das Demokratieexperiment bereits definitiv gescheitert, die athenische Geschichte eingeholt in die des Hellenismus.[14] Somit dokumentiert dieser Text den Abschluß der Ausbildung einer Kunst,

11 *Geschichte des Peloponnesischen Krieges* II 65, Bd. I, S. 277.

12 Ebd. I 22, Bd. I, S. 31 f. Vgl. auch I 140 ff., II 35 ff. und 60 ff.

13 Mit Sicherheit die beiden ersten Bücher, wahrscheinlich aber auch das dritte sind während Aristoteles' Aufenthalt in der Akademie konzipiert worden, doch sind alle Bücher mehrfach, noch nach seiner Rückkehr nach Athen 334, überarbeitet worden. Vgl. Düring 1966, S. 118 ff.

14 In II 23, 1399 b 12 f. erwähnt Aristoteles den allgemeinen Frieden von Korinth 336, mit dem de facto die Rolle Athens als selbständige politische Macht beendet war.

die der Überlieferung nach zu Beginn des 5. Jahrhunderts v. Chr. in Sizilien entstanden sein soll[15] und die spätestens Mitte des Jahrhunderts Athen erreicht hatte. Ihre Entfaltung und ihr Glanz sind mit dem Namen Perikles ebenso verbunden wie mit denen der großen Rhetoriklehrer Gorgias, Prodikos oder Isokrates, dessen rhetorische Gabe von Sokrates zum Schluß des *Phaidros* explizit gewürdigt wird, verbunden freilich mit der Hoffnung, seine göttlichen Anlagen möchten ihn doch zu Besserem hinführen: zur Philosophie.[16] Damit ist die Opposition festgelegt, innerhalb derer sich der philosophische Begriff der Rhetorik ausprägt – die Gegnerschaft zur Philosophie. Die Rhetorik sucht sie freilich nicht, sie wird ihr von dieser aufgezwungen.

Seit Platon steht Rhetorik unter dem Verdikt des Sophismus, so wenig freilich der Autor der platonischen Dialoge ihr entraten kann, weder als logischer Gegenfolie noch gar als zivilisatorischem Substrat. Im *Symposion* inszeniert er gar ein Fest von Preisreden, um sein Thema in gebührender Weise darstellen zu können. Die Logik der Argumentation scheint folglich mit der Kunst der Rede keineswegs unvereinbar. Nichts belegt dies besser als die Diotima-Rede, die Sokrates als Referat in den Mund gelegt wird, um in dieses seine Argumentation zu integrieren. Eines der ersten literarischen Werke Platons ist eine Gerichtsrede[17], in der die Sache der Philosophie mit allen rhetorischen Mitteln verteidigt wird, die das *genos dikanikon* verlangt. Ausdrücklich bemerkt Sokrates, der u. a. ja angeklagt war, er tue Unrecht, »indem er die schwächere Rede zur stärkeren mache«[18], angeklagt also des Sophismus, in seinem Nachwort, er sei nicht unterlegen aus Unvermögen zu reden, sondern aus Unvermögen

»an Frechheit und Schamlosigkeit und an dem Willen, dergleichen zu euch [den Richtern] zu reden, als ihr freilich am liebsten gehört hättet, wenn ich gejammert hätte und gewehklagt und viel anderes getan und geredet

15 Vgl. Hommel 1990, LAW, Bd. 3, Sp. 2611 ff.

16 *Phaidros* 279 a f.

17 Die Datierung der *Apologie* ist – wie die der meisten Dialoge – allerdings unsicher; heute wird sie meist zur (2.) Gruppe der Dialoge gerechnet, in der die Verurteilung und der Tod des Sokrates behandelt werden. Jedenfalls sprechen sprachstatistische wie systematische Argumente dafür, die *Apologie* zu den früheren Werken Platons zu zählen.

18 *Apologie* 19 b f.

meiner Unwürdiges, wie ich behaupte, dergleichen ihr freilich gewohnt seid, von anderen zu hören«.[19]

Sokrates will überzeugen, nicht mit nicht zur Sache gehörenden Mitteln überreden. Er hat durchaus das Vermögen, nach allen Regeln der Kunst überzeugend zu reden, jedenfalls wird er als solcher von Platon literarisch inszeniert, im *Theaitetos*, wo er eine große Rede stellvertretend für den abwesenden Protagoras hält, um dessen homo-mensura-Satz zu verteidigen[20], ebenso im *Phaidros*, wo er spontan – enthusiasmiert durch den Zauber der ländlichen Idylle und durch die Schönheit des Phaidros – zwei Reden erfindet, die die vorgegebene Rede des Lysias, immerhin eines der besten athenischen Logographen, nicht nur in der Auffassung des Themas, sondern auch in der Kunstfertigkeit zu Makulatur degradieren.[21] Ausdrücklich erhebt im *Symposion* Platon Sokrates' Redekunst durch den Mund des Alkibiades über die aller anderen. So vortreffliche Redner sie auch sein mögen – sie reden doch alle mehr oder weniger konventionell. Höre man aber eine Rede des Sokrates, selbst wenn sie von einem Knaben vorgetragen werde, dann seien alle »außer sich und ganz davon hingerissen«.[22] So hat die Gegnerschaft von Anfang an etwas Zweideutiges an sich.

Philosophie denunziert die Rhetorik als Kunst des Scheins.[23] Selbst wo der Redner täuschen wolle, so das von Sokrates im *Phaidros* entwickelte Argument, müsse er die Wahrheit kennen.[24] Denn die Lüge hat nur eine Chance, wenn sie dicht an dieser bleibt. Man darf nicht zu dick auftragen, wenn man den Schein der Glaubwürdigkeit aufrechterhalten will. Daß die Rhetorik sich diese Option offenhält, nicht unbedingt auf das Wahre ausgeht, sondern darüber eben den Zweck des Überzeugens oder auch Überredens stellt, macht die Opposition unversöhnlich. Die philosophische Dialektik bleibt im Prinzip selbst derjenigen Redekunst noch entgegengesetzt, die mit Protagoras auf das pragmatisch Vernünftige abzielt, d. h. den Konsens der Beteiligten vermitteln will.

19 Ebd. 38 d.
20 *Theaitetos* 165 e ff.
21 Vgl. Kap. 8, S. 305 ff.
22 *Symposion* 215 d f.
23 Die hierzu wichtigsten Dialoge sind: *Gorgias*, *Politeia* I, *Phaidros*, *Theaitetos* (164 c – 177 c).
24 261 c ff.

Aristoteles sieht dies nüchterner. Er trägt, wenn man so will, der Empirie Rechnung. Der platonischen Vision setzt er eine Pragmatik des Weltverstehens entgegen, welche die Prosaik des nun einmal gegebenen Tatbestandes mittels einer allerdings einzigartigen Phantasie der Logik philosophisch reflektiert. Daß *Topik* wie *Rhetorik* in Aristoteles' »Lehrjahren« in der Akademie entstanden sind, wird man als eine Frucht der dort genossenen dialektischen Übungen begreifen dürfen[25], als Ausfluß mithin dessen, was Platon im 7. Brief als letztendliches Ziel philosophischer Bemühung beschreibt, wie es sich erst aus langer gemeinsamer Übung ergebe[26]: dem Aufbieten aller Erkenntniskräfte beim Durchgang durch die Repräsentationen der Dinge – Worte und Sätze, Bilder und Wahrnehmungen –, die das wahre, noetische Sein verstellen. Platons freilich selbst nur halbherziger Konsequenz, kein ernsthafter Mann könne jemals über ernsthafte Dinge etwas schreiben und sie damit der Böswilligkeit und dem Unverstand der Menschen überlassen[27], ist Aristoteles nicht gefolgt. Für ihn ist Wissenschaft bereits ein Faktum[28] – in den *Analytiken* hat er ja selbst *das* Paradigma wissenschaftlichen Denkens geliefert. Und Medium der Wissenschaft ist eben die Schrift.

Aristoteles begreift die Rhetorik – wie wir gesehen haben – aus guten Gründen nicht als Wissenschaft. Die *episteme* beweist oder begründet zumindest ihre Sätze aus sicheren Prämissen.[29] Als Domäne wird demgegenüber der Rhetorik der Bereich dessen zugewiesen, das sich, so wie es ist, auch anders verhalten könnte, die kontingente Welt also der Politik, des Rechts und der Gesellschaft. Doch wird dies gewissermaßen in der Balance gehalten – so hat Paul Ricœur die Konzeption der aristotelischen *Rhetorik* beschrieben[30] – durch eine Logik des Wahrscheinlichen, von der Aristoteles durchgängig Gebrauch macht. Dies überführt die Betrachtung der rednerischen Empirie in eine Philosophie der Rhetorik, welche die Bedingungen der Möglichkeit dieser Kunst auslotet. Gerade weil ihr Bereich das »nur« Wahrscheinliche ist, das

25 Vgl. hierzu Kapp 1965, S. 7 ff., und Braun 1959, S. 38 ff.

26 Vgl. 341 c: »*ek polles synousias gignomenes peri to pragma*«.

27 341 b ff., entsprechend im *Phaidros*, 275 d f.

28 Vgl. *Metaphysik* A 980 b ff., B 995 b ff.

29 Vgl. *Topik* I 1 100 a f.

30 Vgl. Ricœur 1986, S. 17 f.

eikos, ist in der philosophischen Reflexion der Rhetorik äußerste logische Strenge angesagt. Schon mit dem ersten Satz des Textes – »Die Rhetorik ist die Kehrseite der Dialektik« – ist ihre Behandlung dem Bereich der Logik zugewiesen. Dieser Satz verweist auf die *Topik,* denn diese behandelt die Dialektik. Was Aristoteles zu ihrer Charakterisierung sagt, könnte analog für die Rhetorik gelten:

»Unsere Arbeit verfolgt die Aufgabe, eine Methode zu finden, nach der wir über jedes aufgestellte Problem aus wahrscheinlichen Sätzen Schlüsse bilden können und, wenn wir selbst Rede stehen sollen, in keine Widersprüche geraten.«[31]

Die Parallelität zur Definition der Rhetorik springt in die Augen. Allerdings ist hier – dies verändert die Diskussionsgrundlage von Grund auf – nicht mehr im platonischen Sinn von »Dialektik« die Rede, von der wir in der dialektischen Übung des Parmenides ja *das* Paradigma haben[32], sondern in jenem eingeschränkten Verständnis einer methodischen Argumentationskunst, deren Sinn und Anlage in der *Topik* dargestellt ist. Sie ist selbst nicht mehr erste Philosophie – Platon verwendet *dialektike* ja geradezu synonym mit *philosophia* –, sondern vermittelt diese mit der Empirie.[33] Ihre Logik ist darum jedoch nicht weniger streng als die der platonischen Dialektik – diese Übereinstimmung bleibt. Aber ihre Folgerungen sind schwächer, »nur« wahrscheinlich, weil sie nicht aus sicheren, sondern selbst nur wahrscheinlichen, da empirischen Prämissen abgeleitet sind.

Mit dieser Kategorisierung ist die platonische Zweideutigkeit in der Behandlung der Rhetorik aufgehoben. Aristoteles braucht dazu nicht mehr als drei Sätze: Rhetorik und Dialektik gleichen sich, insofern sie keinen spezifischen Gegenstandsbereich haben. Als allgemeine Theorie des Argumentierens im Bereich des Wahrscheinlichen ist die Topik die Gattung, die Rhetorik ihre Unterart, da ihr Gegenstandsbereich ja eingeschränkt ist. Doch bezüglich der Stellung zur Sophistik, deren Argumentationsweise gleichfalls, nämlich als Grenzfall, Thema der *Topik* ist[34], hat dies

31 *Topik* 100 a 18 ff.
32 Vgl. Kap. 8, S. 331 ff.
33 Vgl. *Topik* I,2, 101 a f. Vgl. hierzu auch Wörner 1990, S. 58 ff.
34 Die *Sophistischen Widerlegungen* sind ja das letzte Buch der *Topik,* der Zusammenhang ist in Buch I 1 100 b bereits hergestellt.

Konsequenzen. Sophistik liegt nicht im Vermögen, sondern in der Absicht. So ist, wer argumentiert, je nach Vorsatz Sophist oder wahrer Dialektiker. Aus demselben Grund muß es eine nichtsophistische Rhetorik ebenso geben wie eine sophistische.[35]

Bereits im *Gorgias* waren Gerichtsrede und politische Rede als die beiden rhetorischen Genera bezeichnet, denen im Kontext der Polis überragende historische und soziale Bedeutung zukam. Im *Symposion* demonstriert Platon das dritte, die »Prunk-« oder »Festrede« (*genos epideiktikon*), ohne dort allerdings das Problem der Rhetorik selbst zu thematisieren. Dies geschieht allenfalls indirekt durch das literarische Szenario. In nicht weniger als fünf Reden wird der Gott Eros gefeiert, bis Sokrates selbst rhetorisch einen Dialog über die Liebe inszeniert[36] – der *Phaidros* wird dieses Thema wieder aufgreifen. Und abschließend hält Alkibiades seine große Rede auf den anwesenden Sokrates, auf die bekanntlich Hegel in seiner Würdigung des Sokrates zurückgegriffen hat.[37]

Daß es eben diese drei Redegattungen gibt, erweist sich in systematischer Analyse als nicht zufällig, sondern ergibt sich aus den drei Dimensionen der Zeit, Vergangenheit, Gegenwart und Zukunft. Rechtsprechung bezieht sich ausschließlich auf Vergangenes, die politische Beratung auf Zukünftiges, und dazwischen breitet sich das Feld der Gesellschaft aus, der alltäglichen Lebensvollzüge des Polites. Man beginnt etwas von der logischen Genialität zu ahnen, die diese Materie durcharbeitet und kategorisiert hat. Der Zusammenhang von Gerichtsrede und Perfekt, symbouleutischer Rede und Futur, epideiktischer Rede[38] und Präsens

35 *Rhetorik* A I 1355 b 8 ff.

36 Das Gespräch mit Diotima 201 d ff., das sich an den »echten« Dialog mit Agathon (199 c ff.) anschließt. Bereits im *Gorgias* findet sich solche rhetorische Inszenierung von dialogischer Argumentation, etwa 452 a ff., wo Sokrates dem Gorgias die Aporien seiner Position demonstriert, als der sich argumentativ verweigert.

37 Vgl. *Vorlesungen zur Geschichte der Philosophie* I, Werke Bd. 18, S. 449.

38 Die Begriffe *genos epideiktikon* bzw. *genus demonstrativum* treffen den Charakter dieser Redegattung schlecht, erst recht nicht Übersetzungen wie »Prunkrede«, »Preisrede« o. ä. Zu fassen ist er besser ex negativo aus der Abgrenzung gegenüber den beiden anderen Gattungen. Hier geht es nun weder um wahr oder falsch noch um nützlich oder schädlich, weder also – mit Bühler zu sprechen – um die Darstellungs- noch um die Appellfunktion der Rede. Es geht um den Ausdruck seiner selbst gegenüber anderen als Grundmodus sozialer Verständigung. Man preist den anderen, weil und

wird seinerseits abgebildet auf logische Argumentationstypen[39]: das genus iudiciale auf die Deduktion – Schuld muß bewiesen werden –, das genus deliberativum auf die Analogie, das Beispiel[40] – denn nur so kann man die unendlichen Möglichkeiten des Zukünftigen kalkulieren –, das genus demonstrativum schließlich auf die Induktion[41] – wer sich wie Sokrates bei Poteideia oder Delion tapfer und besonnen gezeigt hat, der ist tapfer und besonnen. Beweis, Beispiel und Verallgemeinerung erweisen sich so als die drei logisch möglichen Überzeugungsverfahren, die – jedes in seinem genuinen Bereich – dort Platz greifen, wo die Evidenz des Wissens fehlt.

Dies ist die formale Seite des Ansatzes. Ihr korrespondiert die materiale, die den uns hier interessierenden Zusammenhang hervorbringt: die konstitutiven Bedingungen von Grammatik. Was sind, so ist materialiter zu fragen, die möglichen Überzeugungsgründe, die Faktoren also, die im Spiel sind, wenn es gilt, jeman-

insofern man sich darin selbst zum Ausdruck bringt. Insofern charakterisiert Aristoteles hier den Zuhörer zurecht als *theoros*, den in gewissem Sinne unbeteiligten Zuschauenden, dessen Gegenstand in diesem Sinne in der Tat das Vermögen (*dynamis*) des Redners ist. Dieses ist das dem Hörer unmittelbar Gegenwärtige, und es ist ersichtlich auch in dem Sinne eine wohltuende Tugend (*arete euergetike*, 1366 b 1) und insofern von ethischem Belang, als in der Rede – so sie glaubwürdig ist – das Ethos des Redners zum Ausdruck kommt. In der Beurteilung dessen, was gesagt wird, was z. B. Alkibiades über Sokrates' Tapferkeit erzählt, bleibt der Hörer natürlich *krites*, der über die Wahrscheinlichkeit des Gesagten zu urteilen hat. Die Erörterungen um die Textgestalt von 1358 b 5 (*ho de peri tes dynameos ho theoros*), die vermeintlich sinnwidrig sei – vgl. hierzu Wörner 1990, S. 106 ff., zum Problem der Tugenddefinition S. 213 ff. –, verkennt m. E. diese Systematik.

39 Vgl. I 9 1368 a 26 ff.

40 *paradeigma* ist in den *Analytiken* der Terminus technicus für den Analogieschluß bzw. die Abduktion, vgl. *Anal. pr.* II 24. Dort wird das *paradeigma* expressis verbis von der Induktion (*epagoge*) unterschieden. In der *Rhetorik* bezeichnet Aristoteles hingegen einmal das Beispiel als eine Induktion (*epagoge*, I 2 1356 b 1 ff.), grenzt sie an anderer Stelle (1357 b 26 ff.) jedoch als *oute hos meros pros holon outh' hos holon pros meros* gerade von der *epagoge* ab. Auch sind die in II 20 und anderswo gegebenen Beispiele für *paradeigmata* meist solche für Analogieschlüsse. Man muß hier eine Inkonsistenz in der Terminologie konstatieren, die vermutlich auf das Konto der Textredaktion geht. Vgl. hierzu Sprute 1982, S. 80 ff.

41 Das amplifizierende Argument.

den von etwas zu überzeugen? Es gibt deren nach Aristoteles wiederum genau drei: den Redner, den Zuhörer und den Text, den logos. Von allen späteren Rhetorik-Konzeptionen unterscheidet sich die aristotelische durch das Gewicht, das sie diesem, dem Wortlaut selbst, einräumt. Dies ist keineswegs selbstverständlich; vielmehr hängt mit dieser Gewichtung das platonische Erbe dieser Konzeption zusammen, die heikle Grenzziehung zwischen überzeugen und überreden[42], welche eine das Wahrscheinliche erwägende von einer puren Überredungsrhetorik unterscheidet.

Platon hatte – wir haben dies eingangs schon gestreift – die wahre Redekunst von der faktisch praktizierten Rhetorik als Kunst der Seelenleitung unterschieden, die ihr Verfahren an der Idee des objektiv Wahren zu orientieren habe. Doch grenzt er im selben Akt diese als Dialektik von einer Rhetorik ab[43], welche über das Wahre das Glaubwürdige (*to pithanon*) setze, dies aber sei vor Gericht wie in der Volksversammlung, letztlich für jeden aus begrenzter Meinung (*doxa*) urteilenden Zuhörer eben das *nur* Wahrscheinliche.[44] Aristoteles rehabilitiert die Rhetorik gegenüber diesem Ausgrenzungsgestus, indem er sie von vornherein aus der fatalen Konkurrenz zur Philosophie entläßt. Dies leistet – wie wir gesehen haben – die Definition der Rhetorik als das Gegenstück (*antistrophos*) der (topischen) Dialektik. Ihr Geschäft ist halt nicht Wahrheitssuche, sondern eben Überzeugen. So allererst kann ihr pragmatischer Sinn im Rahmen der Polisgesellschaft unbelastet reflektiert werden, und es zeigt sich, daß auch das Gebiet des Wahrscheinlichen der logischen Kritik zugänglich ist. Gerade dies macht es möglich, eine – um eine moderne Begrifflichkeit zu verwenden – illokutive von einer perlokutiven Rhetorik zu unterscheiden.

42 Das griechische Wort *peithein* kann beides bedeuten, und insofern ist diese Ambivalenz auch in Aristoteles' Definition der Rhetorik noch gegenwärtig.

43 *Phaidros* 265 d ff.

44 Ebd. 267 a ff. und 272 d ff.

Was es bedeutet, wenn man den logos als besonderen Überzeugungsgrund, als *pithanon* sui generis anerkennt, mag wiederum ein Blick auf die Bedeutungstheorie Paul Grices verdeutlichen, die uns in diesen Überlegungen von Anfang an als ein Modell mündlicher Kommunikation gedient hat. Betrachten wir zur Verdeutlichung noch einmal im Detail seine Form: Verallgemeinert gesprochen expliziert Grice die Bedeutung des Ausdrucks

S meint mit der Äußerung von p

als

(1) *S intendiert, daß der Hörer weiß (glaubt, realisiert), daß p*
und
(2) *S intendiert, daß der Hörer weiß (glaubt, realisiert), daß (1)*
und
...
(n) *S intendiert, daß der Hörer weiß (glaubt, realisiert), daß (n-1).*[45]

Charakteristisch für dieses Modell ist, daß in ihm der logos als eigenständiger Faktor des Überzeugens nicht vorkommt, sondern sozusagen absorbiert ist von den korrelativen Faktoren ›Sprecher‹ und ›Hörer‹. Das Verstehen bezieht sich nicht auf das, was gesagt wird, sondern auf das, was der Sprecher damit meint. Die Flüchtigkeit des gesprochenen Wortes macht, daß sich in der Unmittelbarkeit der Kommunikation die Verständigung ganz konzentriert auf die Rückkopplung zwischen Sprecher und Hörer. Relevant bleibt allein das, worüber Einvernehmen erzielt wird. Was konkret gesagt wurde, wird demgegenüber gleichgültig. Wenn wir merken, daß wir uns nicht verständlich machen konnten, versuchen wir es mit anderen Worten, solange, bis jeder meint, jetzt habe es der andere verstanden – was natürlich eine Illusion sein kann. Das gesprochene Wort bleibt immer eine vom Meinen des Sprechers abhängige Funktion.

Daß der logos selbst zum Überzeugungsgrund wird, markiert das Zerbrechen der oralen Unmittelbarkeit, die im Griceschen Mechanismus erfaßt ist. Rhetorik wird zur Kunst in einem kom-

45 Vgl. Black 1979, dazu Kap. 0, S. 27 ff.

munikativen Rahmen, wo die in der »natürlichen« Sprache angelegte unmittelbare Verständigung aus systematischen oder institutionellen Gründen nicht oder nicht mehr gegeben ist, in der Situation des Gerichts, der Volksversammlung oder in der Sphäre konventionalisierter Geselligkeit. Aus dieser Situation ist der rhetorische Apparat entstanden, jene »Maschine«, wie Roland Barthes sie genannt hat, der »vorn einer angeborenen Aphasie kaum entwachsene Gedankengänge im Rohzustand eingegeben [werden]...«, um ihr am Ende einen »kompletten, strukturierten, für die Überredung gerüsteten Diskurs« zu entnehmen.[46] Ihre Aggregate sind

- *heuresis* (inventio) – die Sammlung des Materials;
– *taxis* (dispositio) – die Gliederung des Gefundenen;
– *lexis* (elocutio) – die Ausarbeitung, Durchartikulation der Rede;
– *hypocrisis* (actio) – der Vortrag; schließlich
– *mneme* (memoria) – das Auswendiglernen des Vorzutragenden.

Inventio, dispositio und elocutio sind schon bei Aristoteles die zentralen Lehrstücke der rhetorischen Kunst. Daß ihnen gegenüber actio und memoria zurücktreten – letztere fehlt bei Aristoteles vollständig, der Vortrag (*hypokrisis*) wird kurz bei der Erörterung der lexis gestreift[47] – mag man als Indiz dafür nehmen, daß die Schriftlichkeit der *techne rhetorike* für Aristoteles schon selbstverständlich ist. Zu Platons Schriftkritik gibt es bei ihm kein Analogon. Jedenfalls wird die Literalität der ›technisch‹ erzeugten Rede nicht eigens philosophisch reflektiert, wohl aber – wie wir sehen werden – deren Implikate. Die Rhetorik selbst, nicht erst ihre Philosophie, ist ein Produkt der schriftlichen Zivilisation. Ohne die Dauerhaftigkeit des niedergelegten Textes wären Sammlung, Gliederung und sprachliche Artikulation des zu Sagenden ebensowenig als methodisierte Verfahren denkbar wie deren Reflexion. Keineswegs ist dies ein äußerlich-technischer Gesichtspunkt. Die Schriftlichkeit des Artikulationsverfahren hat vielmehr intrinsisch mit Form und Inhalt des zu Sagenden zu tun. Erst durch sie wird der logos zur autonomen Größe im Prozeß des Überzeugens.

Dies zeigt sich an der Weise, wie Redner, Hörer und Text jeweils für sich als Überzeugungsgründe der *techne* erschlossen

46 Vgl. Barthes 1988, S. 42.
47 *Rhetorik* III, 1, 1403 b f.

werden. Aristoteles' Lösung unterscheidet sich in charakteristischer Weise von späteren Konzeptionen, zumal von der psychologistischen Orientierung, die die moderne Gebrauchsrhetorik kennzeichnet.[48] Sie ist eher »kognitivistisch«, eben logisch ausgerichtet. Daß die rhetorische Tradition die aristotelische Definition durch die Formel des *eu legein* bzw. des *bene dicere* ersetzt[49], signalisiert den Verlust der philosophischen Höhe, die konstitutiv an die Frage gebunden war, wie unter der Randbedingung des »nur« Wahrscheinlichen ein Überzeugen möglich ist, das nicht ins Überreden abgleitet.

Überzeugend wirkt nach Aristoteles der Redner durch sein Ethos (*ethos*), seinen auf Natur und Bildung beruhenden Charakter, der Hörer – nämlich auf sich selbst – nach Maßgabe seiner Gestimmtheit (*pathe*[50]). Der logos schließlich überzeugt durch die Art des Arguments, durch das er seinen Gegenstand als bewiesen oder falsch, als nützlich oder schädlich, als schön oder häßlich erweist. Charakteristik, Emotionalität und Argumentationstheorie sind daher die systematisch zusammenhängenden Gebiete der rhetorischen Heuristik, die im 2. Buch der *Rhetorik* abgehandelt werden.[51] Der singuläre Rang der aristotelischen Konzeption zeigt sich darin, wie sie das Abdriften in außer-technische Mittel – Imagepflege, Frisur, Aufmerksamkeiten für den Zuhörer – vermeidet und ganz und gar bei den *en*technischen Mitteln bleibt, den im weitesten Sinn ›logischen‹. Denn wenn überhaupt ein Überzeugen stattfindet, dann ist dieses eine logische, keine psychologische Operation. Nicht der Anzug macht es, sondern die Weise des Argumentierens, des Redens schlechthin. Das Urteilen ist Sache des Richters, und für gerechte Richter zu sorgen Sache der Staatsverfassung, nicht des Rechtsanwalts. Der hat ausschließlich Klarheit in der Sachlage

48 Vgl. hierzu etwa Bremerich-Vos 1991.

49 Vgl. Quintilian, *inst. orat.* II, 15, 34, Bd. I, S. 240 f.

50 In der deutschsprachigen Terminologie hat sich für die *pathe* der Terminus »Affekte« eingebürgert. Dies trifft nur einen Teil der von Aristoteles umrissenen Bedeutung. Zu den Affekten gehört immer auch ihr jeweiliges Gegenteil, zur Erregtheit etwa die Ruhe. Diese würden wir jedoch nicht als Affekt bezeichnen. Man übersetzt »pathe« daher besser mit »Gestimmtheit« oder einfach mit »Emotionalität«.

51 Die *pathe* in den Kap. II bis XI, die *ethe* XII – XVII, die Argumentationstheorie schließlich in den Kapiteln XVIII – XXVI.

herzustellen[52], allein das legitimiert die Rhetorik vor der Philosophie.

Gerade dann aber sind die Randbedingungen solchen Argumentierens zu bedenken. Die Zeit ist begrenzt und der Richter oft schlicht; zu lange Argumente darf man ihm nicht zumuten.[53] Vor allem aber muß man mit ihm eine gemeinsame Basis der Verständigung finden. Auch dies ist keineswegs psychologistisch gedacht. Vielmehr rückt diese Überlegung die Topik in den Blick, die ebenso zentral ist für die rhetorische Heuristik wie für die Disposition. Der Topos, der Gemeinplatz, ist der Ort gemeinsamer Überzeugung, wo sich Redner und Hörer treffen. Hier kann sozusagen der Redner den Richter bei der Hand nehmen und ihm von hier aus Argumente zumuten, die ihn die Sache klar beurteilen lassen. Gerade deswegen aber muß der Topos selbst unbefragt vorausgesetzt werden.

Besonders deutlich zeigt sich der Zusammenhang von logischer Reflexivität dieser Topik und Schriftlichkeit des Verfahrens bei den allgemeinen Topoi, nach denen eine jede Rede unabhängig von ihrem speziellen Gegenstand zu bearbeiten ist. Entsprechend den drei logisch möglichen Gattungen sind dies die Gesichtspunkte des Möglichen, des Faktischen und des mehr oder weniger.[54] In der symbouleutischen Rede muß oberster Gesichtspunkt sein, ob das, wozu geraten wird, möglich ist oder nicht. Nun empfiehlt sich zu bedenken, daß bei kontingenten Dingen, so eines möglich ist, dies auch für sein Gegenteil gilt. Entsprechendes gilt für ähnliche Dinge. Wo der Sieg möglich ist, ist es auch die Niederlage, und diese kann zur Katastrophe werden. Analog verhält es sich bezüglich des Faktischen. Wo das spätere Ereignis

52 Vgl. I 1 1354 a 21 ff.

53 I 2 1357 a 4 und 11 f.

54 II 19. Die allgemeinen Topoi hängen – vgl. II 18 1392 a 4 ff. – ersichtlich aufs engste mit den Argumentations- und Redetypen zusammen: Vor Gericht geht es um das Faktum, und dieses ist zu beweisen (Enthymem); in der Volksversammlung darum, ob das politische Ziel möglich ist, dies kann man nur analogisch, anhand von Beispielen zeigen; in der epideiktischen Rede schließlich wird der Gegenstand vergrößert (Lob) oder verkleinert (Tadel). Die Amplifikation ist – wie schon gesagt – eine Art der Induktion. Man zeigt, wie weise, besonnen und tapfer X *ist*, indem man von Situationen erzählt, in denen er sich als weise, besonnen und tapfer *gezeigt hat*. Vgl. *Symposion* 215 a ff.

Tatsache war, muß auch das frühere Faktum gewesen sein. Wer zugibt, etwas vergessen zu haben, muß es vorher gewußt haben. Wenn jemand ein Verbrechen versucht hat, so hat er es aller Wahrscheinlichkeit nach auch getan, denn wer etwas will und nichts hindert ihn daran, der tut es auch. Ein Argument für den Staatsanwalt. So spröde diese Auflistung von Topoi auf den ersten Blick auch anmutet, so ingeniös ist es als Material des logischen Trainings erfunden, dem sich der angehende Redner zu unterziehen hatte, Elemente einer rhetorischen Rationalität, die eben als Routine ausgebildet wurde, sich ihrer methodisch zu bedienen.

Dies betrifft zunächst den formalen Zuschnitt dieser Rationalität. Doch gewinnt die aristotelische Konzeption dem empirischen Material logisch nicht weniger ab. Zurecht hat R. Barthes in ihr die bis heute unübertroffene Grundlegung einer Theorie des Klischees, der Massenkultur gesehen. Das Klischee wird nicht als Überzeugungsmittel angedient, doch hat der Philosoph, der vor der Welt nicht die Augen verschließt, das Faktum zu bedenken, daß es seinen Platz im alltäglichen Denken hat. Zu den besonderen, materialen Topoi zählen die Ansichten über Glück und Unglück, Reichtum, Ehre, Gutes und Schlechtes, Nützliches und Schädliches ebenso wie die Kenntnis von Sitten, Gesetzen, Verfassungen, von Tugend und Laster, Schönem und Häßlichem. Dies ist Stoff, der vom professionellen Redner methodisch studiert und aufbereitet sein muß. Die heuretische Arbeit zwingt zum Studium der Gesellschaft. Rhetorik kann nicht Wissenschaft sein, doch gründet die techne auf ihr. Die Kunst der Rede setzt Lektüre voraus.

Empirisch triftig ist der Hintergrund dieser Topik aufgrund der logischen Systematik der Oppositionen von nützlich und schädlich, wahr und falsch, schön und häßlich, die ihr zugrunde liegen und sie strukturieren. Der politische Redner muß über eine Definition des Nützlichen ebenso verfügen wie der forensische über eine Definition des Unrechttuns und der Lobredner über eine des Preiswürdigen, Noblen, des *kalon*. Daraus folgt im ersten Fall eine Systematik der von der Politik zu bewahrenden Güter – edle Geburt, Freunde, Vermögen, Kinderreichtum, sorgloses Alter, Gesundheit, Stärke, guter Ruf … – und der dem dienenden Mittel – Krieg und Frieden, Landesverteidigung, Import, Export, Verfassung und Rechtsprechung.[55] Im zweiten Fall ergibt sich eine »Tafel« der Tugenden – Gerechtigkeit, Mut, Klugheit, Großmut, Freigebigkeit, Milde, Klugheit, Weisheit.[56] Im dritten Fall schließlich die »Logik« des Unrechts[57] – wissentliches und absichtliches Handeln, Natur von Täter und Opfer, Naturrecht[58], institutionelles Recht und Gewohnheit.[59] Diese definitorische Abhandlung des topischen Materials wirkt zweifellos befremdlich, zumindest auf den ersten Blick. Man ist versucht, von einem Sozio- und Psychogramm der Polisgesellschaft zu sprechen, das nicht selten die Grenzen der Trivialität streift:

Glück ist, wenn die Güter, die es bewirken, vorhanden sind, entweder alle oder die meisten oder die bedeutendsten ...
Der Vorzug des Körpers beruht in der Gesundheit ...
Die Jungen sind mutig, aber unbedacht, die Alten klug, aber feige ...
Tapferkeit ist eine Tugend, wodurch man zu edlen Taten in Gefahren befähigt wird, so, wie das Gesetz es befiehlt ... Feigheit ist das Gegenteil ...
Schön ist, was um seiner selbst willen gepriesen und erstrebt wird oder was gut oder, weil es gut, angenehm ist. Folglich ist die Tugend schön, denn sie ist gut und wird gepriesen ... usw. usw.

Doch verbirgt sich hinter dem Klischee eben der definitorische Gestus, in dem die Eigenschaften des Charakters oder der Emotionen festgeschrieben sind, und dieser Gestus ist intrinsisch begründet: Soll der Topos seine topische Funktion erfüllen, so darf seine Gültigkeit im laufenden Verfahren nicht infrage gestellt werden. Darum *sei – esto –*

die Glückseligkeit ein mit Tugend verbundener angenehmer Zustand ...
das Gute das, was um seiner selbst willen erstrebenswert ist ...
die Lust eine gewisse Bewegung der Seele ...

55 I 4 bis I 6. Aristoteles handelt allerdings die politischen Realien zuerst ab, doch ist diese Reihenfolge irrelevant.
56 I 9 1366 a 33 ff.
57 I 10 bis I 14.
58 Der *nomos koinos kata physin;* I 13 1373 b 1 ff.
59 Dies ist einer der Fälle, wo die Differenz von Mündlichkeit und Schriftlichkeit im Text explizit bedacht wird: Natürliches Recht und »gute Sitte« entziehen sich aus systematisch entgegengesetzten Gründen der Verschriftung – »das Gebührende ist das gegen das geschriebene Gesetz Gerechte« (1374 a 25 ff.). Die Ordnung des athenischen Strafprozesses wurde im 4. Jahrhundert schriftlich normiert.

Per se stellt die Definition die Frage still, ob es sich denn in Wahrheit so verhalte, und stellt eben hierin dem Redner das Definierte als den Bezugsrahmen, die semantische Grundlage seines Redens bereit, innerhalb dessen und auf Basis derer er logisch operieren kann. Es gibt neben der Logik des Argumentierens eine solche der Emotionalität ebenso wie eine des Charakters: Die Jungen sind tapfer, ehrliebend und lassen sich von ihren Begierden hinreißen.[60] Die Alten hingegen sind, da gebrannte Kinder, eher skeptisch, lieben das Geld mehr als die Ehre, sind vorsichtig, mißgünstig und entsprechend feige.[61] Konsequenz: Die Männer auf dem Höhepunkt des Lebens ... – zwischen Jugend und Alter – sind entsprechend besonnen mit Mut und mutig mit Besonnenheit, sie trauen weder allen noch mißtrauen sie allen, sie sind weder zu sparsam noch zu verschwenderisch ...[62]

Das Notieren des Klischees – körperlich ist der Mann mit 35, geistig mit 49 »auf der Höhe« – hat Methode. Daß es sich um Klischees handelt, wird einem Aristoteles schwerlich entgangen sein, und doch mutet er sie uns zu, stellt sie mit einer geradezu buchhalterischen Penibilität zusammen. Doch unverkennbar ist ebenso das distanzierende Moment in diesen Katalogen von Stereotypen. Sie helfen dem Rhetor nicht in der Performanz, wohl aber am Schreibtisch. Wenn es sich denn um solche handelt, dann können sie auch argumentativ genutzt, die Rede entsprechend komponiert werden. Dies ist der Sinn der Definitionen. So

»sei also der Zorn ein mit Schmerz verbundenes Begehren nach Rache aufgrund einer offenkundigen Geringschätzung, die entweder wir selbst oder die Unseren von jemandem erlitten haben, dem dies Geringschätzen nicht zukam. *Wenn* dies der Zorn ist, dann zürnt notwendigerweise der Zürnende immer einem bestimmten Menschen, nicht aber irgendeinem, und dann folgt ebenso notwendig jedem Zorn eine gewisse Lust, nämlich aus der Hoffnung auf Rache.«[63]

Wenn das so ist, dann ergibt sich *per definitionem* ebenso, daß es drei Arten der Geringschätzung geben muß, Verachtung, Miß-

60 II 12 1389 a 3 ff.
61 II 13 1389 b 13 ff.
62 II 14 1390 a 28 ff.
63 II 2 1378 a 30 ff. (Hervorhebung von mir, Ch. St.).

gunst und Überhebung, wie daß all die Menschen leicht in Zorn zu versetzen sind, die sich im Zustand des Leidens, der Armut, der Verliebtheit oder des Durstes befinden, d. h. alle, die nach etwas verlangen, ohne Befriedigung zu erreichen, daß natürlich der Arme besonders dem zürnt, der auf seine Armut herabblickt usw. Und ebenso »natürlich« ergibt sich, daß wir Freunden leichter zürnen als Fremden, widerspenstigen Untergebenen eher als Vorgesetzten, denn in allen Fällen ist eine Art von Geringschätzung im Spiel.[64]

Selbst was einem zur Last gelegt wird, kann man in einen Überzeugungsgrund ummünzen: Er ist zwar ein Schuft, aber als solcher doch konsequent. Der Charakter des Redners artikuliert sich im Text, ja *als* Text, und die pathe des Publikums korrespondieren logisch mit diesem. Die Auflistung der Topoi macht nur Sinn, wenn man sie als Aufzeichnung des herrschenden Verständnisses von Charakter, Emotion und Gütern liest. Die Definition transformiert den sozialen Konsens der Deutungen in Sprachregeln.[65] Dergestalt wird die psychologische und soziale Organisation der Polis-Gesellschaft einer semantischen Analyse zugänglich, in der die zur Textur geronnene Gesellschaft nach dem Prinzip der Konsistenz durchforstet wird. Wenn Überzeugen möglich sein soll, dann nur im Rahmen logischer Strukturen. Man unterwirft die Reflexion auf das tradierte semantische System einem theoretischen Verfahren, der formalen Logik.

Freilich muß man das richtige Argument treffen. Diese Rhetorik ist alles andere als jene banalisierte Technik des Redens, die wir als Ware in der Ausbildung des Verkäufers oder Politikers kennen. Im Spiegel der aristotelischen Reflexion wird sie vielmehr zu einer Kritik der kalkulierten Urteilskraft.

Selbst die Logik kann kalkuliert eingesetzt werden – wenn man sie denn beherrscht. R. Barthes hat von der rhetorischen »Lust am Enthymem« gesprochen[66], am vollständigen wie am verkürzten Syllogismus, wie er in der Rhetorik vorzugsweise verwendet

64 II 2 1379 a 10 ff.

65 Die aristotelischen Definitionen referieren im wesentlichen entsprechende Diskussionen der zeitgenössischen Philosophie und Sophistik. Vgl. hierzu Wörner 1990, S. 155 ff.

66 Vgl. Barthes 1988, S. 62 f.

wird.[67] Daß der Mensch logisch denkt, ist für Aristoteles kein kontingenter Glücksfall, sondern geradezu eine Tautologie. Alles Überzeugen, so heißt es lakonisch, geschieht durchs Enthymem.[68] Wo man keinen Beweis hat, muß man Beispiele als solche verwenden, und wo man über ein Argument verfügt, das Beispiel als Beweis der Evidenz: Wer Ägypten erobert hat, der wird uns angreifen – nehmt den Dareios oder Xerxes.[69]

Zum Argumentieren gehört Geschmack. Auch ›logisches‹ Reden – dies wird sich für unser Thema als der zentrale Punkt erweisen – ist eine besondere, der Kritik unterworfene Weise des Redens.[70] Man verkürzt den Syllogismus, läßt selbstverständliche Prämissen weg – kurzum, man streicht Text und eröffnet dadurch dem Denken Spielraum. Man lädt durch das Beispiel die Intelligenz des Hörers ein zum Spiel, schafft ihr den Raum dafür und überzeugt sie so per analogiam – das gewinnendste aller Überzeugungs-»Mittel«. Am Argument muß etwas sein, denn es stammt von einem klugen Kopf.

67 Aristoteles sagt wiederholt, daß das Enthymem ein Syllogismus bzw. »eine Art« Syllogismus sei – vgl. I 2 1356 b 2 ff. und II 22 1395 b 21 ff. Zu lesen ist dies aus systematischen Gründen wohl so, daß das (vollständige) Enthymem die Form eines (deduktiven) Argumentationsschemas der Form

B ist A
C ist B
→ C ist A

hat, welches auf der Syntax des Mittelbegriffs beruht. Genauer wäre also zwischen Argumentform und Argument zu unterscheiden. »Enthymem« wird offensichtlich meist im Sinne von »Argument« verwendet. Gerade dann macht die Einführung eines besonderen Terminus Sinn, denn sowohl von der Natur der Prämissen wie von der in der Regel verkürzten Form her betrachtet ist das Enthymem lediglich eine Unterart der Gattung ›Syllogismus‹. Vgl. hierzu auch Stekeler-Weithofer 1986, S. 72 ff.

68 II 20 1394 a 10.

69 II 20 1393 a 32 ff.

70 Daß diese »nur« eine besondere Redeweise ist, der andere gleichberechtigt gegenüberstehen, ist eine der zentralen Einsichten der Sprechakttheorie Austins, mit der dieser in gewisser Weise an Aristoteles wiederanknüpft.

Medium der rhetorischen Kalkulation ist das Schreiben. Es schafft die Zeit, die notwendig ist, den logos unter den drei Gesichtspunkten zu organisieren, in denen sich der Charakter des Redners zeigt: *phronesis, arete, eunoia* – Klugkeit, Moral, Gewogenheit.[71] Diese drei Momente auszubalancieren verlangt in der Tat höchste Kunst. Reden-können erfordert hiernach ebensoviel Reflexion wie Geschmack. Der Rhetor muß nicht nur Logiker sein, sondern auch Mimetiker. Er ist dem Poeten verwandt – denn er stellt etwas im Text dar –, und darüber hinaus dem Schauspieler. Doch ist im Gegensatz zu diesem sein einziges technisch einschlägiges mimetisches Mittel die Sprache.

So genügt es nicht, zu wissen, was zu sagen ist, und es logisch aufbereitet zu haben, man muß wissen, wie es zu sagen ist. Wo die Unmittelbarkeit oraler Rhetorik verloren gegangen war, mußte die Rede sich dadurch als bedeutsam ausweisen, daß sie in Differenz zu anderen Reden und Redeweisen *als* etwas – Besonderes, Auffallendes etc. – erschien. Reden als reflektiert ausgeübte mimetische Kunst ist aber ohne Text*buch*, ohne Spiel*programm* unmöglich. Die Ästhetik des Textes streift den subsidiären Rang eines Attributs des Sprechenden ab. Sie ist nicht mehr Ausdruck, sie muß zum Ausdruck gebracht werden.

Gefordert ist somit eine Kunst des Vortrags, deren Tugend in ihrer »zweiten Natürlichkeit«, der Klarheit besteht.[72] Weder darf sie zu niedrig, noch zu erhaben sein, eben passend. Dies verlangt einen Text, der entsprechend zwischen den einschlägigen Oppositionen austariert ist – weder zu poetisch noch zu prosaisch, weder zu gebräuchlich noch zu fremd usw. Man muß den natürlichen Dialekt stilisieren. Dieser Zusammenhang erzeugt die Dialektik von Regel und Metapher.

Aller rhetorische Ornat, die Tropen, Figuren etc., Prunkstücke der späteren Kunst der Beredsamkeit, welche als Stoff rhetorischen Unterrichts in Kompendien gesammelt werden, all dies ist unter dem Kriterium der Klarheit der nicht-poetischen Rede Fir-

71 II 1 1378 a 6 ff.

72 Die Formulierung soll klar sein (*saphe*, III 2 1404 b 1 ff.). Hierin besteht die *arete* der *lexis*.

lefanz und wird von Aristoteles kurz und knapp als Abgeschmacktes erledigt.[73] Ähnliches gilt für das Metrum. Die Form der Rede sollte nicht metrisch sein, wenn auch nicht ohne Rhythmus.[74] Wer über politische oder rechtliche Dinge in Versen spricht, erntet bestenfalls Gelächter. Solches Reden ist gemacht und wirkt in prosaischen Kontexten auch so. Inhalt und Stil der Rede müssen einander korrespondieren. Anders verhält es sich allerdings beim Rhythmus. Die unrhythmische Rede scheint ohne festes Maß und damit ohne Begrenzung.[75] Auf den Hörer wirkt sie heruntergeleiert und somit endlos langweilig. Nichts bleibt hier logisch unbedacht. Alles, so Aristoteles, wird durch die Zahl begrenzt, als bestimmte Größe nämlich ausgewiesen, und so heftet der Rhythmus die Rede zu einer wahrnehmbaren, weil begrenzten Form zusammen, gibt der Logik eine ästhetische Gestalt, die freilich prosaisch sein, weil natürlich scheinen muß.

Übrig bleiben so als mögliche Stile auf diesem Feld nur die »gebräuchliche« Rede und die Metapher. Denn »allein diese werden von allen verwendet«.[76] Verwiesen ist hier im Text auf die bekannte Behandlung der Metapher in der *Poetik*. Wiederum finden wir dort eine logische Analyse der Materie, die als solche freilich oft mißverstanden worden ist. Übertragen kann man von der Gattung auf die Art, von der Art auf die Gattung, von der Art auf die Art und nach der Analogie.[77] Insbesondere letzteres ist, so Aristoteles, ein Großes, ein Zeichen von Begabung, denn man muß das Ähnliche eben sehen.[78]

Die metaphorische Redeweise hat den Vorzug vor der, die sich lediglich im herrschenden Sprachgebrauch bewegt, weil diese zwar klar, aber eben auch gewöhnlich ist. Die Metapher dagegen ist das Fremde im Gewand des Vertrauten.[79] Übertragen heißt ja logisch, dort, wo eingespielte Kategorisierungen vorhanden sind, Kategoriefehler zu begehen, um schematisierte Sehweisen aufzubrechen[80]

73 III, 3, 1405 b f.: *to psychron* (das Frostige).
74 III 8 1408 b 21 ff.
75 *aperanton*; ebd.
76 III 2 1404 b 31 ff.
77 *Poetik* 1457 b 7 ff.
78 Ebd. 1459 a 5 ff.
79 *Rhetorik* III 2 1404 b 35 ff.
80 Vgl. Ricœur 1986, S. 27 ff.

– *die Ehe ist ein Nullsummenspiel* – oder, wo keine vorhanden sind, dem Hörer einen Schluß ins Ungewisse zuzumuten. Gut erfunden, geben Metaphern Rätsel auf. Freilich müssen sie gut erfunden sein. Gefordert ist daher die kurze Spanne der Metapher.[81] Celans *schwarze Milch der Frühe* oder Rimbauds *les lèvres vertes* sind in buchstäblichem Sinn spannende Metaphern, weil sie dicht »neben« der angemessenen Kategorisierung plaziert sind. *traurige Milch* wäre abgeschmackt, ohne Witz erfunden und daher nichtssagend.[82]

Die übertragene Redeweise ist so der schmale Weg zwischen dem Abgeschmackten, Provinziellen, dem Aufgeblasenen und der weither geholten Metapher einerseits und der regelgemäßen Rede andererseits. Hier kommt nun Grammatik in neuer Bedeutung ins Spiel – in einer Weise, die gänzlich jenseits des Problemhorizonts formaler Dialektik liegt, die in einer Philosophie der Rhetorik aber bedacht werden muß: Die Grundlage (*arche*) des Formulierens (*lexis*) ist das Griechisch-Sprechen (*to hellenizein*).[83] Was aber macht das Griechisch-, Lateinisch-, Deutsch- oder Französisch-Sprechen aus? Aristoteles nennt fünf Kriterien:

– eine korrekte, folgerichtige und unverschachtelte Syntax[84]
– den Gebrauch des »treffenden«, d. h. des nicht unbestimmten und damit zu allgemeinen Ausdrucks[85],
– die Vermeidung zweideutiger bzw. an der betreffenden Stelle zweideutig interpretierbarer Ausdrücke[86],
– das Beachten von Kongruenz und Deklination, und schließlich
– eine korrekte Konjugation[87].

81 *Rhetorik* III 2 1405 a 34 f.
82 Vgl. Weinrich [1983], S. 324 ff.
83 *Rhetorik* III 5 1407 a 19 ff.
84 Expliziert insbesondere am Gebrauch von Konjunktionen bzw. konjunktiver Partikeln (*syndesmoi*).
85 Man soll also die »besonderen Namen« gebrauchen, nicht die »umfassenderen«, diejenigen, logisch gesprochen, deren Extension zu groß, weil umfassend ist.
86 Wie insbesondere die Orakelsprüche: »Zieh über den Halys, und du wirst ein großes Reich zerstören.«
87 Auch hier geht es insbesondere wiederum um Kongruenzregeln, gegen die – aus sprechplanerischen Gründen – in der mündlichen Rede häufig verstoßen wird, ohne daß dies jedoch im allgemeinen das Verständnis des Gemeinten behindern würde.

Es macht wenig Sinn anzunehmen, solche Kriterien seien formuliert, um sie einem kompetenten Muttersprachler als Kriterien seines aktuellen Redens vorzugeben. Die natürliche Sprache funktioniert eben »natürlich«.[88] Fehler wie die hier benannten unterlaufen einem Muttersprachler in mündlicher Kommunikation, zumal die grammatischen, nicht oder nur selten. Zwar verspricht man sich gelegentlich oder vergreift sich im Ausdruck. Doch gehört dies zum normalen Vollzug oraler Verständigung, wird keinesfalls als ›Fehler‹ registriert und müßte somit auch nicht eigens methodisch behandelt werden.

Lernen muß man dagegen die Schrift, und klarerweise benennt der Katalog Tücken bei der schriftlichen Formulierung des Gedankens, die als solche hier zu bedenken sind und in der Folge auch zum Elementarunterricht der Rhetorik zählen werden. Nicht zufällig widmet Quintilian ihnen das erste Buch seiner *institutio oratoria*. Das *hellenizein* bzw. *Latine dicere* wird somit zu einer ›technischen‹ Norm, die in einem Regelkanon veräußert wird. Bei Quintilian nimmt sich dieser freilich wie ein systematisch noch wenig geordneter Komplex von Verschriftungsproblemen aus. Ausdrücklich schließt Aristoteles seine Fehlerliste mit der Bemerkung ab, das Geschriebene solle leicht zu lesen und gut zu sprechen, die Syntax also dem linearen Redefluß angepaßt sein[89], und bringt als abschreckendes Beispiel die »dunklen« Texte Heraklits. Lexis heißt ersichtlich nicht, wie häufig übersetzt wird, das Ausschmücken der Rede, sondern meint die Artikulation des Textes selbst, das Auf-die-Reihe-bringen des gesammelten und gegliederten Materials nach Kriterien, die der angehende Redner als Habitus seines Schreibens zu routinisieren hat.

Logik, Grammatik und Stilistik sind dem Schreiben nicht vorausgesetzt, sie bilden sich allererst aus der Abbildung des individuellen Denkens in das Medium der Schrift – nicht durch dieses wohlgemerkt. Die Dauerhaftigkeit der Schrift erst ermöglicht eine Überprüfung von logischer, syntaktischer und semantischer Konsistenz nicht der Rede, sondern des Textes, und so kann sich auch erst hier eine anonyme Regelmäßigkeit von Verwendungen herstellen, eine Normalprosa, gegen die der nicht geregelte oder auch zu regelnde »Teil« des Geschriebenen ipso facto als Ausnahme, als

88 Vgl. Kap. 2, S. 79 ff.
89 III 5 1407 b 11 f.

Analogie, als Metapher ausgegrenzt wird. Doch ist das eine nicht ursprünglicher als das andere, und daß es neben diesen beiden Formen ein Drittes nicht geben sollte, kann keineswegs vorausgesetzt werden. So gäbe es die Grammatik nicht ohne die Metapher und diese nicht ohne die Grammatik, und wir können nicht einmal ausschließen, daß es ein Drittes gibt, welches weder »grammatisch« noch »metaphorisch« genannt werden kann. In einem insgesamt unüberschaubaren Feld von Verwendungsweisen prägt sich das eine gegen das andere aus.

Erst mit diesem Begriff von Grammatik als Inbegriff des vertrauten Wortes (*oikeion onoma*[90]), der regelgemäßen Rede, gegen den die Metapher gestellt werden kann, ist der Rhetorik *das* zusätzliche Register gewonnen, das die Ausbildung einer Kunst der Rede ermöglicht, eine Redeweise des Esprits, der Urbanität[91], die gegen private, spontane, kunstlose Redeweisen sich ausdifferenzieren läßt, die – mit einem Wort – die Stilebene repräsentativer wie bürgerlicher Öffentlichkeit geworden ist.[92] Die sprachwissenschaftliche Grammatik der Neuzeit setzt sie so selbstverständlich als ihren Bezugsrahmen voraus, daß sie ihn als solchen nicht einmal mehr wahrnimmt.[93]

Noch einmal ist die Bündigkeit zu bewundern, mit der Aristoteles' logischer Apparat den einschlägigen Zusammenhang herstellt: Von Natur aus ist es allen Menschen angenehm, leicht zu lernen. Worte aber bedeuten etwas [und nur daraus kann man lernen, denn lernen ist Zuwachs an Information, Ch. St.]. Also sind uns die Worte, aus denen wir lernen, das angenehmste. Nun kennen wir aber die fremden Worte nicht, die uns geläufigen hingegen kennen wir, also lehren sie uns nichts. Es bleibt die Metapher, weil sie eben das im Vertrauten Fremde ist. Folglich macht sie Vergnügen – so sie denn gut geprägt ist.[94]

Damit ist der archimedische Punkt der rhetorischen Kunst insgesamt gefunden, von dem aus der »Apparat« organisiert ist. Die Metapher spricht das Gefühl an, ohne doch unlogisch zu sein. Rationalität erweist sich selbst als emotionaler Zustand. Nur des-

90 III 2 1404 b.
91 *asteia*, vgl. III 11 1412 a 19.
92 Vgl. hierzu Habermas 1969, S. 13 f.
93 Vgl. Kap. 5.
94 III 10 1410 b 6 ff.

wegen kann sich das Ethos des Redners im Text, in der bzw. in die Logik kodieren und diese Kodierung die »Affekte« des Publikums ansprechen. Das Spiel, die Korrespondenz zwischen beiden Instanzen wird inszeniert über das Austarieren der Proportion zwischen gewöhnlichem und fremdem Ausdruck, zwischen Regel und Ausnahme. Grammatikalität ist konstitutiv an rhetorischen Geschmack gebunden.[95]

Die Proportion freilich muß gesehen werden. Die Kunst der Rede bleibt, gerade wo sie mit der Regel spielt, ein analogisch strukturiertes und funktionierendes Vermögen. Der Witz der metaphorischen Rede liegt darin, daß sie nicht geradezu und platt mit der Tür ins Haus fällt wie die Digitaluhr, die halt sagt, wie spät es ist, aber auch keinen Deut mehr. Die analoge Darstellung hingegen gefällt, kann eben deswegen gefallen, weil sie einerseits »nur« andeutet, andererseits den logischen Sinn des Gemeinten vor Augen führt und in der gelungenen Wahl des Bildes die Einbildungskraft beflügelt, sich das Angedeutete auszumalen. Dies zu treffen ist in der Tat eine Kunst, und trockener als Aristoteles kann man es schwerlich demonstrieren: Sagt man z. B., daß ein rechtschaffener Mann ein Würfel ist, so ist dies zwar eine Metapher, denn »Würfel« symbolisiert Vollkommenheit, doch vermag das Bild die Einbildungskraft kaum sonderlich zu beflügeln. Anders dagegen das »seine Männlichkeit ist voll erblüht«. Dies setzt die Phantasie in Gang.[96] So ist es der symbolische Überschuß[97] der metaphorischen Rede, die eine Rhetorik als ästhetisch verfaßte ›Kunst‹ möglich macht, welche zwar im Bereich der Prosa verbleibt, in der Domäne nicht des Theaters, sondern des Gerichts, der Volksversammlung oder des Gastmahls, und die dennoch Kunst der Rede im buchstäblichen Sinn ist.

95 »Geschmack« ist damit die vielleicht treffendste Übersetzung für jene *dynamis*, die Aristoteles in der schwierigen Textstelle I 3, 1358 b 5, dem Zuhörer qua *theoros* als das ihm gegenwärtige Objekt gegenüberstellt.
96 III 11 1411 b 24 ff.
97 Ausdrücklich heißt es: » ... dies bedeutet das Ins-Werk-setzen« (*semainei energeian*); vgl. ebd.

Es ist somit der *öffentliche* Gebrauch der Schrift, in dem die *arche* der Lexis sich ausprägt, das *hellenizein*, *Latine dicere*, »Deutsch sprechen«. Ihre interne Gestalt allerdings, den kategorialen Zuschnitt erhält die *techne grammatike* von der Logik. Dies ist kein Widerspruch, wenngleich das Faktum als solches mit dazu beigetragen haben dürfte, die Einsicht in die grundsätzlich rhetorische Konstitution grammatischer Normen systematisch zu verstellen. Vielmehr ist die Normierung logischer Rede, der die platonische Philosophie die ersten ›grammatischen‹ Kategorien abgewinnt, ihrerseits Resultat der Auseinandersetzung mit der Rhetorik. Um dialektisch zu prüfen, was die Redekunst sei, setzt Sokrates seine Weise des *logon didonai*, des Rede und Antwort stehen, gegen die des Gorgias: die Kunst der kurzen Rede, die Punkt für Punkt, eben ›logisch‹ überprüfbar ist, gegen die der langen, die den Hörer überzeugen will, indem sie ihm Eindruck macht:

»Möchtest du wohl«, so bittet Sokrates den Gorgias zu Beginn ihres Dialogs, »so wie wir jetzt miteinander reden, die Sache zu Ende bringen durch Frage und Antwort, die langen Reden aber, womit auch schon Polos[98] anfing, für ein andermal versparen? Also, was du versprichst, darum bringe uns nicht, sondern laß dir gefallen, in der Kürze das Gefragte zu beantworten …
Gorgias: Das will ich tun, und du sollst gestehen, du habest nie einen kürzer reden hören …«[99]

Die ›Kürze‹, d. h. die unabdingbar notwendige Länge logischen Redens bemißt sich daran, was notwendig ist, um eine *hypothesis*, eine zur Diskussion gestellte These, verteidigen oder widerlegen zu können. Wie muß ein logos *p* also beschaffen sein, damit man sagen kann, er sei ›wahr‹ bzw. ›falsch‹? Welche Elemente sind zur Beantwortung dieser Frage unverzichtbar – abgesehen von allen ›rhetorischen‹ Kriterien der Höflichkeit, des Witzes etc.? Daß die Frage der formalen Beschaffenheit wahrheitsfähiger Sätze in der Akademie spätestens zur Zeit der Abfassung der späteren Dialoge Platons intensiv diskutiert worden ist, dafür liefern – wie wir

98 Gorgias' Schüler.
99 *Gorgias* 449 b f. Gorgias erbot sich ja öffentlich, auf alles antworten zu können, was man ihn fragte (vgl. ebd. 447 c.).

gesehen haben – der *Kratylos* und *Sophistes* den Beleg, und zweifellos wäre die in der dialektischen Übung des *Parmenides* demonstrierte Weise des Argumentierens ohne entsprechendes formales Knowing-that nicht möglich gewesen.[100]

Die Antwort auf die Schlüsselfrage nach den ›logisch‹ unabdingbaren Elementen des »kurzen« Redens hatte Platon schon im *Sophistes* gegeben und begründet. Wahrheitsfähig ist eine Verknüpfung von *onoma* und *rhema* dergestalt, daß dieses dem vom Namen bezeichneten Objekt ein Prädikat zuspricht, d. h. unter ein *eidos* bzw. *genos* subsumiert, das mit der Idee des Objekts verträglich ist. »Theaitetos fliegt« ist falsch, weil das *eidos* ›Mensch‹ ›Nicht-fliegen-können‹ – wie wir heute sagen würden – semantisch impliziert.[101] Sollte sich dennoch der genannte Satz in irgendeiner Situation bewahrheiten, so könnte dies nur heißen, daß der Name »Theaitetos« hier etwas anderes als den Schüler des Sokrates bezeichnet – einen Vogel oder eine Maschine von *Olympic Airways* –, oder aber daß »fliegt« hier etwas anderes bedeutet[102], z. B. daß der bezeichnete Mensch durch die Luft geworfen wird, ein Flugzeug steuert oder irgend etwas anderes dergleichen tut, d. h. nicht »wirklich« selbst fliegt.

Obwohl auch die logische Redeweise als solche rhetorischen Gelingenskriterien unterliegt – auch »rein« logische Sachverhalte kann man klar oder verworren explizieren –, macht doch erst die Beschränkung auf den Modus des Behauptens eine solch einfache Formel möglich. In seiner Kategorienschrift und insbesondere in der Schrift über den Satz hat der junge Aristoteles die Resultate der Debatten, von denen Platons Spätdialoge Eindrücke vermitteln, sozusagen protokolliert, und es bestätigt unsere bisherigen Überlegungen, wenn er seine Untersuchung auf den *logos apophantikos*, das Konstativum, beschränkt, und das Studium aller übrigen Illokutionstypen, z. B. der Bitten, der Rhetorik und Poetik zuweist.[103] Erst damit erzeugt er einen Bezugsrahmen, von dem her hinreichend trennscharf zu entscheiden ist, welche Formen für das Behaupten konstitutiv sind: Bejahung, Verneinung, einfache,

100 Vgl. hierzu Kap. 8.
101 Vgl. Lorenz und Mittelstraß 1966.
102 ›x bezeichnet …‹: *x esti symbolon tinos* oder auch *semainei;* ›bedeutet‹: *semainei.* Vgl. *Peri hermeneias* I und II, 16 a.
103 Ebd. IV, 16 b f.

konjungierte Behauptung, universelle und partikulare Behauptung, die zulässigen Tempora, Formen der Verneinung. Definitorisch hält er von hier aus nun fest, was ein *logos,* was ein *onoma,* was ein *rhema* usw. ›ist‹. Den Ausgangspunkt bildet jene vielzitierte Festlegung der Elemente der Rede und der Schrift als ›Symbole‹, des gesprochenen Worts als Zeichen eines psychischen »Gehalts« – sei dies nun eine Wahrnehmung, eine Vorstellung oder ein Gedachtes[104] –, und des geschriebenen als »Zeichen des Zeichens«.

Wir haben diese Passage schon im Zuge unserer Überlegungen zum Arbitraritätsprinzip diskutiert.[105] Der hier entwickelte Zusammenhang erlaubt nun eine Begründung der Lesart, die wir Aristoteles' Festlegungen gegeben hatten: Das *onoma* bezeichnet, was es bezeichnet, *kata syntheken,* aufgrund von Konvention[106], und dies ist ein Handeln, dessen Charakteristik zu klären Aufgabe der Kategorienschrift ist. Die Handlung, die *onoma* und *rhema* zu einem nach dem Gesichtspunkt von ›wahr‹ oder ›falsch‹ beurteilbaren Ganzen verknüpft, hat selbst ihre Namen. Sie wird als *legetai* bzw. *kategoreitai* bezeichnet[107], und dies ist ein Akt, der den Gegenstand der Rede, *to hypokeimenon,* entsprechend seiner differentia specifica unter die ihm angemessenen *gene* bzw. *eide* bringt, wobei eben gilt, daß, wenn x P ist und für alle y gilt, daß, wenn y P ist, so auch Q, dann x auch Q ist. Die Transitivitätsregel ermöglicht die logische Kategorisierung des zu Erkennenden im Rahmen einer Metaphysik, deren Grundlage das Prinzip der Identität ist.[108]

So sind die *pathemata tes psyches* – nach Derridas Lesart der reine Logos, der vom gesprochenen und geschriebenen Wort »repräsentiert« wird – der Logik dieser Konstruktion zufolge nichts als der psychische ›Stoff‹, der in der Kategorisierung durch eben die Instanz der Psyche seine logische wie ontologische Formung erfährt. Dies erklärt auch die Rede über dieses Handeln: Nicht *der* Redegegenstand ist Objekt der Handlung, sondern *von ihm*, *kata*

104 Ebd. I, 16 a. *pathema* kann alles sein: *aisthesis*, *pathos* oder *noema*.
105 Vgl. Kap. 4, S. 150 ff.
106 *Peri hermeneias* II, 16 a. Es bedarf keines weiteren Nachweises, daß Aristoteles hier die Definition des *onoma* im *Kratylos* wiederaufgreift. Vgl. *Kratylos* 384 d.
107 *Kategoriai* III, 1 b.
108 Vgl. Kap. 8, S. 346 ff.

tou hypokeimenou, wird etwas ausgesagt, nämlich sowohl der Name (*onoma*) wie die Erklärung (*logos*).[109] Erst im Meinen (*legein*) bzw. im Aussagen (*kategorein*) wird der logos geformt, weil sich solches Handeln in actu am Gesichtspunkt des Wahren orientieren muß.

Nach derselben Logik ist dann die Repräsentation des Gesprochenen in der Schrift allererst dessen definitive Formgebung – und kann dies auch nur sein, wenn neben den logischen Kriterien der Redeweise auch – diesen noch vorgelagert – die rhetorischen bedacht sein wollen, und zwar uno actu.

In den wahrnehmbaren Formen des Geschriebenen – *ta en te graphe* – bilden sich eben die *Formen* ab, die wir seither »Kategorien« nennen, bis auf die *ousia* selbst, die erste Substanz, die nach Aristoteles als solche weder ausgesagt werden noch in einem doch immer nur besonderen Gegenstand des Behauptens angetroffen werden kann, weil sie ja den metaphysischen Voraussetzungen zufolge, die Platon im *Parmenides* entwickelt hatte, Bezugspunkt logischer Formgebung, eben der Artikulation des logos ist. Man kann auf sie nur als das Gegenüber, *tode ti,* Bezug nehmen.[110] Dieses ist dann kategorial zu fassen. Spricht man von Menschen, so ist dabei ein wie immer beschaffenes Verständnis *des* Menschen je schon vorausgesetzt. *Der* Mensch selbst aber ist für uns aus eben diesem Grund kein möglicher Erkenntnisgegenstand, sondern – nach Platon – eine Idee.[111] Anthropologie als empirische Disziplin kann *den* Menschen nur in verschiedenen aufweisbaren Formen beschreiben. Die Einheit der Gattung ist ihre metaphysische Voraussetzung. Mit der Sprachwissenschaft verhält es sich i. ü. nicht anders: Der Linguist spricht von ›der‹ Sprache meist wie von einem empirischen Gegenstand. Dabei ist »sie« die metaphysische Voraussetzung seines Geschäfts.

Geschriebene und gedachte Form gleichen sich also vollständig bis auf jenen einen Punkt, daß die gedachte eben nicht wahrnehmbar, sondern allein verstehbar ist:

»Die Namen selbst und die Verben gleichen (*eoike*) dem ohne Verbindung oder Trennung Gedachten (*noemati*).[112]

109 *Kategoriai* V, 2 a, 19 ff.
110 Vgl. hierzu Tugendhat 1988, S. 23 ff.
111 *Kategoriai* V, 2 a, 11 ff.
112 *Peri hermeneias* I, 16 a 13 ff.

Im Geschriebenen aber bringen wir das Noetische in die ihm angemessene ästhetische Form, die als solche im Medium der Alphabetschrift auch in bedingter Weise zur Anschauung gebracht werden kann. Daß wir dies können, ist der Beweis dafür, daß wir das Gedachte richtig verstanden haben. Entsprechend sind auch die ›grammatischen‹ Formungen des logos Hervorbringungen der Artikulation der Rede, der *lexis*, und sie existieren auch nur *in* den jeweiligen *logoi*, an denen der Logiker wie der Grammatiker dann zurecht die möglichen »Zerfällungen« des Gedankens bzw. des Satzes studiert.[113] Sie, die geschriebenen Sätze, sind ihr genuines Objekt, nicht »Repräsentationen« von diesem.

So sind Objekte der Grammatik von ihrer Konstitution her noumenale Formen, die gleichwohl nur in den Formen des Gesprochenen oder Geschriebenen existieren. Das macht aus dem Gesprochenen oder Geschriebenen selbst ideale Gegenstände. Die Textur ist in diesem Sinne Abbild, *eidolon* des Textes. Daß der Grammatiker nur Beispiele für ›Grammatikalität‹ geben kann, nicht diese selbst, belegt, daß er, so mentalistisch er sich auch geben mag, *in praxi* immer noch Platoniker ist. Und daß die alten Grammatiker in der Nachfolge des Aristoteles die *techne grammatike* als eine Disziplin betrachtet haben, die sich nicht mit psychischen, sondern mit der Psyche externen Gegenständen, nämlich Formen des Geschriebenen zu befassen hatte, belegt, daß sie insofern den Sinn der Rede von den *partes orationis* doch wohl angemessen verstanden hatten.

Dies gilt gerade auch angesichts des Faktums, daß die grammatische Terminologie die Erinnerung an ihre logische Herkunft Zug um Zug abstreift oder kaschiert, je mehr die *techne grammatike* als Hilfsdisziplin von Rhetorik und Poetik Kontur gewinnt, innerhalb der Bereiche also, von denen bei der Definition ihrer Grundkategorien abstrahiert worden war. Der entscheidende Bruch vollzieht sich mit der Transformation des ›logischen‹ ins ›grammatische‹ Subjekt. Während auf das logische Subjekt der jeweiligen Rede stets nur indirekt Bezug genommen werden konnte – man behauptet etwas *kata tou hypokeimenou* (vom Subjekt), indem man es durch einen Namen bezeichnet, der logisch betrachtet selbst ja schon ein Prädikat ist bzw. prädikative Züge an sich

113 Vgl. Schneider 1992, S. 225 ff.

hat[114] –, wird in grammatischer Perspektive der Name selbst das Subjekt, mit dem ein Prädikat verknüpft wird, ein Ausdruck syntaktisch mit einem zweiten, nicht eine Bezeichnung deiktisch mit seinem Objekt. Und der zweite Ausdruck – das *rhema* – verliert in dieser veränderten Konstellation gleichfalls seine ursprünglich logische Qualität und wird seinerseits zur syntaktischen Kategorie, zum ›Satzglied‹. Die formalsemantische Definition von *onoma* und *rhema* tritt zurück zugunsten der morphologischen, die bei Aristoteles nur eine untergeordnete Rolle gespielt hatte. Kriterien wie Flektierbarkeit, Modus- und Kasusrektion werden jetzt zu Wissensbeständen, die es erlauben, Kategorien wie ›Nomen‹, ›Verb‹, ›Konjunktion‹ oder ›Präposition‹ als Wortarten, d. h. Sprachformen zu definieren, auch wenn syntaktische Kategorien wie ›Subjekt‹ oder ›Prädikat‹ in der Schulgrammatik ihre ursprünglich formalsemantische Bedeutung nie ganz abstreifen werden. Die subsidiäre Funktion grammatischen Wissens, das nie um seiner selbst willen erworben wird, sondern als unverzichtbares technisches Hilfsmittel für den Erwerb der Schrift, für die Arbeit an Texten, für die rhetorische Ausbildung, verhindert systematisch, daß nach der *Geltung* grammatischer Begriffe gefragt wird.

Ein solches Verständnis von Grammatik mußte in dem Augenblick problematisch werden, in dem die Philosophie ihr Paradigma wechselte, von der Logik als ihrer Leitdisziplin sich umorientierte zur Psychologie.[115] Die Psychologisierung grammatischer Kategorien, mit der Saussure die Wissenschaft von der Sprache etabliert, und die mit Chomskys Mentalismus selbst zu einem handfesten philosophischen Problem geworden ist, ist nichts als die Folge der Psychologisierung philosophischer Kategorien selbst, für die Kants Transzendentalismus das Paradigma geliefert hat. Mit der sich in den »philosophischen Grammatiken« der neuzeitlichen Philosophie entwickelnden Auffassung grammatischer Kategorien als psychischer Formen aber wird die Frage nach ihrer Geltung unabweisbar. Virulent wird das Problem im Werk Wilhelm von Humboldts.

114 Sofern das *onoma* ein Substantiv und nicht ein Eigenname im strikten Sinne ist.

115 Vgl. hierzu Tugendhat 1976, S. 78 ff.

Philosophie der Grammatik

10. Wilhelm von Humboldt: Grammatische Weltansichten

Von einer Phänomenologie unseres alltäglichen, technischen Umgangs mit Grammatik waren wir, geleitet zunächst von nicht viel mehr als der Etymologie des Wortes »Grammatik«, ausgegangen, um dem Verhältnis von Sprache und Schrift nachzugehen. Dessen Anlage hatten wir näherungsweise mit dem Wort »Kohabitation« zu charakterisieren versucht. Schrift und Sprache leben nicht nebeneinander her, noch weniger ist – eine Verkehrung der aristotelischen Position, die freilich schon in der Spätantike Faktum ist und so etwa von Ockam rezipiert und tradiert wird[1] – Schrift als Abbild einer Sprache zu verstehen, die doch in solchem Zusammenhang als ›mündliche‹ gegen sie abgegrenzt und abgewertet wird. Vielmehr beginnt die Schrift mit ihrer vollständigen Unterordnung unter das orale Modell sozusagen postwendend, dieses zu infiltrieren und sukzessive ihm Formen auf- oder einzuprägen, die genuin schriftlichen Ursprungs sind. ›Orate‹ Schriftlichkeit wird ebenso möglich und etwa in der Lyrik realisiert[2] wie ›literate‹ Mündlichkeit – das Stilideal der klassischen Rhetorik.[3] Je deutlicher dabei wurde, wie sehr unser Begriff von Sprache – der der europäischen Tradition – vom spezifischen Umgang mit der Alphabetschrift geprägt ist, desto problematischer wurde darüber der Begriff der Grammatik. Als Resultat unserer Platon- und Aristoteles-Lektüre, die an der Frage nach dem Zusammenhang von Schrift und Formalität orientiert war, haben wir drei kaum abweisbare Ergebnisse festzuhalten, die das philosophische Problem der Grammatik ausmachen:

1. Grammatik und Metapher haben sich aus der Perspektive der Rhetorik als korrelative Begriffe erwiesen. Wir hätten keinen Begriff von ›regelmäßiger‹ Rede ohne den der ›übertragenen‹, gegen den er allererst seine Charakteristik gewinnt. Die regelgerechte, »herrschende« Rede, von Aristoteles paradigmatisch gefaßt im

1 Vgl. *Summa Logica* I, 1, (3), Ockham [1984] S. 18 f.

2 Vgl. Rösler 1983.

3 Zur Unterscheidung von ›oratem‹ und ›literatem‹ Stil vgl. Maas 1985 b.

kyrion onoma[4], ist gegenüber der metaphorischen von seiner Anlage her keineswegs die allgemeinere Artikulationsweise. Sie erweist sich aus der Perspektive einer Philosophie der Rhetorik vielmehr selbst als ein besonderer Stil, dessen Höhe sich an den Akzeptanzbedingungen des rhetorischen Diskurses bemißt. Er wird artifiziell, methodisch komponiert, und dies heißt: er wird im Medium der Schrift erzeugt.

2. Die interne Konstruktion der Grammatik verleugnet freilich diesen für sie konstitutiven Zusammenhang ganz und gar. Ihr Format blendet ihn systematisch aus. Als *techne*, die die Form von Sätzen beschreibt, hat Grammatik ihr internes Design vom Fragehorizont der Logik her erhalten. Aristoteles' Frage nach den konstitutiven Formen wahrheitsfähiger Sätze (*logoi*) spitzt, indem sie alle nicht-logischen rhetorischen Kriterien eliminiert – diejenigen also, die *ethos* und *pathos* betreffen[5] –, die Gelingensbedingungen der Artikulation dieser logoi vollständig auf das Wahrheitskriterium zu. Von daher kann ihre formale Beschreibung hinreichend eindeutig organisiert werden. Die ›logischen‹ Kategorien ergeben sich aus der derart zurechtgestellten ›grammatischen‹ Beschreibung gleichsam von selbst: Das (logische) Subjekt muß benannt werden – *onoma* –, von ihm muß etwas behauptet werden – *kategoreitai (legetai)* – es wird dadurch möglicherweise in Relation zu Korrelaten gesetzt – *pros ti* –, möglicherweise wird ein Wann, Wieviel, Wo, ein Zustand beschrieben usw.[6] Sämtlich sind dies Formen, die sich paradigmatisch gebildeten Behauptungssätzen ohne große Mühe ablesen lassen. Und da der formale Logiker es zunächst eben mit dem Griechischen zu tun hatte, wird er sozusagen mit der Nase auf ›grammatische‹ Sachverhalte wie Kasus, Personalendungen, Zeitformen, Modi, Aktiv und Passiv gestoßen. Doch wird der Blick vom Ansatz her auf satz*interne* Sachverhalte beschränkt. Der Satz wird von seinen rhetorischen *Konstituentien* abgekoppelt.

3. Die partes orationis lassen sich unter diesen Rahmenbedingungen durch formale Kriterien wie Flexion, Kasusrektion usw. beschreiben. Damit werden sie nun als ›Wortarten‹ interpretiert:

4 Vgl. *Poetik* Kap. 21, 1457 b.
5 Vgl. Kap 9, S. 369 ff.
6 *Kategorien* IV, 1 b.

Nomen, Pronomen, Adjektiv, Verb;
Präposition, Konjunktion, Adverb, Interjektion –

und werden dergestalt selbst von ihrem logischen Konstitutionszusammenhang noch abgekoppelt. Das definitorische Verfahren des Dionysios Thrax, dessen Empirieferne und Abhängigkeit von der Logik oft genug beschrieben und getadelt worden ist, leistet genau dies. Zwar nimmt sein Text bis in die Terminologie hinein auf das aristotelische Modell Bezug, doch was dort als Problem behandelt und normativ gelöst wird[7], um den Aufbau einer formalen Logik zu ermöglichen, hat hier längst die Form einer fraglos affirmierten Empirie angenommen, die nicht mehr auf Logik, sondern auf Pflege der literarischen Tradition gerichtet ist:

Das Wort (*lexis*) ist bezüglich dessen Zusammensetzung (*syntaxis*) der kleinste Teil des Satzes (*logos*).
Der Satz ist eine Verbindung (*synthesis*) des prosaischen Wortes mit einem selbständigen Sinn (*dianoia*).
Es gibt acht Teile (*mere*) des Satzes: *onoma, rhema, metoche* (Partizip), *arthron* (Artikel), *antonymia* (Pronomen), *prothesis* (Präposition), *epirrema* (Adverb), *syndesmos* (Konjunktion) …[8]
Das *onoma* ist ein deklinierbarer Teil des Satzes, der einen Gegenstand oder eine Sache bezeichnet …[9]
Das *rhema* ist ein nichtdeklinierbares Wort, das Tempus, Person und Numerus aufweist und Tun oder Leiden anzeigt …[10] usw.

Dionysios Thrax *kann* definieren, weil er den Bezugsrahmen der Logik voraussetzen kann[11], und gerade indem er diesen voraussetzt, nabelt er die Grammatik als *techne* sui generis von der Logik ab. Dies macht aus grammatischen Formen, die im aristotelischen Text stets noch als dianoetische Formen begriffen sind, definitiv Formen der Sprache, auch wenn in den semantischen Beschreibungen der Wortarten und Satzglieder ebenso wie in deren Be-

7 Deutlich wird dies etwa bei der Definition des negierten *onoma* bzw. *rhema*, 16 a 30 bzw. 16 b 13 ff.: »*to de ouch hygiainei kai to ou kamnei ou rhema* **lego** *… all' esto ahoriston rhema …*« [»Das *ouch hygiainei* oder das *ou kamnei* nenne ich nicht Rhema, … sondern es sei das *ahoriston rhema;* Hervorhebung von mir, Ch. St.].
8 *Ars grammatica* 11, S. 22 f.
9 Ebd. § 12, S. 24.
10 Ebd. § 13, S. 46.
11 Vgl. insbes. die Beschreibung des Nomens (§ 12), die sachlich wie terminologisch Aristoteles' Kategorienschrift voraussetzt.

zeichnungen das logische Erbe der Grammatik mit tradiert wird. Aber trotz dieser Erblast, an der sich noch die moderne Linguistik abarbeitet, haben sie ihren *noetischen* Charakter, ihren Status als Denkformen verloren. Sie sind zu äußerlichen Formen geworden, die in der Alphabetschrift nun als solche darstellbar werden[12]: Formen, deren *ousia* so essentiell in ihrem Geschriebensein besteht, daß sie – auch wenn Quintilian noch auf den Unterschied von *loqui* und *scribere* verweist[13] – als solche nicht eigens mehr bedacht werden muß. Aus ursprünglich syntaktischen Funktionen werden Wortarten – Formen, die als solche buchstäblich nur in Büchern existieren, und als solche werden sie in der »Schulgrammatik« bis heute begriffen und behandelt.

Daß sie so auf dem Papier stehen und sich betrachten lassen, macht sie zu den idealen Instrumenten grammatischen Unterrichts. Was als Beispiel aufgeführt wird, um die Regel zu veranschaulichen, gerät zum Muster, an dem sich die Formulierungskunst des Schülers übt. Schon für Quintilian ist dieser musterkonstituierende Zug des Paradigmas charakteristisch, welches darüber zum Typ wird – wir haben es bereits berührt.[14] Dies bewahrt die grammatischen Kategorien davor, als theoretische mißverstanden und auf mögliche Geltung hin befragt zu werden. Daß man über Begriffe wie ›Subjekt‹, ›Prädikat‹, ›Nomen‹ usw. verfügt, macht es möglich, mit hinreichender Genauigkeit Textstellen zu identifizieren und aufeinander zu beziehen oder grammatische Beispiele zu diskutieren. Auf die Definition dieser Begriffe kommt es, solange sie es als Hilfsmittel im Sprachspiel der Schriftlichkeit tun, letztlich nicht an. Grammatik ist damit als *techne* sui generis neben Logik und Rhetorik etabliert.

12 Vgl. *Institutio oratoria* I 6, 5 ff., S. 88 ff.

13 Ebd. I 6, 1, S. 86.

14 Vgl. Kap. 5.

Dies ändert sich in dem Maße, in dem sich mit der psychologischen Umorientierung der neuzeitlichen Philosophie die Frage nach dem *tí estin* der Gegenstände auf die nach den Bedingungen der Möglichkeit solcher Fragestellung, d. h. ins Subjekt hinein verlagert.[15] Die »logischen« Grammatiken des Rationalismus, für die die von Port-Royal als Paradigma genommen werden kann, belegen es. Auch wenn sie den auf Formalität hin orientierten Ansatz des Logikers in sein Gegenteil umkehren, kehren sie doch in gewisser Weise zu Aristoteles zurück: Sie begreifen grammatische Formen wieder als Denkformen, wobei allerdings die Form anders als im platonischen Paradigma den Inhalten des Denkens gegenüber eigentümlich äußerlich bleibt.

Deutlich wird dies, wenn wir den Endpunkt dieser Entwicklung betrachten, Kants Transzendentalismus. Kant knüpft methodisch durchaus an die aristotelische Tradition an, wenn er in den *Prolegomena* sein Verfahren der Kategorienfindung mit dem des Grammatikers vergleicht. Die Kategorien aus dem Verbund unserer Erkenntnis herauszusondern »setzte«, so beschreibt er es,

> »kein größeres Nachdenken, oder mehr Einsicht voraus, als aus einer Sprache Regeln des wirklichen Gebrauchs der Wörter überhaupt herauszusuchen, und so Elemente zu einer Grammatik zusammenzutragen (in der Tat sind beide Untersuchungen einander auch sehr nahe verwandt) ... «[16]

In der *Kritik der reinen Vernunft* bleibt dieser gewissermaßen »technische« Aspekt des transzendentalen Ansatzes eigentümlich unterbelichtet, obwohl er mit dessen »höchstem Punkt« nicht nur technisch, sondern konstitutiv aufs engste verbunden ist. Daß das »Ich denke«, indem es meine Vorstellungen kontinuierlich begleitet, diese zu Einheiten synthetisiert, wird – um in der Ausdrucksweise Kants zu bleiben – ›möglich‹ allein dadurch, daß das denkende Ich über Formen verfügt, die im Vollzug des Denkens die jeweils intendierte Einheit herstellen. Es ist der von Hamann so vehement kritisierte Apriorismus Kants, der nolens volens der

15 Vgl. Tugendhat 1976, S. 35 ff.
16 *Prolegomena* A 118.

Grammatik den Rang einräumen *muß*, den Hamann in seiner *Metakritik* als das angestammte Erbe der Sprache verteidigte.[17] Die Einheit eines jeden ›Urteils‹ – sei es nun synthetisches oder analytisches, Wahrnehmungs- oder Erfahrungsurteil – beruht, kann formal nur darauf beruhen, daß sein grammatisches Subjekt S als ›Subjekt-von-P_i‹ und sein grammatisches Prädikat P als ›Prädikat-von-S_j‹ verstanden wird und daß zudem das ›apperzipierende‹ Ich versteht bzw. realisiert, daß *hier* dieses S die Form »S_j« und dieses P die Form »P_i« erfüllt im buchstäblichen, extensionalen Sinn des Wortes: sie ausfüllt.

So formal der kantische Transzendentalismus zu Werke geht und dabei in platonischer Tradition scheinbar immer bei Denkformen bleibt – er kann dies nur dadurch, daß er faktisch die grammatischen Formen verdinglicht. Dies hängt mit ihrem Ort im System zusammen. Sie selbst können durch keine noumenale Instanz mehr erzeugt sein, denn ihre Funktion soll ja darin bestehen, die Erzeugung noumenaler Gegenstände *überhaupt* zu ermöglichen. Selbst wenn bestimmte Urteile wie das Wahrnehmungsurteil nicht unter die konstitutive Einheit der Relationskategorie fallen[18] – in der Einheit der grammatischen Form befinden sie sich per se. Hierdurch wird – paradoxe Konsequenz – die transzendentale Instanz Grammatik zwangsläufig naturalisiert, denn implizite wird sie so dem Verstand als natürliche Grundausstattung zugeschrieben. Zwar sollen ihre Formen der formale *Grund* der Einheit der transzendentalen Apperzeption sein, gerade dies aber können sie nicht ›sein‹, weil es eben hinter oder über ihnen keine Instanz mehr gibt, die im Handeln mit ihnen *frei* wäre. An diesem Punkt ist der Verstand durch eine in ihn gelegte Kausalität gefesselt. So geraten sie nolens volens zu *Ursachen* der Einheit des Urteils. Chomsky hat sich wiederholt auf Wilhelm von Humboldt als philosophisches Vorbild seiner Grammatik-Konzeption berufen – zu Unrecht, wie wir sehen werden.[19] Auf Kant dagegen hätte er sich durchaus berufen können, der über die eben berührte Paradoxie, die mit dem Begriff einer transzendentalen Grammatik per se verbunden ist[20], wie beiläufig hinweggeht:

17 Vgl. Hamann [1967], S. 219 ff.
18 Vgl. hierzu Prauss 1971, S. 114 ff.
19 Vgl. hierzu auch Scharf 1994.
20 Vgl. hierzu grundlegend Simon 1971.

»Würden wir«, so resümiert er in den *Vorlesungen über die Metaphysik* seine Charakteristik der Transzendentalphilsophie, »die transzendentalen Begriffe so zergliedern; so wäre dies eine *transzendentale Grammatik*, die den Grund der menschlichen Sprache enthält; z. B. wie das *praesens, perfectum, plusquamperfectum* in unserem Verstande liegt, was *adverbia* sind u.s.w. Überdächte man dies, so hätte man eine transzendentale Grammatik. Die Logik enthielte den formalen Gebrauch des Verstandes. Dann würde die transzendentale Philosophie, die Lehre von den allgemeinen Begriffen *a priori*, folgen können.«[21]

Dieser Text ist freilich alles andere als deutlich. Das »so zergliedern« bezieht sich wohl auf die zuvor erläuterte Einteilung der Prinzipien der menschlichen Erkenntnis a priori. Aber es ist keineswegs klar, *wie* sich daraus eine »transzendentale Grammatik« ergeben würde. Die Selbstverständlichkeit der grammatischen Tradition, die der *lateinischen* Schulgrammatik, die einen bezüglich alles Apriorischen so hypochondrisch genauen Denker wie Kant dazu bringt, eine empirische, mithin partikulare Form wie das Plusquamperfekt zur Grundausstattung menschlicher Sprachfähigkeit zu rechnen, verdeckt offenkundig, daß hier ein bedenkenswertes Problem liegt. Klar ist indessen der hierarchische Rang, den Kant der Grammatik zumißt: Sie ist die Basis transzendentaler Erkenntnis und gehört als solche zur Domäne des Verstandes.

Damit zählen ihre Formen nicht zu den Produkten der Einbildungskraft. Obgleich diese »quer« zu seiner Systematik der »Gemütsvermögen« konstruiert ist, um Sinnlichkeit und Intellektualität einander zu vermitteln, rechnet Kant sie selbst doch noch zur Sinnlichkeit, weil ihr Geschäft eben das Erzeugen von Bildern ist. Ihrem Spiel sind jedoch die Formen der Grammatik qua Verstandesformen vorgegeben. Sie stecken den unabänderlichen Rahmen ab für alles, was sie an Produkten zuwege bringt, sofern diese, wie eben sprachlich artikulierte Urteile, logische Geltung beanspruchen. Die Form bleibt dem Stoff äußerlich. So kommt es zu einem systematischen Skandal in der kantischen Philosophie, der nur deswegen nie skandalös werden konnte, weil dieser Ansatz qua Transzendentalphilosophie, deren zentraler Gegenstand die Bedingungen der Erkenntnis von Gegenständen *überhaupt* sind, das Thema der Sprache insgesamt ausblenden *mußte*.

21 *Vorlesungen über die Metaphysik* S. 78, Sperrungen im Text.

Daß Kant dem Verstand eine ›transzendentale‹ Grammatik zuschreibt, die dennoch nur als Natur zu denken ist, paßt allerdings durchaus in die Architektonik seines Systems. Er selbst hat den hier geschilderten Skandal wohl berührt, allerdings unter dem Titel einer durchaus auflösbaren Paradoxie. Die einzig plausible Antwort auf die von ihm erwogene Frage, wie die Bedingungen der Möglichkeit der Erkenntnis der Gegenstände zugleich die Bedingungen der Möglichkeit der Gegenstände selbst sein könnten, kann letztlich doch nur lauten, daß der Verstand in der Konstitution von Erscheinungen selbst ein Stück Natur ist. Allein dies *erklärt* die paradoxe Identität. Und dieses Stück Natur kann nach Lage der Dinge nur die transzendentale Grammatik sein. Ihr Ort im System verurteilt sie dazu. Allerdings wird dies kaschiert durch den Mythos des Wortes »Grammatik«, der so mächtig ist, daß niemand dabei an Natur dächte, auch wo dies sachlich gegeben wäre.

Sprache aber wird als *facultas repraesentandi*, »Vermögen der Gegenbildung«, der Sinnlichkeit zurechnet, eben der Einbildungskraft. Worte sind nach Kant »Gegenbilder der Sachen«, und auch wenn diese Bilder »nicht durch den Einfluß der Gegenstände, sondern aus uns selbst kommen«, so gehört dieses Vermögen doch »der Form nach« zur Sinnlichkeit, eben weil es »Bilder vorstellt«.[22] Sprache kann in dieser Systematik für Erkenntnis nicht konstitutiv sein, sie hat die noumenalen Produkte des Denkens, die als solche »natürlich« im doppelten Sinn des Wortes grammatisch durchformt sind, sinnlich zu repräsentieren. Man sieht, wie dieses Modell noch in einer Vorstellung vom *Zeichen*charakter der Sprache verhaftet ist, als dessen Essenz wir das Arbitraritätsprinzip ausgemacht hatten, sofern dieses signifiant und signifié voneinander trennt. Anders als in seiner kritischen Lesart bei Saussure bleibt Sprache hier allein dem Bereich des signifiant zugerechnet. Genau deswegen fällt sie unter die *facultas repraesentandi*, auch wenn der Grammatik transzendentale Funktionen zugedacht sind. Dem Teil wird höherer Rang zugemessen als dem Ganzen. Alle Paradoxien, die mit Chomskys Idee einer ›mentalen‹ Grammatik verbunden sind, sind in dieser Architektur bereits angelegt.

Doch ist damit – dies bestätigt aus ganz anderer Perspektive unsere früheren Überlegungen – das Feld für eine *Theorie* der

22 *Vorlesungen über die Metaphysik* S. 152 ff.

Grammatik bereitet. Zwar braucht Philosophie die Grammatik technisch wie metaphorisch, um ihre »eigentlichen« Anliegen mit ihrer Hilfe, anhand ihres singulären Beispiels zu verdeutlichen, doch eben dadurch, daß dieses *technisch* unverzichtbar wird, modelt die Philosophie die *techne grammatike* um zu einem Gegenstand mit nunmehr theoretischer Dignität – um den Preis des bezeichneten, des transzendentalen Paradoxons: die letzte bzw. tiefste Schicht des Erkenntnis konstituierenden Apparats wird verdinglicht.

Diese Naturalisierung qua Verinnerlichung, die mit der Universalisierung grammatischer Formen als transzendentaler einhergeht, koppelt diese radikal von dem Sprachspiel ab, dem sie sich verdanken und in dem der ›technische‹ Begriff von Grammatik sie stets belassen hatte: vom Gebrauch der Schrift. Wo der alte Grammatiker Formen der jeweiligen Sprache beschrieb, beschrieb er doch nach eigenem Verständnis immer solche ihrer schriftlichen Verwendung. Die beschriebene Sprache war nicht nur de facto stets Schriftsprache. Auf die Differenzierung von Sprache und Schrift kam es jedoch letztlich nicht an, da der ›technische‹ Zweck der Grammatik die Interpretation grammatischer Begriffe *per se* auf das Feld der Schrift bezog. Mit der Wandlung der *techne* in eine Theorie geht jedoch – aufgrund der geschilderten Konstellation – diese selbstverständliche Referentialisierung ihrer Begriffe verloren. Grammatische Formen stehen nicht mehr auf dem Papier, sie gelten nunmehr als der Seele eingeschrieben. Die Psychologisierung der Linguistik, die bei Saussure besiegelte Sache ist, hat ihre Wurzeln unzweifelhaft in der Psychologisierung der Philosophie, d. h. in der der Logik. Von der Grammatik von Port Royal reicht in der Tat ein intrinsischer Zusammenhang zum Mentalismus Chomskys, dessen Cartesianismus ja schon früh gesehen worden ist.[23]

Es ist Wilhelm von Humboldt, der – sieht man von Hamanns *Metakritik* einmal ab, die indessen die Möglichkeit einer ›theoretischen‹ Philosophie grundsätzlich negierte – innerhalb des von Kant abgesteckten philosophischen Rahmens wahrscheinlich als erster diesen Tatbestand registriert und dessen Denken sich, wenn man so will, an der Abarbeitung des skizzierten Skandals erschöpft. Im Verlauf dieser Überlegungen haben wir uns immer

23 Vgl. Stegmüller 1969, S. 697 ff.

wieder an ihm orientiert, und – wir werden es sehen – er entwickelt für das philosophische Problem der Grammatik in der Tat eine Lösung, auch wenn er sich, so sehr er sie materiell unterhöhlt, noch nicht zur Gänze von den systematischen Zwängen der Transzendentalphilosophie befreien kann. Daß er hierbei eine nichtrepräsentative Auffassung der Schrift entwickelt, ist nicht nur von historischem Interesse. Vielmehr ist sie systematisch in dem neuen Verständnis von Sprache angelegt, das Humboldt im Anschluß an Herder dem Transzendentalismus abgewinnt oder besser gesagt diesem implantiert. Erst innerhalb dieser Auffassung der Schrift, die empirisch durch die Entzifferung der Hieroglyphen und die Begegnung mit dem Chinesischen motiviert wurde[24], gelingt ihm die Formulierung eines Bildes des ›Sprachverfahrens‹, in dessen Zusammenhang er auch ein neues Verständnis von Grammatik entwickelt.

Grundlagen: Kant, Fichte, Herder

Humboldts Schlüsselrolle für unser Thema liegt darin, daß – so entscheidend der transzendentale Ansatz für ihn gewesen und geblieben ist – dieser doch nicht allein sein Denken geprägt hat. Von Anfang an ist das Studium der kantischen Philosophie, insbesondere das der Ästhetik[25], in das Thema der Sprache eingebettet. Dieser Zusammenhang wird wesentlich. Schon früh gewinnt Sprache im Zusammenhang der philologischen Studien des jungen Humboldt eine Eigenbedeutung, die sein Denken zunehmend bestimmt. Dem philosophisch und historisch interessierten Weltbetrachter, als der Humboldt sich versteht[26], eröffnet sich hier, so bekundet er selbst, eine einzigartige Möglichkeit, die vielfältigen Arten kennenzulernen, »in welcher die Ideen ausgedrückt werden können.«[27]

24 Vgl. *Ueber den Zusammenhang der Schrift mit der Sprache*, GS V, S. 78 ff. und *Lettre à Monsieur Abel-Rémusat*, GS V, S. 254 ff.

25 Vgl. hierzu Borsche 1981, S. 170 ff.

26 Vgl. die Selbstbiographie von 1816: »... ich bin, mehr als irgend einer, ein reiner Zuschauer in der Welt ...«, WW V, S. 3.

27 Brief an Karoline von Dacheröden vom 8. 11. 1790, Freese 1986, S. 102.

Hinzu kommt im Verlauf der jenenser Jahre ein dritter Einfluß, der den Studien der griechischen Antike ihre spezifische Ausrichtung gibt: derjenige Herders. Die Anthropologie wird für Humboldt zu einem der dominanten Themen nicht nur dieser Jahre. Über der Lektüre griechischer Literatur gewinnt das Projekt einer »vergleichenden« Anthropologie Gestalt, in dem schon früh *das* Charakteristikum seines Sprachdenkens auszumachen ist: die Verbindung von ›Historie‹ – Humboldt verwendet das Wort meist noch im älteren, weiteren Sinne von »Empirie«[28] – und deren philosophischer Reflexion.[29] Das Erkenntnisinteresse ist, der Perspektive des Betrachters angemessen, ein ästhetisches. Dies wird – wie wir sehen werden – für Humboldts Sprachkonzeption systematisch fruchtbar werden. Der »Endzweck« solcher Studien sei, so schreibt er an F. A. Wolf, zum einen

»der ganz empirische[,] richtigere und bestimmtere Begriffe von den verschiedenen Charakteren der Geschlechter, Nationen u. s. f. zu bekommen; zweitens der mehr philosophische[,] zu erforschen, wie verschieden sich der Mensch gestalten kann ...«[30]

Am Ende all der Entwürfe, in denen Humboldt sein von ihm originär zu bearbeitendes Thema sucht[31], steht das während des römischen Aufenthalts entstandene Fragment über *Latium und Hellas*, materiell die nur noch als Zeitdokument bedeutsame Skizze einer Charakteristik des ›Griechentums‹, systematisch für seinen Denkweg jedoch wesentlich, weil hier erstmals die Sprache als via regia solcher Anthropologie kategorial angesprochen wird. Das Fragment ist Humboldts erster großer *sprach*philosophischer

28 Hier wirkt noch der Sprachgebrauch der Schulphilosophie nach: ›historische‹ Erkenntnis = *cognitio ex datis*, ›philosophische‹ Erkenntnis = *cognitio ex notibus*.

29 Vgl. den Brief an F. A. Wolf vom 23. 12. 1796, in dem Humboldt, die Produktivität Schillers, Goethes, Herders, Wolfs etc. vor Augen, beklagt, er habe weder besonderes Talent zu »historischen Untersuchungen über das Alterthum«, sprich Philologie, noch zu »zergliedernden Arbeiten«, sprich Philosophie. Wenn er überhaupt »zu irgend etwas mehr Anlage, als die allermeisten« besitze, so »zu einem Verbinden sonst gewöhnlich als getrennt angesehener Dinge, einem Zusammennehmen mehrerer Seiten, und dem Entdecken der Einheit in einer Mannigfaltigkeit von Erscheinungen.« (WW Bd. V, S. 182.)

30 Ebd. S. 183.

31 Vgl. *Selbstbiographie* WW V, S. 1.

Text. Er entwickelt hier die Grundzüge einer – wie man mit Saussure sagen könnte – Semiologie der Sprache, und im Zusammenhang damit wird zum ersten Mal auch – das werden wir eingehend zu betrachten haben – das Problem der Grammatik berührt.

Daß, so selten Humboldt dessen Namen nennt, Herders Einfluß hinter den frühen Skizzen zur Anthropologie steht, kann kaum bezweifelt werden. Beleg dafür ist vor allem das um 1795 entstandene Fragment *Über Denken und Sprechen*, wohl der früheste dem Thema Sprache gewidmete Text Wilhelm von Humboldts, der seltsam lakonisch – 16 Thesen werden kommentarlos aneinandergereiht – das eigentlich Undenkbare zustandebringt: Transzendentalphilosophie und herderschen Sensualismus systematisch miteinander zu verknüpfen.[32] Der Text selbst benennt keine Motive dafür, er dokumentiert lediglich das Faktum. Doch die logischen Gründe dieser Verbindung werden hinreichend deutlich. Fichte und Herder werden hier in einem Problemkontext miteinander ins Gespräch gebracht, hinter dem sich unschwer das Kardinalproblem der Transzendentalphilosophie ausmachen läßt, an dem sich Kants Leserschaft abarbeitet: das Problem des Schematisierens, das sich auf der Ebene der Sprache am Begriff der Artikulation festmacht. Sprachlich schematisieren heißt, die Rede *artikulieren*. In seinen zwei Teilen dokumentiert das Fragment eben diesen Zusammenhang.

Die erste These referiert den Grundgedanken der *Wissenschaftslehre* Fichtes:

»1. Das Wesen des Denkens besteht im Reflectieren, d. h. im Unterscheiden des Denkenden von dem Gedachten.«[33]

32 Der zweite Teil des Fragments, die Thesen 8 bis 16, sind so eindeutig Referat und Kommentar des Abschnitts I, 3 der Preisschrift Herders, daß Versuche, die Entstehung dieses Textes auf die Jahre des Pariser Aufenthalts zu datieren, d. h. auf Einflüsse des französischen Sensualismus zurückzuführen, m. E. wenig überzeugend sind. Noch mehr als der Text spricht dagegen die systematische Position. Der Gedanke der Analogie, in den bei Herder wie hier bei Humboldt die Idee der ›Willkürlichkeit‹ sprachlicher Artikulation eingebettet ist – vgl. These 12 – ist etwa der Sprachursprungstheorie Condillacs, um eine einflußreiche sensualistische Position zu nehmen, grundsätzlich fremd. Hier kommt es freilich nicht auf biographische Details an, sondern auf die systematische Position. Diese ist eindeutig.

33 WW Bd. V, S. 97.

Die Unterscheidung von Ich und Nicht-Ich, deren Einfluß sich in Humboldts späterer Konzeption der ›Pronominalansicht‹ wesentlich zur Geltung bringen wird[34], ist ja der Gedanke, durch den Fichte Kants Modell, das die Unterscheidung von Subjekt und Objekt als gegeben voraussetzte, seinerseits fundieren wollte.[35] Die Fragestellung, der Humboldt von dieser Prämisse aus nachgeht, ist aus den Grundbegriffen der Erkenntnistheorie Leibniz'[36] abgeleitet, die auch Kants Instanzenmodell noch als Rahmen voraussetzt: Wie ist es möglich, daß ein Gedanke für den Verstand zu derjenigen Distinktheit ausgeprägt wird, daß dieser ihn hinreichend deutlich verstehen kann – das Schematisierungsproblem in der Sprache der Schulphilosophie.

Deutlichkeit, so die in den Thesen 1 bis 6 des Fragments entfaltete Antwort, kann ein Gedanke *für den Denkenden* nur gewinnen, wenn dieser sich auf ihn reflektierend beziehen kann. Denn eine ›deutliche‹ Erkenntnis (*cognitio distincta*) muß nach Leibniz von allen anderen »konkurrierenden« unterschieden werden können, sonst wäre sie verworren (*confusa*). Sie muß mithin eindeutig identifizierbar sein. Dies ist in dem vorausgesetzten kategorialen Rahmen nur denkbar durch die Verobjektivierung des Gedachten in einem sinnlich wahrnehmbaren Medium. Humboldt verweigert sich dem scholastischen Verfahren, zunächst allgemein Erkenntnis zu definieren, um dann in einem zweiten Schritt zu fragen, wie sie für den Menschen möglich wäre. Kant wird mit kantischen Mitteln geschlagen, denn indem Humboldt so schon im Denken ein Moment von Erkenntnis ausmacht – die Identifikation des jeweils Vor-Gedachten in der Reflexion –, wird die systematische Unterscheidung von Denken – Geschäft des Verstandes – und Erkennen, das aus dem Zusammenspiel von Verstand und Sinnlichkeit resultiert, unterlaufen. Bereits hier ist ohne Zweifel jene Zweideutigkeit berührt, die das transzendentale Paradoxon ausmachte, und die Konsequenz daraus ist klar:

34 Der sog. ›Urtypus‹ der Sprache beruht ja auf der Unterscheidung von Ich und Du (= Nicht-Ich_1) und Ich und Er (= Nicht-Ich_2). Vgl. dazu unten S. 412 ff.

35 Vgl. *Grundlage der gesammten Wissenschaftslehre*. 1. Aufl. 1794 (2. Aufl. 1802). In: Fichtes Werke I, 83 – 328, hier S. 99 ff.

36 Vgl. Leibniz 1684.

»5. Kein Denken, auch das reinste nicht« – dies ist zweifellos auf Kant und Fichte gemünzt – »kann anders, als mit Hülfe der allgemeinen Formen unserer Sinnlichkeit geschehen; nur in ihnen können wir es auffassen und gleichsam festhalten.«[37]

Hier kommt die Sprache ins Spiel. Zunächst wird sie – These 6 – noch durchaus traditionell als das Repertoire »sinnlicher Zeichen« gefaßt, durch die die einzelnen Segmente des Gedachten bezeichnet sind. Doch wenn Denken so mit Fichte prinzipiell als Reflektieren verstanden wird, andererseits die Forderung der Distinktheit des Gedankens einen Schematisierungsprozeß verlangt, in dem sich die Formen des Verstandes sozusagen am sinnlichen Material bewähren, so folgt daraus unabweisbar die in der These 7 formulierte Konsequenz: *Sprache beginnt mit dem ersten Akt der Reflexion*. Daß Humboldt hier den zentralen Punkt der Sprachursprungstheorie Herders referiert, verdeutlicht bis in die Diktion hinein der weitere Wortlaut der These:

»... und so wie der Mensch aus der Dumpfheit der Begierde, in welcher das Subject das Object verschlingt[38], zum Selbstbewusstseyn erwacht, so ist auch das Wort da – gleichsam der erste Anstoss, den sich der Mensch selbst giebt, plötzlich still zu stehen, sich umzusehen und zu orientieren.«[39]

Von *Sprache* ist hier die Rede als dem Fundament der Erkenntnis, nicht von Grammatik. Nicht mehr bilden Worte das Gedachte sinnlich wahrnehmbar ab – so traditionell auch die Sprache des Fragments diesbezüglich noch ist. Sprachfähigkeit gewinnt hier zweifellos eine neue Dignität, den einer notwendigen Bedingung der Urteilsfähigkeit. Das Denken artikuliert sich *als* Artikulation von »Sprachzeichen«, wie Humboldt hier im Anschluß an die Artikulationstheorie der herderschen Preisschrift noch in deren dem Repräsentationsmodell nahen Sprache formuliert:

»... nach der geheimen Analogie, die zwischen allen Vermögen des Menschen ist[40], musste der Mensch, sobald er deutlich einen Gegenstand als geschieden von sich erkannte, auch unmittelbar den Ton aussprechen, der denselben bezeichnen sollte.«[41]

37 WW Bd. V, S. 97.
38 Bei Herder der Wolf das Lamm. Vgl. Herder [1978 a], S. 32.
39 Vgl. ebd.
40 Herders Theorie des menschlichen Organismus als *sensorium commune*, Preisschrift Teil I, 3. Vgl. Herder [1978 a], S. 51 ff.
41 These 12, WW V, S. 98.

Dieser Ton ist nicht mehr der »rohe Naturlaut« der »Sprache der Empfindung«[42], die als Reaktion auf Phänomene der Ebene der Phänomene selbst noch angehört. Es ist der »artikulirte« Laut, der einen willkürlichen Umgang mit den dergestalt gebildeten Sprachzeichen ermöglicht, »eine freie Behandlung, abermalige Trennung und neue Verbindung zulassend«, Zeichen also, die syntaktische Verknüpfungen erlauben. In ihnen prägen sich daher »nicht wirkliche Dinge, sondern Begriffe« aus, durch die der Mensch »seine Mitgeschöpfe zum Verstehen durch Mitdenken ... einladet.«[43] So traditionell diese Ausdruckweise noch ist – daß Denken an die Fähigkeit gebunden ist, artikulierte Töne zu erzeugen, »welche vielfache neue Zusammensetzungen erlauben«[44], ist hier schon unmißverständlich ausgesprochen. Der »Sprachlaut« ist Voraussetzung der Grammatik. Diese Revision der Rangordnung wird sich in Humboldts Denken im wesentlichen nicht mehr verändern – bis auf einen hartnäckigen transzendentalen »Rest«, der intrinsisch mit grammatischen Formen zu tun hat.

Von der Transzendentalphilosophie »entlehnt« Humboldt den Gedanken der Weltkonstitution, der dem Sensualismus Herders grundsätzlich fremd war, und eben hierin gelangt er ein wesentliches Stück über den herderschen Standpunkt hinaus. Erst damit ist der Gesichtspunkt gewonnen, aus dem sich die »ursprüngliche«, poetische Produktivität der Sprachfähigkeit kategorial entfalten läßt. Anschließend an Herders Theorie der »Verwillkürlichung«, d.h. der Konventionalisierung des Wortes qua Element der menschlichen Sprache, die er im zweiten Teil des Fragments referiert[45], wird Humboldt in der Betrachtung der literarischen Produktion Goethes und insbesondere Schillers die sprachliche Artikulation als dasjenige Verfahren begreifen, das es der dichterischen Einbildungskraft ermöglicht, gegen das »Reich der Wirklichkeit« eine ideale Welt des Möglichen zu entwerfen.[46] Im Essay *Ueber Göthes Hermann und Dorothea* entfaltet Humboldt diesen Gedanken gegen einen rein extensional gedachten Begriff von

42 Thesen 15 f., vgl. Herder [1978 a], Teil I, 1.
43 Thesen 13 f., WW V, S. 99.
44 Ebd.
45 Vgl. die Thesen 8 bis 16, insbes. 15 des Fragments, die sich auf den Teil I, 3 der Preisschrift beziehen.
46 Vgl. *Über Goethes Hermann und Dorothea*, Kap. IV, WW II, S. 138 ff.

Realität, wie er vom transzendentalen Idealismus Kants vorgegeben war:

»Mit dem Begriff des Wirklichen unzertrennbar verbunden ist es, dass jede Erscheinung einzeln und für sich da steht, dass keine als Grund oder Folge von der anderen abhängt.«[47]

Das Faktische ist so, wie es ist. Dieser Extensionalismus, den Kant in den Postulaten des empirischen Denkens scharf gegen die Modalitäten des Möglichen und Notwendigen abgrenzt[48] und der in seiner Härte an die Position des frühen Wittgenstein erinnert[49], wird von Humboldt hier als das unverzichtbare Substrat jeder Art subjektiver Weltkonstitution offengelegt. Im Gegensatz zu Kant wie zum Wittgenstein des *Tractatus* begreift er jedoch die Funktion der Sprache nicht vom Gedanken der Abbildung her, sondern von der der Einbildungskraft, der poetischen Mimesis. Dieser ist die Modalität des Möglichen zugeordnet. In ihrem Bereich herrscht durchgängige Relationalität. Sie ist, mit Frege zu sprechen, die Domäne des Sinns, der Intension. Ersichtlich ist dies bei Humboldt von den Analogien der Erfahrung her gedacht, dem Lehrstück der kantischen Philosophie, das sich als das strukturell folgenreichste für seine Sprachkonzeption erweisen wird:

»... alles, was nicht anders, als unter der Bedingung eines inneren Zusammenhanges gedacht werden kann, ist daher im strengsten und einfachsten Sinne des Wortes *idealisch*.«[50]

Dies ist kantische Philosophie aus dem Lehrbuch, und doch wird diese vom Transzendentalismus radikal »gereinigt«. Am Beispiel der literarischen Produktion macht Humboldt die Sprache als das Medium aus, in dem ›idealische‹ Zusammenhänge konstruiert werden. Im Wallenstein-Brief an Schiller vom September 1800

47 Ebd. S. 139.

48 Vgl. KrV B 265 ff. »Wirklich« ist nach Kant, »was mit den materialen Bedingungen der Erfahrung ... zusammenhängt«, und dies ist die »Empfindung« (B 266). Begriffe zählen nicht zu diesen Bedingungen, sie sind konstitutiv für Möglichkeit und Notwendigkeit. Das pure »Dasein« eines Dings läßt sich daher unmittelbar nur empfinden, nicht *erkennen*. Schon im Bewußtsein dieser Empfindung ist man über diese Unmittelbarkeit hinaus. Erkennen läßt sich Wirklichkeit daher nur im Zusammenhang einer ›Erfahrung‹, die als solche unvermeidlich analogisch strukturiert ist.

49 Vgl. *Tractatus* 1.2: »Die Welt *zerfällt* in Tatsachen«.

50 WW II, S. 139.

führen diese Überlegungen zu einer ersten grundlegenden Definition des Begriffs der Sprachfähigkeit. Humboldt begreift sie – alle genannten Denkmotive zusammenfassend – als

»die Fähigkeit, innere Gedanken und Empfindungen und äußere Gegenstände vermöge eines sinnlichen Mediums, das zugleich Werk des Menschen und Ausdruck der Welt ist, gegenseitig auseinander zu erzeugen, oder vielmehr seiner selbst, indem man sich in beide theilt, klar zu werden ...«.[51]

Damit ist der Gedanke transzendentaler Weltkonstitution definitiv aufgegeben. Zwar bleibt die Sprachfähigkeit der Einbildungskraft zugerechnet, doch ist nun *sie* es, der das Geschäft aufgegeben ist, Ich und Nicht-Ich voneinander zu scheiden. Das verändert die Topographie der in der Schulphilosophie beschriebenen ›Vermögen‹ der Seele von Grund auf. Sprache gewinnt einen neuen Rang. Sie gilt nicht länger als bloße »Bezeichnung des, unabhängig von ihr geformten Gedanken«, nun wird sie begriffen als konstitutives Vermögen. Damit ist dem Verstand seine für ›Gegenstände überhaupt‹ konstitutive Funktion genommen, weil für einen solchen, transzendentalen Begriff des Gegenstandes hier kein Raum mehr ist. Im wahrsten Sinn des Wortes erweist er sich als Unding. Gegenstände – welcher Art auch immer – werden bzw. sind je schon im »Organ« der Sprache gebildet. Dem Verstand bleibt die Funktion der logischen Kontrolle des Gedachten, während Sprache den Platz einer notwendigen Bedingung des Denkens einnimmt: »Die Sprache ist das bildende Organ des Gedanken.«[52]

Mit diesem Satz wird ihr intensional wie extensional eine neue Bedeutung zugewiesen. Dies werden wir im einzelnen zu betrachten haben. Die Fortsetzung dieses von Liebrucks so genannten »Hauptsatzes« ist bei Humboldt zunächst durchaus noch kantisch gedacht:

51 WW V, S. 198.

52 Erstmals findet sich diese offenbar an Herder anknüpfende Metapher im *Essai*, wo Humboldt von den Sprachen (les langues) als »les organes de nos pensées« spricht (GS V, S. 335), dann in der berühmten Formulierung in den *Grundzügen* (GS V, S. 374) und entsprechend in den *Verschiedenheiten* (WW III, S. 191) und in der *Einleitung*, wo allerdings der für unseren Zusammenhang wesentliche Nachsatz über die Schrift fehlt (WW III, S. 426). Die Charakterisierung der Sprache als »notwendiger Bedingung des Denkens« findet sich in den *Grundzügen* § 25, GS V, S. 377.

»Die intellectuelle Thätigkeit, durchaus geistig, durchaus innerlich, und gewissermaßen spurlos vorübergehend, wird durch den Ton in der Rede äusserlich und wahrnehmbar für die Sinne, und erhält durch die Schrift einen bleibenden Körper.«[53]

Doch mit dem letzten Satz dieses Hauptsatzes, der die Schrift, äußerliches Medium, als den Ort benennt, in dem das Resultat »intellectueller Thätigkeit«, inneren Handelns, in eine fixierte, objektiv gegebene Form gebracht wird, in dem dieses Handeln erst greifbar wird, ist die interne »Mechanik« des kantischen Modells entscheidend verändert. An die Stelle einer linearen Kausalität, in der die transzendentalen Formen »intellectuellen Handelns« konstitutive Ursachen der Phänomene sind und dies unveränderlich bleiben, tritt ein Rückkopplungsprozeß – ein Modell, das wir im Griceschen Mechanismus ebenso ausgemacht hatten wie in der Kohabitation von Sprache und Schrift. Nicht nur wirkt die Sprache auf das Denken zurück, das sie hervorbringt, ein analoges Verhältnis herrscht zwischen Sprache und Schrift. Humboldt hat dieses Verhältnis explizit bedacht, nicht nur in der Akademievorlesung von 1824, die es schon im Titel benennt[54], sondern durchgängig im Zusammenhang der Frage, inwiefern die jeweiligen Formen der gegebenen Sprache die Produktivität der »Ideenentwicklung« beförderten. Humboldts ganzes Bildungsprogramm ist in diesem Zusammenhang verankert, insofern er als treibendes Motiv der herderschen Idee einer »Progression« der Gattung[55] eine Rückkopplung von Subjekt und Objekt ausmacht, die über Sprache und – wie wir sehen werden – in ihren formalen Aspekten wesentlich über Schrift vermittelt ist. Es liegt auf der Hand, daß dem Problem der grammatischen Formen in diesem Zusammenhang eine Schlüsselrolle zukommt. Nicht zufällig hat Humboldt ihm eine eigene Vorlesung gewidmet.[56]

53 *Grundzüge* § 20, GS V, S. 374. Liebrucks hat diesen Satz den zweiten Hauptsatz der Philosophie Humboldts genannt (vgl. Liebrucks 1965, S. 109 ff.), doch geht er systematisch dem von ihm als ersten Hauptsatz bezeichneten – vgl. Liebrucks 1965, S. 93 ff. und unten S. 415 ff. – voraus.

54 *Ueber die Buchstabenschrift und ihren Zusammenhang mit dem Sprachbau*, WW III, S. 82 ff.

55 Vgl. Herder [1978 a] Teil II, S. 73 ff.

56 *Ueber das Entstehen der grammatischen Formen und ihren Einfluss auf die Ideenentwicklung*. WW III, S. 31 ff.

In der ersten seiner dem »Sprachstudium« gewidmeten Akademiereden, der programmatischen Vorlesung *Ueber das vergleichende Sprachstudium* von 1820, geht Humboldt, noch einmal an Herder anknüpfend, von der »Untrennbarkeit des menschlichen Bewusstseyns, und der menschlichen Sprache« aus, die in der »Natur der Verstandeshandlung« begründet sei, »welche zum Begreifen eines einzigen Wortes erfordert wird, aber hernach hinreicht, die ganze Sprache zu fassen.«[57] Sprache wird damit als die unverzichtbare Bedingung dafür erkannt, daß die ›Spontaneität‹ des Subjekts, die bei Kant transzendentales Handeln ausmacht, sich entfalten kann.

Einerseits ist damit Herders Sprachanthropologie um den entscheidenden Gesichtspunkt der konstitutiven Produktivität der Einbildungskraft bereichert worden. Diese liefert der Logik den Stoff, den sie zum Geschäft des »Urteilens« benötigt: sprachlich durchartikuliertes Material. Zum anderen zeichnet sich hier eine Lösung für die zentrale Aporie des Transzendentalismus ab, über deren Form Humboldt zunehmend Klarheit gewinnt: das willkürliche Ende einer Hierarchie von Formen, deren »letzte«, verlagert man sie so ins Innere, wie dies im Transzendentalismus geschehen war und in jeder mentalistischen Konzeption wieder geschieht, zwangsläufig zu ›natürlichen‹ Formen verdinglicht werden – das »transzendentale Paradoxon«. Das Material, an dem

57 WW III, S. 11. Auch hier nennt Humboldt den Namen Herders nicht, und doch springt es in die Augen, daß er hier den Grundgedanken der Preisschrift aufgreift: Den Ursprung der Sprache kann man sich nicht als kontinuierlichen, als evolutiven Übergang von tierischer in menschliche Sprache denken; ihre Erfindung konnte »nur mit Einem Schlage« geschehen. Der Mensch »ist nur Mensch durch Sprache; um aber die Sprache zu erfinden, müsste er schon Mensch seyn.« Mit dem »ersten« Wort ist Sprache damit vollständig in diesem angelegt. Selbst die Metapher vom »bildenden *Organ*« des Gedankens verdankt sich noch dem Einfluß Herders: Wenn man nach einer Analogie für die anthropologische Funktion der Sprache sucht, könnte man, so Humboldt, »an den Naturinstinct der Thiere erinnern, und die Sprache einen intellectuellen der Vernunft nennen« (ebd.). Es fällt schwer, dies nicht als Referat der herderschen Konzeption zu nehmen. Daß Herders Name so konsequent vermieden wird, hat man wohl auf das Konto der Isolation zu schreiben, in die Herder durch seine Gegnerschaft zu Kant, Goethe, Schiller geraten war. Aber es verdient festgehalten zu werden, daß ohne den anthropologischen Entwurf der Preisschrift dem Sprachdenken Humboldts die Basis gefehlt hätte.

sich das Spiel der Einbildungskraft entzündet, als deren Moment nun auch die »intellectuelle Thätigkeit« zu begreifen ist, erweist sich in Humboldts Perspektive als je schon geformter und der jeweiligen Einbildungskraft von *außen* gegebener Stoff, objektives Material: die Formen, Wörter, Einheiten der jeweils vorgegebenen Sprache. Erst dies bringt die bei Herder vorgedachte Sprach-Anthropologie auf den Punkt. Es sind die menschlichen Sprachen – der Plural ist wesentlich –, die Individuen vergesellschaften und zu ›Nationen‹ verbinden.

Das Wesen der Sprache, der »geistige Process ihrer Entstehung« scheine ihm, so Humboldt wiederum in den *Grundzügen*, verkannt, »wenn man das Menschengeschlecht als zahllose zu derselben Gattung gehörende Naturen, und nicht vielmehr als Eine in zahllose Individuen zerspaltene« betrachte.[58] Das Ich bedarf zu seiner Bildung des Nicht-Ich. Der Rekurs auf die Sprache macht den Weg frei für ein nicht-monadisches, eher holistisch zu nennendes Bild von Individualität. Die Ausdifferenzierung der Gattung in Individualitäten verschiedener Stufen – Nationen, »Stämme«, der Familienverband, schließlich der einzelne Mensch – ist intrinsisch an die von Sprachen gebunden. Die Universalität dieses Prozesses hat Humboldt in einen Satz gefaßt, in dem Liebrucks *den* »Hauptsatz« von dessen Philosophie gesehen hat. Er mißt der Nation als zwischen Gattung und Individuum vermittelnder Kategorie besonderen Rang zu:

»Durch denselben Act, vermöge welches der Mensch die Sprache aus sich heraus spinnt, spinnt er sich in dieselbe ein, und jede Sprache zieht um die Nation, welcher sie angehört, einen Kreis, aus dem es nur insofern hinauszugehen möglich ist, als man zugleich in den Kreis einer andren Sprache hinübertritt. Die Erlernung einer fremden Sprache, auf die richtige Art benutzt, ist daher die Gewinnung eines neuen Standpunkts in der bisherigen Weltansicht ...«[59]

Herder, logisch multipliziert mit Kant. Man könnte von einer pragmatischen Wendung der Transzendentalphilosophie sprechen. Humboldt erkennt im Vergleich sprachlicher Weltansichten *das* Verfahren, die Subjektivität der je eigenen, besonderen Perspektive einem objektiven Standpunkt anzunähern, der »als das von dem menschlichen Geiste zu bearbeitende Feld, zwischen

58 Ebd. S. 383.
59 GS V, S. 387 f.

allen Sprachen, und unabhängig von ihnen, in der Mitte« liegt.[60] In der Verschiedenheit sprachlicher Weltansichten wird somit selbst ein Stück Objektivität faßbar, das keineswegs willkürlich oder konventionell ist. Diese Verschiedenheit ist – so die vielzitierte Formulierung – »nicht eine von Schällen und Zeichen«. Sie hat ihr Telos, das als solches philosophisch begriffen sein will. Die »ursprüngliche Übereinstimmung zwischen der Welt und dem Menschen«, die mit dem Sprachursprung, dem kategorialen Sprung von der Sprache der Empfindung zu menschlicher Sprache verloren war, wird so, im Vergleich verschiedener Weltansichten, in der Aussonderung des Partikularen und in der Erkenntnis des in all den Verschiedenheiten Analogen, »auf dem Weg der Erscheinung stückweise und fortschreitend wiedergewonnen.«[61] Man kann einen Sachverhalt so oder so bezeichnen, als »Geisteswissenschaften« oder als »les lettres«, und beide Bezeichnungen sogar als synonyme Termini auffassen – was pragmatisch häufig die Regel sein wird. Dennoch fassen diese Namen die bezeichnete Sache perspektivisch verschieden auf. Was der eine als Wissenschaft kategorisiert, unterscheidet der andere gerade von dieser, indem er es in Opposition zu »les sciences« stellt. Somit kann die jeweilige Prägung sich nur als *mehr oder weniger* zutreffend erweisen. Humboldt gewinnt hier eine Sichtweise des im Begriff der Artikulation implizierten Prinzips der Konventionalisierung, die der Idee der Arbitrarität eine Wendung gibt, welche selbst in den avançiertesten Überlegungen Saussures kaum oder nur mit Mühe zu fassen ist. Daß das Wort als willkürliches, arbiträres Zeichen scheint, heißt bei besserem Verständnis des Prinzips der Artikulation, daß es eine fallible, mehr oder weniger gelungene Prägung ist. Dies *muß* für alle Ebenen der sprachlichen Artikulation gelten, für die des Wortes ebenso wie für die grammatischer Formen. Diese rücken so philosophisch in ein ganz neues Licht.

60 *Sprachstudium,* WW III, S. 20.
61 Ebd.

Paradigmatisch hat Humboldt dies in der berühmtesten seiner Akademiereden dargestellt, in der Abhandlung *Ueber den Dualis*. An dieser grammatischen Form, die ihm in den *Grundzügen* noch als »zufällige« galt, welche im Gegensatz zum Plural als dem »nothwendigen Ausdruck der Mehrheit« in bestimmten Sprachen kontingenterweise »eine einzelne bestimmte Zahl« bezeichne[62], entdeckt er einen Zug, der diese etwa im Altgriechischen anzutreffende Form zu *dem* Paradigma einer gelungenen Sprachprägung schlechthin macht. Sie verdeutlicht nicht nur die Kategorie der Zweiheit, die auf der Ebene der Phänomene – die beiden Geschlechter, die Symmetrie der menschlichen und tierischen Körper usw. – ebenso bedeutsam ist wie im noumenalen Bereich: »in dem Satz und Gegensatz, dem Setzen und Aufheben, dem Seyn und Nicht-Seyn, dem Ich und der Welt«.[63] Hierin aber zeichnet diese Kategorie nicht nur eine besondere grammatische Form aus, sondern bringt wie in einer rekursiven Struktur in ihr die Natur der Sprache selbst zur Darstellung. In dieser grammatischen Erscheinung ist etwas formal zum Ausdruck gebracht, was konstitutiv für jedes Wort und jede sprachliche Form ist: die dialogische Anlage der Artikulation von Sprache. Die Form des Dualis ist wie jede andere, um auf die Formulierung des Wallenstein-Briefes zurückzugreifen, »zugleich Werk des Menschen und Ausdruck der Welt«[64], eine Analogie für beides und hierin *der* Modellfall nichtarbiträrer, gelungener Sprachprägung – wenn man so will die Verifizierung der humboldtschen Sprachphilosophie.

Humboldt selbst hat dieses zentrale Lehrstück seines Denkens die Theorie vom sprachlichen ›Urtypus‹ genannt.[65] Sie benennt die systematischen Gründe für den pragmatischen, fallibilistischen Aspekt in seinem Begriff der Artikulation. Das Wort ist, phänomenal betrachtet, ein Objekt, es wird vom »Geist des Denkenden« erzeugt und wirkt auf ihn zurück. In erkenntnistheoretischer Per-

62 GS V, S. 453.

63 WW III, S. 137.

64 WW V, S. 198.

65 WW III, S. 138 ff. Fast wörtlich ist diese Passage in die *Verschiedenheiten* übernommen (WW III, S. 201 f.).

spektive erweist es sich gleichzeitig jedoch als »den Gegenständen gegenüber, etwas Subjectives«. Zwischen ihm als verwillkürtem Laut und dem von ihm Bezeichneten bleibt eine kategoriale Kluft – diejenige von signifiant und signifié. Die in Saussures Überlegungen zur Veränderlichkeit und Unveränderlichkeit des signe linguistique berührte Dialektik des Arbitraritätsprinzips[66] wird von Humboldts Pragmatismus in ihrem Kern erfaßt, der Rückkopplung in der Kommunikation von Subjekten:

»... das Wort«, so führt Humboldt den Gedanken von dessen zwischen Subjekt und Objekt hin und her flottierender Natur fort, »gleicht, allein im Einzelnen geboren, so sehr einem blossen Scheinobject, die Sprache kann auch nicht vom Einzelnen, sie kann nur gesellschaftlich, nur indem an einen gewagten Versuch ein neuer sich anknüpft, zur Wirklichkeit gebracht werden. Das Wort muß also Wesenheit, die Sprache Erweiterung in einem Hörenden und Erwiedernden gewinnen. Diesen Urtypus aller Sprachen druckt das Pronomen durch die Unterscheidung der zweiten Person von der dritten aus.«[67]

Fichtes Unterscheidung von Ich und Nicht-Ich wird hier – wir hatten dies bereits angedeutet – für eine Theorie sprachlicher Grundkategorien fruchtbar gemacht. *Du* und *Er* sind beide dem *Ich* als Nicht-Ichs entgegengesetzt, doch in verschiedenen Sphären. Die klassische Opposition von Subjekt und Objekt findet sich reformuliert als Opposition von *Ich* und *Er*. In der Sphäre »gemeinsamen Handelns«, der Intersubjektivität, bildet sich hingegen eine kategorial höherrangige, weil fundamentalere Negation des *Ich* aus, das *Du*. Fundamentaler ist diese, weil sich Objektivität erst in der Entgegensetzung der verschiedenen Perspektiven von Ich und Du ausbilden kann. Diese Unterscheidung pronominaler ›Rollen‹ ist so grundlegend, konstitutiv für jede Form von Denken, Handeln und Kommunikation, daß sich die Unterscheidung von erster, zweiter und dritter ›Person‹ wohl in allen Sprachen findet, freilich nicht in derselben Weise, und in Sprachen wie dem Chinesischen oder Japanischen ist sie nicht morphologisch, aber doch lexikalisch realisiert. Wo sich eine grammatische Differenzierung findet, wird insbesondere die »dritte Person« mit großer Unterschiedlichkeit behandelt, was ihre Abhängigkeit von subjektiven Perspektiven formal zum Ausdruck bringt. In ver-

66 Vgl. Kap. 4.
67 WW III, S. 139.

schiedenen Sprachen lautet sie je nach Sicht der Dinge verschieden, im Chinesischen »ta«, im Deutschen »er/sie/es« usw. Der »Sprachsinn« der Nationen, diejenige Instanz, deren Geschmack Humboldt im Anschluß an die kantische Ästhetik diese Prägungen zuschreibt, erweist sich als unterschiedlich.

Hier hat die Idee einer Rückkopplung zwischen intellektuellem Handeln und Resultat, in der wir den Grundzug des humboldtschen Sprachverständnisses ausgemacht hatten, kategoriale Gestalt gewonnen. Bereits im Wallenstein-Brief hatte Humboldt davon gesprochen, daß wir die Sprache »nur nach und nach und nur für und durch unser Denken mühsam gebildet haben«.[68] Dies ist zunächst aus der Perspektive dessen beschrieben, der – wie er selbst – sich einer vorgegebenen Sprache bedient, um darin zu neuen Begriffen, Vorstellungen, Einsichten zu gelangen. Humboldt hat hier insbesondere das Beispiel der literarischen Produktion Schillers vor Augen, in der sich für ihn in einzigartiger Weise Philosophie und Poesie miteinander verbanden und so eine Schreibweise hervorbrachten, in der »mit der vollkommenen Präzision der Begriffe die höchste poetische Individualität und die völlige sinnliche Klarheit in der Darstellung« erreicht wird.[69] Doch gilt nach Humboldt, was sich an diesem Fall exemplarisch zeigte, allgemein. In jedem Versuch, einen Gedanken zu einem logisch hinreichenden Grad von Deutlichkeit und Klarheit, d. h. zu individueller Geltung auszuprägen,

> »bringt uns die Sprache unaufhörlich die Arbeit unseres Geistes, und zwar in lauter bis auf einen gewissen Punkt gelungenen, aber immer nur halb vollendeten Versuchen zurück, die also auch immerfort zum weiteren Fortarbeiten zugleich Stimmung und Leitung gewähren.«[70]

Die Fallibilität einer jeden Sprachprägung zeigt sich in der Erfahrung, daß das vorgegebene Material immer noch treffender zu nutzen wäre. Dies erzeugt die Dynamik der Rückkopplung, die Humboldt hier beschreibt: Je gelungener eine sprachliche Prägung ist, zu desto gelungeneren Prägungen verhilft sie dem Denken, das sich ihrer bedient, denn das Gelingen wie dessen ästhetische Anschauung, die hierbei ins Spiel kommt, beflügeln, verleihen dem

68 WW V, S. 196.
69 Brief an Schiller vom 21. 8. 1795, Freese 1986, S. 146.
70 WW V, S. 196.

Geist Schwung. Das Telos der im Urtypus beschriebenen Struktur liegt in der Individuierung des Gedankens im treffenden Wort. Der griechischen Nation muß ein besonderer Sprachsinn innegewohnt haben, daß sie eine Form wie den Dualis geprägt hat. Beweist es nicht ihre Literatur ad oculos? Nun hat aber auch das Chinesische eine höchstentwickelte Literatur – und doch gar keine grammatischen Formen, vielmehr eine »reine« Syntax, in der Humboldt dann auch eine Intellektualität reiner, freilich auch in gewisser Weise steriler Art angelegt glaubte.[71] Damit ist implizit schon die Konstellation angedeutet, innerhalb derer wir hier das Problem der Grammatik aufzusuchen haben. Es ist in das Problem der Rückkopplung von Sprache und Schrift verwoben, der – dies hatte sich schon abgezeichnet – in Humboldts Denken eine besondere Rolle zukommt. Die Schrift wird, wie es in der Formulierung des Hauptsatzes angedeutet ist, zu dem Ort, wo das jeweilige Gelingen menschlicher Artikulationsarbeit festgehalten und in einer der jeweiligen Schrift spezifischen Weise zur Anschauung gebracht wird. Die Äußerlichkeit der Darstellung – die Schulphilosophie würde hier von »exhibitio« sprechen – streift die Maske der Repräsentation ab. Sie wird als solche produktiv.

Sprache und Rede

Was für jede sprachliche Prägung gilt, muß auch für den Ausdruck »Sprache« selbst gelten. Er ist ein Wort der deutschen Sprache, das so oder so verwendet werden kann. Humboldt verwendet es deutlich anders als die philosophische Tradition, gegen die er sich damit wendet. In der veränderten Konstellation *mußte* sich auch der Wert dieses Wortes verändern, und der neue Wert war allererst zu finden. So findet sich in Humboldts frühen Texten – paradigmatisch können wir den Wallenstein-Brief nehmen – eine noch unaufgelöste Ambivalenz des Begriffs der Sprache, die mit der im ›Urtypus‹ zum Ausdruck gebrachten Idee einer Individuierung von Sinn und Bedeutung des Wortes im Gebrauch intrinsisch verbunden ist. Wenn man so will, ist dies die Folge des neuen, konstitutiven Rangs, den Sprache in der Topographie der Instan-

71 *Chinesische Sprache*, GS V, S. 321 ff.

zen erhalten hatte. Was immer man vom Modell transzendentaler Weltkonstitution halten will – eines hatte es definitiv verdeutlicht: daß nämlich die Klärung alles Konstituierten auf der systematischen Verunklärung der »letzten« konstitutiven Schicht beruht. Man kann uno actu nicht alles fassen, und diese Logik mußte sich am Begriff der Sprache wiederholen.

Wir haben somit zu erwarten, daß in Humboldts Text mit dem Wort »Sprache« nicht von vornherein dieselben Konnotationen verbunden sind, die wir damit zu verbinden pflegen. Insbesondere gilt die für das sprach*wissenschaftliche* Denken des 20. Jahrhunderts selbstverständlich gewordene Unterscheidung von Synchronie und Diachronie nicht nur für Humboldts philosophischen Begriff von Sprache nicht. Er entwickelt sie oder eine analoge Unterscheidung auch nicht für seine Konzeption des ›vergleichenden Sprachstudiums‹. In der Formulierung des ersten »Hauptsatzes« ist dies zwar nicht ausgesprochen, aber doch angelegt – in der Entgegensetzung nämlich von Sprache und Schrift, die dort vorgenommen ist.

In welchem Sinn, so wäre zu fragen, ist da von Sprache als dem den Gedanken »bildenden Organ« die Rede? Herders metaphorische Redeweise reicht hier nicht mehr aus. Bezeichnet das Wort »Sprache« gegenüber der Schrift als dem Bleibenden das Flüchtige, dann fällt Sprache mit dem Diskurs, der »verbundenen Rede«, zusammen. Dies machte durchaus Sinn, denn der Gedanke ist ein *linear* artikuliertes Ganzes. Humboldts vielzitiertes Diktum, daß die Sprache »nur in der verbundenen Rede« liege[72], besagt ja eben dies. Andererseits meint jedoch die Rede vom bildenden »Organ« offenbar eine den Gedanken erzeugende und hierin von diesem gerade zu unterscheidende Instanz, ein Allgemeines gegenüber dem »jedesmal Gesprochenen«[73]. Ihr, nicht diesem wird das zugeschrieben, was man »die Laute und Gesetze der Sprache« nennt[74], und dieser Instanz als Ganzem, nicht der jeweiligen Rede wird von Humboldt als individuelles Charakteristikum eine je ›nationelle‹ Weltansicht zugesprochen. Er versteht diese ja als Schematisierung individueller Sprachgebräuche.[75]

72 *Verschiedenheiten*, WW III, S. 186.

73 Ebd. S. 191 f.

74 Ebd.

75 Vgl. *Grundzüge* 39, GS V, S. 386 ff.

In Opposition zur Schrift tritt so die Unterscheidung von ›Sprache‹ und ›verbundener Rede‹. Für ein durch die Linguistik des 20. Jahrhunderts beeinflußtes Verständnis von Sprache liest sich diese allzu leicht als diejenige von ›langue‹ und ›parole‹ im Sinne der nachmaligen strukturalistischen Saussure-Lektüre. Doch zeigt sich, daß diese Opposition etwas ganz anderes bedeutet, wenn sie die Unterscheidung von Synchronie und Diachronie *nicht* voraussetzt. Wir hatten daher zurecht in dieser den eigentlichen transzendentalen Rahmen für die moderne Linguistik erkannt.[76] Die Topographie der in Humboldts Hauptsatz ins Spiel gebrachten Werte von ›Sprache‹, ›Rede‹ und ›Schrift‹ läßt sich jedoch nicht innerhalb dieser Opposition bestimmen, nicht nur, weil Humboldt de facto nicht über sie verfügte, sondern weil gar nicht zu sehen ist, wie sie auf der von ihm bedachten Ebene der Bildung von Gegenständlichkeiten jedweder Art als Kriterium ins Spiel gebracht werden *könnte*. Der Transzendentalismus, von dem Humboldt sich löst, bewahrt ihn doch vor dem Dogmatismus, der mit dem Postulat der Priorität der Synchronie vor der Diachronie unvermeidlich einhergeht. Es ist ja diese Setzung, die bei Saussure aus der Unterscheidung von langue und écriture als »freie« Option sich ergibt[77], die der langue jenseits von ihrer sozusagen chronisch verspäteten schriftlichen Repräsentation ihren topographischen Ort in der Synchronie zuweist und sie so allererst als ›System‹ der parole entgegenstellt. Diese Option legitimiert sich pragmatisch, weil sie in gewissem Sinn unvermeidbar ist, wenn man Sprachwissenschaft betreiben will, aber im Licht einer Philosophie, die nach den Bedingungen der Möglichkeit der Erscheinungen fragt, wäre sie eben Dogmatismus.

Humboldt behandelt daher das Problem im Rahmen dessen, was phänomenologisch unabweisbar ist, nämlich innerhalb der Oppositionen von Bleibendem und Flüchtigem, von innerlich und äußerlich. Doch geht diese Rechnung nicht ohne Rest auf. Zwar scheinen die Zuordnungen

bleibend:	Schrift
flüchtig:	Sprache und Rede
äußerlich:	Schrift und Rede
innerlich:	Sprache

76 Vgl. Kap. 3, S. 121 ff.
77 Vgl. Kap. 3, S. 120 f.

plausibel, doch als hinreichend eindeutig erweist sich bei genauerer Betrachtung nur, daß Schrift und Rede ›äußerlich‹, die Schrift als ›bleibend‹ und die Rede als ›flüchtig‹ zu bezeichnen sind, und auch dies nur in bestimmten pragmatischen Grenzen. Der neuralgische Punkt in diesem System von Oppositionen wird durch das Prädikat »wahrnehmbar« markiert, das der Rede zugesprochen wird. Denn was wäre *seine* Opposition? Soll man die Sprache ›nicht wahrnehmbar‹ nennen und wie wäre dies dann zu verstehen? Genau genommen sind an Schrift und Rede auch nur bestimmte Aspekte wahrnehmbar. Weder Buchstaben noch Phoneme kann man als solche wahrnehmen oder erkennen, man muß sie verstehen.

Insbesondere aber legt diese Topographie das Kernproblem aller unserer Überlegungen offen, und es zeigt sich, weshalb es gerade hier, im Rahmen der Humboldt-Lektüre virulent wird und werden *mußte*: Inwiefern wäre Sprache denn als ein ›Innerliches‹ zu begreifen? Daß hier ein neuralgischer Punkt verborgen ist, hatten wir eingangs dieses Kapitels schon am Begriff einer transzendentalen Grammatik erörtert, und auch Humboldts Text zeigt dies, indem er die scheinbar klaren Unterscheidungen von Sprache und »jedesmal Gesprochenem«, dem individuellen Sprechakt also, reflektiert und – zu relativieren versucht:

»... obgleich das jedesmal Gesprochene allerdings ein Erzeugniss des Geistes ist, so wird es doch«, räumt Humboldt im Anschluß an die Formulierung des ersten Hauptsatzes ein, »indem es zu der schon vorher vorhandenen Sprache gehört, ausser der Thätigkeit des Geistes, durch die Laute und Gesetze der Sprache bestimmt, und wirkt, indem es gleich wieder in die Sprache überhaupt übergeht, wieder bestimmend auf den Geist zurück.«[78]

Drei verschiedene Charakterisierungen haben wir hier nebeneinander: die »schon vorhandene« Sprache, ein extensional bestimmter Begriff also, »die« Sprache, die hier wohl in ihrer Funktion als gedankenbildendes Organ benannt ist, und schließlich die »Sprache überhaupt«, wohl die Zusammenfassung der beiden ersten Charakterisierungen. Damit referiert der Begriff Sprache auf ein Objekt, das aufgrund der ihm gleichzeitig zugesprochenen Prädikate als sich kontinuierlich Veränderndes begriffen werden

78 *Verschiedenheiten*, WW III, S. 191 f.

muß, als ein Phänomen der Fluktuanz, als das die langue sich ja auch bei Saussure immer dort zeigt, wo er den Synchronismus als gleichsam infinitesimalen Grenzwert behandelt. Wir hatten oben schon von der Dynamik des Rückkopplungsprozesses gesprochen, in den Sprache und intellektuelle Tätigkeit wechselweise verwoben sind, und diese am Begriff der Artikulation festgemacht. Dies ist der Punkt, an dem Humboldt ansetzt, um in der Fluktuanz einen ruhenden Punkt zu finden, der zum Definiens von Sprache taugt:

»... die Artikulation ist das eigentliche Wesen der Sprache, der Hebel, durch welchen sie und der Gedanke zu Stande kommt, der Schlussstein ihrer beiderseitigen innigen Verbindung.«[79]

Die Essenz findet sich im *Verfahren*. Chomsky hatte nolens volens recht, wenn er im Zusammenhang sprachlicher Kreativität auf Humboldt verwies, und wir werden sehen, daß seine Idee der rekursiven Satzdefinition hier zu ganz unvermuteten Ehren gelangt. Freilich in einem Chomskys Ansatz diametral entgegengesetzten Sinn. Für Humboldts Ansatz ist wesentlich, daß er die Unterscheidung von Synchronie und Diachronie nicht kennt, während Chomsky Sprache ja als reinen Synchronismus begreift und so auch theoretisch faßt. Damit aber zerstört er eben das, was er zu ›rekonstruieren‹ beanspruchte: die Vorstellung von Kreativität, sofern jedenfalls mit diesem Wort etwas wie »nicht kalkulierte Produktivität« oder ähnliches gemeint ist. Eine generative Grammatik erzeugt ausschließlich Muster, deren Form vorbestimmt, nämlich in der Grammatik programmiert sind. Humboldts Überlegungen zeigen gerade, daß sprachliche Kreativität bzw. Produktivität zureichend nur begriffen werden kann nur unter der Bedingung, daß diese Grenzziehung vermieden, der Fluktuanzcharakter der Sprache offengehalten wird. Nur dann nämlich läßt sich die Bedeutung derjenigen Opposition erfassen und in ihren Konsequenzen entfalten, die allen oben genannten tatsächlich noch zugrunde liegt: die des Möglichen und Wirklichen, die bei Chomsky ja nur extensional noch unterschieden sind. Wir hatten gesehen, welche Bedeutung sie für Humboldts Ästhetik hat, und wenn für ihn Sprache das Medium ästhetischer Produktivität qua Entwurf ›idealer‹ Welten ist, dann *mußte* sie sich hier zur Geltung bringen.

79 Ebd. S. 192.

In der Topographie von Humboldts Hauptsatz ist Sprache gegenüber der Rede implizit als nicht Wahrnehmbares gefaßt. Gegenüber dem »Gesprochenen und Aufgezeichneten« erscheint sie als

»der Inbegriff der durch intellectuelle Thätigkeit ... hervorgebrachten und hervorzubringenden Laute[80], und der nach Gesetzen, Analogieen und Gewohnheiten, die wiederum aus der Natur der intellectuellen Thätigkeit und des ihr entsprechenden Tonsystems hervorgehen, möglichen Verbindungen und Umgestaltungen derselben, so wie diese Laute, Verbindungen und Umgestaltungen in dem Ganzen alles Gesprochenen und Aufgezeichneten enthalten sind.«[81]

Sprachliche Produktivität oder Kreativität zeigt sich in der durch die Einbildungskraft vollzogenen Realisation eines Gedankens qua Wahl aus einem Repertoire von ›Möglichkeiten‹, das wir »Sprache« nennen. Zwar kann sich, was »in« einer Sprache möglich ist, allein in dem Gebrauch zeigen, den wir von ihr machen. Aber eben weil Sprache diesem gegenüber das »nur« Mögliche ist, *kann* er durch sie nicht determiniert sein, denn sonst wäre sie ja das *nicht* nur Mögliche, sondern in dieser Hinsicht gerade das Notwendige. Für die Auswahl eines Elements *d* aus einer Reihe »möglicher« *a, b, c, d, e, f,* die alle durch *A* wie auch immer determiniert sind, ist *A* zwar nicht hinreichende, stets jedoch notwendige Bedingung.[82] So sind die »Laute, Verbindungen und Umgestaltungen derselben«, d. h. die Wörter, ihre syntaktischen

80 Humboldts Verwendung des Wortes »Laut« unterscheidet sich wesentlich von der heute üblichen, die durch die linguistische Rede von Lautgesetzen, Phonemen etc. geprägt bzw. eingeschränkt ist. Für Humboldt hingegen ist auch das Wort »ein Laut«, nämlich einer, »der einen Begriff bezeichnet.« So spricht er häufig auch von dem »Wortlaut«, der »Materie« des Wortes (vgl. *Grundzüge* §§ 72 ff., GS V, S. 410 ff., hier insbes. S. 410 und 417 ff.). Auch die »Sylbe bildet eine Einheit des Lautes«, die eine »Bedeutsamkeit« aber in der Regel erst durch die Kombination mehrerer Silben zu einem Wort erhält (*Einleitung*, WW III, S. 448). Humboldts Bezeichnungen für den Begriff des Phonems, den er im Gegensatz zur diachronischen Linguistik des 19. Jahrhunderts bereits ausgebildet hat (*Grundzüge* §§ 56 ff., GS V, S. 400 ff.), sind neben dem Oberbegriff »Laut« insbesondere »Ton«, »Sprachlaut«, »Buchstabenlaut« oder auch einfach »Buchstabe« (ebd.). Vgl. unten S. 462 ff.

81 WW III, S. 191.

82 Vgl. von Wright 1991, S. 55 ff.

Verknüpfungen und ihre flektierten Formen zwar »in dem Ganzen alles Gesprochenen oder Aufgezeichneten enthalten«, aber doch »nur« als Beispiele für andere Verwendungsweisen. Das »jedesmal Gesprochene« ist je nur mehr oder weniger gelungen, Produkt einer endlichen und darum falliblen Einbildungskraft, und darum *könnte* es auch anders sein. Schematisierung bzw. Artikulation ist als Übergang vom Möglichen zum Wirklichen zu begreifen, eine Art von logischer Transsubstantiation. Dies allererst enttrivialisiert die Idee der rekursiven Definition des Satzes. In Chomskys Konzeption ist von vornherein klar, was hinten herauskommen »kann«, und daher ist bei ihm die Grammatik genau so wirklich wie der produzierte Satz. Nur deshalb, weil er sie metaphysisch als ebenso ›wirklich‹ *unterstellt* wie diesen, kann er sie in irgendwelchen Gehirnmodulen suchen.

Wir sind hier am Kern des Problems von Sprache und damit a forteriori von Grammatik angelangt. Die Wittgenstein-Lektüre wird dies aus ganz anderer Perspektive bestätigen. Die Frage ist doch: Wenn Sprache der Inbegriff des »nur Möglichen« ist – wie kann sie dann ein Innerliches sein? Mögliche Taler können weder im Portemonnaie noch außerhalb desselben ›sein‹. Daß wir die Sprache »im Kopf« haben, ist dann nichts als eine Metapher dafür, daß wir unsere Rede bis in beliebige Grade ausdifferenzieren *könnten*, unseren Ausdruck je nach Talent mehr oder weniger treffend bilden *könnten*, ohne daß jedoch dieses »könnten« im geringsten besagen würde, daß wir all diese Möglichkeiten schon »im Kopf« gehabt hätten, bevor wir redeten. Es besagt dann – recht betrachtet – etwas ganz anderes, nämlich daß alles, was wir sagen, daß jedes »jedesmal Geredete« als solches niemals nur besagt, was es hier besagt, sondern *per se* ein Beispiel ist für etwas, das man eben auch treffender und damit *anders* hätte sagen können. Einmal gesagt, wirkt es »wieder bestimmend auf den Geist zurück«.[83] Man sieht hier die Bedeutung der ästhetischen Fundierung der humboldtschen Sprachkonzeption. Denn es ist ja die Einbildungskraft, die in der Rückkopplung von intellektueller Tätigkeit und dem je Gesagten oder Aufgezeichneten in diesem je auch die Möglichkeit zu sehen vermag oder vermöchte, es anders zu sagen. Selbst im Begriff des ›Vermögens‹ ist nichts anderes gesagt als dieser Inbegriff des Möglichen, das sich in seiner Rea-

83 WW III, S. 192.

lisierung als solches allererst zeigt. Wie beantwortet Kant, spottet Nietzsche, die Frage, wie synthetische Urteile a priori *möglich* seien: »Vermöge eines Vermögens«[84].

In Humboldts fallibilistischem Pragmatismus ist dergestalt eine geradezu platonische, freilich »negative« Metaphysik angelegt, als sein Korrelat nämlich, das in der Rede von Sprache, Nationen, Weltansichten impliziert ist. Die nationellen Weltansichten, in seiner Konzeption zwischen der Universalität des transzendentalen Subjekts und der Individualität der jedesmaligen Rede als Formen »mittlerer Ebene« gedacht, die dieser als allgemeine, dem transzendentalen Subjekt jedoch als besondere und somit einander als je individuelle Perspektiven gegenüberstehen, diese Weltansichten sind nur als mögliche zu denken und sollen doch die Realität dieser Individualitäten ausmachen. Gefragt ist mit Humboldts Hauptsatz nach nicht weniger als nach der Realität dieses Möglichen, das bei Herder wie bei Kant je als gegeben vorausgesetzt war und das die Sprachwissenschaft wiederum wie selbstverständlich als Realität voraussetzt. In Humboldts Text wird diese Selbstverständlichkeit aufgebrochen. Eine Sprache und eine daran gebundene nationelle Weltansicht wird erfahrbar nur in der ›verbundenen Rede‹, dort also, wo Verbindungsmöglichkeiten und Flexionsmöglichkeiten von Wörtern durch bestimmte Verbindungen und Flexionen allein dadurch als solche dargestellt sind, daß der, der die betreffende Sprache beherrscht, eben weiß, daß eine andere als die hier gewählte syntaktische Form dann die und die andere Flexionsform erfordert hätte. Dieses Wissen zeigt sich in der Sicherheit des ›Könnens‹, mit der jeder Sprecher sich in seiner Muttersprache bewegt. Es ist nicht theoretisches Wissen, sondern das Gewußt-wie, das Knowing-how, das Ryle der Theorie entgegen- und voraussetzt.[85] Entsprechend kann die Realität dessen, was gegenüber der jedesmaligen Rede als die Sprache bezeichnet wird, *in* der diese artikuliert wird, sich als der jeweiligen Rede immanentes Gestaltprinzip nur darin exemplarisch zeigen, daß mit dieser Rede die Erfahrung verbunden wird, daß das hier Gesagte in einer anderen Sprache auf charakteristische Weise hätte anders gesagt werden müssen. Nur in Grenzsituationen also, im Übergang von einer Weltansicht zur anderen zeigt

84 *Jenseits von Gut und Böse* I, 11. Werke Bd. 5, S. 24.
85 Vgl. Ryle 1963, Kap. 2.

sich dieses Mögliche, und von daher wird die Schlüsselrolle verständlich, die Humboldt dem Vergleich der »Verschiedenheiten« des menschlichen Sprachbaus zumißt.

An diesem Punkt nun stellt sich erneut die Identitätsproblematik, auf die wir schon bei unserer Saussure-Lektüre gestoßen waren, und zwar in elementarerer Form, da hier – wie wir gesehen haben – die von Saussure in gewisser Weise dezisionistisch gezogene Unterscheidung von synchronischer und diachronischer Identität fehlt. Formal stellt sich das Problem etwa folgendermaßen: Es sollen verglichen werden »die« Sprachen L_1 und L_2. Dies kann nur dadurch geschehen, daß eine bestimmte Menge von Ausdrücken

$\{a_1, b_1, c_1, d_1, \ldots, m_1\}_{L1}$

mit einer Menge »entsprechender« Ausdrücke

$\{a_2, b_2, c_2, d_2, \ldots, m_2\}_{L2}$

verglichen wird, wobei hier offenbleiben kann, wie die Entsprechung festgestellt wird und was der Vergleichsgesichtspunkt ist. Z. B. könnte man die Präpositionen des Griechischen mit denen des Lateinischen bezüglich des Gesichtspunkts der Kasusrektion vergleichen und die betreffenden Entsprechungen semantisch oder etymologisch festlegen. Daß die Indizes »L_1« und »L_2« hier auf eine bestimmte Sprache referieren *sollen*, ist klar. Daß sie dies auch tatsächlich *tun*, ist jedoch nur dadurch gesichert, daß durch die betreffende Mengenbildung die Ausdrücke a*, b*, ..., m* als Elemente von L* *hier* aufgezählt und damit als solche identifiziert werden. Die Frage wäre dann, ob die Indizes »1« und »2« auch in beliebigen anderen Mengenbildungen sich jeweils auf *dasselbe* durch »L_1« bzw. »L_2« bezeichnete Objekt beziehen *würden*, und mit diesem Konjunktiv ist die Antwort auch schon gegeben.

Bekanntlich ist eine generative Grammatik nichts anderes als eine bestimmte Prozedur der Erzeugung von Mengen der eben beschriebenen Art. Bei Saussure war im Boguslawski-Prinzip die empirische Einsicht zum Ausdruck gebracht, daß sich – um in der technischen Sprache des hier betrachteten Modells zu bleiben – nach einer bestimmten zeitlichen Dauer der Erzeugung von Ausdruckmengen $\{\ \ldots\ \}_{L*}$ das jeweils durch das Substitut von $_{L*}$ bezeichnete Objekt verändert hat.

Wenn Humboldt damit rechnet, daß das »jedesmal Gesprochene« gleich wieder »in die Sprache überhaupt« übergeht und von daher »wieder bestimmend auf den Geist« zurückwirkt[86], so begreift er hierin Sprache als eben dieses Fluktuanzphänomen, platonisch gesprochen als ein ›Werdendes‹. Der der Sprache zugeschriebene Möglichkeitsmodus liegt, anders gesprochen, darin, daß sie nur effektiv, in endlichen und zeitlich limitierten Artikulationen »zur Wirklichkeit« gebracht werden kann. Damit wird definitiv klar, in welch radikaler Weise sich hier gegenüber dem transzendentalen Ansatz die Konstitutionsproblematik verschoben hat. Die Seinsmetaphysik, die Kants Ansatz noch zugrunde liegt, ist abgelöst durch eine des Werdens. Weltkonstitution vollzieht sich in der Rückkopplung von jeweiliger Weltansicht und einer Einbildungskraft, die mit den ihr je gegebenen Formen nach Kriterien umgeht, welche ihrerseits wiederum nicht als unabhängige Größen diesem Spiel vorgegeben sein können, sondern als solche sich gleichermaßen in diesem Rückkopplungsprozeß bilden.

Es fragt sich bei dieser Sachlage, wie die eben berührte *charakteristische* Weise der Artikulation sich fassen ließe, was also dasjenige Prinzip ist, das die jeweilige Sprache dem jedesmal Gesagten gegenüber, welches halt ist, wie es ist, zu einem ›charakteristischen‹ Ganzen macht. Der Prozeß der Ausdifferenzierung von Weltansichten reicht hin bis zum »jedesmal Gesprochenen«, bis zu der in keinen Begriff mehr zu fassenden Individualität der »jedesmaligen« Rede, der *parole,* die in Humboldts Begrifflichkeit als korrelativer Begriff zur ›Sprache‹ erscheint, als das je »Erzeugte« dem erzeugenden Organ gegenübergesetzt wird.[87]

Doch bei genauerer Betrachtung erweist sich die jedesmalige Rede, der individuelle Sprechakt, als die »letztmögliche« *species* der Sprache selbst, denn sie ist ja dieser gegenüber, dem Inbegriff des im jeweiligen Rahmen ›Möglichen‹, das Wirkliche. Die Extension der Rede ist gleichsam die rekursive Definition dessen, was wir in dem tatsächlich hypertrophen Begriff des in einer Sprache ›Möglichen‹ fassen. Beim späten Wittgenstein wird dieser Gesichtspunkt eine, ja die zentrale Rolle spielen.[88] Man sieht, wie

86 WW III, S. 192.
87 Ebd. S. 191.
88 Vgl. Kap. 11, S. 622 ff. Zum Problem der Sprache als »Möglichkeitsgebilde« vgl. Simon 1971, S. 13 ff.

zentral das Schematisierungsproblem für eine Metaphysik der Sprache ist, die hier freigelegt wird und deren interne Dialektik der späte Humboldt in der Entgegensetzung von *ergon* und *energeia*, von intellektueller »Thätigkeit« und deren Resultat zu fassen versucht.[89] Denn das im jeweiligen Sprechakt Erzeugte ist qua Schematisierung erzeugt – wir werden dies an Humboldts Begriff des Wortes noch genauer zu betrachten haben.

Es ist dieser Kontext, innerhalb dessen aus jetzt schon ersichtlichen Gründen das Thema der Sprachstruktur und damit das der Grammatik Kontur gewinnt. Den Rahmen dafür bildet der Begriff, der schon bei Aristoteles mit der Modalität des Möglichen und mit poetischer Mimesis intrinsisch verbunden ist – der der Analogie.[90] Freilich nicht oder doch nur mittelbar im tradierten ›grammatischen‹ Verständnis von Analogie, das unter diesem Titel den regelmäßigen Bau der Sprache verstand. Es ist – wir haben es bereits angedeutet – Kants in den Verstandesgrundsätzen entfaltetes Verständnis, an dem Humboldt sich orientiert: die Analogie als das die Phänomene verbindende, zu einem Zusammenhang vereinende Prinzip.

Daß eine jede Sprache analogisch gebildet ist, ist schon in Humboldts ästhetischer Theorie angelegt. Wir werden im einzelnen zu sehen haben, wie seine Sprachkonzeption aus diesem Prinzip heraus ihre interne Gestalt gewinnt. Dem modernen sprach*wissenschaftlichen* Verständnis von Sprache ist die Dimension gänzlich abhanden gekommen, die Humboldt damit berührt. Die Gründe dafür liegen in der logischen Tradition des überkommenen Begriffs von Grammatik, in jener Abspaltung des apophantischen logos von der Rhetorik, auf die Aristoteles die formale Logik gründet. Wir haben dies eingehend diskutiert[91], und prospektiv, mit Blick auf die mehr als verzwickte Konstellation, die sich schon jetzt für das Thema Grammatik im Rahmen des humboldtschen Denkens abzeichnet, wäre die Frage zu stellen, ob es eben das Festhalten am Prinzip der Analogie war, was Saussure an der Formulierung einer im engeren Sinne linguistischen ›Theorie‹ gehindert hat. Denn dieses Prinzip ist eines der Ganzheitlichkeit, und die Linguistik muß – ein Bild Humboldts zu bemühen –, um

89 Vgl. *Einleitung*, WW III, S. 418.
90 Vgl. Kap. 9, S. 374 f.
91 Vgl. Kap. 9, S. 382 ff.

Sprach-Wissenschaft zu betreiben, deren Kadaver zerlegen. In jedem Fall hängt die Beantwortung dieser Frage am genaueren Verständnis dessen, was Humboldt »vergleichendes Sprachstudium« genannt hat. Nach all unseren Überlegungen ist zu fragen, wie man dieses nennen soll, was es betreibt und entfaltet: Wissenschaft, Theorie, Sprachkonzeption oder -idee? Wir nähern uns der Antwort in mehreren Schritten.[92]

Die Analogie: Prinzip der Orientierung

Die Sprache bildet den Gedanken. Schon die Formulierung hält die im Wort »Sprache« angelegte Ambivalenz von Handlung und Produkt fest, und dies ist nicht nur von logischem Belang. In rhetorischer Perspektive ist zu bedenken, daß dieser Gedanke von jemandem an jemanden gerichtet ist, diesen anrührt, bewegt, eben nicht nur logisch »affiziert«. Dieser Aspekt ist es zunächst, den Humboldt im Wallenstein-Brief unter dem Prinzip der Analogie thematisiert. Neben der logischen Funktion der Artikulation des Gedankens wird hier ein anderer, »gleich wichtiger Einfluß« berührt, den die Sprache »auf die Art unsres Denkens« ausübt:

92 Man steht hier vor einer nicht nur terminologischen Schwierigkeit. Alle Begriffe wie Sprachidee, Sprachkonzeption oder ähnliche treffen das nicht, was Humboldt entwickelt. Er *beschreibt* nicht nur Konturen, sondern auch den Aufbau des Ganzen im Detail. Und doch wird daraus keine Theorie im üblichen Verstand dieses Wortes und *kann* es schlechterdings auch nicht werden, denn es liegt in der Natur der Sache, daß, wird der uns »gegebene« Ausdruck *x* als ›A‹ beschrieben, damit *per se* die Frage aufgeworfen ist, welchen Sinn der Ausdruck »A« möglicherweise haben könnte. Es ist ja eine *besondere* Weltansicht, die sich hierin artikuliert. Am Begriff der Sprachtheorie ist der Singular problematisch. Von Humboldts Ansatz her kann es ihn eigentlich nicht »geben«. Seine grundsätzliche Verbindung von ›philosophischem‹ und ›historischem‹ Sprachstudium treibt diese Ambivalenz geradezu methodisch auf die Spitze. Das Wort »Sprachidee« trägt der transzendentalen Problematik Rechnung, die sich hier ergibt, widerspricht jedoch dem empirischen, durchaus auf Verifikation hin orientierten *ethos*, das im Begriff des ›historischen‹ Sprachstudiums liegt. Mit diesen Reserven mag im folgenden von Humboldts Sprachkonzeption oder auch -theorie die Rede sein.

»Die Analogie ihrer Bildung, die sie eigentlich zu *einer* Sprache und zu dieser und jener bestimmten macht, verbindet jeden einzelnen Theil in ihr aufs festeste mit allen übrigen, und denken wir uns dieselbe sehr groß, oder nehmen wir unsern Sinn für sie sehr geschärft an, so wirkt der Theil gerade ebenso auf uns, als das Ganze.«[93]

Das Ganze ist mehr als die Summe seiner Teile, und dieses Prinzip wirkt auf das einzelne Teil zurück. In bestimmter Weise, die freilich noch genauer darzulegen ist, repräsentiert es das Ganze. Die Logik dieses Modells ist im platonischen *Parmenides* entfaltet: das Eine wäre nicht ohne die Anderen und umgekehrt.[94] Ein rhetorisches Moment des Rückkopplungsprozesses wird hier sichtbar, in dem Sprache Denken und Handeln und diese wiederum Sprache bilden. Das Gewicht dessen, was wir sagen, hängt wesentlich davon ab, wie wir es sagen. Dies ist immer auch eine Frage der Wahl aus den Möglichkeiten, die die betreffende Sprache uns bietet. Als solche müssen sie uns jederzeit verfügbar und damit in gewissem Sinn ›präsent‹ sein. Wenn Sprachen dies sollen leisten können, dann können sie nicht atomistisch, als Mengen von »Schällen« oder »Zeichen« gedacht sein, sondern als ganzheitlich verfaßte Gebilde. Spätestens mit dem *Essai sur les langues du nouveau continent* von 1811/12, den wir in diesem Zusammenhang genauer zu betrachten haben, liegt Humboldts Sprachkonzeption explizit der Gedanke der analogischen Organisation zugrunde, welche dieses leistet. Sie wird im Topos vom »organischen Bau« der Sprache terminologisch gefaßt. Welche Bedeutung das Analogieprinzip für jede Konzeption von Grammatik haben muß, hatten wir bereits bei der Diskussion des Arbitraritätsprinzips gesehen[95], und wir waren auf denselben Zusammenhang bei der Erörterung des Problems einer transzendentalen Grammatik gestoßen, für die dieses Prinzip aufgrund ihres hierarchischen Rangs nicht gelten *kann*. Von daher muß sich das philosophische Problem der Grammatik im Zusammenhang eines von der Analogie her gedachten Begriffs von Sprache in seiner schärfsten Form stellen – und in der Tat wird es sich als der neuralgische Punkt in Humboldts sprachphilosophischem Denken erweisen.

93 WW V, S. 196.
94 Vgl. Kap. 8, S. 338 ff.
95 Vgl. Kap. 4, S. 163 ff.

Analogien der Erfahrung haben nach Kant eine regulative, nicht konstitutive Funktion und sind damit von den »mathematischen« Grundsätzen des Verstandes scharf unterschieden. Ihre Spezifik wird gegen das tradierte mathematische Verständnis von *analogia* = *proportio* entwickelt, das unter einer Analogie eine Gleichung $a : b = c : d$ verstand, sodaß sich bei gegebenen drei Gliedern das vierte exakt berechnen läßt. Sein Wert ist durch die Proportion festgelegt. Dagegen ist in der Philosophie, so Kant,

die Analogie nicht die Gleichheit zweener quantitativen, sondern qualitativen Verhältnisse, wo ich aus drei gegebenen Gliedern nur das Verhältnis zu einem vierten, nicht aber dieses vierte Glied selbst erkennen, und a priori geben kann, wohl aber eine Regel habe, es in der Erfahrung zu suchen, und ein Merkmal, es in derselben aufzufinden. Eine Analogie der Erfahrung wird also nur eine Regel sein, nach welcher aus Wahrnehmungen Einheit der Erfahrung ... entspringen soll ...«[96]

Der Akzent liegt auf dem Wort »suchen«. Humboldts Sprachkonzeption bezieht ihre Charakteristik wesentlich aus den Implikationen dieses Problems: Soll man das Suchen als stochastisches oder als an bestimmten Indikatoren orientiertes Verfahren begreifen? Im Begriff der Analogie liegt klarerweise die Option für die zweite Alternative. Analogien haben den Zweck, einen unbekannten Bereich nach dem Muster eines Urbildes zu erschließen. Wird Sprache als analogisch strukturiertes Ganzes begriffen, so ist damit implizit nach ihrer Orientierungsfunktion für Denken und Handeln, ja selbst für Wahrnehmung und Gefühl gefragt. Es geht um das oder die »Verfahren«, die der Produktivität der Einbildungskraft ihre Richtung geben, wenn man so will um den Zusammenhang von Sprache und menschlicher Intentionalität.

Wiederholt sind wir auf Chomskys Modell einer ›generativen‹ Grammatik zurückgegangen, um gegen dieses Humboldts Konzeption besser zu verstehen. Die von Chomsky konstruierte Kreativität ist blind. In der These von der Autonomie des Syntax-Moduls hat diese Sicht ihren konsequenten Ausdruck gefunden. Das Modul ist der stupideste Apparat, den man sich denken kann. Er erzeugt gewissermaßen Satzstrukturen ohne zu wissen, warum und zu welchem Zweck. Denn die Frage, wie ein Satz zum anderen und damit in oder auf eine bestimmte Kommunikationssitua-

96 KrV B 222.

tion »paßt«, ist von dieser Theorie her grundsätzlich nicht zu beantworten. Dies ergibt sich *zwingend* aus den »Lücken«, die eine generative Grammatik aus rein logischen Gründen aufweist. Die sogenannte »Lexikonregel« ist – wie wir schon in anderem Zusammenhang gesehen hatten[97] – keine Regel im logischen Verstand dieses Wortes. Ein Ausdruck der Form »X {*a, b, c, ...*}« gibt keinerlei Auskunft darüber, durch welches Element der Menge {*a, b, c, ...*} der Ausdruck »X«, konkret gesprochen: durch welches Wort eine syntaktische Kategorie zu ersetzen ist.[98] Lexikonregeln beschreiben – und auch dies nur unvollständig – die Extension des betreffenden Kategoriensymbols. Damit sind sie Ausdruck der durchgängigen Extensionalität, die das gesamte Modell prägt.[99] Ebensowenig kann die Erzeugung anaphorischer Elemente in einer Satzgrammatik ›erklärt‹ werden, weil eben der Satz die hierarchisch höchste Einheit einer solchen Grammatik ist. Mutatis mutandis gilt dies für alle illokutiven Redeelemente, deren ›Generierung‹ ein Verständnis des jeweiligen Handlungszusammenhangs voraussetzt.

Die Blindheit der hier konstruierten Kreativität liegt an diesen Lücken. Es sei etwa angenommen, daß ein Sprecher A_i in einer bestimmten Kommunikationssituation K_j die Sätze, technisch gesprochen also die Wortfolgen

$WF_1, WF_2, \ldots, WF_n$

benötigt, um einen bestimmten Sinn zu artikulieren, d. h. sich einem bestimmten Hörer H_k in bestimmten Hinsichten verständlich zu machen. Mit Grice gesprochen will er ihm also sagen, was er meint. »$WF_1, WF_2, \ldots, WF_n$« sei hier eine Sequenz $S^{WF}{}_n$ genannt. Sich verständlich machen implizierte demnach, daß $S^{WF}{}_i$ sowohl intern Sinn macht, also bestimmten Gelingensbedingungen wie Konsistenz o. ä. genügt, z. B. von A_i und H_k geteilten konversationellen Maximen[100], wie auch, daß sie in einen Zusam-

97 Vgl. Kap. 5, S. 177 f.
98 Vgl. auch Kap. 4, S. 166 ff.
99 Vgl. Kap. 2, S. 105 ff.
100 Vgl. Grice 1979 d. Für unseren Zusammenhang ist es ohne Belang, ob solche Maximen universelle Normen des Sich-verständlich-machens sind, wie Grice sie konstruiert, oder ob sie kulturspezifisch gelten. Von Belang ist allein, daß sie in einer bestimmten Gruppe von Sprechern akzeptiert sind, zu der A_i und H_k gehören.

menhang anderer Sequenzen $S^{WF}_{1, 2, \ldots m}$ »paßt«. Eben dieses Passen ist es ja, was aus einer Folge von Sätzen einen Gesprächszusammenhang oder einen Text macht.

Die »technische« Formulierung verdeutlicht die schier unglaublichen, weil exponentiell anwachsenden Anforderungen, die durch eine Konversationsnorm wie die der Konsistenz an das Schematisierungsvermögen des Sprechers gestellt sind. Die Arbeit an der schriftlichen Textur vermag dies – wir sind dem ausführlich nachgegangen[101] – etwa in den vom Autor vorgenommenen Durchstreichungen, Umformulierungen etc. sichtbar zu machen. Gesucht ist Punkt für Punkt, syntaktische Position für syntaktische Position das hier jeweils *möglichst* treffende Wort. Und was dies ist, zeigt sich auch erst an dem betreffenden Punkt. Die interne Abfolge der Wörter einer beliebigen Folge WF_m hängt also ebenso davon ab, was mit ihr gesagt sein soll, also gemeint ist, wie von vorausgehenden Folgen WF_{m-k}, …, WF_{m-2}, WF_{m-1}. Die lineare Abfolge der Einheiten ist für die Konsistenz des Gesagten wesentlich, und dies gilt für die der Wörter ebenso wie für die der Sätze. Selbst Sequenzen sind noch linear geordnet, auch wenn sich hier keine syntaktischen Regeln mehr angeben lassen.

Die These der Autonomie der Syntax ließe sich nur dann halten, wenn unterstellt würde, daß grundsätzlich *alle* Wortfolgen syntaktisch gleich strukturiert sind. Chomskys Subjekt-Prinzip – jeder Satz hat genau ein Subjekt[102] – ist wohl nur aus diesem Zusammenhang zu verstehen. Es verteidigt das *Minimum* an struktureller Identität, ohne das jede Theorie syntaktischer Universalien und mithin die Idee einer grammatischen Tiefenstruktur sinnlos wäre. Doch was ist mit Objekten, Angaben oder Attributen, was mit Nebensätzen oder umgekehrt mit Ausdrücken wie

Morgen wird gestreikt – Komm – Feuer – Nicht,

bei denen entweder kein Subjekt oder kein Prädikat oder gar beides nicht auszumachen ist? Die Tatsache, daß in *jeder* Sequenz bestimmte lineare Abfolgen *unterschiedlicher* syntaktischer Positionen »gefordert« sind, z. B.

101 Vgl. Kap. 7.
102 Vgl. von Stechow und Sternefeld 1988, S. 77 ff.

WF_1:	…	$+ A_{temp}$	$+ V_{fin}$	$+ E_1$	$+ E_2$	+ N	+ Nom
WF_2:	…	$+ A_{kaus}$	$+ V_{fin}$	$+ E_1$	$+ E_3$	+ Nom	
WF_3:	K	$+ A_{kaus}$	$+ V_{fin}$	$+ E_1$	$+ E_2$	+ N	+ Nom
	…[103] –						

ein vergleichsweise einfaches Beispiel – diese Tatsache kann von einer generativen Syntax schlechterdings nicht erklärt werden. Es grenzt aus dieser Perspektive an ein Wunder, daß dem Sprecher jeweils *genau* die syntaktische Struktur zur Verfügung steht, die er *gerade* benötigt – gerade dann, wenn die Funktionsweise des Syntaxmoduls auf Verfahren wie Tilgungen, Anhebungen etc. zurückgeführt wird, die der Kontrolle des Sprechers grundsätzlich unzugänglich sind. Bestimmte Prozeduren *müssen* daher mit bestimmten intentional getroffenen Wortwahlen kongruieren. Und hier muß die Theorie nun behaupten, daß diese Kongruenz unerklärbar ist – wenn sie denn ihr kognitivistisches Design retten will. Noch einmal zeigt sich ein Aspekt des Arbitraritätsprinzips, der zwar schon immer mit im Spiel war, aber erst hier, vom Schematisierungsproblem her, seine volle Schärfe gewinnt. Die Verwillkürlichung des signe linguistique beginnt mit jenem Schnitt, der den Satz aus der Sequenz abtrennt und ihn als oberste Einheit der Grammatik etabliert. Er fokussiert den Blick auf bestimmte Artikulationsformen um den Preis der Vernachlässigung anderer. Eine formale Syntax scheint nur möglich zu sein, sofern man das Moment der Kreativität oder Produktivität, das die Verfertigung der Rede leitet, *nicht* in der Verschiedenheit dieser Formen sucht. Damit zerfiele dann freilich der Begriff *der* Sprache als eines einheitlich organisierten Ganzen. Will man an ihm festhalten, so muß der Schlüssel des Problems an anderer Stelle gesucht werden. Für Humboldt liegt er in der Kategorie des Wortes, und dort muß er auch liegen, denn die entscheidende Frage, die qua Schematisierung zu lösen ist, lautet ja – unsere formalisierende Überlegung hat dies verdeutlicht –, wie *das* jeweils treffende *Wort* zu finden ist. Die Schwierigkeit liegt darin, daß, was »jeweils treffend« ist, nur von der Projektion eines Ganzen her zu beurteilen ist. Und wie kann man nun *auf einmal* beides in den Blick nehmen: das Einzelne und das Ganze?

103 Z. B.: *+ Gestern + hat + er + ihn + nicht + angetroffen*
+ Daher + hat + er + ihm + geschrieben
Aber + trotzdem + hat + er + ihn + nicht + erreicht.

Humboldts Antwort auf diese Frage ist in anderen Zusammenhängen bekannt und viel diskutiert worden. Explizit hat er sie erstmals im Fragment über *Latium und Hellas* formuliert:

»So wenig das Wort ein Bild der Sache ist, die es bezeichnet, eben so wenig ist es auch gleichsam eine blosse Andeutung, dass diese Sache mit dem Verstande gedacht, oder der Phantasie vorgestellt werden soll.«[104]

Man hat diese und ähnliche Charakterisierungen des Wortes[105] in der Regel – und zurecht – gegen »repräsentationelle« Sprachkonzeptionen aufgeboten.[106] Doch entfaltet sich die Pointe dieses Angangs vollständig erst unter dem Blickwinkel des Schematisierungsproblems. Gefordert ist bei diesem Geschäft – wie wir gesehen haben – zweierlei: Spielraum und Orientierung. Die Urteilskraft muß suchen *können*, und sie kann es nicht *blind*. Der Spielraum findet sich in Humboldts Konzeption durch zwei Grenzwerte abgesteckt:

(I) Das Wort ist »Abbild« der von ihm bezeichneten Sache – »ganz Product des Eindrucks der Gegenstände«;
(II) das Wort ist »blosse Andeutung« oder »Zeichen« – »ganz Erzeugniss der Willkühr der Redenden«[107].

Im ersten Fall hätte der Redende keine Wahl, im zweiten keine Orientierung. Im ersten würden ihm die Dinge gleichsam selbst die Rede diktieren, im zweiten ein von dieser unabhängiges und unbeeinflußtes Denken, von dem dann aber per definitionem nicht zu sagen wäre, nach welchen Kriterien es den Gedanken artikuliert. Die Wortwahl wäre von daher als willkürlich zu begreifen.[108] Die Lösung des Rätsels muß also zwischen diesen

104 WW II, S. 62.

105 Vgl. etwa *Sprachstudium*, WW III, S. 21, oder *Grundzüge*, GS V, S. 427 ff.

106 Vgl. etwa Heintel 1972, der unter Berufung auf Hamann, Herder und Humboldt vom »überzeichenmäßigen« Charakter der Sprache spricht.

107 *Sprachstudium*, WW III, S. 21.

108 Zum üblichen Umgang mit Definitionen gehört es daher, daß man sie nicht vorweg begründet. Dies wäre in gewissem Sinn auch sinnlos, denn der Zweck der Definition kann sich *überzeugend* doch nur in ihrem Gebrauch zeigen.

Extremen liegen, und daher verortet Humboldt das Wort in der Mitte zwischen Abbild und Zeichen. Nicht durch den Gegenstand ist das Wort geprägt, sondern durch die Einbildungskraft, die fallibel ist. Sie kann sich das, was das Wort bezeichnet, eben »unter« ihm so oder so vorstellen. Als Kriterium, welches das Wort vom Abbild unterscheidet, ergibt sich so die »Möglichkeit, sich unter ihm die Sache nach den verschiedensten Ansichten und auf die verschiedenste Weise vorzustellen«[109]. Weder in der sinnlichen noch in der begrifflichen Auffassung der Sache ist man festgelegt.

Von der »blossen Andeutung« bzw. vom »Zeichen« unterscheidet das Wort andererseits »seine eigene bestimmte Gestalt«[110]. Diese ist es, welche im Geschäft des Suchens Orientierung verleiht, denn sie ist das einzig Definitive, an das man sich halten kann. Die artikulative Bestimmtheit der aus unendlich vielen Möglichkeiten ausgewählten *einen* Gestalt verleiht ihrer Prägnanz einen entsprechend ins Unendliche gehenden Wert. Man übersieht dies über der selbstverständlichen Faktizität »gegebener« Wörter allzu leicht. Jedes Wort repräsentiert eine Artikulationsmöglichkeit in einem Raum unendlicher Möglichkeiten. Und wenn man die Wahrscheinlichkeitsgrenzwerte für eine Bildung in diesem Raum mit 0 .... 1 bezeichnet, so liegt diesbezüglich der Wahrscheinlichkeitswert eines *jeden* Wortes »fast« beim Wert 0. Hieraus resultiert der ungeheuer hohe Prägnanzwert jeder einzelnen Bildung, der für jede eben entsprechend auch »fast« bei 0 liegt, denn Prägnanz kann man in diesem Sinne ja als die Wahrscheinlichkeit auffassen, daß zwei Prägungen gleich ausfallen. Im Vergleich mit dem entsprechenden Wert anderer Prägungen wird sich dann in jeder Sprache ein Mittel einspielen, und es gibt Sprachen, die hier im pragmatischen Sinne sehr ökonomisch zu Werke gehen und viele Homonymien zulassen, das Chinesische oder Japanische etwa, und andere, die in dieser Hinsicht geradezu hypochondrisch auf Idiosynkrasie bedacht sind wie etwa das Altgriechische oder – in geringerem Maß – das Deutsche. Humboldt hat diesen Aspekt der Artikulation, den Umschlag gewissermaßen von Quantität in Qualität, in aller Deutlichkeit gesehen. Darum hat er sie ins Zentrum seiner Sprachkonzeption gerückt. Das Wort wird »als articulirt« vernommen.

109 WW II, S. 62.
110 Ebd.

Die Möglichkeit, aus den je verfügbaren Grundelementen einer Sprache Formen zu bilden, geht kombinatorisch gesehen in der Tat ins Unendliche – ein Gesichtspunkt, der in Humboldts Überlegungen immer wieder auftaucht. Dennoch sind die Bildungsmöglichkeiten in jeder Sprache engstens begrenzt. Es gibt Silbenmuster, Wort- und Satzbildungsmuster etc. Aber jede Begrenzung läßt grundsätzlich Spielraum offen, sonst gingen die Kombinationsmöglichkeiten ja nicht ins Unendliche – eine Ausdruckweise, die durchaus wörtlich zu verstehen ist. Sie erst motiviert die Frage, warum die betreffende Form gerade hier gewählt wurde? Diese Frage gilt für alle möglichen Wahlen. Daher *kann* die Form grundsätzlich nicht willkürlich gewählt sein. Fallibel wie jede Prägung, hat sie sich bewährt. Mit ihrer bestimmten Gestalt besetzt sie einen Ort im unendlichen Feld von Artikulationsmöglichkeiten, und dieser Ort ist nun ein endlicher und definitiver. Es kommt nun nur noch darauf an, dieses Bild in eine sprachtheoretische Begrifflichkeit zu überführen.

In diesem Zusammenhang liegt der Grund für die ganz und gar antikonventionalistische Anlage der Sprachkonzeption Humboldts. Wir hatten bei der Diskussion Saussures bereits darauf verwiesen, daß bei allen sonstigen Analogien ihrer Sprachauffassungen sie in diesem Punkt sich geradezu kontradiktorisch gegenüberstehen. Das Arbitraritätsprinzip, auf das Saussure die Linguistik gründet, gilt für Humboldt nicht, ja es gilt ihm geradezu als das *proton pseudos* des topischen Verständnisses von Sprache:

»Den nachtheiligsten Einfluß auf die interessante Behandlung jedes Sprachstudiums hat die beschränkte Vorstellung ausgeübt, dass die Sprache durch Convention entstanden, und das Wort nichts als Zeichen einer unabhängig von ihm vorhandenen Sache, oder eines eben solchen Begriffs ist.«[111]

Zwar sieht Humboldt durchaus die Notwendigkeit, in der Analyse des Sprachbaus eine »Trennung des Wortes als Laut und als Begriff« vorzunehmen, welche »in der Natur allerdings nicht vorhanden« sei[112], ohne doch daraus die Folgerung abzuleiten, diese per Abstraktion erzeugte Relation von signifiant und signifié als

111 WW II, S. 59 f. Ähnliche Urteile finden sich im *Essai*, GS III, S. 319, im *Sprachstudium*, WW III,. S. 19 ff., *Verschiedenheiten*, WW III, S. 153, usw.

112 Vgl. *Grundzüge*, GS V, S. 417.

eine arbiträre zu interpretieren. Diese Deutung verstellt für ihn geradezu den Weg für ein Verständnis der internen Organisation einer Sprache, für das also, was aus einer Menge von Ausdrücken *eine* Sprache macht.

Das Wesentliche an dieser Opposition erkennt er vielmehr darin, daß der »Unbestimmtheit« des unter dem Wort gedachten bzw. vorgestellten Gegenstandes, der Unterdeterminiertheit, wie man sagen könnte, der »Materie« des Wortes, eine Überdeterminiertheit seiner Form entspricht, die an der »bestimmten sinnlichen Gestalt« des Wortes als Laut hängt.[113] Humboldt verfügt hier noch nicht über den begrifflichen Apparat einer expliziten Sprachkonzeption, um die Idee einer Orientierung, die in der sinnlichen Form des Wortes liegt, im einzelnen zu entfalten. Doch ist die Anlage seiner Lösung in diesen wenigen dem Thema der Sprache gewidmeten Seiten des Fragments so deutlich vorgezeichnet, daß sie eine Betrachtung lohnt. Hier haben wir den Plan, den die späteren Arbeiten ausführen.

Humboldts grundlegender Gedanke knüpft an seine ästhetischen Studien an. Was dort als spezifische Leistung poetischer Einbildungskraft betrachtet worden war, wird hier nun als allgemeines Merkmal von Imagination und Denken zur Geltung gebracht: die Intensionalität, die das Charakteristikum des Entwurfs ›idealischer‹ Zusammenhänge ist. Ohne Zweifel ist dies noch von Kant her gedacht. Die Funktion der Analogien der Erfahrung besteht ja darin, solche Zusammenhänge zu stiften, und in den Vernunftgrundsätzen der Homogenität und Spezifizierung hat Kant die korrelativen Verfahren beschrieben, die in einer Menge zunächst vielleicht verschiedenartigster Erfahrungen sukzessive diejenige Konsistenz aufbauen, welche es schließlich rechtfertigten, von »einer« Erfahrung zu reden. Das transzendentale Ideal bezeichnet den Grenzwert einer durchgängigen »Zusammenstimmung« aller Prädikate, den Punkt infinitesimaler Annäherung an

113 WW II, S. 62 f. »Materie« des Wortes nennt Humboldt die »Art, wie das Wort ... die Gegenstände äusserer und innerer Wahrnehmung vor die Seele bringt, ... das Objective in demselben«, »Form« dagegen »die Art ..., wie die Vermögen der Seele [Intellektualität, Sinnlichkeit, Gefühl, Ch. St.] ... zu einander in Verhältniss treten, und sich zur Einheit des Zusammenwirkens verschmelzen, das Subjective in demselben«; *Grundzüge,* GS V, S. 421. Vgl. dazu unten S. 451 ff.

das Ding an sich.[114] An dieser Grundkonzeption hält Humboldt fest:

»Das Denken behandelt nie einen Gegenstand isoliert, und braucht ihn nie in dem Ganzen seiner Realität. Es schöpft nur Beziehungen, Verhältnisse, Ansichten ab, und verknüpft sie.«[115]

Völlig neu gegenüber Kant ist nun aber der Gedanke, daß der Relationalität des Denkens in der Sprache ein strukturelles Moment korrespondiert, welches dieses allererst, und zwar pragmatisch, möglich macht. Was wir als Überdeterminiertheit der Form des Wortes zu charakterisieren versuchten, hat seinen Grund in diesem Moment. Humboldt nennt hier lediglich zwei dafür wesentliche Merkmale der sinnlichen Form des Wortes, ihre »Veränderungsfähigkeit und die Analogie mit den übrigen Sprachelementen«.[116] Unter der Veränderungsfähigkeit der Wortform wird man Sachverhalte wie Konjugation, Deklination, Umlaut- und Ablautbildungen, kurzum alle morphologischen Prozesse zu verstehen haben, die den Gegenstand der Grammatik bilden. Sie ermöglichen die bzw. sind Ausdruck der syntaktischen Verwendung des Wortes. Für eine Analogie gibt Humboldt in diesem Text nur das Beispiel eines auf Alliteration aufgebauten Wortfeldes:

»Woge, Welle, Wälzen, Wind, Wehen, Wald, ...«,

in dessen Kontext der semantische Wert von »Wolke« eingespielt wird.[117] Saussure würde von »assoziativen Relationen« sprechen[118], und in der Tat kann man Humboldts Überlegungen damit vergleichen. Für diese zentral ist indessen die produktive Funktion der Wertbildung. Bei diesen Andeutungen bleibt es hier und es bleibt auch unausgemacht, wie derartige Strukturen sich bilden. Doch ihre Funktion wird klar benannt: Mit ihnen, damit in der sinnlichen Form des Wortes, ist der »Zusammenhang vorbereitet,

114 Vgl. KrV B 681 ff. und B 599 ff.
115 WW II, S. 63.
116 Ebd.
117 Ebd. S. 62. Humboldt hebt hier darauf ab, daß der Ausdruck *Wolke* »in sich bedeutend« sei, und fügt kommentierend hinzu: »... wo man nur Woge, Welle, ..., Wald u.s.f. mit ihm vergleichen darf, um dies zu finden ...«. Er gibt hier also eine Skizze dessen, was er im *Essai* den Wert (valeur) des Wortes nennen wird, der in der Rede (parole) eingespielt wird.
118 Vgl. CLG S. 173 ff.

den das Denken in der Welt zu finden, und in seinen Erzeugnissen hervorzubringen bemüht ist ...«[119]

Die Begriffe »Abbild« und »Zeichen« verabsolutieren je ein Moment der Einbildungskraft, das der Rezeptivität und das der Spontaneität. Das Wort ist keines von beiden und insofern eine Kategorie sui generis, als in ihm beide Momente in einer gewissen Balançe gehalten werden. Es ist nicht nur Instrument des Verstandes, sondern in seiner sinnlichen Form stets auch Gegenstand des Empfindens, es ist – um eine der schönsten Formulierungen Humboldts zu zitieren – ein ästhetisches Produkt,

»das insofern mit einem Kunstwerk Ähnlichkeit hat, als es durch eine sinnliche, der Natur abgeborgte Form eine Idee möglich macht, die ausser aller Natur ist ... Diese ausser aller Natur liegende Idee ist gerade das, was allein die Gegenstände der Welt fähig macht, zum Stoff des Denkens und Empfindens gebraucht zu werden ...«[120]

Damit ist die sprachphilosophische Wende der Transzendentalphilosophie im Grundsatz vollzogen, und man sieht hier erstmals die volle Bedeutung eines Denkens, das Sprache von der poetischen Mimesis her begreift. Der Universalität des Kunstwerks entspricht die des Wortes. Wie dieses spricht es den ganzen Menschen an. Der »Eine Schall« des Wortes »heftet« Gedanken, Wahrnehmungen und Gefühl und hält sie zusammen[121] und räumt ihnen so in der Mitte von Unterbestimmtheit seiner Materie und Überdeterminiertheit der Form den Spielraum ein, den die Einbildungskraft im Vollzug des Schematisierens braucht.

Vergleichendes Sprachstudium

Sprache ist analogisch strukturiert – aber was heißt das im einzelnen? Nicht nur ist von der Beantwortung dieser Frage eine genauere Auskunft darüber zu erwarten, was der Begriff der

119 WW II, S. 63.
120 Ebd. S. 62 f.
121 Ebd.

Überdeterminiertheit des Wortes besagen soll, mit dem wir seine eigentümliche Stellung zwischen Abbild und Zeichen zu fassen versucht haben, diejenige Eigenschaft des Wortes, an dem seine Fähigkeit hängt, Orientierung für Denken und Handeln zu vermitteln. Genauer betrachtet lieferte erst dies die eigentliche Antwort auf die Frage, was der Ausdruck »Sprache« meint, von dem der erste ›Hauptsatz‹ besagt, daß sie das bildende Organ des Gedankens sei. Wir hatten gesehen, wie unbestimmt innerhalb der Oppositionen von Rede und Schrift, von innen und außen, flüchtig und bleibend dieser Ausdruck geworden war. Die in diesem Hauptsatz behauptete These ließe sich erst dadurch einlösen, daß das Verfahren der Bildung der Gedanken beim Reden – das *Sprachverfahren* – beschrieben wird. Im *Essai sur les langues du nouveau continent*, dem ersten systematischen Text, in dem er eine explizite Sprachtheorie entwickelt, und, darauf aufbauend, in den *Grundzügen des allgemeinen Sprachtypus* hat Humboldt ein Modell, ein Bild dieses Verfahrens entwickelt.[122]

Von »Bild« ist hier zurecht zu reden. Dem Kantianer Humboldt ist von Anfang an die Hypothek klar, die er sich auflastet, wenn er im Anschluß an das im Fragment über *Latium und Hellas* formulierte Programm Sprache als das Denken, Wahrnehmen und Fühlen und damit letztlich auch Handeln konstituierende Medium philosophisch zu entfalten unternimmt. Es liegt ja in der Logik des transzendentalen Ansatzes, daß die »letzte« für Leistungen des Subjekts konstitutive »Schicht« – wie immer sie gefaßt wird – gegenüber allen übrigen unbestimmt bleiben muß. Man kann nicht aus der Sprache heraus, auch und erst recht nicht, wenn Sprache Objekt philosophischer oder wissenschaftlicher Erkenntnis wird. Hierin liegt der eigentliche Grund für das Programm eines ›vergleichenden‹ Sprachstudiums. Es gibt keinen externen Standpunkt, von dem aus man Sprachen wie andere innerweltliche Objekte betrachten könnte, denn man bedarf dazu selbst einer bestimmten Sprache, die dazu zwei wesentliche Bedingungen erfüllen muß:

(1) muß sie über hinreichend genaue, treffende Unterscheidungen verfügen und

(2) muß man sich auf ihren Gebrauch mit hinreichender Sicherheit verstehen.

122 Vgl. *Essai*, GS III, S. 308 ff.; *Grundzüge* §§ 56 ff, GS V, S. 400 ff.

Dieses Prinzip gilt für jede Art von Erkenntnis. Bezüglich der Sprache spitzt es sich jedoch auf charakteristische Weise zu: Erkenntnisse über eine bestimmte Sprache sind dort, wo es nicht mehr um Eigenschaften geht, die *jeder* Sprache zugeschrieben werden, wie daß sie eine Syntax, daß sie eine je besondere Silben- oder Lautstruktur haben usw., bei genauerer Betrachtung nur *in der betreffenden Sprache selbst* möglich. Das scheint zunächst paradox. Es gibt schließlich, in Englisch vor allem, Beschreibungen so verschiedener Sprachen wie des Spanischen, des Russischen oder des Japanischen. Doch schaut man genauer hin, so wird man bemerken, wie äußerlich solche Beschreibungen der »fremden« Sprache bleiben. Sie erreichen sie nicht. Die Feinheiten des Tempusgebrauchs im Deutschen kann man letztlich nur auf Deutsch zutreffend erfassen, weil man sich eben in dieser Sprache bewegen muß, will man den feinen Differenzen auf die Spur kommen. Und nur in ihr lassen diese sich entsprechend angemessen zum Ausdruck bringen. Die Deskription muß rückgekoppelt bleiben ans Sprachgefühl. Humboldt entfaltet diesen Gedanken in mehreren Schritten.

Sein Ausgangspunkt ist in diesem Fall ein ›historischer‹: die Erfahrung, daß es Sprachtypen wie die amerikanischen Sprachen gibt, die sich mit den Kategorien der Schulgrammatik nicht oder doch kaum angemessen beschreiben ließen. Man kann nicht nur fragen, ob Kategorien wie ›Plusquamperfekt‹ oder ›Passiv‹ für die Beschreibung einer dem Lateinischen so nahen Sprache wie des Deutschen tauglich sind oder nicht eher den Blick auf analoge, aber eben doch andere Verfahren dieser Sprache verstellen.[123] Man kann darüber hinaus und genereller fragen, ob der der europäischen Bildungstradition entstammende Begriff der Grammatik, von dem wir gesehen haben, wie unlösbar er mit der Evolution des Alphabets zusammenhängt, ob dieser Begriff für die Beschreibung von Sprachen ganz anderen Typs überhaupt tauglich ist.

Diesem Ansatz kann man den Epochenschnitt ablesen, der Humboldts Sprachauffassung von derjenigen Kants oder auch noch Fichtes trennt. Hier gelten nicht mehr fraglos die Formen des Lateinischen für Formen *der* Sprache. Selbst Herder ist noch Repräsentant traditionalen Denkens, wo er, dem Mythos der Heiligen Schrift folgend, das Hebräische als die »älteste« der Sprachen

123 Vgl. Kap. 2, S. 84 ff.

nimmt.[124] Humboldts Auffassung ist demgegenüber vom Pathos einer neuen Empirie geprägt. In Rom hatte er die vom Abbé Hervas gesammelten Grammatiken indianischer Sprachen kennengelernt[125] und sogleich das grundsätzliche methodische Problem dieser von Missionaren hergestellten Kompendien erkannt:

»... il est triste à voir quelles tortures ils se donnent à eux mêmes et à l'objet qu'ils traitent, pour le soumettre aux règles rétrécies de la grammaire latine de Nebrixa, ou de tel autre Régent de Collège Espagnol.«[126]

Es geht also nicht mehr nur um die Verschiedenheit von Sprachen, sondern um die von Sprachtypen. Gegenüber den sich ähnlichen ›agglutinierenden‹ Verfahren der amerikanischen Sprachen grenzen sich die indoeuropäischen und semitischen Sprachen als besondere, nämlich ›flektierende‹ Typen ab, und dem flektierenden und dem agglutinierenden Typ steht wie ein Fossil das Chinesische als ein Typ entgegen, der alle derartigen Verfahren offenkundig nicht kennt. In solchen Beobachtungen, die Humboldt durch unablässige empirische Sprachstudien fortlaufend vertieft, deutet sich ein grundsätzlich neues Verständnis an: Jede Sprache hat ihre eigene Form und muß in dieser ihrer Individualität respektiert werden.

Nicht von außen also, nur von innen kann Sprache und können Sprachen erkannt werden, und dies heißt: in den für eine jede wesentlichen Bezügen. Damit ist das Design des vergleichenden Sprachstudiums im Grundsatz festgelegt, und dieses Design ist systematisch vollständig. Sein Ansatzpunkt können immer nur bestimmte Sprachen sein, und diese heißt es nun zu studieren

1. in ihren Bezügen zu anderen bekannten Sprachen, um aus ihren Verschiedenheiten sich eine allgemeine Idee der Sprache und der Sprachen abzuleiten. Erst so läßt sich überhaupt ein hinreichend konkreter Begriff *der* menschlichen Sprache gewinnen. Man kennt *den* Menschen noch lange nicht, wenn man seine Nachbarn und ein paar Bekannte hie und da kennt – ein mehr als bedenkenswerter Einwand gegen jeden hypothetischen Universalismus wie den der kognitiven Linguistik, dessen Empirieferne wir ja in anderen Zusammenhängen bereits erörtert hatten;[127]

124 Vgl. Herder [1978 a], S. 47. Allerdings spricht Herder doch schon von der »für die älteste angenommenen« Sprache.

125 Vgl. GS III, S. 307 und 304, Anm.

126 Ebd. S. 303.

127 Vgl. Kap. 6, S. 243 ff.

2. in ihren Bezügen zum Charakter der sie sprechenden Nation, um daran die Rückkopplung von Denken und Handeln und Sprache zu erkennen;
3. schließlich in ihren Bezügen zu ihrer jeweiligen Ursprungssprache, um so ihre Abstammung und ihre Verwandtschaft mit anderen Sprachen »historisch«, in der Empirie also, offenzulegen.[128]

Besondere und allgemeine Sprachform, deren Funktionalität und historische Erscheinungsweisen sind also die drei gleichermaßen unverzichtbaren Dimensionen des vergleichenden Sprachstudiums, ein Raster, in das man mühelos alle sprachwissenschaftlichen Schulen des 19. und 20. Jahrhunderts einordnen könnte – womit seine Vollständigkeit allerdings immer noch nicht gezeigt wäre.

Diese kann auch so niemals gezeigt werden, sondern immer nur a priori, von einem *Begriff* von Sprache aus, der auf einer anderen Ebene formuliert sein muß: Nicht auf der des Historikers, der sich eine fremde Empirie anzueignen versucht, sondern auf der Ebene dessen, dem sein Gegenstand gerade *nicht* fremd ist, auf den er sich daher verstehend im buchstäblichen Sinn einlassen kann.

Dieses »verstehen« besagt hier zweierlei: Erstens muß man den angemessenen Gebrauch der Ausdrücke der betreffenden Sprache hinreichend beherrschen. Man muß sich mit ihnen verständlich machen können. Dabei könnte man an Austins Bedingungen des Gelingens von Sprechakten denken[129], eine Vorstellungsweise, die Humboldts Pragmatismus durchaus nahe steht, auch wenn er den Aspekt der Zweckmäßigkeit des Sprachgebrauchs – wie wir gesehen haben – in systematischer Orientierung an Kants Kategorie der Urteilskraft entwickelt. Die ästhetische Dimension des Gelingens bleibt bei Austin unterbelichtet. Humboldt verliert sie nie aus den Augen. Zum zweiten muß man diesen eigenen, beherrschten Sprachgebrauch von anderen Gebräuchen, anderen Sprachspielen hinreichend deutlich zu unterscheiden wissen. Dies aber wäre unmöglich – Herders Grundgedanke – ohne die Anerkennung dieser anderen Gebräuche und Sprachspiele. Damit ist der methodische Grundsatz des vergleichenden Sprachstudiums gefunden:

»... les langues s'expliquent réciproquement, et ... on ne parvient à en voir une seule dans son jour entier, que lorsqu'on s'élève par des recherches qui tâchent de les embrasser toutes ...«[130]

128 GS III, S. 308.
129 Vgl. Austin 1975, Kap 2 und 3.
130 GS III, S. 316.

Dieser Grundsatz ist nicht auf der Ebene der Empirie bzw. Historie formuliert, sondern auf der der Reflexion. Nach Saussure hat die Sprachwissenschaft definitiv die philosophische Orientierung verloren, die in Humboldts Konzeption intrinsisch verankert war. Es genügt, sich den Reichtum an Perspektiven zu vergegenwärtigen, die einer solchen Orientierung abzugewinnen sind, um den Sinn des von Humboldt immer wieder formulierten Postulats zu begreifen, das ›historische‹ mit dem ›philosophischen‹ Sprachstudium zu verbinden. Reflektiert man philosophisch die Empirie, so ist eine Einsicht unabweisbar, in der man den phänomenologischen Grundtatbestand umschrieben findet, auf dem alle Sprachwissenschaft aufruht:

Was auch immer man *als* Sprache, als besonderes Idiom betrachtet – es erweist sich in dreifacher Weise als *Fragment* eines umfassenden Ganzen, das je »dahinter«, selbst unfaßbar bleibt: Fragment bezüglich all der Kontingenzen seiner Dauer – die Sprache, die wir jetzt betrachten, ist nicht mehr die, die sie vor hundert Jahren gewesen ist. Solche Veränderungen sind konstatierbar. Fragment zweitens bezüglich ihres Ursprungs, der letztlich der aller Sprachen ist bzw. den man also solchen voraussetzen muß, nämlich von einem anthropologischen Begriff von Sprache her. Auch hier beschreitet Humboldt neue Wege: Alle Sprachen sind gleich ›alt‹. Sofern sie noch von Individuen oder Gruppen zum Ausdruck ihrer Gedanken verwendet werden, »leben« sie, tradieren einen Gebrauch, der nur durch die physische Vernichtung der sich dieser Sprache bedienenden Populationen abgebrochen werden könnte. Was historisch-empirisch erfahrbar ist, sind verschiedene Wege, die »die« menschliche Sprache genommen hat. Niemals kann man sie bis zu ihrem gemeinsamen Ursprung zurückverfolgen. Eine jede hat man daher als autochthones Faktum zu nehmen, wohl wissend, daß dieses nur einen Ausschnitt des gesamten Phänomens repräsentiert. Fragment ist drittens daher jede besondere Sprache auch bezüglich der Gesamtheit aller Sprachen. Die reflexive Erfahrung der Verschiedenheit von Sprachen besteht wesentlich darin zu erkennen, daß, was in der einen Sprache so ausgedrückt wird, sich in der anderen nur analogerweise, nämlich so und so sagen läßt, was aber eben nicht genau dasselbe besagt wie in der anderen Sprache. Auch Humboldt verweist in solchen Zusammenhängen auf das Beispiel des Übersetzers und des Übersetzens. In den *Verschiedenheiten des menschlichen Sprachbaus* hat er das Grundproblem der von Hervas gesammelten latinisierenden Grammatiken von Indianersprachen zu einer Einsicht verallgemeinert, die das Selbstverständnis des vergleichenden Sprachstudiums in seinem Kern erfaßt:

»Sprache kann ... nicht, gleichsam wie etwas Körperliches, fertig erfasst werden; der Empfangende muss sie in die Form giessen, die er, für sie bereitet, hält, und das ist es, was man *verstehen* nennt. Nun zwängt er entweder die fremde in die Form der seinigen hinüber, oder versetzt sich, mit recht voller und lebendiger Kenntniss jener ausgerüstet, ganz in die Ansicht dessen, dem sie einheimisch ist. Die lichtvolle Erkennung der Verschiedenheit fordert etwas Drittes, nämlich ungeschwächt gleichzeitiges Bewusstseyn der eignen und fremden Sprachform.«[131]

Das andere verstehen heißt, es anerkennen. Aus diesem herderschen Erbe entwickelt Humboldt den zentralen Gedanken seiner Philosophie der Sprache, den er im *Essai* in einzigartiger Schärfe formuliert – nie wieder hat er dies so komprimiert ausgesprochen: Eine jede Sprache ist eine individuelle Problemlösung, die die »faculté du langage«, die Sprachfähigkeit der Menschen gefunden hat, um ihnen das Medium bereitzustellen, das ihnen erlaubt, ihr Denken, Handeln und Fühlen zu artikulieren, und dies *passend* zur jeweils kontingenten Umwelt, deren Anforderungen zu bewältigen sind. Der bereits im Wallenstein-Brief in vielfacher Weise umspielte Gedanke, daß die Funktion der Sprachfähigkeit wesentlich darin bestehe, die »Endlichkeit« des Menschen, seine Vereinzelung, die zeitliche und räumliche Begrenzung seines realen Daseins aufzuheben dadurch, daß sie ihm gestatte, »immerfort ... mehr Welt mit sich zu verknüpfen«[132], indem sie ihm eine Sprache bildet, die »zugleich Werk des Menschen und Ausdruck der Welt« sei, die so beide repräsentiere und insofern beide miteinander vermittle bzw. – so hatten wir diesen Gedanken verstanden – die es ihm ermögliche, sich in der Welt zu orientieren: dieser Gedanke wird für Humboldt »le point central de l'étude des langues«[133], und dieser Punkt betrifft die angesprochene Vermittlungs- bzw. Schematisierungsproblematik. Zwar ist jede Sprache in den oben bezeichneten Hinsichten nur ein Fragment, doch eine jede reprä-

131 WW III, S. 156.
132 WW V, S. 197.
133 Ebd. S. 308.

sentiert den menschlichen Geist doch *ganz*, wenn auch in je besonderer Perspektive. Insofern ist auch, wie Humboldt selbst bemerkt, das Wort »Fragment« hier nicht der zutreffende Ausdruck:

»L'ensemble dont il est question ici«, die Gesamtheit aller Sprachen, mithin das, was die Sprache ausmacht, »n'est point composé de différentes parties coopérant au même résultat, mais de différentes manières de s'acquitter, chacun en entier, des mêmes fonctions.«[134]

Jeder Mensch erwirbt sich in seiner *besonderen* Sprache alle Funktionen *der* Sprache vollständig. Die faculté du langage hat daher in jedem Spracherwerb je erneut vier verschiedene Parameter auf einen Nenner zu bringen:

(1) die Natur der Sprachen, die wesentlich in einer bestimmten Anzahl von »sons susceptibles«, von artikulierten Lauten, d. h. Wörtern und sonstigen Einheiten bestehen, welche eine bestimmte Anzahl von Kombinationen erlauben;
(2) die Natur des Menschen, d. h. die Gesamtheit seiner Fähigkeiten wahrzunehmen, zu denken und zu fühlen, und die Beschaffenheit seiner leiblichen Organisation;
(3) die unveränderlichen Gesetze der Logik;
(4) die je kontingente Umwelt.[135]

Eine jede Sprache ist also der austarierte Kompromiß zwischen diesen vier Parametern, der Umwelt des Menschen, seiner Sinnlichkeit, seinem Verstand und einer Sprache, die ihm je schon vorgegeben ist und die daher auch nicht die seine sein kann. Insofern gewinnt Humboldt auch der Sprachursprungsdebatte eine neue Dimension ab bzw. bringt er Herders Ansatz allererst auf den Punkt: Von Sprachursprung zu reden macht nur Sinn, sofern man darunter die sich in jedem Spracherwerb wiederholende Neuschöpfung einer je anderen Sprache begreift. In gewissem Sinn wiederholt sich der Sprachursprung kontinuierlich. Den Spracherwerb der Kinder kann man nicht als Imitation begreifen. Genauere Beobachtung lehrt, daß sich jedes Kind seine Sprache in gewissem Sinn neu erfindet.[136] Humboldt erkennt dieses Problem ähnlich wie später Chomsky, aber er formuliert die Antwort in

134 *Essai*, GS III, S. 309.
135 Ebd. S. 309.
136 Vgl. ebd. S. 324 f.

grundsätzlich anderer Weise, weil in all seinen Überlegungen die Einsicht angelegt ist, daß man Sprache nur analogerweise erkennen kann. Dieses Moment ist daher auch in jedem Erlernen einer fremden Sprache noch zu beobachten:

»On n'apprend jamais tous les mots, toutes les phrases, on en devine toujours une bonne partie; c'est bien moins matériellement la langue, que la faculté de la concevoir qu'on acquiert.«[137]

Bei Chomsky ist der Mensch das passive Substrat eines genetisch angelegten Prozesses, der sich in determinierter Form abspielt. Bei Humboldt hat die faculté du langage eine aktive, in der Tat kreativ zu nennende Funktion. Die Form der neuen Sprache ist nicht durch eine interne Struktur der faculté du langage festgelegt. Über diese wissen wir nichts – wir müssen diese Fähigkeit je schon als anthropologische Anlage voraussetzen. Sie ist selbst daher nichts wissenschaftlich Beschreibbares.[138] Die jeweilige Sprache bildet sich erst neu, indem der Mensch unter der Kontrolle seines Verstandes innere und äußere Natur auf die je vorgegebene abbildet. Und da zwei universellen Parametern – (2) und (3) – zwei kontingente gegenüberstehen – (1) und (4) –, kann die jeweilige Problemlösung selbst nur eine kontingente sein.

Für Humboldts Philosophie der Sprache ist wesentlich, daß jede dieser Lösungen *mehr oder weniger* gelungen ist. Jede muß sich in der im ›Urtypus‹ beschriebenen dialogischen Struktur bewähren, und damit wird auch die Quantität ihres Gebrauchs zu einem Faktor, der ihre Qualität berührt:

137 Ebd. S. 324. In der Tat formuliert Humboldt hier explizit jenen methodischen Gedanken, der bei Chomsky zu dessen systematisch »zweideutiger« Rede von Grammatik als Theorie und als internalisiertem System führt (vgl. *Aspects* Kap. 1).

138 Selbstverständlich können paläontologisch die Veränderungen in der Evolution des Gehirns beschrieben werden, auf denen diese Fähigkeit beruht (vgl. Leroi-Gourhan 1984, S. 99 ff.), und selbstverständlich kann auch neurologisch Lage und Beschaffenheit von »Sprachzentren«, Broca, Wernicke usw., beschrieben werden, doch gibt es auf der Ebene dieser Beschreibungen keine Beschreibung von Strukturen, die als die Beschreibung der internen Struktur der faculté du langage, etwa im Sinne einer angeborenen Universalgrammatik, interpretiert werden könnte. Alle diesbezüglichen Aussagen der kognitiven Linguistik sind nicht der Beschreibung von neuronalen Sachverhalten, sondern empirischen Sprachen abgewonnen. Vgl. hierzu Linz 1994 und Kap. 12, S. 602 ff.

»Plus donc une nation est vaste, plus elle a, en se servant toujours du même idiôme, passé par toutes les vicissitudes qu'éprouvent les petites et les grandes associations; plus sa langue s'amalgame avec le caractère de ceux qui la parlent, plus elle influe puissamment sur eux, plus elle les familiarise avec tout ce qui attriste, ou soulage, ennoblit, ou dégrade l'humanité.«[139]

Jede Sprache artikuliert demgemäß das Verhältnis zwischen ihren Elementen und der Masse des von diesen Bezeichnetem auf ihre Weise, bearbeitet das eine Gebiet stärker als das andere und auf eine von anderen Sprachen verschiedene Art, so etwa beim Konjugationssystem, wo beispielsweise das Griechische die Unterscheidung von modalen und temporalen Aspekten viel weiter treibt als das Deutsche oder Englische. Dies ist der materiale Aspekt, an dem sich zeigt, daß für ein ›vergleichendes‹ Sprachstudium das Prinzip der Arbitrarität nicht gelten kann[140], und man sieht in dieser Perspektive deutlicher als aus irgendeiner anderen, worin das Problem einer hypyothetischen Annahme sprachlicher Universalien liegt. Bei all diesen Formen handelt es sich um Ausdifferenzierungen aus der »ursprünglichen« Einheit *des* undifferenzierten Sprechakts. Verfolgte man die Evolution dieser Differenzen an ihren imaginären Ursprung zurück, so landete man nicht bei dieser oder jener bestimmten Menge von Universalien {A, B, C, … }, sondern bei einer leeren Menge von Differenzen, bei {0}. Es überrascht daher nicht, mit welcher Bestimmtheit Humboldt der Annahme einer universellen Grammatik widerspricht, die in der neuzeitlichen Philosophie doch bis Kant fraglos gegolten hatte:

»Il seroit entièrement chimérique de vouloir former de toutes ses [der Gesamtheit der Sprachen] différentes qualités une même langue universelle, qui deviendroit vuide, si elle faisoit abstraction des caractères distinctifs, et contradictoire, si elle les admettoit tous à la fois.«[141]

Mit diesen Überlegungen hat Humboldt das Format einer Wissenschaft von der Sprache ausgelegt, die, um ›Wissenschaft‹ zu sein, Philosophie bleiben muß. Das »historische«, sprich empirische Studium der Verschiedenheiten des menschlichen Sprachbaus ist unabdingbar, damit der Begriff der ›menschlichen Sprache‹

139 GS III, S. 335.
140 Ebd. S. 318 f.
141 Ebd. S. 308.

nicht leer bzw. unangemessen verkürzt bleibt. Aber es muß doch stets geleitet bleiben von einem Begriff der Sache, dessen man sich nur philosophisch vergewissern kann, weil Sprache, auch wo sie als wissenschaftliches Objekt genommen wird, doch Medium von Wissenschaft und darüber hinaus von menschlicher Kommunikation schlechthin bleibt. Als sprechende Subjekte verfügen wir über ein apriorisches ›Wissen‹ von Sprache, das durch Empirie zwar modifiziert, nie aber grundsätzlich widerlegt werden kann. Nur unter solchen Bedingungen wäre das starke Wort von einer »Wissenschaft« angebracht: »Ce n'est qu'ainsi que l'étude des langues pourra devenir véritablement une science.«[142]

›Langage‹ und ›langue‹: ergon und energeia

Der Leser des *Essai* hat die einzigartige Gelegenheit zu sehen, wie die Einsichten seines Autors sich daran bewähren, daß er sich hier in einer anderen Sprache artikuliert. Immer noch fragen wir nach dem spezifischen Wert des Terms »Sprache« in dem Kontext von »Rede« und »Schrift«, den der Hauptsatz entfaltet. Das Französische verfügt hier jedoch über einen zusätzlichen Wert. Wo das Deutsche nur ›Sprache‹ und ›Rede‹ unterscheidet, bietet es die Wahl an zwischen ›langage‹, ›langue‹ und ›parole‹, und Humboldt macht von dieser Wahl systematischen Gebrauch.[143] Der parole mißt er – dies ist vom Wortgebrauch her nahegelegt – dieselbe Funktion zu wie der Instanz, die er im Deutschen »Rede« nennt. Die parole macht dem Menschen, indem sie Welt vor ihm entfaltet, das Produkt seiner intellectuellen Thätigkeit sinnlich wahrnehmbar und verstehbar:

»... on reconnait véritablement que la parole devient ... l'intermédiaire entre l'homme et l'univers, que c'est elle qui le crée devant ses yeux, et le

142 Ebd. S. 312.

143 Es liegt also an dem – wie Humboldt sagen würde – »Genie« des Französischen, daß in diesem Text die saussuresche Trias von langage – langue – parole auch in ihrem semantischen Wert »antizipiert« wird. Aufgrund der Publikationsgeschichte des *Essai* ist es wenig wahrscheinlich, daß Saussure ihn gekannt hat.

rend capable en même tems lui-même de concevoir et de sentir son ouvrage.«[144]

Sieht man nun, wie Humboldt die Terme »langage« und »langue« verwendet, so findet sich, daß das Wort »langue« jeweils das Resultat der Artikulationsarbeit bezeichnet, die von der faculté du langage geleistet wird – wem immer auch diese faculté zugesprochen wird. Es ist das im Gebrauch bewährte Resultat, und daher kann man auch nur von »la langue Basque«, »la langue Mexicaine« usw. sprechen[145], denn damit referiert man auf in bestimmter Weise gegebene Objekte. Man kann Wörter und grammatische Formen dieser Sprachen, insbesondere auch ihr Lautsystem beschreiben. Die Sprache qua langue ist es, der die ganzheitliche analogische Struktur zugeschrieben wird, die Denken und Handeln Orientierung verleiht. Hier im *Essai* ist dieser Grundzug der humboldtschen Sprachkonzeption, auf den wir bereits im Zuge unserer Saussure-Lektüre zurückgegangen waren – erstmals explizit als Grundsatz ausgesprochen:

»On peut le regarder comme un principe certain et invariable que tout, sans exception, repose dans une langue sur une analogie ou évidente, ou secrette, et que sa structure, jusques dans ses parties les plus fines, est une structure organique.«[146]

Die langue als das Gegebene, das Resultat, kann man mehr oder weniger umfassend analysieren: ihren Einheitenbestand, die grammatischen Regularitäten, das »vollständige System von Analogien«, das man in einer Sprache entdecken kann[147]. Und wenn es auch de facto niemals möglich ist, die Analyse zu dieser Vollständigkeit zu bringen, so muß man doch an dem Ziel festhalten. Die langue ist damit als ein je Endliches gedacht – und rückt so zweifellos in die Nähe der saussureschen Konzeption des Synchronismus.

»Langage« meint in Humboldts Sprachgebrauch das Korrelat des Resultats. Von der langue wird im Passiv gesprochen oder im Akkusativ. Man studiert sie, sie wird erzeugt, tradiert usw. Mit dem Begriff des langage dagegen wird Aktivität verbunden. Die faculté du langage ist die Fähigkeit, Sprachen zu bilden und zu

144 Vgl. *Essai,* GS III, S. 322, Anm.
145 Vgl. ebd. S. 310 und passim.
146 Ebd. S. 321.
147 Ebd. S. 325.

sprechen[148], sie ist generelle Anlage des Menschen[149]. Von daher ist langage Sprache *als* Disposition und, Folge davon, *als* Vollzug[150]. Er ist der gemeinsame Sprachgebrauch, die Sprache, wie sie aus dem Mund der Individuen und Nationen kommt, der Sprachgebrauch, auf den man sich versteht und an den man sich gewöhnt. In diesem Sinne nähert sich der Wert des Wortes »langage« dem des Wortes »parole« aufs engste an: »Le langage se place entre l'univers et l'homme«[151] – dies ist fast identisch mit der Funktion, die der parole zugeschrieben war.[152] Und doch bleibt in Humboldts Sprachgebrauch eine entscheidende Differenz deutlich erkennbar: Parole ist der *effektive* Vollzug, die »jedesmalige Rede«, in der der Gedanke definitiv formuliert wird. Im Wert von »langage« dagegen ist die Konnotation einer Disposition nie ganz aufgegeben. Der Schriftsteller reichert durch die Kenntnis fremder Sprachen seine eigene an, will sagen sein Ausdrucksvermögen[153]. Insofern ist dieser ›Sprachgebrauch‹ doch etwas anderes als der individuelle Sprechakt, der jedesmalige Vollzug, er ist diesem gegenüber der generalisierte, der allgemeine Sprachgebrauch, der gegenüber der individuellen parole stets im Modus der Möglichkeit verbleibt und der doch Aktivität sein soll. Die Philosophie der Sprache hat hier eine Paradoxie festzuhalten, die im Begriff des langage ihr Zentrum hat. Dieser Beriff steht quer zu der Opposition von Faktizität und Möglichkeit, innerhalb derer der Wert der Begriffe von Sprache und Rede auszutarieren war. Insofern kann er die Vermittlung zwischen beiden Modalitäten leisten, ohne daß freilich im Detail zu sehen wäre, wie diese Vermittlung organisiert wäre. Eine Konzeption des Beispiels, wie sie in Wittgensteins Spätphilosophie zu eben diesem Zweck entfaltet wird und von der her das Paradigmatische und damit Allgemeine in der Rede sich fassen ließe, findet sich bei Humboldt nicht oder doch nur in Ansätzen. Er ist hier in kardinalen Sprachnöten, aber er hat sich doch beholfen:

148 Vgl. ebd. S. 313 (zweite Verwendung), 324, 326 und 330.
149 Ebd. S. 308, 313, 318, 326, 330, 339 und 340.
150 Ebd. S. 313 (erste Verwendung), 315, 316, 317, 320, 321, 323, 329, 331, 332 und 336.
151 Ebd. S. 331.
152 Vgl. ebd. S. 322, Anm.
153 *Essai*, GS III, S. 320.

Sprache als »Erzeugtes« und »Erzeugendes« ist die Unterscheidung, die er in den späteren Schriften verwendet[154], um im Deutschen ein Äquivalent für die von ›langue‹ und ›langage‹ zu haben, bis er in der Einleitung ins Kawi-Werk die berühmte Opposition von *ergon* und *energeia* findet – eine Unterscheidung, die für seine Philosophie der Sprache sich somit in der Tat als zentral erweist, insofern sie die beiden Momente des Rückkopplungsprozesses benennt, als den diese Philosophie das Gesamtphänomen der menschlichen Sprache begreift:

»Die Sprache, in ihrem wirklichen Wesen aufgefaßt ... ist kein Werk (Ergon), sondern eine Thätigkeit (Energeia). Ihre wahre Definition kann daher nur eine genetische seyn[155]. Sie ist nemlich die sich ewig wiederholende Arbeit des Geistes, den articulierten Laut zum Ausdruck des Gedanken fähig zu machen. Unmittelbar und streng genommen, ist dies die Definition des jedesmaligen Sprechens; aber im wahren und wesentlichen Sinne kann man auch nur gleichsam die Totalität dieses Sprechens als die Sprache ansehen.«[156]

Unsere Lesart des ersten Hauptsatzes bestätigt sich hier. Die jedesmalige Rede ist eine Spezies der Sprache, insofern diese je auch als »Thätigkeit«, dynamischer Prozeß – eben nicht als Seiendes, sondern als Werdendes zu begreifen ist. Humboldts Sprachidee wäre somit eher als eine philosophie du langage denn eine des langues zu begreifen, und bei dieser Sachlage fragt es sich erneut und in größerer Dringlichkeit, wie von einer solchen ein Übergang zu jener »étude géneralisée des langues« möglich sein sollte, von der Humboldt das große Wort einer veritablen Wissenschaft riskiert hat. Denn wie sollte einer ›Thätigkeit‹ das zugeschrieben werden können, was doch in Humboldts Text stets der langue, dem ergon, dem Resultat zugeschrieben wird: Strukturiertheit, Einheiten usw. – alle »Eigenschaften«, deren Deskription Aufgabe des vergleichenden Sprachstudiums sein sollte.

Es ist zu erwarten, daß in dieser Konstellation der bislang ausgesparte Term ins Spiel kommt – die Schrift. Denn sie verhält sich in unserer Topographie von Oppositionen auf charakteristische Weise anders als die Sprache. Wo diese gegenüber der Rede

154 Vgl. *Verschiedenheiten* § 35, WW III, S. 191.

155 Dies ist wohl zu lesen als: Ihre Definition muß Sprache als ›Werdendes‹ fassen.

156 WW III, S. 418.

zugleich das Mögliche, das Allgemeine und das Resultat ist, ist die Schrift zwar auch das Allgemeine und das Resultat, aber nicht das Mögliche, sondern das Wirkliche. Einen zum Begriff der faculté du langage analogen Begriff der »Schriftfähigkeit« kennen wir nicht. Wenn davon überhaupt die Rede ist, so fassen wir darunter ganz andere Sachverhalte wie ein bestimmtes Alter, bestimmte physiologische Voraussetzungen des Schreibens oder ähnliches. Es ist das *Sprach*vermögen, das sich in der Schrift zeigt. Daran muß man festhalten, wenn man die spezifischen Weisen bedenken will und empirisch zu fassen versucht, sich schriftlich im Unterschied zum Mündlichen zu äußern. Ohne diese Voraussetzung wäre der Rhetorik ihre Grundlage entzogen, wäre der schriftliche Entwurf natürlich scheinender Rede nicht Kunst, sondern in der Tat bloßer Schein. Oralität kann man schriftlich inszenieren, was beweist, daß hier ein und dieselbe Instanz am Werk ist. Daß der Begriff der Schriftsprache gegenüber dem Dialekt mit normativen Konnotationen besetzt ist, bestätigt nur diesen Befund. Als Norm kann die Schriftsprache nur fungieren, insofern sie in Beispielen akzeptierten Sprachgebrauchs vorliegt. Mögliche Verwendungen könnten diese Funktion nicht erfüllen. Damit haben wir nach dem systematischen Ort der Schrift im Rahmen des Verhältnisses zu fragen, das wir bislang als »Kohabitation« bezeichnet hatten.

Materie und Form der Sprache

In der Rückkopplung von langage und langue vermag Sprache Orientierung zu vermitteln durch die Weise ihres Verfahrens. Dieses beruht nach Humboldt auf dem Lautsystem. In der Sprachwissenschaft ist das zu einem nicht mehr befragten Prinzip geworden, das sich in der Architektonik der Theorie am systematischen Ort der Phonologie zeigt. Und doch muß dieses »beruhen« hier ganz anderes meinen. Denn bedenkt man von der Ästhetik her das, was die Linguistik unter der Rubrik »Phonologie« einordnet, – und dies ist ja Humboldts Ansatz –, so ergibt sich eine für linguistisches Denken geradezu irritierende Perspektive: Am Lautsystem, an der Proportionalität seiner Struktur, macht sich das ›Sprachgefühl‹ fest. Dieses Wort bezeichnet bei Humboldt nicht in erster Linie wie im alltäglichen Sprachgebrauch einen nicht weiter zu erläuternden Geschmack im Gebrauch von Wörtern, sondern im Anschluß an Kant das Affiziertsein des Subjekts durch die sinnliche Qualität der Sprache. Ein irreduzibles ästhetisches Moment in der durch die parole geleisteten Rückkopplung von langage und langue kommt hier ins Spiel, dessen systematische Konsequenzen für eine Theorie der langue ebenso unabweisbar wie unüberschaubar sind. Auch und gerade bezüglich der bestimmten lautlichen Artikulation des Wortes kann das Arbitraritätsprinzip nicht gelten. In bestimmter Weise ist eben nicht gleichgültig, wie ein Wort artikuliert ist.

Das Grundprinzip der Artikulation heißt Differenzierung, und die Wege, die je gegangen worden sind und gegangen werden, hängen von den Analogien ab, die man jeweils sieht. Bereits im *Essai* hat Humboldt daher in der Metapher das elementare Gestaltungsprinzip der Sprache gesehen, in der Übertragung, die auf der Analogie beruht:

»Un autre point pour lequel on pourroit passer les différentes langues en revue, consiste dans les métaphores qui ont servi à fixer les dénominations de la plupart des objèts, puisqu'il n'y en a guères aucun qui n'ait reçu le nom dont on l'appelle, pour telle ou telle qualité, telle ou telle ressemblance avec un autre.«[157]

Das Arbitraritätsprinzip ermöglicht formale Sprachwissenschaft. Im Gegenzug freilich – diese Dialektik haben wir ausführlich erörtert – verstellt es den Weg zur Einsicht in diesen Prozeß interner Ausdifferenzierung einer Sprache. Die Analogie ist es, die einen Term in Opposition zum jeweils nächsten setzt und dabei Lücken im je beschriebenen Raum von Werten ausnutzt und füllt – *Verband : Verbund*, *Tante : Tunte*, *aufwärts : abwärts : frischwärts*[158] … – und so allmählich das Netz der Sprache strickt. Je mehr Optionen gewählt sind, desto mehr ›mögliche‹ Wege sind damit zugleich verstellt. So kann es in der Tat »glückliche« und ganz unglückliche Konstellationen für die Prägung neuer Artikulationen geben. Ein Ganzes ist die Sprache, weil der Differenzierungsprozeß sozusagen von außen nach innen verläuft. Die ganze Spra-

157 GS III, S. 315.
158 Eine Prägung der Werbesprache.

che ist jeweils Objekt jeder neuen Prägung, und damit ist sie, die ganze Sprache, deren jeweiliger Stoff. Die Metaphysik der Opposition von *ergon* und *energeia* wird greifbar. Die langue ist ebenso Resultat formgebender Prägung wie deren Material. Die neue Form wird daher nicht einer gegebenen Menge additiv hinzugefügt, sondern durch Betrachtung und Umdisposition *aller* verfügbaren Relationen neu gewonnen. Daß sich in der Orthographie des Deutschen die scheinbar inkonsequente Schreibweise *Fotographie* hartnäckig hält, hängt mit der vorgegebenen graphematischen Opposition von *Graph : Graf* zusammen. Jede Sprache bewahrt demgemäß ihren je individuellen Charakter, insofern die Weise der Prägung ihrer Wörter und sonstigen Einheiten sich von einem aufs andere überträgt und so der Sprache insgesamt ihr spezifisches Gepräge gibt.

Die ›Überdeterminiertheit‹ der Wortgestalt liegt daher in der Kodierung der Wege ihrer analogischen Prägung, so wenig durchschaubar dem einzelnen Sprecher dieser Kode auch sein mag. Dies ist wohl der psychologische Sinn des Arbitraritätsprinzips. Dennoch trägt jedes Wort den Kode in seiner bestimmten sinnlichen Gestalt in sich, und wer sich die für die betreffende Sprache typischen Artikulationsweisen zu eigen gemacht hat, versteht sie zu dekodieren. Dies ist ein ganzheitlicher Prozeß, der alle Dimensionen des Verbundes von menschlicher Intellektualität und Sinnlichkeit in Anspruch nimmt.

Die nachsaussuresche Sprachwissenschaft unterstellt zurecht, daß es keinen internen Grund dafür gebe, daß in einer bestimmten Sprache – im Sinne von ›langage‹ wie von ›langue‹ – ein gewisses ›Lautbild‹ einen bestimmten ›Begriff‹ bzw. einen signifié bezeichne. Daß das Wort *xyz* dies oder jenes »bedeutet« – in welchem Sinn von »Bedeutung« auch immer –, liegt an der Art seiner Verwendung in der parole. Voraussetzung dieser Voraussetzung ist jedoch – wie wir gesehen hatten – die Abstraktion von den rhetorischen Bezügen des Sprachgebrauchs, die dessen formale Betrachtung allererst möglich machte. Sprachsoziologie und Sprachpsychologie sind Formen angewandter Sprachwissenschaft, die dieses Geburtsmanko der Disziplin in gewisser Weise zu kompensieren suchen. In philosophischer Perspektive aber kann diese Abstraktion nicht übergangen werden, und Humboldt, geschult an der kantischen Ästhetik, hat sie nicht übergangen. Was wir oben mit dem Begriff der Überdeterminiertheit des Wortes versuchsweise angedeutet hatten, hängt wesentlich mit der Aufhebung dieser Abstraktion zusammen. *Jedes Wort stellt mehr dar als nur seine »Bedeutung«.* In seiner bestimmten Form repräsentiert es zugleich bestimmte Artikulationsmöglichkeiten, die es mit anderen Wörtern teilt und die es und die in dieser Hinsicht ihm ähnlichen von anderen Wörtern und wiederum analogisch strukturierten Wortgruppen unterscheiden. Humboldt hat diesen Grundsatz in eine Formulierung gefaßt, die man in gewissem Sinn als seinen dritten Hauptsatz bezeichnen könnte:

»Nun aber ist dasjenige«, so faßt er den Grund für den symbolischen Überschuß des Wortes, »was die Articulation dem blossen Hervorrufen seiner Bedeutung (welches natürlich auch durch sie in höherer Vollkommenheit geschieht) hinzufügt, dass sie das Wort unmittelbar durch seine Form als einen Theil eines unendlichen Ganzen, einer Sprache, darstellt.«[159]

Überdeterminiert kann man die Form des Wortes insofern nennen, als dessen sinnliche Gestalt nicht nur in sich vollständig bestimmt ist, als bestimmte Folge nämlich »articulirter Laute« oder »Buchstaben« – Humboldts Terminus für das, was die Prager Schule »Phonem« nennen wird –, sondern daß diese individuelle Artikulationsweise darüber hinaus per se eine Möglichkeit von Artikulationsweisen repräsentiert, deren Anzahl aufgrund der kombinatorischen Möglichkeiten des Lautsystems unabsehbar ist. Dennoch ist der Inbegriff aller dieser Möglichkeiten für die betreffende Sprache spezifisch – im Unterschied zu allen anderen. Für jeden Sprecher einer jeden Sprache ist diese ins Unendliche gehende Vielfalt von Artikulationsweisen[160] doch als individuelle Einheit gegenüber den Artikulationsweisen aller anderen Sprachen präsent, hic et nunc fühlbar. Das Sprachgefühl ist das Organ ästhetischer Wahrnehmung dieser Spezifik. Darum hat es in der Tat konstitutiv mit dem Geschmack zu tun, der das treffende Wort zu finden und zu würdigen vermag. Der langage ist somit selbst als ästhetisch verfaßter Vollzug zu begreifen, der hinter der unabsehbaren Vielfalt des jedesmaligen Redens präsent bleiben muß, wenn auch als ein selbst ›Werdendes‹, d. h. sich Veränderndes. Andern-

159 *Grundzüge* § 36, GS V, S. 384.

160 In mathematischem Sinn ist sie natürlich endlich, aber sie übersteigt eben das Fassungsvermögen eines jeden Menschen.

falls verlöre selbst die Idee der Logik ihre Basis. Das Wort könnte, logisch betrachtet, gar keinen individuellem Raum in dem Feld semantischer Möglichkeiten »besetzen«, wenn dieser Raum dieses Eine nicht gegen alle ›möglichen‹ Anderen als dieses markieren, in irgend einer Weise auszeichnen würde. Selbst im Bereich der Fluktuanz bewahrt dieses ›parmenideische‹ Prinzip[161] noch als der logisch unverzichtbare Grenzwert von Differenzenbildung seine Geltung. Das Wort muß von etwas her begrenzt werden, auch wenn die Grenzziehung nur eine relative ist, vergleichbar der scheinbaren Ruhe einer sich bewegenden Fläche, vor der sich ein kontrastierender Gegenstand mit großer Geschwindigkeit bewegt. Wenn ein Muttersprachler des Deutschen nach langem Aufenthalt in Japan und Umgang nur mit Japanern auf dem Flughafen von Tokyo inmitten einer Überflut japanischer Artikulationen unvermittelt ein deutsches Wort vernimmt, so wird ihn dies ganz unvermeidlich berühren, was immer auch dieses Wort bedeutete. Der in besonderer Weise artikulierte Laut ist für sich eine sinnliche Gestalt, die für das rezipierende Sprachgefühl Relevanz hat. Der Raum, der die individuelle Artikulation aufnimmt, muß dafür, so könnte man sagen, in besonderer Weise ›formatiert‹ sein. Die im platonischen *Theaitetos* entwickelte Dialektik von Aktivität und Passivität in der sinnlichen Wahrnehmung kommt hier zum Tragen: Es gibt kein Wahrgenommenes ohne eine aktive Wahrnehmung, die für ihr Objekt in bestimmter Weise vorbereitet oder strukturiert sein, die eben passen muß.[162]

Wort

Erst von der Betrachtung der ästhetischen Dimension des Wortes her erschließt sich das innerhalb der Linguistik durch das Arbitraritätsprinzip gleichsam weggekürzte Problem in seiner vollen Brisanz, wie das Verhältnis von Laut und Wort zu denken sei. Erst von daher wird verständlich, wie groß der Einfluß ist, den das jeweilige Schriftsystem hat, in dessen Rahmen gedacht wird. Für

161 Vgl. Kap. 8, S. 346 ff.
162 *Theaitetos* 156 a ff.

eine ideographische Schrift wie das Chinesische ist die Frage von vornherein suspendiert. Ihre Zeichen stellen Wörter mehr oder weniger unabhängig vom Lautsystem der korrespondierenden Sprache dar.[163] Das Alphabet andererseits suggeriert beim Begriff des Lauts schier unvermeidlich als Korrelat den Buchstaben. Doch dies trifft für Humboldts Sprachauffassung nicht zu. Von seinem Denkansatz her ist der Laut das zu Formende. Kriterium der Formgebung aber, der Artikulation des Lauts, ist immer das, was man sagen will, der Gedanke. Dessen kleinste Einheit, die Bedeutung hat, ist der Begriff, und Begriffe bezeichnet man durch Worte. So ist für ihn *der* Laut die Materie *des* Wortes:

»Ein Wort ist ein Laut, der einen Begriff bezeichnet.«[164]

›Wort‹ gilt in der heutigen Linguistik als nicht zu definierender Begriff. Man spricht von Morphemen, Lexemen, Pleremen usw. und überläßt die faktische Definition dessen, was in der Sprache X ein Wort ist, den pragmatischen Entscheidungen der Orthographie.[165] Die rekursive Aufzählung von Wörtern durch die Schreibung muß aber auf einem sachhaltigen Grund aufruhen. Humboldt löst das Problem im Rahmen des Rückkopplungsprozesses, den wir bereits in etlichen Aspekten beschrieben haben, und zwar auf der Ebene der Sprache in beiderlei Sinn des Wortes, nicht erst der Schrift. Die Einheit des Begriffs wird dargestellt in der Einheit des Lauts, die das Wort vermöge seines ihm in der Rede aufgeprägten Akzents ist[166], und dieser Akt der Akzentgebung indiziert, daß da ein Begriff gedacht ist. Das »einfache Wort« ist die zentrale Einheit der humboldtschen Sprachkonzeption. Es gilt ihr als das »wahre Individuum« in der Sprache:

»Denn es enthält vollständig die ganze Verstandeshandlung der Sprache, es ist sogar selbst die Form, in welcher der Geist das in seine Subjectivitaet verwandelte Object wieder, als solches, aus sich hinausstellt; dasjenige aber, was herauskommt, wenn man es selbst wieder zergliedert, die Sylbe

163 Das »weniger« bezieht sich auf die Rolle der sogenannten Phonogramme im Chinesischen, die jedoch Hinweise auf den »Laut« auch nur auf dem Weg über die Darstellung einer Bedeutung geben. Vgl. Kap. 3, S. 133 ff.

164 GS V, S. 410.

165 Vgl. hierzu Kap. 1.

166 *Grundzüge* § 68, GS V, S. 408.

und der Buchstabe, ist nicht mehr Sprache, sondern nur Element derselben.«[167]

Wie später Saussure denkt Humboldt die sprachliche Tatsache in gewisser Weise als Synthesis von signifiant und signifié. Jedoch begreift er – wie wir gesehen haben – diese nicht als eine arbiträre. Von daher gewinnt er den Raum, die Natur dieser Synthesis selbst noch kategorial zu fassen, wo Saussure und die auf ihn aufbauende Linguistik sich damit bescheiden muß, deren Resultat zu betrachten. Die Lektüre des *Essai* hat gezeigt, daß dort, wo Humboldt von der Sprache als dem »bildenden Organ« des Gedankens spricht, stets »langage« zu lesen ist, nicht »langue«, daß hier Sprache im Sinne der späteren Unterscheidung als *energeia*, als Vollzug gemeint ist, nicht als *ergon*, das Resultat des Sprachgebrauchs. Analoges gilt vom einzelnen Wort. Eben deshalb spricht Humboldt davon, daß es »die ganze Verstandeshandlung der Sprache« in sich enthalte. Sein Begriff des Wortes ist vollständig vom Verfahren her gedacht. Das »Verfahren der Sprache«, das im zweiten Teil der *Grundzüge* beschrieben wird, beginnt nicht erst auf der Ebene der Syntax, der »Redeverbindung«[168]. Auch die Wortbildung, ja schon der Aufbau des Lautsystems gehört konstitutiv dazu:

»Es ist ein Schaffen von Tönen und ein Schaffen von Begriffen, durch welches die Sprache in sich selbst wächst, das letztere geht ins Unendliche, allein das erstere hat, wie alle Erfahrung zeigt, eine Gränze.«[169]

Unter der Herrschaft des Arbitraritätsprinzips bleibt der signifiant stets der Gefahr ausgesetzt, als »bloße« Form mißverstanden zu werden, als Bezeichnung eines ihm wesentlich Fremden. Bei Chomsky führt die durchgängige, geradezu topisch gewordene Rede von »Repräsentationen« dazu, daß über der Betrachtung der Form die Sprache schließlich völlig aus dem Blick gerät. Auch Humboldt faßt das Wort als »Bezeichnung des Begriffs«, doch vom Verfahren her gedacht verliert der Begriff der Bezeichnung jede Konnotation an welche Idee von Repräsentation auch immer. Bezeichnung ist nicht Form, sondern *Formung* – derjenige Rückkopplungsprozeß, innerhalb dessen der Stoff, die Materie des

167 Ebd. S. 410 f.
168 Ebd. S. 445 ff.
169 Ebd. S. 434.

Gedachten, Wahrgenommenen, Vorgestellten in der Einheit einer Klanggestalt seine Form erhält.

Ersichtlich ist dies von der kantischen Ästhetik her gedacht, deren platonisches Erbe sich hier an einem ganz unerwarteten Punkt zeigt. Bereits im Fragment über *Latium und Hellas* hatte Humboldt die schöne Formulierung gefunden, daß es der »Eine Schall« des Wortes sei, der die verschiedenen Begriffe und Empfindungen, die sich an die Wahrnehmung der jeweiligen Erscheinung reihen, »heftet und zusammenhält«[170]. Dies wird hier nun systematisch ausgeführt. Humboldt zieht die Konsequenzen aus seiner Kant-Kritik, deren Anlage wir am Fragment *Ueber Denken und Sprechen* bereits gesehen hatten: Die Pointe seines Wortbegriffs liegt darin, daß er sieht, daß der Begriff, welcher bei Kant gänzlich von der Funktion her gedacht ist, das Phänomenon zu fassen, selbst als Noumenon, und zwar als Ding an sich im strikten Sinn gefaßt werden *muß*, wenn man eben vom Verfahren her denkt. Wenn man vom signifié spricht, so denkt man in üblicher Betrachtungsweise an den »Inhalt« des Wortes, also den Begriff.

Allein«, so Humboldt in einer Überlegung, die durch und durch von der Vorstellung des Verfahrens geprägt ist, »der Begriff kann weder in seiner Definition, noch, wenn er einem körperlichen Gegenstand angehört, in dem ganzen Wesen desselben gegeben werden ...«[171]

Der Begriff ist nichts einmal Gegebenes. Man macht sich *den* Begriff einer Sache, indem man sie wieder und wieder bedenkt, und entsprechend ist auch der Sinn einer Definition nicht mit ihrer Verlautbarung ausgeschöpft, sondern entfaltet sich erst in der Konsequenz ihres Gebrauchs. Von daher erweist sich der Begriff, bei Kant die Denkform, selbst als das zu Denkende, mithin als Stoff, der in eine Erscheinung, eine wahrnehmbare Gestalt gebracht werden muß, soll er *gedacht* werden können: »das Wort muß ihn in Einheit gestalten«[172]. So tritt es in seiner sinnlichen Gestalt dem Stoff des »unter ihm« zu Denkenden als Form entgegen, die nun dem Gedanken in zweierlei Weise seinen Weg weist: durch die Analogien seiner klanglichen Gestalt, in der die Geschichte seiner metaphorischen Prägung kodiert ist, und durch

170 WW II, S. 62.
171 *Grundzüge*, GS V, S. 426.
172 Ebd.

seine Verwendungsmöglichkeiten im Satzbau, in der »Redeverbindung«, die gleichfalls in dieser Gestalt, nämlich in morphologischen Elementen kodiert sind. Mit diesen ist die Materie des Begriffs in eine denk*bare* Form gebracht, zurechtgestutzt sozusagen für die Linearität, die die Logik braucht. Mit ersterem ist Grundsätzlicheres geleistet, und hierin vor allem liegt der Rang begründet, den Humboldt dem Wort vor allen anderen sprachlichen Einheiten einräumt: Zum einen ist mit der Wahl der Bezeichnung des Begriffs, wie immer sie getroffen sein mochte, stets eine bestimmte Perspektive, eine bestimmte Weltansicht festgelegt. Darum ist, wie Humboldt bemerkt, diese »Bezeichnung«, genau betrachtet, »eigentlich nur in Beziehung auf den Hörenden eine solche, von Seiten des Sprechenden aber eine Auffassung«[173]. Zum anderen leistet die Prägung der bezeichnenden Klanggestalt die Synthesisierung von Begriff, Wahrnehmung und Gefühl. Das Wort ist das Schema und damit eben das Verfahren, in dem die von Kant gesuchte Vermittlung von Intellektualität und Sinnlichkeit geleistet ist und mit seinem Gebrauch je wieder geleistet wird.

Wie schon im Fragment über *Latium und Hellas* entwickelt Humboldt in den *Grundzügen* diesen Gedanken in einer semiotischen Begrifflichkeit, doch diesmal im Rahmen der Opposition von Zeichen, Wort und Symbol. Mit der Auffassung der Bezeichnung als Formung war der Abbildungsgedanke per se vom Tisch. Zeichen und Symbol grenzen das Wort wie in einer Intervallschachtelung ein. Alle drei Formungen stehen als Bezeichnendes einem Bezeichneten gegenüber, doch bei jeder ist dieses Verhältnis ein anderes. Das Zeichen setzt ein gegebenes, wohlumgrenztes Bezeichnetes voraus, welches unabhängig von ihm dem bezeichnenden Verstand zugänglich ist. Zeichengebung ist Übersetzung eines sprachlichen Textes in Figuren sprachlicher wie nichtsprachlicher Art. Beim Symbol verhält es sich umgekehrt: Nicht das Bezeichnete hat in ihm ein von der Form »unabhängiges Daseyn«. Das Symbol verlangt »eine vollständige, für sich bestehende Naturform«[174], die auch für sich muß betrachtet werden können. So kann man den Sonnenuntergang als Symbol für Lebensabend oder Tod nehmen oder – Kants berühmtes Beispiel – die Betrachtung der Mechanik einer Mühle kann auf die Idee eines despotischen

173 Ebd.
174 Ebd. S. 428 f.

Mechanismus führen, sie muß es aber nicht.[175] Im Wort ist jedoch das Bezeichnete allein über die Bezeichnung zugänglich, es wäre im buchstäblichen Sinn *undenkbar* ohne diese, und diese ebenso buchstäblich ohne jenes. Es ist kein Widerspruch, daß man im Wort den Begriff in gewisser Weise sinnlich wahrnimmt. Es verschafft, wie Humboldt im Rückgriff auf Herder sagt, »dem Begriffe Gestaltung, und durch den Ton, unmittelbar vor dem Ohr, und mittelbar vor allen sinnlichen Kräften der Seele, sinnliche Geltung«[176]. Insofern ist mit seinem Aussprechen unvermeidlich auch ein je bestimmter »Eindruck auf das Gefühl« verbunden[177], denn innere und äußere Wahrnehmung korrespondieren einander. Aber mit *dem* Wort ist eben weder ein bestimmter logischer Gehalt noch ein bestimmtes Gefühl verbunden, denn es ist ja nicht die je bestimmte geäußerte sinnliche Gestalt, sondern deren Schema. So vermag es logische Geltung und Gefühlsgeltung auch nur schematisch zu repräsentieren – in logischer Hinsicht, indem sie der Einbildungskraft den Begriff an einer bestimmten Stelle im Diskurs präsentiert und das unter ihm sich Vorzustellende der Formung durch vorausgegangene und folgende Worte unterwirft, etwa in dem Satz

Kohl hat die Wahl knapp gewonnen

der Einbildungskraft die Wege verstellt, sich das unter dem Wort »Kohl« zu denkende Objekt hier anders als einen die Wahl eben knapp gewonnen habenden Politiker vorzustellen. Entsprechend kann das der Wortgestalt nur unbestimmt assoziierte Gefühl sich konkretisieren lediglich nach Maßgabe des Gesagten. Bei dem einen wird es hier vielleicht Enttäuschung sein, bei dem anderen Erleichterung, bei dem Historiker, der nach etlichen Jahren die Bundestagswahl des Jahres 1994 analysiert, wahrscheinlich weder das eine noch das andere, aber *irgendein* Gefühl wird auch er mit dem unter diesem Wort zu Denkenden unweigerlich verbinden, und sei es auch nur eines der Distanz. Auch Kälte ist ein Gefühl. Was jemand bei einem Wort fühlt, hängt ab von dem, was er denkt *und umgekehrt*, und beides ist in gewisser Weise festgelegt, die jeweiligen Möglichkeiten eingegrenzt durch die lautlichen und

175 Vgl. Kant, *Kritik der Urteilskraft* § 59, B 256.
176 GS V, S. 419.
177 Ebd.

semantischen Analogien seiner Prägung. Humboldt integriert das Wort wieder in jenen rhetorischen Zusammenhang, dem es durch die logische Behandlung des *onoma* bei Aristoteles entfremdet worden war. Das Wort kann – diese Einsicht kann man vielleicht den archimedischen Punkt seiner Sprachidee nennen, und hier sieht man, wie viel er der kantischen Systematik verdankt –

»nur insofern sinnliche und Empfindungsgeltung besitzen, als es sich dieselbe auf dem Gebiet der Intellectualität zu erhalten vermag. Dies geschieht aber nur, indem dieser Sinnen- und Gefühlsgehalt zugleich, und wieder synthetisch, als Stoff vernichtet und als Form erhalten wird, was das Werk der Einbildungskraft ist, der Vermittlerin der entgegengesetzten Naturen in der Menschheit.«[178]

Wenn dies so ist, dann ist unmittelbar einsichtig, wieso das Wort, philosophisch betrachtet, als Bezeichnung nicht im Sinne des Resultats, sondern im Sinne des Vollzugs zu verstehen ist. Es *ist* in der Tat eine Verstandeshandlung und insofern kann es schlechterdings nicht für eine solche stehen. Das Wort ist Element der Sprache qua *energeia*. Daß wir es für die bloße Bezeichnung des Begriffs nehmen, bezeugt, daß wir es von der Schrift her nehmen und begreifen. Erst hier – in seiner schriftlichen Repräsentation, gewinnt es die Dauerhaftigkeit, die aus ihm das Element macht, als das wir es zu betrachten gewohnt sind: das Element der langue. Erst hier hat dann die Rede vom »Wörtervorrath« der Sprache ihre Berechtigung. Dieser ist *ergon,* das jeweilige Resultat der artikulatorischen Arbeit der Nation, die sich dieser jeweiligen Sprache qua *energeia* bedient. Und erst in seiner schriftlich aufgezeichneten Form wird er Gegenstand des vergleichenden Sprachstudiums. Wenn Humboldt von der »todten Schrift« spricht[179] und ihr paradoxerweise doch eine prägende Funktion in der reflexiven Bearbeitung der Sprache zuweist, so versteht sich diese Redeweise aus eben diesem Zusammenhang.

178 Ebd. S. 420.
179 *Über den Zusammenhang der Schrift mit der Sprache,* GS V, S. 34.

Dem Wort steht das unter ihm zu Denkende oder Vorzustellende als seine Materie gegenüber, der Form des Wortes der Laut als die ihre. Die Lautmaterie ist hierbei als form*bar* vorausgesetzt. Wir haben diesen Zusammenhang bereits im Rückgriff auf die Wahrnehmungstheorie des *Theaitetos* berührt. Materie muß bereits in gewisser Weise »formatiert« sein, damit ihr etwas als Identifizierbares eingeschrieben werden kann. Die Präformation des Lautsubstrats ist die einheitliche Artikulationsweise, die als solche ein Charakteristikum nicht erst der langue ist, sondern schon des langage sein muß. Humboldt hat dies in aller Klarheit gesehen. In den *Grundzügen* hat er in der Tat die Umrisse einer Phonologie skizziert. Er entwickelt dort den Begriff vom »Laut-« bzw. »Tonsystem« einer Sprache, zu dessen Charakterisierung er sich durchgängig einer naheliegenden Metapher bedient: das »Alphabet« der Sprache als das »System ihrer articulirten Laute«.[180] Diese werden voneinander unterschieden aufgrund ihrer Funktion, Begriffsunterschiede bzw. Nuancierungen anzudeuten, »diese Unterschiede durch einzelne Buchstabenveränderung zu bezeichnen«[181]. Die ›Buchstaben‹ liegen daher nach Humboldt »nicht gleichsam bestimmt geschieden in den Sprachwerkzeugen«. Deren Artikulationsmodi bilden vielmehr ein »Continuum« von Unterscheidungsmöglichkeiten, das sich im Sprachgebrauch herausbildet und so oder so gestaltet:

»Jeder Laut hat mithin eine eigne Sphäre, in welcher er einen bestimmten, aber bei weitem nicht den einzig möglichen Punkt einnimmt. Diesen Punkt weist ihm die sich bildende Gewohnheit der Nation an, so entsteht ihr besondres Alphabet, und über dieser Entstehung kann Glück und Misgeschick walten.«[182]

180 *Grundzüge* §§ 56 ff.: »Lautsystem«, GS V, S. 400 ff. Humboldts Sprachgebrauch ist nicht ganz einheitlich: Durchgängig spricht er vom »Alphabet« als dem »Lautsystem«, doch bezeichnet er den »wahren Sprachlaut«, der durch »Absonderung des Tons von allem mitschallendem Geräusch« entsteht (ebd. S. 400), in der Regel einfach als »Ton« oder eben als »Buchstaben«.

181 Ebd. S. 402.

182 Ebd. S. 401. Man könnte mit Humboldt das Phonem in diesem Sinne als Verfahren der Anweisung dieses bestimmten Punkts bzw. dieser be-

Humboldt ist sich durchaus darüber im klaren, daß er hier die Begriffe des Alphabets und des Buchstabens nicht im buchstäblichen Sinn verwendet, und in seinen Überlegungen zum Zusammenhang von Sprache und Schrift geht er den Gründen dieser Metaphorik nach. Wir kommen darauf zurück. Die Überdeterminiertheit der Form des Wortes hängt wesentlich mit dem distinktiven, differentiellen Charakter der ›Laute‹ bzw. ›Buchstaben‹ zusammen, die »in sich ganz bedeutungslos« sind und infolgedessen »jeden irre leitenden Nebenbegriff« vermeiden.[183] Jedes Wort als bestimmte Folge von Lauten kann daher nur durch Unterscheidung von einer anderen, eine andere Materie bezeichnenden Wortform entstanden sein. Weil der einzelne ›Buchstabe‹ für sich aber bedeutungslos ist, kann auch eine Differenz zweier nichts Objektives abbilden. Jedes Wort muß somit entstanden sein »aus einer selbstthätigen Handlung des Geistes«[184]. Das Wort ist Produkt der Einbildungskraft, und diese ist in ihrer Produktivität angewiesen auf die Beschaffenheit des jeweiligen Lautsystems. Dessen essentielle Qualität, die eben mehr oder weniger gelungen sein kann, liegt in seinem analogischen Charakter im ursprünglichen Sinn des Wortes: in seiner Proportionalität. Zwar verfügt Humboldt noch nicht über die elaborierte Begrifflichkeit der strukturalen Phonologie, doch der wesentliche Punkt wird auch in seiner Sprache hinreichend deutlich:

»Reine Bestimmtheit, glückliche Klarheit, eindringende Schärfe der Begriffe einer Nation hängen … gar sehr von der reinen Geschiedenheit der Grundlaute ihres Alphabetes ab.«[185]

Das »daher«, das hier ausgespart wurde, haben wir noch zu erläutern. Was Humboldt hier die »reine Geschiedenheit« der Grundlaute des jeweiligen Systems nennt, würde Jakobson auf das Prinzip des ›maximalen Kontrasts‹ zurückführen.[186] Die Ausdifferenzierung der Phoneme vollzieht sich nach dem Grundsatz, die »Sphäre«, d. h. den Wert eines Phonems durch die jeweils größt-

stimmten »Sphäre« im kontinuierlichen Raum der Artikulationsmöglichkeiten begreifen. Zweifellos sind hier Umrisse einer Art ›prozeduraler‹ Phonologie gedacht.

183 Ebd. S. 402.

184 *Latium und Hellas*, WW II, S. 63.

185 *Grundzüge* § 59, GS V,S. 401.

186 Vgl. Jakobson 1969, S. 93 ff.

mögliche »Geschiedenheit« von dem Wert eines anderen zu bestimmen. So erklärt Jakobson das Auftreten der im kindlichen Spracherwerb ersten regelmäßig zu beobachtenden Opposition von /a/ zu /p/ bzw. /m/[187] durch den im menschlichen Artikulationsapparat in der Tat größtmöglichen Kontrast von vollständiger Öffnung zu vollständigem Verschluß des Artikulationskanals. Die darauf aufbauende Opposition von /p/ und /m/ setzt das distinktive Merkmal ›vollständiger Verschluß‹ der Kombination ›vollständiger Verschluß‹ + ›vollständige Öffnung‹[188] entgegen usw. Die »Buchstaben« stehen also »in gegenseitigen Beziehungen und Verhältnissen zu einander«[189], und diese Relationen können mehr oder weniger proportional gestaltet sein. Die eine Sprache schöpft das volle Repertoire der Grundvokale *a – i – u – e – o* aus[190], die andere – wie z. B. das Sanskrit – begnügt sich mit einer Auswahl daraus: *a – i – u*. So schöpft diese Sprache den möglichen Spielraum nicht aus und muß folglich den hier ihr erwachsenen Verlust an Distinktionsmöglichkeiten an anderer Stelle kompensieren, wo dann die Grundlaute »dichter« zueinander stehen, d. h. weniger deutlich geschieden sind. Die Proportionalität des Lautsystems ist, wenn nicht gestört, so doch in einem anderen Lot, und dies prägt den Charakter der gesamten Sprache. Ohne ihre Werke alle zu kennen, kann man doch Beethoven von Brahms am Klang unterscheiden: der eine bevorzugt die Terz, der andere die Sexte, und dies prägt das jeweilige Klangbild insgesamt. So klingt eine Sprache, die wie die slawischen Zischlaute häuft, eben anders als das Japanische, das sie vermeidet, und in dieser Sprache haben die Konsonanten eine geringere Prägnanz als etwa im Deutschen oder Französischen, ist mithin das Verhältnis von Vokalen und Nichtvokalen anders ausbalanciert als in diesen Sprachen.

Dies ist das ›präformierte‹ Material, das der faculté du langage, die Humboldt ja als Instanz der Einbildungskraft begreift, vorgegeben ist, und diese kann sich nur der internen Strukturen dieses

187 /p/ und /m/ sind in der »ersten« Artikulationsphase nicht unterschieden.

188 /m/ kombiniert als Nasal Verschluß der Haupt- und Öffnung der Nebenröhre.

189 *Grundzüge* § 62, GS V, S. 403.

190 Vgl. zur Erklärung Jakobson 1969, S. 101 ff. Es verdient den Hinweis, daß die im Japanischen übliche Reihenfolge der Vokalreihung *a – i – u – e – o*, nach der die Kana geordnet sind, die Theorie Jakobsons bestätigt.

Materials bedienen, um den Wortformen die sie unterscheidenden Merkmale einzuprägen. Aus dieser Perspektive wird deutlich, warum Humboldt die Sprache in die Instanzen von langage und langue aufspalten *muß*: Der Prozeß greift auf die Formen des Repertoires zurück, die in diesem Zusammenhang in der Tat für ihn nicht mehr als Stoff seines Verfahrens sind. Bei aller Ähnlichkeit unterscheidet sich Humboldts Position daher doch kategorial von derjenigen des späteren Strukturalismus, und so ist es nur konsequent, daß er den Begriff universeller Lautgesetze bzw. phonologischer Universalien nicht kennt. Jede Sprache geht in der Ökonomie ihres Systems eigene Wege, und diese können je nach glücklicher »Wahl« des Anfangs kürzer oder länger sein. Verglichen mit den konkurrierenden Werten *je* und *tu* sind im Französischen *il* und *elle* – sieht man jetzt einmal von der Orthographie ab – durch die minimalste mögliche phonologische Differenz unterschieden. Daß sie so nahe beieinander liegen, entspricht den Proportionen der semantischen Werte. Die Formen der Einbildungskraft finden sich, mit Kant zu sprechen, in freier Übereinstimmung mit denen des Verstandes, und so wird man diese Lösung als ›gelungen‹ bezeichnen können. Dem Deutschen gelingt Analoges bei der Unterscheidung von *er* und *es*, nicht aber in gleicher Weise bei *sie*. Die zu *er* möglichen minimalen Oppositionen *ar*, *ir*, *or*, *ur* sind alle anders »besetzt«[191], die zu *es* möglichen – *as*, *is*, *os*, *us* – zum Teil ebenfalls, zum Teil in der Morphologie des Deutschen systematisch vernachlässigt. So muß das Deutsche schon die Reihenfolge Vokal + Konsonant umkehren, um eine minimale Differenz zu *er* und *es* realisieren zu können – ein weiterer Weg.[192]

191 Wir sehen hier von der Orthographie ab, deren Ökonomie aus vielen Gründen nicht dieselbe ist wie die des Lautsystems. Vgl. hierzu Kap. 1.

192 Die Gründe hierfür spielen hier keine Rolle. Sicher wäre die Analogie zu den betreffenden Artikelformen in Anschlag zu bringen, aber erklären kann man das Phänomen hierdurch nicht. Möglicherweise wären weitere Gründe bzw. Analogien in einer systematischen morphologischen Analyse zu erschließen, die natürlich Graphematik und Phonematik zu unterscheiden hätte, möglicherweise jedoch auch nicht. Man erkennt hier einen »Nebensinn« des Arbitraritätsprinzips pragmatischer Art: In gewissem Sinn hält es uns unbeantwortbare Fragen vom Leib.

Derartige Überlegungen lassen sich nur in der Schrift anstellen, wo wir verschiedene Formen gegenüberstellen und einer vergleichenden Betrachtung unterziehen können. Humboldts Auffassung der Schrift – sie hat subkutan unsere gesamten Überlegungen begleitet – hat sich daher in engstem Zusammenhang mit der Wort- und Lauttheorie entwickelt, deren Anlage wir eben betrachtet haben. Es ist von systematischem Belang, daß er der Schrift in seinem Hauptsatz ihren Ort zugewiesen hat. In gewissem Sinne ist seine Philosophie der Sprache nur von diesem Fixpunkt her zu verstehen, und Humboldt war sich über diesen Tatbestand in ›historischer‹ Hinsicht ebenso klar wie in ›philosophischer‹. So wenig er Sprache vom klassischen Topos der Repräsentation her denkt, so wenig die Schrift. Ausdrücklich thematisiert er dies. Schon bei der Konzeption des vergleichenden Sprachstudiums war dem allgemeinen Vorurteil zu begegnen, daß die Verschiedenheit von Sprachen lediglich eine von verschiedenen »Schällen« sei, die letztlich doch immer »denselben Gedanken« bezeichneten. Entsprechend dürfte, so Humboldts die Schrift betreffende Konsequenz daraus, »die Art der Schriftzeichen noch für bei weitem gleichgültiger gehalten werden ...«[193] Doch was nicht für die Sprache gilt, gilt auch nicht für die Schrift. Auch die Verschiedenheiten von Schrifttypen müssen Rückwirkungen auf das Denken zeitigen, das sich je in ihnen artikuliert.

Humboldts Überlegungen zur Schriftproblematik waren durch zwei fast gleichzeitige Ereignisse angestoßen: die Entzifferung der Hieroglyphen durch Champollion und die Publikation von Arbeiten Abel-Rémusats über das Chinesische[194]. Dem Alphabet war dadurch sein universeller Rang streitig gemacht, es erwies sich als ein besonderer Schrifttypus neben der ideographischen und der Bilderschrift. Für ein Sprachverständnis, das sich dem Primat des Arbitraritätsprinzips nicht unterordnete, mußte sich die Frage nach einer Interpretation dieser Besonderheiten unvermeidlich stellen. Es verdient besondere Beachtung, daß Humboldt der Auffassung verschiedener Schrifttypen als ›willkürlicher‹ Bezeich-

193 *Buchstabenschrift*, WW III, S. 84.
194 Vgl. *Lettre à Monsieur Abel-Rémusat*, GS V, S. 254 ff.

nungsarten von Gedachtem eben jenen aristotelischen Gedanken entgegenhält, in dem Derrida den Grundtopos ›logozentrischer‹ Repräsentationsmetaphysik gesehen hat:

»Allein« – ausdrücklich führt Humboldt dies als *Gegen*position zum Arbitraritätsstandpunkt ein – »das tönende Wort ist gleichsam eine Verkörperung des Gedanken, die Schrift eine des Tons.«[195]

Es kann unausgemacht bleiben, ob dieser Gedanke Zitat der aristotelischen Schriftdefinition ist oder ihre Reformulierung aus der Systematik der kantischen Grundlagen des humboldtschen Denkens. Daß es sich sachlich um ein Wiederanknüpfen an Aristoteles' Begriff der Schrift handelt, dessen Logik wir ausführlich diskutiert haben, steht außer Zweifel. Denn wie dieser begreift Humboldt den Akt der »Verkörperung« des Tons – dies ist bei der Anlage seiner Worttheorie, die wir diskutiert haben, selbstverständlich – als Formung. Der »Ton«, der artikulierte Laut, d. h. das gesprochene *Wort*, ist nun die Materie, welche in schriftlicher Fixierung geformt und damit als Erscheinung identifizierbar wird. Die »allgemeinste Wirkung« der Verschriftung ist, so fährt Humboldt in unmittelbarem Anschluß an diesen Grundgedanken fort,

»dass sie die Sprache fest heftet, und dadurch ein ganz andres Nachdenken über dieselbe möglich macht, als wenn das verhallende Wort bloss im Gedächtniss eine bleibende Stätte findet.«

Die Schrift ist gegenüber der Sprache zugleich das Äußerliche und das Bleibende – von dieser Topographie des ersten Hauptsatzes waren wir ausgegangen. Sie steht zu Derridas Konstruktion der ›Präsenz‹ in schärfstem Widerspruch[196], und insofern hat diese Konstellation nichts mit Repräsentation, mit Statik zu tun. Das Gegenüberstellen von Innerem und Äußerem, von Vergehendem und Dauerndem setzt Dynamik in Gang: eben jene Rückkopplung, in der wir einen Grundzug der Sprachkonzeption Hum-

195 Ebd.

196 Vgl. Derrida 1974, S. 59 ff. Will man Derridas Ansatz auf eine Kurzformel bringen, so könnte man vielleicht sagen, daß er mit seinem Ausgang von Saussure – dem er zweifellos nicht gerecht wird, im wesentlichen rekapituliert er die dogmatisierte Saussure-Lektüre des späteren Strukturalismus – sich eine Psychologisierung der metaphysischen Tradition einhandelt, von der jedenfalls weder bei Platon selbst noch bei Aristoteles die Rede sein kann.

boldts gesehen haben. Hier kommt dieser Zug nun explizit zur Sprache. Humboldt bedenkt die Schrift und die Besonderheit verschiedener Schrifttypen in ihrer Rückwirkung auf die Sprache. Hieran hängt seine ganze Idee der Bildung, der von einzelnen Individuen ebenso wie der von Nationen bis hin zur Bildung »des Menschengeschlechts«. Die Literalisierung von Gesellschaften ist derjenige Umschlag in der Evolution der Gattung, von dem an der in oralen Gesellschaften naturwüchsig sich vollziehende Prozeß der Zivilisation[197] zunehmender formaler Gestaltung und Kontrolle unterzogen wie unterworfen wird.[198] Die Schrift »weckt und nährt« den »Sinn für die Form der Sprache«.[199] Eigentlich schreibt man so, weil man so spricht; die jeweilige Schrift ist ja nicht unabhängig von der jeweiligen Sprache zu denken. Aber dennoch gilt ebenso, »dass man so spricht, weil man so schreibt.«[200]

Daß die Schrift von der Sprache her geformt wird, entspricht dem Gang der Evolution ebenso wie der Logik jedes einzelnen Schrifterwerbs. Sprache ist in jeder Hinsicht das »ältere« Medium. Die Schrift hat sich entwickelt durch absolute Unterordnung des Graphismus unter deren Strukturen. Sollten Gedanken durch graphische Zeichen mitgeteilt werden, so bedurften sie solange der interpretierenden Hilfe der Sprache, als sie nicht imstande waren, *dasselbe* zu sagen, was sich durch gesprochene Worte sagen ließ. Humboldts Schriftdefinition, die wir im Rahmen dieser Überlegungen wiederholt herangezogen haben, geht von diesem Tatbestand aus: Schrift im allgemeinsten Sinne ist »Mittheilung blosser Gedanken, die durch Laute geschieht«[201]. Das schriftlich Fixierte muß durch das gesprochene Wort interpretiert, nämlich der Form des Gedankens angepaßt werden. In dem Augenblick aber, in dem die Schrift das einzelne Wort auszuartikulieren vermag, kann sie auf diese sekundierende Deutung verzichten. Der Gedanke ist ihr nun eindeutig abzulesen, weil er *eindeutig geschrieben* werden kann. Daher begreift Humboldt Schrift »im

197 Vgl. *Verschiedenheiten*, WW III, S. 239 ff.

198 Vgl. Ivos Rekonstruktion der Entwicklung des europäischen Bildungsbegriffs, die sich gerade in diesem Punkt explizit und mit vollem Recht an Humboldt orientiert (1994, S. 92 ff.).

199 *Über den Zusammenhang der Schrift mit der Sprache*, GS V, S. 34.

200 Ebd. S. 35.

201 Ebd. S. 34.

engsten Sinne« als die Darstellung von Wörtern in bestimmter Reihenfolge – im Medium des Graphismus, wie sich versteht. Schrift in diesem Sinne ist eine Art der Textur, von der wir bisher gesprochen hatten. In diesem Zusammenhang zeichnet sich nun ab, welcher Präzisierungen dieser Begriff bedarf.

Humboldts Beurteilung der verschiedenen von der Evolution hervorgebrachten Schrifttypen orientiert sich durchgängig an der Funktion der Schrift im Rahmen des Rückkopplungsprozesses, der sich in der vom Urtypus ausgelegten dialogischen Struktur menschlicher Kommunikation als Zusammenwirken von langage, langue und parole realisiert. Wir haben diesen Prozeß bis auf die Ebenen von Wort- und Lautsystem hin verfolgt und gesehen, daß dem Begriff der langue, der Sprache als ergon, von der Schrift her eine Anschauung zu geben ist. Ihre Einheiten lassen sich in der Beschreibung aufzählen, miteinander vergleichen, analysieren. So hat man dann das »todte Gerippe«, das aus Grammatik und Wörterbuch besteht.[202] Doch die primäre schriftliche Erscheinungsweise der Sprache qua langue sind Texturen.[203]

Humboldt begreift – wie wir gesehen hatten – den langage als Instanz der Einbildungskraft, und damit als wie auch immer ästhetisch sich orientierendes Verfahren. Für dessen Verfahrensweise kann es nicht gleichgültig sein, in welcher Erscheinungsform ihm sein Material »gegeben« wird. Schrift und Rede sind in dieser Hinsicht durch die Opposition von ›vergehend‹ und ›dauernd‹ kategorial unterschieden. Im Bereich des Mündlichen ist diese Erscheinungsweise allerdings in einer Hinsicht in allen Sprachen dieselbe: Ihre Form ist der des Denkens nicht nur isomorph, in gewisser Weise ist sie mit dieser geradezu identisch, jedenfalls soweit wir uns von ihr einen Begriff machen können. Es ist die lineare Sukzession von Einheiten, die wir nach logischen Kriterien

202 *Verschiedenheiten,* WW III, S. 186.

203 Daß die Linguistik, zumal die kognitiv orientierte generative Linguistik, den Wörtervorrat einer Sprache nach wie vor als ›Lexikon‹ konstruiert, erweist sich aus dieser Perspektive als mehr als nur »willkürlich« zu nennender, den phänomenologischen Grundtatbestand bis zur Unkenntlichkeit verstümmelnder Dogmatismus. Jedenfalls wäre Humboldt die sprachpsychologische Hypothese abzugewinnen, daß das menschliche Gehirn nicht Lexika abspeichert, sondern Texturen. Ansätze der prozeduralen Semantik könnten hier als Modelle herangezogen werden; vgl. etwa Rieger 1989.

zusammenfassen, und wir können einzelne Folgen auch nur als Gedanken verstehen, ja selbst wahrnehmen. Wo wir das Gesagte als Zeichen für Nichtlogisches nehmen, etwa als Ausdruck einer bestimmten Emotionalität, nehmen wir es nicht mehr als Wort, sondern eben als Zeichen oder als Symptom.[204] Das schriftliche Gegebensein der Textur unterscheidet sich davon in wesentlichen Zügen:

(1) Sie stellt die Gedanken als Nebeneinander dar und so auch deren Elemente[205];
(2) sie stellt dieses Nebeneinander nicht vergehend dar, sondern als Dauer – erst dies erzeugt ja »die« Textur;
(3) sie stellt die Gedanken nach je verschiedenen, nicht nach einem universellen Prinzip dar. Die mündliche Artikulationsfähigkeit ist genetische Anlage, die schriftliche zivilisations- und sprachtypenspezifisches Evolutionsprodukt der Gattung Mensch.[206]

Die Rückkopplung von Mund und Ohr ist ersetzt durch die von Hand und Gesicht. In der Textur wird das Gedachte Schreiber wie Leser in buchstäblichem Sinn vor Augen gestellt. Die Ästhetik der Präsentation ist eine andere als im mündlichen Modus, und dies muß die »geistige Thätigkeit« in entsprechend anderer Weise anregen.

»... es ist ihr eigen«, so formuliert Humboldt selbst den Grundgedanken seiner Schrifttheorie, »bei der Idee oder Anschauung[207] auch die verwandten wirken zu lassen, und so kann die Uebertragung des erst als Ton gehefteten Gedanken auf einen Gegenstand des Auges, nach Massgabe der Art, wie sie geschieht, dem Geiste sehr verschiedene Richtungen geben.«[208]

In erster Linie ermöglicht diese Verschiebung der Rollen im Leroischen Mechanismus natürlich einen anderen Umgang mit

204 Vgl. Kap 0, S. 33 ff.
205 Erst im verstehenden Lesen wird dieses Nebeneinander wieder in eine lineare Ordnung überführt. Dann aber haben wir es mit Text zu tun, nicht mit der Textur.
206 D. h.: die Evolution der Sprache bezeichnet den Grenzpunkt der Gattung, die Evolution verschiedener Schrifttypen die Grenzpunkte verschiedener ›menschlicher‹ Zivilisationstypen – was immer hier auch i. e. unter »Zivilisation« zu verstehen ist.
207 D. h. mit Kant: bei dem vom Subjekt sich jeweils »Vorgestellten«.
208 *Buchstabenschrift*, WW III, S. 84 f.

dem Gedachten selbst. Dem sind wir ausführlich nachgegangen.[209] Doch geht die Wirkung weiter. Dieser Modus des Vor-Augenstellens macht »nun erst Nachdenken über die Sprache und Bearbeitung derselben möglich«.[210] Die Schrift, indem sie der Einbildungskraft Textur vor Augen stellt und damit Formen der langue, wirkt auf die Sprache qua langage zurück und somit auf das generelle Verfahren der »Ideenentwicklung«. Dies geschieht entsprechend dem jeweiligen Schriftprinzip. Der Buchstabenschrift mißt Humboldt in dieser Hinsicht einen besonderen Rang zu, und dies hängt mit seiner Theorie des Lautsystems engstens zusammen. Er entfaltet diesen Zusammenhang in der Akademievorlesung *Ueber die Buchstabenschrift* gegen das Funktionsprinzip der Hieroglyphen und der chinesischen Schrift, d. h. gegen das, was er hier in gewissem Sinne prototypisch »Bilderschrift« und »Figurenschrift« nennt.[211]

Das Grundprinzip des Verhältnisses von Sprach- und Denkform war, wie wir gesehen haben, bei Humboldt von Kant her so gedacht, daß die Produktivität der Einbildungskraft dann beflügelt wird, wenn sich findet, daß die Formen des Verstandes mit denen des jeweils gegebenen und zu durchformenden Stoffs sich in freier Übereinstimmung befinden.[212] Dementsprechend mußte es aufgrund des Funktionsprinzips der Bilderschrift überall dort zu Kollisionen kommen, wo ein Denkinhalt der logischen Kategorie A in einer Weise repräsentiert wurde, die non-A implizierte. Dies ist immer der Fall bei Allgemeinbegriffen, die eine Bilderschrift ja grundsätzlich nur in besonderen Bildern darstellen *kann*. Soll der Begriff »Vogel« geschrieben werden, so kann dies nur durch das Bild eines besonderen Vogels, Adler, Ente oder Spatz, geschehen, und von dieser Weise der Darstellung wird das Denken unvermeidlich auf Nebengeleise abgelenkt. Das intensionale Prinzip der Sprache, die »Idealität« ihrer Darstellungsweise, die im

209 Vgl. Kap. 7, S. 295 ff.

210 *Über den Zusammenhang der Schrift mit der Sprache,* GS V, S. 35.

211 ›Historisch‹, d. h. de facto ist sich Humboldt durchaus darüber im klaren, daß diese Charakterisierungen weder den Hieroglyphen noch dem Chinesischen gerecht werden. Beide Schrifttypen enthalten durchaus phonematische Elemente, die er i. e. auch an anderer Stelle betrachtet. Hier kommt es ihm darauf an, die typologischen Unterschiede so deutlich wie möglich herauszuheben.

212 Vgl. *Kritik der Urteilskraft,* B 68 ff.

Wort doch alle möglichen Denkwege eröffnen soll, wird eingeschränkt durch die Extension des bildlich repräsentierten Phänomens. Humboldt macht in diesem Zusammenhang den logischen, nämlich auf die Intension abhebenden Sinn der aristotelischen Schriftdefinition geradezu überdeutlich:

»... die Schrift, die nur Zeichen des Zeichens seyn soll, wird zugleich Zeichen des Gegenstands, und schwächt, indem sie seine unmittelbare Erscheinung in das Denken einführt, die Wirkung, welche das Wort gerade dadurch ausübt, dass es nur Zeichen seyn will.«[213]

Die ikonische, bildliche Qualität des Graphismus, nach Leroi-Gourhan ein spätes Produkt in dessen Evolution[214], muß also gleichsam gegen Null reduziert werden, wenn Schrift dieselbe logische Darstellungspotenz gewinnen soll wie die Sprache. Mit der Konventionalisierung bildlicher oder piktographischer Zeichen, wie sie in der chinesischen Schrift durch die Auflösung der Bilder in Radikale, durch die Normierung von »Strichen«, durch die Ausbildung von Ordnungsregeln für diese usw. erreicht ist, transformiert sich die Bilderschrift in die Ideographie oder »Figurenschrift«[215]. Deren Zeichen sind in der Tat zu abstrakten Figuren geworden, deren einstige ikonische Qualität selbst bei den sogenannten Piktogrammen oder Ideogrammen bis zur Unkenntlichkeit reduziert wurde.[216] Damit scheint dieser Schrifttyp

213 Daß Humboldt hier vom Wort als »Zeichen« spricht, belegt, daß er hier die aristotelische (oder eine äquivalente) Schriftdefinition vor Augen haben *muß*, denn kategorial unterscheidet er ja das Wort gerade vom Zeichen.

214 Vgl. Leroi-Gourhan 1984, S. 237 ff.

215 *Buchstabenschrift*, WW III, S. 87 ff. Zur Begründung dieser Bezeichnungsweise vgl. *Über den Zusammenhang der Schrift mit der Sprache*, GS V, S. 40.

216 Vgl. Lindqvist 1990, S. 15 ff. Natürlich kommt auch das Chinesische nicht nur mit diesen Zeichentypen aus. Um jeden beliebigen Text schreiben zu können, d. h. auch Konjunktionen, Präpositionen, Pronomina usw., mußten im Chinesischen quasi-phonematische Kodierungsweisen entwickelt werden – die sogenannten Phonogramme, in denen ein Zeichen, das den semantischen Wert repräsentiert, mit einem Zeichen kombiniert wird, das als Repräsentation einer Wortgestalt gelesen wurde. Die hohe Anzahl von Homonymen im Chinesischen unterstützte dieses Verfahren – wobei freilich zu fragen bleibt, ob die Homonymie der gesprochenen Sprache durch dieses Schriftprinzip nicht geradezu gefördert, jedenfalls nicht abgebaut wurde. Vgl. hierzu auch Kap. 3, S. 131 ff.

vorzüglich geeignet, den jeweiligen Gedanken »rein« zum Ausdruck zu bringen, indem ja alles vermieden wird, was den Geist von der Auffassung des Begriffs ablenken könnte. Doch zerstört nach Humboldt diese in der Tat abstrakte Darstellung der Gedanken den Zusammenhang zwischen dem semantischen System der Sprache und ihrem Lautsystem und untergräbt damit die in diesem Zusammenhang angelegte Produktivität der Einbildungskraft, die – wie wir gesehen haben – auf der Synthesis von logischer, sinnlicher und Gefühlsgeltung des Wortes beruht. Humboldt sieht nicht oder unterschätzt doch zumindest die Tatsache, daß im Schriftprinzip des Chinesischen an die Stelle der Lautanalogie die graphische getreten ist. Alle *Han ze* sind aus Kombinationen von sogenannten Radikalen konstruiert, deren Anzahl mit 214 noch hinreichend klein ist, um bei der Artikulation des geschriebenen Wortes eine Rolle zu spielen, die der der Phoneme durchaus vergleichbar ist, zumal der Gebrauch der Radikale, die nur aus wenigen Strichen bestehen, den der »vielstrichigen« quantitativ weit übersteigt.[217] So wird der, der den Gebrauch der chinesischen oder japanischen Schrift erlernt und es darin zur Routine gebracht hat, implizit in ein graphisches Verweisungssystem eingeübt, in ein System von Alliterationen, das in seiner ästhetischen Wirkung durchaus mit den Lautanalogien vergleichbar ist. Die Kunst der chinesischen Lyrik beruht zum guten Teil darauf, Verse zu finden, in deren Schriftbild dergestalt ein ästhetischer Überschuß kodiert ist. Die Imagination des gesprochenen Gedichts wird hier geradezu von der Schrift her geleitet.

Auch wenn man sich aus solchen Gründen Humboldts Urteil nicht anschließen will, daß das Prinzip der Ideographie geradezu unvermeidlich eine gewisse Sterilität des Denkens befördere[218], so bleibt sein genereller Befund davon nicht nur unberührt – er wird durch solche Gründe geradezu bestätigt: Die der chinesischen Schrift spezifische Weise, der Einbildungskraft ihr Material vor

217 Vgl. Hadamitzky 1980, S. 52 ff.

218 Vgl. *Buchstabenschrift*, WW III, S. 89: »Das Bemühen, sich von einer bestimmten Sprache unabhängig zu machen, muss ... nachtheilig und verödend auf den Geist einwirken«, analog dazu Humboldts Urteil über die Grammatik des Chinesischen, *Lettre à Monsieur Abel-Rémusat*, GS V, S. 292 ff.

Augen zu führen, mußte einen anderen Typus von Intellektualität erzeugen als dies durch den Gebrauch des Alphabets geschehen ist. Vom Funktionsprinzip dieser Schrift her, die sich gerade auch am Gebrauch ihrer Radikale zeigt, mußte sie ein semantisch orientiertes Denken befördern. Die Ausbildung formalen Denkens bis hin zu einer formalen Logik, wie wir sie an den späten Dialogen Platons beobachten konnten, wurde von diesem Prinzip her nicht nur nicht befördert, sondern – da die von den Radikalen angedeuteten Analogien per se nur semantisch zu deuten waren – geradezu systematisch verstellt.

Die verschiedenen Typen von Kalligraphie, die sich im Chinesischen und im Bereich des Alphabets ausgebildet haben, bestätigen dies. Im Bereich des Alphabets verbleibt sie im Dekorativen, bleibt dem Sinn des Geschriebenen gegenüber äußerlich.[219] Die Bedeutung des Namens Gottes kann durch die Pracht der Buchstaben, in denen dieser Name geschrieben ist, nur indirekt ausgedrückt werden. Im Chinesischen dagegen gestaltet die Kalligraphie nicht die äußere Form des Wortes ästhetisch, sondern individualisiert in der Geste des Schreibens dieses selbst. Dort wird dem Ausdruck ein bestimmter Ausdruck verliehen, hier dem Wort und damit der Bedeutung selbst.[220]

Die Ideographie löst sich von der bestimmten Sprache, die Kanji im Japanischen belegen es. Solche Figuren tendieren dazu, reine Semantik zu werden. Das Alphabet hingegen ordnet sich nicht *der* Sprache unter, sondern der je bestimmten. Es scheint darin partikularer als die Kanji, die ja durchaus als eine Art universeller Schrift verwendbar wären, und doch repräsentiert es gerade hierin einen universellen Zug *der* Sprache, nämlich daß sie nur als eine Mannigfaltigkeit verschiedener Sprachen existiert. Was das Alphabet zu dem universellen Schrifttyp gemacht hat, scheint eben dies zu sein, daß es an jede Sprache angepaßt werden mußte und daß es sich an jede anpassen *ließ*. Dies macht aus der Buchstabenfolge ein »einfaches, durch kei-

219 Vgl. hierzu Rück 1989.

220 Diese kalligraphische Praxis entzieht sich damit auch weitestgehend einer theoretischen Kategorisierung. Sie kann nur an Beispielen zur Anschauung gebracht werden, da sie selbst ja auch nur angeschaut sein will, um dem Nachdenken Anstöße zu geben, nicht bestimmte Begriffe. Vgl. hierzu Shimano und Tani 1990.

nen Nebenbegriff zerstreuendes Zeichen des Zeichens«[221], welches durch seine Erscheinung nichts hervorruft als das von ihm »bezeichnete« Wort der Sprache, in der geschrieben wurde – während dem literat gebildeten Japaner die seinen Zeichen korrespondierenden chinesischen Wörter und damit verbundene Konnotationen in der Regel vertraut oder zumindest doch erschließbar sind.[222] Alle Vorzüge der Buchstabenschrift vereinen sich für Humboldt in dieser ihrer jeden Eigensinn verleugnenden Natur:

»Sie stört die reine Gedankennatur der Sprache nicht, sondern vermehrt vielmehr dieselbe durch den nüchternen Gebrauch an sich bedeutungsloser Züge …«[223]

Aus dieser radikalen Verwillkürlichung des Schriftprinzips ergibt sich jedoch ein kaum hoch genug einzuschätzender Gewinn, der auf dem Konto der Form zu verbuchen ist. Durch die Weise ihrer Darstellung der Gedanken repräsentiert sie dem Schreiber die Form seines Verfahrens. »Sie führt nemlich«, so formuliert Humboldt diesen für sein Schrift- wie Sprachverständnis gleichermaßen zentralen Gedanken,

»der Seele die Articulation der Töne vor, indem sie die articulierten Töne vereinzelt und bezeichnet.«[224]

Damit ist das Grundprinzip nicht nur der Darstellung des Wortes benannt, sondern das der Sprache – qua langage – insgesamt. Wir hatten gesehen, aus welchen Gründen Humboldt im Wort die gesamte Verstandeshandlung enthalten sieht, die Sprache ausmacht. Artikulation ist das »Wesen der Sprache«.[225] In der Ver-

221 *Buchstabenschrift*, WW III, S. 89.

222 Insbesondere durch das Nebeneinander von sogenannten ›On‹- und ›Kun‹-Lesungen, das bei den meisten Kanji gegeben ist. Die On-Lesart gibt das dem Chinesischen entstammende Wort, das also über die Schrift dem morphologischen System des Japanischen sozusagen implantiert wurde, die Kun-Lesart ein autochthones japanisches Wort, das ursprünglich als Erklärung bzw. Paraphrase der On-Lesart verwendet wurde, z. B. »山« (Berg, Gebirge) = »yama« (Kun) und »san« (On; vgl. chines. *shan*). Vgl. hierzu New Japanese-English Character Dictionary (1990, S. 53 a ff.).

223 *Buchstabenschrift*, WW III, S. 89.

224 Ebd. S. 92.

225 Ebd.

einzelung der Redeelemente und ihrer Bezeichnung – geleistet durch die Register der Orthographie[226] – werden dem Schreibenden alle Formen bewußt und zur Anschauung gebracht, derer er sich bei der Verfertigung der Gedanken bedient – und zwar in einer Weise, die es gestattet, diese Formen nunmehr auch unabhängig vom jeweiligen Diskurs zu betrachten. Man behauptet daher nicht zuviel, so Humboldt, »wenn man sagt, dass durch das Alphabet einem Volke eine ganz neue Einsicht in die Natur der Sprache aufgeht.«[227] Erst damit wird eine Rede über sprachliche Formen möglich, weil referentialisierbar. Geleistet wird dies durch den Gebrauch, den wir von den Buchstaben machen.

Durch sie und in ihnen vereinzeln wir, mit Humboldt zu sprechen, die Einheiten, aus denen wir in der Schrift die Gedanken artikulieren. Ihre »Erfindung« hat darüber hinaus aber ein im Bereich des Chinesischen ganz undenkbares Sprachspiel ermöglicht, in dem wir nun den Buchstaben eigene ›Bedeutungen‹ im fregeschen Sinn zuordnen, distinkte Extensionen, die »Buchstabenlaute«. Wesentlich für den Begriff des Phonems ist – wie wir gesehen haben – schon bei Humboldt weniger sein »positiver« Gehalt an distinktiven Merkmalen als seine *hinreichende* Unterscheidbarkeit von anderen Phonemen, die an der entsprechenden Position des betreffenden Phonems im Wort zu erwarten oder »möglich« wären. Die strukturale Phonologie hat in diesem Sinne den Begriff des ›distinktiven Merkmals‹ geprägt. Darunter verstand und versteht man insbesondere die Angabe von ›Artikulationsort‹ und ›Artikulationsmodus‹[228]:

/u/ gilt z. B. als ›hinterer‹ ›Enge‹vokal,
/p/ als ›labialer‹ ›Spreng‹laut,
/x/ als ›velarer‹ ›Reibe‹laut
usw.

226 Vgl. Kap. 1.

227 *Buchstabenschrift*, WW III, S. 92.

228 Beide Kategorien kann man natürlich weiter unterteilen, so den Modus in ›Artikulationsart‹ und ›Stimmhaftigkeit‹, umgekehrt erweist sich bei genauerer Betrachtung, daß die Angabe des Artikulationsortes sich durchaus als Teil einer Beschreibung des Artikulationsmodus lesen läßt.

Man unterscheidet traditionell in diesem Sinne Vokale von Diphthongen, Sonanten und Konsonanten[229]. Die linguistische Terminologie ist nicht einheitlich, da die Klassifizierungskriterien nicht unstrittig sind. Manche Klassifizierungen wählen die Unterscheidung von ›Vokal‹ und ›Konsonant‹ als Grundunterscheidung und ordnen die Diphthonge den Vokalen, die Sonanten den Konsonanten zu. Andererseits werden auch die hier »Konsonant« genannten Phoneme als ›Obstruenten‹ von den hier »Sonant« genannten unterschieden usw.

Von allen derartigen Kategorisierungen ist insofern zweierlei zu sagen: Sie beschreiben (a) nicht schlechthin objektive, für sich gegebene Tatbestände, sondern spezifische Auffassungen von Artikulationsweisen, (b) repräsentieren sie in ihrer Begrifflichkeit Artikulationsmerkmale inhomogener Art. Die Angabe von ›distinktiven Merkmalen‹ ist tatsächlich als ein Kürzel für bestimmte Oppositionen von Phonemen zu lesen.

In keinem Fall beschreiben diese Merkmale physiologisch faßbare oder auditiv wahrnehmbare Tatbestände in einem phänomenologisch einschlägigen Sinn von »Beschreibung«. Ein Merkmal wie ›Stimmhaftigkeit‹ müßte in physiologischer Hinsicht ganz anders gefaßt werden, nämlich als die Beschreibung der Bewegungen bestimmter Teile des Artikulationsapparats, als Beschreibung eines auditiven Eindrucks ist andererseits das Merkmal nicht spezifisch genug. Man könnte z. B. Vokale und Sonanten ebenso wie bestimmte Obstruenten ›stimmhaft‹ nennen, entsprechend die Obstruenten ›kurz‹ wie die Kurzvokale usw.[230] Als Phänomenbeschreibung geradezu widersinnig wäre die Kategorie Artikulationsort. Stets ist der gesamte Artikulationsapparat an der Lautartikulation beteiligt. Das /u/ wird keineswegs nur im velaren Mundbereich gebildet. Der ganze Mund- und Nasenraum dient als Resonanzkörper, und weder Sprecher noch Hörer wären ohne phonologische Vorkenntnisse in der Lage, einem von ihnen gesprochenen oder vernommenen *u* einen bestimmten Arti-

229 Die Unterscheidung von Vokalen, Diphthongen, Sonanten und Konsonanten ist schon bei Dionysios Thrax terminologisiert. Vgl. *Ars grammatica* S. 9 ff.

230 So haben bestimmte Sonanten in manchen Sprachen, z. B. im Italienischen oder im Ungarischen, eine bestimmte ›Länge‹, man spricht dann von »Doppelkonsonanten« – eine irreführende Bezeichnung.

kulationsort zuzuweisen. Allerdings wird hier der velare Mundbereich in bestimmter Weise *anders* geformt als beim Aussprechen von *i* oder *a*. Der Ausdruck »velarer Engevokal« bezeichnet daher nicht den Artikulationsort des /u/ im buchstäblichen Sinn, sondern kennzeichnet kürzelhaft bestimmte Charakteristika seiner Produktionsweise im Unterschied zu anderen. Wenn /z/ als ›stimmhaft‹ beschrieben wird, dann nur in Opposition zu einer ähnlichen Artikulationsweise, die wir als /s/ bezeichnen, bei Vokalen würden wir ein Merkmal ›stimmhaft‹ als redundant auffassen, /p/ als ›Verschlußlaut‹ zu bezeichnen macht nur Sinn in Opposition zu einer Spiranten /f/ oder Affrikata /pf/ usw. *Jedes* sogenannte distinktive Merkmal hält also im Grunde nur bestimmte artikulatorische Besonderheiten einer »Grundlautung« fest, die als kontinuierliches Substrat in der Beschreibung je schon vorausgesetzt ist. Diese Besonderheiten können daher nur als *Veränderung* der jeweils vorhergehenden Artikulationsweise verstanden werden, die soviel an Differenz markiert, daß im Gebrauch des Wortes damit *regelmäßig* das Verständnis eines Bedeutungsunterschieds verbunden wird.[231]

Referentialisierbar wird die Charakterisierung von Phonemen durch distinktive Merkmale erst im Rahmen eines spezifischen Sprachspiels, in dem besondere Objekte erzeugt werden, nämlich Namen für Phoneme: das »a«, das »p«, das »m« usw. Zum Schreiben dieser Namen verwenden wir spezielle Notationen. Das Phonem »a« schreiben wir etwa als /a/ oder ähnlich. Wenn wir über Phoneme reden, sprechen wir deren Namen entweder aus, indem wir die lateinischen Buchstabennamen »a«, »be«, »ce« usw. verwenden, oder aber, wo wir wie für /pf/ oder /st/ keinen solchen zur Verfügung haben, dadurch, daß wir einen gesprochenen Ausdruck »pf« bzw. »st« usw. *erzeugen*, den wir als Beispiel für eine lautliche Realisation des betreffenden Phonems auffassen. Solche isolierten Laute gegeneinander aussprechend können wir illustrieren, was das Merkmal ›stimmhaft‹ *hier* bedeuten, d. h. welchen Sinn es hier haben soll: »b«, nicht »p«, »d«, nicht »t«, »s«, nicht »z«[232]

231 An dieser Bedingung der Regelmäßigkeit hängt die Begründung dafür, das Phonem als Einheit der langue zu deuten. Die Bildung von Minimalpaaren operationalisiert diese Bedingung.

232 »z« soll hier das ›stimmhafte‹ »s« bezeichnen – man sieht, wie schriftabhängig die *Rede* über diese speziellen Gegenstände ist.

usw. Doch sind diese Ausdrücke kategorial etwas ganz anderes als das, was sie bezeichnen sollen. Sie sind, syntaktisch und morphologisch betrachtet, *Wörter*, nicht Wortsegmente, denn wir sprechen von *dem* »b«, *dem* »s« usw. Über solche könnten wir isoliert schlechterdings nicht sprechen – und sie somit auch weder isoliert aussprechen noch sie als Namen von Segmenten verstehen, denn die kleinste Einheit, in die sich ein Gedanke zerlegen läßt, ist der Begriff, und der wird durch mindestens ein Wort bezeichnet. Wir behandeln daher diese Wörter als Analoga der Gegenständlichkeiten, auf die diese Wörter, als Namen betrachtet, referieren *sollen*. D. h. aber, daß wir mit distinktiven Merkmalen niemals unmittelbar auf die von diesen angedeuteten Gegenständlichkeiten referieren *können*, und damit können sie auch nicht als Beschreibungen isolierter Gegenständlichkeiten aufgefaßt werden. Wenn Humboldt von der »Vereinzelung« der »articulirten Töne« spricht, so meint dieser Begriff eben dieses konstruktive Moment.

Dies gilt für die Einheitenmenge jeder Stufe eines Dialekts, und für die gesprochene wie für die geschriebene Sprache. Erst in diesem Sinn, wenn im Gebrauch der Buchstabenschrift sich ein entsprechendes Sprachspiel ausgebildet hat, wie wir es etwa in Quintilians Rhetorik belegt finden[233], spricht man etwa von dem Kasussystem einer Sprache. Diese Redeweise setzt voraus, daß wir Kasusformen isoliert erzeugen können wie diejenigen Gegenstände, von denen wir sagen, daß es die von den Buchstaben bezeichneten Laute seien. Wir stellen sie in den Deklinationstabellen der Grammatiken als solche Gegenstände dar. Und wiederum gilt für Satzformen das entsprechende. Wir können sie schriftlich darstellen, wie dies in der Aussagenlogik geschieht:

p *und* q;
wenn p, *dann* q: *nun* p, *folglich* q
usw.

Vom normativen Ansatz der Logik her ist klar, daß wir derart spezifische Gegenstände erzeugen, nämlich Zeichengestalten, denen eine ›Bedeutung‹ erst durch entsprechende Interpretationen zugewiesen wird. »p« und »q« sollen hier als Variable für Wortfolgen stehen, die sich als Behauptungen lesen lassen, denen sich

233 Vgl. *Institutio oratoria* I 5, S. 60 ff.

ein Wahrheitswert zusprechen läßt. Erst insofern repräsentieren sie Formen von Sätzen. Aber auch jede Syntax einer »natürlichen« Sprache bedient sich analoger Darstellungsweisen. Der Ausdruck

»SF $must_\alpha$ [PT $wert_\alpha$ + VM $pers_\beta$ + f E $stel_\gamma$ + f A $stel_\delta$]«

dient etwa in der *Deutschen Syntax* Heringers[234] zur Darstellung eines Schemas, in dem die Hauptkonstituenten aller im Deutschen »möglichen« Satzformen durch Buchstabenkombinationen angedeutet sind.[235] Diese – »PT $wert_\alpha$«, »VM $pers_\beta$« usw. – als Namen für Gegenstände verwendend, die wir doch erst durch diesen besonderen Buchstabengebrauch erzeugen – denn für die miteinander redenden Menschen bildet jede Äußerung eine untrennbare Einheit –, sind wir nun in der Lage, über die Formen unserer Gedanken zu sprechen. Doch dies ›sind‹ bei genauerer Betrachtung Formen von Sätzen, die wir *schreiben*.

Der Gedanke der Rückkopplung, der Humboldts Sprachkonzeption durch und durch geprägt hat, wird dergestalt in seiner Auffassung der Buchstabenschrift operationalisierbar. Damit allererst wird eine Philosophie der Grammatik im buchstäblichen Sinn möglich.

Redeverbindung

Die Sprache ist das den Gedanken bildende Organ. Bislang hat uns bei dem Versuch, diesen Hauptsatz zu verstehen, insbesondere der Aspekt des Verfahrens beschäftigt, der im Begriff des Bildens impliziert ist. Sprache wird hier – dies wird man als ein Resultat

234 Vgl. Heringer 1972.

235 Der Ausdruck »SF $must_\alpha$ [PT $wert_\alpha$ + VM $pers_\beta$ + f E $stel_\gamma$ + f A $stel_\delta$]« ist zu lesen als:
»Eine Satzform des Musters α besteht aus einem Prädikatsteil mit der Wertigkeit α, einem Verbalmorphem der Personalform β, einer Folge von Ergänzungen, die nach formalen Merkmalen γ unterschieden werden, und einer Folge von Angaben, die nach formalen Merkmalen δ unterschieden werden.« Grundlage dieser Unterscheidung von Satzgliedern ist die Valenztheorie.

nehmen dürfen, das außer Zweifel steht – als langage thematisiert, als der in einer Sprachgemeinschaft beständig sich iterierende Vollzug der Artikulation dessen, was man meint. Ein solcher Begriff von Sprache muß gegen die mit Saussure herrschend gewordene Auffassung allererst wiedergewonnen werden, die seither der parole als deren Opponenten die langue, das Sprachsystem, entgegensetzt und darüber den langage aus dem Blick verloren hat, dem Saussure selbst durchaus noch all die Dynamik implizierenden Attribute zuspricht, daß er in der Gesellschaft »lebe«, sich in der Zeit »fortspinne« und insofern erst die Gesellschaft zur Gesellschaft mache.[236] Die Beschränkung auf die langue als einer »modification du langage«[237] ist der Akt, der Linguistik als eine Wissenschaft mit wohldefiniertem Objektbereich möglich macht. Doch gerät damit eben doch ein wesentlicher Aspekt der Sache aus dem Blick. Das Lautsystem einer jeden Sprache ist im Sinne Humboldts daher als diejenige Matrix distinktiver Oppositionen von Möglichkeiten der Modulation des Lautes zu verstehen, die im Sprachgebrauch dieser Gemeinschaft der Prägung von Wörtern zugrunde liegt bzw. aus ihr sich ergeben hat. Ihre Ökonomie kann sich verschieben und wird auch in jedem Dialekt den mit der Zeit sich verändernden Bedingungen der Verständlichkeit, der Akzeptanz usw. des zu Sagenden angepaßt. So ist sie selbst ein Phänomen der Fluktuanz, für das jedesmalige Sprechen jedoch der je vorgegebene *endliche* Rahmen, der die Grenzen hier akzeptierter Artikulationsmöglichkeiten absteckt. Als solcher wird er *ergon*, Bestandteil der Sprache als langue, und damit einer Beschreibung zugänglich, die den jeweiligen Stand der Dinge festhält.

Auch das Wort begreift Humboldt zunächst als Verfahren. Der artikulierte Laut ist die Form, deren Äußerung für den Hörenden gleichsam als Anweisung zu verstehen ist, sich ihre Materie, das, was unter ihr zu denken und zu empfinden ist, nach Maßgabe der Bedingungen zu vergegenwärtigen, die den Rahmen dieser Äußerung bilden. Dazu zählt der jeweilige Kontext von Wörtern ebenso wie die aktualiter erlebte Situation, in der die Äußerung getroffen wurde. Für den Sprechenden verhält sich dies anders. Humboldt teilt – wie wir gesehen haben – die in der Linguistik an diesem Punkt übliche symmetrische Auffassung des Kommunika-

236 Vgl. III C 5 ff., EC al. 103 ff.
237 Ebd. al. 104.

tionsvorgangs nicht. Für den Sprechenden ist dieses geäußerte Wort keine Anweisung, sich ein Bild der Materie des Wortes zu machen, sondern vielmehr die Dokumentation einer bestimmten Auffassung der Sache.[238] Erst aus dieser Asymmetrie entsteht die hermeneutische Differenz, die das Wort dadurch überbrücken kann, daß es für Sprechenden wie Hörenden dieselbe schematisierte Form ist. Der jeweilige »Wörtervorrath« einer Sprache repräsentiert in diesem Sinne Schematisierungen gelungener Verständigungssituationen, in denen objektive Denk- und Wahrnehmungsgehalte mit subjektiven Empfindungsweisen amalgamiert und in einer Lautform gleichsam kodiert wurden. Auch das Wort gewinnt auf diese Weise eine zweite Dimension seiner Geltung, nämlich als kodifiziertes Resultat, das als solches wie das Lautsystem Element der langue wird.

Selbst die Schrift ist unter diesem Gesichtspunkt zunächst einmal als Verfahren zu verstehen, welches alle diese Resultate fixiert und sie damit allererst zu Objekten *macht,* die der Reflexion nun in allgemeiner Weise zugänglich werden. Die damit verbundenen Rückkopplungseffekte, auf denen Humboldts Begriff der Bildung konstitutiv aufruht, haben wir im einzelnen betrachtet. Schrift erweist sich in dieser Perspektive *ausschließlich* als Vollzug, als *energeia.* Wenn Humboldt davon spricht, daß Schrift die Darstellung bestimmter Wörter in bestimmter Reihenfolge sei, so ist das Wort »Darstellung« hier im Sinne von *exhibitio,* von Vollzug zu verstehen. Diesen haben wir »Text« genannt.[239] Sein Resultat ist die Textur bzw. sind Texturen, nicht die »geschriebene Sprache«. Damit ergibt sich eine für das Verständnis des ersten Hauptsatzes grundlegende Konsequenz: Die Gesamtheit von *in einer Sprache* geschriebenen Texturen ist derjenige »bleibende Körper«, in dem der Formulierung des Hauptsatzes gemäß *durch die Schrift* die »intellectuelle Thätigkeit« objektiviert und damit verdinglicht wird. Die Schrift entsubjektiviert das Gemeinte – *to legomenon* – in einem radikalen Sinn, für den es auf der Ebene der Sprache kein Analogon gibt. In keiner Weise kann diese Gesamtheit von Texturen noch als genuiner Besitz des einzelnen Sprachsubjekts begriffen werden, als den wir uns die Sprache doch nicht nur qua langage, sondern auch qua langue noch immer

238 Vgl. *Grundzüge*, GS V, S. 452.

239 Vgl. Kap. 7, S. 295 ff.

denken.[240] Nur als Verfahren verfügt das Subjekt vollständig über die Schrift, nicht über das Resultat, und selbst dies gilt nur näherungsweise.[241]

In jedem Fall aber bezeichnen die Wörter »Sprache« und »Schrift« je einen Plural. Hier wie dort handelt es sich um verschiedene, ineinander integrierte Verfahrensweisen, die auf den Ebenen von Phonologie oder Graphematik, von Morphologie und Syntax beschrieben werden. Deren Resultat ist demgegenüber ein unteilbares Ganzes: der Gedanke. Der Singular in der Formulierung des Hauptsatzes ist wesentlich.

Sprachliche Einheiten erweisen sich aus dieser Perspektive als in gewissem Sinn paradoxe Gebilde. Einerseits können wir uns von ihnen keinen Begriff machen denn als Einheiten – Phonem, Morphem, Wort usw. Dennoch können wir eben diese Einheiten, die wir aus dem Kontinuum der Rede oder der Textur isoliert haben, als solche nur fassen, indem wir sie als ihr ontologisches Gegenteil darstellen, nämlich als Gegebenheiten, die ihre Identität ausschließlich darin finden, daß sie Momente sind, welche eine übergeordnete Einheit charakterisieren, als solche also gerade nicht Einheiten sind, sondern Teile-von-Einheiten. Die vertraute strukturale Definition des Phonems bestätigt dies, wenn sie dieses als Bündel distinktiver Merkmale faßt, welches die ausschließliche Funktion hat, die Bedeutung [der nächst höheren Einheit] zu differenzieren. Jakobson hat in diesem Sinne von einer »Stufenfolge« im Aufbau des Sprachsystems gesprochen.[242] Entsprechend ist das Morphem nur Morphem im Zusammenhang des Wortes

240 In einem Schriftsystem wie dem Japanischen wird dies auch sofort deutlich: Während beim schriftkundigen Japaner die einmal erworbene Fähigkeit, japanischen Text in Kana zu schreiben, also in einer phonematisch konstituierten Silbenschrift, relativ stabil bleibt, sobald sie hinreichend ausgebildet wurde, muß selbst der literal Gebildete sich beständig im Gebrauch der Kanji üben, d. h. kontinuierlich sein Leben hindurch schreiben, andernfalls verlöre er in relativ kurzer Zeit einen großen Teil seiner Schreib- und dann auch seiner Lesefähigkeit. Das Konstrukt einer analog zur langue gedachten ›geschriebenen Sprache‹ ist eine durch die Funktionsweise des Alphabets begünstigte Illusion.

241 Auch aus dieser Perspektive ergeben sich Möglichkeiten, den im Vergleich zum Alphabet ganz andersartigen Einfluß der chinesischen Schrift auf die Intellektualität des individuellen Subjekts zu fassen.

242 Vgl. Jakobson 1969, S. 93 ff.

und dieses ist Wort nur im Zusammenhang des Satzes. Die jeweilige Einheit ist Einheit nur, sofern sie von einem logisch übergeordneten Standpunkt aus als solche geformt wird. In dieser Hinsicht ist sie Stoff, nicht Form.

Humboldts Reflexionen des Grammatikbegriffs sind ganz und gar von dieser Problematik bestimmt. Wir hatten gesehen, daß er das Sprachverfahren als Formung einer durch die Einbildungskraft gegebenen Materie begreift, so die Prägung von Worten als Artikulation des Lautes bzw. Tons, der in dieser Einheit auf eine Materie ganz anderer Art bezogen wird, nämlich auf das unter ihm zu Denkende bzw. Vorzustellende.[243] Entsprechend wird das Wort seinerseits als Materie eines übergeordneten formenden Handelns begriffen, welches in der Aneinanderreihung von Wörtern den Gedanken artikuliert. Humboldts Terminus für diesen Teilbereich, besser: diese Funktion von Grammatik lautet daher ›Redeverbindung‹.[244] Von diesem »prozeduralen« Verständnis von Grammatik geht Humboldt bereits in der programmatischen Akademievorlesung von 1820 über das vergleichende Sprachstudium aus:

»Das Wesen der Sprache besteht darin, die Materie der Erscheinungswelt in die Form der Gedanken zu giessen; ihr ganzes Streben ist formal, und da die Wörter die Stelle der Gegenstände vertreten, so muss auch ihnen, als Materie, eine Form entgegenstehen, welcher sie unterworfen werden.«[245]

Diese Form ist das, was wir gewohnt sind »Grammatik« zu nennen. Doch verändert sich gegenüber dem Schulbegriff sein Verständnis in diesem Kontext radikal. Zwar ist es noch die traditionelle Form-Substanz-Metaphysik, von der Humboldt seinen Ausgang nimmt. Doch verlagert sich gegenüber der Auffassung von Grammatik, die mit Dionysios Thrax festgeschrieben war, der Akzent grundsätzlich. Dieser hatte sie als Empirie schriftlicher Texte definiert[246], und dieses Verständnis ist noch das bei Herder vorherrschende. Selbst Humboldt hängt ihm dort noch an, wo er von der Grammatik als dem »todten Gerippe« der Sprache spricht. Dies ist konventionelle Redeweise. In den späten Texten, die wir hier betrachten, bedenkt Humboldt das Problem der

243 Vgl. *Grundzüge* § 90, GS V, S. 421.

244 Vgl. ebd., §§ 127 ff., GS V, S. 445 ff.

245 WW III, S. 13.

246 Vgl. *Ars grammatica* S. 5.

Grammatik zunehmend vom Begriff noetischen Handelns her. Wenn im Hauptsatz vom »Bilden« des Gedankens die Rede ist, dann ist damit ein Handeln gemeint, welches als solches Kriterien unterliegt, an denen sich die »intellectuelle Thätigkeit« beim Vollzug des Artikulierens orientiert. Man kann die Bedeutung dieses Perspektivwechsels gar nicht hoch genug veranschlagen. In ihm liegt der eigentliche Grund dafür, daß Humboldt – wie wir gesehen haben – sein Konzept einer ›vergleichenden‹ Sprachwissenschaft dezidiert *nicht* auf das Arbitraritätsprinzip gründet. Humboldt gewinnt damit für seine Betrachtung der Grammatik eine Bezugsebene, derer sich die strukturale und generative Linguistik mit dem Prinzip des arbitraire du signe sozusagen kalkuliert entledigt, um dergestalt einen eigenen Objektbereich zu schaffen, die ›langue‹, »envisagée en elle-même et pour elle-même«[247]. Damit verbindet sich allerdings ein in seinen Konsequenzen nicht unerheblicher Verlust an Orientierung beim Auffinden linguistischer Grundkategorien.[248]

Unter dem Wort »Grammatik« ist hier dagegen ein Verfahren gedacht, dessen Vollzug, mit Austin zu sprechen, bestimmten Gelingensbedingungen unterworfen ist. Auf deren Analyse kommt es mithin an, und hier zeigt sich allerdings sofort, wie weit Humboldt, so sehr er auch den Handlungsaspekt stark macht, doch noch von einem Verständnis sprachlichen Handelns entfernt ist, wie es sich unter dem Einfluß Wittgensteins herausgebildet hat. Schon die Redeweise von »intellectueller Thätigkeit« deutet darauf hin, daß hier dieses Handeln wesentlich noch als ein transzendentales bzw. noetisches verstanden ist. Damit ist ein für das Verständnis von Sprache und Grammatik grundlegendes Problem verbunden, die Frage nämlich, ob es sich bei den Gelingensbedingungen sprachlicher Artikulation um *interne* oder *externe* Kriterien handelt. An dieser Frage muß sich daher auch die Lektüre Humboldts orientieren, die wir jetzt noch zu leisten haben.

Um einen zureichenden Begriff von Grammatik zu gewinnen, muß man sich also am Verfahren der Artikulation orientieren. Als transzendentalem Handeln kommt ihm vor allem eine Funktion zu: die Herstellung synthetischer Einheit des Gedachten. Man darf sich, so Humboldts Ansatzpunkt,

247 Vgl. CLG S. 317.
248 Vgl. Kap. 4, S. 163 ff.

»die Grammatik nicht als eine Zusammenfügung der Rede aus Wörtern, sondern nur als eine Zerschlagung derselben in Wörter denken. Die Rede, und nicht das Wort ist das in der Natur zuerst und ursprünglich Gedachte.«[249]

Der Satz ist Satz nur, insofern er Gedanke ist. Die Funktion der Grammatik – wenn wir diese nicht als Schriftwerk oder als normative Disziplin nehmen, sondern eben *als* Verfahren – besteht in der Synthesis einer Mannigfaltigkeit von Erscheinungen, nämlich von Wörtern, zur Einheit des Satzes. Es stellt sich somit das Problem der Analyse einer Einheit, die wir *als* Satz auffassen, indem wir sie *als* Gedanken verstehen. Damit ordnen wir sie aber in verschiedene Bezugssysteme ein, welche sich kategorial wechselseitig auszuschließen scheinen. Der Gedanke ist eine logische Form, und seine Analyse kann von daher nur a priori vorgenommen werden. Demgegenüber ist für Humboldts Verständnis ein Satz je nur Form einer bestimmten Sprache, denn seine Artikulation nimmt ja als Material Wörter, die aus dem Lautsystem je besonderer Sprachen geprägt sind. Die Analyse von Sätzen kann daher niemals a priori geschehen, sondern muß ›geschichtlich‹ verfahren.

Diese Problemlage begründet in letzter Instanz Humboldts Grundsatz, daß das ›historische‹ Sprachstudium stets verbunden und geleitet sein müsse von ›philosophischer‹ Sprachanalyse – der Grundsatz, auf dem die Singularität dieser Philosophie der Grammatik beruht, welche in ihrer Art weder Vorgänger kennt noch Nachfolger gefunden hat. Alles wird darauf ankommen, wie dieses Verhältnis in einer »Ansicht« der Sprache so ins Lot gebracht wird, daß den Anforderungen der Logik ebenso wie denen der Empirie Genüge getan ist.

Wie schon im *Essai* betrachtet Humboldt die Ausbildung der Grammatik als eine anthropologische, in der Natur des Menschen angelegte »Function«, die jedoch im Unterschied zu anderen menschlichen Lebensfunktionen wie der Fähigkeit zum aufrechten Gang die Eigentümlichkeit habe, sich stufenartig zu entfalten.[250] Dieser Satz markiert den Epochenschnitt, der das Denken Humboldts von dem Herders trennt. Die Empirie hat einen anderen Stellenwert gewonnen. Humboldt erfaßt bereits das ›ge-

249 Ebd. S. 447.
250 Ebd. S. 451.

schichtlich‹, für die gesamte bekannte Welt dokumentierte Faktum typologischer Verschiedenheiten von Sprachen. Auch wenn Humboldt den Grundgedanken der herderschen Anthropologie aufgreift, daß die Sprache nicht anders als »mit einem Schlage«, d. h. als Typus habe entstehen können[251], so deutet er doch die Faktizität dieser Verschiedenheiten als »naturhistorisches« Phänomen, modern gesprochen als Produkt der Evolution. Dieses Faktum umschreibt die Grenze jeder möglichen ›wissenschaftlichen‹ Behandlung des Objekts ›menschliche Sprache‹. Wir haben es als gegeben hinzunehmen. Die Existenz verschiedener Sprachen $S_1, S_2, \ldots, S_n$, die offenkundig verschiedenen Typen $T_1, T_2, \ldots, T_m$ zuzurechnen sind, ist die Voraussetzung ›geschichtlicher‹ Sprachbetrachtung.[252] Deren Gegenstand im engeren Sinne ist dann neben der Beschreibung und dem Vergleich des sozusagen archetypischen Baus der so gegebenen Sprachen und Sprachtypen insbesondere die Betrachtung der uns empirisch nun zugänglichen Weiterentwicklung dieser Verschiedenheiten, die Beschreibung dessen, was Humboldt gelegentlich die »feinere Ausbildung« oder die »Cultur« der Sprachen nennt. Diese ist wesentlich an die Schrift gebunden.[253]

Die moderne Linguistik bescheidet sich entweder damit, das Faktum solcher Verschiedenheiten so oder so zu beschreiben, oder aber sie verknüpft solche Deskription mit dem Anspruch, die evolutionäre Ausbildung der »Menge« $\{S_1, S_2, \ldots, S_n\}$ insofern zu erklären[254], als gezeigt werden soll, daß allen den »Einzelsprachen« zuzuordnenden Formenmengen

M_1: $\{F_{11}, F_{12}, F_{13}, \ldots, F_{1k}\}$,
M_2: $\{F_{21}, F_{22}, F_{23}, \ldots, F_{2k}\}$,
…
…
…
M_n: $\{F_{n1}, F_{n2}, F_{n3}, \ldots, F_{nk}\}$,

251 Vgl. *Vergleichendes Sprachstudium*, WW III, S. 10 f.

252 In Humboldts Terminologie wäre T_1 der »isolierende« Sprachtyp – am »reinsten« im Chinesischen repräsentiert –, T_m der »flektierende«, den er im Altgriechischen am »vollkommensten« realisiert gesehen hat.

253 Vgl. *Vergleichendes Sprachstudium*, WW III, S. 4 ff.

254 Vgl. Chomskys Postulat ›explanativer‹ Adäquatheit der linguistischen Theorie; dazu Kap. 6, S. 248 ff.

eine bestimmte Formenmenge M_u: $\{F_{u1}, F_{u2}, F_{u3}, \ldots, F_{uk}\}$ zugrunde liegt, auf die M_1 wie M_2 wie … M_n sich zurückführen lassen. Die Problematik dieses Anspruchs haben wir hinlänglich erörtert.[255] Für das Verständnis der humboldtschen Position bedeutsam ist, daß auch er sich nicht mit der reinen Deskription bescheidet und von seinem Angang her sich auch gar nicht damit bescheiden kann. Zwischen Deskription und Explanation macht er eine dritte Dimension aus, an der wesentlich der ›philosophische‹ Charakter des Sprachstudiums hängt.

Wenn man die Sprache als das bildende Organ der Gedanken begreift, so liegt ja die Frage nahe, wie »passend« ihre Formen jeweils für dieses Geschäft sind. Jeder Sprachbau ist doch – dies hatten wir als einen wesentlichen Zug des humboldtschen Sprachverständnisses ausgemacht – als fallibel, als mehr oder weniger gelungen zu betrachten, und dies wirft die Frage nach den Kriterien eines solchen Geschmacksurteils auf. Der grammatische Bau einer jeden Sprache muß in diesem Sinne als Produkt der Sprachevolution betrachtet werden, welches sich dem Betrachter, der sich seine Sprachansicht bildet, als ein ästhetisches Ganzes präsentiert, eben als mehr oder weniger gelungen in Hinsicht darauf, den vorgegebenen Sprachstoff zu einem Artikulationssystem aufzubereiten, in dem sich das zu Sagende in größtmöglicher Übereinstimmung von Denkform und -inhalt sagen läßt. So wird man etwa die Ausbildung der Partizipial- und Tempusformen im Verbalsystem des Altgriechischen als in dem Sinne »gelungene« Prägungen begreifen dürfen, daß sie dadurch, daß sie einem Platon als »Werkzeuge« zur Verfügung standen, die Formulierung einer Seins-Metaphysik und damit die Ausbildung eines bestimmten Wissenschaftsbegriffs begünstigten.[256] Man muß nach Humboldt daher die Verschiedenheiten des menschlichen Sprachbaus nicht nur als »naturhistorische«, sondern unter dem Aspekt der

255 Sie liegt, wie gesagt, darin, daß für die Reduktion von $M_1, M_2, \ldots, M_n$ auf Mu verschiedene Mengen sprachspezifischer Parameter $P_1, P_2, \ldots, P_n$ in Anschlag zu bringen sind, sodaß zwar die Verschiedenheit von $M_1, M_2, \ldots, M_n$ nun ›erklärt‹ ist, aber nur um den Preis einer nicht erklärbaren Verschiedenheit von $P_1, P_2, \ldots, P_n$.

256 Es dürfte keinen Text Platons geben, der von diesen Formen exzessiveren Gebrauch macht als die dialektische Übung im *Parmenides*. Vgl. etwa 141 d ff.

anthropologischen Funktion von Sprache notwendigerweise auch als »intellectuell-teleologische« Erscheinung begreifen.[257]

Jedes moderne Verständnis von Sprachwissenschaft wird den normativen Anspruch, der mit einer solchen Position verbunden ist, kategorial von sich weisen. Die Geltung des Arbitraritätsprinzips ist gleichsam die Dokumentation dieser Haltung. Allerdings haben wir gesehen, daß der Anspruch auf Explanation linguistischer Fakten mit diesem Prinzip gleichfalls in Konflikt geraten muß. Hier darf man Humboldts Gesamtkonzeption nicht aus dem Auge verlieren. Wenn er darauf insistiert, daß das ›geschichtliche‹ Sprachstudium stets ›philosophisch‹ geleitet sein müsse, so bezweckt dies ja nicht, beide Ebenen wie in der Tradition der Universalgrammatik miteinander zu vermengen, sondern erfordert methodisch im Gegenteil, sie auseinanderzuhalten. Die Deskription der naturhistorischen Erscheinung darf diese nicht anders denn als solche nehmen. Sie muß »rein deskriptiv« vorgehen. Die Frage ist jedoch, wie sie den Ansatzpunkt für eine Beschreibung gewinnt, die ein Phänomen von unüberschaubarer Komplexität zu bewältigen hat. Saussures nachmaliger Weg war für Humboldt nicht gangbar. Er setzt bei der Funktion an, und diese beschreibt er unter dem Leitgedanken eines Handelns, das darauf abzielt, die Sprache zum Ausdruck von Gedanken hinreichend auszuprägen.

Wenn Humboldt von der »Function« der Sprache spricht, so ist diese nicht nur in phylogenetischer Hinsicht angesprochen, sondern unabhängig davon insbesondere auch in ontogenetischer. Hier kürzen sich nun normative Urteile gleichsam von selbst weg, wie sie sich in seiner nicht nur heute, sondern grundsätzlich schwer nachvollziehbaren Auffassung vom Altgriechischen als der »vollkommensten aller Sprachen« äußern.[258] In jedem individuellen Spracherwerb wiederholt sich das Austarieren der Anforderungen der Logik, des Formenbestands der jeweils vorgegebenen Sprache, der sinnlichen Natur des Menschen und der jeweiligen Um-

257 Vgl. *Vergleichendes Sprachstudium*, WW III, S. 7.

258 Vgl. *Grundzüge*, GS V, S. 451. Es muß in evolutionstheoretischer Perspektive, gerade wenn man sie wie Humboldt teleologisch deutet, doch merkwürdig genug erscheinen, daß das Telos dieser Evolution zu einem kontingenten Zeitpunkt *innerhalb* ihrer sollte erreicht worden und folglich von eben dieser Evolution dann wieder sollte deformiert worden sein.

weltbedingungen, derjenigen Parameter also, die die faculté du langage zu einem je neuen Kompromiß auszubalançieren hat.[259] Für das Individuum ist dies seine Sprache als der mehr oder weniger homogene Vollzug, in den es sich denkend und handelnd »einspinnt« – um Humboldts schöne Formulierung aus dem zweiten Hauptsatz zu verwenden –, die Sprache qua langage. Für die Sprachbeschreibung wird dieser freilich je nur als langue, als *ergon* faßbar. Wir haben die langue als wissenschaftliches Objekt, weil die Tinte nicht verfliegt, sondern trocknet. Die Dialektik des Schriftbegriffs, die hierin liegt, hat Humboldt insofern durchaus gesehen, als er die Schrift als wesentliches Medium der »feineren Bearbeitung« der Sprache begreift. Auch wenn nun in der jeweiligen schriftlichen Dokumentation der Vollzugscharakter des langage verlorengeht, weil stets nur die Textur, nie der Text dokumentiert werden kann, so bleibt doch auch für die Deskription der langue weiterhin leitend, daß das jeweilige Sprachsystem aufgrund seiner Genese als Dokument einer je besonderen Weltansicht zu begreifen ist, als das nicht-willkürliche Produkt einer gelungenen Realisierung der faculté du langage. Hierin ist es gleichsam das ikonische Protokoll einer jeweiligen Ansicht »der« Sprache, d. h. des langage. Noch einmal gehen wir auf Chomsky zurück, um gegen den Naturalismus seiner Spracherwerbstheorie den delikaten Grenzgang zu verdeutlichen, den Humboldt hier unternimmt. In Chomskys Modell ist die Form der Grammatik, die das Kind im Spracherwerb ausbildet, genetisch determiniert. Die in der Sprachkompetenz$_I$ angelegte Menge sprachlicher Universalien legt in bestimmter Weise die Grenzen dessen fest, was als konkrete Kompetenz (= Sprachkompetenz$_{II}$) ausgebildet wird.[260] In ihren universellen Formen ist jede Sprachkompetenz$_X$ mit der Sprachkompetenz$_I$ identisch, ein *Exemplar* der faculté du langage, damit zugleich in ihren nicht-universellen Formen das *arbiträre* Sonderprodukt der Sprachevolution, über dessen Besonderheit nichts weiter auszusagen ist, weil es eben als arbiträres aufgefaßt ist. In Humboldts Konzeption ist dagegen die jeweilige Sprache – als langage wie als langue – ein *Paradigma* menschlicher Sprache, deren Gesamtbegriff nicht anders als in solchen Paradigmen gegeben werden kann. Im *Essai* hatte Humboldt daher noch die strikte

259 Vgl. *Essai*, GS III, S. 308 f., und *Grundzüge*, GS V, S. 450 ff.
260 Vgl. Kap. 6, S. 246 ff., dazu Schneider 1992, S. 44 ff.

Position vertreten, daß der Begriff einer »langue universelle« entweder leer oder in sich widersprüchlich sein müsse. In den *Grundzügen* und den späteren Werken ist diese rigorose Position aufgegeben. Denn eine Philosophie der Grammatik, die das zu leisten hat, was Humboldt als unverzichtbare Aufgabe des ›philosophischen‹ Sprachstudiums ansah, kann der Frage nicht ausweichen, worin denn das jeweilige Paradigma als paradigmatisch, als *eine* Ansicht *der* Sprache gelten kann.

Nominalansicht und Pronominalansicht der Sprache

Die Antwort auf diese Frage kann nicht grammatikintern gegeben werden. Es bedarf dazu einer vorgängigen Deutung des Begriffs der Grammatik. Humboldt hat die Begründungsproblematik einer Theorie der Grammatik in einer Deutlichkeit gesehen, die selbst bei Saussure nur von ferne gestreift wird. Nicht zufällig ist ja dessen Semiologie, die die Grundlegung der Linguistik leisten sollte, Fragment geblieben, und das Arbitraritätsprinzip, das Saussure in der letzten der dem *Cours* zugrunde liegenden Vorlesungen zu diesem Zweck formuliert hat, ist – wie wir gesehen haben – derart ambivalent, daß es effektiv ins Gegenteil umgeschlagen ist. Es fehlt der nachsaussureschen Linguistik ein philosophisch zureichender, ihr Geschäft leitender Begriff der Sache, wie ihn Humboldt in der Auffassung der Sprache als des bildenden Organs der Gedanken der Sprachtheorie im engeren Sinn zugrunde legt. »Es würde« – hält er der naiven Empirie eines Jacob Grimm oder Bopp entgegen –

»ein vergebliches Bemühen seyn, die Grammatik, sey es die allgemeine oder die einer besondren Sprache, auch aus der mühsamsten Aufsuchung aller Wortformen zusammentragen, wenn nicht jener allgemeine und ewige Organismus der Sprache dem Geschäfte zur Leitung diente.«[261]

261 *Grundzüge*, GS V, S. 449. Das »mühsamste Aufsuchen aller Wortformen« könnte gut auf Jacob Grimms *Deutsche Grammatik* gemünzt sein, wo tausende Seiten Material unter geradezu methodischem Verzicht auf eine die Fakten zu einem Ganzen organisierende Theorie zusammengetragen sind.

Es muß der Grammatik – weil wir eben jeder Sprache eine solche zurechnen – »etwas Gemeinsames im Menschen zum Grunde« liegen.[262] Dieses läßt sich als Bezugspunkt der Sprachanalyse nur in einer philosophischen Reflexion unseres Wissens von Grammatik gewinnen – ein *verstehender* Zugang zum Phänomen also, der damit jedoch per se »nur« eine besondere Ansicht dieses Gegenstandes erschließen kann. Sie *kann* nur eine solche sein, denn wir haben keinen sprachexternen Zugang zu ihm. Es ist daher nur konsequent, wenn Humboldt diese Ansicht in der Diskussion zweier Sprachdeutungen sucht, die er gegeneinander setzt, um auf diese Weise die Grundkategorien der Grammatik zu gewinnen: die ›Nominalansicht‹ und die ›Pronominalansicht‹ der Sprache. Beide Positionen haben ihre Tradition. Der erste Titel bezieht sich auf die logischen Ursprünge unseres Grammatik-Bildes, unter dem zweiten bringt er selbst, so könnte man sagen, die damit ausgeblendeten rhetorischen und poetischen Aspekte des Sprachgebrauchs wieder zur Geltung. Humboldt läßt der logischen Tradition der Grammatik durchaus ihr Recht:

»Die Gesetze des Denkens enthalten die Grundbestimmungen der Grammatik, und können und dürfen nicht anders, als auf dem Wege reiner Begriffsableitung aufgesucht werden.«[263]

So konsequent kantianisch Humboldt darauf besteht, daß jedes Verständnis von Grammatik nur aus einer begrenzten Perspektive formuliert, eben nur eine Ansicht derselben sein könne, so dogmatisch folgt er Kant in seiner Orientierung an einer Logik, die für ihn die Logik schlechthin ist. Es kann »nur Eine wahre Herleitung« der Grundformen des Denkens geben.[264] Daß er sich hier auch nur an einem und zudem höchst fragmentarischen »Logikbild« orientierte, bleibt für ihn undurchschaubar. Verschiedene Logiken, wie sie das 20. Jahrhundert hervorbringt, kennt er noch nicht und kann sie natürlich auch nicht kennen. Daß es nichtdeduktive Denkformen gibt, wie sie etwa gut eine Generation später bei Peirce philosophisch zur Geltung gebracht werden – Induktion, Abduktion und Analogie – bleibt hier ebenso unberücksichtigt wie die erst durch Frege zurückgewonnene Einsicht,

262 Ebd.
263 Ebd. S. 451.
264 Ebd.

daß es sich bei der Logik um eine normative Disziplin handelt. Die historische Begrenzung der Perspektive Humboldts macht eben einen Teil ihrer Perspektivität aus. Dennoch ist erstaunlich genug, was er diesem Ansatz abgewinnt.

Eine Formulierung des frühen Wittgenstein aufgreifend könnte man sagen, daß für Humboldt der Gedanke der artikulierte sinnvolle Satz ist.[265] Das Verhältnis von logischer und grammatischer Ansicht des Satzes hat er in diesem Sinne vor allem in den *Grundzügen* und in der späten, kaum gelesenen Abhandlung *Von dem grammatischen Baue der Sprachen*[266] erörtert. Es handelt sich um zwei Ansichten derselben Sache:

»Das logische Urtheil und der grammatische Satz stehen durch alle ihre Arten und Unterarten hindurch, in der Verbindung und Trennung der Begriffe genau auf derselben Linie.«[267]

Dennoch ergibt dieser Ansatz keine »logische Grammatik« im Sinne etwa der *Grammaire raisonnée* von Port-Royal. Denn die Logik, so Humboldt, betrachtet die Formen dieser Verbindungen und Trennungen »bloss an und für sich, im Gebiete der Möglichkeit, des absoluten Seyns«[268]. Sie abstrahiert damit von allen empirischen Bedingungen, unter denen »Urtheile« gefällt werden, und damit insbesondere auch von allen subjektiven Bedingungen. Diese faktischen Rahmenbedingungen der Artikulation sind es, die nun von der grammatischen Ansicht der Sache als *wesentliche* zu erfassen sind, wenn denn grammatische Formen in irgendeiner Weise als notwendige Bedingungen für die Artikulation von Gedanken betrachtet werden sollen. Hier geht es nicht mehr nur um in logischer Hinsicht mögliche, sondern um die *faktischen* Formen, die der jeweils Sprechende verwendet, um sich aktualiter verständlich zu machen. Die Sprache, so drückt Humboldt dies aus, setzt diese Formen »in einem bestimmten Moment«. Zeitpunkt, Ort und Modalitäten des jedesmaligen Redens sind Bedingungen, die die Wahl bestimmter grammatischer Formen erforderlich machen. Die grammatische Form des Gesagten stellt daher gemäß den Regeln und Analogien der jeweiligen Sprache

265 Vgl. *Tractatus* 3.1 ff. und 4.
266 GS VI, S. 337–484.
267 *Grammatischer Bau,* GS VI, S. 346.
268 Ebd.

»das Subject, als das Praedicat, thätig oder leidend, an sich reissend oder zurückstossend dar. Dadurch wird der todte Verhältnisbegriff, gleichsam das Verbindungszeichen der mathematischen Gleichung, zu lebendiger Bewegung.«[269]

Offenkundig hat Humboldt bei diesen Formulierungen eine der zu seiner Zeit üblichen Schematisierungen der logischen Form des »Urtheils« wie

Alle/einige S sind P

vor Augen.[270] In ihnen sind Quantoren und Kopula nur behelfsweise durch Wörter einer natürlichen Sprache ausgedrückt. Doch drückt das Wort »sind« in dieser Formel lediglich die allgemeine logische Beziehung aus, daß alle bzw. einige S zur Extension von P zu zählen sind.[271] Die Form »sind« ist also hier weder als Präsens noch als 3. Person Plural usw. zu lesen. Diese in logischer Perspektive *notwendigerweise* zu vernachlässigenden Formen bringt die grammatische Ansicht des Satzes zur Geltung. In ihr ist nach Humboldt die Verbindung von ›Subject‹ und ›Prädikat‹, die die Grammatik als Kongruenz- und Rektionsregeln erfaßt, als »thätig« oder »leidend«, als »an sich reissend« oder »zurückstossend« dargestellt. Dies drückt sich in der Wahl einer bestimmten finiten Form des Verbs aus, in der neben dem Tempus, dessen Wahl von dem »bestimmten Moment« des Sprechakts abhängt, nun zusätzliche Formen wie ›Aktiv‹ und ›Passiv‹, ›Bejahung‹ und ›Verneinung‹, ›Indikativ‹ und ›Konjunktiv‹ usw. zu berücksichtigen sind: »Es entsteht das Verbum, der Mittelpunkt und der Keim der ganzen Grammatik.«[272]

Insbesondere ist, wenn die Finitheit des Verbs als notwendige grammatische Bedingung für das Gelingen der Artikulation des Gedankens gefordert ist, in Anschlag zu bringen, daß damit je auch die Wahl einer bestimmten ›Person‹ zu treffen ist. Der im

269 Ebd.

270 Vgl. Kant, *Logik*, Werke Bd. 5, S. 532 ff.

271 Dies soll wohl näherungsweise Humboldts Redeweise vom »todten Verhältnissbegriff« besagen, der »gleichsam das Verbindungszeichen der mathematischen Gleichung« sei. Humboldt verfügt allerdings über keine hinreichende logische Begrifflichkeit, die für seinen Ansatz »eigentlich« erforderlich wäre.

272 *Grammatischer Bau*, GS VI, S. 346.

Dualis beschriebene ›Urtypus‹ bringt sich hier zur Geltung. Im Sprechakt ist der »in Worte gefasste Gedanke« immer »an einen Andren, äusserlich wirklich vorhandnen oder im Geiste gedachten« gerichtet. »Darin und in der Natur des Verbum, das eine Person voraussetzt, hat das Pronomen seinen Ursprung.«[273]

Humboldt begreift, so könnte man sagen, die grammatische Ansicht des Satzes als eine Funktion, die das Gedachte schematisiert, indem sie es auf die konkreten Gegebenheiten der Äußerungssituation abbildet: »Verbum und Pronomen sind also die Angeln, um die sich die Sprache bewegt.«[274] Damit erweisen sich aber »Nominalansicht« und »Pronominalansicht« der Sprache nicht als die korrelativen Ansichten, als die Humboldt sie in der Regel dargestellt hat.[275] Erst in der Pronominalansicht sind die logischen Anforderungen des jedesmaligen Redens mit den pragmatischen *vollständig* in Einklang gebracht.

Keiner der hier einschlägigen Texte Humboldts gibt Hinweise darauf, ob er sich über die sachliche Nähe und damit zugleich die entscheidende Differenz seiner Überlegungen zu Aristoteles' Kategorienschrift im klaren gewesen ist. Wenn dieser den logos apophantikos in einer Weise formalisiert, die dem oben angegebenen Schema entspricht, so zeichnet er damit diejenige syntaktische Form aus, die erforderlich ist, um etwas *über etwas* zu behaupten. Im Akt des Sich-Beziehens auf ein *tode ti*, ein Dieses-da, wird dieses, indem es benannt wird, als ein bestimmtes Seiendes gefaßt, z. B. als ein bestimmter Mensch. Das *hypokeimenon* wird damit als ein Bleibendes, *hypomenon,* unterstellt.[276] Dies ist die metaphysische Voraussetzung allen Prädizierens, die in jeder weiteren Bestimmung, d. h. Eingrenzung des so Gefaßten impliziert ist: »Wenn etwas von etwas als seinem Subjekt ausgesagt wird, so muß

273 Ebd. Daß die »Natur« des Verbs eine Person voraussetze, ist freilich nur dann zwingend, wenn man von einem Begriff der Finitheit ausgeht, wie er etwa in den indoeuropäischen Sprachen ausgebildet wurde. Für das Japanische oder gar Chinesische trifft diese These nicht zu. In beiden Sprachen bleibt das Verb, das aufgrund seiner syntaktischen Position als solches eindeutig auszumachen ist, bezüglich der Unterscheidung von ›Personen‹ völlig unbestimmt. Die Universalität der Pronominalstruktur liegt in der der Sprechhandlung begründet.

274 Ebd.

275 Vgl. *Verschiedenheiten,* WW III, S. 203.

276 Vgl. Tugendhat 1988, S. 20 ff.

alles, was von dem Ausgesagten gilt, auch von dem Subjekt gelten.«[277] Ist nun die Substanz des *tode ti* in einer Benennung *kata tinos*, »in erster Instanz« also gefaßt, so können, darauf aufbauend, alle weiteren Kategorisierungen greifen. Erst unter dieser Voraussetzung gilt, dann allerdings zwingend, was für die einzelnen Elemente des logos bezüglich ihrer Funktion zu sagen ist, die stets im Rahmen der ›logischen‹ Grundfunktion zu denken ist. Problematisch bleibt allein, ob Aristoteles' Aufzählung vollständig bzw. redundant ist:

»Jedes ohne Verbindung gesprochene Wort bezeichnet entweder eine Substanz oder eine Quantität oder eine Qualität oder eine Relation oder ein Wo oder ein Wann oder eine Lage oder ein Haben oder ein Wirken oder ein Leiden.«[278]

Vom Verfahren her ist klar, daß Aristoteles hier diejenigen Aspekte des Über-einen-Gegenstand-denkens zur Sprache bringt, die in der Konzentration auf die metaphysisch unverzichtbare Grundbedingung *möglichen* Prädizierens auszublenden waren. Die erste Substanz, das je einzelne Seiende, in unserem Beispiel ein einzelner Mensch (*ho tis anthropos*), kann nicht ausgesagt werden, weil sie *vorausgesetzt* werden muß, damit ein sich wandelndes, mannigfaltiges *tode ti* überhaupt als ein Etwas, als *ein* Mensch und damit als ein Beispiel des *eidos* ›Mensch‹ angesprochen werden kann. Unter dieser Voraussetzung sind dann in einem zweiten Schritt alle diejenigen Hinsichten in Anschlag zu bringen, unter denen in der Rede über das vorliegende Etwas dieses, dieser Mensch etwa, als dies oder jenes seiend oder nicht seiend dargestellt werden konnte. Dazu brauchte Aristoteles einerseits – wie Kant später bemerkt – in der Tat nicht viel mehr zu tun als sich die Grammatik des Griechischen anzusehen, die als *techne* ja bereits ansatzweise verfügbar war, andererseits waren damit *per se* alle ontologisch irrelevanten Formen des logos aus der Betrachtung eliminiert.

Diese Abstraktion, die die gesamte Tradition der Grammatik bis heute geprägt hat, macht Humboldt als erster überhaupt deutlich, erkennt sie als solche und formuliert in der These eines komplementären Verhältnisses von logischer und grammatischer

277 *Kategorien* 1 b, Kap. 3.
278 Ebd., Kap 4.

Ansicht des Satzes eine Position, in der diese Abstraktion sich aufheben ließ. Mit dem Setzen des Verbs wird nicht nur etwas als Seiendes behauptet, sondern – da es sich je um eine empirisch gegebene Verbform handelt, die immer in einem pronominalen Bezug steht – es wird etwas zu jemandem (›Person‹) in einer bestimmten Intention (›Modus‹) in Bezug auf eine bestimmte Zeit (›Tempus‹) usw. gesagt. Das unter ontologischem Aspekt in die sekundären Kategorien[279] Verdrängte bringt sich unmittelbar in dem Akt zur Geltung, der den Satz zum Satz macht. Der Gewinn dieses Verfahrens leuchtet unmittelbar ein: Es ermöglicht eine Rede über grammatische Kategorien, in dem – ohne in einen Naturalismus chomskyscher Art zu verfallen – deren Interdependenzen und damit der Gesichtspunkt der synthetischen Einheit *der* Rede wieder deutlich werden, die zugleich aber als Formen von Red*en* konkreter, sich unter empirischen Rahmenbedingungen handelnd verständigender Menschen begriffen werden sollen. In gewissem Sinn gleicht dies freilich dem Versuch der Quadratur des Kreises, und es läßt sich nicht leugnen, daß materialiter bei Humboldt der eigentliche Handlungsaspekt des Redens, den erst Austin im Anschluß an den späten Wittgenstein entfaltet, gegenüber dem transzendentalen Handeln, der Herstellung synthetischer Einheit des Gesagten, unterbelichtet bleibt. Doch allein dies eröffnet schon eine neue Sicht der Dinge.

Die Grenzen synthetischer Einheit des Gedachten sind mit den in einer Sprache möglichen Formen der Periode umschrieben. Humboldt gibt diesem alten metrischen Begriff eine neue, grammatische Bedeutung, in der bereits ein Begriff von Rektion angedeutet ist. Unter ›Rektion‹ im allgemeinsten syntaktischen Sinne versteht man bekanntlich eine bestimmte Abhängigkeit der Verwendungsweise eines Wortes W_2, die sich daraus ergibt, daß ein anderes Wort W_1 in demselben Satz- bzw. Äußerungskontext verwendet wurde bzw. wird. Hat also

W_1 die Verwendungsweisen bzw. -möglichkeiten V_{11}, V_{12}, V_{13}, …, V_{1m}
und
W_2 die Verwendungsweisen bzw. -möglichkeiten V_{21}, V_{22}, V_{23}, …, V_{2n},

so ›regiert‹ W_1 W_2, wenn die Wahl einer bestimmten Verwendungsweise V_{2i} von jeder der Verwendungsweisen V_{11}, V_{12}, …,

279 D. h. alle anderen als die erste Kategorie (*ousia*), vgl. *Kategorien* IV f.

V_{1m} gefordert wird.[280] Von diesem Ansatz her wird ein Begriff synthetischer Einheit des Satzes denkbar, in dem der Einsicht, daß die Grammatik analytisch aus der »Zerschlagung« der Rede entstanden sei, Rechnung getragen ist. Die Periode ist »geschlossen«, so Humboldt, wenn

»in einer Verkettung von Worten jedes in unmittelbarer oder mittelbarer Abhängigkeit von regierenden Worten steht, und diese Abhängigkeit das Verständnis bedingt.«[281]

Damit ist ein Prinzip für die Darstellung der Konstituenz von Sätzen formuliert, wie es erst wieder in Syntaxtheorien des 20. Jhds. – im Rahmen der Dependenztheorie und der generativen Syntax – expliziert werden wird.[282] Man könnte es folgendermaßen darstellen: Liegt eine Folge von Wörtern $W_1 + W_2 + W_3 + \ldots + W_n$ vor, so handelt es sich dann um eine ›Periode‹, wenn es in dieser Folge ein Wort W_i gibt, das seinerseits von keinem anderen Wort dieser Folge regiert wird[283], und wenn es in dieser Folge kein Wort W_j gibt, das nicht entweder von W_i oder von einem anderen Wort W_k dieser Folge regiert wird. Stellt man die syntaktische Relation »W_i wird regiert von X« graphisch folgendermaßen dar:

so sind damit die folgenden beiden Fälle ausgeschlossen:

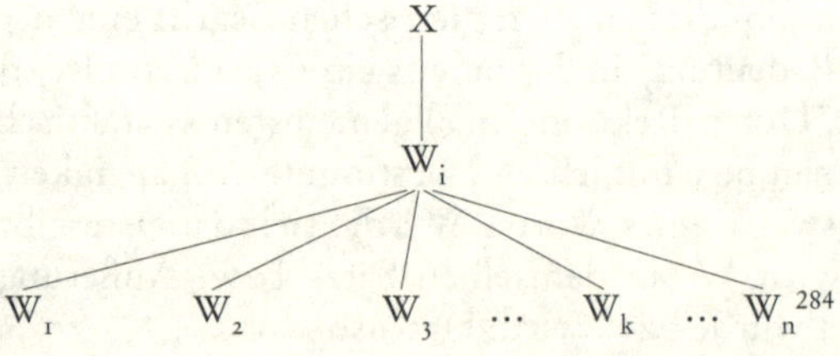

280 ›Kongruenz‹ liegt dagegen vor, wenn die Wahl von V2i von einer bestimmten Verwendungsweise V1j gefordert wird. Vgl. Eisenberg 1989, S. 52 ff.

281 *Grammatischer Bau*, GS VI, S. 348.

282 Als syntaktische ›Valenz‹ bzw. im Rahmen der X-bar-Theorie.

283 Das Finitum des hierarchisch höchsten Satzes der Periode.

284 Mit $X \neq W_1, W_2, \ldots, W_k, \ldots, W_n$.

und

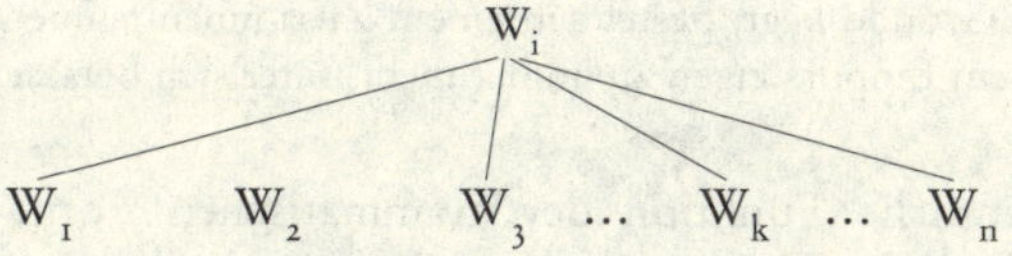

Die Position eines jeden Elements des Satzes ist durch grammatische Relationen eindeutig bestimmt und es gibt in jedem Satz ein hierarchisch höchstes grammatisches Verhältnis, in das alle anderen eingebettet sind. Der moderne syntaktische Begriff der Konstituenz[285] ist hier schon angelegt, auch wenn Humboldt noch nicht über die formalen Mittel verfügt, die es ihm ermöglicht hätten, diesen Gedanken weiter zu entfalten.

In diesem Rahmen kann nun auch eine abschließende Interpretation des Wortes als ›grammatischer‹ Kategorie gegeben werden. Dies war ja noch offengeblieben. Das Wort, so lautete Humboldts Definition, solange er es isoliert betrachtete, ist ein Laut, welcher einen Begriff bezeichnet. Doch es entsteht erst aus der »Zerschlagung« der Einheit der Rede. Als erstes heißt dies, daß – da das Wort ja *ein* Laut ist – seiner Lautgestalt für ihre Auffassung hinreichende Anzeichen seines Beginns und Endes aufgeprägt sein müssen, z. B. durch den Akzent oder durch eine besondere formale Gestaltung der Anfangs- und Endsilben.[286] Die von der Morphologie beschriebenen entsprechenden Prä- und Suffixe, etwa in der Verbform *pe – paideu – k – a* die Reduplikation des Anfangslautes »*pe*«, das Tempuskennzeichen »*k*« und die Personalendung »*a*«, geben damit der eigentlichen Bezeichnung des Begriffs »*paideu*« – ›erziehen‹ – eine besondere grammatische Form, wie sie hier eben in diesem Redezusammenhang gefordert war, um das Gesagte verständlich zu machen. Das Wort übt seine semantische Funktion stets nur im Satzzusammenhang aus. Der Name hat »nur im Satzzusammenhang« Bedeutung[287], lautet das entsprechende logische Prinzip, das wir bei Humboldt dergestalt für seine Philosophie der Grammatik fruchtbar gemacht sehen. Der Begriff ist stets im syntaktischen Kontext gedacht, und somit ist es dem Wort wesentlich, stets einer bestimmten syntaktischen Kategorie anzugehören:

285 Vgl. Baumgärtner 1970.
286 *Grammatischer Bau*, GS VI, S. 358 ff.
287 Vgl. *Tractatus* 3.3.

»Das zusammenhangende Denken, wie es der Selbstbetrachtung und der Rede zum Grunde liegt, besteht in einem Zusammennehmen des Einzelnen, einem Emporsteigen zu immer mehr unter sich befassender Einheit.«[288]

Die wesentliche Funktion der grammatischen Form erkennt Humboldt darin, dieser gedachten Einheit »in ihrem Ausdruck äusserliche Geltung« zu verschaffen, ihr in gewisser Weise in der Gestalt des Artikulierten eine Darstellung (exhibitio) zu geben. Die syntaktische Interpretation des Wortes, die wir eben betrachtet haben, liefert dafür die Grundlage. Das Wort muß in ›grammatischer‹ Perspektive *immer* als Verknüpfung zweier Funktionen begriffen werden, erstens einer ›semantischen‹ Funktion (F_S), die sich auf die »Materie« des Wortes bezieht. Sie besteht darin, bei Anlaß seiner Äußerung den Anstoß zu geben, sich dies oder jenes »unter ihm« zu denken oder vorzustellen. Zweitens einer ›grammatischen‹ Funktion (F_G), die darin besteht, den syntaktischen Zusammenhang, das »grammatische Verhältniss«[289] herzustellen, innerhalb dessen die semantische Funktion sich realisiert.

In dem Satz *Er sagte zu ihr* wird z. B. die semantische Funktion *sag-* verknüpft mit der grammatischen Funktion

F_G: Finitum des Hauptsatzes (2. Position); Tempus bezüglich der Äußerungssituation (*-te*); Kongruenz mit *er* (0)[290] usw.

Entsprechend würde für *er* gelten:

F_S: Personalpronomen 3. Ps. Sg. Mask., ...;
F_G: Ergänzung$_1$ (Nominativ *er*), ...;

für *ihr*:

F_S: Personalpronomen 3. Ps. Sg. Fem., ...;
F_G: wird regiert von der Präposition *zu* (Dativ *ihr*), ...;
usw.

Man sieht, mit welchem Recht Humboldt darauf besteht, logische und grammatische Form strikt voneinander zu unterscheiden, so

288 *Grammatischer Bau*, GS VI, S. 339 f.

289 Vgl. *Grundzüge*, GS V, S. 454: »Unter einem grammatischen Verhältniss verstehe ich ein solches, in welchem ein Wort, in Beziehung auf die Redeverbindung gestellt, betrachtet wird.«

290 Betrachtet man *-te* als Tempusmorphem der regelmäßigen Verben des Deutschen, so ergibt sich für die 1. und 3. Ps. Sg. des Präteritums das ›Nullmorphem‹ als Personalendung.

wenig sie unabhängig voneinander gedacht werden können – zumindest die grammatische nicht unabhängig von der logischen. Die Wirkung der grammatischen Form beruhe, so sagt er, »auf ihrer alleinigen Concentrierung auf die Sprache«[291], und aus dem Zusammenhang ist klar, daß »Sprache« hier wiederum in erster Instanz als »langage« zu lesen ist, denn es geht um den Vollzug der Artikulation, die Stiftung der Einheit des Gedankens. Diesen muß die grammatische Form so durchdringen, »dass sie ihm auf allen Seiten hervorspringt«[292].

Unter der »idealen Ansicht« grammatischer Relationen versteht Humboldt einerseits ihre abstrakte begriffliche Bestimmung unabhängig von ihren Erscheinungsweisen in einzelnen Sprachen, z. B. den Begriff der Rektion oder der Kongruenz, dann aber auch die unter dem Gesichtspunkt der Formalität »optimale« Problemlösung zur Darstellung eines grammatischen Verhältnisses. Dies wird dann gegeben sein, wenn dieses »rein« dargestellt wird, *formal* eben, wenn also in der betreffenden Sprache technische Mittel zu ihrer Bezeichnung ausgebildet werden, die keinerlei semantische Funktion haben oder mehr haben. Dies ist der Ansatzpunkt für Humboldts Sprachtypologie, und dieser ist, wie unmittelbar zu sehen ist, vom Ansatz her problematisch. Denn wenn die formale Darstellung eines grammatischen Verhältnisses erst dadurch erreicht wird, daß im Verlauf der Sprachentwicklung – so denkt Humboldt sich grundsätzlich die Sache – durch Lautwandel oder wie sonst auch immer die semantische Funktion einer bestimmten Form unkenntlich gemacht und schließlich getilgt wurde, dann fragt es sich *grundsätzlich*, wo der Übergang zur »rein« formalen Darstellung anzusetzen ist. Der kategoriale Unterschied zwischen der begrifflichen Charakterisierung eines grammatischen Verhältnisses und dem technischen Mittel seiner Realisierung wird damit tendentiell aufgehoben. Hierin liegt wohl der logische Grund für den unverkennbaren Eurozentrismus, der bei aller Offenheit des humboldtschen Denkens für das Fremde dieses doch auch als in seiner historischen Epoche befangen ausweist. Wie sollte es freilich auch anders sein.

Viele Sprachen des sogenannten ›agglutinierenden‹ Typus sind – so Humboldts über dem Studium insbesondere der ameri-

291 *Grammatischer Bau*, GS VI, S. 351.
292 Ebd.

kanischen Sprachen gewonnener Befund – zu einer rein formalen Darstellung der grammatischen Form nicht gelangt. Sie vermengen die Repräsentation von semantischer und grammatischer Funktion dort, wo sie Sachbezeichnungen zur Andeutung eines grammatischen Verhältnisses verwenden, so wie etwa im Althochdeutschen die 2. Ps. Singular des Finitums noch durch Anhängen des Personalpronomens *-tu* an die »eigentliche« Verbform bezeichnet wurde. Die Diachronie hat in diesem Fall den Schaden behoben und dem Deutschen durch Abschleifen des Endvokals eine ordentliche Verbalendung *-st* verschafft, die nur mehr formal zu deuten ist. Wir lassen diese Deutung hier stehen, ohne weiter zu fragen, ob Humboldt nicht den Faktor der Konventionalisierung unterschätzt, die in den Formen *jeder* Sprache je schon geleistet ist. Alle »lebenden« Sprachen sind doch genau gleich »alt«. Humboldts Paradigma für die Diskussion dieser Materie ist das Griechische, die »vollkommenste aller Sprachen«, wie er in eben diesem Zusammenhang betont.[293] In der Tat ist – ohne sich seiner Wertung damit anzuschließen – die ausgeprägte Morphologie dieser Sprache vielleicht das Beispiel überhaupt, an dem sich die Idee entfalten ließ, die Humboldt hier allmählich aufgeht.

Die grammatische Form als Symbol

Bisher hatten wir von der »Bezeichnung« grammatischer Verhältnisse durch mehr oder weniger konventionalisierte Formen gesprochen, eine Redeweise, derer sich auch Humboldt häufig bedient. Doch ist das, was hier bezeichnet werden soll, gar keine Sache, die einer Bezeichnung fähig wäre, Gegenstand also, und Humboldt hat dies in aller wünschenswerten Klarheit gesehen. Was in der vergegenständlichenden Redeweise des Grammatikers ein »grammatisches Verhältnis« genannt wird, erweist sich unter dem phänomenologischen Aspekt des Sprachvollzugs als »eine blosse und reine Handlung des Geistes.«[294]

293 Vgl. *Grundzüge*, GS V, S. 451.

294 *Grammatischer Bau*, GS VI, S. 340.

Diese Einsicht ist *die* systematisch grundlegende seiner Philosophie der Grammatik. Humboldt verdankt sie zweifellos seinem Ausgang von der Transzendentalphilosophie. Dieses »Erbe« ist es freilich auch, das ihn daran hindert, seiner Idee der Grammatik eine eindeutige Kontur zu geben. Paradoxerweise, gerade weil der Punkt so grundlegend ist, handelt sich Humboldt damit eine ebenso grundlegende Zweideutigkeit ein. Die Form, welche ein grammatisches Verhältnis – wie vollkommen auch immer – ausdrückt, z. B. ein Kongruenzverhältnis, kann genau darum nicht den in ihr angedeuteten Zusammenhang bezeichnen, d. h. – um hier in Humboldts Sprache zu bleiben – den sie auffassenden Geist durch ihre Erscheinung veranlassen, sich unter ihr diese Einheit zu denken, weil sie selbst artikulierter Ausdruck und als solcher nolens volens *Teil* einer syntaktischen Kategorie ist. Die Formen können dem Geist nur Hinweise geben, wie hier zu verbinden ist und wie nicht, das Geschäft des Verbindens aber muß er selbst leisten – und er kann sich darin irren. Dies führt zu einer Konsequenz, die in ihren Folgerungen Humboldts transzendentalen Denkansatz geradezu aushebelt: Die reine grammatische Form, die wir nach diesen Überlegungen als pures Anzeichen für die synthetische Tätigkeit des artikulierenden bzw. verstehenden Verstandes begreifen müßten, als im Zuge der Sprachevolution ausgeprägter Index des grammatischen Verfahrens, *symbolisiert* für Humboldt diese Tätigkeit.[295] In der grammatischen Form des Satzes schauen wir nicht diese selbst an, sondern je nur ein Analogon von ihr – das, was das Redundanzprinzip der Sprache an Überschuß an Signifikativem produziert.

Es ist hier daran zu erinnern, daß Humboldt das Wort ausdrücklich vom Symbol unterschieden hatte, weil es im Unterschied zu diesem eben keine »Naturform« aufweise, welche unabhängig von seiner Bedeutung besteht und betrachtet werden könnte.[296] Nun erfüllen grammatische Formen aber gerade dann, wenn sie im beschriebenen Sinne rein formaler Natur sind, die Funktion, die Kant als die des Symbols beschreibt: Sie geben einen Hinweis, sich sozusagen *an* ihnen etwas vorzustellen, was sie direkt nicht sagen können, weil sich dieses der Darstellbarkeit entzieht. Die Einheit des Gedachten ist transzendentaler Natur:

295 Vgl. *Grundzüge, GS V, S.* 455, *Grammatischer Bau*, GS VI, S. 340 und 350.
296 Vgl. *Grundzüge*, GS V, S. 427 ff, dazu oben S. 455 ff.

Bedingung der Möglichkeit des Gedachten – um hier noch in Kants Sprachgebrauch zu bleiben – und in jeder aktualen Artikulation in deren Verfahren je schon geleistet.

Bei aller Konsequenz bleibt in diesen Überlegungen eine geradezu irritierende Provokation. »Symbol« ist etwas nur zu nennen – Humboldt bleibt strikt beim kantischen Gebrauch des Wortes –, wenn es seine Bedeutungsfunktion analogisch ausübt. Das Symbol gibt durch eine der Natur »abgeborgte« Form Anlaß, »sich viel bei ihm zu denken.«[297] Gerade ihrer »andeutenden« Funktion wegen nennt er die grammatische Form »symbolisch«.[298] Es ist klar, daß dies den Begriff der Grammatik grundlegend verändern muß. Wo er eine grammatische Form artikuliert, verfährt der Verstand nach Kant bzw. nach der Tradition doch gerade nicht analogisch, weil er einer Regel gemäß »bestimmend« verfährt. Das Resultat ist in diesem Fall festgelegt. Wird nun die grammatische Form als symbolische begriffen, so muß dies ihre *bestimmende* Funktion an irgendeinem Punkt aufheben. In letzter Instanz *kann* dann die grammatische Form des Gesagten nicht mehr bestimmt sein.

Kategorial bleibt für Humboldt jederzeit eindeutig, daß die »Gesetzmäßigkeit« der Periode, ihre grammatische ›Wohlgeformtheit‹, noumenaler Art ist. In der Herstellung transzendentaler Einheit ist der Verstand damit grundsätzlich frei. Die Gesetzmäßigkeit, Regelkonformität, nach der er verfährt, »gehört nicht der Naturordnung an«[299]. In fundamentalem Gegensatz zum Mentalismus Chomskys erkennt Humboldt hierin eine eigentümliche Dialektik: Je mehr an grammatischer Form in einer Sprache vorhanden ist, desto variabler sind in ihr die Ausdrucksmöglichkeiten:

»Die grammatisch gesetzmässigsten Sprachen erlauben den freiesten Schwung des Periodenbaus ...«[300]

Interpretiert man dies mit formalen Mitteln, so hieße dies doch folgendes: Betrachtet man die Rede als Sukzession von Sätzen S_1, S_2, S_3, ..., S_n, so bleiben dem Sprechenden bezüglich der *jeweiligen*

297 *Kritik der Urteilskraft* § 59, B 254 ff.
298 Vgl. *Grammatischer Bau*, GS VI, S. 340.
299 Ebd. S. 345.
300 Ebd.

Form von S_1, S_2, S_3, … oder S_n grundsätzlich Wahlmöglichkeiten. Hätten alle Sätze dieselbe Form

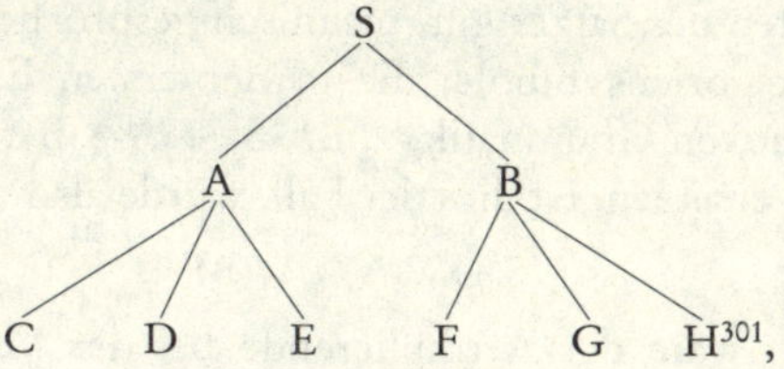

so würde sich die syntaktische Wahlmöglichkeit des Sprechers auf die Frage beschränken, ob ein bestimmter Satz S_i an der betreffenden Stelle zu erzeugen wäre oder nicht, die Entscheidung wäre somit rein semantisch bestimmt. Nun gibt es aber in jeder natürlichen Sprache die verschiedensten Satzformen. Als Modell möge hier die Verbvalenz dienen: Es gibt im Deutschen Satzformen, »Satzbaupläne« mit einer, zwei, drei oder vier Ergänzungen, ja sogar Formen wie *Mich friert, Heute ist Mittwoch* oder *Morgen wird gefeiert*, die kein grammatisches Subjekt aufweisen.

Welche grammatische Form der Sprechende wählt, ist nicht von einer Betrachtung der Formen her zu entscheiden, sondern von dem her, was er meint bzw. zum Ausdruck bringen will. Für jedes Gemeinte gilt aber, daß es mehr oder weniger treffend zum Ausdruck gebracht werden kann. In einer Situation kann *Es regnet noch immer* angebrachter sein als *Der Regen hat noch nicht nachgelassen,* in einer anderen kann es sich umgekehrt verhalten. Je komplexer das Gemeinte ist, desto mehr wird es darauf ankommen, wie es gesagt wird. Hat der Sprechende sich aber für eine Weise entschieden, so ist er damit auf die Wahl bestimmter weiterer Formen festgelegt. Seine Wahlmöglichkeiten werden sukzessive beschränkt. So ergibt sich in der Tat der Befund, daß die Wahlfreiheit des Artikulierenden steigt, je größer die Auswahl der Regeln ist, nach denen Sätze gebaut werden können. Stets kann man, was man sagen will, so oder so sagen, und es ist somit eine Frage der Urteilskraft oder des Geschmacks, ob man sich zum Ausdruck dessen, was man meint, einer Regel R bedient oder nicht. Drücken wir diese grundsätzliche Wahlfreiheit durch

301 Mit S, A, B als beliebigen syntaktischen Kategorien, C, D, E, F, G, H als syntaktischen ›Endkategorien‹, die ihrerseits durch Lexikonregeln interpretiert werden.

$$W(R)$$

aus, so fragt es sich, ob dieser Ausdruck auch für die unmittelbaren Konstituenten des Satzes gilt, technisch gesprochen also für diejenigen Kategoriensymbole, die in der ersten Expansionsregel einer generativen Grammatik, z. B. »S → A + B«, das Eingangssymbol »S« ersetzen. Ist dies der Fall, würde also

$$S \rightarrow W(A) + W(B)$$

gelten[302], so wäre der Artikulierende bei der Verfertigung des Gedankens grundsätzlich frei. Lautete die Regel jedoch

$$S \rightarrow A + B,$$

so könnte seine Urteilskraft hier nur mehr bestimmend verfahren, wäre nicht mehr frei in der kategorialen Form, nur mehr in der Weise, das vorgegebene Schema mit diesen oder jenen Worten zu füllen. Dann wäre diese Regel das transzendentale Schema, das allen Sätzen als besonderen Erscheinungen ihre, d. h. seine Grundform aufprägte.

Hinter Humboldts Überlegungen, die wir, um eine Orientierung für ihr Verständnis zu gewinnen, dergestalt in eine formale Betrachtungsweise übersetzt haben, steht eine Art Entlastungstheorie: Je mehr die Gedankenform in einer grammatischen symbolisiert wird – wie auch immer dies im einzelnen zu verstehen ist –, desto leichter wird dem Verstand sein Synthetisierungsgeschäft gemacht, weil er eben mehr hat, an das er sich halten kann. Hier scheinen wir jenen von Kant paradigmatisch beschriebenen Fall zu haben, wo die Formen der Einbildungskraft – solche sind ja die grammatischen – sich in *freier* Übereinstimmung mit denen des Verstandes befinden – diejenige Situation, die das dem Geschmacksurteil zugrunde liegende Gefühl der Lust hervorruft, welches die Phantasie beflügelt.[303] Schon in der Akademievorlesung über den Zusammenhang von grammatischer Form und Ideenentwicklung hatte Humboldt diesen Gedanken ins Zentrum seiner Überlegungen gerückt:

»Die Ideenentwicklung kann erst dann einen eigentlichen Schwung neh-

302 Im Symbolismus einer Erzeugungsgrammatik ist Wahlmöglichkeit stets durch die Angabe von Alternativen angedeutet, technisch gesprochen also durch das Auftreten von Klammerausdrücken oder ähnlichen Symbolen.

303 Vgl. *Kritik der Urteilskraft*, Einleitung, VIII, H 27 ff.

men, wenn der Geist am blossen Hervorbringen des Gedankens Vergnügen gewinnt, und dies ist allemal von dem Interesse an der blossen Form desselben abhängig.«[304]

Es ist das Chinesische, dessen einzigartiger grammatischer Typus Humboldt zu dieser Deutung der Grammatik veranlaßt hat. Diese Sprache kennt keinerlei Morphologie und scheint hierin allem Gesagten zu widersprechen. Antipode des Griechischen, was grammatische Formen in dem Sinn angeht, wie Humboldt sie begreift, weist es doch wie dieses eine höchstentwickelte Literatur und Philosophie auf und scheint damit die ganze Theorie evidenterweise zu widerlegen. Das Chinesische ist der Skandal für Humboldts Denken, und er zieht sich hier nur mit erkennbarer Mühe aus der Affäre. Der Mangel dieser Sprache ist ihre Tugend. Im Gegensatz zu allen übrigen Sprachen, die sich im Zuge der Evolution sozusagen daran gemacht hatten, mit mehr oder weniger Gelingen grammatische Formalität auszubilden, entschloß sich sein Genie eben dazu, diesbezüglich im Stande der Jungfräulichkeit zu verbleiben. So unterscheidet sich diese Sprache in Humboldts Urteil von allen übrigen

»durch die Reinheit, Regelmässigkeit und Consequenz ihres grammatischen Baues; durch diese Vorzüge stellt sie sich unbedingt den vollkommensten Sprachen an die Seite ...«[305]

Alles scheint hier umgekehrt: Gerade indem das Chinesische auf die Andeutung der Form des Gedachten verzichtet, hebt sie »den Gedanken stärker hervor«. Das ästhetische Zentrum des humboldtschen Denkens, daß jeder Gedanke Deutlichkeit in einer sinnlich wahrnehmbaren Erscheinung gewinnen müsse, scheint hier nicht mehr zu gelten. Humboldt macht eine dem Chinesischen »eigenthümliche Kunst« aus, die Begriffe so unmittelbar zu einem Gedanken zu verbinden, daß der Geist förmlich gezwungen werde, »sich der reinen Betrachtung ihrer Beziehungen zu überlassen.« Es entstehe daraus, ganz unabhängig vom Sinn des Gesagten,

»ein, in anderen Sprachen in dem Grade unbekanntes, bloss aus der Form und der Anordnung der Begriffe hervorgehendes, rein intellectuelles Vergnügen ...«[306]

304 WW III, S. 39.
305 *Über den grammatischen Bau der chinesischen Sprache*, GS V, S. 321.
306 Ebd.

In gewissem Sinn ist diese Paradoxie dem pragmatischen Fallibilismus durchaus angemessen, den wir in der ästhetischen Anlage seines Sprachdenkens ausgemacht hatten. Wenn die Ausprägung ästhetischer Formen, als die grammatische Formen doch auch zu gelten haben, weil auch sie Produkte der Einbildungskraft sind, je nur mehr oder weniger gelingen kann, dann ist der Verzicht auf Symbolisierung allemal besser als eine mißlungene, die wie die Bilderschrift durch das Mangelhafte ihrer Kunst den Geist auf Abwege führt.

Transzendentale und symbolisierende Grammatik

Hier sind wir wieder am Ausgangspunkt unserer Humboldt-Lektüre angelangt. Die Aufhebung der skizzierten Paradoxie wäre ja nur möglich, wenn dem Denken ein Bereich reserviert bliebe, wo es sich nicht am Gängelband der Veräußerung entlang, sondern rein, sozusagen ohne Reibungsverluste bewegen kann. Der Skandal des Chinesischen zwingt Humboldt zur Unterscheidung einer »ausdrücklich bezeichneten« von einer »stillschweigend hinzugedachten« Grammatik.[307] Hier nimmt die systematische Zweideutigkeit ihren Ausgang, von der bereits die Rede war. Zugrunde liegt dem ein mit dem Begriff der grammatischen Form gegebenes logisches Problem:

Diese ist, wie wir gesehen haben, gedacht als Andeutung bzw. Symbol der syntaktischen Verknüpfung des betreffenden Wortes mit anderen, mit denen zusammen es den jeweiligen Gedanken bildet. In diesem Sinn lief Humboldts Theorie des Wortes darauf hinaus, es als Verknüpfung einer semantischen mit einer grammatischen Funktion zu begreifen:

$$\text{Wort: } F_S + F_G.$$

Doch ist »$F_S + F_G$« ja selbst eine syntaktische Verknüpfung, ein Komplex, der im Normalfall aus verschiedenen Formen, nämlich Morphemen, besteht. Deren kontingentes Nebeneinander muß vom Verstand als Einheit gedeutet sein, wenn die grammatische

307 Ebd. S. 319. Vgl. *Grammatischer Bau*, GS VI, S. 364.

Form eine Funktion ausüben soll, welche syntaktische Einheit symbolisiert. Es bietet sich die Lösung an, für diese morphematische Verknüpfung wiederum ein sie andeutendes Symbol zu erzeugen, und so fügen, wie Humboldt bemerkt, manche Sprachen »zwischen den wahren Sachbegriff und den als Verknüpfungszeichen dienenden ein neues Verknüpfungszeichen ein«.[308] Dies würde die oben angegebene Formel zu einem Komplex

$$F_S + VZ + F_G$$ [309]

erweitern. Damit ergäben sich anstelle einer nun zwei Verknüpfungen, die ihrerseits als

$$F_S + VZ' + VZ + VZ' + F_G$$

darzustellen wären usw. ad infinitum. In der Tat würde dies, so Humboldt, »zu einem endlosen Einschachtelungssystem führen«[310]. Einen Ausweg scheint – solange man das Verstehen der Satzform nach dem Modell der transzendentalen Apperzeption zu erklären versucht – der Rekurs auf eine »stillschweigend hinzugedachte« Form zu bieten, d. h. auf ein transzendentales grammatisches Schema, das hier, um dem Regreß zu entgehen, gewählt werden *müßte* und darum nicht mehr *gewählt* werden könnte. Die Konsequenzen für den daraus sich ergebenden Begriff sprachlicher Kommunikation liegen auf der Hand. Sie heben tendentiell die in der Theorie des ›Urtypus‹ angelegte Spontaneität der Wahl auf, die das Verhältnis der auf der Ebene »gemeinsamen Handelns« interagierenden Ich und Du charakterisiert. Verständigung zwischen Sprecher und Hörer scheint nur mehr möglich zu sein, weil beiden »derselbe grammatische Typus und dieselbe grammatische Sprechweise eigen ist.«[311] In diesem Sinne wären Ich und Du in der Grundform ihres Verständigungshandelns determiniert. In den *Grundzügen* spricht Humboldt an einer Stelle gar davon, daß dieselbe grammatische Form »in dem Kopfe der Redenden vorhanden« sei.[312] Die Frage ist, wie dies zu verstehen ist. Von der Freiheit des Geistes in der Formung der Gedanken könnte letztinstanzlich wohl kaum mehr die Rede sein. Er müßte

308 *Grammatischer Bau*, GS VI, S. 362.
309 »VZ« : = Verknüpfungszeichen.
310 *Grammatischer Bau*, GS VI, S. 362.
311 Ebd. S. 364 f.
312 *Grundzüge*, GS V, S. 454.

hier schematisch verfahren, denn »im Kopf vorhanden« könnten immer nur endlich viele Formen sein. Diese Position müßte darauf hinauslaufen, daß bei einer ins Unendliche gehenden Menge von zu Sagendem jedem Gedanken *genau eine* von endlich vielen grammatischen Formen angemessen wäre. In deren Wahl wäre der Geist nicht mehr frei. Je genauer er sieht, desto gefangener ist er nun.

Der Gedanke einer »hinzugedachten« Grammatik muß auf einen *materialen* grammatischen Archetypus hinauslaufen, und den skizziert Humboldt auch in einer Selbstverständlichkeit, die sich nur historisch als Graecozentrismus erklären läßt. So fließen für ihn

»die vier ersten Casus der Deklination von selbst und nothwendig aus der Kategorie der Relation, und diese Ableitung liesse noch einen fünften, den der Wechselwirkung zu ...«[313]

Ähnlich behandelt er den Konjunktiv als den »notwendigen« Gegensatz zum Indikativ – im Gegensatz zum nur subjektive »Neigung« ausdrückenden Optativ. Gar der Dualis, in dem er doch nicht weniger gesehen hat als eine Form, in der die dialogische Grundstruktur der Sprache sich selbst zur Erscheinung bringt, wird ihm in dieser Perspektive zu einer »zufällig eignen Form für eine einzelne bestimmte Zahl«.[314] Die Grundform des Arguments ist stets dieselbe: Humboldt identifiziert die »ideale« Ansicht eines grammatischen Verhältnisses, eine bestimmte Rektionsbeziehung, mit einer besonderen technischen Weise, sie formal zum Ausdruck zu bringen, etwa durch einen Kasus, und darüber bleibt unberücksichtigt, daß es hinsichtlich der ›technischen Mittel‹ zur Bezeichnung bzw. Andeutung grammatischer Relationen im Mündlichen grundsätzlich die Mittel der linearen Folge, der Morphologie und der Intonation gibt. Diesen blinden Fleck wird man wohl neben seiner Graecophilie auf den tran-

313 *Grundzüge,* GS V, S. 452, entsprechend *Grammatischer Bau,* GS VI, S. 347 f. Hier ist allerdings lehrreich zu sehen, wie Humboldt in der »Ableitung« der einzelnen grammatischen Formen, d. h. ihrer Zuordnung zu bestimmten Kategorien, schwankt, etwa in der Behandlung des ›Instrumentalis‹. Die Position der *Grundzüge* beginnt zumindest sich zu modifizieren.

314 *Grundzüge,* GS V, S. 453. Dieser Passus ist allerdings im *Grammatischen Bau* getilgt.

szendentalen »Rest« in Humboldts Philosophie der Grammatik zurückzuführen haben, auf einen grammatischen Dogmatismus, der auf das Konto des unzureichenden Logikbildes geht, an dem Humboldt, Kant hierin folgend, sich orientiert. Nicht jeder Akt, etwas über etwas zu denken, ist das Fällen eines »Urteils«. Denn mit dem späten Wittgenstein oder Austin wäre doch daran zu erinnern, daß es neben dem Behaupten auch ein Vermuten, Erwägen, Fragen gibt, in deren Nachbarschaft das Urteilen allererst seinen spezifischen Wert gewinnt.

Dieser Gesichtspunkt ist Humboldt noch fremd, und doch behauptet sich gegen diesen transzendentalen Restbestand in seiner Philosophie der Grammatik seine Auffassung der grammatischen Form als des *Symbols* der synthetischen Einheit des Gedachten. Nur gegen diesen Restbestand ist die Fruchtbarkeit der Idee zu erfassen, die mit ihr verbunden ist. Denn – man muß diesen Bruch wohl als einen nicht aufgelösten Problemkomplex in seinem Denken respektieren – Humboldt sieht das Symbolische an der grammatischen Form eben darin, daß sie den geschilderten infiniten Regreß, die »Nothwendigkeit, immerfort, auch am Zeichen der Verknüpfung, die Verknüpfung aufs neue zu bezeichnen« unterbricht,

> »indem sie die innere Form, das Zusammenfassen der Begriffe, durch eine äussere Form, die Zusammenfassung der Laute, symbolisiert ...«[315]

Die Andeutung ist ultima ratio, wo es nichts mehr zu regeln gibt. Damit ist das Modell der transzendentalen Apperzeption als Paradigma der Erzeugung grammatischer Formen im Prinzip aufgegeben, auch wenn Humboldt keine definitive Klarheit mehr darüber gewinnt, daß er mit dieser Deutung den Boden des Transzendentalismus verläßt. Dann aber muß man andere einheitsstiftende Prinzipien suchen, von denen sich sagen ließe, daß sie die Einheit des Gedachten analogisch zur Darstellung bringen. Diese hat Humboldt auch – freilich nur in diesem Text über den *Grammatischen Bau der Sprachen* – als solche bedacht, und hier kommt die ursprüngliche ästhetische Orientierung seiner Sprachidee wieder zum Tragen. Er fragt hier, welche Funktionen des menschlichen Geistes es denn seien, die grammatische Formen erzeugten und die von diesen ihrerseits in Funktion gesetzt würden. Diese sind

315 *Grammatischer Bau*, GS VI, S. 363.

nun keineswegs nur die logischen des Verstandes, und sie können es nicht sein, weil grammatische Formen als äußerliche eben Produkte der Einbildungskraft sind. Folglich sind daneben zu veranschlagen

»die ästhetischen und dichtenden, welche die Anschauung und die Empfindung in eine Form giessen, in welcher dieselben ihre Stoffartigkeit ablegen ...«, und

»drittens endlich die musikalischen, welche das Gebiet der Töne von den einfachsten Lauten bis hin zu deren reichsten Verknüpfungen euphonisch-rhythmisch behandeln.«[316]

Die logische Einheit des Gedankens wird so von vornherein in ästhetischer Gestalt erzeugt, die die logische Einheit nicht darstellt oder bezeichnet, sondern in der Tat »nur« symbolisieren kann – insofern sie sie impliziert. Hier ist die definitive Grenze für jede transzendentale Theorie gezogen. Die im Hauptsatz benannte »intellectuelle Thätigkeit« mag sein oder tun, was sie will. Wir können sie nur *in* ihren Erzeugnissen erfassen. Das transzendentale Erklärungsschema, daß die Folge von Worten

$$W_1 + W_2 + \ldots + W_n$$

ein Satz S sei, weil von einer Instanz I zur Einheit einer Form F apperzipiert, schrumpft zur Tautologie zusammen, daß der Satz S der Satz S ist. Jede Behauptung über ein I* oder ein F** entpuppt sich als semantische Implikation unseres Verständnisses von Sätzen. Erklärt ist damit nichts.

Andererseits jedoch leistet die von Humboldt doch freigelegte reine Formalität der grammatischen Form hierin etwas, an das die Tradition der Grammatik in ihrer logischen Orientierung im Traum nicht gedacht hatte: die Rückkopplung des Gesagten ans *Gefühl.* Sie kann dies, indem die Form jede Semantik abstreift und doch ästhetisch wahrnehmbare Form bleibt. Die Formalität der grammatischen Form leistet mithin Analoges zu dem, was das System der artikulierten Laute für die Gefühlsgeltung des Wortes erbringt. Die grammatische Form ist gleichsam der Rhythmus des Gesagten.[317] In dieser Perspektive gewinnt Humboldts befremd-

316 Ebd. S. 453 f.

317 Gerade in diesem Zusammenhang ist es erstaunlich, daß Humboldt an der chinesischen Sprache nicht dasjenige Moment grammatischer Formung der Wörter erkannt hat, das doch am unmittelbarsten der musikalischen Einbildungskraft benachbart ist: die Syntax der sogenannten ›Töne‹.

licher Gedanke durchaus etwas für sich, daß ihre Veräußerlichung, wie es in einer Sprache wie dem Griechischen offenkundig der Fall ist, das Gesagte mit einem ästhetischen Surplus ausrüste, das auf das Denken, welches sich in dieser Sprache artikuliert, unvermeidlich zurückwirken und es beflügeln müsse.

Damit stehen wir vor dem Resultat, daß uns der Begriff der Grammatik bei Humboldt in einen ›innerlichen‹, transzendentalen, und einen ›äußerlichen‹, symbolischen, zerfällt. Die interne Grammatik ist charakterisiert durch das wesentliche Attribut der Schrift: Ihre Formen sind als transzendentale invariabel, sie gelten als dem Verstand auf Dauer eingeschrieben. Doch als interne entziehen sie sich gerade dem, worin Humboldt selbst den Vorzug der Schrift gesehen hatte: in der äußerlichen Repräsentation der Form ein Nachdenken über sie möglich zu machen. Der Topographie des Hauptsatzes zufolge müßte die Schriftlichkeit das Symbolische der grammatischen Form erhöhen. Die ihr zugeschriebene Transzendentalität macht jedoch alle Reflexion zunichte. Auch in dieser Perspektive endet der Gedanke einer ›internen‹ Grammatik in einer Aporie. Es bleibt wohl nur der Entschluß, dies als eine Grenze zu respektieren, die Humboldts Denken von seinem Ansatz her gezogen war.

Andererseits sind die grammatischen Formen, die Humboldt tatsächlich als Symbole ansieht, mit allen Attributen des Mündlichen ausgestattet: in der »reinen« grammatischen Form, der morphologisch angedeuteten Zeitform des Verbs oder dem Kasusmorphem, haben wir die von aller Semantik entleerte ästhetische Tonerscheinung, die den musikalischen Sinn anspricht. Gerade hiermit ist aber das *Paradigma* der grammatischen Form allen Konsequenzen ausgesetzt, vor denen es als schriftliches wie als transzendentales bewahrt war: den Veränderungen in der Zeit. Die reine Form wird qua mündliche Moment der Fluktuanz. So läßt sie sich zwar bündig als Evolutionsprodukt begreifen, und in dieser Perspektive läßt sich Humboldts Deutung der Grammatik zweifellos einer ethnologisch oder historisch orientierten linguistischen Empirie zugrunde legen. Doch wegen ihrer Mündlichkeit scheint sich der ›philosophischen‹ Betrachtung nur folgende Alternative anzubieten: Entweder man betrachtet die grammatische Form in ihrem unmittelbaren Vollzug, dann nimmt man sie zwar als Moment der den Gedanken bildenden »intellectuellen Thätigkeit«, als Moment des langage, doch entzieht sie sich *als solche* eben jeder weiteren Bestimmung und kann damit auch nicht das leisten, worin Humboldt doch gerade ihre wesentliche Funktion gesehen hat: eine bestimmte Weltansicht im Vollzug des Redens formal zu reflektieren. Das Moment der Distanz, das unverzichtbar dafür ist, daß die reflektierende Urteilskraft in einem Gegenüber einen Anhaltspunkt gewinnt, wäre an diesem flüchtigen Moment nicht festzumachen. Oder aber man nimmt sie als Element der langue, des *ergon*. Damit ließe sie sich beschreiben, wie es seither in der Sprachwissenschaft gemacht wird, doch hätte sie damit gerade das eingebüßt, was sie zu einem legitimen Objekt philosophischen Interesses machte: ihre Rückwirkung auf Denken und Handeln.

Auch hier bleibt ein Desiderat: eine Integration der Schrifttheorie Humboldts, die ja bis heute nichts von ihrer Aktualität eingebüßt hat, in seine Sprachphilosophie – im Sinne jenes Rückkopplungsgedankens, den wir als ihre Grundstruktur ausgemacht hatten. In ihrer schriftlichen Fixierung würden grammatische Formen einerseits den Status gewinnen, den Humboldt den mündlichen letztendlich wohl zu Unrecht zugemessen hat – jene gerade das Formale der Einbildungskraft beflügelnde Potenz. Andererseits wären dann aber aus seinem ursprünglichen ästhetischen Ansatz ganz andere, nicht weniger schwerwiegende Konsequenzen zu ziehen. Denn wenn der ästhetische Sinn so zentral und so verschiedenartig von der Proportionalität des jeweiligen Tonsystems und der darauf sich gründenden spezifischen Eurhythmie der je betreffenden Sprache angesprochen wird, wie dies Humboldt doch überaus überzeugend offengelegt hat – dann müssen sich und mußten sich daraus mit der *metabasis* ins genos der Schrift gerade in ästhetischer Hinsicht und damit für den Begriff schriftlicher Kreativität massivste Folgerungen ergeben. Die Universalität des Alphabets geriete zumindest in den Verdacht, durch strukturelle Entemotionalisierung des in ihm Artikulierten erkauft zu sein.

Dies sind Fragestellungen, die sich zwar Humboldts Texten abgewinnen lassen, doch führt jeder Versuch, darauf eine Antwort zu finden, wohl über sie hinaus. Die Problemlage, die wir bis hierhin verfolgt haben, bleibt in Humboldts Denken unausgetragen, und möglicherweise ließ sie sich von seinen Denkvoraussetzungen her auch nicht weiter klären.

11. Ludwig Wittgenstein: Grammatik und Metapher

Ich denke tatsächlich mit der Feder, denn mein Kopf weiß oft nichts von dem, was meine Hand schreibt.[1]

Begriffe ohne Anschauung sind leer. Nichts charakterisiert vielleicht besser das philosophische Problem der Grammatik als dieser alte Satz. Was der Begriff ›Satz‹ tatsächlich besagt, ob ihm Sinn und Bedeutung zukommt, bemißt sich nicht an der Definition, die wir für ihn geben könnten, sondern daran, ob wir Sätze »geben«, hic et nunc also Ausdrücke formulieren können, die ein der betreffenden Sprache Kundiger bereit wäre als *Sätze* anzuerkennen, nicht nur als *Beispiel*sätze. Das grammatische Paradigma muß sich legitimieren unabhängig von Grammatik. Dies ist logisch selbstverständlich: eine Norm durch sich selbst zu begründen ist immer ein problematisches Unternehmen. Per se läuft es Gefahr, zirkulär zu werden. Bezüglich der Akzeptanz von Ausdrücken, die als Beispiele gelungener Erfüllung ›grammatischer‹ Normen gelten sollen, sind wir – dies haben wir eingehend betrachtet[2] – grundsätzlich auf die Zustimmung anderer angewiesen, die sich durch nichts anderes ausweisen müssen als dadurch, daß sie die Sprache beherrschen, nach deren Grammatik gefragt ist. Grammatische Begriffe müssen sich in einer sozialen Praxis bewähren, müssen sich legitimieren vor dem sprachlichen Können anderer, die im Umgang mit solchen Begriffen ihr eigenes Recht haben. »Satz« ist zunächst ein Wort der deutschen Sprache, erst in zweiter Linie ein Terminus der Grammatik. Dies darf man wohl als eine der grundlegenden Einsichten betrachten, auf denen das Denken des »späten« Wittgenstein aufbaut:

»Gefragt, was ein Satz ist – ob wir nun einem Anderen antworten sollen, oder uns selbst – werden wir Beispiele angeben und unter diesen auch, was man induktive Reihen von Sätzen nennen kann; nun, auf *diese* Weise haben wir einen Begriff vom Satz.«[3]

1 *Vermischte Bemerkungen,* Werke Bd. 8, S. 473.

2 Vgl. Kap. 5.

3 PU I, 135, WW I, S. 306.

Immer ist Grammatik zunächst ein technischer Begriff, zweckmäßig zur methodischen Erzeugung sprachlicher Ausdrücke wie zu ihrer Beschreibung. Er kann als philosophischer Begriff verwendet werden, um Züge von Sprache reflexiv zu erfassen. Herders oder Humboldts Beispiel zeigt es, und bei Wittgenstein rückt er in diesem Sinne ins Zentrum der Philosophie. Doch hat gerade die Lektüre Humboldts in zunehmendem Maße fraglich gemacht, ob Grammatik das sein kann, was die theoretische Orientierung der Transzendentalphilosophie ihr gleichsam nebenher anhängt: ein theoretischer Begriff zur Erklärung von Sprache – eben das, was die Essenz der chomskyschen Linguistik ausmacht. Die Schwierigkeiten, die der Kantianer Humboldt mit der philosophischen Bewältigung der Grammatik hat, haben zweifellos eines verdeutlicht: Erklären wollen kann man die »verbundene Rede« durch Grammatik nur, wenn man diese *a priori* von der Sprache abspaltet, so wie Kant dies tut. So unrecht Chomsky in seinen Berufungen auf Humboldt auch hat, wo es um das Moment sprachlicher Kreativität geht[4] – in puncto Grammatik liegt er damit ganz falsch doch nicht – so wenig dies auch auf Lektüre, geschweige denn auf Verständnis des humboldtschen Textes und seiner Problemstellungen beruhen mag. Der Transzendentalismus hat erst mit der Separation der Grammatik als formaler Instanz von der Sprache die Konstellation vorbereitet, die Chomsky auf den – paradoxen – Punkt bringt, wenn er grammatische Formen als materiale Gebilde deutet.

Wilhelm von Humboldt denkt dagegen Grammatik noch in der Tradition der Transzendentalphilosophie als Zurüstung des Verstandes mit *Formen* – nach Platon *ideelle* Gebilde –, deren Geschäft es ist, den Gedanken zu schematisieren. Sie gelten ihm – so besagt es sein erster Hauptsatz – als notwendige Bedingungen jener »intellectuellen Thätigkeit«, die qua Artikulation in der Rede für die Sinne wahrnehmbar wird und in der Schrift, in der Summe des Geschriebenen wäre hier präzisierend zu sagen, einen bleibenden Körper erhält. Von diesem Punkt aus entfaltet Humboldt einen Begriff von Sprache, der in seinen Konsequenzen das transzendentale Programm aufhebt. Die Weltansicht ist sprachlich

4 Sachlich sind diese ebenso unzutreffend wie redundant: Sie dienen wohl einzig dem Zweck, der rezenten wissenschaftlichen Position die Aura der philosophischen Tradition anzuheften. Vgl. hierzu Scharf 1994.

vermittelt und ›ist‹ damit eine je besondere. Doch liegt es andererseits durchaus in der Logik dieses Ansatzes, daß Grammatik selbst noch als interne Instanz begriffen wird, als Bedingung der Möglichkeit der Veräußerung von Gedanken. Somit handelt es sich hier letztlich um eine psychologische Ansicht grammatischer Formen, die neben einem empirischen notwendigerweise auch einen ›rationalen‹ Teil enthält:

»Wenn man sich ... den Constructionsbau einer Sprache in seiner allgemeinen Form, und abgesehen von jeder einzelnen Rede denkt, und die Beziehungen aufsucht, in welche die einzelnen Wörter auf diese Form gestellt werden; so bildet man sich einen Begriff von der grammatischen Ansicht der Sprache. Diese Form ist in dem Kopfe des Redenden vorhanden.«[5]

Einerseits denkt Humboldt diesen Formen in der Tat noch eine transzendentale Funktion im klassischen Verstand zu, nämlich die, eine Folge von Wörtern zur Einheit des Satzes zu synthetisieren. Und wenn die Sprache das »bildende Organ des Gedanken« ist, so müssen die Grundformen der Sätze mit den elementaren logischen Formen kompatibel bzw. aus diesen ableitbar sein. Das Verb bleibt für ihn die Schlüsselkategorie einer ›logischen‹ Grammatik. Erst indem es gesetzt, eine bestimmte finite Form gewählt und mit dem Subjekt verbunden wird, wird die Einheit des Urteils erzeugt.[6] Humboldt bleibt in dieser Hinsicht ein geradezu orthodoxer Kantianer, für den es denn auch keinerlei Zweifel etwa daran gibt, daß die Kasus aus der Relationskategorie »fließen«[7], denn sie markieren ja die Korrelate, die durch das Verb verbunden werden, das die Relation bezeichnet.

Doch gerade im Ausgang von diesem Sachverhalt entdeckt er den analogischen Charakter der grammatischen Formen. Dies unterhöhlt ihren transzendentalen Status. Als Formen sui generis

5 Vgl. *Grundzüge,* GS V, S. 454.

6 Vgl. *Grundzüge,* GS V, S. 452 ff., *Vom grammatischen Baue der Sprache,* GS VI, S. 345 ff. und *Einleitung,* WW III, S. 608 ff.

7 *Grundzüge,* GS V, S. 452. Für den Instrumentalis und Locativus des Lateinischen läßt er dies freilich nicht gelten. Diese Formen ergeben sich erst durch die Vermittlung der »empirischen« Begriffe des Mittels bzw. des Raumes. Allerdings wäre anzumerken, daß Humboldt in der Schrift *Vom grammatischen Baue der Sprachen* diese Position zu modifizieren beginnt. Vgl. GS VI, S. 349 ff.

vermitteln sie das Subjekt mit seinen Konsubjekten und der Objektwelt, auf die sich sein Denken und Handeln bezieht. Immer spiegeln sich in ihnen bestimmte subjektive Perspektiven, Deutungen des Gedachten, die gegenüber der Universalität des transzendentalen Subjekts je besondere Deutungen sind und dies, pragmatisch betrachtet, auch sein müssen. Jedes sprechende Ich artikuliert sich unter besonderen Lebensbedingungen. In der Wahl seiner sprachlichen Mittel entfaltet es seine Individualität gegenüber anderen Sprechern »derselben« Sprache. In analoger Weise hat sich den grammatischen Formen auch die Objektbezogenheit ihres Gebrauchs ein- bzw. aufgeprägt. Der Dualis repräsentiert eine subjektive Weltperspektive – *wir beide, ihr beide* usw. –, die wir der des *ich* und *wir* ebenso entgegensetzen wie der des *du* oder *ihr*. Ebenso aber wird er in allgemeiner Weise verwendet zur Bezeichnung objektiver Kategorien formaler wie materialer Art – Sein und Nichtsein, Körpersymmetrien und ähnliches mehr – und ist hierin selbst als Analogie einer objektiven Form zu begreifen.

So bleibt eine nicht aufgelöste Zweideutigkeit in Humboldts Sprachauffassung. Dasselbe in der Interaktion von Subjekt und Objekt analogisch konstituierte System von Regeln und Wörtern[8] soll einerseits objektive Größe sein, welches Individuen allererst zur Einheit einer ›Nation‹ vermittelt. Andererseits aber soll das System schon Ausstattung des individuellen Bewußtseins sein. Humboldt spricht im Zuge seiner Diskussion des Chinesischen ausdrücklich von der »in der Sprache selbst liegenden« und einer vom Sprecher »stillschweigend hinzugedachten« Grammatik.[9] Dieser transzendentale »Rest« in seinem Denken scheint unaufhebbar:

Seien I und J zwei Ausdrücke, die zusammen einen Satz bilden sollen, und sei der Zusammenhang zwischen ihnen durch wechselseitig zugeordnete Indizes $*_j$ und $*_i$ formal zum Ausdruck gebracht: $I_j + J_i$[10]. »$_i$« und »$_j$« lassen sich dann als grammatische Formen interpretieren, z. B. als Positionsbezug oder als gramma-

8 Was die moderne Linguistik als ›Lexikon‹ konstruiert, ist bei Humboldt der ›Wörtervorrath‹; vgl. *Grundzüge*, GS V, S. 410 ff.

9 *Über den grammatischen Bau der chinesischen Sprache*, GS V, S. 311 und 319. Vgl. auch *Grundzüge*, GS V, S. 462.

10 D. h.: I ist auf das folgende J bezogen und umgekehrt.

tische Morpheme. Insofern »drücken« sie in der Tat die gedachte Einheit des Satzes »aus«. Aus der Perspektive der transzendentalen Logik bräuchte es dann aber immer noch einen konstitutiven Akt, der diese von der Einbildungskraft erzeugte bzw. ihr gegebene Mannigfaltigkeit von Formen zu einer Einheit synthetisiert. Es bleibt also in diesem Modell eine unaufhebbare Differenz zwischen einer internen »Grammatik des Denkens« und veräußerlichter »Sprachform«. Damit verbleibt hier ein nicht zu tilgender Restbestand einer transzendentalen Grammatik, der sich in Schriften wie der *Vom grammatischen Baue der Sprachen* dann auch unübersehbar zur Geltung bringt – ein Abfallprodukt der Idee transzendentaler Weltkonstitution, wenn man so will, das hier unerwartete Turbulenzen erzeugt.

Freilich bleibt diese Zweideutigkeit bei Humboldt – wie später auch bei Saussure – gleichsam »unschädlich«, da das Interesse seiner Fragestellung ganz und gar unpsychologischer Art ist, vollständig gerichtet auf die Erfassung von Sprachformen in objektivem, nichtpsychologischem Sinn. Entscheidend für seine Sprachkonzeption ist ein Rückkopplungsprozeß, dessen Struktur erstmals im *Essai sur les langues du nouveau continent* von 1811/12 ausgeführt ist: Die faculté du langage spielt mit den ihr je vorgegebenen Sprachformen, um diese entsprechend der menschlichen Organisation, den universellen Gesetzen des Denkens und den je kontingenten »Umweltbedingungen« entsprechend »passend« umzumodeln. Die ›jeweilige‹ Sprache ergibt sich so als ein zwischen zwei universellen und zwei kontingenten Parametern in jedem Sprechakt erneut austarierter Kompromiß.[11]

Als Resultat ergibt sich ein latenter Konflikt zwischen logischem Transzendentalismus, der sich in der Annahme einer Chomsky in gewisser Weise antizipierenden Universalgrammatik artikuliert[12], und einer pragmatisch-fallibilistischen Sprachkonzeption, dem, was Humboldt selbst die »Pronominalansicht« der Sprache genannt hat.[13] Dieser Zwiespalt, den man zweifellos auch als eine Art Resistenz der universalgrammatischen Tradition nehmen muß, bleibt in seinem Werk bis zuletzt unausgetragen. Damit aber ergibt sich ein grundlegendes Problem bezüglich des Begriffs

11 Vgl. *Essai*, GS III, S. 308 f.

12 Vgl. *Grundzüge*, GS V, S. 451 ff., *Grammatischer Bau* GS VI, S. 345 ff.

13 Vgl. *Verschiedenheiten*, WW III, S. 204 ff.

der Grammatik: Es ist nicht mehr klar, worauf sich dieser Begriff bezieht bzw. worauf er sich sinnvollerweise beziehen läßt.

Die Gegenwartsphilosophie und die moderne Sprachwissenschaft haben dieses Problem geerbt. Den ›mentalistischen‹ Naturalismus Chomskys wird man aus dieser Perspektive – soweit es die Grammatik angeht – als zeitgemäße Konsequenz des kantischen transzendentalen Naturalismus begreifen müssen. Mit dem linguistic turn der Philosophie mußte das Problem jedoch virulent werden, das vom Ansatz der Transzendentalphilosophie gleichsam kaschiert blieb. Tatsächlich erfährt der Begriff der Grammatik im Rahmen der sprachanalytischen Philosophie, insbesondere beim späten Wittgenstein eine Entwicklung, die zu der im Bereich der Sprachwissenschaft geradezu konträr verläuft. Die Grammatik ist ein »autonomes« Modul des Geistes, sprich des Gehirns, lautet die Grundthese Chomskys. »Das *Wesen*«, die begriffliche Essenz unserer Ansicht der Dinge, »ist in der Grammatik ausgesprochen«[14], lautet die in den *Philosophischen Untersuchungen* entfaltete Antithese. Man wird einwenden, es handle sich hier – bestenfalls – um polyseme Verwendungsweisen des Wortes »Grammatik«, und daher könne es sich gerade nicht um eine Antithese handeln.[15] Aber dies heißt, dem Problem auszuweichen, das durch das Faktum aufgeworfen ist, daß hier wie dort eben dieses Wort »Grammatik« verwendet wird, um eine Grundüberzeugung bezüglich der Funktionsweise von Sprache zu formulieren. Beide machen von einem Wort Gebrauch, das ihnen die Tradition vorgibt.

Daß Homonymie vorliege, wird niemand behaupten. Beide, Chomsky wie Wittgenstein, gehen in ihren Überlegungen von dem *Phänomen* aus, das in PU I, 664 der *Philosophischen Untersuchungen*[16] als »Oberflächengrammatik« benannt ist: die Verwen-

14 PU I, 371.

15 Eine solche Position vertritt Grewendorf 1995. Diese Studie ist mir leider erst nach Abschluß dieses Kapitels und des ganzen Buchs bekannt geworden, sodaß ich mich hier mit Grewendorfs These argumentativ nicht auseinandersetzen kann – was sie zweifellos verdient, auch wenn ich ihr im Resultat nicht folgen kann.

16 Den durch eine Numerierung gekennzeichneten Einzelabschnitt in Teil I der *Philosophischen Untersuchungen* bezeichne ich, um bestimmte Konnotationen der dafür üblichen Bezeichnung »Paragraph« zu vermeiden, im folgenden auch als »Absatz«.

dungsweise der Wörter »im *Satzbau*«[17]. Von Erfahrungen dieses Phänomens ausgehend, die nur im Zusammenhang bestimmter Sprachspiele möglich waren, an deren Beginn bei Wittgenstein wie bei Chomsky der Gebrauch der Alphabetschrift steht[18], kommt nun der eine zum Begriff der Tiefenstruktur, der andere zur Tiefengrammatik. Und so *geben* sie ausgehend von ähnlichen Sprachen und mehr oder weniger ähnlichen Vorstellungen demselben Wort verschiedene Bedeutungen. Daß sie an diesem noch festhalten, bleibt unter diesen Umständen ein hinreichender Grund, diese verschiedenen Bedeutungen aufeinander zu beziehen, und es liegt in der Natur der Sache, daß Wittgensteins Verwendungsweise derjenigen Chomskys gegenüber die grundlegendere ist, diejenige, von der man ausgehen *muß*, wenn man die Bedeutung des Begriffs der Grammatik zu klären versucht. Denn der Satz, daß das Wesen der Sache in der Grammatik ausgesprochen sei, was hier soviel heißt wie: in der Weise, die Worte zu verwenden, muß ja auch für das Wort »Grammatik« gelten. Was immer die Essenz dessen ausmacht, was durch diesen Namen benannt ist – wir können es nur als die Essenz unseres Redens *über* Grammatik begreifen. Auch Chomskys Theorie ist eine solch besondere Rede, deren Abhängigkeit von bestimmten schriftlichen bzw. graphischen Darstellungsmitteln wir ja im einzelnen durchgegangen sind.[19]

Wittgensteins Verwendung des Wortes »Grammatik« ist nicht nur die grundlegendere, sie ist auch die umfassendere. Denn während Chomsky über der Konzentration auf die Grammatik den Sachverhalt Sprache ausblendet bzw. an die Peripherie seines Denkens verdrängt, geht Wittgenstein der Bedeutung des Wortes und damit dem Begriff im Zusammenhang der Frage nach, was die Bedeutung des Wortes »Sprache« ist. Sein Begriff der Grammatik entfaltet sich als integraler Bestandteil seiner Sprachansicht. Deutlichkeit gewinnt er nur und gerade insofern, als uns darüber auch der Begriff der Sprache deutlicher wird. Dies rechtfertigt es, den so gewonnenen ›philosophischen‹ Begriff von Grammatik *kritisch*

17 Kursiv im Text.

18 Für Chomsky wäre dies am Sprachspiel der Beispielsätze zu belegen, vgl. hierzu Kap. 5, S. 181 ff. Für Wittgenstein sei hier nur auf die Absätze PU I, 1, 4, 8, 143 ff. und 258 ff. hingewiesen; vgl. dazu unten S. 581 ff.

19 Vgl. Kap. 6, S. 261 ff.

dem ›linguistischen‹ entgegenzuhalten. Sprache ist etwas, auf das wir uns in ganz anderer Weise verstehen als auf Grammatik.[20] Wir haben daher zunächst zu verfolgen, wie im wittgensteinschen Text das Problem der Grammatik im Zusammenhang des Problems der Sprache seine Kontur gewinnt.

Noch einmal transzendentale Grammatik: die logische Syntax der Begriffsschrift.

Wir begegnen ihm zunächst auf mittlerweile vertrautem Terrain, im Zusammenhang nämlich der Schrift. Die Grammatik, welche in der Philosophie Wittgensteins als erste beschrieben und bedacht wird, ist die logische Syntax der Idealsprache, die die Grenzen der im *Tractatus* entworfenen ›Welt‹ umschreibt.[21] Es ist nicht notwendig, hier eingehend die Problematik dieses Weltbegriffs zu erörtern. Sie ist zum einen hinlänglich bekannt, zum anderen wird sie, wenn auch nur indirekt, bei der Lektüre der *Philosophischen Untersuchungen* ohnehin nicht zu vermeiden sein. Bedeutsam sind hier insbesondere zwei Aspekte des Idealsprachenkonzepts: Zunächst einmal zeigt sich, daß es *gegen* einen Begriff von »Umgangssprache« entworfen ist, den der Autor als etwas voraussetzt, das dem Leser pragmatisch hinreichend vertraut ist, ohne jedoch davon einen zureichenden Begriff zu haben:

»Der Mensch besitzt die Fähigkeit Sprachen zu bauen, womit sich jeder Sinn ausdrücken läßt, ohne eine Ahnung davon zu haben, wie und was jedes Wort bedeutet.«[22]

Die Rede ist von den menschlichen Sprachen, die man als »natürliche« Sprachen zu bezeichnen pflegt. Es verdient Beachtung, daß

20 Apel hat schon früh darauf aufmerksam gemacht, daß bei aller szientistischen Ausrichtung der chomskyschen Theorie diese doch in der Figur des ›native speaker‹ eine hermeneutische Instanz impliziert, die für eben diese Theorie als Verifikationsinstanz *unverzichtbar* ist. Vgl. Apel 1976, Bd. 2, S. 280 ff.

21 T 5.6.

22 T 4.002.

als ihre sie definierenden Eigenschaften zwei Attribute benannt werden, die auf den ersten Blick wenig miteinander verbindet: daß sich nämlich in ihnen jeder Sinn ausdrücken lasse und daß der Mensch sie zwar beherrsche, ohne jedoch zu wissen, wie. Tatsächlich bedingt jedoch das eine das andere. Gerade daß sich in der natürlichen Sprache *alles* sagen läßt, verhindert, daß wir von der Weise, dies zu bewerkstelligen, ein zureichendes *Wissen* haben. Sprachliches Knowing-how geht linguistischem Knowing-that grundsätzlich voraus.[23] Der Text läßt keinen Zweifel daran aufkommen, daß schon der junge Wittgenstein die natürliche Sprache als die »unhintergehbare« Basis, den Ausgangspunkt der Artikulation alles Denkbaren betrachtet.

Allerdings, wenn sich in der natürlichen Sprache jeder Sinn ausdrücken läßt, dann auch jeder Unsinn, nämlich alles, was sich unter diesem oder jenem kritischen Gesichtspunkt als solcher erweist. »Unsinn« kann man nur etwas nennen, das man zumindest soweit verstanden hat, daß man es als nicht sinnvoll beurteilen kann. Erst unter dieser Prämisse wird die Aufgabe verständlich, die Wittgenstein der Philosophie als ihre vornehmliche, ja ausschließliche zuweist: Sprachkritik zu sein.[24] Sie hat das Sinnvolle vom Sinnlosen bzw. Unsinnigen zu unterscheiden, und dies ist nur möglich von einem umfassenden, das heißt letztlich von einem umgangssprachlichen Ausgangspunkt her. Dies scheint paradox und läuft dem gängigen Verständnis des Textes zweifellos zuwider. Und doch ist es logisch nicht anders möglich. *Nur* von daher kann sie diese Funktion wahrnehmen, eben weil auch der letzte Unsinn für den, der ihn als solchen beurteilt, noch irgendeinen Sinn machen muß.[25] Unsinn ist nicht gleich Nicht-Sinn. Das so abgegrenzte Sinnvolle kann folglich nicht das In-der-Umgangssprache-Sinnvolle sein. Wittgenstein zieht bekanntlich die Grenze, indem er die Welt als die Summe dessen definiert, was

23 Vgl. Ryle 1963, Kap. 2, dazu Kap. 5.

24 T 4.0031.

25 Diese hermeneutische Überlegung findet ihre Bestätigung in Satz 5.5563 des Textes, der für sich dem programmatischen Satz 3.325 – siehe unten – geradezu kontradiktorisch entgegensteht: »Alle Sätze unserer Umgangssprache sind tatsächlich, so wie sie sind, logisch vollkommen geordnet.« Nur entsprechen – müßte man hinzufügen – eben nicht alle den vom Extensionalitätsprinzip geforderten Sinnkriterien.

unabhängig voneinander »der Fall sein« kann[26], den Inbegriff der von den Naturwissenschaften beschriebenen Tatsachen, die Welt des Extensionalitätsprinzips. Der Satz

»*Die Grenzen meiner Sprache* bedeuten die Grenzen meiner Welt«[27]

ist stets – und zurecht – als Ausdruck einer Grenzziehung verstanden worden, mit der jeder subjektive, historische, ästhetische, kurzum jeder nicht naturwissenschaftlich objektivierbare Sinn aus der Welt exkommuniziert schien. Danach blieb dem Autor nur mehr übrig, auch die eigenen Sätze noch als Unsinn zu denunzieren.[28] Doch sollte man nicht überlesen, daß im Text von den Grenzen »meiner« Sprache und »meiner« Welt die Rede ist und daß die Grenzen dieser meiner Sprache die meiner Welt nicht sind, sondern sie »bedeuten«. Das Subjekt wird aus einer Welt verabschiedet, die doch voll und ganz die seine bleibt. Der Satz läßt sich, m. a. W., von beiden Seiten der Grenzziehung lesen, und zweifellos hat sich die Lektüre des *Tractatus* auf die Perspektive »von innen« konzentriert. Nur aus dieser Perspektive war Walter Schulz' Protest zu verstehen, mit dieser Konzeption werde die Philosophie schlechthin negiert.[29]

Liest man den Satz jedoch von der anderen Seite her, so erweist sich die Weltkonstruktion des *Tractatus* trotz des Sinnlosigkeitsverdikts, das aus ihrer Sicht über philosophische Sätze verhängt wird – keineswegs ja über sämtliche der Umgangssprache –, doch als Produkt einer Ausgrenzung, welche dieser Welt der Extensionalität ihre Grenze bedeutet, indem sie eben *diese* Welt der Extensionalität expatriiert, verbannt aus einer Welt, wo sozusagen jeder mit dem Sinn machen kann, was er will. Von dem dergestalt Ausgegrenzten her sollen nun seinerseits bestimmte philosophische Irrtümer, nämlich die Produktion von metaphysischem Unsinn, die intrinsisch an einen bestimmten Sprachgebrauch gebunden scheint, ein für allemal durch ein besonderes Verfahren »ausgeschlossen« werden. Dieses muß künstlich etabliert werden:

26 Vgl. T 1.2: »Die Welt zerfällt in Tatsachen.« Dieser Satz bildet das ontologische Fundament des Extensionalitätsprinzips, nach dem Satzverknüpfungen *ausschließlich* wahrheitsfunktional interpretiert werden.

27 T 5.6.

28 T 6.54.

29 Vgl. Schulz 1967.

»Um diesen Irrtümern zu entgehen, müssen wir eine Zeichensprache verwenden, welche sie ausschließt, indem sie nicht das gleiche Zeichen in verschiedenen Symbolen, und Zeichen, welche auf verschiedene Art bezeichnen, nicht äußerlich auf die gleiche Art verwendet. Eine Zeichensprache also, die der *logischen* Grammatik – der logischen Syntax – gehorcht.[30]

Man kann der natürlichen Sprache ihre Homonymien und Polysemien nicht austreiben. Die hier postulierte ars characteristica ist nur zu schaffen, indem man eine neue Sprache so konstruiert, daß jede Differenz des signifié durch eine »entsprechende« Differenz des signifiant bezeichnet, d. h. *äußerlich* bzw. formal kenntlich gemacht wird. Diese Forderung – denn um eine solche handelt es sich, nicht um eine Beschreibung – ist nur zu realisieren in der Schrift. Nur hier sind Gelingen und Mißlingen des Projekts effektiv überprüfbar. Die Zeichensprache des *Tractatus* ist – dies ist der zweite hier wesentliche Aspekt – eine Zeichen*schrift*.

Schon äußerlich ist dies unübersehbar, und Wittgensteins Text spricht es auch in aller Deutlichkeit aus:

»Die Namen sind die einfachen Symbole, ich deute sie durch die Buchstaben (›x‹, ›y‹, ›z‹) an.
Den Elementarsatz schreibe ich als Funktion der Namen in der Form: ›fx‹, ›φ (x,y)‹, etc.
Oder ich deute ihn durch die Buchstaben p, q, r an.«[31]

Man erzeugt die Ausdrücke der Idealsprache, indem man sie schreibt. Für die Zwecke des »Symbolismus«[32] ist die Buchstabenschrift insofern besonders geeignet, als von ihrem Funktionsprinzip her der einzelne Buchstabe in den seltensten Fällen etwas bedeutet, zumal wenn man nicht Vokale wählt, sondern Konsonanten wie *p*, *q* oder *r*. Sie sind von aller Bedeutung ebensoweit entfernt wie von allem Mündlichen. Schon die Elemente der koreanischen Buchstabenschrift, die in ihrem Abstraktionsgrad dem Alphabet nahe kommt, wären weniger geeignet, weil manche von ihnen noch als Typisierungen von Stellungen des Artikulationsapparats gedeutet werden können und weil zu ihren Schreibkonventionen gehört, daß sie zu Silben gruppiert werden. Insofern haften ihnen noch Spuren des phonematischen Prinzips an, die

30 T 3.325.
31 T 4.24.
32 Vgl. T 4.4611.

beim Alphabet durch den Jahrtausende währenden, längst die ganze Welt umfassenden Gebrauch vollständig getilgt sind. Zwar sind Figuren wie »fx« noch linear aufgebaute Ausdrücke, und insofern könnte ihre Schriftlichkeit auch hier noch als Accidens abgetan werden. Doch mit der Wahrheitstafelmethode wird das Linearitätsprinzip definitiv verlassen. Um die Wahrheitsmöglichkeiten und Wahrheitsgründe[33] des Satzes zu definieren, müssen sie ihm subskribiert werden:

»Es ist z. B.:

	p	q		
	W	W	W	
>>	F	W	W	<<
	W	F		
	F	F	W	

ein Satzzeichen ...«[34]

Es stellt in *übersichtlicher* Form dar, was wir eine ›Subjunktion‹ nennen. Diese Zeichensprache ist ein zweidimensionaler Graphismus, der nur als solcher das, was er darstellen soll, zur Darstellung bringen kann: die extensionale Form des Gedachten. Diese Art der Darstellung ermöglicht es, ohne Rekurs auf Axiome die logische Struktur eines Satzzusammenhangs auf ihre Konsistenz hin zu überprüfen, indem sie nämlich als ganze *überschaubar* wird. Darin liegt der philosophische Sinn dieses Graphismus. Tautologie und Kontradiktion sind auf einen Blick an den Konfigurationen

(W W W W ..... W) (p, q, r, ...)
bzw.
(F F F F ..... F) (p, q, r, ...)

zu *erkennen*.[35] Es ist nach Wittgenstein geradezu »das besondere Merkmal der logischen Sätze, daß man am Symbol allein erkennen kann, daß sie wahr sind«[36]. Insofern wird ihre Schriftlichkeit, die Weise der Notation wesentlich. Sie ist derjenige Modus, in dem sich – »wenn nur einmal alles in unserer Zeichensprache stimmt«[37] – die logische Struktur der Welt zeigt:

33 Vgl. T 5.101.
34 T 4.442.
35 Vgl. T 5.101.
36 T 6.113.
37 T 4.1213.

»Daß die Sätze der Logik Tautologien sind, das *zeigt* die formalen – logischen – Eigenschaften der Sprache, der Welt.«[38]

Der Abbildtheorie zufolge gilt das Grundprinzip, daß, was gezeigt werden *kann*, nicht *gesagt* werden kann.[39] Dies zeigt sich in allen Zügen der Konstruktion dieser Schrift.

Ihr Aufbau beginnt außerhalb ihrer, denn das Repertoire für ihre Konstruktion muß bereitgestellt werden. Es definiert geradezu die Mündlichkeit, daß in ihr das Wort und seine Bedeutung zwar ad hoc, nicht aber systematisch voneinander zu trennen sind. Mit der Erörterung dieses Sachverhalts hatten wir ja diese Überlegungen begonnen. Die Konstruktion der Idealsprache beginnt daher mit der Abspaltung der Form, denn Ziel des Unternehmens ist, den Bereich des Sinnvollen formal zu definieren. Dem muß die Konstruktion *analog* sein. Deshalb steht an ihrem Beginn eine Definition, die dem umgangssprachlichen Wort »Zeichen« nun eine besondere, technische Lesart gibt:

»Das Zeichen ist das sinnlich Wahrnehmbare am Symbol.«[40]

Damit wird ein besonderer Gebrauch der Wörter »Zeichen« und »Symbol« eingeführt, der verständlich ist nur *gegen* andere Verwendungsweisen, die etwa das Zeichen als das Ganze von Form und Inhalt fassen. Sonst könnte man nicht davon reden, daß man dieses oder jenes Zeichen – Verkehrszeichen oder Kanji – nicht *versteht*. Akzeptiert wird ein solcher Gebrauch, wie Wittgenstein ihn hier von dem Wort »Zeichen« macht, wenn seine Zwecke einsichtig sind, und insofern gehört er selbst noch dem Sprachspiel an, gegen das er eine Grenze zieht. Eben damit wird ein neues etabliert: das einer neuen Sprache, die nur mehr aus Zeichengestalten besteht. Diese werden nach Regeln miteinander kombiniert,

38 T 6.12. Der Text des *Tractatus* dokumentiert an prominenter Stelle, daß Wittgenstein den intrinsischen Zusammenhang von ›Zeigen‹ und Schriftlichkeit von Anfang an gesehen und explizit bedacht hat. Vgl. T 4.011 f: »Zeichensprachen« [wie Notenschrift oder »unsere Lautzeichen-(Buchstaben-)Schrift«] erweisen sich »auch im gewöhnlichen Sinne als Bilder dessen, was sie darstellen«. Dies ist natürlich nicht in dem Sinne gemeint, daß der einzelne Buchstabe ein »Bild« des Lautes wäre, sondern, wie die folgende Sätze belegen, in Bezug auf die syntaktische Struktur des Geschriebenen oder andere Eigenschaften dieser Graphismen.

39 T 4.1212.

40 T 3.32.

die mit dem Materialen ihrer Bedeutung nichts mehr zu tun haben bzw. zu tun haben dürfen:

»In der logischen Syntax darf nie die Bedeutung eines Zeichens eine Rolle spielen; sie muß sich aufstellen lassen, ohne daß dabei von der *Bedeutung* eines Zeichens die Rede wäre ...«[41]

Im Bereich der natürlichen Sprachen impliziert die Rede über syntaktische Sachverhalte in der einen oder anderen Weise stets Annahmen über die Bedeutung der Wörter, deren formalen Gebrauch man beschreibt. Es hängt mit der Bedeutung des Wortes »sehen« zusammen, daß es ein Akkusativ-Objekt nach sich zieht und passivisch verwendet werden kann, und es hängt mit der Bedeutung des Wortes »wissen« zusammen, daß es formal ein Präteritopräsentium ist.[42] »ich weiß« meint, so bedeutet diese Form dem, der seine Etymologie zu lesen versteht: »ich habe gesehen«. Die Syntax natürlicher Sprachen, heißt dies philosophisch betrachtet, ist nichts als das schematisierte Bild, das wir uns von einer insgesamt unüberschaubaren Fülle von Sinnäußerungen machen. Genau deswegen spricht Wittgenstein davon, daß das Wesen in der Grammatik ausgedrückt sei. Mit dem Gegenargument, das aktualiter in Chomskys Nativismus-These impliziert ist, werden wir uns im Kapitel über das Privatsprachenproblem zu befassen haben.[43] Jede derartige Syntax ist notwendigerweise fragmentarisch und daher sind ihre Grenzen notwendigerweise unscharf. Daß die Grenze zwischen dem, was der kompetente Sprecher selbst für einen bestimmten Zeitpunkt nur als grammatisch ›wohlgeformt‹ und nicht mehr ›akzeptabel‹ ansehen würde, fließend ist, ist kein Defekt der natürlichen Sprache, sondern gehört wesentlich zu ihrem Begriff.[44]

In der Idealsprache verhält all dies sich grundsätzlich anders. Es muß sich auch anders verhalten, wenn ihre Konstruktion Sinn machen soll. Die Aussonderung metaphysischen Unsinns soll ja auf dem Weg der Übersetzung aus der Umgangssprache in die neu

41 T 3.33.

42 Das Präsens von *wissen* wird wie das Präteritum »normaler« Verben konjugiert: Präs.: *-e, -st, -t*; Prät.: –, *-st*, – (*gehe, gehst, geht – ging, gingst, ging*): *weiß, weißt, weiß*. Das formal hierzu gehörende Präsens ist erhalten in *hinweisen, anweisen, auf etwas weisen*.

43 Vgl. unten S. 602 ff.

44 Vgl. Kap. 5.

konstruierte geschehen. Wittgenstein geht dabei von einer auf den ersten Blick schwer verständlichen Überlegung aus:

»Die Übersetzung einer Sprache in eine andere geht nicht so vor sich, daß man jeden *Satz* der einen in einen *Satz* der anderen übersetzt, sondern nur die Satzbestandteile werden übersetzt.«[45]

Man möchte dem widersprechen, denn wir alle wissen doch schon aus dem Englischunterricht, daß es in der Regel unmöglich ist, einen Satz des Deutschen in einen der englischen Sprache »Wort für Wort« zu übersetzen, selbst einen so einfachen wie *es regnet* nicht. Doch gerade solche Erfahrungen bestätigen bei genauerer Überlegung Wittgensteins Ansicht. Die Syntax ist nicht übersetzbar, allenfalls – und auch dies nur näherungsweise – der semantische Gehalt. Dieser muß in der anderen Sprache gemäß deren Regeln zu einer Wortfolge gebildet werden, die dort als sinnvolle Äußerung *verständlich* ist. Ein Schüler im Anfangsunterricht des Englischen wird sich vielleicht aus dem Vokabelverzeichnis die Wörter *it* und *rain* heraussuchen, um die neu gelernte Regel für die Bildung der 3. Person Präsens zu üben, und nun den Ausdruck *it rains* bilden. Aber dann spricht er noch Deutsch, mit englischen Wörtern. Ein Engländer wird ihn – die entsprechende Situation vorausgesetzt – hier wohl noch verstehen. Bei komplexeren Wort-für-Wort-Übersetzungen gewiß nicht mehr: »Mit den Sätzen ... verständigen wir uns.«[46]

Übersetzen heißt also, den Kommunikationszusammenhang der Ausgangssprache zu verlassen und sich bedingungslos den Anforderungen an Verständlichkeit zu unterwerfen, die in der Zielsprache gelten. Für den Übersetzer sind deren syntaktische Formen somit *a priori* gültig. Eben darum läßt sich die Syntax von Sätzen nicht übersetzen. Aus demselben Grund müssen die möglichen Formen der Sätze der Idealsprache a priori feststehen. Sie ergeben sich aus den kommunikativen Zwecken dieses Sprachspiels, die wir oben beschrieben haben.[47] Dieser Zusammenhang erst macht eine Bedeutungstheorie wie die Abbildtheorie *notwendig*. Sie reduziert alle möglichen Sprachzwecke, zu denen man

45 T 4.025.
46 T 4.026.
47 Metaphysischen Unsinn vermeiden *wollen* ist per se ein kommunikativer, weil praktischer Zweck dieses Sprachspiels.

sich »verständigen« könnte, auf genau einen. Nun kann einen Sachverhalt ›abbilden‹ wiederum vieles heißen, und darum muß auch dies definiert werden:

(a) die Gegenstände benennen, die in ihm vorkommen – dies erfordert als syntaktische Typen Quantoren und Kennzeichnungen;
(b) die Relationen bezeichnen, die die betreffenden Gegenstände zu jeweils *einem* Sachverhalt verbinden;
(c) das oder die Kriterien benennen, nach denen zu entscheiden ist, was in dieser Sprache ›mögliche‹ Gegenstände und Relationen sind.

Es sind dies aus der Weltansicht der Idealsprache bekanntlich ausschließlich solche, die in Beschreibungen von ›natural facts‹ begegnen, welche verifizierbar sind: »Einen Satz verstehen« – dies gilt natürlich nur für Sätze der Idealsprache – »heißt, wissen was der Fall ist, wenn er wahr ist.«[48]

Was nun »der Fall sein«, was »wahr« und »falsch« *hier* heißt, war der Logik der Konstruktion gemäß vorher festzulegen.[49] Das Textprinzip des *Tractatus* entspricht dem, was er materialiter aussagt. Es ist ein durch und durch schriftliches Prinzip. Den Namen werden ihre Bedeutungen gegeben, die Satznummer protokolliert den Akt und hält ihn für jede weitere Verfügung präsent wie auch für die Kontrolle der Korrektheit des Verfahrens insgesamt. Darüber hinaus protokolliert sie gleichsam noch das Einverständnis des Autors, sich dem einmal gewählten Textverfahren zu unterwerfen.[50] Hierin bildet dieses das in ihm Beschriebene noch einmal indirekt ab, gibt ein Bild vom *logos* wie vom *ethos* des Gedachten.

Auf beides muß man sich einlassen, wenn man die Sprache des Textes verstehen will. Es ist dieser hermeneutische Gesichtspunkt, der bei aller Fremdheit der Materie doch den Zugang zum Zentrum der Idealsprachenkonstruktion eröffnet. Man kann nur versuchen, sie von der Logik der Abbildung her zu verstehen. Der Satz ist ein Bild der Wirklichkeit[51]:

48 T 4.024.
49 Vgl. die Sätze 2 ff., in denen die ›ontologische Basis‹ der Idealsprachenkonstruktion niedergelegt ist, insbesondere 2.0141; 2.0123 [der ›Gegenstand‹ hat invariable Eigenschaften]; 2.02(32) [der ›Gegenstand‹ wird durch die gebundene Variable repräsentiert]; 2.15(1) [Der Satz ist eine Hypothese]; 2.21 [›realistischer‹ Wahrheitsbegriff]; 2.223 [Verifikationsprinzip] usw.
50 Die Anmerkung zu Satz 1 dokumentiert es.
51 T 4.01 ff.

»Ein Name steht für ein Ding, ein anderer für ein anderes Ding und untereinander sind sie verbunden, so stellt das Ganze – wie ein lebendes Bild – den Sachverhalt vor.«[52]

Diese Idee, in der der junge Wittgenstein die philosophische Essenz des Extensionalitätsprinzips ausgemacht zu haben glaubte, gibt der Syntax der in der Idealsprache ›möglichen‹ Sätze ihre Form. *Wenn* deren Zeichen die korrekten Bedeutungen gegeben sind, dann bilden ihre Konfigurationen die Strukturen objektiver Sachverhalte ab. Auch hier gilt also, daß das Wesen in der Grammatik ausgedrückt ist, und es gilt hier sogar buchstäblicher als irgendwo sonst. Bei der Würdigung dieses Sachverhalts wird man sich vor Augen zu halten haben, daß diese Grammatik eine normativ *konstruierte* ist.

Die Syntax natürlicher Sprachen ist demgegenüber stets auch von pragmatischen Hinsichten geprägt. Die Zweitstellung des Finitums markiert z. B. im Deutschen in besonderer Weise die erste Position. Wird sie nicht besetzt, so indiziert der Sprecher damit einen illokutiven Akt besonderer Art, Frage, Bitte oder Befehl. Die »Subjektpartikel« … *wa* … im Japanischen hat etwas mit der Thema-Rhema-Struktur des Gesagten zu tun usw. In der Idealsprache fallen alle diese subjektiven Formkriterien weg. Von der Idee der Weltabbildung her ergibt sich die Syntax des Idealsprachensatzes sozusagen von selbst: »Man versteht ihn, wenn man seine Bestandteile versteht.«[53] Daher kommt alles darauf an, daß den Namen – *x, y, z,* … – die korrekten Bedeutungen gegeben werden. Ist dies der Fall, dann ist *per definitionem* ein Ausdruck wie »a R b« ein Bild der Wirklichkeit. Die metaphysischen Eigenschaften, die in diesem Graphismus kodiert sind – daß »R« etwa durch eine Kopula mit »a« und »b« verbunden ist, die nicht als Zeitform zu lesen ist, da in der Idealsprache nur invariante Natureigenschaften beschrieben werden –, brauchen uns hier nicht weiter zu beschäftigen. Unser Thema ist im Augenblick die Grammatik des Graphismus, und die hat ihre eigene Metaphysik. Um sie zu entdecken, braucht man nur Wittgensteins Text zu folgen.

Die Idealsprache ist dem Prinzip der Extensionalität entsprechend wahrheitsfunktional aufgebaut. Der Satz ist eine Wahr-

52 T 4.0311.
53 T 4.025.

heitsfunktion seiner Elementarsätze.[54] Dies heißt zunächst, daß es eine Satzsyntax, deren Konstituenten Elementarsätze wären, nicht gibt. Diese sind ja voneinander unabhängig. Die Welt »zerfällt« in Tatsachen.[55] Die Tatsachen p, q, r, ... stehen beziehungslos nebeneinander. Die Reihenfolge der Nennung der Sätze »p«, »q«, »r«, ... hat dementsprechend auch keinerlei semantische Funktion.

Ihr ›logischer‹ Zusammenhang allerdings – der Satz »p * q«[56] kann ja logisch auf 16 verschiedene Weisen gedeutet werden, als Tautologie, Kontradiktion, Konjunktion, Alternation, Subjunktion, Bisubjunktion etc.[57] – läßt sich nur dann darstellen, wenn im Graphismus die Sätze der Reihenfolge nach geordnet und diese Ordnung auf eine Schreibkonvention der folgenden Art

(1)	(2)	(3)	...	(n)
W	W	W	...	W
F	W	W	...	W
W	F	W	...	W
F	F	W	...	W
W	W	F	...	W
...				
F	F	F	...	F

abgebildet wird. Die gewählte Reihenfolge hat nichts mit der Bedeutung der Sätze zu tun. Jede beliebige täte es, nur muß *eine* bestimmte gewählt werden. Bei zwei Elementarsätzen täte es die Reihenfolge (2) (1) genauso wie die hier gewählte (1) (2), nur ist diese insgesamt zweifellos übersichtlicher und damit in subjektiver Hinsicht zweckmäßiger. Wittgensteins These, daß dic Weise der Abbildung nicht zum Abgebildeten gehöre[58], zeigt sich hierin buchstäblich. Die Zweidimensionalität des Graphismus nimmt sozusagen explizit auf ihr Konto, was wir in einer Repräsentation wie *wenn p, dann q*, verleitet durch das Schriftbild, möglicherweise den Sätzen als Eigenschaft zugerechnet hätten.

Nur der Elementarsatz selbst weist somit eine Syntax auf, und hier sind wir nun mit dem Problem einer transzendentalen Gram-

54 T 5.
55 Vgl. T 1.2 und 4.211.
56 »*« := Variable für aussagenlogische Junktoren.
57 Vgl. T 5.101.
58 Vgl. T 2.172.

matik in seiner extremsten Ausformung konfrontiert. Der Elementarsatz besteht aus Namen. Alles Signifikative, dessen Funktion nicht in Abbildung besteht, sondern in deren Organisation, ist in der Wahl einer dem angemessenen Notationsweise zum Ausdruck zu bringen. Sie muß den logischen ›Typ‹ des betreffenden Ausdrucks anzeigen.[59] In einer »idealen« Notationsweise kann es daher keine Zeichenelemente geben, welche den Zusammenhang der den Elementarsatz bildenden Namen bezeichnen würden, syntaktische Morpheme sozusagen. Dies würde der Idee der Weltabbildung widersprechen:

»Es ist offenbar, daß wir bei der Analyse der Sätze auf Elementarsätze kommen müssen, die aus Namen *in unmittelbarer Verbindung* bestehen.«[60]

Wittgensteins These, daß die Logik »transzendental« sei[61], ist in eben diesem Tatbestand begründet. In welcher Weise, verdeutlicht die an die eben zitierte Überlegung sich anschließende Frage: »Es frägt sich hier, wie kommt der Satzverband zustande.« Die Antwort lautet wie bei Kant – nur mit anderen Worten –: durch die Einheit der Apperzeption. Wittgenstein hat diesen Sachverhalt genau beschrieben, ohne freilich wie Kant eine Apperzeptionstheorie zu formulieren. Er setzt das Faktum als gegeben voraus:

»Nicht: »Das komplexe Zeichen ›a R b‹ sagt, daß a in der Beziehung R zu b steht«, sondern: *Daß* »a« in einer gewissen Beziehung zu »b« steht, sagt, *daß* a R b.«[62]

»a« steht in einer gewissen Beziehung zu »b« – auf dem Papier. In der dem Linearitätsprinzip unterworfenen Rede sind die syntagmatischen Beziehungen, durch die die Wörter miteinander ver-

59 Vgl. 4.1271 f.: »So ist der variable Name ›x‹ das eigentliche Zeichen des Scheinbegriffs *Gegenstand.*« Die Zeichengestalt der gebundenen Variablen *indiziert,* daß man mit ihr einzig auf Gegenstände referiert, indem sie diese nicht gefüllte Variable als syntaktisches Korrelat des Prädikatnamens zur Verfügung stellt. In der natürlichen Sprache, z. B. im Deutschen, wird dies u. a. durch mannigfaltige Weisen des Artikelgebrauchs, aber auch durch semantische Mittel (»der höchste Berg der Welt«) bewerkstelligt. Hier ist es deswegen in der Regel kaum möglich, subjektive und objektive Darstellungsfunktionen klar voneinander zu trennen.

60 T 4.221. Hervorhebung von mir, Ch. St.

61 Vgl. T 6.13.

62 T 3.1432.

bunden sind, nicht wahrzunehmen. Sie müssen verstanden werden; dazu gibt die Grammatik durch Stellungsregeln, Morphologie und Intonation Hinweise. Man kann in einer Sprache, die man hinreichend beherrscht, gar nicht sprechen, ohne das Gesprochene derart zu artikulieren. Und in der Regel korrespondiert dem das Verstehen. Hören, das Gesprochene vernehmen und es verstehen sind hier ein und derselbe Prozeß. Vor allem dies ist mit der Metapher von der »lebendigen« Rede zum Ausdruck gebracht. Im Bereich des toten Buchstaben ist dies anders. Es gibt im Graphismus keine »natürliche« Ordnung der Zeichen. Es gibt zwar nur eine Relation des Nacheinander, aber beliebig viele des Nebeneinander. Der Raum muß für die Inskription formatiert werden.[63]

Lesen heißt so zunächst, die »einschlägigen« Beziehungen zwischen den wahrgenommenen Zeichen *herzustellen*. Dazu verhilft uns normalerweise die Orthographie mit ihren verschiedenen Registern. Wir müssen lernen, daß man im Alphabet von links nach rechts schreibt, daß Wörter durch Zwischenräume getrennt sind usw. Über der Routine des Lesens vergessen wir dann meist, daß wir alle einmal haben buchstabieren müssen.

Die Beziehungen zwischen den Zeichen sind also nicht auf ›natürliche‹ Weise gegeben – eine Folgerung aus dem Prinzip der Arbitrarität, dessen Bedeutung sich aus dieser Perspektive in besonderer Weise zeigt. Wir erkennen diesen Tatbestand in unserem Schreibusus an, wenn wir bestimmte Zeichen aneinanderrücken, andere durch Spatien trennen usw. Je formaler eine Schrift ausgestaltet wird, desto deutlicher tritt ein Sachverhalt zutage, der mit der Konventionalisierung von Sprach- und Schriftzeichen, deren Reflex die dogmatische Lesart des arbitraire du signe ist, immer wieder verschüttet zu werden droht. Daß der signifiant ›willkürlich‹ scheint, meint eigentlich, daß er intentional *gesetzt* wurde, Zeichen nur insofern ist, als er in gedachte Bezüge eingebettet bleibt, die seine Erzeugung zu dieser Zeit an dieser Stelle leiteten. Gerade dies ermöglicht es ja, die Form des signifiant solange zu reduzieren, wie für den Lesenden sein relationaler Zusammenhang, der kein akzidenteller, sondern intrinsischer *Teil* seiner selbst ist, noch irgend rekonstruierbar ist. Der Computer vermag diese Bezüge nicht zu lesen, weil sie nicht wahrnehmbar sind.

63 Vgl. Kap 1, S. 63 f.

»Das Zeichen«, so begreift Wittgenstein diesen Sachverhalt, »bestimmt erst mit seiner logisch-syntaktischen Verwendung zusammen eine logische Form.«[64]

Der Zusammenhang zwischen den Namen, die den Elementarsatz bilden, ist also im Akt des Schreibens gestiftet und wird beim Lesen je wieder hergestellt. Nach Kant muß der schreibende bzw. lesende Verstand dazu über Formen a priori verfügen – er begreift Lesen als Tätigkeit der bestimmenden Urteilskraft[65] –, und so taucht hier, auf der Ebene des Elementarsatzes, noch einmal das Problem einer transzendentalen Grammatik auf, wie wir es bei Kant selbst vorgefunden hatten.

Allerdings hat sich die Situierung des Problems nunmehr grundlegend verschoben. Es braucht nicht mehr in Form einer ›rationalen‹, unvermeidlich psychologisch interpretierten Grammatik gelöst zu werden. Denn was immer die Idealsprachengrammatik an Formen beinhalten mag: in jedem Fall ist sie – wie wir gesehen haben – *vollständig* Resultat eines gleich zweifachen Übersetzungsprozesses:

(1) aus der Umgangs- in die Idealsprache, und insofern
(2) aus einem nichtformalen Sprachgebrauch – mochte dieser nun mündlich oder schriftlich sein – in eine formalisierte Schrift.

Damit hat das Problem der Grammatik eine Form gefunden, die Aussichten eröffnet, auch in die dunklen Stellen noch Licht zu bringen, die bei der Lektüre Humboldts verblieben waren: Eine jede Grammatik G', von der wir uns einen Begriff zu machen vermögen, ist eine von einer bestimmten Sprache S her *erzeugte*. Diese kann nicht diejenige Sprache S' sein, von der wir sagen, daß G' ihre Grammatik sei. Wir haben die hierin angesprochene Grenzziehung in früheren Kapiteln schon häufiger indirekt berührt, als Differenz von Mündlichkeit und Schriftlichkeit, als Differenz verschiedener Synchronismen oder verschiedener Geschmacksregister. Die von Wittgenstein in den *Philosophischen Untersuchungen* entfaltete Ansicht der Sprache lebt sozusagen vollständig aus dieser Grenzziehung – was kein Wunder ist, denn

64 T 3.327.
65 Vgl. die berühmte Metapher, daß wir »Erscheinungen nach synthetischer Einheit buchstabieren, um sie als Erfahrung lesen zu können« (KrV B 370 f. und *Prolegomena* A 101), dazu Prauss 1971, S. 38 ff.

sie ist ja aus der Reflexion des Idealsprachenkonzepts entstanden. Und sie leuchtet die philosophische Problematik, die darin enthalten ist, wohl weiter aus als dies in irgendeinem anderen Text unserer Tradition geschehen ist. Im Zentrum dieses Grenzgangs steht der Begriff der Grammatik, den Wittgenstein hier wieder in diejenigen Zusammenhänge zurückholt, aus denen er bei Aristoteles verbannt worden war.

Grammatik I: Primitive Sprachspiele.

Für jeden Interpreten sind die *Philosophischen Untersuchungen* ein schwieriger Text. Ihr Autor hat alles getan, die üblichen Hinweise, was sein Thema sei, wie er es abhandeln wolle usw. zu vermeiden. Das Vorwort benennt eine ganze Reihe von Gegenständen: den Begriff der Bedeutung, des Verstehens, des Satzes, der Logik, die Grundlagen der Mathematik, die Bewußtseinszustände »und Anderes«[66] – und es versichert obendrein, das Ganze dieser Untersuchungen sei kein Ganzes, sei eine Sammlung assoziativ miteinander verbundener Gedanken, nicht eben das, was man sich unter einem ordentlichen philosophischen Diskurs vorstellt. Zudem bezieht sich dieses Vorwort allein auf den ersten Teil. Der zweite scheint mit unserem Thema nicht allzu viel zu tun zu haben. Der Autor selbst bezeichnet ihn – so man der publizierten Textfassung glauben kann – in der letzten Reflexion als Untersuchung der Grundlagen der Psychologie.[67] Das Thema der Sprache scheint in den Hintergrund getreten. Und doch ist auch hier noch unmißverständlich der Grundsatz ausgesprochen, daß, wer die Begriffsbildung in einem Sprachspiel, das Wesen der Sache verstehen will, sich mit dessen Grammatik befassen muß.[68]

Zumindest für den ersten Teil des Textes kann indessen kaum ein Zweifel daran bestehen, daß sein zentrales Thema »Grammatik« lautet. Der erste Absatz benennt es ebenso eindeutig wie der letzte. Im ersten macht Wittgenstein darauf aufmerksam, daß der

66 Werkausgabe Bd. 1, S. 231.
67 PU II, xiv.
68 PU II, xii.

augustinische Mythos, mit dem er seinen Text beginnen läßt, uns zwar die Funktion von Substantiven zu erläutern vermag, nicht aber die anderer Wortarten, um aus dieser Überlegung das Augenmerk auf die Vielfalt von Verwendungsweisen von ganz alltäglichen Wörtern zu lenken, die uns in der Regel entgeht, eben weil diese Verwendungsweisen so alltäglich sind. Im letzten geht es um die Differenz der »Grammatik« der Wörter *meinen* und *denken*[69], um die systematischen Unterschiede, will dies hier heißen, die wir im Gebrauch dieser Wörter aufgrund ihrer Bedeutung machen. Die Betrachtung dieser Unterschiede weist den Weg zu den begrifflichen Unterschieden, die wir uns vom Meinen und Denken *de facto,* in unserem praktischen Denken machen, nicht in der Theorie. Hier ist also nicht mehr in demselben Sinn von »Grammatik« die Rede wie im ersten Absatz. Dazwischen liegt eine Entwicklung, die sich zutreffend vielleicht als Metaphorisierung des Grammatikbegriffs beschreiben läßt. Die ›tiefengrammatische‹ Analyse des Sprachgebrauchs betrachtet den Ausdruck nicht mehr an und für sich. Sie zielt auf den Sinn des Gesagten, eine Domäne, die der klassische Grammatiker wie auch Chomsky versuchen mußte an den Rand seines Geschäfts zu drängen, wenn sie sich schon nicht vollständig aus diesem eliminieren ließ.

Im Gegenzug könnte man von einer Grammatisierung der Metapher sprechen, die Wittgenstein in seinem Text offenlegt: als Veräußerlichung, in ›grammatischen Sätzen‹ manifest gewordene Festschreibungen gelungener Sprachprägungen, in denen sich unser Denken bewegt und sich verfängt:

Patience spielt man allein.
Der Andre kann nicht meine Schmerzen haben.[70]

Dies sind keine ›Erfahrungssätze‹[71] über die Gegenstände Patience und Schmerzen, denn ein des Deutschen Kundiger kann sie nicht bestreiten. Keine besondere Erfahrung mit Patience spielen oder Schmerzen haben könnte ihn dazu veranlassen. Man artikuliert solche Sätze nicht aufgrund routinierten Umgangs mit Patience oder mit Schmerzen, sondern weil man Deutsch kann. Sie sind kaschierte Sprachregeln, die aus der im Deutschen eingespielten

69 PU I, 693.
70 PU I, 248 und 253.
71 PU I, 251.

Bedeutung der Wörter *Patience* und *Schmerz* abgeleitet sind bzw. diese verdeutlichen. Der erste Satz grenzt die möglichen Pronominalformen ein, die im Kontext des Prädikats *Patience spielen* zur Bezeichnung der Spielenden zulässig sind – nur Pronomina im Singular –, der zweite drückt gleichfalls Beschränkungen im Gebrauch von Pronomina ein, die für bestimmte syntaktische Kontexte von *Schmerz* gelten. Sie tun dies aber nicht in der Form einer grammatischen Regel, sondern als Beispiele ›zulässiger‹, von Muttersprachlern des Deutschen in aller Regel akzeptierter Verwendungen. Regel und individueller Vollzug, die Kant so weit voneinander entfernt, daß er sie verschiedenen »Vermögen« des Gemüts zuordnen muß, werden hier in einer Philosophie des Beispiels einander wieder angenähert. Deren zentrales Problem ist allerdings nicht mehr die transzendentale Konstitution von Welt. Schon diese erste Annäherung an das, was Wittgenstein einen grammatischen Satz nennt, verdeutlicht, daß es nunmehr um die Konstitution von Gegenständlichkeiten auf dem Niveau des alltäglichen, »normalsprachlichen« Sprachgebrauchs geht. Die Gründe für diesen Perspektivwechsel, dessen Radikalität dazu veranlaßt hat, geradezu von verschiedenen Philosophien Wittgensteins zu sprechen[72], sind hinlänglich bekannt. Es hatte sich gezeigt, daß wesentliche Folgerungen aus der im *Tractatus* ausbuchstabierten Extensionalitätsthese sich nicht halten ließen. Gerade insofern der dort umschriebene Weltbegriff als ›onto-logischer‹ Begriff entfaltet worden war, mußte er als sprachlich verfaßter begriffen werden: »Der Gedanke ist der sinnvolle Satz.«[73] Es liegt aber in der Eigenart sprachlicher Prädikate im Unterschied zu anderen Zeichen, daß ihre Bedeutungen nicht unabhängig voneinander geprägt und verstanden werden. Wenn behauptet wird, daß x rot ist, dann ist damit zugleich zum Ausdruck gebracht, daß x nicht blau, gelb oder grün ist, wie auch positiv, daß x farbig ist – einfach deswegen, weil »x ist rot« ein Satz der deutschen Sprache ist. Die These, daß die Welt in Tatsachen zerfällt[74], daß p unabhängig von *beliebigen* q, r, s, … der Fall ist, ließ sich deswegen schon vom Ansatz her nicht halten.[75]

72 Vgl. Stegmüller 1969, S. 524 ff., kritisch dazu Bubner 1968.

73 T 4. Das »ist« ist durchaus wörtlich zu nehmen.

74 T 1.2.

75 Vgl. *Bemerkungen über logische Form*. In: Wittgenstein [1989], S. 24 ff.

Wenn es sich nun bei der Formulierung einer Begriffs- bzw. Idealschrift um eine Übersetzung handelte, war es daher – so befremdlich manchem Bewunderer des *Tractatus* dies auch schien – nur konsequent, wenn die Fragestellung auf dasjenige Sprachniveau verlagert wurde, von dem her die Übersetzung zu organisieren war. Wittgenstein spricht diese Verlagerung und damit Transformation der philosophischen Perspektive unmißverständlich an und macht in einem damit klar, daß er dabei durchaus deren Fokussierung beibehalten hatte – die Konstitutionsproblematik:

»Es ist uns«, so sagt er in einer bis in die Wortwahl kennzeichnenden Anspielung auf Kants Transzendentalismus, »als müßten wir die Erscheinungen *durchschauen:* unsere Untersuchung aber richtet sich nicht auf die *Erscheinungen*, sondern, wie man sagen könnte, auf die *›Möglichkeiten‹* der Erscheinungen. Wir besinnen uns, heißt das, auf die *Art der Aussagen,* die wir über die Erscheinungen machen …
Unsere Betrachtung ist daher eine grammatische …«[76]

Zunächst scheint es sich hier um eine rein metaphorische Verwendung des Wortes »grammatisch« zu handeln. Denn die Betrachtung der »Art der Aussagen«, die über Erscheinungen getroffen werden, zielt auf deren Sinn, nicht auf die Form. Dennoch handelt es sich keineswegs »nur« um eine Metapher. In der Tradition hatten die Grammatiker einen wesentlichen Teil ihres Geschäfts in eben dem gesehen, was Wittgenstein hier andeutet: darin nämlich, Analogien zwischen Ausdrucksformen in verschiedenen Gebieten der Sprache zu beschreiben. Etwa bei Quintilian wird dies deutlich. Es ist etwas anderes, sagt er, Latein zu sprechen und grammatisch korrekt zu sprechen[77], denn es gibt in der Sprache eben Anomalien. Dennoch muß es das Ziel des Grammatikers bleiben, die Sprache möglichst weitgehend als analogisch strukturiertes System zu beschreiben. Allein dies eröffnet einen verständigen Zugang zum Phänomen, der die Ausbildung einer rhetorischen Methode ermöglicht. Was der antike Grammatiker »Anomalie« nannte, bezeichnet den kontingenten Bestand derjenigen Fragmente, die sich dem Telos einer analogischen Deutung des Ganzen aufgrund der Begrenztheit der Sprachkenntnis und der Deutungsmuster entzogen. Der noch von Saussure erneuerte Grundsatz, letztlich müsse alles in einer Sprache auf eine Analogie rückführ-

76 PU I, 90.
77 *Inst. orat.* I, 6, 27: »…aliud esse Latine, aliud grammatice loqui.«

bar sein[78], gibt erst dem Arbitraritätsprinzip seine *relative* Berechtigung. Es definiert uns, so betrachtet, den unabdingbaren Ausgangspunkt des Grammatikers, nicht das Ziel seiner Tätigkeit.

Wittgenstein betrachtet die Grammatik allerdings in umgekehrter Perspektive. Sein Blick richtet sich auf die vorgängigen Normierungen, die der Konzeption einer jeden Grammatik vorausgehen. Gerade wenn das Wesen der Dinge in der Grammatik ausgesprochen ist, mußte einer als Sprachkritik sich begreifenden Philosophie jede vereinheitlichende Formel verdächtig werden, welche die vielfältigen illokutiven Funktionen sprachlicher Äußerungen verdeckt:

»Führe dir die Mannigfaltigkeit der Sprachspiele an diesen Beispielen und anderen vor Augen:

Befehlen, und nach Befehlen handeln –
Beschreiben eines Gegenstands nach dem Ansehen, oder nach Messungen –
...
Berichten eines Hergangs –
Über den Hergang Vermutungen anstellen –
...
Bitten, Danken, Fluchen, Grüßen, Beten.«[79]

Eine Grammatik läßt sich nur schreiben, wenn für alle diese verschiedenen Äußerungen ein und dieselbe Grundform unterstellt wird. Verschiedentlich schon sind wir auf diese metaphysische Voraussetzung des Handelns des Grammatikers gestoßen.[80] Formal am eindeutigsten ist sie durch das Anfangssymbol einer generativen Grammatik bezeichnet:

(1) S → A + B + ...
(2) A → D + ...
(3) B → E + ...
etc.

Für das Anfangssymbol »S« kann bekanntlich die erste Metaregel[81] eines solchen aus Ersetzungsregeln gebildeten Algorith-

78 Vgl. N 1. 2, EC fasc. 4, S. 10.
79 PU I, 23.
80 Vgl. Kap. 5, S. 177 ff.
81 1. Metaregel: »Ein Symbol darf erst links des Ersetzungspfeils erscheinen, wenn es zuvor rechts des Ersetzungspfeils eingeführt wurde.«
2. Metaregel: »Links des Ersetzungspfeils steht genau ein Symbol.«

mus nicht gelten, daß jedes Symbol, bevor es links vom Ersetzungspfeil erscheinen kann, um weiter »expandiert« zu werden, zuvor rechts davon eingeführt worden sein muß. Die erste Regel müßte daher eigentlich lauten:

(1') → A + B + ...

Daß die Leerstelle links vom ersten Ersetzungspfeil mit *einem* Symbol »gefüllt«, die zweite Metaregel einer Ersetzungsgrammatik hier also *analog* angewandt wird[82], drückt eben die Grundvoraussetzung aus, die den Spielregeln des generativen Algorithmus zugrunde liegt: daß – was immer die Extension dieses ersten Symbols sein möchte – es in jedem Fall doch als Variable für *eine* Grundform bzw. Grundfunktion anzusehen sei. Austin hat für diese den Begriff des rhetischen Akts geprägt, den Begriff einer Funktion, durch die ein Gesagtes auf eine bestimmte Situation bezogen wird.[83] Sie wird realisiert durch ein Handeln, das als solches in bestimmten Weisen ge- bzw. mißlingen kann.

Das Grundmodell dieses Ansatzes hat Aristoteles in *Peri hermeneias* entwickelt.[84] An ihm orientiert sich seither die gesamte Tradition der Grammatik. Aristoteles' Ausgangspunkt ist das Nomenklaturmodell der Sprache, das in seinen Grundzügen in Platons Dialogen *Kratylos*, *Theaitetos* und *Sophistes* entfaltet ist. Es nimmt das *(kyrion) onoma*, den (üblichen) Namen, als Ausgangspunkt für die Definition des *logos apophantikos*, der behauptenden Rede:

onoma : = ein etwas qua Konvention bedeutender Ausdruck ohne Zeitbestimmung.[85]

Mit ihm wird etwas benannt oder bezeichnet, genauer gesagt *über*

82 Der Begriff ›der‹ Satzform ist, das macht dieser Symbolismus auf überraschende Weise deutlich, eine *Analogie* zu dem der Satzkonstituente. Deutlicher kann der metaphysische Charakter dieses Konstrukts kaum bezeichnet werden.

83 Vgl. Austin 1975, S. 93 und 95. Es muß »mehr oder weniger«, d. h. *pragmatisch hinreichend* verdeutlicht werden, was worüber gesagt wird. Diese Charakterisierung ist keineswegs eine unpräzise Charakterisierung des rhetischen Akts – wie etwa Searles Austin-Lektüre dies nahelegt –, sondern gerade die *präzise* Charakterisierung einer pragmatischen Unschärfe-Relation.

84 Vgl. Kap. 9.

85 *Peri hermeneias* 16 a 20 ff.: *phone semantike kata syntheken aneu chronou.*

etwas gesprochen, *kata tinos*[86], und dieses so gekennzeichnet, daß nun darüber weiteres behauptet werden kann:

rhema : = derjenige [Ausdruck], der die Zeitbestimmung hinzufügt ... und der immer etwas charakterisiert (Zeichen von etwas ist), das hinsichtlich eines anderen [d. h. nicht von ihm selbst Bezeichneten] behauptet (gesagt) ist.[87]

Für sich selbst aber genommen bzw. gesagt – dies ist der entscheidende Punkt – sind die *rhemata* Namen (*onomata*) und »bedeuten etwas« (*semainei ti*)[88]. Alles faßt Aristoteles unter diese Formel des »*semainei ti*«: Die Funktion des Subjekts wie die des Prädikats wie schließlich die des ganzen Satzes. Er kann dies tun, weil die entscheidende Gelingensbedingung für den *logos apophantikos* hinreichend präzisiert, in welcher Hinsicht das Gesagte zu beurteilen ist. Dieser wird nämlich allein unter dem Gesichtspunkt betrachtet, ob er, was er bedeutet, *wahr oder falsch* bedeutet. Alle anderen Funktionen werden aus der Logik ausgeschlossen und der Rhetorik oder der Poetik zur Kritik überlassen.[89] So ist ein Bild der Sprache gewonnen, dessen Paradigma das Benennen ist. In diesem Modell treten die Verwendungen der Wörter, die von Fall zu Fall variieren, hinter der Einheitlichkeit ihrer grammatischen Erscheinungsweise zurück. Hier setzt Wittgensteins Kritik an:

»... was uns verwirrt, ist die Gleichförmigkeit ihrer Erscheinung, wenn die Wörter uns gesprochen, oder in der Schrift und im Druck entgegentreten.«[90]

Der historische Rückblick macht deutlich, daß die Idee einer allgemeinen Form des Satzes wesentlich von der Voraussetzung einer einheitlichen Funktion des *semainei ti* und somit vom Sprachspiel des Benennens zusammenhängt, dem aus Gründen, die mit dem logischen Begriff der Wahrheit zusammenhängen, ein besonderer Rang zuerkannt wird. Den Zusammenhang zwischen transzendentaler Grammatik und Abbildmodell der Sprache hatte Wittgenstein – wie wir gesehen haben – im *Tractatus* berührt,

86 Vgl. Tugendhat 1988, S. 20 ff.

87 *Peri hermeneias* 16 b 6 ff.: *to prossemainon chronon ... kai estin aei ton kath' heterou legomenon semeion.*

88 Ebd.

89 Ebd. 17 a.

90 PU I, 11.

ohne daß er dort jedoch als intrinsischer Zusammenhang expliziert worden wäre. Die Konstellation ergab sich dort als Folge der Entscheidung, den Wahrheitsbegriff auf den der Abbildung zu gründen. Damit war der Grammatik ihr genuines Terrain versperrt; sie konnte sich sozusagen nur in transzendentaler Minimalform behaupten. Immerhin mußten ja die Bilder Sätze sein, um wahr oder falsch sein zu können.[91] In diesem Satzbegriff war ein irreduzibler ›grammatischer‹ Zusammenhang von Namen impliziert, der selbst aber nicht mehr symbolisch vermittelt sein durfte. Denn jenseits der Abbildung des betreffenden objektiven Sachverhalts war in der Idealschrift kein weiterer Sinn zugelassen.

Ein Satzverband kann jedoch nur zustandekommen, insofern die ihn bildenden Namen, die jeder für sich »etwas bedeuten« bzw. benennen, in der bei Aristoteles beschriebenen Weise aufeinander bezogen werden. Erst innerhalb dieses Bezugs ergibt sich dann, daß der eine Name etwas auf andere Weise benennt als der andere, der eine nämlich direkt, der andere über ihn. Im *Tractatus* haben wir die wohl konsequenteste Transzendentalisierung der Grammatik kennengelernt, die die Geschichte der Logik kennt, die »hinzugedachte« Verbindung von Namen, die mit deren Bedeutung, die hier ja auf die Extension beschränkt worden war, nicht das mindeste mehr zu tun hat.

Die Frage, wie der Satzverband zustande komme[92], hatte Wittgenstein dort ebenso schlicht wie berechtigt ausgeklammert. Die Gründe dafür haben wir eingehend diskutiert. Sie ergeben sich daraus, daß die Formulierung eines idealsprachlichen Satzes wesentlich als Übersetzung in eine Ideal*schrift* zu begreifen ist. Dabei kann das Beherrschen der Syntax dieser Schrift an jedem beliebigen Punkt vorausgesetzt werden. Der Logiker braucht für sein Geschäft keine transzendentale Theorie der Satzkonstitution. Er muß Wahrheitsfunktionen formulieren können. Dazu ist es nicht notwendig, jeweils eine Erklärung bereitzustellen, wie dies im transzendentallogischen oder in welchem sonstigen Metasinn auch immer ›möglich‹ ist. So ist auch im *Tractatus* die Frage behandelt – extensional, und dies ist von der Problemstellung her, der Wittgenstein in diesem Text nachgeht, völlig legitim. Der frühe Wittgenstein kommt dem philosophischen Problem der

91 Vgl. T 2.18 ff.
92 Vgl. T 4.221.

Grammatik so nahe wie es sachlich nur irgend geht. Daher war seinem Text ja die Einsicht abzugewinnen, daß es systematisch mit dem Problem des Übersetzens zusammenhängen muß. Allerdings blieb darüber der intrinsische Zusammenhang zwischen der *einen* allgemeinen Form des Satzes und dem *ausgezeichneten* Rang des Sprachspiels des Benennens im dunkeln.

An diesem Punkt setzt die Fragestellung der *Philosophischen Untersuchungen* an. In einer ersten ›metakritischen‹ Betrachtung legt Wittgenstein die zentrale normative Voraussetzung frei, auf der Grammatik im traditionellen Verständnis aufruht. Es lohnt die Mühe, diesen in den Absätzen 1 bis 32 entfalteten Denkzusammenhang Schritt für Schritt zu rekonstruieren. Dabei ist auch das Konstruktionsprinzip dieses Textes in den Blick zu nehmen. Wittgenstein hat sich gelegentlich dezidiert als jüdischer Denker in dem Sinne charakterisiert, daß er nichts Originales geschaffen habe, immer nur »reproduktiv« verfahren sei[93], und hat sich so mehr oder weniger explizit in die Kommentar-Tradition des Judentums eingereiht.[94] Gerade für das Verständnis des Anfangs der *Philosophischen Untersuchungen* ist dies von Bedeutung. Wittgenstein stellt sich für seine Untersuchung eine Reihe von Bildern zurecht – wie Sokrates in Platons Dialogen, wenn er einen Mythos erzählt, um an diesem das Problem entfalten zu können. Den Anfang macht das berühmte Zitat aus Augustins *Confessiones:*

»... cum ipsi (majores homines) appellabant rem aliquam, et cum secundum eam vocem corpus ad aliquid movebant, videbam, et tenebam hoc ab eis vocari rem illam, quod sonabant, cum eam vellent ostendere ...
Ita verba in variis sententiis locis suis posita, et crebro audita, quarum rerum signa essent, paulatim colligebam ...«[95]

Die Frage, warum ein Text Augustins hier gewählt wurde, nicht

93 Vgl. *Vermischte Bemerkungen*, Werke Bd. 8, S. 476 und ff.

94 Vgl. ebd. S. 477: »Es ist dem jüdischen Geiste typisch, das Werk eines Andern besser zu verstehen, als der es selbst versteht.«

95 PU I, 1.: »... wenn sie (die Erwachsenen) etwas benannten und in Verbindung damit ihren Leib auf etwas richteten, so sah ich dies und begriff, daß jenes durch das, was sie verlauteten, benannt wurde, weil sie es zeigen wollten ...
Indem ich so wieder und wieder hörte, wie Wörter in verschiedenen Äußerungen in ihrer jeweiligen Position verwendet wurden, begriff ich allmählich, welche Dinge sie bezeichneten ...« (Vgl. Augustinus [1959], Buch I, VIII, S. 11.)

schon hier der dem *Theaitetos*-Zitat in PU I, 46 aufs engste korrespondierende Mythos des Benennens, den der platonische Sokrates im *Kratylos* entwirft, wäre eine eigene philosophiehistorische Untersuchung wert. Wahrscheinlich hat Wittgenstein auch den *Kratylos* gekannt, mit Sicherheit die Satztheorie Platons.[96] Die Probleme der Namentheorie Freges, die in PU I, 37 ff. diskutiert werden, verweisen – Wittgenstein erkennt dies durch das *Theaitetos*-Zitat sozusagen förmlich an – systematisch auf Platon zurück.

Daß er dennoch mit einem Text Augustins beginnt, wird man als Beleg für den Gestus hinzunehmen haben, mit dem er mit der Tradition umgeht: er assimiliert sie sich, so wie sie in seinen Denkzusammenhang paßt. Auf diesen kommentierenden Umgang mit Texten, die für die Tradition *paradigmatisch* stehen, hat er schon früh hingewiesen:

»Wie Augustinus das Lernen der Sprache beschreibt, das kann uns zeigen, von welcher Auffassung der Sprache der Begriff von der Bedeutung der Wörter sich herleitet.«[97]

Geeignet für Wittgensteins Zwecke ist Augustins Mythos nicht deswegen, weil er die Sache zu einfach darstellen würde, sondern weil er drei Sichtweisen miteinander kombiniert, die insgesamt die Sprachauffassung des *Tractatus* charakterisierten. Dort aber waren sie als begrenzte Auffassungen von Sprache zumal in ihrem Zusammenhang nicht thematisiert worden und konnten – wie wir gesehen haben – dort auch gar nicht thematisiert werden, ohne die Problemstellung des Textes gänzlich aufzugeben. Von dem Punkt an jedoch, wo sich gezeigt hatte, daß die in diesem Text verteidigte Extensionalitätsthese sich nicht halten ließ, mußte die Begrenztheit der früheren Sprachauffassung ins Zentrum der Überlegungen Wittgensteins rücken. Diese ließ sich nun in der Tat kaum plastischer vor Augen führen als am Beispiel des augustinschen Mythos. Wittgensteins Kommentar in der *Philosophischen Grammatik* hebt auf drei Punkte ab:

(1) werden in diesem Mythos Wörter als äußerliche Zeichen genommen – *signa* –, mit denen in bestimmter Weise operiert wird.

96 Vgl. die Hinweise auf die Dialoge *Theaitetos*, *Sophistes* und *Philebos* in der *Philosophischen Grammatik* (II, 19, VII, 90, 93 und VIII, 114).

97 *Philosophische Grammatik* II, 20, Werkausgabe Bd. 4, S. 57. Vgl. zum folgenden auch Monk 1994, S. 387 ff.

(2) Der Umgang mit diesen Zeichen wird als Kalkül begriffen.[98] Die Operationen mit den Zeichen werden also als durch Regeln festgelegte Verwendungen von Figuren gedeutet:
»Es ist so, als erklärte jemand: ›spielen besteht darin, daß man Dinge, gewissen Regeln gemäß, auf einer Fläche verschiebt ...‹«[99]
(3) Der Zweck der Verwendung dieser Zeichen besteht einzig darin, daß sie als Namen für andere Dinge dienen:
»Das *Benennen* scheint hier das Fundament und Um und Auf der Sprache zu sein.«[100]

Damit haben wir den Zusammenhang von Benennungsfunktion und Grammatik in einem Bild hergestellt, das nun dazu dienen kann, die Begrenztheit dieses Sprach-Bildes offenzulegen. »Es zerstreut den Nebel«, sagt Wittgenstein, »wenn wir die Erscheinungen der Sprache an primitiven Arten ihrer Verwendung studieren ...«.[101]

Dies geschieht nun Schritt für Schritt. Im Absatz PU I, 2 wird eine erste »primitive Sprache« konstruiert, in dem die oben genannten Aspekte (1) und (2) ausgelegt sind[102]: Ein A und ein B

»bedienen sich einer Sprache, bestehend aus den Wörtern: ›Würfel‹, ›Säule‹, ›Platte‹, ›Balken‹. A ruft sie aus; – B bringt den Stein, den er gelernt hat, auf diesen Ruf zu bringen.«

Der Zusatz ist von Bedeutung: »Fasse dies als *vollständige* primitive Sprache auf.«[103] Die »Wörter« genannten Elemente dieser Sprache sind – dies ist wichtig festzuhalten – keine Namen, d. h. Ausdrücke, von denen zu sagen wäre, daß sie auch unabhängig von jeweiligen Verwendungsakten bestimmte Dinge »bezeichneten«. Sie sind lediglich Signale, mit denen durch Abrichtung oder wie auch immer eine bestimmte regelmäßige Reaktion verbunden wurde. Auf das Signal »Würfel« hin bringt B, *was immer* man ihm beigebracht haben mochte, daraufhin zu bringen und *wie auch immer* er sich dies »gemerkt« haben mochte. Wittgenstein sagt nicht, daß auf den Ruf »Würfel« hin Würfel gebracht werden, und

98 »Augustinus beschreibt einen Kalkül unserer Sprache, nur ist nicht alles, was wir Sprache nennen, dieser Kalkül« (*Philosophische Grammatik* II, 19).
99 Ebd.
100 Ebd.
101 PU I, 5.
102 Ich nenne sie im folgenden »Sprache (2)«.
103 Hervorhebung von mir, Ch. St.

da er seine Beschreibung als eine »vollständige« Sprache charakterisierte, darf diese Annahme wohl auch nicht in die Beschreibung hineingelegt werden. Wir haben hier das Bild eines primitiven »Systems der Verständigung«[104] mit externen Zeichen oder Signalen. Von »Verständigung« ist in rein technischem bzw. mechanischem Sinn die Rede – die miteinander Kommunizierenden werden wie Automaten genommen. Irgendwelche psychischen Vorgänge kommen hier nicht vor. Ausdrücklich weist Wittgenstein darauf hin, es sei nicht Zweck der Wörter der Sprache (2), »Vorstellungen zu erwecken«.[105] Es geht also – auch wo Augustins Text dies nahezulegen scheint – nicht um eine psychologische Theorie der Sprache. Dinge, nämlich abgerichtete Automaten, »verständigen« sich durch Dinge, was nichts anderes heißt, als daß ihre Bewegungen in einer Weise über Signale geregelt ist, über die nichts weiteres gesagt und zu sagen ist. Von Handeln kann hier keine Rede sein, auch wenn von einem »Bauenden« und seinem »Gehilfen« gesprochen wird. Es handelt sich in der Sprache (2) um die Steuerung der Mechanik von Automaten, und dem korrespondiert, daß diese Sprache *syntaxlos* ist. Dem einzelnen Signal ist die einzelne Reaktion zugeordnet.

Dies ändert sich in der Sprache (8), die Wittgenstein als »Erweiterung der Sprache (2)« einführt. Sie erlaubt die Bildung von »Befehlen« wie »d-Platte-dorthin«[106]. Ein Ausdruck dieser Art ist mit bestimmten Gesten verbunden, in denen durch Bezug auf Gegenstände bzw. Gegenständlichkeiten etwas präzisiert wird, was man den *Sinn* des Ausdrucks nennen könnte – wäre im Bereich der Sprache (8) irgendeine Instanz greifbar, der ein korrelierendes Verstehen zuzusprechen wäre. Doch davon ist auch hier noch keine Rede. Erweitert wird lediglich das Repertoire der Zeichen, und zwar treten nun verschiedene Zeichen*arten* auf, die sich durch die Weisen ihrer Verwendung voneinander unterscheiden lassen.

Zunächst eine Übersicht über das Repertoire der Sprache (8):

104 Vgl. PU I, 3.
105 Vgl. PU I, 6.
106 PU I, 8. Wittgenstein spricht von »Befehl« – das macht analogerweise den Sinn des Ausdrucks für den Leser klar –, aber die Beschreibung der Sprache (8) rechtfertigt die Verwendung dieses Begriffs natürlich nicht. Alles bleibt auch hier noch im Bereich des Extensionalen.

I	II	III	IV
a	Würfel	dieses	
b	Säule	dorthin	
c	Platte		
d	Balken		
e			…[107]
…			

(I), (II), (III) und (IV) repräsentieren verschiedene Kategorien von Zeichen, deren Unterschiede durch die je spezifische Weise bestimmt ist, in der der Gebrauch eines Elements den Sinn des Gesamtausdrucks modifiziert. Die Beschreibung dieser unterschiedlichen Gebrauchsweisen unterscheidet mithin *semantische* Formen.[108] Und – damit ist der intrinsische Zusammenhang von Grammatik und Semantik logisch beschrieben – in dieser formalen Semantik[109] sind Sachverhalte impliziert, die wir *syntaktische* zu nennen pflegen. Von Anfang an liegt so den von Wittgenstein konstruierten Sprachbildern die These zugrunde, daß die Unterscheidung von Ausdrucksformen ein Verständnis des Sinns der betreffenden Ausdrücke voraussetzt – was immer im einzelnen unter »Sinn« verstanden sein möchte. Gerade die Reduktion der »Bauenden« auf reagierende Automaten macht dies deutlich. Die Unterscheidung der Formen geht mithin eindeutig auf das Konto des Konstrukteurs der Sprache (8).[110] Wittgensteins Verfahren beruht offenkundig auf der Einsicht, daß solche Unterscheidungen sprachlicher Formen nicht a priori und allgemein zu treffen sind, sondern sich nur anhand von Beispielen Schritt für Schritt erschließen lassen.

Wir haben nun zunächst zu sehen, inwiefern sich aus formalsemantischen Unterschieden syntaktische Formen ergeben. Dazu

107 Die Figur  mit ihren Varianten soll hier die Farbmuster repräsentieren, auf die im Verlauf der Äußerung eines Ausdrucks der Sprache (8) referiert wird.

108 Von »Semantik« kann hier gerade deswegen unproblematisch gesprochen werden, weil auch in der Sprache (8) noch Automaten beschrieben sind, nicht intentionale Wesen.

109 Zum Begriff einer formalen Semantik vgl. Tugendhat 1976, S. 35 ff.

110 Bei der Interpretation dieser »primitiven« Sprachen muß man sich stets vor Augen halten, daß sie als Beispiele für einen Leser bestimmt sind und insofern an ein Sprachverständnis appellieren, das natürlich nicht auf die Innenperspektive der beschriebenen Automaten beschränkt ist.

sind die Erläuterungen genauer zu betrachten, die zu den verschiedenen Kategorien gegeben werden. Ihnen lassen sich folgende Zusammenhänge ablesen:

(R_1): Die Elemente von (II) dienen dazu, verschiedene Arten von Objekten dadurch zu unterscheiden, daß ihnen die Wörter »Würfel«, »Platte« etc. als Namen[111] zugeordnet werden.

(R_2): Die Elemente von (IV) dienen dazu, die Menge der durch einen Namen bezeichneten Gegenstände nach verschiedenen Farben zu unterscheiden. Sie fungieren logisch gesprochen als Spezifikatoren, grammatisch gesprochen als Attribute. Ersetzte man die in der Sprache (8) vorgesehene Zeigegeste durch Wörter wie »rot«, »grün« etc., so entspräche etwa der Kombination der Äußerung des Wortes »Platte« und dem *gleichzeitigen* Zeigen auf das Farbmuster »■« eine der beiden Zeichenkombinationen »rot + Platte« oder »Platte + rot«.

(R_3): Die Elemente von (I) dienen dazu, die Anzahl der von Kombinationen wie »■ + Platte«, »■+ Säule«, »■+ Würfel« etc. benannten Gegenstände anzugeben.

(R_4): Der Gebrauch der Elemente von (III) ist zwar ähnlich bezüglich der Gesten, mit denen diese Elemente verbunden sind, bezüglich der Kombination mit Elementen anderer Kategorien jedoch grundverschieden: Der Gebrauch von »dorthin« setzt den Gebrauch von Elementen aus (I), (II) und (IV) voraus, der von »dieses« hingegen substituiert gerade deren Gebrauch.

»dieses« und »dorthin« gehören also verschiedenen formalsemantischen Klassen an. Wir würden sagen: mit »dieses« referiert man auf Gegenstände, mit »dorthin« auf eine aus der Perspektive des Sprechenden bestimmte Richtung. Daher können »dieses« und »dorthin« zu einem Ausdruck – »dieses-dorthin« – verbunden werden.

Somit ergeben sich folgende Beziehungen zwischen den Zeichenkategorien:

(R_5): Der Gebrauch der Elemente von (I) und (IV) setzt den der Elemente von (II) voraus.

(R_6): Der Gebrauch der Elemente von (I) setzt den von (II) und (IV) voraus.

(R_7): Der Gebrauch von »dorthin« setzt den von Elementen von (II) voraus, der von »dieses« substituiert diesen.

Wir haben diese Zusammenhänge als Regeln – (R_1) bis (R_7) – beschrieben. (R_1) bis (R_4) wären im oben skizzierten Sinn als

111 Vgl. PU I, 7: »Der Lernende *benennt* die Gegenstände. D. h., er spricht das Wort, wenn der Lehrer auf den Stein zeigt.«

formalsemantische Regeln zu verstehen: Sie beschreiben Weisen des Gebrauchs der betreffenden Zeichen bzw. Ausdrücke. (R_5) bis (R_7) hingegen ziehen aus diesen formalsemantischen Tatbeständen Konsequenzen ganz anderer Art – solche, die sich auf die interne Gruppierung der einzelnen Elemente des Gesamtausdrucks beziehen, wie sie sich aus der Beschreibung des Gebrauchs der Zeichen ergab. (R_5) bis (R_7) beschreiben – in linguistischer Begrifflichkeit – den Aufbau der Konstituentenstruktur von Ausdrücken der Sprache (8). Man sieht – dies ist für eine Philosophie der Grammatik von grundlegender Bedeutung –, daß die Ausbildung formalsemantischer Differenzierungen und syntaktischer Kategorien zwei verschiedene Aspekte ein und desselben Vorgangs sind, und daß namentlich die Formulierung der Regeln (R_5) bis (R_7) ohne eine Kenntnis der Regeln (R_1) bis (R_4) zwar nicht unmöglich wäre, dann aber in der Tat völlig arbiträr zu geschehen hätte. Damit wäre das Arbitraritätsprinzip dann wirklich ad absurdum geführt. Wittgensteins Text macht denn auch das Gegenteil deutlich: Die Kombination zweier verschiedener formalsemantischer Handlungen wie Referenz und Prädikation (bzw. Unterscheidung, Orts- und Zeitangaben usw.) muß durch die Kombination verschiedener Zeichen realisiert werden, welche verschiedenen Kategorien angehören, z. B.

$A_{Rf} + B_{Pr}$.[112]

Damit ist zunächst ein *syntagmatischer* Sachverhalt hergestellt: eine lineare Verknüpfung von Zeichen. Die *Syntax* im eigentlichen Sinn beginnt genau dort, wo in einem Syntagma, das aus einer Verknüpfung von Zeichen

$Z_1 + Z_2 + Z_3 + \dots + Z_n$

besteht, diese nicht mehr Zeichen für Zeichen in ihrer linearen Abfolge aufeinander bezogen werden, sondern in bestimmten Gruppierungen, z. B.

$Z_1 + [Z_2 + Z_3] + \dots + Z_n$

112 Die Indizes »Rf« und »Pr« sollen hier lediglich andeuten, daß es sich um verschiedene Kategorien handelt. Um welche, ist hier gleichgültig. Wesentlich ist allein, daß die Kategorisierung von Zeichen abgeleitet ist aus der Unterscheidung formalsemantischer Handlungsformen.

oder

$[Z_1 + Z_2] + Z_3 + \ldots + Z_n$

oder

$[Z_1 + [Z_2 + Z_3]] + \ldots + Z_n$

usw. Fragen wir nun nach den Gründen für solch unterschiedliche Gruppierungen, so werden wir auf formalsemantische Sachverhalte verwiesen. Unabhängig von diesen ist von Syntax nicht zu reden. Ein Grenzfall, der diesen Zusammenhang in besonderer Weise beleuchtet, ist der von Wittgenstein konstruierte Befehl »dieses-dorthin«. Eine besondere Gruppierung ist hier nicht möglich, und der formalsemantischen Beschreibung der beiden deiktischen Ausdrücke ist nicht zu entnehmen, ob der erste nun auf den zweiten bezogen werden soll oder umgekehrt oder ob es sich einfach um eine Aneinanderreihung handelt. Ist hier also schon von einer Syntax zu reden? Wir brauchen den Fall hier noch nicht zu entscheiden – wesentlich ist, daß er zeigt, daß wir eindeutige formalsemantische Kriterien bräuchten, um einen syntaktischen Sachverhalt konstruieren zu *können*.

In der Sprache (2) war es noch nicht möglich gewesen, von Handlungen wie Benennung und folglich von Kategorien wie Namen etc. zu reden. In der Sprache (8) wird dies nun möglich – eben dadurch, daß formalsemantisch verschiedene Kategorien von Zeichen bzw. von Wörtern unterschieden werden. Elemente der Kategorie (I) tragen auf andere Weise zum Gesamtsinn des Ausdrucks bei als Elemente der Kategorien (II), (III) oder (IV). Dies drückt sich in der syntaktischen Gliederung aus. Dem Ausdruck »d-■-Platte-dorthin« würden wir eine Konstituentenstruktur wie

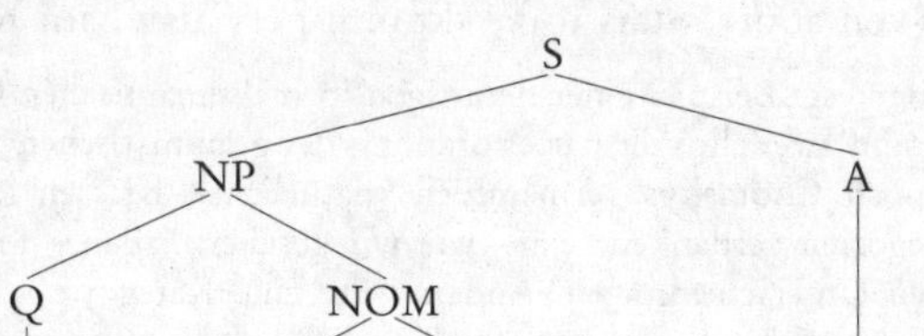

zuordnen, um damit dem formalsemantischen Verständnis des Ausdrucks Rechnung zu tragen, das sich aus (R_1) bis (R_4) ergibt. So läßt sich jetzt sagen, daß Ausdrücke wie »Platte«, »Würfel«, »■-Platte«, »■-Würfel« etc. *benennen*, im Unterschied nämlich zu »■«, »d«, »dieses« oder »dorthin«; daß man mit Ausdrücken wie »dieses« oder »d-■-Platte« auf etwas *referiert*, im Unterschied zum Gebrauch von »d« oder »dorthin«, mit denen man etwas quantifiziert bzw. eine deiktische Handlung vollzieht usw. Je vielfältiger das Kategorieninventar wird, desto schwieriger wird es freilich werden, die formalsemantischen Unterschiede jeweils deutlich zu bestimmen.[113] Empirisch wird es zu kontinuierlichen Übergängen zwischen einzelnen Kategorien kommen. Oft werden sich Differenzen – wenn überhaupt – nur in minimalen Differenzen des Kontexts nachweisen lassen. Darauf kommt es hier nicht an. Wesentlich ist, daß formalsemantische Kategorien sich nur *gegeneinander* bestimmen lassen. Es gilt das Prinzip der Differenz.

In der Sprache (2) war – wenn überhaupt – vom Sinn eines Ausdrucks nur als von der mit dessen Äußerung verbundenen Reaktion zu reden. Diese war von keiner internen Struktur des Ausdrucks abhängig. Was hier das Wort »Platte« bedeutete, war allein der Reaktion abzulesen. Daß der Gehilfe B dieses Wort in irgendeinem über die Identifikation der Zeichengestalt hinausgehenden Sinn *verstehen* müßte, war hier nicht notwendig. Er mußte die Figuren »P+l+a+t+t+e«, »W+ü+r+f+e+l« etc. nur aufgrund *irgendwelcher* Merkmale unterscheiden können, um »richtig«, d. h. programmgerecht reagieren zu »können«. Hundehalter sind bisweilen fest davon überzeugt, daß ihr Fido versteht, was sie zu ihm sprechen. Aber wir *wissen* eben nicht, ob Hunde Äußerungen wie »Platz«, »ven aquí«, »tais toi«, »komm her« usw. am Klang

113 Das prominenteste Beispiel einer derartigen formalsemantischen Differenzierung sind zweifellos die partes orationis der grammatischen Tradition, und noch Chomskys vermeintlich »natürliche« Klassen lexikalischer Kategorien verdanken sich – wie wir gesehen haben – formalsemantischen Unterscheidungen. Anders wäre eine Kategorie wie ›N‹ schlechterdings nicht durch eine Lexikonregel, d. h. *extensional* zu definieren. Die formalsemantische Charakteristik gibt die Kriterien dafür an, aus der Gesamtmenge ›möglicher‹ Worte der betreffenden Sprache die hier einschlägige Wortmenge auszusondern. Vgl. hierzu Kap. 5, S. 180 ff.

der menschlichen Stimme, an Gerüchen, an der Gestik oder an einer Kombination solcher Wahrnehmungen unterscheiden, wir können es bestenfalls aufgrund äußerer Kriterien vermuten. In der Sprache (2) sind A und B noch Tieren vergleichbar – auch wenn sie »bauen« –: uns intern unzugängliche Automaten. In (8) werden diese Automaten uns in einer ersten Näherung als Menschen deutbar, insofern sie sich zur Differenzierung des Sinns ihrer Ausdrücke – der Weise, wie der Angesprochene darauf reagieren soll – eines Mittels bedienen, das uns von *unserer* Sprache her vertraut ist: der regelmäßigen Verknüpfung von Wörtern – der Grammatik. Allerdings gilt auch für die Sprache (8) noch, daß hier in keinerlei psychologischem Sinn vom Verstehen der in ihr artikulierten Ausdrücke die Rede ist. Die externe Beschreibungsperspektive bleibt in vollem Umfang beibehalten.

Indem der Gebrauch der Wörter der Sprache (8) eine Syntax erfordert, die diesen Gebrauch durch systematische Unterschiede charakterisiert, z. B. durch Stellungsregeln, die für die verschiedenen Kategorien gelten[114], sind aus den Zeichen der Sprache (2) Wörter geworden, die zwar mit Saussure als *signes linguistiques* anzusprechen wären, aber deswegen gerade nicht mehr als Zeichen in dem Sinne, daß mit ihnen ein kalkülmäßiger Umgang möglich wäre. Dies liegt an dem semantischen Wert, den die Wörter hier gewinnen und der, rudimentär wie er hier noch ist, doch schon beginnt, die Willkürlichkeit ihres Gebrauchs zu begrenzen. Es handelt sich nicht mehr um Zeichenfiguren, sondern schon um so etwas wie Wörter einer Sprache, auf deren unter-

114 Für die Sprache (8) ließen sich etwa folgende Reihenfolgeregeln formulieren:
(R_8): Ein Element von (IV) steht links oder rechts von einem Element von (II).
(R_9): Ein Element von (I) steht immer links von einem Element von (II).
(R_{10}): Stehen Elemente von (I) und (IV) links von (II), dann steht das Element von (I) links von (IV) usw.
Regeln dieser Art leisten die Linearisierung des Ausdrucks. Natürlich können sie in verschiedenen Sprachen ganz verschieden aussehen. Die Frage universeller Reihenfolgeregeln, die dann den Begriff der ›menschlichen‹ Sprache im Sinne der chomskyschen Universalgrammatik charakterisieren würden, blende ich hier aus. Sie ist im Text Wittgensteins nirgends berührt und *kann* dort entsprechend der anthropologischen Konzeption einer Vielfalt von Sprach*en* auch gar nicht gestellt werden.

schiedlichen Gebrauch man sich verstehen muß – wenn man eben Äußerungen zustande bringen will, die unter je bestimmten Bedingungen *Sinn machen*.

Wir haben damit am Beispiel der Sprache (8) eine erste Lesart des Begriffs einer ›grammatischen‹ Analyse sprachlicher Ausdrücke erhalten: die Beschreibung der Syntax eines gegebenen Syntagmas. In ihr wird die Art und Weise beschrieben, wie die verschiedenen Elemente dieses Syntagmas zu Gruppierungen zusammengefaßt werden, sodaß sich aus der Gesamtheit dieser Gruppierungen die interne Strukturierung des Gesamtausdrucks und damit sein Sinn ergibt. Dabei sind Sachverhalte wie die relative Reihenfolge der Glieder, die Abhängigkeit ihres Gebrauchs voneinander etc. zu beschreiben, all das mithin, was man grammatische Mittel, Relationen und Funktionen nennt.[115]

Dies ergibt einen präzisierten Sinn dessen, was Wittgenstein die Beschreibung der »Oberflächengrammatik« nennt: die Beschreibung der Verwendung der Wörter »im *Satzbau*«[116]. Seine zusätzliche Bemerkung, hierbei handle es sich um denjenigen Teil des Wörtergebrauchs, »den man mit dem Ohr erfassen kann«, sollte man nicht allzu wörtlich nehmen. Immerhin aber gilt sie für die Grundlage jeder syntaktischen Beschreibung, die grammatischen Mittel der Reihenfolge, Morphologie und Intonation.[117] Daraus ergibt sich insgesamt die artikulierte Lautgestalt des Ausdrucks. Diese muß man in der Tat »mit dem Ohr« erfassen, d. h. als bestimmte Klanggestalt erkennen, um den Satz verstehen zu können. Darüber hinaus wird dessen lautliche Artikulation stets auch bestimmte Untergliederungen andeuten, etwa die Thema-Rhema-Gliederung, das Zusammengehören bestimmter Wortgruppen usw. Relationen und Funktionen sind natürlich keine Sachverhalte, die man hören könnte. Man muß sie verstehen. Freilich wird Wittgenstein bei seiner Formulierung keinen elaborierten linguistischen Begriff von syntaktischer Analyse vor Augen gehabt, sondern an seine Schulgrammatik gedacht haben.

Als wesentlich für unsere weitere Lektüre ergeben sich aus

115 Vgl. Eisenberg 1989, S. 33 ff.

116 PU I, 664. Hervorhebung im Text.

117 In der Schrift tritt an die Stelle der Intonation die Graphie, der Verbund der orthographischen Register; vgl. Kap. 1, S. 51 ff. Für sie gilt analog, daß man sie »mit dem Auge« erfaßt.

dieser Analyse zwei Sachverhalte, die für eine ›oberflächengrammatische‹ Analyse konstitutiv sind:

(1) Diese setzt je schon ein gegebenes Syntagma voraus. Die Syntax ruht auf auf dem Grundsachverhalt einer grammatisch nicht mehr interpretierbaren Verknüpfung von Einheiten zu linearen Folgen. Dazu braucht es – wie unmittelbar zu sehen ist – keine ›transzendentale‹ Grammatik.[118]

(2) Sie beruht – gerade insofern sie auch die Beschreibung von grammatischen Relationen und Funktionen umfaßt – notwendigerweise auf einer formalsemantischen Beschreibung des Ausdrucks und seiner Elemente, so wie wir dies exemplarisch in den Regeln R_1 bis R_4 der Sprache (8) versucht haben zu beschreiben.[119]

Zusammen mit dem Resultat der *Tractatus*-Lektüre, daß das Problem der Grammatik vom Begriff des Übersetzens her zu entschlüsseln ist, geben diese Punkte unseren weiteren Überlegungen einen schon relativ deutlich konturierten Rahmen. Der grammatische Prozeß muß dem Übersetzen vergleichbar sein.

Grammatik II: Werkzeuge

Wir haben gesehen, in welch hohem Maße Wittgensteins einfache Sprachspiel-Konstruktionen geeignet sind, Licht in die »Erscheinungen der Sprache« zu bringen. Mit den Sprachen (2) und (8) ist eine Basis gewonnen, von der her sich Schritt für Schritt Begrenzungen traditioneller Sprachauffassungen verdeutlichen und überwinden lassen. Zwei Begrenzungen sind es vor allem, die im einleitenden Abschnitt der *Philosophischen Untersuchun-*

118 Sofern nämlich unter »Grammatik« ein System der Verknüpfung verschiedener syntaktischer Kategorien verstanden wird. Erforderlich ist für die Bildung eines Syntagmas nach Kant lediglich die Einheit der transzendentalen Apperzeption, psychologisch gesprochen die Kontinuität des Gedächtnisses.

119 In der Linguistik übliche operationale Verfahren wie Kommutations- oder Permutationsproben dienen also nie dazu, Konstituenten zu *ermitteln*, sondern dazu, ein vorgängiges Verständnis der Gliederung des Satzes quasi-experimentell zu bestätigen. Die Heuristik ist eine scheinbare.

gen[120] als solche kenntlich gemacht werden: (1) die Vorrangstellung, die in der Tradition dem Paradigma des Benennens vorbehalten war, und (2) eine – wie man sagen könnte – »dogmatische« Auffassung von dem, was ein *Satz* ist. Beide hängen offenbar eng miteinander zusammen – der Einsatz der Diskussion des Satzbegriffs weist darauf hin[121].

Diese Konstellation verweist in der Geschichte der Philosophie zurück auf Platons *Kratylos*, auf jenen Zusammenhang, wo Sokrates, um die sich scheinbar konträr einander entgegenstehenden Auffassungen von der natürlichen und willkürlichen bzw. konventionellen Geltung der Namen kritisch zu prüfen, das berühmte Modell vom Werkzeug-Charakter der Wörter entwikkelt.[122] Besser als von Modell sollte man allerdings auch hier von einem Mythos sprechen, denn die Argumentationsstrategie des Sokrates besteht darin, sich einer mythischen Konstruktion zu bedienen, der des »Onomaturgen«[123], um damit eine Ebene zu gewinnen, von der aus sich beide Thesen überhaupt sinnvoll diskutieren lassen. Bekanntlich begreift Sokrates zu diesem Zweck das Reden (*legein*[124]) als eine Praxis – ein Handeln, das mehr oder weniger gelingen kann, insofern es auf Bestimmtes abzielt, z. B. darauf, eine These zu widerlegen oder jemanden zu überzeugen. Unter dieser Prämisse isoliert er nun das Benennen (*onomazein*) als eine Teilhandlung des *legein* und betrachtet sie in Analogie zu anderen *praxeis*, für die sämtlich charakteristisch ist, daß sie sich eines bestimmten Werkzeugs (*organon*) bedienen, welches

120 PU I, 1 – 32. Der letzte Absatz von PU I, 32 zieht mit dem Verweis auf das Augustin-Zitat deutlich erkennbar eine Art Resümee und markiert so eine erste Zäsur im Text.

121 PU I, 19, 2. Absatz.

122 Vgl. *Kratylos* 387 a ff.

123 *onomatourgos*, in Analogie zu *demiourgos* gebildet: der Verfertiger von Namen. Vgl. *Kratylos* 389 a.

124 Schon in der ersten Hypothese des Sokrates ist ausgesprochen, daß es hier um ein besonderes Reden geht: das etwas als wahr oder falsch Behaupten. *Legeis ti*, fragt er den Hermogenes, *alethe legein kai pseude* (385 b). »Sind dir«, wäre sinngemäß zu übersetzen, »Sprechakte bekannt, die du als wahre bzw. falsche Behauptungen bezeichnen würdest?« Als ›kompetenter‹ Sprecher des Griechischen *muß* Hermogenes dies zugeben, er müßte ja sonst bestreiten, daß *alethe legein kai pseude* ein sinnvoller und referentialisierbarer Satz der griechischen Sprache ist. Damit hat er natürlich die Debatte bereits verloren.

für die jeweilige Tätigkeit zweckmäßig ist. Der *onomatourgos* wird dem Demiurgen verglichen, dessen Kunst darin besteht, die Werkzeuge so zu gestalten, daß sie für die betreffende Praxis bestens geeignet sind. Diese gewinnen so ihre eigene Natur (*physis*), deren *arete* in eben ihrer Zweckmäßigkeit besteht.[125] Die bestmögliche *physis* des Weberschiffchens ergibt sich aus der Natur des Webens. Damit läßt sich auch nach der Natur des Wortes von einem Standpunkt außerhalb der Entgegensetzung von Abbild- und Konventionsthese fragen, indem nämlich von Zwecken des Sprachgebrauchs ausgegangen wird, die jedem Debattanten einfach deswegen vertraut sein müssen, weil er der Sprache mächtig ist.

Die Überlegenheit der sokratischen Position in dieser Debatte liegt genau hierin: daß sie Reden und Benennen als ein Gelingenskriterien unterworfenes Handeln faßt. Von daher werden Hermogenes wie Kratylos widerlegt.[126] Die Auszeichnung des Benennungs-Sprachspiels ist – der Aufbau des Dialogs zeigt es – darin begründet, daß Sokrates im Kontext der umfassenden Fragestellung argumentiert, was Wahrheit ist. Diese Debatte wird im *Theaitetos* und im *Sophistes* fortgesetzt.[127] Dergestalt wird ein Satzbegriff gewonnen, der gänzlich von der Funktion der Beschreibung von Sachverhalten her gedacht ist. Schon im *Kratylos* ist er als ein *großes Ganzes* beschrieben: als Verknüpfung von *onoma* und *rhema* (verbum).[128]

125 Das Wort »arete« bezeichnet das Optimum dessen, was eine Person oder ein Gegenstand hinsichtlich ihres bzw. seines wesentlichen Zwecks leisten oder realisieren kann. Die *arete* des Messers bestünde beispielsweise darin, möglichst scharf und glatt zu schneiden.

126 Die Pointe der Argumentation des Sokrates besteht ja darin, daß sie
(1) als Hypothese setzt: Entweder beruht die Richtigkeit der Namen auf Konvention (*syntheke kai homologia*) (= H1) oder auf Natur (*physei*) (= H2).
(2) Aus der Annahme von H1 folgt H2.
(3) Aus der Annahme von H2 folgt H1 (!).
Hermogenes muß zugeben, daß bestimmte Handlungen des Benennens nicht willkürlich sind, und Kratylos muß zugeben, daß die Abbildung von Dingen bzw. Tatsachen fehlgehen kann; vgl. *Kratylos* 385 e ff. und 430 a ff. Damit sind beide Hypothesen widerlegt, nämlich als zu beschränkt erwiesen.

127 Vgl. Kap. 8, S. 319 ff.

128 Vgl. *Kratylos* 424 e f.

Aristoteles' Konstruktion des Satzbegriffs, die wir oben noch einmal betrachtet haben, faßt diese Überlegungen des platonischen Sokrates zusammen und präzisiert sie zu einem formalen Begriff der behauptenden Rede. Diesen der grammatischen Tradition zugrunde liegenden, sie begründenden Zusammenhang macht Wittgenstein in seinen primitiven Sprachspielen wieder greifbar. Wie Sokrates geht er dabei davon aus, daß wir mit der Äußerung von Worten oder Sätzen bestimmte Zwecke verfolgen, daß solches Äußern also in bestimmter Hinsicht ein Handeln ist. Schon die Gegenführung zum Augustin-Zitat in PU I, 1 belegt dies. Auch das dort beschriebene Sprachspiel lohnt eine genauere Betrachtung:

Jemand wird zum Kaufmann geschickt mit einem Zettel, auf dem »die Zeichen: ›fünf rote Äpfel‹« stehen.[129] Man könnte an ein Kind denken. Danach wird beschrieben, was der Kaufmann tut: Er sucht die Lade, auf der er das Zeichen »Äpfel« wiederfindet, sucht auf einer Farbtabelle das Muster, das mit dem Zeichen »rot« markiert ist, zählt bis fünf und entnimmt bei jedem Zahlwort der Reihe »eins«, ... , »fünf« der Lade einen Apfel, der der Farbe des Musters entspricht. »So und ähnlich«, kommentiert der Autor sein Bild, »operiert man mit Worten.« Ausdrücklich wird die Gegenfrage abgewiesen, woher der Kaufmann denn wisse, wie er mit den Zeichen umzugehen habe:

»Nun, ich nehme an, er *handelt*, wie ich es beschrieben habe.«[130]

Dieses Handeln wird also als ein Können beschrieben, das anzunehmen ist, ohne daß dies durch eine Theorie zu rechtfertigen wäre, welche dieses Können begründet oder ›erklärt‹. Es gehört zu den Implikationen eines jeden Fragens nach der Natur ›menschlicher‹ Fähigkeiten, daß dabei Bestimmtes vorausgesetzt ist, das es gestattet, diese Fähigkeiten als menschliche überhaupt anzusprechen. Immer sind dabei elementare Fähigkeiten eines Menschen als gegeben vorausgesetzt, z. B. auf Zeichen reagieren und solche geben zu können. Normalerweise gehen wir sogar davon aus, daß

129 Bereits hier bedient sich Wittgenstein also schon eines *Schrift*beispiels. Wir kommen darauf später ausführlicher zurück.

130 Die Konstruktion dieses Sprachspiels impliziert wohlgemerkt nicht, daß der Kaufmann die Zeichen »rot«, »Äpfel« usw. als Wörter versteht. Er könnte durchaus Analphabet sein. Gefordert ist lediglich, daß er die Zeichen als Figuren voneinander unterscheiden kann.

ein Mensch seine Muttersprache beherrscht. Wir wären in der Regel erst nach einschlägigen Erfahrungen bereit, diese Präsupposition zu korrigieren. Dann kämen wir beispielsweise zu dem Schluß, daß wir es mit einem Aphasiker zu tun haben. Doch wäre dies eben eine Schlußfolgerung, nie die Ausgangshypothese. Wer – in welcher psychologischen oder mentalistischen Theorie auch immer – das Gegebensein solcher Voraussetzungen grundsätzlich bezweifeln würde, würde sich damit das Objekt seiner Fragestellung selbst entziehen. Ausdrücklich bestätigt Wittgenstein an späterer Stelle diese Position: Sind alle Fragen nach den Sprachgebrauch ›erklärenden‹ oder ›begründenden‹ Regeln erschöpft, bin ich beim Graben auf Fels gestoßen, »so biegt sich mein Spaten zurück. Ich bin dann geneigt zu sagen: ›So handle ich eben‹«.[131] Von der »Architektur« begründender bzw. erklärender Rede wird man allzu leicht dazu verführt, selbst dort noch nach Gründen oder Ursachen zu suchen, wo wir aus logischen Gründen keine mehr ausmachen *können*. Diese Einsicht führt zu einer veränderten philosophischen Grundeinstellung gegenüber dem Sachverhalt, der in einer elaborierten linguistischen Theorie als ›Sprachkompetenz‹ gefaßt ist. Wittgensteins Position ist so legitim wie die des Sokrates. Wir können aufgrund unseres eigenen Sprachverständnisses von einem solchen Können und einem solchen Handeln reden, ohne über eine entsprechende Theorie zu verfügen. Ryle hat bekanntlich diesen Zusammenhang systematisch entfaltet, wir sind darauf wiederholt zurückgekommen.[132] Sprachkompetenz ist das *paradigmatische* Knowing-how, dessen erfolgreiche Praxis jedem möglichen Knowing-that über diesen Gegenstandsbereich vorausgeht. Dies ist keineswegs trivial, auch wenn mancher Linguist es als Trivialität abtun wird. Wir haben ja die Schwierigkeiten, die mit der methodologischen Instanz des ›native speaker‹ systematisch verbunden sind, eingehend betrachtet[133] und werden später noch einmal systematisch auf diesen Punkt zurückkommen. Wittgensteins Gestus ist nicht nur legitim – er eröffnet den einzig *nicht zirkulären* Angang zum Problem.

Entscheidend für alles weitere wird nun, daß Wittgenstein zwar Sokrates' Ansatz beim sprachlichen Handeln folgt, daß er aber die

131 PU I, 217.
132 Vgl. Ryle 1963, Kap. 2.
133 Vgl. Kap. 5.

daraus bei Platon abgeleitete Metapher vom Wort als *organon* in ihrem Sinn umkehrt. »Was *bezeichnen* nun«, fragt er im Anschluß an die Beschreibung der Sprache (8), »die Wörter dieser Sprache?«[134] Vorbereitet ist diese Frage durch eine Überlegung, wie die Sprache (8) gelernt werden könnte. Man könnte bezüglich der Elemente unserer Kategorie (II), *Würfel, Säule,* ..., durchaus von einem »hinweisenden Lehren« sprechen, doch bereits bei den Zahlwörtern würde dies zu Schwierigkeiten führen. Man müßte hier schon an Mengen konkreter Gegenstände das Zählen vorführen, was etwas anderes ist als auf Handlungen zeigen, in denen gezählt wird. Ein solches Zeigen könnte nur verstehen, wer schon in der betreffenden Sprache zählen kann. Und ganz ausgeschlossen wäre ein hinweisendes Lernen bzw. Lehren bei den deiktischen Ausdrücken *dieses* und *dorthin,* denn ihr Gebrauch wäre ja bei *jedem* hinweisenden Lehren schon als beherrscht vorauszusetzen – nebenbei bemerkt eine Art rekursiver Begründung für die Berechtigung dafür, beim Handlungsbegriff anzusetzen. Beim Lehren dieser Wörter wird zwar auch

»auf Örter und Dinge gezeigt werden, – aber hier geschieht ja dieses Zeigen auch im *Gebrauch* der Wörter und nicht nur beim Lernen des Gebrauchs. –«[135]

Daraus folgt unmittelbar, daß Wörter wie *dieses, dorthin, ..., eins, zwei, drei, ...* – ja selbst Farbbezeichnungen wie *rot, grün, ...* nicht in derselben Weise etwas bezeichnen können wie Namen wie *Platte* oder *Säule.* Wollte man also alle Beschreibungen des Gebrauchs der Wörter der Sprache (8) auf die Form bringen

»Das Wort ..... bezeichnet .....«,[136]

so würde man damit in der Mehrzahl der Fälle die spezifische Weise ihres Gebrauchs, das, was wir als ihre Formalsemantik bezeichnet hatten, nicht erfassen. In »d-Platte-dorthin« bezeichnet »d« keine Zahl, sondern quantifiziert eine Menge. Und was sollte gar das Wort »dieses« bezeichnen? Die Menge der hier möglichen bezeichneten Objekte ginge ins Unendliche. Man »ähnelt« den Gebrauch der Wörter nicht »einander an«, indem man die Beschreibung ihres Gebrauchs auf eine einheitliche Formel

134 PU I, 10.
135 PU I, 9, Hervorhebung im Text.
136 Dieser Ausdruck entspricht der aristotelischen Formel »... *semainei ti*«.

bringt. Dasselbe wäre von jeder kognitiven oder linguistischen Theorie zu sagen, die ihren Konstruktionen einen nicht weiter spezifizierten Begriff von ›Repräsentation‹ zugrunde legt.

»Denke dir«, so kommentiert Wittgenstein ironisch derartige Vorstellungsweisen, »jemand sagte: ›*Alle* Werkzeuge dienen dazu, etwas zu modifizieren. So, der Hammer die Lage des Nagels, die Säge die Form des Bretts, etc.‹ – Und was modifiziert der Maßstab, der Leimtopf, die Nägel? – ›Unser Wissen um die Länge eines Dings, die Temperatur des Leims, und die Festigkeit der Kiste.‹ – Wäre mit dieser Assimilation des Ausdrucks etwas gewonnen? -«[137]

Die wohl meistzitierte Passage aus den *Philosophischen Untersuchungen*[138] gehört wesentlich in diesen argumentativen Zusammenhang, und in diesem entschlüsselt sich auch der Sinn des vollen Wortlauts[139] ohne weitere Probleme. Wenn man alle Wörter einer reicheren Sprache als der Sprache (8) formalsemantisch beschreiben will und diese Beschreibung nach einer einheitlichen Formel wie

Das Wort ..... *bezeichnet* .....

zu organisieren versucht, dann wird man mit zwei Tatbeständen konfrontiert werden: (a) lassen sich – dies hatte sich ja schon an der Sprache (8) gezeigt – auf keinen Fall alle Wörter dieser Sprache mit diesem Schema zureichend beschreiben. (b) wird man darüber hinaus mit Fällen rechnen müssen, wo sich für das unpassende metasprachliche Prädikat »bezeichnet« *überhaupt kein* treffendes anderes Prädikat wird finden lassen, um die spezifische Weise dieses Wortgebrauchs trennscharf zu erfassen. Man denke an die Verlegenheitsformeln, mit denen Grammatiker den Gebrauch des Wortes *mir* in Ausdrucksweisen wie

Du bist mir vielleicht einer
Mach mir das nicht noch einmal
usw.

137 PU I, 14.
138 PU I, 43.
139 Viele Interpreten, die den ersten Absatz von PU I, 43 sozusagen als Beglaubigungsurkunde einer »Gebrauchstheorie« der Bedeutung zitieren, die Wittgenstein in diesem Text entwickelt habe, lassen den zweiten Absatz unter den Tisch fallen: er paßt zu dieser den Sinn des gesamten Textes allzu verkürzenden Deutung ganz und gar nicht. Vgl. hierzu von Savigny 1988, S. 84 ff.

zu erfassen versuchen. Ein roter Apfel ist rot, aber der Stille Ozean bekanntlich keineswegs still, der Indische schon gar nicht indisch. Diesen Sachverhalt bringt die angesprochene Formulierung in PU I, 43 in bewundernswerter Klarheit auf den Punkt. Man kann eben in vielen Fällen das, was wir umgangs- oder auch bildungssprachlich die »Bedeutung« eines Wortes nennen, nicht anders erklären als durch eine Beschreibung des Gebrauchs durch Beispiele, indem man zeigt, wie man dieses Wort »treffend« verwendet. *Du bist mir vielleicht einer* würde wahrscheinlich eher ein Vater zu seinem Sohn sagen als umgekehrt; es signalisiert eine gewisse Vertrautheit, andererseits Distanz von einer in bestimmter Weise legitimierten oder autorisierten Position aus – alles Erklärungsversuche für die Bedeutung dieses Allerweltsausdrucks, die ein wohlwollender ›kompetenter‹ Sprecher des Deutschen vielleicht als Annäherungen an seinen Sinn akzeptieren würde, die aber andererseits diesen wiederum für jeden kompetenten Sprecher des Deutschen auch auf geradezu groteske Weise verfehlen. Der Sinn dieses *mir* ist so banal, daß jeder Erklärungsversuch umso lächerlicher wird, je elaborierter das Vokabular wird, dessen man sich dazu bedient. Andererseits ist klar, daß die diesen Sachverhalt zusammenfassende Formulierung »Die Bedeutung eines Wortes ist sein Gebrauch in der Sprache« nicht für *alle* Fälle formalsemantischer Erklärungen zutrifft. Dem Wort »Bedeutung« läßt sich auch ein kategorial prägnanter Sinn geben. Es ist durchaus möglich, Referenz von Quantifizierung zu unterscheiden. Und schließlich schließt diese Formulierung dann auch in keiner Weise aus, daß man manchmal die »Bedeutung« eines Namens dadurch erklären kann, daß man auf den Träger des Namens zeigt. Dann gibt man dem Wort »Bedeutung« eine spezielle Bedeutung, so wie Frege dies getan hatte, weil dies eben für seine Zwecke sinnvoll war.

Wir machen – dies dürften schon die wenigen von Wittgenstein konstruierten primitiven Sprachspiele für jeden ›kompetenten‹ Sprecher überzeugend zeigen – von den »Werkzeugen der Sprache« auf vielfältige Weise Gebrauch, und das Fehlen von Kategorien für manche Verwendungsweise zeigt, daß wir uns von diesem Gebrauch nur fragmentarische Begriffe machen können. Mit keinem von diesen kann man beanspruchen, die Essenz dessen zu erfassen, was diesen Gebrauch *insgesamt* ausmacht. Hier wird erstmals ein für ein zureichendes Verständnis von Grammatik fundamentaler Sachverhalt sichtbar, den Wittgenstein in diesem Text freilegt: Die Extension des von sprachlichem Knowing-how Artikulierten ist umfassender als die Extension des von *jedem beliebigen* linguistischen Knowing-that Rekonstruierbaren.[140] Die Betrachtung der Sprache (8) hat den systematischen Grund dafür bereits angedeutet: Wenn eine besondere formalsemantische Gebrauchsweise X sich nur im Zusammenhang einer Syntax, d. h. im Verbund mit und damit *gegen* andere Gebrauchsweisen Y, Z usw. ausdifferenzieren und realisieren kann, dann kann *keine* formalsemantische Form als Grundform der anderen betrachtet werden, auch nicht die der Benennung von Objekten, die dem naiven Sprachverständnis leicht als die Grundform allen Sprachgebrauchs erscheint. Wittgenstein beleuchtet diesen Schein aus pragmatischer Perspektive: »Nach der Benennung fragt nur der sinnvoll, der schon etwas mit ihr anzufangen weiß.«[141] Deswegen kann das Benennungssprachspiel, das neben vielen anderen seinen Platz hat, nicht *das* Sprachspiel begründen, »das Ganze: der Sprache und der Tätigkeiten, mit denen sie verwoben ist«[142].

Wittgenstein macht also einen anderen Gebrauch vom Bild des Werkzeugs als Platon oder auch als Herder oder Humboldt, für die mit dem Werkzeug-Topos immer die eingeschränkte Vorstellung von Sprache als eines »bloßen« Mittels zur Bezeichnung gegebener Gedanken verbunden war.[143] Er folgt durchaus Platons Grundidee, Sprechen als Praxis, als Handeln zu begreifen. Doch in allem weiteren kehrt er den Sinn der Metapher um. Die Überlegungen zu den vielfältigen Funktionen dessen, was wir alles ein Werkzeug nennen[144], bilden gleichsam die Gegenstrophe zu Platons *Kratylos*. So folgenreich und erfolgreich das platonisch-aristotelische Modell für die Entwicklung eines *formalen* Begriffs von Denken und Sprache auch gewesen ist: es hat die Philosophie, indem es ihr ihre logische Orientierung gegeben hat, zugleich mit der Hypothek belastet, ein Bild der Sprache zu prägen, welches die

140 Das Grundproblem des Chomsky-Programms liegt somit bereits in der vorgängigen Identifizierung von ›interner‹ Kompetenz und (theoretischer) Grammatik. Vgl. hierzu auch Schneider 1992, S. 83 ff.

141 PU I, 31.

142 PU I, 7.

143 Vgl. Herder, Fragmente A, *Werke* Bd. 2, S. 10 ff., Humboldt, *Verschiedenheiten*, WW III, S. 153 ff.

144 PU I, 11–15.

Vielfalt der *logisch* aufzuklärenden Probleme bis zur Unkenntlichkeit hinter einer einheitlichen Fassade verbirgt.

Die Konsequenzen, die Wittgenstein aus diesem Befund zieht[145], sind vielfach beschrieben worden: Sprachkritik nun nicht mehr als Übersetzung natürlichsprachlicher Sätze in eine normierte Idealschrift wie im *Tractatus*, sondern als Therapie irregeleiteten Sprachgebrauchs sozusagen vor Ort, unmittelbar dort, wo die Probleme auftreten: in der von der Tradition geprägten Sprache der Philosophie. Es geht nicht mehr nur um das Exorzieren obsolet gewordener Metaphysik. Philosophie wird nunmehr grundsätzlich verstanden als »Kampf gegen die Verhexung unsres Verstandes durch die Mittel unserer Sprache«[146], als Therapie, nicht mehr als Theorie bzw. Wissenschaft.[147] In geradezu polemischer Wendung wird das Verhältnis von tradierter Bildungssprache und alltäglichem Sprachgebrauch umgekehrt: »Wir führen die Wörter von ihrer metaphysischen wieder auf ihre alltägliche Verwendung zurück.«[148]

Damit hat sich bei allen Kontinuitäten, die den frühen mit dem späten Wittgenstein verbinden, gegenüber dem *Tractatus* die Perspektive doch grundsätzlich verschoben. Jetzt scheint auch die Logik als dasjenige Zentrum aufgegeben, an dem sich die Philosophie seit Platon orientiert hatte. Die ontologische Deutung der Logik, die im Begriff der Abbildung impliziert war, wird als »Jagd nach Chimären« abgetan.[149] Es gibt keine »*Über*-Ordnung«, die als »Ordnung der *Möglichkeiten*« zu begreifen wäre, welche Welt und Denken gemeinsam sein muß, wenn dieses auf jene sich soll erkennend beziehen können. Die vermeintlich transzendentale Ausstattung, mit der wir ausgerüstet sind, um Erfahrungen welcher Art auch immer zu machen, sind »unsere gewöhnlichen, vagen Sätze«.[150]

145 PU I, 89–133.

146 PU I, 109.

147 Dies ist nicht nur gegen die Tradition der ›großen‹ Philosophie von Platon bis Hegel gerichtet, sondern gegen *jeden* Versuch, Philosophie als theoretische Disziplin zu konzipieren. Unmittelbar wendet sich Wittgenstein mit seinen programmatischen Äußerungen wohl eher gegen den Szientismus des Wiener Kreises. Vgl. hierzu Monk 1994, S. 341 ff.

148 PU I, 116.

149 PU I, 94.

150 PU I, 97 f.

Die Probleme, die sich mit dieser Wendung für das Selbstverständnis sprachanalytischen Philosophierens als einer Art Phänomenologie der »normalen Sprache« ergeben[151], sind bekannt. Wir brauchen sie hier nicht weiter zu diskutieren. Insgesamt laufen sie auf die Frage hinaus, ob der »normale« Sprachgebrauch denn tatsächlich die *bebaiotes* (Zuverlässigkeit) aufweist, diejenige Konstanz darin, den Wörtern eine Bedeutung zu geben, die seit Platon als Voraussetzung dafür anerkannt war, eine Position überhaupt argumentativ, d. h. logisch bestreitbar vertreten zu können.[152] Man braucht nur an Austins Nachweis zu denken, daß sich eindeutige in der Verwendung sprachlicher Ausdrucks*formen* gegründete Kriterien der Unterscheidung von Konstativa und Performativa ebensowenig ausweisen lassen wie für die Unterscheidung illokutiver von perlokutiven Akten, um die Triftigkeit dieses Einwands einzusehen.[153] Für unseren Zusammenhang ist im Augenblick jedoch allein wesentlich, daß dieser Wendung zur Alltagssprachengrammatik als der »Bedingung der Möglichkeit« von Erkenntnis[154] die eben in ihrem Ansatz skizzierte Kritik am platonisch-augustinischen Organon-Modell des Wortes zugrunde liegt: Wenn es kein ausgezeichnetes Modell des Wortgebrauchs gibt, dann konnte es auch kein ausgezeichnetes Modell des *Satzes* geben. Dann mußte jede philosophische Theorie des Subjekts, die diesem archetypische Urteilsformen zuschreibt, um sie wie Kant als »letztes« Sinnkriterium zu verstehen, obsolet werden.

Der Gedanke einer transzendentalen oder auch universalen Grammatik, in der letztlich alle Äußerungen des Subjekts zurückgeführt, im buchstäblichen Sinn des Wortes reduziert werden auf eine Grundform[155], verträgt sich nicht mit der Vielfalt von

151 Vgl. hierzu Austin, *A Plea for Excuses,* Austin 1961, S. 129 ff.

152 Vgl. *Philebos* 59 b.

153 Vgl. Austin 1975, S. 53 ff.

154 Vgl. PU I, 90.

155 Die Minimalbedingung für die Konstruktion einer Universalgrammatik besteht, technisch gesprochen, darin, mindestens in der ersten Regel einer Erzeugungsgrammatik fakultative Kategorien nicht zuzulassen. Wenn Klammern »(...)« Fakultativität ausdrücken, *muß* die erste Regel die Form »A → B + C + ... + U« haben. Im Licht des Zusammenhangs von syntaktischen und formalsemantischen Formen, den wir oben anhand der Sprache (8) beschrieben haben, läuft dies auf die Annahme *genau einer* formalsemantischen Grundform hinaus. Mit Quine zu sprechen wäre

Äußerungsformen, die die oberflächengrammatische Analyse anerkennen muß. Hinter der Frage nach dem, was die Wörter im Satz je verschiedenartig leisten, steht ja die philosophische Frage danach, was es rechtfertigt, zur Kennzeichnung dieser so verschiedenartigen Elemente, die weder der Form noch der Funktion nach auf eine Formel zu bringen sind, das eine Wort »Wort« zu verwenden. Das einzige gemeinsame Merkmal von Wörtern scheint ja ein *schriftliches* und hierin doppelt äußerliches zu sein: die Tatsache, daß sie in der Alphabetschrift durch Spatien voneinander abgetrennt werden.[156]

Dem tritt als Korrelat die Frage zur Seite, was es rechtfertigt, die Vielfalt von Äußerungsformen unter das eine Wort »Satz« zu bringen. Wittgenstein bringt hier, m. a. W., das Faktum zur Geltung, daß sich unser theoretisches wie philosophisches Verständnis von Wörtern und Sätzen erst im Zusammenhang bestimmter historischer Sprachspiele herausgebildet hat. In den Texten der Tradition ist dieses Faktum belegbar. Weder Platon noch Aristoteles verfügen schon über einen allgemeinen Begriff des Wortes. Sie müssen, um ihn zu gewinnen, dem Wort *onoma* einen speziellen Sinn geben, und mit dem Begriff des Satzes und dem Wort *logos* verfahren sie, wie wir gesehen haben, ebenso. Beide Fragestellungen treffen sich hier nun in der einen, das Problem insgesamt umfassenden: ob die Wörter »Wort« und »Satz« denn überhaupt kategorial Verschiedenes bezeichnen:

»Wie ist es aber: Ist der Ruf ›Platte!‹ im Beispiel (2) ein Satz oder ein Wort? – Wenn ein Wort, so hat es doch nicht dieselbe Bedeutung wie das gleichlautende unserer gewöhnlichen Sprache, denn im § 2 ist es ja ein Ruf. Wenn aber ein Satz, so ist es doch nicht der elliptische Satz ›Platte!‹ unserer Sprache.«[157]

Ob wir also etwas »Wort« oder »Satz« nennen, hängt ab von dem jeweiligen Sprachspiel, innerhalb dessen wir über sprachliche For-

mindestens auf der Ebene der ersten Erzeugungsregel der Universalgrammatik jede Unbestimmtheit der Interpretation ausgeschlossen. Nicht zufällig hat Chomsky daher auch die These vertreten, Quines Unbestimmtheitsthese besage nichts anderes als die These der Unterbestimmtheit theoretischer Hypothesen durch empirische Evidenz (vgl. Chomsky 1968). Vgl. dazu unten S. 623, Anm. 305.

156 Vgl. hierzu Kap. 1, S. 63 ff.

157 PU I, 19.

men reden, und von den Gesichtspunkten, unter denen ein gegebener Ausdruck nun betrachtet werden soll. Der Theologe kann etwas ein Wort nennen, was der Linguist als Folge von Wörtern oder gar von Sätzen klassifizieren würde. Dieser hat nicht einfach einen anderen Begriff des Wortes oder Satzes – es handelt sich nicht einfach um Polysemie –, sondern er *macht* ihn sich, indem er den Gebrauch der Wörter »Wort« und »Satz« in bestimmter Weise normiert. Auch wenn etwas ein »elliptischer« Satz genannt wird, so nicht einfach deswegen, weil er von einer gegebenen Grundform des Satzes abwiche:

»›Elliptisch‹ ist der Satz nicht, weil er etwas ausläßt, was wir meinen, wenn wir ihn aussprechen, sondern weil er gekürzt ist – im Vergleich mit einem bestimmten Vorbild unserer Grammatik.«[158]

Sinn macht eine Kategorie wie Ellipse wie *jede* grammatische Kategorie erst vor dem Hintergrund einer besonderen, als Paradigma genommenen Vorstellung davon, was ein ›Satz‹ sei. Wittgenstein verdeutlicht dies ausgehend davon, daß wir mit der Äußerung von Sätzen ja stets etwas meinen. Dies könnte zu dem Schluß verleiten, mit dem Ruf »Platte!«, den ein Sprecher des Deutschen äußerte, habe dieser eigentlich den Gedanken zum Ausdruck bringen wollen, d. h. mit diesem Wort eigentlich gemeint: »Bring mir eine Platte«[159]. Dann könnte man aber fragen, ob er nicht vielleicht eher gemeint hatte: »*Reich* mir eine Platte an«, vielleicht auch: »Bring Platten her« oder ähnliches. Sobald wir danach fragen, was der Sprecher denn *genau* mit seiner Äußerung gemeint habe, werden wir auf den Wortlaut zurückverwiesen. Auch der Sprecher selbst, danach gefragt, was er denn ›eigentlich‹ gemeint habe, könnte uns nur den einen oder den anderen Wortlaut bieten, und bei diesem könnten wir dann wieder fragen, wie dieser ›eigentlich‹ gemeint war usw. ad infinitum. Schließlich hat nicht einmal der Sprecher selbst einen privilegierten Zugang zu seinem Meinen. Fragte er sich tatsächlich selbst, wie er etwas gemeint habe – in einer Situation also, in der ihm der Sinn einer Äußerung, die er getan hatte, unverständlich geworden war –, so könnte er sich diese Frage selbst auch nur in bestimmten Worten beantworten, von denen freilich keineswegs gewiß wäre,

158 PU I, 20.
159 PU I, 20.

ob sie *genau das* zum Ausdruck bringen, was er ursprünglich »wirklich« gemeint hatte. Er kann sie nur dafür nehmen. Auffällig betont Wittgenstein, wo er diesem Zusammenhang nachgeht, in seiner Wortwahl den objektiven, externen Charakter des Wortlauts gegenüber dem subjektiven Meinen und Verstehen:

»Wenn man aber sagt: ›Wie soll ich wissen, was er meint, ich sehe ja nur seine Zeichen‹, so sage ich: ›Wie soll *er* wissen, was er meint, er hat ja auch nur seine Zeichen.‹«[160]

Jenseits phänomenal und damit öffentlich zugänglicher Formen der Sprache, deren Äußerlichkeit das Wort »Zeichen« hier hervorhebt, sind Behauptungen über Formen eines Gemeinten, Bedeuteten, eines Gedankens und natürlich a forteriori eines Satzes nicht referentialisierbar. Die Diskussion des Privatsprachenproblems wird dies im einzelnen zeigen.[161] Ob der Begriff einer bestimmten Satzform nicht leer ist, läßt sich nur dadurch zeigen, daß wir aktualiter einen Ausdruck bilden, den wir dann *als* einen solchen oder solchen Satz beschreiben können.

Das ganze Problem läuft also auf die eine Frage hinaus, ob sich unter der unbestreitbaren Vielfalt empirischer Satzformen nicht doch ein in bestimmter Weise *ausgezeichnetes* Paradigma finden ließe, das geeignet wäre, als Muster für *alle anderen* Sätze zu dienen, und das in diesem Sinne als Repräsentant eines transzendentalen Schemas des ›Satzes überhaupt‹ gedeutet werden könnte, welches sozusagen nur noch aus archetypischen formalsemantischen Rollen bestünde.[162] Die Antwort, die in den *Philosophischen Untersuchungen* sukzessive entwickelt und begründet wird, ist eindeutig: ein solches ausgezeichnetes, »*vor* aller Erfahrung« anzusiedelndes[163] Paradigma ist undenkbar, schlechte Metaphysik – weil das Subjekt nicht verfügbar ist, das diese Auszeichnung vornehmen müßte. Die Evolution der Gattung hat eine Mannigfaltigkeit von Sprachen und Sprachspielen hervorgebracht[164], kein

160 PU I, 504.

161 Vgl. dazu unten S. 579 ff.

162 Die ›Universalien‹ der kognitiven Linguistik wären von daher als verdinglichte bzw. als Materie gedachte Exemplare solcher Rollen zu deuten. Vgl. hierzu Chomsky 1995.

163 Vgl. PU I, 97.

164 Vgl. PU I, 25 und 415: »Was wir liefern, sind eigentlich Bemerkungen zur Naturgeschichte des Menschen …«

transzendentales Subjekt. Ausdrücklich greift Wittgenstein diese transzendentale Problematik als das zentrale Problem seiner Philosophie auf. Gegen sein in PU I, 1 bis 64 entworfenes Konzept der Welt als einer Mannigfaltigkeit von Sprachspielen bringt er den Einwand seines Dialogpartners zur Geltung, der den Part der traditionellen Metaphysik vertritt:

»Du machst dir's leicht! Du redest von allen möglichen Sprachspielen, hast aber nirgends gesagt, was denn das Wesentliche des Sprachspiels, und also der Sprache, ist ... Du schenkst dir also gerade den Teil der Untersuchung, der dir selbst seinerzeit das meiste Kopfzerbrechen gemacht hat, nämlich den, die *allgemeine Form des Satzes* und der Sprache betreffend«[165].

Wittgenstein räumt die Berechtigung dieses Einwandes explizit ein: »Und das ist wahr«[166]. Er verabschiedet sich keineswegs von den argumentativen Standards der Philosophie. Seine Position ist vielmehr begründet in einer »Sprachansicht«, die er nach und nach aus der Betrachtung seiner ersten, »primitiven« Sprachen entfaltet.[167] Sie ist in ihrer Anlage durchaus der W. von Humboldts vergleichbar, so unterschiedlich beider Ausgangspunkt und Sprache auch sind: Wie dieser begreift Wittgenstein die »natürliche« Sprache als das genuine Medium, in dem menschliches Denken und Handeln sich artikuliert und in dem selbst Wahrnehmungen und Gefühle ihre spezifische Prägung erfahren. Ähnlich wie Humboldt versteht auch Wittgenstein – wie wir gesehen haben – die Vielfalt von Sprachen als Produkt der Evolution der Gattung. Die Differenz beider Sprachansichten liegt in ihrer ›theoretischen‹ Perspektive auf diesen besonderen Gegenstand. Humboldt begriff ja das Sprachsystem, die *langue,* als einen theoretischer Deskription durchaus zugänglichen objektiven Tatbestand, und er deutete auch grammatische Formen als solche Tatbestände.[168] Die philosophische Problematik einer »rationalen Grammatik«, die sich wegen seiner Orientierung an Kant daraus ergibt, haben wir ausführlich erörtert.

Wittgenstein verschärft demgegenüber die erkenntnistheoreti-

165 PU I, 65, Hervorhebung im Text.
166 Ebd.
167 Vgl. zum heuristischen Gebrauch dieser Sprachspiel-Modelle auch Monk 1994, S. 352 ff.
168 Vgl. Kap 10, S. 437 ff.

sche Perspektive in einem entscheidenden Punkt. Er teilt aus den Gründen, die wir bereits betrachtet haben, nicht mehr eine metaphysische Voraussetzung von Humboldts Sprachdenken, die erst aus der Perspektive Wittgensteins als solche überhaupt deutlich wird: die Identifizierung der Sprache als des »bildenden Organs des Gedanken« mit den objektiven Tatbeständen, die wir »Sprachen« nennen. Die Idee eines ›philosophischen‹ Sprachstudiums in Humboldts Sinn wäre Wittgenstein als hölzernes Eisen erschienen. Denn das Gemeinsame dessen, was wir je »Sprache« nennen, liegt nicht in einer Satzform, die in allen Artikulationen als identische auszumachen bzw. zu unterstellen wäre, sondern in der Analogie der verschiedenen Artikulationsweisen. Und dieses Gemeinsame läßt sich theoretisch schlechterdings nicht mehr fassen, d. h. sagen. Es kann sich Wittgenstein zufolge nur mehr in der Praxis des Sprachgebrauchs zeigen. Man muß »*das Gemeinsame sehen*«.

Diese Worte, kursiv an den Beginn des Absatzes PU I, 72 gesetzt, leiten die radikale Distanzierung von jeder Art Transzendentalismus ein, die Wittgenstein in dem folgenden Textabschnitt vornimmt.[169] Bei aller thematischen Nähe zu Kant wird dessen »Architektonik« doch von Grund auf umgekehrt. Nicht mehr der Verstand bzw. der Begriff ist das Vorausgesetzte, von dem her gefragt wird, wie ihm ein »möglicher« Inhalt verschafft werden kann. Wittgenstein rückt zwar durchaus das Schematisierungsproblem ins Zentrum, aber er geht es nicht von der Seite der Logik an, sondern von der der Einbildungskraft bzw. der Anschauung her. An den systematischen Ort der transzendentalen Logik tritt eine Phänomenologie alltagssprachlicher Lebensvollzüge.

169 PU I, 72 – 88; das gesamte »Kapitel«, in dem Wittgenstein das Selbstverständnis seiner Philosophie klärt, umfaßt die Absätze PU I, 65 – 133; vgl. dazu von Savigny 1988, S. 111 ff.

Privatsprache

I: Regeln

Wittgensteins Überlegungen zum Problem einer ›privaten‹ Sprache haben von Anfang an besonderes Interesse gefunden – zurecht, denn hier findet sich die systematische Begründung für seine Ansicht der Sprache. Für unseren Fragezusammenhang hat die Diskussion des Privatsprachenproblems eine entsprechend grundlegende Bedeutung, denn sie läßt sich – wie wir sehen werden – auf die Frage zuspitzen, ob sich die Vorstellung einer ›privaten‹, d. h. nicht durch öffentlichen Sprachgebrauch konstituierten Grammatik halten läßt. Genau diese Vorstellung ist ja in der Idee einer transzendentalen bzw. universalen Grammatik impliziert. Chomskys Konzept einer im Genom angelegten Grammatik ist durchaus zutreffend als privatsprachliches Konzept charakterisiert worden.[170]

Wittgensteins Überlegungen schließen an die in PU I, 197 ff. skizzierte Phänomenologie des Regelbegriffs an. Diese folgt in ihrem Ansatz dem traditionellen Verständnis dessen, was eine Regel ausmacht. Wittgenstein beginnt seine Analyse mit der Bemerkung, es könne »nicht ein einziges Mal nur ein Mensch einer Regel gefolgt sein.«[171] Das würde unserem Verständnis dessen widersprechen, was wir eine Regel nennen. Folgen kann man vielem: einer Eingebung, einem Wink, seinem Herzen, einem Befehl. Um zu klären, was das Einer-Regel-folgen charakterisiert, hebt Wittgenstein drei Züge hervor:

Erstens handelt es sich hierbei um ein Tun, nicht um ein Deuten[172]. Dies widerspricht hermeneutischen Auffassungen, wie sie sich aus der juristischen Auslegungspraxis ergeben haben.[173] Danach besteht zumindest ein wesentlicher Teil des Handlungskomplexes, der »der Regel folgen« genannt wird, darin, eine für den betreffenden Fall »passende« Auslegung der Gesetzesnorm zu finden. Diese schreibt z. B. vor, daß die Dauer des Ersatz-

170 Vgl. Bierwisch 1993, S. 110, und Grewendorf 1995.

171 PU I, 199.

172 PU I, 201.

173 Vgl. hierzu Gadamer/Böhm 1976, S. 29 ff.

dienstes die des Wehrdienstes nicht überschreiten darf. Nun muß man – der Richter oder der Bundestag – eine Auslegung dessen finden, was »Dauer des Wehrdienstes« heißt. In diesem Sinne nennt man häufig die Anwendung einer Regel ihre Auslegung. Doch macht Wittgenstein klar, daß wir in diesem Fall die Regel durch eine Deutung ersetzen, der wir dann folgen, die wir, mit anderen Worten, anstatt ihrer nun als Regel nehmen. Der Regel folgen gehört aber zu einem anderen Typus von Handlungen: Man ersetzt nicht einen Ausdruck durch einen anderen, sondern man wendet ihn an, übersetzt ihn gleichsam in ein bestimmtes Tun. In diesem *zeigt* sich allererst, wie wir die Regel letztendlich aufgefaßt haben. Wenn ich z. B. im vorletzten Satz das letzte Wort großgeschrieben habe, so zeigt sich darin eben, daß ich *hier* das Wort »Tun« als Substantivierung des Verbs *tun* verstanden und darum großgeschrieben hatte. Aber die für jede Auslegung der Regel doch zentrale Frage, ob sie richtig war oder nicht, d. h. *ob* das Tun der Regel entsprach, ist für dessen Vollzug selbst gerade storniert oder ausgeblendet, ja geradezu dysfunktional. Vorher kann man sie hypothetisch, nachher faktisch stellen, nicht aber *während* des Tuns selbst. Für dieses gilt der Satz »Sag nicht …, sondern *schau«*[174] – erwäge keine Gründe, sondern entscheide dich. Man muß sehen, was zu tun ist.

Der *zweite* für die Regelbefolgung konstitutive Zug ist der normative Aspekt: »Einer Regel folgen, das ist analog dem: einen Befehl befolgen.«[175] Er ergibt sich wie der erste aus der logischen Form, die jede Regel als solche ausweist, der des generalisierten Konditionals. Die Form

»Für alle *x* [Element von …] gilt: Wenn (*x*) P, dann (*x*) Q«

besagt eben, daß – *wenn* einmal ausgemacht ist, daß *x* P ist – dann in *jedem* Fall dieses P auch Q genannt werden *kann* und folglich auch so genannt werden *muß*, sofern im betreffenden Fall eben die Frage ist, ob Q hier gilt oder nicht. Rein logisch gesehen resultiert der Zwang, von P zu Q überzugehen, natürlich nur aus der Obligation, das Falsche zu vermeiden. Die Sachverhalte »x ist P« und »x ist Q« sind hier ja rein extensional betrachtet. Pragmatisch ergibt sich der normative Zwang der Regel daraus, daß das Fal-

174 PU I, 66.
175 PU I, 206.

sche, daß Fehler bzw. Verstöße gegen die Regel verpönt werden. Hier sind dann Grade der Verbindlichkeit denkbar und im praktischen Gebrauch der Regel auch häufig eingeräumt. Der Allquantor »in jedem Fall« wird dann durch Ausdrücke wie »meist« oder eben »in der Regel« ersetzt oder seine genaue Form wird im Unbestimmten gehalten. Dies ist logisch nicht dasselbe wie die Unschärfe, die empirisch immer gegeben ist, wenn es darum geht zu entscheiden, ob etwas der Fall ist oder nicht. Hier geht es dagegen um die Akzeptanz der Regel, die in ihrer logischen Form nur angedeutet ist, die aber wesentlich zum Verständnis dessen gehört, was die Regel zur Regel macht.

Nichts zwingt mich, in dem Ausdruck *das einer Regel folgen* das Wort »folgen« als Substantiv anzusehen. Ich könnte auch – und zwar mit guten Gründen – den ganzen Ausdruck *einer Regel folgen* als eine Substantivierung auffassen, dann müßte ich ihn den orthographischen Regeln des Deutschen gemäß *das Einer-Regel-folgen* schreiben.[176] Doch wenn ich mich – ob zu Recht oder Unrecht – einmal dafür entschieden habe, *folgen* allein als Substantiv anzusehen, und wenn ich meinen Text gemäß der geltenden Orthographie des Deutschen schreiben *will* – hier ist die Dimension der Akzeptanz –, dann habe ich keine Wahl mehr: dann *muß* ich das Wort hier großschreiben. Zum Regelbefolgen gehören also zwei verschiedenartige Handlungsweisen: Erstens den Fall prüfen: *ob* x hier tatsächlich P ist. Dies ist ein Geschäft der Urteilskraft, die sich bekanntlich bei diesem Geschäft letztlich nicht mehr von Regeln leiten lassen, sondern nur mehr analogisch verfahren[177], insbesondere eben sich an Übereinstimmungen im Sprachgebrauch orientieren kann. Dieses Moment bedenkt Wittgenstein in der vielzitierten Reflexion, daß zur Verständigung durch die Sprache auch »eine Übereinstimmung in den Urteilen« gehöre.[178] Zweitens – wenn dies der Fall ist – *dann* das tun, was

176 Syntaktisch wäre dies dadurch gerechtfertigt, daß Substantive im Deutschen nur deklinierte Linksattribute binden können. Würde man *folgen* als Substantivierung deuten, so wäre damit *einer Regel* Attribut zu *folgen*, aber, da kein Adjektiv, nicht deklinierbar. Diese Deutung würde also einer »harten« Syntaxregel des Deutschen widersprechen.

177 Vgl. Kant, KrV, B 171 ff., Von der transzendentalen Urteilskraft, und B 218 ff., Analogien der Erfahrung.

178 PU I, 242. Vgl. dazu unten S. 577 ff. Man sieht schon an dieser Struktur, was es mit dem vermeintlichen »skeptischen Paradox« von PU I, 198 (vgl.

mir die Regel in diesem Fall zu tun vorschreibt. Diese Struktur erklärt das auf den ersten Blick befremdlich scheinende Merkmal des ersten Zuges, daß in der Regelbefolgung die Frage der Richtigkeit dieses Tuns storniert ist. Wie auch immer gefunden war, daß die Regel R_i auf den Fall F_j anzuwenden war – sobald feststand, daß es so war, war nicht mehr gemäß der Urteilskraft, sondern gemäß der in der Regel kodierten Norm zu verfahren. Wo ich der Regel folge, sagt Wittgenstein lapidar, habe ich nicht zu wählen: »Ich folge der Regel blind«.[179] Das im ersten Zug erwähnte *Schauen* beschreibt also den Modus des gesamten Handlungskomplexes, den wir »einer Regel folgen« nennen. Es widerspricht dem nicht, sondern charakterisiert gerade die Besonderheit dieses Typus des Folgens gegenüber anderen, z. B. dem Folgen einer Spur, daß ein Teil dieses Handlungskomplexes gerade durch ein blindes Befolgen von Zeichen gekennzeichnet ist. Diesen folgen wir hier, nicht den Dingen selbst – sozusagen die Blindflugphase der Gesamtaktion, wenn wir uns einmal der Norm unterstellt haben. Man schaut auf die Uhr und läßt den Bleistift fallen, denn auf der ist es halb fünf.

Dies führt hin zum *dritten* Zug. Ein solches Handeln ist zwar dem Verhalten eines Tieres oder dem Programmablauf einer Ma-

dazu Kripke 1987) auf sich hat: In einer auf den Geltungsbereich des individuellen Meinens restringierten Sprache, die in PU I, 197 angesprochen ist, fiele die Korrekturinstanz des öffentlichen Sprachgebrauchs weg. Die ›private‹ Urteilskraft könnte den Begriff P hier auf x anwenden, wie immer es ihr gutdünkt. Mithin gäbe es hier, wie Wittgenstein in PU I, 201 explizit erläutert, »weder Übereinstimmung noch Widerspruch«. Tatsächlich handelt es sich bei diesem Paradox also um »ein Mißverständnis« (ebd.). Es beruht im Kern darauf, daß Handeln nach der Regel im strengen Sinn kein ›Deuten‹ ist, Ersetzen eines Ausdrucks durch einen anderen, sondern eben jenes Tun, das sich »in dem äußert, was wir ›der Regel folgen‹, und was wir ›ihr entgegenhandeln‹ nennen« (ebd.). Nicht überlesen werden sollte an dieser Stelle, daß Wittgenstein hier zu einer Formulierung greift, die in dem »was wir ... nennen« die öffentliche Instanz explizit benennt, die über Ge- oder Mißlingen dieses Tuns zu entscheiden hat.

Das »skeptische Paradoxon« folgt also bestenfalls aus der Voraussetzung einer ›privaten Sprache‹, keinesfalls ist das Privatsprachenproblem eine Folgerung aus diesem. Kripkes Wittgenstein ist jedenfalls nicht Wittgensteins Wittgenstein.

179 PU I, 219.

schine vergleichbar, doch ist die Regel eben kein Programm, das »durchlaufen« würde. Ihre Zeichen, denen wir folgen, sind arbiträre Zeichen, meist in Sätzen syntaktisch organisierte Worte und ähnliche Ausdrücke.[180] Daß man ihnen folgt, ist nicht Teil angeborenen Verhaltens, sondern in Lernprozessen erworbenes Können, sei dies nun freiwillig erworben oder erzwungenermaßen. Die Regel ist das Analogon zum Programm der Maschine, das es Menschen ermöglicht, ihre soziale Praxis aufeinander abzustimmen. Daher kommt ja auch das Wort. Die Ordensregel legte den gesamten Tages- und Lebensablauf einer Klostergemeinschaft fest, auf deren »regelmäßiges« Befolgen hin alle Novizen abgerichtet wurden. Sozialer Druck erzwingt die Befolgung der Regel, und soziale Kontrolle erzwingt die Gleichförmigkeit der Befolgung.[181] Daher nennt Wittgenstein es eine »Gepflogenheit«, wenn man der Regel folgt, und bringt dies mit Gebräuchen und Institutionen in einen internen Zusammenhang.[182]

Max Black hat in seinen Analysen des Regelbegriffs vier Lesarten unterschieden, nach denen wir die Wörter »rule« bzw. »Regel« verwenden: (1) einen von ihm so genannten ›regulation-sense‹, (2) einen ›instruction-sense‹, (3) einen ›precept-sense‹ und (4) einen ›principle-sense‹.[183] Letzterer bezieht sich auf logische Regeln bzw. Gesetze, mathematische Sätze oder auf Naturgesetze, d. h. auf generalisierte Konditionale bestimmten Inhalts, denen in ihrem Bereich universelle Gültigkeit zugesprochen wird. Davon ist in Wittgensteins Text nicht die Rede. Auch Black behandelt sie als Regeln im lediglich logisch-formalen Sinn nur am Rande. Die verbleibenden drei Regel-Konzepte könnte man umschreiben als

(1') ›konventionale‹ Regelungen sozialer Tatbestände: Höflichkeitsnormen, Gesetze, Erlasse, die Straßenverkehrsordnung, die Abseitsregel im Fußball usw.;
(2') ›technische‹ Regelungen des pragmatischen Umgangs mit natürlichen bzw. technischen Sachverhalten: Dahlien sollte man erst nach den Eisheiligen ins Freie pflanzen, beim Zubereiten von Mayonnaise sollte man

180 Es kann sich aber, z. B. bei einer Montageanleitung, auch um eine Folge von Zeichnungen, um Piktogramme oder ähnliches handeln.

181 Vgl. PU I, 208.

182 PU I, 199.

183 Vgl. Black 1962, S. 109 ff.

das Öl erst tröpfchenweise zugeben, bei jedem Tanken sollte man den Ölstand prüfen, ...;

(3') ›ethische‹ Regelungen des persönlichen Verhaltens: Wettschulden sind Ehrenschulden, Versprechen muß man halten, man darf sich von den Kindern nicht auf dem Kopf herumtanzen lassen, ...

Für alle drei Kategorien von Regeln gelten die von Wittgenstein beschriebenen Züge, die wir oben genauer betrachtet haben. Sie erfassen paradigmatisch das Wesentliche dessen, was man »einer Regel folgen« nennt. Insbesondere verdeutlichen sie den Zug der Akzeptanz. So ist – bei allen Unterschieden in den Geltungs- oder Anwendungsbereichen der einzelnen Regeln – das Der-Regel-folgen eben wesentlich als soziale, auf intersubjektiver Anerkennung ihrer Gültigkeit beruhende »Praxis«[184] zu begreifen. Diese wird somit als Handeln, als Verhaltensweise oder ähnliches gefaßt, welches sich an Kriterien orientiert und entsprechend ge- oder mißlingen kann. Daraus folgt die das Privatsprachenthema vorbereitende Konsequenz: Der Regel zu folgen ist etwas kategorial anderes als der Regel zu folgen *glauben*. Denn es ist möglich und kommt faktisch häufig genug vor, daß jemand in seinem Handeln gegen geltende Kriterien, etwa Höflichkeitsnormen, verstößt und zugleich doch subjektiv der Meinung war, durchaus den geltenden Regeln konform gehandelt zu haben. Er hatte sich selbst dann nicht objektiv gesehen. Die Frage beantworten, ob hier der Regel gemäß gehandelt wurde oder nicht, kann objektiv nur, wer *nicht* davon überzeugt ist, *daß* hier entweder so oder so gehandelt wurde. »Und darum«, so Wittgenstein, »kann man nicht der Regel ›privatim‹ folgen, weil sonst der Regel zu folgen glauben dasselbe wäre, wie der Regel folgen.«[185]

Unter Experten bricht daher, solange man nicht selbst betroffen ist, in der Regel kein Streit darüber aus, ob in einem gegebenen Fall nach dem Stand der Kunst verfahren wurde.[186] Solch übereinstimmendes Beurteilen des Falls weist sie ja als Experten aus. Man weiß eben, stimmt in der Regel, wie man sagt, darin überein, was hier richtig und falsch, gut und schlecht, zweckmäßig und unzweckmäßig ist. Genau dies muß auch für die Wahl des »passenden« Wortes in einer gegebenen Situation gelten – sofern es sich

184 PU I, 202.
185 Ebd.
186 Vgl. PU I, 240.

jedenfalls um Sprecher handelt, die die betreffende Sprache beherrschen. Daher Wittgensteins bereits erwähnte Konsequenz, die die Rolle der den Experten definierenden Urteilsfähigkeit für das Gelingen von Verständigung betrifft. Es ist solche Urteilsfähigkeit, die Beispiele gelungenen Sprachgebrauchs erzeugt, ohne die allgemeine Kriterien für Ge- und Mißlingen im Gebrauch der Sprache sich nicht ausbilden könnten:

»Zur Verständigung durch die Sprache gehört nicht nur eine Übereinstimmung in den Definitionen, sondern (so seltsam dies klingen mag) eine Übereinstimmung in den Urteilen.«[187]

Die Etablierung von Gelingensbedingungen für den Gebrauch von Wörtern, für Regeln also, welche konstitutiv sind für »Verständigung durch die Sprache«, wird zurückgeführt auf Akte des gelungenen Gebrauchs von Wörtern. Das Verhältnis von Verstand und Urteilskraft ist hier berührt, Wittgenstein deutet es in seinem Kommentar an: »Dies scheint die Logik aufzuheben; hebt sie aber nicht auf.«[188] Den Grund dafür hat schon Kant in seiner Erörterung der transzendentalen Urteilskraft bezeichnet: Das Befolgen einer Regel kann letztlich nicht selbst geregelt sein; andernfalls geriete man in einen infiniten Regreß.[189] Doch ist darum die Urteilskraft nicht ohne Orientierung. Sie verfährt nicht stochastisch, sondern *schaut auf Beispiele* ihrerseits gelungener Regelanwendungen. Nicht jedes gelungene Handeln muß ja durch eine Regel geleitet sein. Man kann z. B. Meßmethoden aufgrund ganz spezifischer Erfahrungen festlegen. Dies ist etwas gänzlich anderes als dann danach ein bestimmtes Meßergebnis zu finden. Im Einzelfall kann das schwierig sein. Man denke etwa an eine Smogverordnung. Dennoch versteht man unter einem Meßergebnis nicht einfach das wie auch immer erbrachte Ergebnis eines individuellen Meßvorgangs: »... was wir ›messen‹ nennen, ist auch durch eine gewisse Konstanz der Messungsergebnisse bestimmt«.[190] Regeln müssen sich in der Praxis bewähren. Erst dies macht, daß man ihnen schließlich blind folgt.

187 PU I, 242.
188 Ebd.
189 Vgl. KrV B 171 ff. Ryle macht in seinem Nachweis, daß die »erfolgreiche« Praxis ihrer Theorie stets vorausgehe, von eben diesem Argument Gebrauch. Vgl. Ryle 1963, S. 31 ff. (dt. S. 34 ff.).
190 PU I, 242.

Der Gebrauch von Wörtern ist, auch wenn er auf individuellen Akten des Urteilens beruht, darum doch nicht willkürlich. Der Mangel an Urteilskraft ist nach Kant bekanntlich das, was man Dummheit nennt[191], und so ist es gerade der ›intelligente‹ Gebrauch des Wortes, welcher für eine gewisse Konstanz in diesem Gebrauch *im allgemeinen* sorgt. Denn wenn ein anderer die konkrete Verwendung des Wortes als treffend beurteilt, heißt dies ja, daß er in ähnlichen Situationen dieses Wort so oder ähnlich verwenden würde. Man muß »das Gemeinsame sehen«[192]. Dies also, die Analogie, konstituiert allererst das, was wir eine ›Sprache‹ nennen, und in diesem Sinne nennt es Wittgenstein »eine Technik beherrschen«, wenn man eine Sprache versteht.[193] Nicht die Kalkulation der Zweck-Mittel-Relation ist hier gemeint. Auch wenn ich das Englische nur stümperhaft beherrsche, kann ich – zur Not – mich im Rahmen einer Konferenz, wo eben Englisch Konferenzsprache ist, zu einzelnen Punkten äußern, indem ich mithilfe einer Grammatik und eines Wörterbuchs meine »auf Deutsch gedachten« Sätze ins Englische übertrage. Doch werden die anderen nur dann begreifen, was ich meine, wenn sie ›das‹ Englische hinreichend beherrschen: »Einen Satz verstehen, heißt, eine Sprache verstehen.«[194] Ich verstehe ihn nur insofern, als ich imstande bin, ähnliche wie unähnliche Sätze derselben Sprache zu verstehen. Andernfalls könnte ich mir nie sicher sein, ob ich richtig verstanden hatte.[195] Dies ist wohl der entscheidende Grund dafür, weshalb eine *Sprache* und Sprachkompetenz nicht durch eine *Satz*grammatik ›erklärt‹ werden kann.

191 Vgl. KrV B 172, Anmerkung.

192 Vgl. PU I, 72.

193 PU I, 199.

194 Ebd.

195 Natürlich kommt es auch in der Muttersprache vor, daß man sich nicht sicher ist, ob man den anderen ›richtig‹ verstanden hat, d. h. verstanden hat, was er meinte. Doch ist dies nicht die Grundsituation sprachlicher Verständigung – weder im umgangssprachlichen noch im fachsprachlichen Bereich. Herrschte nicht ein gewisser »Basiskonsens«, so müßte jede Kommunikation scheitern.

Gegen diese Argumentation führt Wittgenstein nun das schärfste aller denkbaren Gegenargumente ins Feld: die Vorstellung einer Sprache, deren Regeln per definitionem *nicht* auf öffentlich sanktionierten Fällen gelungenen Wortgebrauchs beruhen. Er führt diese Vorstellung mit folgender Frage ein:

»Wäre aber auch eine Sprache denkbar, in der Einer seine inneren Erlebnisse – seine Gefühle, Stimmungen, etc. – für den eigenen Gebrauch aufschreiben, oder aussprechen könnte?«[196]

Dies wäre natürlich in jeder sogenannten »natürlichen« Sprache möglich. Ich beschreibe meine jetzige Stimmung als »Mischung aus Müdigkeit und Euphorie«. Ich habe – endlich, nach langer Arbeit – den springenden Punkt gefunden. Wer das Deutsche hinreichend beherrscht, ein Freund z. B., könnte sich anhand dieser Beschreibung ein gewisses Bild von meiner Stimmung machen, auf die sich diese Beschreibung bezog. Er würde ihr etwa entnehmen, daß ich nicht wach, sondern müde war, zugleich aber nicht resigniert oder melancholisch, bereit zum Aufgeben, sondern irgendwie auch aufgekratzt, daß ich in gewissem Sinn also wiederum auch nicht müde war, sondern geradezu elektrisiert, bereit weiterzumachen usw. Und wir beide könnten uns anhand dieser Beschreibung über diese und ähnliche Stimmungen unterhalten, die wir schon erlebt haben.

Im Unterschied dazu charakterisiert Wittgenstein die Privatsprache durch zwei zusätzliche Bedingungen:

(1) beziehen sich die Wörter dieser Sprache per definitionem auf das, »wovon nur der Sprechende wissen kann«.
(2) können andere »diese Sprache also nicht verstehen«.[197]

Das Wort »also« in (2) hat in der Diskussion des Privatsprachenproblems für ausgedehnte Debatten gesorgt. Signalisiert es, daß die Bedingung (2) von (1) logisch, und zwar intensional abhängig ist, oder ist es extensional zu verstehen, sodaß (2) ein Merkmal der privaten Sprache bezeichnete, welches unabhängig von (1) gelten würde.[198]

196 PU I, 243.
197 Ebd.
198 Vgl. hierzu von Savigny 1988, S. 284 ff.

Dem Text ist eine Antwort auf diese Frage unmittelbar nicht zu entnehmen, und daher wird es sich empfehlen, das Problem sowohl von der extensionalen wie von der intensionalen Seite aus anzugehen, d. h. von seiten des Ausdrucks. In diesem Zusammenhang wird daher nun das Problem des Namens zu diskutieren sein[199], das wir im Kapitel über Werkzeuge zwar schon berührt, systematisch aber bislang ausgespart hatten. In der Tat sind die beiden Themen intrinsisch miteinander verbunden. Deutlich ist ja schon hier, daß es sich bei der Privatsprache um ein Denkmodell handelt, durch dessen Betrachtung die »Beziehung zwischen Namen und Benanntem« geklärt werden soll, nach der bereits in der Einleitung gefragt war[200], nach der Natur also des im augustinschen Mythos umschriebenen Sprachbildes. Wittgenstein faßt den Stier bei den Hörnern. Wiederum konstruiert er, um die Art dieser Beziehung zu klären, ein Sprachspiel, in dem mit Namen nun auf ganz einzigartige Gegenstände Bezug genommen werden soll: auf ›private‹ Empfindungen, seelische Ereignisse also, die so geartet sind, daß sie nur diejenige Person empfinden *kann*, die sie hat. Sein Paradigma für derartige Empfindungen sind bekanntlich Schmerzen, insbesondere solche, die nicht durch beobachtbare Verletzungen des Körpers entstanden sind, z. B. Zahn- oder Kopfschmerzen. Aber es könnte sich um jede beliebige Empfindung handeln, die die Bedingung erfüllt, daß ich bzw. der Sprechende allein »von ihr wissen kann«, grundsätzlich also um jeden beliebigen Gegenstand, der dieser Bedingung genügt.

In einem ersten Schritt wird geklärt, wie diese zu verstehen ist. Das Wort »wissen« ist hier nicht in dem Sinn verwendet, in dem es im Deutschen in der Regel verwendet wird: der auf hinreichend sichere Gründe gestützten Meinung sein, daß etwas der Fall ist, sodaß man dieses Wissen auch mitteilen und gegebenenfalls verteidigen kann. Schon früher im Text hatte Wittgenstein auf solch öffentlich zugängliches Wissen hingewiesen und dabei gerade auch die Grenzen der Mitteilbarkeit solchen Wissens thematisiert:

»Vergleiche: *wissen* und *sagen:*

wieviele m hoch der Mont-Blanc ist –
wie das Wort »Spiel« gebraucht wird –
wie eine Klarinette klingt.

199 Vgl. unten S. 596 ff.
200 PU I, 37.

Wer sich wundert, daß man etwas wissen könne, und nicht sagen, denkt vielleicht an einen Fall wie den ersten. Gewiß nicht an einen wie den dritten.«[201]

Aber selbst im letzten Fall wäre das Wissen noch immer öffentlich überprüfbar. Der Betreffende könnte, wenn er ein Instrument hört, ohne es zu sehen, noch immer sagen, *ob* es sich dabei um eine Klarinette handelte oder nicht. Und wenn er sich dabei wiederholt irrte, würden wir wahrscheinlich zu dem Schluß kommen, daß er eben doch nicht, zumindest nicht hinreichend genau wüßte, wie eine Klarinette klingt; daß er z. B. zwar imstande sei, sie von einer Flöte zu unterscheiden, nicht aber von einem Englischhorn.

Nur allein von einer Empfindung wissen *können* muß daher etwas anderes heißen: Ein anderer kann dieses Wissen nicht bestreiten. »wissen« heißt in diesem Sprachspiel also soviel wie »sich ... gewiß sein«, »sich ... sicher sein« o. ä.[202] Die Regel des Sprachspiels soll nun lauten, daß ich mir an jedem Tag, wenn ich eine bestimmte Empfindung gehabt habe, das Zeichen »E« ins Tagebuch eintrage.[203] Die Schriftlichkeit des Verfahrens gewinnt hier eine besondere Bedeutung. Jede einzelne Tagesspalte im Buch wird mit dem Zeichen entweder versehen oder nicht, sodaß z. B. für einen Monat eine Übersicht angefertigt werden könnte in der Art einer Fieberkurve über dem Bett eines Patienten: an welchem Tag des Monats ist die Empfindung aufgetreten und an welchem nicht. Nur wäre die Korrektheit der Übersicht für einen Außenstehenden, intersubjektiv also, nicht überprüfbar. Die Frage lautet daher, ob sie für mich selbst überprüfbar wäre, subjektiv also. Aber – *hierin* liegt wohl die eigentliche Pointe des Privatsprachenarguments – dies wäre aufgrund der Konstruktion dieses Sprachspiels paradoxerweise äquivalent mit einer rein *objektiven* Überprüfung. Denn ich machte ja die gesamte Sprecherschaft dieser Sprache aus. Intersubjektive Differenzen im Gebrauch von »E« könnten folglich nicht auftreten. Zudem ist – wie man unmittelbar sieht – dieses Zeichen ein reiner Index. Für sich selbst hat es

201 PU I, 78.

202 Vgl. *Über Gewißheit* 8: »Der Unterschied des Begriffs ›wissen‹ vom Begriff ›sicher sein‹ ist gar nicht von großer Wichtigkeit, außer da, wo »Ich weiß« heißen soll: Ich *kann* mich nicht irren.« Werkausgabe Bd. 8, S. 120.

203 PU I, 258.

keinerlei Sinn, an dem ich mich bei seinem Gebrauch orientieren könnte. Das bezeichnete Objekt selbst ist laut Spielregel der einzige Orientierungspunkt für den Eintrag ins Tagebuch. In diesem Sinne wäre der Gebrauch von »E« in der Tat rein objektiv bestimmt. Genau diese paradoxe Konstellation macht die eigentümliche Faszination des Privatsprachenproblems aus.

Wittgenstein weist nun zunächst darauf hin, »daß sich eine Definition des Zeichens nicht aussprechen läßt«, bringt somit einen zweiten Artikulationsmodus, nämlich den mündlichen, ins Spiel. Dies ist hier sachlich nicht nur von Belang, sondern führt ins Zentrum des Problems. Die Definition müßte bzw. könnte ja nur darin bestehen, dem Zeichen »E« eine *bestimmte* Empfindung[204] als seine fregesche ›Bedeutung‹ zuzuordnen, nicht jede beliebige, und dies ist keine sprachliche Handlung, sondern die Verknüpfung eines indexikalischen Zeichens mit einem zeitlich begrenzten und darum individuellen Ereignis. Das könnte – wenn überhaupt – nur gestisch geschehen, eben auf der Ebene von Indizes. Dieser gestische Charakter, den aufgrund der Eigenart des zu definierenden Zeichens jede Definition hier haben müßte, und das daraus resultierende erkenntnistheoretische Problem war daher nur zu verdeutlichen in einem sprachlichen Verfahren, wo sich die Geste als solche isolieren ließ, und dies ist im Schriftlichen eben leichter der Fall als im Mündlichen.

Gerade dann zeigt sich aber, daß sich die Definition nicht aufschreiben ließe, und zwar *per definitionem* nicht. Denn mehr als ein Zeichen »E« pro Tag wäre laut der Spielregel redundant. Das Zeichen in der betreffenden Tagesspalte des Tagebuchs besagt, ob die Empfindung an diesem Tag aufgetreten ist, nicht, wie oft, und so hätten die Einträge

E_1: 6. *Juli* 1995: *E*
und
E_2: 6. *Juli* 1995: *E E E E E*

exakt denselben Sinn, nämlich daß ich am 6. Juli 1995 diejenige Empfindung hatte, bei deren Auftreten zwischen 0 und 24 Uhr ich der Regel gemäß eben das Zeichen »E« in der Tagesspalte des 6. Juli einzutragen hatte. Wo immer in einer Tagesspalte das Zei-

204 Das Wort »gewissen« in PU I, 258 ist zweifellos in diesem Sinn einer »bestimmten« Empfindung verwendet. Vgl. hierzu PU I, 270.

chen »E« eingetragen wäre, es würde immer dasselbe besagen: auf eine nur mir selbst an demselben Tag gewisse bestimmte Empfindung sich zu beziehen. Man könnte also den fregeschen ›Sinn‹ dieses Zeichens *nirgends* in einer Definition schriftlich festlegen. Denn wo immer sie aufgeschrieben wäre, sie könnte nur etwa folgendermaßen lauten:

»E« := Das Zeichen für diejenige bestimmte Empfindung, die ich an dem Tag, an dem ich jeweils »E« ins Tagebuch eintrug, mir sicher war gehabt zu haben und deren Auftreten an diesem Tag derselbe Grund für mich war, »E« ins Tagebuch einzutragen wie an allen anderen Tagen.

Auf die in dieser Definition benannte Empfindung könnte jedoch innerhalb des Definierens nicht verwiesen werden, um so dem dergestalt definierten Zeichen seine Extension per ›hinweisender Definition‹, durch einen Referenzakt also, zuzuordnen. Denn eben dieser *Bezug* war ja gemäß der Spielregel durch den Eintrag ins Tagebuch herzustellen, nicht nur zu dokumentieren. *Daß* ich das Zeichen »E« heute ins Tagebuch eintrug, ist das Zeichen dafür, daß ich heute *diese* Empfindung hatte – sonst nichts. Ansonsten hätte ich zwar möglicherweise diese Empfindung gehabt, doch ohne sie der Spielregel gemäß zu bezeichnen. Der Bezug des Zeichens zum Objekt war aber nach der Spielregel nur durch ein dieser Regel gemäßes schriftliches Handeln herstellbar, das sich hier in der puren Geste erschöpft. Nur *daß* das für sich sinnlose Zeichen »E« geschrieben wurde, zählt, auch nicht, daß *ich* der Schreiber war, das haben wir oben schon gesehen. Die Extension des »Ich« ist identisch mit der der gesamten Sprecherschaft dieser Sprache, und also entfällt hier auch, mit Bühler zu sprechen, jede mögliche Ausdrucks- und Appellfunktion der Geste.

Die Konstruktion dieses Sprachspiels hat ihren guten Sinn[205]:

205 Natürlich hätte Wittgenstein das Sprachspiel auch anders konstruieren können, indem er etwa den schriftlichen Eintrag »E« oder eine mündliche Äußerung »/e/« oder wie auch immer als Index der Empfindung zugelassen hätte. Aber damit hätte er den Fall nur verkompliziert, denn die schriftliche Handlung wäre hier in keinem Sinne als Bezeichnung der mündlichen zu nehmen. In einem Fall würde es sich um einen graphischen Index handeln, im anderen um einen phonetischen. Eine solche Konstruktion wäre tatsächlich redundant gewesen, denn alles, was für den schriftlichen Index hier gilt, gilt – wie wir gesehen haben – aufgrund der spezifischen Sachlage für den mündlichen *a forteriori*.

Schriftlich könnte der Bezug nur in der beschriebenen Weise hergestellt werden, nicht etwa durch das Hinschreiben einer Definition oder eines beliebigen Textes, in dem das Zeichen »E« vorkäme, selbst nicht des Satzes »Heute habe ich die Empfindung E gehabt.« Dieser Satz enthielte an jedem anderen Ort als im Tagebuch ein nicht referentialisiertes und in keiner Weise referentialisierbares Zeichen. Er wäre somit selbst sinnlos wie ein Satz »In Sarajewo haben am 3. September 1995 die Gnüyxqhjs begonnen.« So würde sich aus *jeder* Definition und aus jedem öffentlich geäußerten Satz die Empfindung wegkürzen wie der Käfer in der Schachtel.[206]

Auf diese Weise wird hier ein grundlegender Sachverhalt freigelegt: Die Extension des Zeichens wäre mit sprachlichen Mitteln nicht ausweisbar, weder mit schriftlichen noch mit mündlichen.[207] Zudem zeigt sich hier, daß – eine in der Tat verblüffende Pointe, die erst durch die Schriftlichkeit des Verfahrens sichtbar wird – ein nur extensional lesbares Zeichen notwendigerweise *syntaxlos* würde. Würde die Definition in der Spalte eines Tages notiert, wo die bestimmte Empfindung aufgetreten war, so würden ja aufgrund der Rahmenspielregel alle »E« umgebenden Wörter als sinnlos sozusagen gestrichen. Sobald ich im Satzverband der Definition in dieser Tagesspalte das Zeichen »E« schreiben würde, hätte diese Handlung per definitionem *ausschließlich* den Sinn, der ihr durch die Spielregel gegeben war, nämlich das Auftreten der betreffenden Empfindung an diesem Tag anzuzeigen. Es gäbe schlechterdings keine Möglichkeit, »E« in irgendeinen sprachlichen, also diskursiven Kontext zu integrieren: Entweder wäre dieses Zeichen in einem ansonsten sinnvollen Kontext, einer Definition etwa, ein sinnloses Einsprengsel, nicht mehr als ein sich Räuspern, oder aber es hätte seinen besonderen »Sinn«, nämlich den, ausschließlich extensional lesbar zu sein, und dann bräuchte es die es umgebenden Wörter nicht. Wittgenstein beschreibt einen Redner, wie er in der Diskussion über dieses Problem sich emphatisch an die Brust schlägt und sagt: »Aber der Andere kann doch nicht DIESEN Schmerz haben!«, um damit die Singularität dieser

206 Vgl. PU I, 293.

207 Alle für das schriftliche Referenzverfahren geltenden Bedingungen wie Überprüfbarkeit, Regelmäßigkeit etc. müßten ja für *jedes* mündliche a forteriori gelten.

seiner Empfindung gleichsam gestisch zum Ausdruck zu bringen[208]. Dieser Redner begeht, indem er diese Worte äußert, einen performativen Widerspruch. Er mutet dem anderen ein Argument zu, zu dessen Formulierung er das Wort »Schmerz« benötigt, um zu verdeutlichen, *worüber* er spricht, und zugleich behauptet er, daß eben der Gesprächspartner, den er zur Zustimmung zu seinem Argument bringen will, genau dieses Wort hier nicht verstehen kann, weil es ihm nicht möglich sei, ihm seine hier gemeinte Extension zuzuordnen. Denn die könne allein er, der Sprecher, ihm zuordnen. Wer die Möglichkeit einer privaten Sprache verteidigen will, verurteilt sich an genau den Punkten, wo er genötigt wäre, zur Stützung seiner These ein Beispiel für eine ›private‹ Bedeutung zu geben, selbst zum Schweigen. *Alle* Beispiele, die er geben könnte, um zu belegen, daß die Menge der Wörter seiner behaupteten Privatsprache nicht leer ist, wären ja für *alle* anderen per definitionem bedeutungslose Wörter.

Extensional, durch das Beibringen eines Belegfalls, läßt sich die Privatsprachenthese also nicht verteidigen. Entsprechende Schwierigkeiten ergeben sich auf Seiten der Intension. Der Eintrag E_2 – 6. *Juli* 1995: *E E E E E* – wäre für einen Außenstehenden, der die Spielregel kennt, vielleicht ein Hinweis darauf, daß ich am 6. Juli 1995 fünfmal geglaubt hatte, die betreffende Empfindung zu haben, aber ihm könnte mangels einer überprüfbaren Definition das wiederholte Auftreten des Zeichens »E« natürlich keinerlei Sicherheit darüber geben, ob ich dabei jedesmal *dieselbe* Empfindung gehabt hatte – Zahnschmerzen etwa –, geschweige denn dieselbe *bestimmte* Empfindung: genau denselben Schmerz am selben Zahn wie vorgestern. Da dies für jeden Eintrag von »E« an einem Tag gilt, muß es auch für jeden *einzelnen* Eintrag von »E« gelten. Kein Eintrag könnte mithin als *sicheres* Zeichen dafür genommen werden, daß ich heute dieselbe bestimmte Empfindung hatte wie gestern, es sei denn, man würde einen kausalen Zusammenhang zwischen dem Auftreten der Empfindung und dem Eintrag des Zeichens »E« unterstellen. Aber das wird wiederum durch die Schriftlichkeit des Notationsverfahrens unterbunden. Eine mündliche Artikulation könnte als unwillkürliche Äußerung gedeutet werden, z. B. ein Schmerzensschrei. Ein schriftlich notiertes Zeichen hingegen ist per se ein ›willkürliches‹.

208 PU I, 253.

»willkürlich« hieße in diesem Zusammenhang soviel wie »durch willentliches, intentionales Befolgen der Spielregel geleitet, durch nichts sonst«. Man stöhnt nicht schriftlich. Der einzige Garant dafür, daß die Spielregel richtig angewendet war, wäre folglich meine Überzeugung, daß ich diese bestimmte Empfindung hatte, und dies gilt für mich ebenso wie für alle anderen, d. h. für die sogenannte ›1. Person‹ ebenso wie für die ›3. Person‹.[209]

Wissen und *zu wissen glauben* würden damit in der Tat ununterscheidbar zusammenfallen, und zwar für alle möglichen Bedeutungen von »wissen«, auch und gerade für die Bedeutung »sich ... gewiß sein«. Denn die Ausdrücke »die Empfindung X haben« und »sich gewiß sein, die Empfindung X zu haben« besagen, bei Lichte betrachtet, dasselbe. Man kann keine Empfindung haben, ohne sie zu empfinden. Wer keinen Schmerz empfindet, *hat* auch keinen, und wer Zahnschmerzen hat, kann nicht daran zweifeln, *ob* er sie hat. Wer aber sich sicher ist, etwas zu haben, ohne dieses überprüfen zu können, der glaubt eben bzw. ist davon überzeugt, daß er dieses Etwas hat, und zweifelt nicht daran. Ob ich allerdings Schmerzen habe, kann gerade ich nicht überprüfen. Dieser Fall stellt sich nicht für mich, allenfalls für meinen Arzt. Wo ich also in diesem Sinne Schmerzen zu haben glaube, da *habe* ich sie, und umgekehrt.[210] In der Privatsprache gilt deswegen die semantische Regel: »*wissen* ⇔ *zu wissen glauben*«. Dies sind keine empirischen Aussagen über Empfindungen, sondern Bemerkungen dazu, wie wir die Wörter »Empfindung«, »glauben« und »wissen« im Deutschen verwenden – ›grammatische Sätze‹.

Es wäre bei dieser Sachlage – wie Wittgenstein bemerkt – in der Tat ganz gleichgültig, »ob ich die Empfindung *richtig* wiedererkannt« hatte oder nicht[211], denn jeder Eintrag von »E« wäre

209 Eine ›2. Person‹ kann es in diesem Sprachspiel ja per definitionem nicht geben.

210 Natürlich kann man in diesem Zusammenhang das Wort »glauben« auch anders verwenden: Der Arzt drückt mir bei einer Untersuchung den Finger in den Leib und fragt, ob es weh tut. Ich sage: »Ich glaube nicht«. Dies heißt: Ich bin mir nicht sicher, ich kann das Druckgefühl nicht genau von einem Schmerz unterscheiden. Doch wenn der Arzt weiter den Druck verstärkt, *wird* es mir irgendwann weh tun, und erst dann wäre der Regel gemäß das Zeichen zu notieren.

211 PU I, 270.

ohnehin nur ein Indiz dafür, daß ich an diesem Tag geglaubt hatte, diese bestimmte Empfindung zu haben.

Betrachten wir nun das Sprachspiel in der Sprache, in der es konstruiert wurde, der öffentlichen. Für diese gilt ja die eben erwähnte semantische Regel »*wissen* ⇔ *zu wissen glauben*« nicht. Als Folge ergibt sich, daß das Zeichen degeneriert. Genau das könnte es mir nicht sagen, was es mir doch eigentlich sagen sollte, nämlich *daß* ich heute diese bestimmte Empfindung hatte. Bestenfalls, daß ich heute glaubte, diese bestimmte Empfindung zu haben. Damit würde aber das Auftreten dieses Glaubens bzw. dieser Meinung zu demjenigen seelischen Ereignis, das *de facto* durch »E« bezeichnet wäre, seine Extension also, und das Spiel würde erneut mit dem schriftlichen, folglich willkürlichen Notieren von »E« beginnen. Nach derselben Argumentation würde der Eintrag von »E« nunmehr besagen, daß ich heute glaubte geglaubt zu haben, die bestimmte Empfindung gehabt zu haben usw. ad infinitum.

So finden wir hier eine Grundposition des *Tractatus* von Grund auf revidiert bzw. vom Kopf auf die Füße gestellt. Es ist nicht so, daß der streng durchgeführte Solipsismus mit dem »reinen Realismus« zusammenfiele[212], sondern umgekehrt: der reine Realismus fiele mit einem solipsistischen Ich zusammen, das über keine Sprache mehr verfügt, weil alle seine geäußerten Zeichen nicht mehr wären als syntaxlose Einzelzeichen, unzusammenhängendes Gestammel. Dieses könnte man als Anzeichen für das Vorliegen einer Meinung nehmen oder eben auch nicht. Mehr wäre ihm nicht zu entnehmen, denn ihr Gebrauch wäre zwar ein willkürlicher, ohne daß aber in ihm die mindeste Konstanz oder Regelmäßigkeit für irgendwen erkennbar wäre. Einer ›privaten‹ Sprache fehlten alle wesentlichen Züge einer *Sprache*.

III: Zur Metaphysik des Namens

Das Modell der Privatsprache ist – so hat sich gezeigt – intrinsisch mit der Namenproblematik verbunden. Wittgenstein hatte diese schon an früherer Stelle im Text diskutiert, im Zusammenhang mit der Kritik an der Sprachauffassung des *Tractatus*. Dort war der

212 Vgl. T 5.64.

Name als dasjenige nicht weiter zu zergliedernde »Urzeichen« eingeführt worden, aus dem Sätze gebildet werden.[213] Wittgenstein übernimmt zwar Freges funktionale Auffassung des Satzes, doch erfährt der Begriff des Namens im Kontext der Abbildtheorie eine charakteristische Umdeutung:

»Nur der Satz hat Sinn«, heißt es hier, »nur im Zusammenhange des Satzes hat ein Name Bedeutung.«[214]

Frege hatte ›Sinn‹ und ›Bedeutung‹ bzw. – um die übliche, weniger irreführende Terminologie zu benutzen – Extension und Intension auch dem Namen zugesprochen.[215] Sein Beispiel ist bekannt: Die Namen »Abendstern« und »Morgenstern« bezeichnen zwar dieselbe ›Bedeutung‹, sprich Extension, jedoch tun sie es auf verschiedene Weise. Sie repräsentieren sie in verschiedenem ›Sinn‹. Wittgenstein folgt jedoch, auch wo er sich von Freges Sprachgebrauch noch nicht eindeutig distanziert, in seiner Auffassung des Namens Russell. Der hatte in *On Denoting* auf die Schwierigkeiten hingewiesen, die sich für Freges Theorie daraus ergeben, daß dieser noch von einer natürlichsprachigen Syntax ausgeht und daher zuläßt, daß Namen im Satz sowohl in Subjekts- wie in Prädikatsposition auftreten.[216] Die Konsequenzen sind bekannt: Der Satz »Der gegenwärtige König von Frankreich ist kahlköpfig«, behauptet im Jahre 1905, enthielte einen Namen, der zwar eine eindeutig verstehbare Intension hätte – *der gegenwärtige König von Frankreich* –, dem aber keine Extension zu geben wäre. Nach Frege wäre damit dieser Satz nicht falsch, sondern unsinnig. Er enthielte eine unzutreffende Präsupposition – »Frankreich hat gegenwärtig einen König« –, und damit wäre nach Austin der mit der Äußerung des Satzes vollzogene Sprechakt des Behauptens nicht falsch, sondern mißglückt.[217]

Eine Präsupposition ist jedoch ein subjektiver Akt des Fürwahr-haltens, und derartige subjektiven Ereignisse konnten keinen Platz in einer Sprache haben, deren Funktion ausschließlich darin gesehen wurde, objektive Sachverhalte abzubilden. Um dies

213 Vgl. T 3.26 ff.
214 T 3.3.
215 Vgl. Frege 1969 b.
216 Vgl. Russell [1971].
217 Vgl. Austin [1968], hierzu auch Wittgensteins Referat dieser Problemlage PU I, 39.

zu gewährleisten, war der natürlichsprachliche Satz in die logische Syntax der Idealschrift zu übersetzen. Wir haben die Filterfunktion dieses Übersetzungsverfahrens ausführlich diskutiert.[218] Nach der von Russell in *On Denoting* entwickelten Theorie lautete der betreffende Satz nun, logisch »vollständig analysiert«[219]:

Es gibt ein *x* [Element von M_{Def} ...], für das gilt:
x ist gegenwärtiger König von Frankreich und *x* ist kahlköpfig;
und für alle *y* [Element von M_{Def} ...] gilt:
wenn *y* gegenwärtiger König von Frankreich ist, dann $y = x$.[220]

Für den Begriff des Namens hat diese Konzeption zur Folge, daß er einen anderen Sinn annimmt als bei Frege. Extension und Intension werden auf verschiedene syntaktische Typen »verteilt«. In Wittgensteins Gebrauch des Wortes »Name« führt dies allerdings zu einer Ambiguität, die nur auf der Ebene der formalen Symbolik eindeutig geklärt ist. Was im *Tractatus* explizit »Name« genannt wird, hat keinerlei fregeschen ›Sinn‹ mehr, sondern ist nur noch extensional zu interpretieren, nämlich als gebundene Variable:

»Der Name kommt im Satz nur im Zusammenhange des Elementarsatzes vor.
Die Namen sind die einfachen Symbole, ich deute sie durch einzelne Buchstaben (›x‹, ›y‹, ›z‹) an.
Den Elementarsatz schreibe ich als Funktion der Namen in der Form: ›f x‹, ›φ (x, y,)‹ etc.«[221]

Als Namen anderen syntaktischen Typs bleiben somit die hier durch die Buchstaben »f« bzw. »φ« angedeuteten »Funktionszeichen« übrig, die Eigenschaften bzw. Relationen bezeichnen: die *rhemata* des Aristoteles. Von denen gilt umgekehrt, daß sie nur einen fregeschen ›Sinn‹ haben wie z. B. »(ist) kahlköpfig«[222], aber keine Extension. Damit ist in Wittgensteins Frühwerk dem Begriff des Namens eine logische Deutung gegeben, die die Metaphysik des *legein* und *onomazein*, welche bei Aristoteles in der Kategorienschrift der eigentlichen logischen Satztheorie vorge-

218 Vgl. oben S. 522 ff.
219 Vgl. T 3.25.
220 Vgl. Russell [1971].
221 T 4.23 f.
222 Die Kopula wird, genau genommen, in der Begriffsschrift ja einfach durch den syntaktischen Bezug des Relationsausdrucks zum Namen dargestellt.

ordnet ist, in erstaunlicher Präzision rekonstruiert bzw. reformuliert:

»Die Gegenstände kann ich nur *nennen*. Zeichen vertreten sie. Ich kann nur *von* ihnen sprechen, *sie aussprechen kann ich nicht*. Ein Satz kann nur sagen, *wie* ein Ding ist, nicht *was* es ist.«[223]

Der Gegenstand, das *hypokeimenon*, ist als Seiendes der Behauptung vorausgesetzt. Die erste *ousia* ist nicht aussagbar, nur von ihr kann etwas behauptet werden.[224] Die in dieser metaphysischen Position implizierte Auffassung des Namens ist es, die Wittgenstein in den *Philosophischen Untersuchungen* einer, mit Hamann zu sprechen, »metakritischen« Betrachtung unterzieht. Ausdrücklich wird die im *Tractatus* vertretene Namentheorie Russells in die über Aristoteles vermittelte platonische Tradition eingeordnet. Die für diese Tradition charakteristische Auffassung kennzeichnet Wittgenstein ausgehend von einer Betrachtung des Gebrauchs des Demonstrativpronomens *dieses*: Von diesem Wort sei behauptet worden, »es sei der *eigentliche* Name«.[225] Damit steht es als Paradigma für die Namentheorie des *Tractatus*, und zwar in doppelter Hinsicht: Zum ersten kann dieses Wort nie »trägerlos« werden[226], seiner Extension verlustig gehen. Es wird eben so verwandt, daß mit ihm *stets* auf ein gegebenes Objekt verwiesen wird. Zum zweiten geht seine Intension tendentiell gegen Null. Sie ist allenfalls gegen bestimmte andere Deiktika wie *dort*, *da*, *hier* noch abgegrenzt, doch da geht es bestenfalls um Nuancen. So kann das Wort »dieses« als Paradigma eines formalsemantischen Typus genommen werden, dessen Sinn im Verweis auf ein gegebenes Objekt *vollständig* aufgeht, dessen Intension darüber hinaus in der Tat leer ist – wenn auch aus Gründen, auf die wir noch kommen werden, ein irreduzibler intensionaler »Rest« bleibt, der an der Form seiner Zeichengestalt haftet. Unter den Werkzeugen der Sprache dient dieses Wort gleichsam als reine Zeigegeste. In dieser Hinsicht repräsentiert es geradezu idealiter den Referenzakt, der im Gebrauch der gebundenen Variablen impliziert ist. Wenn gesagt wird

223 T 3.221.

224 *kata ... legetai*; vgl. *Kategorien* Kap. II, 1 a ff.

225 PU I, 38. Sachlich wäre hier an das aristotelische *tode ti* zu denken. Vgl. hierzu Tugendhat 1988, S. 23 ff.

226 Vgl. PU I, 40.

»Es gibt mindestens ein *x*, für das gilt ...« oder
«Für alle *x* gilt ...«,

so referiert man mit den Ausdrücken »ein *x*« bzw. »alle *x*« auf Objekte der jeweils gegebenen Definitionsmenge, und daß »*x*« hier gebundene Variable ist, besagt ja genau dies, daß es durch keinen darüber hinaus ›sinnvollen‹ Ausdruck ersetzt werden darf. ›Technisch‹ ist hierin zum Ausdruck gebracht, daß dieser »Name« keinerlei Intension hat. Seine Funktion erschöpft sich in der der Referenz.

Wörter wie »dieses« sind jedoch keine Namen im üblichen Verständnis des Wortes, sondern Deiktika. Das hatte sich schon bei der formalsemantischen Analyse der Sprache (8) ergeben. Sie können zwar unter bestimmten Umständen an die Stelle von Namen wie »Platte«, »Säule« etc. treten, aber gerade deswegen sind sie keine Namen. Auch mit diesen referiert man u. a. auf bestimmte Dinge, Personen etc., aber auf charakteristisch andere Weise. Mit deiktischen Ausdrücken kann man sich je nur auf der Wahrnehmung oder dem Verständnis Gegenwärtiges beziehen. Für das, was in der Logik ein »Name« genannt wird, nämlich Eigennamen wie »Aristoteles«, Kennzeichnungen bzw. definite Beschreibungen wie »der Lehrer Alexanders des Großen« usw.[227] gilt diese Einschränkung jedoch nicht, sonst könnte sich bei ihnen ja das Problem nicht stellen, daß sie ihre Extension verlieren oder gar von vornherein ohne eine solche verwendet werden.

Nun dürfen in eine wahrheitsfunktional aufgebaute Idealschrift aber nur Sätze übersetzt werden, deren Namen eine Extension je eindeutig zuzuordnen ist. Die *Gegebenheit* des Gegenstandes ist somit die wesentliche Voraussetzung dafür, daß der Satz überhaupt auf einen der beiden Gegenstände ›das Wahre‹ oder ›das Falsche‹ abgebildet werden kann, d. h. auf eines der Elemente der Wertemenge der Wahrheitsfunktion. Und so darf für die ›Namen‹ der logischen Syntax gerade nicht das gelten, was für Namen der natürlichen Sprachen gang und gäbe ist, daß sie zwar einen Sinn haben, ohne daß sie jedoch ›reale‹ Gegenstände oder Gegenständlichkeiten bezeichneten. Dies gilt nicht nur für Fabelwesen aus Märchen oder epische Helden wie Odysseus. Auch einem so unzweifelhaft mit härtester politischer Realität, nämlich dem Krieg im ehemaligen Jugoslawien verbundenen Namen wie »UN-

227 Vgl. Tugendhat und Wolf 1983, S. 146 ff.

Schutzzone«, dem zudem durch formellen Beschluß des Sicherheitsrats der UN Realität verschafft werden sollte, hat in Bosnien – dies haben die dortigen Kriegsereignisse im Juli 1995 gezeigt – letztlich keine Extension »gegeben« werden können. Am Ende bezeichnete dieser Name nichts. Die Schutzzonen waren keine Schutzzonen. Namen sollten daher in der Idealsprache – so resümiert Wittgenstein in den *Philosophischen Untersuchungen* seine frühere Auffassung – nur bezeichnen, »was *Element* der Wirklichkeit ist. Was sich nicht zerstören läßt; was in allem Wandel gleichbleibt.«[228] Nur dann wäre gesichert, daß ihnen im Verlauf ihres Gebrauchs ihre Extension nicht abhanden kommt.

In dieser ontologischen Voraussetzung liegt die philosophische Problematik des Namens. Wittgenstein greift sie explizit auf, um von daher die Faszination des Paradigmas der Deiktika, der rein extensionalen »Namen«, für die Metaphysik der Logik zu erläutern:

»... man ist versucht, gegen das, was gewöhnlich »Name« heißt, einen Einwand zu machen; und den kann man so ausdrücken: *daß der Name eigentlich Einfaches bezeichnen soll.*«[229]

Prägnanter kann man die metaphysische Tradition kaum auf den Nenner bringen. Das »Einfache«, von dem hier gesprochen wird, ist gleichsam als Instantiierung des Prinzips des Einen bzw. der Einheit zu nehmen, das mit dem Setzen des Subjekts einer Behauptung je vorausgesetzt ist. Genau dies meint der Begriff des *hypokeimenon.*[230] In diesem systematischen Zusammenhang zitiert Wittgenstein, ein einziges Mal in diesem Text, Platon: Sokrates' Mythos aus dem *Theaitetos,* in dem anhand des Modells der Buchstaben diese metaphysische Idee des irreduziblen Einen, des nicht mehr zu Beschreibenden, nur noch zu Bennenenden, erläutert wird.[231] Sokrates' Ausgangspunkt ist dort bekanntlich

228 PU I, 59; kursiv im Text.

229 PU I, 39.

230 Vgl. Tugendhat 1988, S. 20 ff.

231 PU I, 46; vgl. *Theaitetos* 201 d ff. Noch einmal sei daran erinnert, daß Platon zu dieser Darstellungsweise stets dann greift, wenn es darum geht, Sachhaltiges in die Diskussion einzuführen, ohne daß sein Sokrates, der den Mythos (oder den Traum) erzählt, für die Glaubhaftigkeit des Erzählten einzustehen hätte. Das platonische ›Einfache‹ ist natürlich kein Ding, sondern ein *noumenon.*

die am Modell des Buchstabens entwickelte Vorstellung eines nicht weiter zerlegbaren Urelements (*stoicheion*). Es liegt in dessen Begriff, daß man von ihm weder sagen kann, es sei, noch, es sei nicht, denn es ist, dem atomistischen Verständnis vom Aufbau der Welt gemäß, in jeder Rede über Seiendes als der letztmögliche Referenzpunkt *vorausgesetzt*. Auf ihn wird man rekurrieren, um daraus die Bildung von Zusammengesetztem zu erklären, dann also, wenn nach einem Grund für die Existenz eines bestimmten, besonderen Seienden gefragt ist.

Doch ›ist‹ dieses Einfache – dies hatte bereits Platon definitiv geklärt – nichts Gegenständliches, sondern eine Idee, die metaphysische Voraussetzung des Behauptens. Die Frage stellt sich daher nicht erst seit Wittgenstein, welchen *Begriff* wir uns davon machen können. Dieser beantwortet sie nun auf seine Weise, nämlich durch den Verweis auf den »normalen«, nichtphilosophischen Gebrauch der Worte, mittels derer wir uns einen Begriff vom Einfachen machen. Wenn – wie das Privatsprachenproblem zeigt – der in öffentlichen Sprachspielen austarierte Sprachgebrauch die letzte für uns ›mögliche‹ Ebene ist, von der her wir Fragen nach der Bedeutung von Wörtern entscheiden können, dann muß auch diese metaphysische Kernfrage von dieser Ebene aus angegangen werden. Fragen wir von dort her nach, was der Begriff des Einfachen besagt, so ergibt sich die nüchterne Antwort:

»›Einfach‹ heißt: nicht zusammengesetzt.«[232]

Es hängt vom Kontext ab, was man jeweils als Einheit betrachtet. Wenn man so will, ist dies ja schon die implizite Lehre, die aus der scheinbaren Aporetik des *Parmenides* zu ziehen ist. Dort war – wie wir gesehen haben – bewiesen worden, daß jeder Versuch, das Eine selbst zum Gegenstand empirischer Erkenntnis zu machen, in logischen Antinomien enden *muß*.[233] Die Extension dieses Namens konnte also auf keinen Fall in irgendwelchen Atomen oder sonstigen *Gegenständlichkeiten* zu suchen sein. Der Name »das Eine« bzw. »Einfache« bezeichnet kein Ding, sondern eine logische Form, von der wir Gebrauch machen, *wann immer* wir uns redend auf Objekte beziehen. Wittgenstein, der in dieser

232 PU I, 47.
233 Vgl. Kap. 8, S. 331 ff.

Grundeinsicht durchaus Platon folgt – wenn auch natürlich nicht in deren metaphysischen Konsequenzen, die dieser daraus zieht –, macht das mit einfachsten Mitteln klar. Die Aussage »Mein Besen steht in der Ecke« ist keine naive umgangssprachliche Aussage, die in erster Näherung in eine über Stiel und Bürste zu übersetzen wäre, dann auf dem Niveau handwerklicher Technik vielleicht in eine über Holzsorten, Zuschnitte, Borstenlängen etc. bis schließlich auf epistemischem Niveau in Aussagen über Molekülverbindungen usw.[234] Denn würden wir um Stiel und Bürste bitten, wenn wir den Besen haben wollen, so würde man uns nicht verstehen. Er, der banale Besen, ist hier das Eine, auf das wir uns beziehen. Diese Überlegung zeigt, daß das, was für den einen, den Chemiker z. B., ein Ganzes bzw. eine Einheit ist, für den anderen, den Physiker, genau dies nicht ist, sondern ein Zusammengesetztes; daß, genauer gesagt, dasselbe Phänomen dem einen als Ganzes, dem anderen als Zusammengesetztes *erscheint,* je nach dem betreffenden Handlungszusammenhang. Daß Namen »einfache« Zeichen wären, die von der Idee der Abbildung her letztlich dann auch Einfaches im fregeschen Sinn ›bedeuten‹ würden, erweist sich aus dieser Perspektive als genau das, was mit dem Entwurf der Idealschrift ein für allemal aus der Philosophie exorziert sein sollte: als dogmatische Metaphysik. Somit stellt sich das Problem von Grund auf neu.

Wittgensteins Analyse der Problematik des Namensbegriffs setzt daher wohl nicht zufällig mit einer an Sokrates erinnernden Frage ein:

»Was ist die Beziehung zwischen Name und Benanntem?«[235]

Daß dies tatsächlich als Frage vom Typ *»tí estin«* gemeint ist, verdeutlicht der Nachsatz: » – Nun, was *ist* sie?«[236] *Diese* Frage konnte nach alledem, was in diesem Text über die Vielfältigkeit sprachlicher Werkzeuge gegen die Position des platonischen So-

234 Vgl. PU I, 60.
235 PU I, 37.
236 Ebd.; kursiv im Text. Die Formulierung verweist auf PU I, 89 f., wo wiederum mittels eines Zitats aus Augustinus' *Bekenntnissen* die Wesensfrage – »quid est ...« – explizit als Aufgabe der »logischen Betrachtung« benannt wird, um in unmittelbarem Anschluß daran in eine Frage nach der *»Art der Aussagen,* die wir über die Erscheinungen machen«, d. h. in eine »grammatische« Betrachtung überführt zu werden.

krates bereits zutage gefördert war, nicht mehr im Sinne der Tradition beantwortet werden, in Form eines a priori normierten Modells des Satzes nämlich, innerhalb dessen dem Namen eine bestimmte Funktion zugedacht war. Dies stand fest. Mit der allgemeinen Form des Satzes war auch der ausgezeichnete Rang der Benennungsfunktion zur Disposition gestellt. Die alte sokratische Frage war daher auf neue *Weise* zu beantworten. Erstmals gibt Wittgenstein hier[237] ein Beispiel der neuen Denkungsart, und er nutzt dazu die primitiven Sprachen (2) und (8), deren Aufbau wir im einzelnen verfolgt haben.

Der Grundgedanke folgt der Logik dieser Beispiele, und er ist denkbar einfach: Was läßt sich über den Gebrauch von Namen innerhalb dieser Sprachen sagen? Im Anschluß an die Diskussion des Werkzeug-Topos war ja bereits an diesen Sprachen dafür ein Beispiel gegeben worden:

»Nimm an, die Werkzeuge, die A beim Bauen benützt, tragen gewisse Zeichen. Zeigt A dem Gehilfen ein solches Zeichen, so bringt dieser das Werkzeug, das mit dem Zeichen versehen ist.
So, und auf mehr oder weniger ähnliche Weise, bezeichnet ein Name ein Ding, und wird ein Name einem Ding gegeben.«[238]

Ersichtlich ist dies eine ganz andere Auffassung von Namen als die der metaphysischen Tradition. Das Bezeichnen ist hier nicht der letztbegründende Akt, auf dem alles andere aufruhen würde. Von vornherein ist es integriert in einen umfassenden Handlungszusammenhang, der dem Bezeichnen allererst seinen Sinn gibt. Insbesondere kehrt sich in dieser Perspektive das Verhältnis von Zeichen und Bezeichnetem um. Hier ist es nicht mehr das Zeichen, dem sein Sinn in Abhängigkeit von dem Gegenstand gegeben wird, den es bezeichnet. Vielmehr wird dem Gegenstand durch die Benennung ein rudimentärer Sinn gegeben – vom Zeichen her, dem dieser Sinn ›interne‹ Eigenschaft ist, das ihn als Zeichen eben hat. Ein Etwas *wird* erst dadurch Gegenstand, daß es benannt und dadurch für unser Denken und Handeln verfügbar wird. So ist die Behauptung »Rot existiert« ebenso unsinnig wie die Behauptung »Rot existiert nicht«[239], und zwar

237 In diesem Text; zur historischen Entwicklung des »neuen Stils« vgl. Monk 1994, S. 321 ff.

238 PU I, 15.

239 Vgl. PU I, 57 f.

deshalb, weil wir über Rotes nur sprechen können, indem wir das Wort »rot« und Ableitungen daraus verwenden. Dies aber setzt voraus, daß dieses Wort in unserer Sprache bereits seinen festen Platz hatte, daß wir längst gelernt haben mußten, mit ihm sinnvoll umzugehen, bevor sich irgendwo die Frage nach der Existenz von Rotem überhaupt stellte. Dann freilich kann es durchaus auch vorkommen, daß wir, auf der Suche nach einem bestimmten Lackton für unser Auto, in der Werkstatt zu hören bekommen: »Dieses (Zinnober-, Dunkel-, Hell-, ...)Rot gibt es nicht mehr«. Deswegen aber hört der Name »... Rot« nicht auf, Name für uns zu sein. Dinge – dies ist die grundlegende Konsequenz, die Wittgenstein hier zieht – *haben* »keinen Namen, außer im Spiel.«[240]

IV: Die Arbitrarität der Namen

Damit können wir die Diskussion des Privatsprachenproblems wieder an dem Punkt aufgreifen, wo wir sie unterbrochen hatten, um es von der Seite des Sinns her anzugehen. Das Zeichen »E«, so können wir nunmehr sagen, ist der extensional bestimmte Name schlechthin. Es hat – so beschreibt Wittgenstein ja seinen Gebrauch – *ausschließlich* die Funktion, sich auf einen bestimmten, zudem »internen«, nur mir persönlich zugänglichen Gegenstand zu beziehen. Daß unter diesen Bedingungen die Extension dieses Zeichens nicht mehr eindeutig zu identifizieren war, schlimmer noch, daß diese sich in einem ins Unendliche gehenden und damit seine Einheit verlierenden Meinen-des-Meinens-des-Meinens-... sozusagen verflüchtigte, haben wir bereits eingehend betrachtet.

Unberücksichtigt geblieben war bei diesem Angang jedoch die Dimension der Intension. Dazu schien auch kein Anlaß, denn diesem Zeichen »E« war ja schlechterdings kein ›Sinn‹, ein semantischer Wert etwa, zuzusprechen. Wir hatten es daher als einen Index aufgefaßt und gesehen, wie sich daraus ein zentraler Sachverhalt ergab, nämlich daß dieses Zeichen keine Syntax hat bzw. in keine solche einzubetten ist.

Die Diskussion des Namenproblems ergänzt dieses Resultat aus anderer Perspektive. Die Schriftlichkeit des von Wittgenstein

240 PU I, 49.

beschriebenen Verfahrens, die Tage festzuhalten, an denen die dem Zeichen »E« zuzuordnende Empfindung jeweils aufgetreten war bzw. ich eben glaubte, die betreffende Empfindung gehabt zu haben, kaschierte nämlich die keineswegs triviale Frage, woher das Zeichen denn zu nehmen wäre, um diese Empfindung zu bezeichnen. Die Rolle der Schriftlichkeit in diesem Argumentationszusammenhang hatte sich bereits gezeigt. Hier kommt ein weiterer Aspekt zum Tragen. Woher wir das Zeichen »E« nehmen bzw. Wittgenstein es genommen hat, liegt auf der Hand: Er entnimmt es unserem Schriftsystem und verwendet diesen Buchstaben hier analog bestimmten Weisen, in denen wir häufig Buchstaben als Anzeichen verwenden. Wir bezeichnen etwa, wenn wir eine Schublade bauen, die Bretter, die wir dafür zugeschnitten haben, mit Buchstaben, um sie nicht zu verwechseln. Doch schon bei einem so einfachen Vorgang werden wir uns wahrscheinlich die uns gewohnte Reihenfolge der Buchstaben im Alphabet zunutze machen, um die Bretter nach einer bestimmten Reihenfolge des Zusammenfügens damit zu kennzeichnen.

Analog verhält es sich auch im Fall der Privatsprache. Das Zeichen »E« ist natürlich keineswegs völlig willkürlich gewählt. Es ist dadurch motiviert, daß »E« der erste Buchstabe des geschriebenen Wortes »Empfindung« ist. Aber schon wenn wir dafür das japanische Hiragana-Zeichen え (e) verwenden würden, ohne dieses Schriftsystem fließend zu beherrschen, kämen wir beim Notieren vermutlich bald in Schwierigkeiten, ob wir jedesmal eben *genau* das Zeichen verwendeten, mit dem der Spielregel nach die Empfindung zu bezeichnen war oder nicht z. B. durch die ähnlichen Zeichen ん (n) oder う (u).[241] Nun wäre dies durch ein Verzeichnis der Hiragana zu regeln, das wir dann jeweils zu Rate ziehen müßten.

Doch »E« wie »え (e)« sind in Schriftsystemen konventionalisierte Zeichen. Deshalb aber bewahren sie noch Spuren des Sinns. Wir verwenden den Buchstaben »E« als sinndifferenzierendes Element, und über den mnemotechnischen Zusammenhang mit dem Wort *Empfindung* verfügen wir über eine Reihe weiterer Infor-

241 Oder etwa die zumal in Kursivschrift oft kaum auseinanderzuhaltenden Hiragana は (ha), け (ke) und ほ (ho) oder die Katakana サ (sa), セ (se) und das Hiragana せ (se), Zeichengestalten, deren Differenzen man erst im alltäglichen sinnvollen Umgang *sicher* zu unterscheiden lernt.

mationen, die uns den Gebrauch dieses Zeichens erleichtern, wenn nicht gar erst ermöglichen. Nicht nur, daß es uns den Anfangsbuchstaben des Namens gibt, den wir zur Bezeichnung seiner Extension verwenden; der Großbuchstabe kann uns zudem etwa daran erinnern, daß es sich bei diesem Namen um ein Substantiv handelt. Insofern hilft uns unser öffentliches, tradiertes Schriftsystem außerordentlich, ein »passendes« Zeichen für das Privatsprachenexperiment zu finden, und auch wenn Wittgenstein vermutlich gar nicht diese Implikationen vor Augen gehabt hat, so ist doch das Szenario ingeniös erdacht, denn es gibt alle diese Züge her.

Stellten wir uns aber vor, wir wollten, um ein Sprachspiel zu erfinden, das mit uns bekannten öffentlichen Sprachen buchstäblich nichts gemein hat, auf alle diese Hilfen verzichten, so müßten wir hier tatsächlich ein ›radikal arbiträres‹ Zeichen erfinden – aber welches: Jeder zu inskribierende Raum bietet dafür unendlich viele Möglichkeiten – und mit welcher nun anfangen? Das mündliche Analogon dazu wäre ein unartikulierter Schrei oder Ausruf. Damit entfielen jedoch alle die Identität des Zeichens sichernden Oppositionen. Das »E« ist in dieser Hinsicht ja nicht nur mnemotechnisch, von Seiten des signifié, gesichert. Es hat zudem als Buchstabe, von Seiten des signifiant also, seinen festen Platz im Rahmen der Oppositionen zu den übrigen Elementen des Alphabets, nicht nur zu den Vokalen *A* – *I* – *O* – *U*, sondern auch zu Konsonanten wie *F*, *T*, *K* usw., letztlich zu allen Elementen dieses Systems. Alle diese Stützen, die in öffentlichen Sprachen den regelmäßigen Gebrauch ihrer Elemente insofern gewährleisten, als die Identität des signe linguistique nach Saussure ja im wesentlichen negativer Art ist, nämlich auf gleichen oder doch zumindest ähnlichen, d. h. partiell gleichen Reihen von Oppositionen beruht – alle diese den geregelten Gebrauch der Zeichen sichernden Faktoren fielen hier weg.

Im schriftlichen Verfahren könnten wir uns von dem willkürlich erfundenen Zeichen immerhin noch ein Muster machen und aufbewahren. Doch wir bräuchten bloß die Zahl der inneren Gegenstände auf zwanzig zu erhöhen, die wir mit derartigen Zeichen bezeichnen wollten, so würden wir schon nach kurzer Zeit nicht mehr sicher sein können, verschiedene Zeichen genau auseinandergehalten zu haben, selbst wenn wir uns bei der Identifikation der Empfindungen sicher glaubten. Es bedarf keiner großen Vorstellungskraft, um zu sehen, wie sich im Mündlichen diese Schwierigkeiten vervielfachen müßten. Wir verstünden uns bald nicht mehr auf den Gebrauch der von uns selbst geschaffenen Zeichen, weil uns die Rückkopplung an einen eigenen systematischen Zeichengebrauch und vor allem an den externen Gebrauch anderer fehlte. Allein wären wir außerstande, in der Verwendung unserer privaten Zeichen auch nur eine Spur von der Regelmäßigkeit zu erzeugen, der eben *jeden* uns geläufigen Begriff von Sprache als eines Systems konventioneller Zeichen kennzeichnet.[242] Unter diesem Aspekt verschärft sich die Problemlage noch einmal: Wir hätten vermutlich die allergrößte Mühe, spontan überhaupt ein Zeichen zu erfinden und es dann ›willkürlich‹ weiter zu verwenden.[243] Der unartikulierte Schrei oder die unartikulierte Geste ist ja gerade hierin un-willkürlich, daß sie reines Ausdrucksverhalten ist, unintentional geäußert, nicht von unserer Aufmerksamkeit gelenkt, die ja auf die Empfindung gerichtet war, und darum auch nicht intentional wiederholbar.

Dies wirft auf das Problem der Arbitrarität des Zeichens, mit dem wir uns immer wieder auseinanderzusetzen hatten, ein neues Licht. Vielleicht ist sein Sinn erst von dieser paradoxen Idee einer ›privaten‹ Sprache vollständig oder jedenfalls doch weiter zu entfalten als dies selbst im Zusammenhang der Humboldt-Lektüre möglich war. Die Idee einer Konventionalisierung von Sprachelementen im Gebrauch – nehmen wir der Einfachheit halber nur die Wörter – impliziert zweifellos die schon vom platonischen Hermogenes beschriebene Verwillkürlichung ihres Sinns, die

242 Unter der ›konventionellen Willkürlichkeit‹ des sprachlichen Zeichens ist daher am ehesten wohl jene Geregeltheit in seinem Gebrauch zu verstehen, durch die wir von dem Problemdruck entlastet sind, uns geläufige Ausdrücke in ungewohnter Weise zu verwenden, um eine Ausdrucksnot zu beheben.

243 Dies hat Wittgenstein durchaus gesehen und dem in seiner Erörterung des Problems eigens Rechnung getragen. Vgl. PU I, 257, wo zunächst die Konsequenz gezogen wird, daß – wenn Empfindungen im strikten Sinn als ›private‹ aufgefaßt werden – man Kindern den Gebrauch von Empfindungswörtern wie »Zahnschmerzen« nicht würde »beibringen« können. »Nun«, so konzediert Wittgenstein hier, um das Problem überhaupt weiter diskutieren zu können, »nehmen wir an, das Kind sei ein Genie und erfinde selbst einen Namen für die Empfindung!«

Saussure als den »archimedischen« Ansatzpunkt für die Begründung der Linguistik als formaler Disziplin erkannte. In der Praxis des Sprachgebrauchs werden Wörtern kontinuierlich »neue« Bedeutungen, neuer Sinn ebenso wie, soweit dies möglich ist, neue Gegenstände gegeben. Aber dies heißt in umgekehrter Perspektive eben auch, daß jede Neuschöpfung oder Uminterpretation von sprachlichen Ausdrücken stets von einem *vollständig* beherrschten Sprachsystem ausgeht. Der einzelne Synchronismus, als den wir seit Saussure die ›langue‹ fassen, ist nichts als die Veränderung des vorhergegangenen. Schon die Unterscheidung von Synchronie und Diachronie als gleichsam zweier Sprachdimensionen ist ja – wie wir gesehen haben[244] – eine fiktionale Konstruktion. Sie ist pragmatisch notwendig, um Sprachwissenschaft betreiben zu können, philosophisch betrachtet aber dem Fluktuanzphänomen Sprache gegenüber eben eine Fiktion.[245] Der Trennung verschiedener ›Zustände‹ entspricht in der Realität der Sprache nichts. »Synchronismus« ist ein Name, dem erst durch eine sprachwissenschaftliche Deskription eine Extension gegeben wird, deren Existenzform somit eine schriftliche ist. Diese nehmen wir dann als Modell für ein uns wegen seiner Fluktuanz und wegen seiner Allgegenwärtigkeit unüberschaubares Phänomen. Doch könnte dem »alten« Ausdruck gar kein »neuer« Sinn gegeben werden, wenn er während des gesamten Verfahrens nicht Teil des alten, uns vertrauten Systems bliebe. Sonst könnten wir nämlich nicht willkürlich, d. h. handelnd mit ihm umgehen:

»Wenn man sagt ›Er hat der Empfindung einen Namen gegeben‹, so vergißt man, daß schon viel in der Sprache vorbereitet sein muß, damit das bloße Benennen einen Sinn hat.«[246]

244 Vgl. Kap. 3 und 4.

245 Bei Humboldt ist daher ja der der saussureschen ›langue‹ korrelative Begriff des ›ergon‹ pejorativ besetzt; Sprache qua ›langage‹ bzw. ›energeia‹ ist das Telos seines Konzepts eines vergleichenden Sprachstudiums.

246 PU I, 257. Diese Bemerkung geht der Beschreibung des »E-Spiels« in PU I, 258 unmittelbar voraus und liefert somit den Grundgedanken, vor dessen Hintergrund das folgende Gedankenexperiment allererst zu verstehen ist. Der letzte Satz dieses Absatzes bestätigt das explizit: »Und wenn wir davon reden, daß einer dem Schmerz einen Namen gibt, so ist die Grammatik des Wortes ›Schmerz‹ hier das Vorbereitete; sie zeigt den Posten an, an den das neue Wort gestellt wird.«

Um etwas benennen zu können, muß man nicht nur über Namen verfügen, man muß auch schon gelernt haben, sie *sinnvoll* zu verwenden. Das heißt nicht nur, sie »passenden« Gegenständen zu geben, obwohl auch dies gelernt sein will, d. h. Geschmack verlangt. Wer seinen Zwergpudel »Alexander der Große« nennt, wird mit großer Wahrscheinlichkeit Reaktionen eines bestimmten Typs ernten und den Hund launigen Bemerkungen aussetzen. Nun kann der das ertragen. Bei Kindern ist man in der Regel vorsichtiger mit der Wahl der Namen.

Hierbei handelt es sich noch um Eigennamen. Bei Namen, die als Prädikate oder Kennzeichnungen verwendet werden, spielt die Intension bzw. die Semantik eine weitaus gewichtigere Rolle. Es braucht Jahre, bis man eine Sprache leidlich beherrscht und ihre Namen *sinngemäß* anzuwenden weiß. Was aus der Perspektive des Fremdsprachenunterrichts vielleicht als nicht mehr erscheint denn eine pragmatische Maxime, erweist sich aus dieser Perspektive als *die* konstitutive Bedingung für Sprachenlernen schlechthin: Man lernt sie nur in einer Umgebung, wo die betreffende Sprache Umgangssprache ist und wo man selbst in dieser Sprache anfängt zu kommunizieren, so schlecht und recht es auch am Anfang gehen mag. Zum Schluß fliegen einem die Wörter zu und man wird, je weniger man an die Grammatik denkt, eine desto reichere Syntax in dieser Sprache praktizieren. Wir lernen, die Namen der Sprache in mehr und mehr einander je ähnlichen und damit insgesamt immer unterschiedlicheren Umgebungen bzw. Syntagmen zu verwenden[247] und so wachsen wir mehr und mehr in die Sprache hinein.[248]

247 Dieses Unähnlichwerden der Syntagmen ist es somit, aus dem die syntaktische Form erwächst.

248 In Chomskys Spracherwerbstheorie – sofern davon überhaupt die Rede sein kann – ist die Geschichte auf den Kopf gestellt, die Fiktion einer Privatsprache macht dies überdeutlich. Wir entwickeln die Sprache nicht aus uns heraus, wir wickeln uns förmlich in sie hinein. Zuerst ist sie ein vollständig externes System, dann »internalisieren« wir sie. Dazu braucht es an ›mentalen‹ Voraussetzungen nicht viel mehr als geeigneten Speicherplatz, und der steht, wie man weiß, in beliebigem Umfang zur Verfügung. Was man nicht weiß, ist, wie dieser Raum »belegt« wird und wie der Zugang zur gespeicherten Information »organisiert« ist. Das wäre vermutlich das erste ›relevante‹ Problem, auf das man eine empirisch abgesicherte Antwort bräuchte, bevor man Hypothesen über den Gebrauch

Zur ›Willkürlichkeit‹ der Namen wie aller sonstigen Wörter gehört somit auch, daß sie in eine Syntax eingebunden sind. Wittgensteins Überlegungen zum Problem der Namen fördern somit ebenso wie die zur Privatsprache wesentliche Argumente zugunsten der These zutage, die wir bereits vorläufig aus der Analyse der Sprache (8) abgeleitet hatten: Die Ausdifferenzierung formalsemantischer Typen und die Ausbildung syntaktischer Regeln sind Aspekte ein und desselben integralen Prozesses. Auch aus dieser Perspektive ist die Annahme eines ›autonomen‹ Syntaxmoduls als Basis des Spracherwerbs unhaltbar. Ohne Semantik

des Gespeicherten entwickelt. Doch dieses Problem wird – wir sind schon einmal darauf zu sprechen gekommen – von der Metapher des Lexikons weitgehend verdeckt. Bezüglich des »Betriebssystems« – um in der Metapher zu bleiben – entsteht Chomskys vermeintliches »Platon-Problem« erst, wenn man die übrigen für die Gattung Mensch charakteristischen »Randbedingungen« von der Funktionsfähigkeit seines sensomotorischen Apparats über die Fähigkeit zu Analogieschlüssen bis hin zur sozialen Organisation für in dieser Hinsicht funktionslos erklärt. Die Logik ist simpel: Was ich ›außen‹ streiche, muß ich ›innen‹ hinzufügen. Was in Chomskys Spracherwerbsmodell beiläufige Randbedingung bleibt – das Kind entfaltet seine im Genom angelegte Sprachkompetenz »aus Anlaß« empirisch gegebener Sprachdaten –, dürfte tatsächlich wohl *wesentliche* Bedingung des Spracherwerbs sein: eine voll entfaltete ›natürliche‹ Sprache unter halbwegs »normalen« menschlichen Kommunikationsbedingungen. Die Literatur zu den sogenannten »wilden Kindern« spricht wohl eher für diese Deutung, am eindeutigsten vielleicht Itards Bericht über den sogenannten »Wilden von Aveyron« (vgl. Malson u. a. 1972, S. 105 ff).

Man könnte hieran eine weitere Hypothese anschließen: daß nämlich die Fähigkeit zum Erwerb von Sprachen dem Menschen grundsätzlich lebenslang erhalten bleibt, nicht also – wie häufig angenommen wird – etwa mit der Pubertät »abstirbt«. Die größeren Schwierigkeiten, im Erwachsenenalter weitere Sprachen nicht nur zu lernen, sondern mit ähnlicher Sicherheit zu beherrschen wie die Muttersprache, wären dann vielleicht auf andere Faktoren zurückzuführen: auf die Dominanz eines voll ausgeprägten Musters, auf den Verlust kindlicher Spontaneität, auf den Erwerb bestimmter Muster des Lernens usw. – alles Faktoren, die es erschweren wenn nicht unmöglich machen, sich ein zweites Mal so vollständig, weil sozusagen vorbehaltlos in eine soziale Umgebung einzuspinnen, wie dies jedem Kind im Verlauf des Heranwachsens widerfährt.

gäbe es keine Syntax.[249] Bei der Betrachtung der Sprache (8) hatten wir bereits einen Aspekt gestreift, der dort nicht weiter auszuführen war, hier aber relevant wird: daß nämlich von Syntax erst auf der Grundlage gegebener Syntagmen gesprochen werden kann. Bei einem Ausdruck wie *dieses dorthin*, wie er in (8) sich bilden läßt, ist – wie wir gesehen haben[250] – von einer Syntax eigentlich noch nicht zu sprechen. Dazu müßten die syntagmatischen Positionen P_1 und P_2, die hier aneinandergereiht sind, in bestimmter Weise geformt, d. h. durch bestimmte Merkmale voneinander unterschieden werden, und diese Merkmale *müssen* doch etwas zu tun haben mit der Semantik der Ausdrücke, die diese Positionen einnehmen sollen. Denn wie sollten sonst die Ausdrücke *dieses* und *dorthin* überhaupt auf ein P_1 bzw. P_2 bezogen werden können? Unabhängig von *irgendwelchen* konkreten Ausdrücken ist die Rede von syntaktischen Positionen nicht einmal zu referentialisieren. Hier ließe sich etwa eine Reihenfolgeregel der Art denken, daß beim Aufeinandertreffen zweier Deiktika der auf Dinge referierende Ausdruck die erste Stelle einnimmt, der auf Richtungen, Orte etc. referierende die zweite Stelle oder auch

249 Nolens volens bestätigt auch Chomsky diese Einsicht an einem bestimmten Punkt seiner Syntaxtheorie, dort nämlich, wo er aus den ›syntaktischen‹ Merkmalen [± N] und [± V] seine ›natürlichen‹ Klassen lexikalischer Kategorien, sozusagen archetypische Wortarten konstruiert. Wir haben dies schon in anderem Zusammenhang diskutiert; vgl. Kap 5, S. 179 ff. Das Verfahren ist im Grunde einfach: Bei vier kombinatorischen Möglichkeiten –

(1) + N + V
(2) + N – V
(3) – N + V
(4) – N – V –

sind für das Nomen und das Verb aus naheliegenden Gründen die Möglichkeiten (2) bzw. (3) reserviert. Das Adjektiv hat Ähnlichkeiten mit beiden Wortarten, also (1). Der Präposition oder welcher Wortart sonst auch immer bleibt folglich (4). Woher aber sind die ›elementaren‹ Merkmale [+ N] und [+ V] selbst genommen? Die Antwort ist zumindest philosophiehistorisch klar: aus Platons *Sophistes*. »Theaitetos fliegt« ist – wie dort gezeigt wurde (vgl. 262 c ff.) – der kleinstmögliche wahrheitsfähige logos, und dieser besteht aus genau einem Nomen und einem Verb. Nur daß hier diese Namen keine syntaktischen, sondern formalsemantische Kategorien bezeichnen. Vgl. dazu Kap. 8, S. 319 ff.

250 Vgl. oben S. 549 ff.

umgekehrt. Das mag von Sprache zu Sprache verschieden sein. Die Formung syntaktischer Positionen, die nach Humboldt ein Geschäft des Sprachsinns ist, d. h. der Einbildungskraft, kann Kriterien welcher Art auch immer für die Unterscheidung nur einer Betrachtung des unterschiedlichen Sinns bzw. Gebrauchs verschiedener Ausdrücke abgewinnen. Die Syntax hat sich – dies wäre die Gegenthese zu Chomsky, die sich aus diesen Betrachtungen zwingend ergibt – im externen Gebrauch der Sprache entwickelt, ein ohne Zweifel zentraler Zug in der Ausdifferenzierung der Sprache bzw. der Sprachen, aber eben ein Zug, nicht die interne Vorgabe dieser Ausdifferenzierung.[251]

Die Diskussion des Privatsprachenproblems bestätigt diese Sicht des Problems in jeder nur denkbaren Hinsicht, insbesondere auch in erkenntnistheoretischer: Eine ›interne‹ Grammatik im Sinne Chomskys wäre ja gleichfalls ein ›privater‹ Gegenstand, für den wie für die durch »E« bezeichnete Empfindung gelten müßte, daß er ein uns in jeder Weise unzugänglicher Gegenstand sein und bleiben müßte. Wittgenstein hat bekanntlich in den *Philosophischen Untersuchungen* ein derartiges Konzept beschrieben, und auch dies anhand eines übersichtlichen, schriftsprachlichen Modells.[252] Die sichere Beherrschung eines Wortes, die die muttersprachliche Kompetenz auszeichnet, daß mir etwa beim Wort »Würfel« die ganze Breite seiner Verwendungsmöglichkeiten »vorschwebt«[253], vergleicht er dem »Wissen des ABC«. Solange man nichtterminologisch von einem solchen Wissen spricht, ist der Fall unproblematisch. Doch der kognitive Linguist macht daraus den »Zustand eines Seelenapparats«, den man üblicherweise eine Disposition nennt. Wittgenstein weist nun darauf hin, daß wir unabhängig von den äußerlichen »Wirkungen« dieses Apparats keinen Zugang zu ihm haben.[254] Im Licht der Privat-

251 Noch die durch und durch universalistisch angelegte Phonologie der Prager Schule bestätigt diese Sicht der Dinge, wenn sie in der Ausbildung syntagmatischer Relationen eine Grundbedingung für die Entwicklung schon der elementarsten phonologischen Unterscheidungen erkennt, also auf einer Ebene, wo von Syntax schlechterdings noch keine Rede sein kann. Vgl. hierzu Jakobson 1969, S. 117 ff.

252 Vgl. PU I, 143: »Betrachten wir nun diese Art von Sprachspiel: B soll auf den Befehl des A Reihen von Zeichen niederschreiben ...«.

253 Vgl. PU I, 139 ff.

254 PU I, 149.

sprachendiskussion ist dies ein absolut vernichtender Einwand: Was immer als Äußerung einer ›internen‹ Privatsprachengrammatik G_p genommen werden mag – identifiziert werden kann es – und zwar nicht nur von Dritten, sondern auch von dem, dem G_p als »seine« interne Grammatik zugesprochen wird – stets nur mithilfe von Ausdrücken einer öffentlichen Sprache, des Englischen, Deutschen, Japanischen usw. Wir haben bei der Diskussion Chomskys ja verfolgt, mithilfe welcher Schriftkonventionen Tiefenstrukturelemente *erzeugt*, d. h. konstituiert werden[255], etwa das dem Wort »gefällt« in *sie gefällt mir* zugrunde liegende ›verbale‹ Tiefenstrukturelement als

$$(\theta_1)\ \mathrm{GEFALL}_{[+\,\mathrm{finit}]}\ (\theta_2)$$
$$\Rightarrow (\theta_1) \quad \Rightarrow \mathrm{N}_1, \quad \Rightarrow (\theta_2) \quad \Rightarrow \mathrm{N}_2$$ [256]

Doch kann eben keine Schriftkonvention etwas daran ändern, daß uns die Buchstabenfolge »GEFALL« an das gute deutsche Wort *gefallen* erinnert. Wenn wir einen technischen Ausdruck wie den eben zitierten lesen oder schreiben, dann machen wir diese Ausdrücke damit per se zu Ausdrücken der Sprache, *in der* wir schreiben und lesen, und zwar hier wie üblicherweise. Darüber wird auch der Ausdruck »GEFALL«, selbst wo er als Element von G_p *gemeint* war, Teil der Grammatik der Sprache, in der *geschrieben* wurde, und das war hier das Deutsche: »Nur in einer Sprache kann ich etwas mit etwas meinen.«[257] Ein kognitiver Psychologe mag private Gefühle, Vorstellungen, Wahrnehmungen etc. konzeptualisieren; er wird dann seine methodologischen Schwierigkeiten bekommen, den privaten Charakter dieser inneren Seelengegenstände nachzuweisen. Der Begriff einer privaten Sprache und a forteriori der einer privaten Grammatik ist dagegen widerspruchsfrei nicht einmal *denkbar*. Denn hier fallen Erkenntnisgegenstand und Erkenntnismedium ununterscheidbar zusammen.

255 »erzeugt« also gerade nicht im generativen Sinn, in dem ja die Gegebenheit dieser Elemente je vorausgesetzt ist, sondern eben im Sinne der Konstitution dieser Elemente.

256 Vgl. Kap 6, S. 249 f.

257 PU I, 38, NB, S. 260.

Die Grenzen des Griceschen Mechanismus: Grammatische Sätze

Was ist das Subjekt? Was sind Gegenstände? Wittgensteins Antwort auf Fragen dieser Art, auf die die Erörterung des Privatsprachenproblems ja zielt, hatten wir bereits gestreift: »Das *Wesen*«, so lautete sie lapidar, »ist in der Grammatik ausgesprochen«.[258] Von ihrer Form her ähnelt sie allerdings verdächtig einer Wesensaussage des Typs, den ihr Sinn doch gerade erledigen bzw. therapieren sollte. Die *ousia* des Gegenstandes, so könnte man sie mit Platon reformulieren, ist uns in den Namen und Ausdrucksweisen ›gegeben‹, die sich in unserer Sprache herausgebildet haben, über ihn zu reden. Was Schmerzen ›sind‹, dies *wissen* wir – und in diesem Fall mit größter Sicherheit –, weil wir von Kind auf gelernt haben, mit solchen umzugehen. Nach Wittgenstein heißt dies in der Tat *wesentlich*, über Schmerzen – die ja ein anthropologisch relevantes Phänomen sind – mit anderen Menschen, der Mutter, dem Arzt, gesprochen zu haben. Dabei tauscht man Meinungen über Schmerzen aus, und manche davon, sofern sie sich bestätigen und andere ihnen zustimmen, werden in ›Urteile‹ überführt: Zahnschmerzen sollte man nicht – wie Kopfschmerzen – ignorieren, warten, bis sie vorbei sind, sondern sobald als möglich den Zahnarzt aufsuchen. So bildet sich aus dem Austausch von Erfahrungen eine Regel:

Zahnschmerzen sind ernstzunehmen.

Dies ist nun ersichtlich keine wittgensteinsche Formulierung eines solch lebensweltlich bewährten ›Urteils‹, von dem im letzten Ab-

258 PU I, 371. Diese Bemerkung bezieht sich zwar, darauf macht v. Savigny zurecht aufmerksam (vgl. v. Savigny 1989, S. 58 f.), auf den unmittelbar vorhergehenden Absatz und die ganze Passage PU I, 367 ff., wo der ›mentalistische‹ Begriff der Vorstellung einer kritischen Analyse unterzogen wird. Insofern ist sie im Textzusammenhang zunächst einmal eine Antwort auf die Frage, was Vorstellungen ›sind‹: Sieh nach, wie das Wort »Vorstellung« verwendet wird. Doch gilt dieser Satz gleichermaßen als Antwort auf Fragen des sokratischen Typs »Was ist X (das Gute, das Wissen, die Rhetorik, ...)?« generell. *Stets* wird die Antwort lauten: Sieh nach, wie das Wort »X« verwendet wird. *In* diesen Verwendungsweisen ›hast‹ du das Wesen.

satz vor dem Privatsprachenkapitel die Rede war. Es fehlt ihr die Prägnanz eines Satzes wie »Patience spielt man allein«[259], dem schlechterdings nicht zu widersprechen ist. Wer nicht weiß, was Patience ist, kann nicht widersprechen, und wer es weiß, ebensowenig. Unser Beispiel kann durchaus noch als ›Erfahrungssatz‹[260] fungieren. Wer strikt auf die Selbstheilungskräfte des Körpers setzt, könnte ihm widersprechen. Bei »Patience spielt man allein« wäre dies in der Tat unmöglich, ohne gegen eine semantische Regel zu verstoßen, die – wie wir sagen – im Deutschen mit dem Wort »Patience« fest verbunden ist. Sein Wert im Sprachsystem bzw. der Gebrauch, den wir von dem Namen »Patience« machen, ist in dieser Hinsicht festgelegt. Der Semantiker kann die Konventionalisierung des Wertes etwa mithilfe ›semantischer Implikationen‹ beschreiben[261].

Dieser Satz ist zum Paradigma dessen geworden, was Wittgenstein einen ›grammatischen Satz‹ nennt. Damit – dieser Begriff ist in der Wittgenstein-Diskussion merkwürdig unterbelichtet geblieben[262] – hat er einen Punkt im Verständnis von Sprache ausgemacht, der Vorläufer vielleicht in der Topik der aristotelischen Rhetorik hat[263]. Seine systematische Bedeutung ist allerdings unter der Herrschaft des platonischen Verdikts, das die *doxa*, zumal in ihren inferioren Formen des puren Für-wahr-haltens, ein für allemal der *episteme* untergeordnet hatte, nirgends – Nietzsche vielleicht einmal ausgenommen[264] – philosophisch begriffen und entfaltet worden. Auch bei Humboldt findet sich dafür kein Analogon.

Wir haben die Bedeutung dieser Sätze eingangs schon kurz gestreift und dabei bereits einige ihrer Charakteristika benannt.[265] Ein Satz wie »Rot ist eine Farbe« hat zwar die logische Form einer Proposition wie

259 PU I, 248.

260 Vgl. PU I, 251.

261 Z. B.: *Patience*: → Kartenspiel für einen Spieler; → bestehend aus … Karten; → …

262 Vgl. dazu Specht 1963, S. 127 ff. und, daran anschließend, Stetter 1974, S. 80 ff.

263 Vgl. dazu Kap. 9, S. 370 ff.

264 Vgl. *Über Wahrheit und Lüge im aussermoralischen Sinne*. In: *Werke* Bd. 1, S. 873 ff.

265 Vgl. oben S. 536 ff.

(1) Q (x) [x Element von ...]: (x) P.[266]

Aber es ist eben nicht auszumachen, welcher Quantor hier einzusetzen wäre. Nimmt man den Existenzquantor, so würde dies dem ursprünglichen, »natürlichsprachlichen« Satz einen Sinn geben, den er zweifellos nicht hat. Wir referieren mit diesem Satz nicht mittels der Kennzeichnung »Rot« auf einen für uns damit hinreichend deutlich unterschiedenen Gegenstand, dem wir nun ganz unbeschadet von dieser Kennzeichnung, in der wir mit anderen Sprechern des Deutschen übereinstimmen, eine uns neue Qualität zusprechen würden wie: darauf reagieren Stiere allergisch, und die Spanier machen daraus einen Sport. Manchem Chinesen, obschon in deren Farbsystem Rot eine wichtige Rolle spielt, wird diese Erkenntnis verschlossen bleiben. Sie ist eben empirischer Art. Doch wenn wir dem Gegenstand Rot die Eigenschaft zusprechen, eine Farbe zu sein, geschieht dies nicht unabhängig von der Verwendung der Kennzeichnung »Rot«. Deren Verwendung impliziert für jeden kompetenten Sprecher des Deutschen[267] ein Wissen bestimmter Art. Wenn wir in Erfahrung gebracht haben, daß ein Gegenstand x als »rot« bezeichnet worden ist, dann können wir daraus mit Sicherheit schließen, daß dieses x ›farbig‹ ist oder doch zumindest durch eine Farbe charakterisiert werden kann.[268]

Aber auch der Allquantor kann dem ›grammatischen Satz‹ nicht zu einem »ordentlichen« logischen Sinn verhelfen. Denn in dem begriffsschriftlichen Satz

(2) Für alle x [Element von ...]: Wenn (x) rot, dann (x) Farbe

müßte die Angabe der Definitionsmenge als Angabe der Menge von Objekten, von denen entschieden werden soll, ob sie unter den Begriff ›rot‹ fallen, leer bleiben. So, als Applizierung auf Objekte, war der Satz »Rot ist eine Farbe« nicht gemeint. Wollte man ihn tatsächlich begriffsschriftlich reformulieren, so würde allein eine Formulierung treffen wie

266 Mit »Q« für: »Quantor«.

267 In diesem Fall dürfte dies nicht nur für das Deutsche gelten, sondern analog vermutlich für alle natürlichen Sprachen. In allen wird es eine Farbbezeichnung geben, die man mit dem deutschen Wort »rot« mehr oder weniger genau übersetzen kann, auch wenn die Extension dieser Rot-Bezeichnungen von Sprache zu Sprache sich verschieben wird.

268 Letzteres für den Fall einer metaphorischen Verwendung von »rot«: *Das ist ein Roter.*

(3) Für alle x [Element der Menge der Wörter der deutschen Sprache]: Wenn (x) »rot«, dann (x) bezeichnet eine Farbe.

Die Anführungszeichen sprengen die Syntax des begriffsschriftlichen Schemas, denn der Ausdruck »(x) ›rot‹« ist hier ja nicht zu lesen als: »x ist rot«, das würde keinen Sinn machen. Zu lesen ist er vielmehr als: »Wenn x das Zeichen ›rot‹ ist, dann ...« Die Anführungszeichen stornieren den Sinn des Wortes »rot«. Sie machen hier aus ihm eine Zeichengestalt, eine Figur, die an die syntaktische Position des »x« zu setzen ist[269] und die darum die Funktion eines Prädikats nicht wahrnehmen kann, denn »x« ist hier ein wittgensteinscher Name im strengen Sinn. Somit hat ein solcher ›grammatischer Satz‹ einen anders*artigen* Sinn. Er beschreibt, welche Bedeutung bzw. welcher Sinn dem Wort »rot« – und entsprechend dem Wort »Patience«, dem Wort »Schmerz« etc. – in der deutschen Sprache gegeben wird. Und zwar gegeben

(I) von bestimmten, nämlich ›kompetenten‹ Sprechern des Deutschen (bestimmter Dialekte, ab bestimmten Zeitpunkten, ...), d. h. von einer empirisch einzugrenzenden Menge von Sprechern;
(II) unter der Voraussetzung, daß diese Sprecher unter alltäglichen, lebensweltlichen Umständen *wissen,* was für Gegenstände rot zu nennen sind und welche nicht – dies besagt eben der Begriff des ›kompetenten‹ Sprechers.

Das Sachwissen – Paprika ist zunächst stets grün, manche Sorten werden mit der Reife rot oder gelb – ist abstrahiert, stillgestellt, aufgehoben in einer Sprachregel: Rot, Gelb, Grün sind Farben. Aber ist dies denn nun eine Sprachregel oder nicht wiederum eine Aussage über ›Sachen‹? Farben sind für uns doch auch empirische Gegenständlichkeiten. Das weiß jeder, der nach Monaten tristen Wintergraus in Nordwestdeutschland einen Sonnenaufgang am spanischen Mittelmeer erlebt. Die Grenze zwischen ›Weltwissen‹ und ›Sprachwissen‹ – zwei doch klar voneinander unterschiedene Namen – ist keineswegs deutlich. Wie und wo sie gezogen wird, hängt ganz vom jeweiligen Standpunkt und Zweck des Diskurses ab.

Dafür haben wir nach der Diskussion des Privatsprachen- und des Namenproblems inzwischen eine Erklärung zur Hand: Ge-

269 Die Formel sagt also soviel wie: Wenn dein x die Zeichengestalt *rot* (bzw. das Wort »rot«) ist, dann ...

genstände werden erst zu solchen, indem sie in einer öffentlichen Sprache benannt werden oder, so könnte man auch sagen, indem sich für etwas ein bestimmter Name in einer Öffentlichkeit durchsetzt. Es gibt selbst in den Wissenschaften, erst recht im Bereich alltäglichen Handelns immer konkurrierende Benennungen für etwas, in denen sich verschiedene Wahrnehmungsweisen des Phänomens artikulieren. Windmühlen zur Erzeugung elektrischen Stroms schonen für den einen die Umwelt, während sie sie für den anderen gerade verschandeln.

An jedem Punkt könnte also ein Naturfreund, ein Farbhypochonder oder wer sonst auch immer eine etablierte Sprachregelung infrage stellen, weil sie seiner Ansicht der Sache nicht entspricht. Diese in dem Konjunktiv »könnte« ausgesprochene Sicht der Dinge entspricht ganz und gar der platonischen Tradition, nach der immer aus der Begrenztheit einer *doxa* nach Wissen, *episteme*, zu streben *ist*, sofern dies überhaupt möglich ist. Die Willkürlichkeit des Zeichens »verschandeln« ist in dieser Pespektive Resultat der Einsicht, daß eine konsensfähige, im öffentlichen Diskurs akzeptierte Sicht der Dinge hier noch nicht gefunden war. Der Landschaftspfleger sieht es eben anders als der Ökologe.

Wenn Wittgenstein nun von ›grammatischen Sätzen‹ spricht – Sätzen, die im normalen Sprachgebrauch wohl nur selten zum Zuge kommen werden –, so gibt er damit genau jenem Zustand einen Namen, in dem der aktuelle Stand der Dinge und damit die diesbezüglich geltenden Sprachregeln *nicht* zur Disposition gestellt waren und sind, den Zustand, in dem nach Aristoteles der Topos unbefragt herrscht: Man kann sich das Gegenteil einfach nicht vorstellen.[270] Formal läßt sich dies so beschreiben: Wenn jemand nach dem Schema des Modus ponens vorgeht, dabei aber realiter bei der der Regel widersprechenden Konsequenz landet, formal also:

$$\begin{array}{l} a \rightarrow b \\ \underline{a \qquad\quad} \\ \text{nun aber:} \\ \neg\, b \end{array}$$
–[271],

270 Vgl. PU I, 251.

271 Z. B.: Japanische Musiker sind technisch perfekt, haben aber kein Gefühl für die europäische Klassik. Kyoko ist eine japanische Pianistin. Erstaunlicherweise spielt sie Mozart wunderschön.

wenn dies passiert, so haben wir zwei Korrekturmöglichkeiten. Wir werden erst den Fall befragen: Ist Kyoko denn wirklich eine Japanerin, oder gibt es vielleicht in der Familie einen europäischen Einschlag oder ist sie vielleicht in Europa aufgewachsen usw. Dann, wenn solche Erklärungen des Fehlschlusses nicht tragen, werden wir wohl die Regel befragen: Stimmt es denn wirklich, daß *alle* japanischen Musiker kein Gefühl für die europäische Klassik haben? Und dann werden wir – in einer hinreichend ›rationalen‹ Stimmung – womöglich geneigt sein, wegen des einen der Regel widersprechenden Falls diese zur Disposition zu stellen. Der grammatische Satz umschreibt genau die Haltung, die nicht gewillt ist, die Regel zur Disposition zu stellen: die Herrschaft des Topos.[272] Wenn Kyoko Mozart spielen kann, dann *kann* sie – allem Augenschein und dem Paß zum Trotz – keine richtige Japanerin sein.

Dem Philosophen ist diese Haltung bekanntlich nicht ein, sondern *der* Dorn im Auge. Platon läßt keine Gelegenheit aus, über die *polloi*, die Masse, die Nase zu rümpfen. Und dennoch bleibt auch seinem Sokrates nichts anderes übrig – wenn er sich denn mit Menschen wie Hermogenes oder Kratylos verständigen will –, als sich zunächst einmal auf diesen Stand der Akzeptanz einer Sachsicht *in einer Sprachregel* einzulassen:

»Nennst du etwas ›falsch -‹ oder ›wahr reden‹;
nennst du ›wahr reden‹: die Dinge sagen, wie sie sind,
›falsch reden‹: die Dinge sagen, wie sie nicht sind …«[273]

Ohne solche Urteile über Sprachgebräuche als gültig zu akzeptieren, wäre kein Diskurs möglich, der die Wahrheit von etwas problematisiert. Grammatische Sätze beschreiben keine universellen oder apriorischen Wahrheiten. Es mag Verwendungsweisen des Wortes »weiß« geben, wo dieses gerade keine Farbe mehr im üblichen Sinn bezeichnet, sondern nur mehr etwas wie »höchstmögliche Anwesenheit von Licht« oder ähnliches. Doch von einer bestimmten Verwendungsweise, einem bestimmten Verständnis von »weiß« müssen wir ausgehen, weil uns sonst der Gegenstand abhanden käme, über dessen Weiße wir uns auslassen wollen, und

272 R. Barthes hat deswegen ja die Topik als Theorie des öffentlichen Klischees begriffen. Vgl. Barthes 1988, S. 66 ff., dazu Kap. 9, S. 371 ff.
273 Vgl. *Kratylos* 385 b ff.

zwar ganz unabhängig davon, in welchem Zusammenhang gerade über Weißes gesprochen wird. Unabhängig von solchen Sprachregeln und -gebräuchen könnten wir schlechterdings nichts Weißes Betreffendes meinen. Dies gilt für Gegenstände des Meinens gleich welcher Art. Was hatte er gemeint mit der Bemerkung, das könne er so nicht auf sich beruhen lassen? Wer diesen Satz nicht versteht, wird den Sprecher nur fragen können, was er damit gemeint habe, und wird dann einen anderen Wortlaut zu hören bekommen. Oder aber er wird sich fragen, was es *im Deutschen* heißt, etwas auf sich beruhen zu lassen.[274] Von Situationen abgesehen, wo das fragliche Objekt bereits hinreichend gekennzeichnet ist, sodaß es durch eine deiktische Geste identifiziert werden kann, z. B. bei der Identifizierung einer bestimmten Person oder eines bestimmten Gegenstandes durch Augenzeugen[275], können nur Worte verdeutlichen, wen oder was wir gerade meinen, zumal dann, wenn der Gegenstand, auf den wir uns beziehen, uns nicht in der Wahrnehmung präsent ist.[276]

274 Man kann das Argument auch von der Metaebene her stützen: Daß dieser Satz hier als Beispiel gemeint ist, wird angedeutet durch den nicht-anaphorischen Gebrauch des Pronomens *er*, der in »normalen« Kontexten nicht akzeptiert wird, weil das Pronomen damit nicht referentialisierbar ist. Daß die Anaphorisierungsregel hier »verletzt« wird, macht aus dem Satz das Beispiel, und daß er als Beispiel gemeint ist, erlaubt die Verletzung der Regel. Also sind beide Tatbestände einander *äquivalent*.

275 Dabei geht es also lediglich darum, aus mehreren Objekten, auf die ein und dieselbe Beschreibung zutrifft, ein bestimmtes auszuwählen, um die Funktion des »pick up« also, die den intentionalen Bezug von Name und Gegenstand schon als geleistet voraussetzt.

276 Vgl. mit der eben skizzierten Situation die Bemerkung aus PU I, 463: »›*Den* hast du gesucht? Du konntest ja nicht einmal wissen, ob er da ist!‹ ...« Es kommt in der Mathematik wie im alltäglichen Leben vor, daß man nach der Lösung eines Problems sucht, die es nicht gibt. Dennoch hatte man, solange man die Suche nicht aufgegeben hatte, doch gemeint, etwas Bestimmtes gesucht zu haben.
Wenn Searle in seiner Diskussion der quineschen These der Unbestimmtheit der Übersetzung geltend macht, die ›1. Person‹, d. h. der Sprecher selbst wisse doch jeweils genau, was er meine, mit »rabbit« meine er eben *rabbit* und nicht etwa *rabbit stage* oder was sonst auch immer Kaninchenhaftes (vgl. Searle 1987, S. 133 ff., dazu Quine 1960, Kap. 2), so gilt dieses Argument nur auf der Ebene der Sprachregeln, des ›phatischen Akts‹, wo die Verwendung von *rabbit stage* für jeden Sprecher des Englischen die von *rabbit* ausschließt. Auf dieser Ebene trägt also die Unter-

Die Gegenstände unseres Meinens werden uns erst als benannte, in Sätze gefaßte *meinbar*. Der Gegenstand ›ist‹ etwas, das in Sprachspielen konstituiert wird. Wittgenstein macht dies an der Verneinung klar. »Was ist«, fragt er, »der Unterschied zwischen den beiden Vorgängen: Wünschen, das etwas geschehe – und wünschen, daß dasselbe *nicht* geschehe?«[277] Verneinen ist eine ›geistige Tätigkeit‹[278], ein intentionaler Vorgang. Man könnte in intentionalistischer Redeweise davon sprechen, daß ich mir das gemeinte Gewünschte in einer ›Vorstellung‹ vergegenwärtige: *Hoffentlich kommt sie*. Dieser Satz könnte so als die sprachliche Darstellung meiner Vorstellung genommen werden, die wir uns dieser gegenüber dann etwa als Urbild dächten. Bereits hier macht Wittgenstein allerdings darauf aufmerksam, daß uns hier unsere Redeweise über Vorstellungen leicht irreführt:

»Das Vorstellungsbild ist das Bild, das beschrieben wird, wenn Einer seine Vorstellung beschreibt.«[279]

Erst in der Beschreibung erzeugen wir das ›Bild‹. Zwingend wird dieses Argument allerdings erst in einem Fall wie der Verneinung. Wie sollte denn der »negative« Wunsch – *hoffentlich kommt sie nicht* – vorgestellt werden. Sollte man die Vorstellung in Gedanken »durchstreichen«[280] oder ihr wie in einem Rebus das Zeichen »nicht« anheften? Das Problem läuft also auf die Frage hinaus, die Wittgensteins Dialogpartner dann auch aufwirft:

»Wie kann das Wort ›nicht‹ verneinen?!«[281]

scheidung von 1. und 3. Person nicht. Auf der Ebene des ›rhetischen Akts‹ jedoch, dort, wo das Meinen hier-und-jetzt artikuliert wird, begeht er eben den von Wittgenstein monierten Fehler, wissen mit sich gewiß sein zu verwechseln. Er kann sich selbst, als ›1. Person‹, durchaus gewiß sein, *rabbit* und nicht *rabbit stage* zu meinen, das hindert jedoch nicht, daß eine beliebige ›3. Person‹ hier dem *rabbit* den Sinn von »rabbit stage« oder einem äquivalenten Ausdruck gibt, um das Wort »rabbit« der situativen Wahrnehmung entsprechend referentialisieren zu können. Dies wiederum macht aus der dritten die ›2. Person‹, deren Kompetenz der der ›ersten‹ gleichberechtigt gegenübersteht.

277 PU I, 548; kursiv im Text.
278 PU I, 547.
279 PU I, 367.
280 PU I, 548.
281 PU I, 549; auch im Text, als Frage des Dialogpartners, in Anführungszeichen gesetzt.

Darauf gibt es nur eine einzige ›richtige‹ Antwort: Indem das Wort »nicht« in einem Satz sinngemäß so verwendet wird, daß dadurch die Verneinung des Gedankens *verständlich* gemacht werden kann – und zwar für beliebige Sprecher der betreffenden Sprache. Der Wunsch *Hoffentlich kommt sie* kann nur auf eine einzige Weise in sein Gegenteil verwandelt werden:

(1) *Nicht hoffentlich kommt sie*
(2) *Hoffentlich nicht kommt sie*
(3) *Hoffentlich kommt nicht sie*
(4) *Hoffentlich kommt sie nicht*

(1) und (2) wären im Deutschen syntaktisch in jedem Fall ausgeschlossen, (3) hätte für *jeden* kompetenten Sprecher des Deutschen einen ganz anderen Sinn als (4). Der »negative«, durch (4) ausgedrückte Wunsch kann also nur durch den Gebrauch einer bestimmten Syntaxregel des Deutschen erzeugt werden. Dies besagt der Satz, daß man nur »in einer Sprache« etwas mit etwas meinen könne.[282] Wittgenstein erhärtet diese These durch eine weitere Überlegung zur Verneinung: Die Frage

»Ist es die *gleiche* Verneinung: ›Eisen schmilzt nicht bei 100 Grad C‹ und ›2 mal 2 ist nicht 5‹?«

kann nicht durch Introspektion oder ähnliches entschieden werden, sondern nur durch Rekurs auf unser Verständnis der beiden Sätze. In diesem Fall würde sich etwa zeigen, daß man in beiden Fällen die Negation »ausklammern« kann: »Es ist nicht der Fall, daß Eisen ...« bzw. »..., daß 2 mal 2 (gleich) 5 ist«, und daraus würden wir dann schließen, daß wir – obwohl im ersten Satz das »nicht« hinter die Wortfolge »bei 100 Grad C« gestellt werden kann, im zweiten jedoch nicht hinter »5« – daß wir es hier tatsächlich mit der gleichen Verneinung zu tun haben. Doch an anderer Stelle im Satz würde dasselbe Zeichen diesen entweder sinnlos machen oder ihm – wie im Fall (3) oben – einen anderen Sinn geben. Der Gedanke findet erst in einer öffentlichen Syntax und Semantik seine Form, und mit Wünschen, Vorstellungen usw. verhält es sich nicht anders. Die Funktionsweise des Griceschen Mechanismus wäre ohne diese Rückkopplung an eine externe Sprache undenkbar.

282 Von der Herausgeberin als Anmerkung den Absätzen 33 ff. beigefügt, *Werke* 1, S. 260.

Daß wir unsere Umwelt in der Regel relativ »dicht« benannt haben, nach bekannt und unbekannt, Mann und Frau, Kollege, Nachbarn, nah und fern, Haus, Garten, Büro, Straße, Bushaltestelle, Fußgängerzone usw. kategorisiert haben, bereitet für uns die Gegenständlichkeiten unserer Alltagswelt in einem Netz semantischer Zusammenhänge auf, innerhalb dessen wir die aktualen Gegenstände unseres Meinens mit relativ wenigen Eingrenzungen dingfest machen können. Der dritte in der Reihe in der Cafeteria vor uns, mit dem darf ich mich unter keinen Umständen in ein Gespräch verwickeln lassen, sonst ist der Vormittag dahin.

Die Sicherheit, mit der wir uns in diesem Netz bewegen, würde zerstört werden, wenn aus irgendwelchen Gründen die Haltung erschüttert würde, die uns mit einem schier transzendentalen Vertrauen unseren eingespielten Sprachregeln folgen läßt. Diese anthropologische Dimension seines Sprachverständnisses war Wittgenstein durchaus klar: »Was wir liefern«, so kommentiert er seine Reflexionen zu diesem Thema, »sind eigentlich Bemerkungen zur Naturgeschichte des Menschen ...«[283] Für alles, was wir irgendwie meinen – so kann man diesen Gedankengang zusammenfassen –, bezeichnet die Gesamtheit der ›grammatischen Sätze‹ unserer Sprache die Grenze dessen, was wir in ihr meinen können. Dies ist die definitive Grenze jedes menschlichen Meinens, und dieser Satz betrifft alle artikulatorischen Repertoires der Sprache – Semantik, Syntax, Morphologie, Wortakzent usw.:

»Wenn ich sage ›Herr Schweizer ist kein Schweizer‹, so meine ich das erste ›Schweizer‹ als Eigenname, das zweite als Gattungsname. Muß da also beim ersten ›Schweizer‹ etwas anderes in meinem Geiste vorgehen als beim zweiten? (Es sei denn, daß ich den Satz ›papageienhaft‹ ausspreche.) – Versuch, das erste ›Schweizer‹ als Gattungsnamen und das zweite als Eigennamen zu meinen! – Wie macht man das? Wenn *ich's* tue, blinzele ich mit den Augen vor Anstrengung, indem ich versuche, mir bei jedem der beiden Worte die richtige Bedeutung vorzuführen ...«[284]

Wenn wir die Diskussion des Namenproblems mit dem Resümee abgeschlossen hatten, daß wir in die Sprache hineinwachsen, so besagt dies eben, daß wir im Zuge unserer Sozialisation mehr und mehr sprachliche Formen erwerben, mittels derer wir uns innere wie äußere Gegenständlichkeiten erschließen, auf die wir uns nun-

283 PU I, 415.
284 PU II, ii, *Werke* 1, S. 493.

mehr beziehen und die wir infolgedessen in unser Vorstellen, Wünschen, Denken und Handeln integrieren können. Die Sprache ist nach Wittgenstein nicht nur das bildende Organ unserer Gedanken. Sie gibt selbst so subjektiven Ereignissen wie Wünschen ihre spezifische Form:

»Der Hund glaubt, sein Herr sei an der Tür. Aber kann er auch glauben, sein Herr werde übermorgen kommen?«[285]

Das kann kein Hund, und dies *wissen* wir a priori.[286] Denn wir können uns nur auf übermorgen freuen, weil uns die Reihe der semantischen Werte *vorgestern, gestern, heute, morgen, übermorgen, ... in vierzehn Tagen* usw. allererst die entsprechenden Begriffe von ›vorgestern‹, ... ›übermorgen‹, ›in vierzehn Tagen‹ etc. zu bilden ermöglicht. Wittgenstein gewinnt der Philosophie hier, und radikaler noch als Humboldt, die natürlichsprachliche Basis als ihr originäres Terrain zurück, von der her Platon seine *eidos*-Metaphysik entfaltete, um von daher nun diese Basis als Ort der Philosophie zu diskreditieren.[287]

Dies gilt nicht nur für die Semantik, sondern – dies haben wir bereits gesehen – für die Syntax und entsprechend für alle übrigen sprachlichen Artikulationsebenen gleichermaßen, wenn denen auch im Text Wittgensteins kein sonderliches Interesse gewidmet wird. Einschlägig ist allerdings die Syntax. Ihr kommt als Artikulationsform eine entscheidende Rolle zu, und deshalb ist es wichtig, den Sinn dieser Rede von Syntax gegen jedes ›intentionalistische‹ oder auch ›mentalistische‹ Mißverständnis zu sichern. Wittgenstein berührt auch dieses Problem: Wenn ich etwas zu sagen anhebe, muß ich dann, um dem, was ich meine, die richtige Form zu geben, nicht von Anfang an die Gesamtform des Satzes »beabsichtigt« haben?[288] Die empirische Bestätigung dieser Hypothese durch die Untersuchung von Anakoluthen ist bekannt. Wir wollen etwas sagen, beginnen, es paßt nicht, wir brechen ab und beginnen neu.

Für die logische wie die grammatische Tradition war dieser Punkt ein blinder Fleck in ihrem spezifischen Sprachbild. Die

285 PU II, i, *Werke* 1, S. 489.

286 Wer nicht davon überzeugt ist, ersetze das Wort »übermorgen« in diesem Beispiel durch das Wort »Trinitatis«.

287 Vgl. *Kratylos* 438 a ff.

288 PU I, 337.

Gründe haben wir eingehend diskutiert. Für die Grammatik ist – um dies nur kurz in Erinnerung zu bringen – die Betriebsblindheit darin begründet, daß der Name »Satz« die Grenze ihres Terrains bezeichnet. Ihr Geschäft besteht darin, Sätze zu analysieren, d. h. verschiedene Formen *des* Satzes gegeneinander zu stellen. Wie man mit *Sätzen* umgeht, dies entzieht sich per definitionem ihrem Blickwinkel. Das zu beschreiben wäre etwa Sache der Rhetorik oder der Sprechakttheorie.

Doch auch die einzelne Satzform ist eine kontingente Form unter anderen, die wir erworben haben, indem wir unsere Sprache lernten. Es ist konstitutiv für den Begriff *der* Sprache, daß es in ihr eine Mannigfaltigkeit *verschiedenster* Satzformen gibt, mit denen man eben lernen muß sinnvoll umzugehen. Mit *Du kommst?* meint man im Deutschen nicht genau dasselbe wie mit *Kommst du?* Die zweite ist neutraler als die erste, die man nicht verwenden würde, wenn man eine negative Antwort ebenso wie eine Zusage erwartete. Doch die Nuance versteht nur, wer das Deutsche wirklich beherrscht. Auch hier ist es nicht unser Meinen, das den beiden Versionen ihren unterschiedlichen Sinn gibt, sondern der öffentliche Sprachgebrauch. Wittgenstein macht diesen Punkt kategorisch klar:

»Soweit ich die Satzform im voraus beabsichtige, ist dies dadurch ermöglicht, daß ich deutsch sprechen kann.«[289]

Den grammatischen Sätzen kommt in diesem Zusammenhang eine Bedeutung in zweierlei Hinsicht zu, von der nun in Wittgensteins Text selbst nicht mehr, zumindest nicht explizit, die Rede ist. Sie sind zum einen nicht nur Formulierungen von Sprachregeln, sie sind selbst auch Paradigmen für *gelungene* und darum akzeptierte Satzformen. Es liegt im Grenzcharakter dieser Paradigmen, den wir beschrieben haben, daß sie ihrer *natürlichsprachigen* Form nach wohlgeformte Sätze eben der Sprache sind, deren Regeln sie beschreiben.[290] Das Paradigma

Patience spielt man allein

289 Ebd.

290 Wenn Quine die kategoriale Unterscheidung analytischer von synthetischen Urteilen als empiristisches Dogma ausweist (vgl. Quine 1961, S. 20 ff.), so im wesentlichen mit Argumenten, die Wittgensteins Auffassung des grammatischen Satzes – des ›analytischen Urteils‹ – nahe-

ist ein durch und durch akzeptabler Satz des Deutschen, und insofern steht er in einer Reihe mit Formulierungen wie

Patience spielt man stets allein
Patience ist ein Ein-Personen-Spiel
Das Spiel »Patience« spielt man allein
Patience spielt man, wenn man allein ist und Langeweile hat
usw.

Diesen ist er in bestimmten Hinsichten ähnlich, und genau hinsichtlich dieser Übereinstimmungen unterscheidet er sich auch von ihnen.

Zum zweiten macht den Grenzcharakter des grammatischen Satzes aus, daß er einen charakteristischen Zug der Sprache reflexiv zum Ausdruck bringt, der er als Satz angehört. Sprachanalytisches Philosophieren macht davon methodisch Gebrauch. In der Fähigkeit zur Bildung grammatischer Sätze zeigt sich somit eine wesentliche Eigenschaft ›natürlicher‹ menschlicher Sprachkompetenz: dazu in der Lage zu sein, sich reflexiv des in ihr sinnvoll Sagbaren zu vergewissern und genau hierin die somit deutlich gewordene Grenze als solche handhabbar zu machen, sie also auch für ein Überschreiten zur Disposition zu stellen. Dies ist ein integraler Bestandteil dieser Kompetenz, kein metasprachliches Moment, welches generell eine Stufe über den Elementen und Regeln erster Ordnung operieren würde, und zwar aus zwei Gründen:

(I) wird die Grenzziehung im grammatischen Satz je nur in Form eines Beispiels vorgenommen, das macht ja gerade seinen paradigmatischen Charakter aus. Als solches behält er alle Erscheinungsformen eines ›normalen‹ Satzes dieser Sprache und bleibt daher auch für alle in dieser Sprache ›normalen‹ Verwendungen von Sätzen disponibel. Selbst wo »Patience spielt man allein« als pure Explikation eines bestimmten Sprachverständnisses gemeint war, könnte dieser Satz noch ganz anders genommen und bestritten werden: »Patience kann man auch zu zweit spielen«

kommen: Analytizität beruht nach Quine auf der Unterstellung von Synonymie zwischen verschiedenen Ausdrücken, z. B. »Junggeselle« und »unverheirateter Mann«. Wie auch immer nun dieser Begriff der Synonymie expliziert wird: in jedem Fall beruht sie in natürlichen Sprachen auf dem Sprachgebrauch. Dieser kann in semantischen Regeln erfaßt werden. Doch diese konstituieren nicht Synonymie, sie schreiben sie fest. Daß zwei Ausdrücke unter bestimmten Bedingungen *für synonym* gehalten werden, ist selbst mithin ein empirisches Faktum.

könnte z. B. jemand einwenden, um auf eine bislang vernachlässigte Möglichkeit aufmerksam zu machen, daß man nämlich sich die Rolle »des« Spielers auch teilen kann. Man würde abwechselnd die Karten legen und könnte dann sogar die Gewinnregel auf verschiedene Weisen festlegen[291]. Das Äußern eines grammatischen Satzes ist ein Zug im Sprachspiel, der die Risiken aller üblichen Züge teilt: »Wenn man ... eine Grenze zieht, so kann das verschiedene Gründe haben.«[292]

(II) Der reflexive Sinn des Beispiels wird dementsprechend mit den in dieser Sprache üblichen semantischen und syntaktischen Mitteln formuliert. Die Formulierung des grenzziehenden Paradigmas zeigt die Sprachkompetenz in keiner außergewöhnlichen Hinsicht, sondern in ihrer normalen Funktionsweise. Auch das gehört zu ihrem paradigmatischen Charakter. Allerdings hat dies eine geradezu dramatische Konsequenz: Im Gegensatz zum grammatischen Satz, in dem wir uns in der Mimikry eines Satzes über Gegenstände eine bestimmte, in unserer Sprache eingespielte Regelung reflexiv vor Augen führen, ist das, was wir im oberflächengrammatischen Sinn eine Sprachregel nennen, in bestimmtem Sinn als unmittelbares Objekt unserer Anschauung oder unseres Denkens buchstäblich *unfaßbar*, genau dann nämlich, wenn man ihnen mit Chomsky eine ›generative‹ Kapazität zuschreibt. Denn anders als das tiefengrammatische Paradigma sind diese Regeln grundsätzlich irreflexiver Natur.[293] Eine Syntaxregel im linguistischen Sinn fällt nicht unter die Menge von Objekten, die durch sie geregelt sind.[294]

Im Rahmen des Sprachspiels Linguistik werden die Konsequenzen dieses Sachverhalts in der Regel nicht bedacht. Sie gehören zu seinen Rahmenbedingungen. Doch zeigen sie sich in aller Schärfe, sobald man nachfragt, was den Regelcharakter dieser Regeln denn eigentlich ausmacht – sofern unter einer Regel nämlich etwas verstanden wird, das im Rahmen sozialer Praxis in welch weitem Sinn auch immer *befolgt* wird. Seien die syntaktischen Regeln des Satzes *Patience spielt man allein* als R_{syn1}, R_{syn2}, ..., R_{synm} bezeichnet und seine semantischen Regeln als R_{sem1}, R_{sem2}, ...,

291 Man könnte z. B. festlegen, daß der, der die letzte »aufgehende« Karte legt, das Spiel dann verloren hätte, gewonnen also der, der den *vorletzten* Zug gemacht hatte.

292 PU I, 499.

293 Dagegen kann es durchaus grammatische Sätze über grammatische Sätze geben.

294 Dasselbe gilt natürlich für morphologische oder phonologische Regeln. Stets sind deren Objekte bestimmte eingeschränkte Tatbestände, hier eben morphologischer bzw. phonologischer Art, die Gestalt und Lautstruktur von Wörtern, niemals aber Regeln irgendwelcher Art. Entsprechend regeln Syntaxregeln die Gestalt von Sätzen, also die Wahl morphologischer Formen in Abhängigkeit von solchen Formen.

R_{semn}[295]. Die Gesamtmenge dieser Regeln würde somit zu den Gelingensbedingungen des genannten Satzes gehören. Versuchen wir aber nun, eine Formulierung für R_{syn1} usw. zu geben, so zeigt sich, daß eben diese Regeln *in derselben Sprache* überhaupt nicht formuliert, sondern nur in der sprachlichen Artikulation von Sätzen dieser, hier der deutschen Sprache zur Erscheinung gebracht, nur indirekt also gezeigt werden können. Nehmen wir als R_{syn1} einen Satz wie »Die Personalendung des Finitums kongruiert mit dem Numerus des Subjekts«. Diese Formulierung muß *als Satz* des Deutschen von eben der Regel selbst Gebrauch machen, für die sie eine Formulierung ›ist‹.[296] Diese Regel ist nun *dieselbe*, wie sie für beliebige andere Sätze des Deutschen ›gilt‹. Bei der Formulierung von R_{syn1} konnten wir uns aber gewiß nicht an *dieser* Formulierung orientieren, denn diese könnte ja durchaus die Regel nicht erfassen[297] – aber auch nicht an irgend einer anderen äquivalenten oder ähnlichen, die wir gerade im Kopf gehabt hätten, denn wir waren ja mit unserer Aufmerksamkeit ganz beim Formulieren *dieser* Formulierung. So scheint hier gar kein Raum zu sein für etwas wie eine grammatische Regel, der wir hier folgen würden. Nichtmentalistische Grammatikkonzepte begnügen sich daher normalerweise mit einer extensionalen Deutung ihrer Regelmengen: Man würde in diesem Fall sagen, daß die Formulierung von R_{syn1} – vorausgesetzt, sie ist deskriptiv korrekt – qua Satz dieser Regel genügt, nicht aber, daß sie *nach* ihr formuliert worden wäre.[298]

Dieses Argument gilt für jede beliebige Regelformulierung. Wir

295 Eine semantische Regel wäre in diesem Fall z. B. eine, die aus den semantischen Implikationen, die den Wert von *Patience* festlegen, Selektionsbeschränkungen für das Verb ableitete: *Patience ißt man* ... wäre etwa syntaktisch, nicht aber semantisch im Deutschen ›möglich‹.

296 Hier kongruiert also das Finitum *kongruiert* mit dem Subjekt *die Personalendung*.

297 So hängt es ganz von der Syntaxtheorie ab, ob die Beziehung zwischen Subjekt und Personalendung des Finitums als Kongruenz zu beschreiben ist oder nicht. *Häuser* ist zweifelsohne der Plural von *Haus*, und insofern wäre der Unterschied in der Wahl des Finitums bei *Die Häuser sind* ... und *Das Haus ist* in der Tat als Kongruenz zu beschreiben. Aber ist ›Person‹ in der syntaktischen Position des Subjekts dieselbe Kategorie wie als Einheitenkategorie des Finitums oder ist dort die Wahl der 1., 2. oder 3. Person nicht eine Grundunterscheidung, aus der Paradigmenwahlen – bei 1. und 2. Person Pronomina, bei 3. Person Pronomina oder Nomina – resultieren? Dann würde sich die Sache ganz anders darstellen. Meine Formulierung aber hatte ich doch ganz unabhängig von dieser theoretischen Frage vorgenommen. Zum Begriff der Kongruenz vgl. Eisenberg 1989, S. 55 f.

298 Vgl. Kap. 2, S. 79 ff.

könnten bezüglich *jeder* der Regeln R_{syn1}, R_{syn2}, ..., R_{synm}, R_{sem1}, R_{sem2}, ..., R_{semn} dieselbe Argumentation führen. Zwar ist die Regel nicht identisch mit einer bestimmten Regelformulierung, doch unabhängig von irgendwelchen Formulierungen hätten wir überhaupt keinen Begriff von der betreffenden Regel[299]. Dann würde es auch keinen Sinn mehr machen zu behaupten, wir folgten ihr. In allen Bereichen regelgeleiteten Handelns ist die Differenz von Regel und Regelformulierung durch die Formel aufhebbar, daß die Regel die Menge einander semantisch äquivalenter Regelformulierungen sei.[300] Beim rhetischen Akt jedoch, wo er selbst als ein Fall solchen Handelns betrachtet wird, versagt diese Formel, weil jede beliebige Formulierung der hier in Anschlag zu bringenden Menge qua Formulierung je schon als morphologisch-syntaktisch geregelte *vorausgesetzt* ist. Das macht das philosophisch einzigartige Problem aus, das im Begriff der grammatischen Regel liegt.

Die kognitivistische Rede vom »tacit knowledge«, das allen Performanzakten qua Kompetenz *irgendwie* zugrunde liegen soll, ist das verschämte Eingeständnis dieses Sachverhalts. Man konstruiert etwas *als* ein Regelwissen, dem die wesentliche Eigenschaft fehlt, die ein solches Wissen ausmacht. Nun ist im Lichte der Privatsprachendiskussion aber klar, daß ein solches »tacit knowledge« für uns schlechterdings kein möglicher Gegenstand wäre: es ist der Käfer in der Schachtel. So führt die Analyse des Begriffs des grammatischen Satzes zu dem nur paradox zu nennenden Resultat, daß der Begriff der ›Oberflächengrammatik‹, gegen den er doch von Wittgenstein entwickelt worden war, darüber seine Extension zu verlieren scheint. Jedenfalls kommen wir in größte Schwierigkeiten, dem Begriff der Grammatik überhaupt eine fregesche ›Bedeutung‹ zu geben, sofern darunter syntaktische, morphologische oder ähnliche Regeln verstanden werden, denen wir in welchem Sinn auch immer *folgen*, wenn wir sprechen. Die sokratische Frage des *tí estin* – was ist eine linguistische bzw. grammatische Regel – ist damit unabweisbar gestellt.[301]

299 Vgl. Black 1962, S. 100 ff. Selbst aber wenn wir uns von einer Regel einen Begriff machen können, ist damit noch nicht ausgemacht, ob dieser nicht leer ist.

300 Vgl. Black 1962, S. 100 ff.

301 Daß Wittgenstein dies so gesehen hat, belegen insbesondere die Absätze PU I, 491 ff. Vgl. 497: »Man kann die Regeln der Grammatik ›willkürlich‹

Wittgenstein hat der Aufklärung dieser Paradoxie intensivste Aufmerksamkeit gewidmet. Ihre logische Struktur ergibt sich aus der Betrachtung, die wir eben angestellt haben: Wir sehen einerseits, daß wir die Wörter im Satz nicht willkürlich verwenden, sondern in Weisen, die wir als »regelmäßig« bezeichnen. Solange dem Begriff der grammatischen Regel keine andere Bedeutung gegeben wird als der, solche am externen Sprachgebrauch durch Vergleich vorliegender Formulierungen auszumachenden Regelmäßigkeiten zu beschreiben, ohne damit jedoch den Sprachgebrauch in irgend einer Weise erklären, d. h. auf ein die Artikulation leitendes Regelsystem zurückführen zu wollen, ist die Rede von grammatischen Regeln unproblematisch.[302] Dies ändert sich jedoch grundsätzlich, wenn man in transzendentaler Einstellung von Regeln als den Bedingungen der Möglichkeit des Formulierens redet. Unser Beispielfall dafür ist der kognitivistische Linguist. Aber die Grundfigur ist – wie wir gesehen haben – älter. Sie ist uns in Kants Idee einer transzendentalen Grammatik ebenso begegnet wie in bestimmten, die allgemeine Form des Satzes betreffenden Vorstellungen des frühen Wittgenstein. Das Dilemma besteht darin, wie die Wahl eines Schemas allgemeinster Art, das beliebig viele, wenn auch nicht alle Sätze unserer Sprache teilen[303], zusammenkommen soll mit der Wahl des treffenden, nur hier passenden Ausdrucks – das alte Schematisierungsproblem in neuer Gestalt. Unter dem Titel der Lexikonregel in einer ›generativen‹ Grammatik sind wir ihm unter der Hand schon häufiger begegnet, ohne daß uns da aber geeignete Mittel zur Verfügung gestanden hätten, es über das

nennen, wenn damit gesagt sein soll, der *Zweck* der Grammatik sei nur der der Sprache« – d. h., wenn nicht wie in einer ›tiefengrammatischen‹ Analyse weiter danach gefragt wird, welchen Gebrauch wir von diesen Regeln machen. Daß seit Saussure die langue das zentrale Objekt linguistischer Deskription ausmacht, nicht die parole, ist Ausdruck des Verzichts auf diese weitergehende Fragestellung, eines Verzichts, mit dem sich die Linguistik ihre Identität errungen bzw. erkauft hat.

302 Vgl. PU I, 496.

303 Weder die im Deutschen übliche Formulierung *Mich friert* noch eine ebenso übliche Wendung wie *Es rufen eine Reihe Leute an* … teilen z. B. das o. a. Kongruenzschema.

Konstatieren des Problems hinaus mit Aussicht auf Erfolg anzugehen.

Wittgenstein greift dieses Problem als erstes auf, wo es darum geht, nach der einleitenden programmatischen Abfertigung des kantischen und eigenen Transzendentalismus in der materialen Diskussion der Leitvorstellungen »gegnerischer« Positionen die nunmehr sich abzeichnende eigene argumentativ zu untermauern:

»Wenn mir jemand z. B. das Wort ›Würfel‹ sagt, so weiß ich, was es bedeutet. Aber kann mir denn die ganze *Verwendung* des Wortes vorschweben, wenn ich es so *verstehe*?«[304]

Die Frage so zu stellen heißt nach der Natur unserer Sprachkompetenz zu fragen. Wittgenstein und Chomsky greifen so gesehen durchaus dasselbe Problem auf. Von dieser Annahme waren wir ja auch ausgegangen. Daß und aus welchen Gründen Wittgenstein die ›chomskysche‹ Lösung verwirft, einen internen Apparat als Erklärung des Kompetenzphänomens anzunehmen, haben wir bereits bei der Diskussion des Privatsprachenproblems eingehend betrachtet. Aber welche Lösung findet er? Die Antwort ist ebenso eindeutig wie ernüchternd: *Es gibt für dieses Problem keine ›theoretische‹ Lösung* – so wenig es für das Problem der Dreiteilung des Winkels mit Zirkel und Lineal eine Lösung gegeben hat. Die Fähigkeit, die den Menschen zur Sprache disponiert, läßt sich nicht erklären, insbesondere nicht im Sinne einer szientifischen Explanation. Die Gründe liegen in der Natur des Phänomens, die Wittgenstein nun Schritt für Schritt auslotet. Dabei spielt von Anfang an der Gesichtspunkt eine tragende Rolle, dessen volle Bedeutung erst das Privatsprachenthema entfalten wird: die Externalität der sprachlichen Zeichen – hier ist diese Bezeichnung tatsächlich einmal angebracht –, die eine intersubjektive Kontrolle ihres Gebrauchs ermöglicht und damit allererst auch ihre Interpretation.[305]

304 PU I, 139.

305 Auch Quine betont diesen ›externen‹ Charakter des Wortes und damit die Öffentlichkeit der Sprache. Doch hält er dabei, ausgehend von dem Konzept der radikalen Übersetzung bzw. Interpretation, an bestimmten behaviouristischen Grundvorstellungen fest. So kann er, gleichsam behindert von der den Begriff der Öffentlichkeit geradezu konterkarierenden Rede von stimulus und response, die doch immer eine mehr oder weniger »starke« Vorstellung von Kausalität präsupponiert, die eigent-

In Wittgensteins Überlegungen findet dieser Gesichtspunkt sein Äquivalent in der Wahl seiner Modell-Sprachspiele. Durchgängig sind sie – wir haben dies nun schon häufiger thematisiert – Modelle des Schriftgebrauchs. Dies macht die Analyse des Zeichengebrauchs transparenter und verhindert vor allem, daß man sich in der vermeintlichen Evidenz von Introspektionen verirrt. So auch hier. Das denkbar einfachste Modell einer Kompetenz, die an beliebigen Stellen »weiterweiß«, ist das Aufschreiben einer Zahlenreihe, laute diese nun

1, 2, 3, 4, 5, ...,
2, 4, 6, 8, 10, ...,
2, 2, 4, 4, 6, 6, 8, 8, ... oder
1, 5, 11, 19, 29, ...[306]

Alle Versuche, das offenkundige Fortsetzen-Können, das sich im Verlauf der Reihenentwicklung an *beliebigen* Stellen zeigt, auf interne Dispositionen zurückzuführen, müssen – wie wir gesehen haben – scheitern. Sie sind samt und sonders tautologischer Natur. Dem korrespondiert die Beobachtung, daß Selbsteinschätzungen wie »Jetzt weiß ich weiter« keine Gewähr dafür bieten, daß der

liche Pointe der Unbestimmtheitsthese nur mit Mühe entfalten und argumentativ überzeugend vertreten, daß nämlich der Übersetzer bzw. Interpret in der Wahl des Interpretationsgesichtspunkts, und das heißt wesentlich: in den Zwecksetzungen seiner Interpretation bzw. Übersetzung, aus denen dann die Wortwahl im einzelnen folgt, frei ist. Der behaviouristische Ausgangspunkt nagelt Quine sozusagen auf die Beobachterperspektive fest. Das hat Searle durchaus zutreffend gesehen, so wenig ansonsten sein Angriff auf die Unbestimmtheitsthese die Logik der von Quine entwickelten Argumentation trifft. Der Beobachter müßte sozusagen entfesselt werden. Erst als seine Perspektive frei Wählender geriete er zum Repräsentanten der Undeterminiertheit. Vgl. hierzu Quine 1960, Kap. 2, dazu Searle 1987, Føllesdal 1990 und Abel 1993, S. 376 ff.
Wittgenstein vermeidet solche Schwierigkeiten von vornherein, indem er schon zu Beginn der *Philosophischen Untersuchungen* gegen das Namen-Modell der Sprache auf die unübersehbare Vielfalt der illokutiven und sonstigen Zwecke hinweist, zu denen wir Sätze verwenden können (PU I, 23 und passim). Insofern kann er – mutatis mutandis gilt dies auch für Austin – ein Konzept der Öffentlichkeit von Sprachpraxis entwickeln, das der Sprachauffassung Quines zweifellos kategorial überlegen ist. Wittgenstein ist nirgends in Gefahr, sich in behaviouristischen Positionen zu verfangen (vgl. PU I, 306 ff.).

306 Vgl. PU I, 151.

Betreffende tatsächlich weiterwußte. Es ist sehr wohl möglich, daß er sich dabei täuschte.

Wittgensteins Paradigma ist das Lesen-Können.[307] Hier scheinen wir etwas Gegebenes, den Text, zu haben, von dem aus das darauf sich beziehende sprachliche Handeln sich müßte genauer fassen lassen, weil dieser ja öffentlich zugänglich ist. Ab wann kann man also sagen, daß ein Mensch lesen *kann*? Dies wäre auf der Seite des Lesens ja das Äquivalent des Weiterwissens in der Reihenentwicklung bzw. im Wortgebrauch. Es zeigt sich, daß die Frage punktgenau nicht zu beantworten ist. Dazu müßte man zum einen systematische Lesefehler von beiläufigen trennscharf unterscheiden können, wie sie auch dem routiniertesten Leser gelegentlich unterlaufen. Doch wie will man dahinter kommen? Und zum zweiten und vor allem zeigt sich, daß der Text eben nichts Gegebenes ist. Er ist, wie wir schon an anderer Stelle gesehen hatten, von der Textur zu unterscheiden. Diese allein liegt öffentlich zugänglich vor. Zum Text wird sie erst durch genau das subjektive Handeln, das man von der gegebenen Vorlage her sich doch erschließen wollte.

Wittgenstein verdeutlicht das Problem am Modell einer menschlichen »Lesemaschine«, eines in bestimmter Weise zum Vorlesen abgerichteten Schülers, im Unterschied zu einer mechanischen, die wie ein Pianola Zeichen in Laute umsetzt.[308] Die Funktionsweise einer solchen richtigen Maschine können wir beschreiben, die des zur Lesemaschine abgerichteten Schülers aber nicht. Hier könnten wir nur vom externen Resultat her schließen, ob dieser Schüler tatsächlich liest: wenn wir ihm nämlich verschiedene unvorhergesehene Texte präsentierten und er einen wie den anderen tatsächlich Wort für Wort und im Zusammenhang wiedergeben würde. Andernfalls würden wir vielleicht vermuten, daß er nur ein bestimmtes Repertoire von Texten auswendig gelernt hätte, bestimmte Lieder aus dem Gesangbuch etwa, und sich an bestimmten Zeichen gemerkt hätte, welches Druckbild zu welchem memorierten Liedertext gehört.[309]

307 Vgl. PU I, 156 ff.
308 PU I, 157 ff.
309 In Zeiten, wo das Lesen noch nach der sogenannten Ganzheitsmethode gelehrt wurde, haben manche Kinder im 1. und 2. Schuljahr durchaus vergleichbare »Lesestrategien« entwickelt.

Wir unterscheiden das Buchstabieren vom Lesen, doch ist der Übergang fließend. Allmählich lernen die Kinder, immer fließender zu lesen, und manche Erwachsene, die schlecht lesen gelernt haben und kaum oder nie lesen, fallen wieder ins Buchstabieren zurück, wenn sie einmal gezwungen sind, einen komplizierteren Text zu lesen. So bezeichnen wir tatsächlich ganz verschiedene Vorgänge mit dem einen Namen »lesen«, und die Kriterien, die wir von Fall zu Fall anwenden, können unterschiedlicher Art sein.[310] Eigenartigerweise entzieht sich jedoch das Lesen, je routinierter es wird, als Vorgang mehr und mehr unserer Deskription. Lesehemmungen, -schwierigkeiten, -aussetzer können wir im Einzelfall beschreiben und gegebenenfalls auch die Gründe dafür angeben. Z. B. konnte es uns mißlungen sein, bei einem uns unbekannten Fremdwort oder einem fremdsprachigen, etwa walisischen Ortsnamen die Buchstaben in der richtigen Weise zu synthetisieren. Doch das gelingende, sogenannte fließende Lesen, das man ja bis zu einem Grad ausbilden kann, wo man dem Schriftbild den Textsinn unmittelbar abliest, ohne überhaupt noch zu ›subvokalisieren‹, d. h. die Rückkopplung mit der mündlichen Sprache herzustellen, gerade dieses Lesen entzieht sich einer entsprechenden Beobachtung umso mehr, je müheloser, natürlicher es sich vollzieht. Dies liegt in der Natur der Sache. Zwar sprechen wir von einem Zusammenhang zwischen den externen, geschriebenen oder gedruckten Worten und dem Lesevorgang, doch »dazwischen« ist nicht zu kommen. Der Zusammenhang ist unmittelbarer Art. Der erlesene Text wird nicht durch Dekodieren der graphischen Zeichen irgendwo im Gehirn und Nervensystem hergestellt, sondern auf der Ebene der geschriebenen Zeichen, d. h. der Textur selbst. Ohne sie hätten wir den Text so wenig wie den Sinn eines Ausrufs ohne die Lautartikulation. Lesen ist ein Rückkopplungsprozeß, zu dem die externen Zeichen konstitutiv gehören wie das Fleisch zum Braten.

Den Weisen, mit gegebenen Zeichen umzugehen, sofern man die Sprache beherrscht, in der sie geschrieben sind, sind durch das Geschriebene keine Grenzen gesetzt. Es ist ja zunächst einmal nicht der Text, der uns mit seinen logischen und ästhetischen Anforderungen zwingen würde, ihm adäquat zu antworten, uns seinen Formen anzupassen, sondern vorerst nur die Textur. Wir

310 Vgl. PU I, 164.

können sie von vorn nach hinten, diagonal, absatzweise, auf Schlüsselwörter achtend oder wie sonst auch immer durchforsten. Ihr gegenüber sind wir in ganz anderer Weise Herr des Verfahrens als dem uns mündlich Mitgeteilten gegenüber. Dort müssen wir uns zugleich und vor allem hic et nunc mit dem Kommunikationspartner auseinandersetzen, mit dem also, was er mit dem Gesagten gemeint hatte. Das Gesagte läßt sich davon nur partiell und unter besonderen Bedingungen absondern. Hier hingegen ist dies alles anders. Die Textur ist passiv. Sie läßt alles mit sich machen. Doch gerade aus dieser Schwäche gewinnt sie ihre unglaubliche Suggestion. Es gibt alte Philologen, bei denen nicht mehr zu sagen ist, ob sie ihre durchgearbeiteten, abgegriffenen, mit unzähligen Zeichen lebenslanger Lektüre markierten Texte im Kopf haben oder ihren Kopf in diesen Texten. Beides dürfte zutreffen – es handelt sich um einen Fall von Symbiose. Lesen ist eine Lebensform geworden, in der der Vorgang nichts, das Resultat alles ist.

Dies läßt sich durchaus verallgemeinern. Wie gelesen wurde, dies ist nur dem Textverständnis zu entnehmen. Wir hatten schon in anderem Zusammenhang gesehen, daß der Schreiber den Text erzeugt, indem er die Textur zu Papier bringt, und der Leser erzeugt den Text aus der Textur, indem er diese liest.[311] Der Vorgang geht völlig im Text auf. Ob und wie man lesen ›kann‹, zeigt sich ausschließlich im Verfahren.

Diese Einsicht bewahrheitet sich auch auf der Seite des Produzierens. Der mit dem Fortführen von Zahlenreihen beauftragte Schreiber aus PU I, 151, nehmen wir an, es sei ein Schüler, soll nun eine einfache Reihe – »x + 2« – über die Tausendergrenze hinaus fortsetzen. Nun schreibt er: 1000, 1004, 1008, 1012, ...[312] Sein Verfahren ist systematisch, zweifellos, aber es entspricht nicht der Aufgabenstellung. Offensichtlich hatte er etwas falsch verstanden. Gerade aus diesem Grund jedoch würde es sich verbieten, nun die einzelnen Notierungen als Fehler zu registrieren, was sie – gemessen an der Aufgabenstellung – zweifellos sind. Der Schüler hatte sich sein Bild von der Problemlösung gemacht, und innerhalb

311 Vgl. Kap. 7, S. 293 ff.

312 Vgl. PU I, 185. Zehner-, Hunderter-, Tausenderüberschreitungen sind ja für Kinder häufig ein Problem. Indem sie es lösen, begreifen sie die Funktionsweise des Dezimalsystems. Wittgensteins Beispiel hat also durchaus einen lebensweltlichen Hintergrund.

dieses Bildes offensichtlich stringent gehandelt.[313] Auch hier ist, so zeigt sich, der Vorgang nicht unabhängig vom Resultat zu behandeln.

Es kann sich also – Wittgenstein zeigt dies an vielen Beispielen – an jeder vorliegenden Zeichengestalt ein Handeln entzünden, welches mit unseren eigenen Erwartungen, wie hier zu handeln wäre, nicht übereinstimmt, und das doch Sinn macht. Dieses sprachliche Knowing-how, das *Weiter-wissen*, welches sich nicht zuletzt in der beispiellosen Erfindungsgabe zeigt, die der Autor Wittgenstein in seinen Sprachreflexionen entfaltet, entzieht sich jedem Versuch sprachlicher Deskription genau deswegen, weil es in *jedem* einzelnen Deskriptionsversuch als der Hintergrund, als Potential präsent bleibt und bleiben muß. Ohne dieses Potential müßte jeder solche Versuch Stümperei bleiben bzw. sich im Verfahren als solche erweisen. Auch etwas treffend beschreiben können ist ja Teil jenes »Weiter-wissens«, und es hängt ersichtlich aufs engste mit der Fähigkeit zusammen, Ähnlichkeiten und Verschiedenheiten *sehen* zu können. Die Kompetenz des Autors Wittgenstein ist an ihren Formulierungen so eindeutig auszumachen wie es einem neu aufgefundenen Quartettsatz nach wenigen Takten abzulesen ist, ob er tatsächlich von Mozart stammt. Und dennoch ist diese Kompetenz als Ganzes unfaßbar, auf keinen Begriff zu bringen, der sagen würde, worin sie ›eigentlich‹ besteht. Nicht nur in ihrer Originalität, die sie von der eines Karl Kraus, eines Lichtenberg oder Nietzsche unterscheidet, sondern auch in den Punkten, die sie mit deren Kompetenzen durchaus teilt: dem Weiter-wissen bei der Fortsetzung, der Antwort auf eine vorgelegte Formulierung, dem Blick für den in einer alltäglichen Floskel angelegten Witz:

»Man könnte auch von einer Tätigkeit der Butter reden, wenn sie im Preise steigt ...«[314]

Je besser man die Sprache beherrscht, desto unvorhersehbarer ist der Gebrauch, den man von ihren Worten macht. Nach Humboldt

313 Davor bleibt dem Lehrer nur die Kapitulation. Es hätte keinen Sinn, dem Schüler zu sagen, er habe falsch gehandelt, denn das Problem liegt ja in der Vorstellung, an der er sich in seinem Handeln orientierte. Man kann nur versuchen, ihn dahin zu bringen, daß er eine andere Sehweise des Problems zumindest probeweise akzeptiert. Vgl. PU I, 185.

314 PU I, 693.

geht dies ins Unendliche, und Wittgenstein sieht dies nicht anders. Die Sprache, die das bildende Organ unserer Gedanken, Wünsche, Intentionen ist, begreift auch er – vielleicht entschiedener noch als Humboldt – als ein jedem grenzziehenden, begrifflichen Zugriff sich entziehendes Phänomen, eine *übermäßige Tatsache* – eben weil man nur *in* einer Sprache etwas meinen kann. Daher sieht er das philosophische Problem gerade darin, daß man geneigt ist, sich von dieser »übermäßigen Tatsache« unzutreffende Bilder zu machen.[315] Wer seine Sprache beherrscht, dem stehen in der Tat ihre Wörter und Ausdrucksformen in beliebiger Weise zur Verfügung. Für ihn ist die Sprache hier – an dieser Beobachtung haben wir unsere Überlegungen von Anfang an orientiert – das absolut Leichte, ein Medium sozusagen ohne Widerstand. Dies fassen wir dann in Ausdrucksweisen wie die von Wittgenstein aufgegriffene, daß uns beim Verstehen eines Wortes doch stets seine ganze Ver-

315 Vgl. PU I, 192. Zu solch unzutreffenden Bildern verleitet insbesondere eine auf isolierte Sprecherurteile gestützte Methodologie wie das in der generativen Linguistik übliche Beispielsatzverfahren, das dort an die Stelle empirischer Erhebung faktischen Sprachgebrauchs getreten ist. Die Formulierung von Hypothesen über ›Beschränkungen‹ der universalgrammatischen Verfahren und deren mögliche ›Parametrisierungen‹ werden – dies haben wir eingehend betrachtet (vgl. Kap. 5) – gewonnen anhand der Formulierung von ›grammatischen‹ und ›ungrammatischen‹ Beispielsätzen. Mit solchen »Tests« der Sprachkompetenz soll sozusagen die Grenze zwischen der Menge ›möglicher‹ grammatischer Sätze, d. h. Sprache, und dem unendlichen Feld der Agrammatikalität, mithin Nichtsprachlichkeit abgetastet werden.
So gelten z. B. Quantoren oder Reflexivpronomen als nicht »linksversetzbar«, weil Paradigmen wie *Keinen, den hat er bezahlt* oder *Sich, den hat er beschenkt* für ›ungrammatisch‹ beurteilt werden. Das ›intuitive‹ Sprecherurteil wird mithin so ausgelegt, daß ein Satz wie diese Beispiele Regeln des Deutschen bzw. der Sprache überhaupt widerspricht. Doch ein solches »Urteil« hat eben stets nur eine begrenzte Anzahl von Gebrauchsweisen im Blick. Es ist durchaus ein Kontext denkbar wie folgender: Jemand verpflichtet Leute gegen das Versprechen guter Bezahlung. Es zeigt sich bei einer Befragung, daß er keinen bezahlt hat. Ironischer Einspruch: »Das stimmt nicht. Sich, den hat er sehr wohl bezahlt.« Ein analoges Beispiel für den anderen Fall ließe sich unschwer konstruieren. Selbst wenn etwas ganz und gar gegen unsere »Intuition« als Muttersprachler verstößt – daraus abzuleiten, daß der betreffende Ausdruck im Deutschen oder gar in der Sprache nicht *möglich* wäre, ist eine im Sinne des Wittgensteinschen Diktums hypertrophe Induktion.

wendung vorschwebe. Solange nicht mehr damit gemeint ist als die Fähigkeit des freien Umgangs mit dem Wort, wie wir sie eben beschrieben haben, ist eine solche Metapher natürlich unschädlich. Problematisch wird es erst, wenn man ein solches Bild zu einem theoretischen Modell von ›Kompetenz‹ verdichtet, das nun das erklären soll, was wir »sprachliche Kreativität« nennen. Man wird »dazu verführt, einen Über-Ausdruck« zu gebrauchen, um das übermäßige Phänomen doch noch irgendwie zu packen.[316]

Die Hypertrophie solchen Denkens hat Wittgenstein in eines seiner suggestivsten Bilder gefaßt: die »Maschine als Symbol ihrer Wirkungsweise«.[317] Soll sie die Idee absolut regelmäßiger Bewegung symbolisieren, muß man sie sich so denken, daß sie sich nicht bewegt. Denn es gehört zum Begriff einer Maschine, daß ihre Bewegungen niemals absolut gleichmäßig sind, sondern im Rahmen bestimmter Toleranzen variieren, bis auch diese durch Verschleiß irgendwann überschritten werden. Nur in der paradoxen Form eines starren Bewegungsapparats kann sie daher ein Bild für Vorstellungsweisen sein,

– daß uns die ganze Verwendung eines Wortes vorschwebt,
– daß alle Übergänge von einem Reihenwert zum nächsten in einer unendlichen Reihe, von einem Wort zu allen ›möglichen‹ Kontexten bereits gemacht sind usw.

Dies heißt nun nichts anderes, als daß diese Vorstellungsweisen selbst paradoxer Natur sind. Es kommt ja in weniger harmlosen Fällen als bei der Entwicklung der Reihe 1, 2, 3, 4, 5, ... durchaus auch vor, daß uns, wenn ein Wort vorgegeben wird, dazu keinerlei Fortsetzung einfällt, obwohl das Wort uns durchaus vertraut ist. Die Fähigkeit fortzufahren darf also *nicht* als interne Eigenschaft einer Sprachkompetenz begriffen werden, die wir uns dann als besonderes Vermögen des Operierens mit semantischen Werten, syntaktischen Strukturen usw. denken. Damit wäre die Tatsache, daß wir *hier* fortfahren können, d. h. in der gegebenen Situation das passende Wort tatsächlich finden, nicht zu erfassen. Wir unterstellen ja keineswegs, wenn einer die Reihe 1, 5, 11, 19, 29, ... nicht fortsetzen kann, daß der Betreffende die Ausdrücke 41, 55, 71 usw. nicht in seinem Vokabular hätte, im Gegenteil. Wenn wir

316 Vgl. ebd.
317 PU I, 193 f.

sagen, er kann die Reihe nicht fortsetzen, dann unterstellen wir gerade, daß er diese Zahlausdrücke in anderen Zusammenhängen sehr wohl zu bilden wüßte. Für eine besondere Sprachkompetenz als eines ›internen‹ Vermögens neben anderen sind grundsätzlich alle Wörter, alle sprachlichen »Ausdrucksformen« gleichwertig, auch wenn über Selektionsbeschränkungen, ›θ-Rollen‹ oder ähnliches dieser Kompetenz Fragmente semantischen Wissens, d. h. Fragmente von Welt-Wissen zugeschrieben werden, die dem Begriff einer formalen Sprachkompetenz prinzipiell zuwiderlaufen.[318] Keine Lexikonregel enthält irgend einen Hinweis darauf, welches Wort aus der gegebenen Menge unter welchen Bedingungen auszuwählen wäre, und sie *kann* von der Logik des grammatischen Sprachbildes her auch keinen solchen Hinweis enthalten.[319] Wenn die Kompetenz aber so konstruiert ist, daß sie ein Wort wie das andere auswählen könnte, warum sollte sie dann überhaupt eines auswählen? Andererseits *muß* aber ausgewählt werden, denn eine Satzform kann nur in einer bestimmten Folge von Wörtern realisiert werden. Die Fähigkeit fortzufahren, auf eine sprachliche Handlung angemessen zu reagieren, kann bzw. wird sich daher nicht wesentlich von der Fähigkeit unterscheiden, aus einem Kohlkopf einen schmackhaften Salat zu machen: Man muß die gegebenen Mittel zu einer Form zusammenbringen, die das in der gegebenen Situation gestellte Problem löst, sei dies nun, etwas Eßbares auf den Tisch zu bringen oder sich angemessen dafür zu entschuldigen, daß man den Hochzeitstag vergessen hat-

318 Solche dem einzelnen Lexikoneintrag eingeschriebenen Informationen beschränken die Auswahl möglicher Kontextelemente nach folgendem Prinzip: Enthält das Lexem L_i die Kontextmarkierungen »*« bzw. »¬*« für die Kontextpositionen $P_1, P_2, \ldots, P_n$, also etwa P_1*, P_2¬*, ____, P_3*, so wären, wenn L_i vorgegeben ist, an den Positionen P_1 und P_3 nur Lexeme mit der Markierung »*« zulässig, an P_2 entsprechend nur Lexeme, die diese Markierung nicht in ihrem Eintrag aufweisen.

319 Technisch gesprochen: Kontextbeschränkungen sind einzelnen Lexikoneinträgen eingeschrieben, also *immer* Bestandteil von Elementen von Lexikonregeln. Man betrachte nun eine Lexikonregel wie: V1 {*gehen¬*, *schlafen¬*, *laufen¬*, *bummeln¬*, *latschen¬*, *schlurfen¬*, *schreiten¬*, *spazierengehen¬*, …}. Nun ist die Rede von einem Spaziergang. Selbst diese Information würde nicht helfen, auch nur ein Verb aus dieser Menge auszuschließen, letztlich nicht einmal ein *wie auch immer* spezifizierter Kontext.

te. Die Frage der Wahl des »passenden« Wortes ist nicht Sache der Sprachkompetenz, sondern der Urteilskraft. Gefragt ist damit nach einem nicht hypertrophen Bild von Grammatik.

Grammatik und Metapher

Die Hypertrophie des transzendentalen Grammatikbildes besteht, um es noch einmal zusammenfassend zu sagen, darin, etwas noch durch positive Eigenschaften E_1, E_2, ..., E_n erklären zu wollen, was nur negativ faßbar ist, wenn eine Äußerung offenbar *nicht* mehr gemäß bestimmten Regeln R_1, R_2, ..., R_m gebildet wurde. Der Modellfall dafür in semantischer Hinsicht war und ist die Metapher. Wir haben dies bei der Betrachtung der rhetorischen Grundlagen des grammatischen Sprachbildes gesehen.[320] Doch selbst innerhalb dieses Bildes gab es in der Tradition, die eben nicht hypertroph war, dafür noch ein Analogon. Für den alten Grammatiker, der mit der *techne grammatike* befaßt war, nicht mit grammatischer Theorie, war – wir haben dies zu Beginn unserer Wittgenstein-Lektüre bereits gestreift – die Einsicht leitend, daß dem Bereich der ›grammatischen‹, in formalen Verhältnissen der Sprache auszuweisenden Analogie irgendwo stets eine Grenze gesetzt ist: nämlich von Anomalien, die nicht mehr ins Schema passen. Im mündlichen wie schriftlichen Gegenwartsdeutsch hat sich z. B. eine solche Anomalie ins Paradigma des Demonstrativpronomens eingeschlichen. Regelmäßig lautet es im Singular:

dieser [Mann]	*diese [Frau]*	*dies(es) [Kind]*
dieses [Mannes]	*dieser [Frau]*	*dieses [Kindes]*
diesem [Mann]	*dieser [...]*	*diesem [...]*
diesen [Mann]	*diese [...]*	*dies(es) [...]*

Damit ist es perfekt analogisch strukturiert. Nicht nur entsprechen die Endungen denen des bestimmten Artikels *der, die, das, ..., des, ..., dem, ..., den* usw., sondern darüber hinaus bewahrt es im Genitiv des Maskulinums und Neutrums auch noch die Übereinstimmung mit den Spuren nominaler Kasusmarkierungen bei

320 Vgl. Kap. 9.

Mannes bzw. *Kindes*. Gerade an diesem Punkt hat sich im Sprachgebrauch nun eine Form breitgemacht, die diesen Gipfelpunkt der Analogie schlicht mißachtet, und zwar aus keinem anderen Grund als dem, eben die Alliteration zu vermeiden, die die analoge Form mit sich bringt: *zu Beginn diesen Jahres* ... Wenn sich dieser Gebrauch hält, und danach sieht es aus, wird die anomale Genitivform *diesen* ins grammatische Schema aufgenommen werden *müssen*.

Im traditionellen Grammatikbild machte, m. a. W., der Begriff des Regelmäßigen nur in Korrelation zu dem des Anomalen Sinn. Spätestens in der Quinta kannte jeder Lateinschüler den Satz, der die pragmatische Philosophie dieses Grammatikbildes auf den Punkt brachte: »Keine Regel ohne Ausnahme«.[321] Die Hypertrophie des transzendentalen Grammatikbildes, von der wir bislang nur andeutungsweise gesprochen haben, besteht im ›technischen‹ Sinn genau darin, die Anomalie als Sprachphänomen zu streichen bzw. sie zu einem Epiphänomen zu degradieren. Es genügt, sich das Prinzip an einem prominenten Beispiel zu verdeutlichen – etwa an Chomskys ›Subjektsprinzip‹, welches besagt, daß jeder wohlgeformte ›Satz‹ genau ein Subjekt hat.[322] Was dann aber tun nicht nur mit idiosynkratischen Fällen wie *mich friert*, wo kein

321 Freilich weiß man als Lateinschüler, wenn man sich gerade mit Mühe und Not klargemacht hat, was Deponentien sind, und man nun im nächsten Kapitel mit Semideponentien konfrontiert wird, den Sinn dieses Satzes oft noch nicht recht zu würdigen.

322 Technisch gesprochen: genau einen Knoten »NP«, der unmittelbar von dem Knoten dominiert wird, welcher durch die maximale Projektion des Merkmals »INFL« gekennzeichnet ist (die Finitheitsmerkmale des Verbs wandern gemäß dem ›Kopf-Vererbungs-Prinzip‹ zum obersten Knoten der gesamten Phrase, d. h. hier zum Satzknoten, der dadurch *als* Satz durch das Merkmal [+ Finitum] definiert ist). Hierin zeigt sich i. ü. latent der Widersinn des Subjektsprinzips, denn wenn jeder Satz genau ein Subjekt hat, wäre dieses Merkmal *ebenso* konstitutiv für die *Form* des Satzes wie die Finitheit, und dann müßte das Merkmal [+ Subjekt] in seiner morphologischen Gestalt den Satz ebenso definieren wie die Tatsache, daß er ein Prädikat mit einem Finitum als Kopf hat, zumal dann, wenn man die syntagmatische Relation von Subjekt und Finitum als Kongruenz auffaßt, nicht als Rektion. Das Subjektsprinzip widerspricht, m. a. W., entweder der Auszeichnung der Finitheit als dem die Satzform charakterisierenden morphologischen Merkmal oder dem sicher ebenso wohlbegründeten Prinzip, daß jede Phrase genau einen ›Kopf‹ hat.

Subjekt erkennbar ist, sondern mit ganz ›regelmäßig‹ gebildeten Ausdrücken wie

Komm nicht zu spät nach Hause
Heute ist Mittwoch
Am Sonntag wird gefeiert ...,

wo gleichfalls in der »Oberfläche« kein grammatisches Subjekt auszumachen ist. Chomskys Strategie, die Anomalie zu erledigen, haben wir unter anderem Titel ausführlich diskutiert: Er nutzt die Unterscheidung von Tiefen- und Oberflächenstruktur, um dadurch die Anomalie als eine *scheinbare*, nämlich als Oberflächenphänomen zu erklären, das aus der ›regelmäßig‹ gebildeten Tiefenstruktur erzeugt und durch Auftreten eines zusätzlichen Parameters erklärt werden kann. So ist dann das Subjektsprinzip auch nicht durch eine Eigenart des Lateinischen oder Spanischen gefährdet, daß neben der finiten Verbendung ein Personalpronomen zur Andeutung des grammatischen Subjekts sozusagen »überflüssig« ist. *cogito ergo sum, vamos* usw.[323] Die eine Oberflächenform erklärt sich als Repräsentanz mehrerer Tiefenstrukturelemente.[324]

Entsprechend würde man die »Oberfläche« *Komm nicht zu spät nach Hause* dadurch ›erklären‹, daß für das Deutsche und ähnliche Sprachen eben ein besonderer Parameter anzusetzen ist, der im Kontext eines Finitums mit dem Merkmal [+ Imperativ] die tiefenstrukturelle Subjekts-NP tilgt.[325] Doch was wäre, würde Wittgenstein hier wohl fragen, mit einer solchen »Assimilation des Ausdrucks« gewonnen?[326] Man hat damit die Anomalie nur von der Ebene der sprachlichen Phänomene auf die der Theorie verla-

323 Im Japanischen ist in analogen Fällen nicht einmal eine Kennzeichnung der Person gegeben, da die »finiten« Verbformen, von denen man hier eigentlich nur analogerweise sprechen kann, nur bezüglich der Zeitform, nicht aber bezüglich Person oder Modus differenziert sind. Sagt der Gesprächspartner am Telefon: *wakarimasu*, so heißt das hier eben: *ich verstehe*, obwohl es in anderen Kontexten genauso gut als *du verstehst* oder *er versteht* usw. verstanden werden könnte.

324 Tiefenstrukturell werden ja auch die Finitheitsmarkierungen einer anderen Kategorie zugeordnet als das Verblexem – was implizit auf die Annahme von *morphologischen* Tiefenstrukturen hinausläuft.

325 Empirisch ließe sich diese grammatische Deutung des Phänomens etwa durch die im Deutschen mögliche Bildung *Komm du mir nach Hause!* stützen.

326 Vgl. PU I, 14.

gert. Denn hier haben wir ja jetzt denselben Skandal in anderer Form: daß in manchen Sprachen der die Anomalie erklärende, als solche mithin beseitigende Parameter auftritt, in anderen aber nicht. Verletzt wird mit einer derartigen Betrachtungsweise der mit dem Arbitraritätsprinzip untrennbar verbundene Grundsatz, daß jede Sprache in der Gesamtheit ihres Formenbestandes ein autonomes Ganzes bildet, das autochthon neben anderen Sprachsystemen steht. Auch wenn Humboldt von Sprachen mehr oder weniger »vollkommenen« Baus spricht, so setzt dies – qua Geschmacksurteil – doch zunächst einmal voraus, daß der ›organische‹ Bau einer jeden als genuine, und zwar integrale Lösung des Problems anerkannt wird, den je vorgegebenen endlichen Formenbestand so »aufzubereiten«, daß sich damit das, was zu sagen ist, auch sagen läßt, und zwar nicht nur schlecht und recht, sondern in der jeweiligen Perspektive durchaus hinreichend. Besser könnte es *in dieser Hinsicht* in keiner anderen Sprache gesagt werden. Jeder Übersetzer weiß das. Ein jeder Sprachbau hat für Humboldt so auch seine nur ihm eigene Perfektibilität, weil jede Sprache ein eigenes Evolutionsprodukt ist und sich somit eben in einer unübersehbaren Reihe von Generationen bewährt hat.

Genauso gut könnte man also die Tatsache, daß in vielen Sprachen ein eigenes Personalpronomen neben dem Verb nicht erforderlich ist, in dem Sinne deuten, daß ein »Subjektsknoten« eben nicht in der Form jeder Äußerung realisiert sein muß, daß man somit von vornherein nicht von einer Grundform der Grammatik – A → B + C – auszugehen hat, sondern von einer möglicherweise ganz unüberschaubaren Mannigfaltigkeit verschiedener Formen. Wir stehen damit vor der Frage, von welchen Leitvorstellungen her sich ein philosophisch zureichender Begriff von Grammatik – von ›Oberflächengrammatik‹ im Sinne Wittgensteins wohlgemerkt – gewinnen ließe, welcher mit dem Faktum der Sprachwissenschaft vereinbar ist. Es ist ja die Faktizität der Linguistik, in der die Entwicklung rationaler bzw. transzendentaler Grammatiken ihre einzelwissenschaftliche Gestalt gewonnen hat, welche die schlichte Rückkehr zum traditionellen Begriff der *techne grammatike* ausschließt.

Ansatzpunkte für ein alternatives Verständnis von Grammatik sind Wittgensteins Reflexionen des Satzbegriffs zu entnehmen. Ihnen zu folgen empfiehlt sich gerade in diesem Zusammenhang, weil sie sich mit dem ontologischen Urmuster grammatischer Hypertrophie auseinandersetzen, mit der allgemeinen Form des Satzes. Wittgenstein zieht hier die Konsequenzen aus seiner Diskussion der ersten, »primitiven« Sprachspiele und der daraus sich ergebenden Folgerungen. Wir hatten gesehen, wie er im Zuge dieser Überlegungen den Topos vom Werkzeugcharakter der Sprache in seinem Sinn umkehrt. Sein wesentlicher Gehalt liegt nun in der Idee des Handelns. Diese Einsicht wendet er auf das ontologische Theorem der ›allgemeinen‹ Form des Satzes an. Wie ist sie uns zugänglich? In Form von Formulierungen, die »für sie« stehen, z. B. *Es verhält sich so und so*.[327] Vor allem ist dies einmal selbst ein *Satz* der deutschen Sprache, den wir wegen seiner besonderen Semantik als Darstellung einer Satz*form* nehmen, und damit ist wiederum klar, daß es ganz verschiedenartige Kriterien gibt, etwas für einen Satz zu nehmen:

»... was ein Satz ist, ist in *einem* Sinne bestimmt durch die Regeln des Satzbaus (der deutschen Sprache z. B.), in einem andern Sinne durch den Gebrauch des Zeichens im Sprachspiel.«[328]

Erst aus dieser Perspektive ist zu verdeutlichen, daß beide Ebenen intrinsisch miteinander zu tun haben. Den Vorrang hat dabei jedoch die Ebene des Handelns. Keineswegs ist es so, daß es die Form des signifiant – die grammatische Form des Satzes – unabhängig von ihrer Verwendung im Sprachspiel ›gäbe‹, sodaß sie auf wunderbare Weise zum Begriff der Wahrheit, der Leitidee des Sprachspiels, »passen« würde.[329] Dies wäre exakt die chomskysche Position, wo aus uns Sterblichen verschlossenen Gründen die Evolution in die syntaktische Form des Satzes ein Subjektsprinzip gelegt hat, welches halt ebenso gut, wie es schlecht zum Befehl paßt, sich in die Anforderungen fügt, die an die Satzform des Konstativums gestellt werden. Das Behaupten hat, so betrachtet, evolutionsmäßig Glück gehabt, der Befehl eben Pech.[330]

327 PU I, 134.

328 PU I, 136.

329 Vgl. ebd.: »Es ist so, als hätten wir einen Begriff von wahr und falsch, mit dessen Hilfe wir nun bestimmen könnten, was ein Satz ist und was keiner. Was in den Begriff der Wahrheit *eingreift* (wie ein Zahnrad), das ist ein Satz.«

330 Entsprechend ist im Rahmen des Chomsky-Paradigmas die These formuliert worden, das evolutionär ausgebildete (autonome) Syntaxmodul eigne

Doch die Orientierung am Wahr-und-falsch-sein-können »paßt« nicht zur Form des Satzes, ist also kein neben dieser kontingenterweise bestehender Sachverhalt. Sie »gehört«, wie Wittgenstein bemerkt[331], konstitutiv zu *diesem* Satzbegriff dazu, der darum auch »nur« ein besonderer ist neben anderen. Dieses *Dazu-gehören* ist des Pudels Kern. Wir erzeugen es, indem wir einen Satz formulieren, der so gebaut ist, daß er wahr bzw. falsch sein kann. Die Erzeugung der Satzform ist eine Funktion des rhetischen Akts. Sie ist notwendige Bedingung, um mit dem Satz etwas behaupten zu können, und das heißt eben: *nicht* hinreichende Bedingung. Um ein angemessenes Verständnis dieses Sachverhalts geht es, den wir mit dieser Formel ja nur extensional umrissen haben. Wüßten wir das Wie im Sinne des kognitivistischen Modells[332], so wüßten wir nicht nur alles, sondern zusätzlich auch noch die Gründe dafür – und dies ist eine klare Antinomie: Um beurteilen zu können, ob das, was ich weiß, alles ist, was ich wissen *kann*, müßte ich mindestens eine einzige Tasache wissen, die ich *nicht* wissen kann. Aus diesem Grund weist Wittgenstein jeden explanativen Anspruch der Grammatik ab:

»Grammatik sagt nicht, wie die Sprache gebaut sein muß, um ihren Zweck zu erfüllen, um so und so auf Menschen zu wirken. Sie beschreibt nur, aber erklärt in keiner Weise, den Gebrauch der Zeichen.«[333]

Es geht hier um die Differenz von Erklären-wie und Erklären-warum. Wenn man den Gebrauch der Zeichen beschreibt, so erklärt man ja damit, *wie* man sie verwendet. Dies ist der Sinn der vielzitierten Formulierung aus PU I, 560, die Tugendhat den »Grundsatz der sprachanalytischen Philosophie« genannt hat:

sich gar nicht besonders für die kommunikativen Zwecke der Sprache (vgl. Grewendorf 1995, S. 197 ff.). Man sieht nicht, daß die eigene Forschungsstrategie, die ja aus den vortheoretischen Annahmen über Sprache deren kommunikative Funktion eliminiert hatte – nichts anderes als dies besagt ja die Annahme der ›Autonomie‹ der Syntax (vgl. ebd. S. 157 ff.) –, hier in der Mimikry eines vermeintlich empirischen Satzes zurückkehrt.

331 PU I, 136.

332 Das spricht zwar von einem internen »tacit knowledge«, will auf der Ebene der Theorie dieses aber doch zum Sprechen bringen.

333 PU I, 496.

»Die Bedeutung des Wortes ist das, was die Erklärung der Bedeutung erklärt.«[334]

Es gehört also als wesentlicher Zug zu unserer Sprachkompetenz, daß wir unser Verständnis eines Wortes durch oder besser *in* Beispielen zeigen können. Dies machte den paradigmatischen Charakter der ›grammatischen Sätze‹ aus, den wir eingehend betrachtet haben. In demselben Sinn können wir auch unser Verständnis dessen explizieren, was wir unter einem Satz verstehen. Explizit weist Wittgenstein darauf hin, daß wir hierin einen Begriff vom Satz haben – wie einen Begriff von dem, was wir ein Spiel nennen:

»Gefragt, was ein Satz ist – ob wir nun einem Andern antworten sollen, oder uns selbst – werden wir Beispiele angeben und unter diesen auch, was man induktive Reihen von Sätzen nennen kann.«[335]

Der Begriff, den wir »auf *diese* Weise«[336] haben, ist folglich nicht eine interne mentale Struktur, die direkt unzugänglich und stumm bleibt und nur theoretisch ›rekonstruiert‹ werden kann. Er ist im Gegenteil durchaus im Sinne des Arbitraritätsprinzips ›willkürlich‹ externalisierbar, aber aus eben den Gründen, die wir am Fall des grammatischen Paradigmas erörtert haben, nicht *sagbar,* sondern nur *zeigbar.* Wir können in der Tat »induktive Reihen« von Sätzen geben, mit denen wir nicht mehr bezwecken, als eben Beispiele für Sätze zu geben, die man im Deutschen, im Englischen, im Spanischen usw. alle »bauen« kann, und dann wird es vom Zweck des betreffenden Sprachspiels abhängen, wie unsere Beispiele konstruiert sind. Z. B. kann man Kindern im Sprachunterricht erklären, was man unter einer Parenthese versteht, damit sie die entsprechenden Zeichensetzungsregeln lernen:

»Das Gute – dieser Satz steht fest – ist stets das Böse, das man läßt.«

334 Anführungszeichen im Text, d. h., daß der Autor diesen Satz als einen zu erläuternden einführt. Darauf weist Wittgenstein dann im folgenden ja hin: »...willst du den Gebrauch des Worts ›Bedeutung‹ verstehen, so sieh nach, was man ›Erklärung der Bedeutung‹ nennt.« Man erklärt die Bedeutung eines Wortes, indem man etwa Paraphrasierungen und Beispiele zutreffender und nicht zutreffender Verwendungen gibt. Vgl. hierzu Tugendhat 1976, S. 197 ff.

335 PU I, 135.

336 Kursiv im Text.

Oder man kann im linguistischen Proseminar Beispiele für wiederholte ›Einbettungen‹ von Relativsätzen geben:

Das Haus, das am Ufer des Sees, in den der Fluß mündet, der ...

Im ersten Fall wurde Wilhelm Busch zitiert, im zweiten ein Ausdruck als Beispiel für eine Satzform frei erfunden, die wir in einem anderen Zusammenhang vermutlich nie verwenden würden. Beide Male aber wurde das Beispiel dem Zweck entsprechend gewählt. Im Hintergrund, Herrin des Verfahrens, bleibt die Einbildungskraft, die *sieht*, welche Form im Rahmen des Sprachspiels zweckmäßig wäre und welche nicht.[337] Bei der merkwürdigen Ästhetik linguistischer Beispielsätze sind wir schon einmal auf dieses Phänomen gestoßen.[338] Das Material, mit dem die Einbildungskraft in diesem Fall spielt, sind die Ausdrucksformen unserer Sprache – keine irgendwo ›zugrunde liegenden‹ Strukturen und ›Formative‹, sondern die Wörter und Wortverbindungen selbst, so wie sie eben »im Satzverband« erscheinen. Sprachkompetenz ergibt sich somit, wenn die Einbildungskraft auf dem Terrain sprachlicher Zeichen operiert, welches für den Menschen eben besondere Bedeutung hat bzw. in der Evolution der Gattung besondere Bedeutung *gewonnen* hat.

337 Von »Einbildungskraft« zu reden heißt natürlich nicht, damit nun ein anderes ›Modul‹ in unserem Gehirn zu postulieren. Die Fähigkeit wird dem Menschen zugeschrieben, nicht dem Gehirn, und *daß* jeder Mensch über Einbildungskraft verfügt, kann vorausgesetzt werden. Sie ist eine in sozialer Interaktion ausweisbare Fähigkeit, die sich etwa darin zeigt, daß wir künstlerische Produktionen verstehen können, die uns ganz fremd sind – wenn z. B. ein in der deutschen musikalischen Tradition aufgewachsenes Kind das erste Mal mit Bartoks Violinduos konfrontiert wird und dabei über den Rhythmus von Nr. 31 stolpert, um ihn dann aber doch so zu begreifen, daß es das Stück spielen kann. Das mag hier gegen jeden skeptischen Zweifel an der Rede über Fremdpsychisches als Beleg genügen. Von Einbildungskraft zu reden verlangt mithin nicht, daß man ein Modell dieser ›Kompetenz‹ in kognitivistischen oder sonstigen theoretischen Termen mitliefern müßte, um dieser Redeweise einen hinreichend deutlichen Sinn zu geben. Im Gegenteil können gerade derartige Modelle einen ganz und gar undeutlichen Sinn haben – das chomskysche ist dafür der beste Beleg, und eine Extension könnte dem Namen »Einbildungskraft« durch kein derartiges Modell gegeben werden – dies ist ja eine der Lehren aus dem Privatsprachenkapitel.

338 Vgl. Kap. 5.

Bei der Beschreibung des Artikulationsverfahrens greift Wittgenstein ein Bild auf, mittels dessen er schon im *Tractatus* die Weise zu beschreiben versucht hatte, wie wir unsere Sätze bilden:

»Wir benützen das sinnlich wahrnehmbare Zeichen (Laut- oder Schriftzeichen etc.) des Satzes als Projektion der möglichen Sachlage.
Die Projektionsmethode ist das Denken des Satz-Sinnes.«[339]

Beschrieben ist dergestalt die Funktion der Einbildungskraft, zu sehen, *wie* ein Wort in einem bestimmten Zusammenhang sich verwenden läßt, sodaß es Sinn macht. Das Wort »Projektion« meint im *Tractatus* – der Text macht dies völlig klar – den Entwurf des Satzsinns, der hier noch unter der Leitidee der Weltabbildung gesehen wird. In den *Philosophischen Untersuchungen* gewinnt es zu dieser Bedeutung von »Entwurf«, die die grundlegende bleibt, die von »Abbildung auf eine Sprachspielsituation« hinzu, die im *Tractatus* unterbelichtet geblieben war, weil dort ja ohnehin nur von der einen »Normalsituation« des Behauptens die Rede war. Nun ist das Bild der Projektion anzupassen an die Einsicht, daß es eine unübersehbare Fülle von Sprachspielen verschiedenster Zwecksetzungen ›gibt‹. Wittgenstein beschreibt diese komplexer gewordenen Projektionsbedingungen, indem er wiederum von der Fähigkeit Gebrauch macht, Beispiele für Wortverwendungen geben zu können. Er nutzt diese sozusagen systematisch für seine Zwecke aus: Wir hören etwa das Wort »Würfel«, und nun »schweben« uns Bilder »vor«, z. B. die Zeichnung eines Würfels – aber es könnten beliebige Bilder oder Vorstellungen sein, in denen Würfel eine Rolle spielen. Auch kann man sich Situationen vorstellen, auf die wir dieses Wort projizieren könnten. Nun verfremdet Wittgenstein in seiner Beschreibung der Situation diese, und damit gelingt es ihm, den Witz des Vorgangs zu erfassen:

»Vielleicht sagst du: ›das ist einfach; – wenn mir dieses Bild vorschwebt und ich zeige z. B. auf ein dreieckiges Prisma und sage, dies sei ein Würfel, so paßt diese Verwendung nicht zum Bild.‹«[340]

Damit ist unmittelbar die Frage nahegelegt, wie diese Verwendung denn »passend« gemacht werden könnte. Wittgenstein kommentiert dies eigens mit der Bemerkung, er habe das Beispiel so gewählt, daß man sich leicht eine »Projektionsmethode« vorstellen

339 T 3.11.
340 PU I, 139.

könne, »nach welcher das Bild nun doch paßt«.[341] Wir brauchen in unserer Projektion nur das Wort »ein« durch »kein« zu ersetzen[342], schon ist sie damit *passend gemacht*. Oder wir könnten die Formulierung, die Wittgenstein seinem Dialogpartner in den Mund legt, ersetzen durch:

»Nimm vier von solchen Prismen, daraus kannst du einen Würfel zusammensetzen«
oder durch
«Von einer bestimmten Seite aus betrachtet gleicht dieses Prisma merkwürdigerweise einem Würfel«
usw.

Die Reihe solcher »passender« Projektionen könnte von jedem des Deutschen hinreichend Mächtigen fortgeführt werden – nach Maßgabe seiner Phantasie. Wir können sogar noch den Entwurf bestimmter Projektionsmethoden in das Repertoire der Bilder aufnehmen, die für uns mit einem Wort verbunden sind, selbst eine Art »Metaprojektionsregel« wie die folgende:

Ist eine Projektion nicht passend, versuche es mit der Negation,

von der wir eben Gebrauch gemacht hatten. Hier wäre in der Tat von einem *methodischen* Verfahren zu sprechen, welches zudem den Vorzug hat zu verdeutlichen, daß in eine Kommunikationssituation ein Sinn projiziert werden kann, der mit dieser Situation nicht mehr zu tun bzw. gemein haben muß als ein einziges Wort, welches in ihr geäußert wurde oder welches man in ihr zu vernehmen meinte.[343] Eines macht Wittgensteins Darstellung indessen

341 Ebd. An diesem Begriff der Projektion macht H. J. Schneider (1992, S. 264 ff.) seine Wittgenstein-Deutung fest, in der er zeigt, wie dieser sprachliche Kreativität als das Vermögen faßt, Beispiele gelungener Wortverwendungen und damit eben alle möglichen Fälle ›syntaktischer Komplexität‹ auf neue Situationen zu übertragen, wo sie Sinn machen. Diese Deutung steht meiner eigenen Wittgenstein-Lektüre ersichtlich nahe, und diese ist natürlich auch durch Schneiders Darstellung beeinflußt worden. Ich belasse es daher hier bei diesem generellen Hinweis. Vgl. auch meine Besprechung von Schneiders Buch in Stetter 1994.

342 In: »... dies ist ein Würfel ...«

343 Jemand, der nur gebrochen Spanisch spricht, vermeint in einer Unterhaltung mit Spaniern den Namen »Valencia« zu hören und wendet sich an seine Nachbarin mit der Bemerkung, diese Stadt wolle er bei der nächsten Gelegenheit unbedingt sehen. Die Rede war aber von »valenciano«, dem Regionaldialekt.

ebenso klar: Niemals könnten wir in das Repertoire der mit einem Wort verbundenen Bilder und Vorstellungen die Vorstellung *aller* seiner möglichen Projektionen aufnehmen. Dies würde das Bild der Projektion nicht überdehnen sozusagen, sondern von Grund auf sprengen. Denn es gehört zu diesem Bild konstitutiv gerade das Element dazu, in Bezug auf eine *unvorhergesehene* Situation entscheiden zu können, welche Wortverwendungen hier passen und welche nicht.

Sprachkompetenz erweist sich so essentiell als eine Handlungskompetenz, deren Grundcharakteristikum ihr Vermögen zur Variation gegebener Muster ist. Der *Tractatus*-Lektüre hatten wir die Einsicht abgewonnen, daß das Problem der Grammatik wesentlich mit dem des Übersetzens verbunden sein müsse. Dies bewahrheitet sich hier. Schon die Wiederholung eines einfachen Musters wie *Guten Tag* in verschiedenen Situationen enthält die Grundsituation des Übertragens, die in jeder Übersetzungsleistung impliziert ist: Mit demselben Namen werden verschiedene Situationen benannt, deren Ähnlichkeit gesehen werden muß, um ihnen mit diesem Namen denselben Sinn geben zu können. Fährt man gelegentlich einmal nach Bayern, erfährt man, daß der Name hier statt dessen *Grüß Gott* lautet. Auch die Übersetzung im buchstäblichen Sinn aus einem in einer bestimmten Sprache geschriebenen Text T_1 in einen Text T_2 einer anderen Sprache kann nicht so verfahren, daß T_1 nun in seine einzelnen Sätze S_{T11}, S_{T12}, ..., S_{T1n} zerlegt würde, die dann nach bestimmten syntaktischen und semantischen Korrespondenzregeln in Sätze S_{T21}, S_{T22}, ..., S_{T2n} übertragen würden. Nur die Satzbestandteile können ja »übersetzt« werden, nicht die Sätze selbst.[344] Wir haben dies bei der *Tractatus*-Lektüre eingehend betrachtet. Und somit haben wir auch hier die Konstellation, daß man einen Namen nehmen muß, um ihn auf eine Situation zu projizieren, die im Fall des buchstäblichen Übersetzens das mit dem betreffenden Satz in seinem Kontext Gemeinte ›ist‹.[345] Erst dann nämlich kann gefragt

344 Quines »Übersetzungsmanuale« korrelieren daher – zu Recht – Wörter, nicht Sätze. Darauf ruht systematisch die Unbestimmtheitsthese auf. Vgl. Quine 1960, S. 68 ff., dazu allerdings oben Anm. 305.

345 Die Übertragungssituation, die der Übersetzer erfassen muß, besteht hier also in der Relation des Sinns des einzelnen Satzes zum Sinn des Kontexts und des gesamten Textes.

werden, welcher Name der Zielsprache in welcher Verwendung angemessen wäre, um ein analoges Gemeintes damit herzustellen, d. h. einen Satz der Zielsprache, den ein kompetenter Sprecher dieser Sprache ähnlich verstehen wird wie ein Sprecher der Ausgangssprache den analogen Satz dieser Sprache. Oft zeigt es sich dann, daß entweder in der Zielsprache kein »passender« Name zur Verfügung steht oder daß man, um das Gemeinte zu treffen, eine ganz andere Satzkonstruktion wählen muß.[346]

Die Vielfalt grammatischer Formen ergibt sich so als Resultat von derartigen Übertragungsleistungen. Die Verbvalenzen sind dafür ein Musterbeispiel. Was kann man wem alles *geben:*

Er	*gibt*	*ihr*	*einen Kuß*
Sie	...	*ihm*	*zu bedenken, daß ...*
Der Vater	...	*dem Sohn*	*eine Ohrfeige*
Der Satz »...«	...	...	*einen Hinweis auf den Täter*

usw.

346 Gerade dort etwa, wo Schleiermacher in seiner Platon-Übersetzung sich bemüht, den rhetorischen Duktus des griechischen Originals auch noch auf der Ebene der Syntax zu erhalten, wirkt der deutsche Text zumindest für heutige Leser bisweilen extrem befremdend. Umgekehrt gibt Schleiermacher bei seinen Übersetzungen der Etymologien des *Kratylos* bisweilen geradezu köstliche Proben einer Übersetzungskunst, die sich vom Buchstaben löst, um dadurch das Gemeinte umso genauer zu treffen. Mindestens einmal übertrifft er dabei sogar den Witz des Originals: bei der Etymologie von *pseudos* (falsch). Platons Sokrates hatte (vgl. *Kratylos* 421 b) die Wahrheit als göttliche Bewegung »erklärt« (*aletheia* → *theia ale*), um ihr Gegenteil aus der entsprechenden semantischen Opposition abzuleiten: Es ist »hergenommen von den Schlafenden« (*tois katheudousin*), wobei nun das Fehlen des Psi in dieser Form ([*kath*]*eudous*[*in*]) das Trügerische des Falschen abbilden soll – ein harter Kalauer, den Schleiermacher jedoch noch übertrifft, wenn er nun hier überhaupt nicht übersetzt, sondern die Wortgestalt des deutschen Wortes *Schlaf* nutzt, um an die Stelle des griechischen Satzes, der Wort für Wort ins Deutsche übertragen lautet: »Das Psi [in *pseudos*] ist aber hinzugefügt worden, um den Sinn des Wortes zu verbergen« den deutschen Satz zu setzen: »Es wird nämlich hergenommen vom *Schlaf*« – und nun kommt die Abweichung – »und ist ganz dasselbe, nur wunderlich genug, umgekehrt, um eben die Meinung des Wortes zu verbergen.« Treffender und witziger kann man schlechterdings nicht übersetzen, d. h. den Sinn des vom Autor Platon Gemeinten in der deutschen Sprache verständlich machen.

Für das Ausfüllen jeder Valenzposition sind Übertragungen der Art des Übergangs von *Guten Tag* auf *Grüß Gott* notwendig. Die Metapher ist – wenn man es so sagen will – der Grundprozeß der Erzeugung von Grammatik. Oben hatten wir davon gesprochen, daß es das Ähnlich- und Unähnlichwerden grammatischer Paradigmen sei, das syntaktische Formen erzeugt. Damit haben wir nun auch eine Begründung für die bei der Diskussion der Sprache (8) gewonnene Hypothese gefunden, daß die Ausbildung syntaktischer und formalsemantischer Kategorien ein und derselbe Prozeß seien.

Wir haben es hier mit einer Auffassung von Grammatik zu tun, der wir schon bei Humboldt begegnet sind. Grammatische Formen entstehen aus der »Zerschlagung« der ursprünglichen Einheit der Rede.[347] In dieser wird eine Äußerung auf eine Situation projiziert und dieser somit ein Name gegeben, dessen Sinn zunächst alles bedeuten mag. Roman Jakobson hat in seiner Studie über *Kindersprache, Aphasie und allgemeine Lautgesetze* modellhaft gezeigt, wie sich in der ersten Phase des kindlichen Spracherwerbs durch die Ausprägung maximaler phonologischer Oppositionen wie

›Öffnung‹ : ›Hemmung‹ / ›Stimmhaftigkeit‹ : ›Stimmlosigkeit‹
[d. h. Vokal : Konsonant: /a/ : /p/ bzw. /m/],
›oral‹ : ›nasal‹, ›labial‹ : ›dental‹ [/p/ : /m/ : /t/],
›breit‹ : ›eng‹, ›palatal‹ : ›velar‹ [/a/ : /i/ : /u/]
usw.

die ersten Silben bilden, indem diese Oppositionen zugleich auf syntagmatischer und auf paradigmatischer Ebene gegeneinandergesetzt werden: *pa – ma –* usw. Mit einem solchen Grundrepertoire einfachster Syntagmen ist die Möglichkeit eröffnet, daraus die gesamte Grammatik zu entwickeln, indem mehr und mehr verschiedene Syntagmen gegeneinandergesetzt und mehr und mehr variiert werden.[348] Auch diesem Zusammenhang waren wir bei der Analyse der Sprache (8) bereits begegnet: Syntax kann sich erst bilden unter der Voraussetzung, daß Syntagmen bereits gegeben sind. Syntaktische Positionen können in dem Maß unterschieden werden, in dem sich in der Belegung verschiedener Positionen

347 Vgl. *Grundzüge*, GS V, S. 447, dazu Kap. 10, S. 485 ff.
348 Vgl. Jakobson 1969, dazu Stetter 1995.

Ähnlichkeiten und Unterschiede, d. h. Differenzen semantischer Art ausbilden. Immer wird dabei der metaphorische Projektionsprozeß am Werke sein, dessen Grundstruktur wir eben betrachtet hatten. Der Spracherwerb ist nicht nur »eingebettet« in ein Kontinuum von sozialer Interaktion und Umgang mit den Dingen der Umwelt, er ›ist‹ die besondere menschliche Form der Organisation dieser Interaktion und dieses Umgangs. Hierin bilden sich allererst – wie wir gesehen haben – nach Wittgenstein ›Subjekte‹ wie ›Gegenstände‹ heraus.

Schließlich erklärt der Ansatz bei der Metapher auch, wieso es sinnlos wäre, hinter den verschiedenen Sprachen eine lingua universalis zu suchen. Die gattungsgeschichtliche Ausprägung verschiedener Sprachen – für Humboldt *das* anthropologisch relevante Faktum einer jeden Philosophie der Sprache schlechthin – erweist sich auch aus der Perspektive des wittgensteinschen Sprachdenkens als der natürliche Gang der Dinge, nicht als eine in die Peripherie der Sprachtheorie verdrängte Fehlentwicklung, die sich in die Evolution als Folge des Turmbaus zu Babel eingeschlichen hätte. In der Verschiedenheit menschlicher Sprachen finden die je partikularen Erfahrungshorizonte einzelner menschlicher Gemeinschaften ihre symbolische Repräsentanz, und diese läßt sich – wie Wittgenstein gezeigt hat – in grammatischen Sätzen reflexiv zugänglich machen. Daß grammatische Sätze jederzeit auch als Erfahrungssätze gelesen bzw. in solche wieder »rückverwandelt« werden können, schließt a priori aus, daß es auf der Ebene einer Universalsprache grammatische Sätze überhaupt geben *könnte*. Aus welcher Erfahrung sollten sie dort gewonnen sein. *Eine Sprache aber ohne grammatische Sätze wäre keine* – sie wäre, dies haben Wittgensteins Reflexionen hinreichend verdeutlicht, logisch nicht möglich, weil ihr die Übereinstimmung im Gebrauch der Worte fehlte, deren phänomenale Erscheinungsweise wir als Regelmäßigkeit zu bezeichnen pflegen.

So bleibt abschließend noch einmal die Frage zu stellen, was Grammtik ›ist‹. Die Antwort, bei der wir nun angelangt sind, lautet:

Ein formales Bild von Sprache, das nur paradigmatisch zur Erscheinung gebracht werden kann, indem von unserer sprachlichen Einbildungskraft ein besonderer Gebrauch gemacht wird.

Wir entwickeln einen Text besonderer Art, in dem die Wörter unserer Sprache nun in Tabellen zusammengefaßt und in Weisen dargestellt werden, wie es mit ihnen »sonst« nie geschieht. Dazu bedarf es einer Schrift mit hinreichender Auflösungskraft und graphischer Variationsbreite – eines Systems eben wie des Alphabets, das mit bestimmten zusätzlichen Elementen zur grammatischen Darstellung einer *jeden* Sprache genutzt werden kann. Mit der chinesischen Schrift – dem großen Gegenpol zum Alphabet in der Schriftevolution – wäre dies ohne Zweifel nicht zu leisten, weil ihr Funktionsprinzip eben nicht auf der Darstellung – vereinfacht gesprochen – des Ausdrucks, sondern der Bedeutung beruht. Das ›grammatische‹ Sprachbild ließ sich nur im Alphabet ausprägen.

In solcher graphischer Repräsentation lassen sich dann Formen anschaulich machen, die im Fluß der mündlichen Kommunikation nur sehr begrenzt und nur schwierig, wenn überhaupt, zu fassen wären. Eine sprachliche Form ist im Schriftlichen durch Anführungszeichen, durch Kursivdruck und ähnliche einfache Mittel als Form kenntlich zu machen. Im Mündlichen gibt es dafür nur behelfsweise Analoga wie besonders artikuliertes, gedehntes Sprechen oder vergleichbare Darstellungsmittel. Erst schriftlich können solche Formen übersichtlich zusammengestellt werden – zu einem Bild, das wir uns vom formalen Zuschnitt eines ›Vermögens‹ machen, welches selbst allerdings und gerade auch bei der Herstellung dieses Bildes als Tätigkeit, energeia in Humboldts Sinn, im Hintergrund bleibt.[349]

Daß Grammatiken Bücher sind, hat daher seinen besonderen Sinn. Er zeigt sich auch darin, daß jedes Buch gleichzeitig auch eine Grammatik der Sprache ist, in der es geschrieben wurde. Es kann nämlich auch so gelesen werden, in intentione secunda sozusagen. Beim Schreiben von Grammatiken handelt es sich daher um Projektionen besonderer Art, deren Zwecksetzung von der grammatischer Paradigmen im wittgensteinschen Sinn keineswegs

349 Gerade der Grammatiker muß beim Schreiben einer Grammatik ja regelmäßig die Sprachkompetenz anderer befragen, sonst wüßte er schon nach wenigen Tabellen wie *dieser – diese – dieses; dieses – dieser – dieses; diesem – dieser- diesem* usw. nicht mehr zu sagen, wie es nun im Einzelfall ›korrekt‹ zu lauten hätte. Die eigene Sprachkompetenz wäre durch die vielen allzu ähnlichen Beispiele sozusagen verwirrt.

so weit entfernt ist, wie es die Opposition von Oberflächen- und Tiefengrammatik glauben machen könnte. Auch das Schreiben solcher Bücher ist ja nichts als eine besondere Technik, zu deren Ausbildung man bereits gelernt haben mußte, *Bücher zu schreiben*. Diese Technik nutzen wir nun, um uns im insgesamt unüberschaubaren Gebiet der Sprache – dieser *übermäßigen Tatsache* – sozusagen »operative Übersicht« für Fälle zu verschaffen, wo wir sie noch nicht haben bzw. zu verlieren in Gefahr sind – im Fremdsprachenunterricht oder beim Erwerb schriftsprachlicher Kompetenz, aber selbst als routinierte Sprecher oder Schreiber unserer eigenen Sprache, wenn uns nämlich die Logik dessen, was wir sagen wollen, zu Formulierungen verleitet, die wir nicht mehr überschauen. Grammatik ermöglicht nicht Sprache. Logisch wie ontogenetisch verhält es sich genau umgekehrt, ist Grammatik stets eingebettet in ein Weiter-wissen im Formulieren, das bei kleinen Kindern ja stets auch unmittelbare Lebensäußerung ist, ein Weiter-wissen, welches als solches letztinstanzlich von keiner Regel mehr geleitet sein *kann*. Bereits bei der Diskussion der im *Tractatus* beschriebenen Idealsprache hatte sich ergeben, daß eine jede Grammatik, von der wir uns einen Begriff zu machen vermögen, eine von einer bestimmten Sprache her erzeugte ist.[350] Diese Einsicht hat sich bestätigt. Grammatik kann daher auch kein Reden *nach* Regeln ermöglichen. Daß dies *un*möglich ist, dürfte eines der definitiven Resultate der Wittgenstein-Lektüre sein, die wir hinter uns haben. Die Vorstellung ist eine dem Bereich der Technik entlehnte Metapher, die leerläuft, wenn man sie ›theoretisch‹ wörtlich nimmt. Aber Grammatiken ermöglichen doch ein Reden und zumal ein Schreiben *gemäß* bestimmten dort formulierten Regeln. Insofern kann eine Grammatik durchaus als Bild für bestimmte Verfahrensweisen der Einbildungskraft genommen werden, sich Übersicht im Gebiet der sprachlichen Zeichen zu verschaffen. Sie legt sich sozusagen ein Behelfs-Betriebssystem für das Texterzeugungsprogramm zu, das sie ja *ist*, wenn sie mit diesen Zeichen operiert. Gerade deshalb aber wäre es geradezu lächerlich anzunehmen, sie hätte sich nun mit dieser besonderen Technik ein für allemal gebunden. Auch wenn sie mit dem »eigenen« Bestand an Worten befaßt ist, bleibt sie eine den Kriterien öffentlichen Geschmacks unterworfene Instanz. Die Regeln, die

350 Vgl. oben S. 535 f.

sie etabliert, haben kein Geltungsrecht, das über die Akzeptanz hinausginge, die die Sätze, denen sie die Form »gegeben« haben, im öffentlichen Diskurs finden. Der orientiert sich an Gelingensbedingungen, die niemals nur formale, sondern stets auch materiale sind und damit in ihrer Reichweite historisch begrenzt. Wittgensteins Einsicht, daß die Verständigung in der Sprache nie nur durch Übereinstimmung »in den Definitionen« gewährleistet werden könne, sondern daß dazu stets eine Übereinstimmung »in den Urteilen« treten müsse[351], erweist sich so als der Grundsatz, der vom Verfahren her den Geltungsbereich der grammatischen Form begrenzt. Er unterwirft sie in jedem Sprechakt erneut der Prüfung, ob sie den derzeit *hier geltenden* Gelingensbedingungen genügen, von deren Zuschnitt uns Austin ein Bild vermittelt hat. Diese aber beziehen sich jeweils auf das *legomenon*, das Gemeinte, in Wittgensteins Sprache: auf das ›Urteil‹. Seine Form kann nur insoweit gelten, als sie dessen Akzeptanz nicht widerspricht. Dieser Rückkopplungsprozeß, dem die Äußerung per se unterworfen ist, ist es, der der *Form* des Satzes beständig die universelle Geltung auf ein limitiertes Maß zurückstutzt, das sie sich qua Form des *Satzes* ebenso beständig zu usurpieren bemüht. Doch das ist ein Sisyphusunternehmen. ›Grammatikalität‹ erweist sich allenfalls und näherungsweise als hinreichende Bedingung für ›Akzeptabilität‹, niemals jedoch als deren notwendige Bedingung. Grammatische Formen können wir so verstehen als Produkte der Einbildungskraft, die in Formen sui generis, nämlich noumenaler Art, den Gegenstand erzeugt, den der Linguist dann ›Sprachsystem‹, ›langue‹, ›Kompetenz‹ nennt. Doch daraus nun ein besonderes Modul zu machen, welches in seinem Kern aus universell konstanten Formen konstruiert wäre, die dann letztendlich als *materiale* gedeutet werden, dies heißt aus der Einbildungskraft einen Selbstfesselungskünstler machen, der verloren hat, was ihn ausmacht: seine projektive Phantasie.

351 PU I, 242.

Literatur

Abel, Günter (1993): Interpretationswelten. Gegenwartsphilosophie jenseits von Essentialismus und Relativismus. Frankfurt a. M.: Suhrkamp.

Adelung, Johann Christoph [1971]: Umständliches Lehrgebäude der Deutschen Sprache zur Erläuterung der Deutschen Sprachlehre für Schulen. 2 Bde. Leipzig: Breitkopf 1782. Repr. Hildesheim, New York: Olms.

Apel, Karl Otto (1976): Transformation der Philosophie. Bd. I, Sprachanalytik, Semiotik, Hermeneutik, und Bd. II, Das Apriori der Kommunikationsgemeinschaft. Frankfurt a. M.: Suhrkamp (= stw 164/165).

Aristotelis Ars Rhetorica [1986]: Recognovit brevique adnotatione critica instruxit W. D. Ross. Oxford, New York, Toronto: Oxford University Press. First published 1959. Repr. 1986.

Aristotle in twenty-three volumes. Cambridge, Mass. und London: Harvard University Press. (The Loeb classical Library).

Vol. I [1983]: The Categories, On Interpretation by Harold P. Cooke, Prior Analytics by Hugh Tredennick.

Vol. II [1960]: Posterior Analytics by Hugh Tredennick. Topica by E. S. Forster.

Vol XXII [1926]: The »Art« of Rhetoric. With an English Translation by John Henry Freese. Zitiert als *Loeb*.

Arnauld, Antoine und Lancelot, Claude [1966]: Grammaire générale et raisonnée ou la Grammaire de Port-Royal. Edition critique en deux tomes présentée par Herbert E. Brekle. Stuttgart: Frommann-Holzboog.

Arndt, Erwin und Brandt, Gisela (1983): Luther und die deutsche Sprache. Wie redet der Deudsche man jnn solchem fall? Leipzig: Bibliogr. Institut.

Assmann, Aleida, Assmann, Jan und Hardmeier, Christof, Hg. (1983): Schrift und Gedächtnis. Beiträge zur Archäologie der literarischen Kommunikation. München: Fink.

Assmann, Jan (1992): Das kulturelle Gedächtnis. Schrift, Erinnerung und politische Identität in frühen Hochkulturen. München: Beck.

Augustinus [1959]: Des heiligen Augustinus Bekenntnisse. Lateinisch – Deutsch. Übertragen und eingeleitet von Hubert Schiel. Freiburg i. Br.: Herder

Austin, John L. (1961): Philosophical Papers. Oxford: Clarendon Press.

– (1968): Performative und konstatierende Äußerung. In: Rüdiger Bubner, Hg. (1968): Sprache und Analysis. Texte zur englischen Philoso-

phie der Gegenwart. Hg., übers. und eingel. von R. B. Göttingen: Vandenh. & Rupr. S. 140-153.
– (1975): How to Do Things with Words. 2nd ed. Oxford: Peregrine Books. (Dt. [1979]: Zur Theorie der Sprechakte. Deutsche Bearbeitung von Eike von Savigny. 2. Aufl. Stuttgart: Reclam.)

Barthes, Roland (1988): Die alte Rhetorik. In: Ders.: Das semiologische Abenteuer. Aus dem Französischen von Dieter Hornig. Frankfurt a. M.: Suhrkamp. S. 15-101.
Baumgärtner, Klaus (1970): Konstituenz und Dependenz. Zur Integration der beiden grammatischen Prinzipien. In: Hugo Steger, Hg. (1970): Vorschläge für eine strukturale Grammatik des Deutschen. Darmstadt: Wiss. Buchges. S. 52-77.
Bergk, Marion (1992): Rechtschreibenlernen von Anfang an. Kinder schreiben ihre ersten Lesetexte selbst. 3. Aufl. Frankfurt a. M.: Diesterweg.
Berglar, Peter (1970): Wilhelm von Humboldt in Selbstzeugnissen und Bilddokumenten. Reinbek: Rowohlt (= rm 161).
Biere, Bernd Ulrich (1989): Verständlich-Machen. Hermeneutische Tradition – Historische Praxis – Sprachtheoretische Begründung. Tübingen: Niemeyer.
Bierwisch, Manfred (1970): Grammatik des deutschen Verbs. 6., durchges. Aufl. Berlin: Akademie-Vlg. (= Studia grammatica II).
– (1994): Ludwig Jägers Kampf mit den Windmühlen. Anmerkungen zu einer merkwürdigen Sprach(wissenschafts)verwirrung. In: ZS 12, 1993, S. 107-112.
Black, Max (1962): The Analysis of Rules. In: Ders.: Models and Metaphors. Studies in Language and Philosophy. Ithaca, New York: Cornell University Press. S. 95-139.
– (1979): Bedeutung und Intention. In: Georg Meggle, Hg. (1979), S. 52-81.
Blumenberg, Hans (1983): Die Lesbarkeit der Welt. 2. Aufl. Frankfurt a. M.: Suhrkamp.
Borsche, Tilman (1981): Sprachansichten. Der Begriff der menschlichen Rede in der Sprachphilosophie Wilhelm von Humboldts. Stuttgart: Klett-Cotta.
Bourdieu, Pierre (1984): Die feinen Unterschiede. 3. Aufl., Frankfurt a. M.: Suhrkamp.
Braun, Edmund (1959): Zur Einheit der aristotelischen »Topik«. Köln (Diss.).
Bremerich-Vos, Albert (1991): Populäre rhetorische Ratgeber. Historisch-systematische Untersuchungen. Tübingen: Niemeyer.
Burckhardt, Jacob (1962): Griechische Kulturgeschichte. Ges. Werke V-VIII. Darmstadt: Wiss. Buchges.

Butt, Matthias und Eisenberg, Peter (1990): Schreibsilbe und Sprechsilbe. In: Christian Stetter, Hg. (1990), S. 34-64.

Carpenter, Rhys (1968 a [1933]): Das Alter des griechischen Alphabets. In: Gerhard Pfohl, Hg. (1968), S. 1-39.
– (1968 b [1938]): The Greek Alphabet Again. In: American Journal of Archeology 42, 1938, S. 58-69. Dt.: Noch einmal das griechische Alphabet. In: Gerhard Pfohl, Hg. (1968), S. 84-105.
Cassirer, Ernst (1964): Philosophie der symbolischen Formen. 3 Bde. Darmstadt: Wiss. Buchges.
Chomsky, Noam (1959): Review of »Verbal Behavior« by B. F. Skinner. In: Language 35, S. 26-58.
– (1965): Aspects of the Theory of Syntax. Cambridge, Mass.: M.I.T. Press.
– (1968): Quine's Empirical Assumptions. In: Synthese XIX, 1968, S. 53-68.
– (1969): Aspekte der Syntax-Theorie. Frankfurt a. M.: Suhrkamp.
– (1981): Lectures on Government and Binding. Dordrecht/Cinnaminson: Foris Publications.
– (1995): Language and Nature. In: Mind, Vol 104, S. 1-61.
Cicero [1991]: De oratore. Über den Redner. Lateinisch/Deutsch. Übersetzt und hg. von Harald Merklin. 2., durchgesehene und bibliographisch ergänzte Aufl. Stuttgart: Reclam.

Derbolav, Josef (1972): Platons Sprachphilosophie im Kratylos und in den späteren Schriften. Darmstadt: Wiss. Buchges.
Derrida, Jacques (1972): Die Schrift und die Differenz. Aus dem Französischen von Rodolphe Gasché. Frankfurt a. M.: Suhrkamp.
– (1974): Grammatologie. Aus dem Französischen von Hans-Jörg Rheinberger und Hanns Zischler. Frankfurt a. M.: Suhrkamp.
Detienne, Marcel (1984): Mythologie ohne Illusion. In: Mythos ohne Illusion, S. 12-46.
Dionysii Thracis ars grammatica [1883]: Hg. von Gustav Uhlig. Leipzig: Teubner. (= Dionysii Thracis ars grammatica et scholia in Dionysii Thracis artem grammaticam pars I, vol. I.)
Doroszewski, Witold (1973 [1933]): Einige Bemerkungen über die Beziehungen zwischen Soziologie und Linguistik: Durkheim und F. de Saussure. In: Hans Naumann, Hg. (1973): Der moderne Strukturbegriff. Materialien zu seiner Entwicklung. Darmstadt: Wiss. Buchges. S. 46-56.
Düring, Ingemar (1966): Aristoteles. Darstellung und Interpretation seines Denkens. Heidelberg: Winter.

Eisenberg, Peter (1981): Substantiv oder Eigenname? Über die Prinzipien unserer Regeln zur Groß- und Kleinschreibung. In: Ling. Berichte 72/1981, S. 77-101.
– (1989): Grundriß der deutschen Grammatik. 2. Aufl. Stuttgart: Metzler.
Eisenberg, Peter und Günther, Hartmut, Hg. (1989): Schriftsystem und Orthographie. Tübingen: Niemeyer.
Engler, Rudolf (1962): Théorie et critique d'un principe saussurien: l'arbitraire du signe. In: CFS 19, 1962, S. 5-66.
– (1964): Compléments à l'arbitraire. In: CFS 21, 1964, S. 25-32.

Fanselow, Gisbert und Felix, Sascha W. (1987): Sprachtheorie. Bd. 1: Grundlagen und Zielsetzungen. Bd. 2: Die Rektions- und Bindungstheorie. Tübingen: Francke.
Fichte, Johann Gottlieb: Werke. Hg. von I. H. Fichte. Fotom. Nachdr. Berlin, New York 1971: de Gruyter. Zitiert als *Fichtes Werke*.
Földes-Papp, Karoly (1984 [1966]): Vom Felsbild zum Alphabet. Die Geschichte der Schrift von ihren frühesten Vorstufen bis zur modernen lateinischen Schreibschrift. Stuttgart: Belser.
Føllesdal, Dagfinn (1990): Indeterminacy and Mental States. In: Robert B. Barrett und Roger F. Gibson, Hg. (1990): Perspectives on Quine. Oxford: Blackwell. S. 98-109.
Frank, Manfred (1983): Was ist Neostrukturalismus? Frankfurt a. M.: Suhrkamp (= es 1203).
Frege, Gottlob (1969): Funktion, Begriff, Bedeutung. Fünf logische Studien. Hg. und eingel. von Günther Patzig. 3. Aufl. Göttingen: Vandenh. & Rupr.
– (1969 a): Funktion und Begriff. In: Gottlob Frege 1969, S. 18-39.
– (1969 b): Über Sinn und Bedeutung. In: Gottlob Frege 1969, S. 40-65.
– (1969 c): Über Begriff und Gegenstand. In: Gottlob Frege 1969, S. 66-80.

Gadamer, Hans Georg und Böhm, Gottfried (1976): Seminar: Philosophische Hermeneutik. Frankfurt a. M.: Suhrkamp (= stw 144).
Gadamer, Hans-Georg (1986): Gesammelte Werke. Bd. 1: Hermeneutik I. Wahrheit und Methode. Grundzüge einer philosophischen Hermeneutik. 5., durchgesehene und erweiterte Aufl. Bd. 2: Hermeneutik II. Wahrheit und Methode. Ergänzungen, Register. Tübingen: Mohr.
Gaiser, Konrad (1968): Platons ungeschriebene Lehre. Studien zur systematischen und geschichtlichen Begründung der Wissenschaften in der Platonischen Schule. 2. Aufl. Stuttgart: Klett.
Gelb, I. J. (1958): Von der Keilschrift zum Alphabet. Grundlagen einer Schriftwissenschaft. Übers. a. d. Amerikanischen von R. Voretzsch. Stuttgart.

Giesecke, Michael (1990): Orthotypographia. Der Anteil des Buchdrucks an der Normierung der Standardsprache. In: Christian Stetter, Hg. (1990), S. 65-89.
– (1991): Der Buchdruck in der frühen Neuzeit. Eine historische Fallstudie über die Durchsetzung neuer Informations- und Kommunikationstechnologien. Frankfurt a. M.: Suhrkamp.
Godel, Robert (1957): F. de Saussure. Cours de linguistique générale (1908-1909). Introduction (d'après des notes d'étudiants). In: CFS 15, 1957, S. 3-103.
– (1969): Les sources manuscrites du cours de linguistique générale de F. de Saussure. 2e tir. Genf: Droz.
Goethe, Johann Wolfgang [1961 ff.]: Sämtliche Werke. Hg. von Ernst Beutler unter Mitarbeit zahlreicher Fachgelehrter. 2. Aufl. Zürich: Artemis.
Goody, Jack, Hg. (1981): Literalität in traditionalen Gesellschaften. Übers. von Friedhelm Herborth und Thomas Lindquist. Frankfurt a. M.: Suhrkamp.
– (1990): Die Logik der Schrift und die Organisation von Gesellschaft. Übers. von Uwe Opolka. Frankfurt a. M.: Suhrkamp.
Grewendorf, Günther, Hamm, Fritz und Sternefeld, Wolfgang (1987): Sprachliches Wissen. Eine Einführung in moderne Theorien der grammatischen Beschreibung. Frankfurt a. M.: Suhrkamp.
Grewendorf, Günther (1995): Sprache als Organ – Sprache als Lebensform. Anhang: Interview mit Noam Chomsky: Über Linguistik und Politik. Frankfurt a. M.: Suhrkamp.
Grice, H. Paul (1957 [1979 a]): Meaning. In: The Philosophical Review 66, 1957, S. 377-388. [Dt. Übersetzung: Intendieren, Meinen, Bedeuten. In: Georg Meggle, Hg. (1979), S. 2-15.]
– (1975 [1979 b]): Logic and Conversation. In: Peter Cole and Jerry L. Morgan, eds. (1975): Syntax and Semantics, vol. 3. New York, San Francisco, London: Seminar Pr. S. 41-58. [Dt. Übersetzung: Logik und Konversation. In: Georg Meggle, Hg. (1979), S. 243-265.]

Haarmann, Harald (1990): Universalgeschichte der Schrift. Frankfurt a. M./New York: Campus.
Habermas, Jürgen (1968): Erkenntnis und Interesse. In: Jürgen Habermas (1968): Technik und Wissenschaft als ›Ideologie‹. Frankfurt a. M.: Suhrkamp (= es 287). S. 146-168.
– (1969): Strukturwandel der Öffentlichkeit. Untersuchungen zu einer Kategorie der bürgerlichen Gesellschaft. 4. Aufl. Neuwied: Luchterhand. [1. Aufl. 1962.]
Hadamitzky, Wolfgang (1980): Kanji & Kana. Langenscheidts Handbuch und Lexikon der japanischen Schrift. Berlin und München: Langenscheidt.

Hamann, Johann Georg [1967]: Schriften zur Sprache. Einleitung und Anmerkungen von Josef Simon. Frankfurt a. M.: Suhrkamp.

Havelock, Eric A. (1990): Schriftlichkeit: Das griechische Alphabet als kulturelle Revolution. Übers. von G. Herbst. Mit einer Einl. von Aleida und Jan Assmann. Weinheim: VCH Verlagsges.

Heintel, Erich (1972): Einführung in die Sprachphilosophie. Darmstadt: Wiss. Buchges.

Heisig, James W. (1986): Remembering the Kanji. A complete course on how not to forget the meaning and writing of Japanese characters. 3. ed. Tokyo: Japan Publications.

Herder, Johann G. [1978 a]: Abhandlung über den Ursprung der Sprache. Text, Materialien, Kommentar. Hg. von Wolfgang Proß. München o. J.: Hanser (= RH 269).

– [1978 b]: Werke in fünf Bänden. 5., neubearbeitete Aufl. Berlin und Weimar: Aufbau. Zitiert als *Werke*.

– [1985]: Frühe Schriften 1764-1772. Hg. von Ulrich Gaier. Frankfurt a. M.: Dt. Klassiker Vlg. (= Werke in zehn Bänden, hg. von Martin Bollacher u. a., Bd. 1). Zitiert als *Frühe Schriften*.

Heringer, Hans-Jürgen (1972): Deutsche Syntax. 2. Aufl. Berlin, New York: de Gruyter.

Heubeck, Alfred (1979): Schrift. (= Archaeologica Homerica. Die Denkmäler und das frühgriechische Epos. Im Auftrage des Deutschen Archäologischen Instituts hg. von Friedrich Matz und Hans-Günther Buchholz. Bd. III, Kap. X.) Göttingen: Vandenh. & Rupr.

Hommel, H. (1990): Rhetorik. In: Lexikon der Alten Welt. Zürich, München: Artemis. Unveränderter Nachdr. d. einbändigen Originalausg. 1965. Bd. 3, Sp. 2611-2626.

Humboldt, Wilhelm von [1968]: Gesammelte Schriften. 17 Bde. Hg. von Albert Leitzmann u. a. Berlin 1903 ff. Photomech. Nachdr. Berlin 1968. Zitiert als *GS*.

– Werke in fünf Bänden. Hg. von Andreas Flitner und Klaus Giel. Darmstadt 1960 ff: Wiss. Buchges. Zitiert als *WW*.

Ivo, Hubert (1994): Muttersprache, Identität, Nation. Sprachliche Bildung im Spannungsfeld zwischen einheimisch und fremd. Opladen: Westdt. Vlg.

Jäger, Ludwig (1975): Zu einer historischen Rekonstruktion der authentischen Sprach-Idee F. de Saussures. Düsseldorf (Phil. Diss.).

Jäger, Ludwig (1991): Sprachliche Soziogenese und linguistischer Biologismus. In: Dietrich Busse, Hg. (1991): Diachrone Semantik und Pragmatik. Untersuchungen zur Erklärung und Beschreibung des Sprachwandels. Tübingen: Niemeyer. S. 139-196.

Jäger, Ludwig (1993): »Language, what ever that may be«. Die Geschichte der Sprachwissenschaft als Erosionsgeschichte ihres Gegenstandes. In: ZS 12, 1993, S. 77-106.
Jäger, Ludwig und Stetter, Christian, Hg. (1986): Zeichen und Verstehen. Akten des Aachener Saussure-Kolloquiums 1983. Aachen: Rader.
Jakobson, Roman (1969): Kindersprache, Aphasie und allgemeine Lautgesetze. Frankfurt a. M.: Suhrkamp.
Jensen, H. (1958): Die Schrift in Vergangenheit und Gegenwart. 2., neubearbeitete Aufl. Berlin (Ost).

Kant, Immanuel [1968]: Werke in zehn Bänden. Hg. von Wilhelm Weischedel. Darmstadt: Wiss. Buchges.
Kapp, Ernst (1965): Der Ursprung der Logik bei den Griechen. Göttingen: Vandenh. & Rupr.
Klein, Josef (1996): Exemplum. In: Hist. Wb. der Rhetorik. Hg. von Gert Üding. Bd. 3. Tübingen: Niemeyer. Sp. 60-70.
von Kleist, Heinrich [1974]: Über die allmähliche Verfertigung der Gedanken beim Reden. In: Heinrich von Kleist [1974]: Gesamtausgabe. Hg. von Helmut Sembdner. Bd. 5: Anekdoten, Kleine Schriften. 2. Aufl. München: dtv. S. 53-58.
Kohrt, Manfred (1987): Theoretische Aspekte der deutschen Orthographie. Tübingen: Niemeyer.
– (1990): Die ›doppelte Kodifikation‹ der deutschen Orthographie. In: Christian Stetter, Hg. (1990), S. 104-144.
Krämer, Hans J. (1959): Arete bei Platon und Aristoteles. Heidelberg: Winter.
– (1964): Retraktionen zum Problem des esoterischen Platon. In: MH 21, 1964, S. 137-167.
Kripke, Saul A. (1987): Wittgenstein über Regeln und Privatsprache. Eine elementare Darstellung. Frankfurt a. M.: Suhrkamp.

Labov, William (1976): Sprache im sozialen Kontext. Beschreibung und Erklärung struktureller und sozialer Bedeutung von Sprachvariation. Hg. von Norbert Dittmar und Bert-Olaf Rieck. Kronberg/Ts.: Scriptor.
– (1994): Principles of Linguistic Change. Vol 1: Internal Factors. Oxford/Cambridge (Mass.): Blackwell.
Leibniz (1684): Meditationes de Cognitione, Veritate, et Ideis. In: Acta eruditorum III. Leipzig. S. 537-542. Reprogr. Nachdruck Hildesheim/New York 1966.
Lenk, Hans (1993): Philosophie und Interpretation. Vorlesungen zur Entwicklung konstruktionistischer Interpretationsansätze. Überarbeitet unter Mitwirkung von Ekaterina Kaleri. Frankfurt a. M.: Suhrkamp (= stw 1060).

Leroi-Gourhan, André (1984): Hand und Wort. Die Evolution von Technik, Sprache und Kunst. 2. Aufl. Frankfurt a. M.: Suhrkamp.
Liebrucks, Bruno (1965): Sprache und Bewußtsein. Bd. 2: Sprache. »Wilhelm von Humboldt«. Frankfurt a. M.: Akadem. Verlagsges.
Lindquist, Cecilia (1990): Eine Welt aus Zeichen. Über die Chinesen und ihre Schrift. Aus dem Schwedischen von Lothar Schneider. München: Droemer Knaur.
Linz, Erika (1994): Ist die Sprache ein Modul des Geistes? Zum linguistischen Kognitivismus Noam Chomskys. In: Sprache und Literatur, Heft 73, 1994, S. 2-19.
Lorenz, Kuno und Mittelstraß, Jürgen (1966): Theaitetos fliegt. Zur Theorie wahrer und falscher Sätze bei Platon. (*Soph.* 251 d-263 d). In: Archiv für Geschichte der Philosophie 48, 1966, S. 113-152.
– (1967): On Rational Philosophy of Language: The Programme in Plato's *Cratylus* Reconsidered. In: Mind 76, No. 301, 1967, S. 1-20.
Lorenzer, Alfred (1970): Sprachzerstörung und Rekonstruktion. Vorarbeiten zu einer Metatheorie der Psychoanalyse. Frankfurt a. M.: Suhrkamp.

Maas, Utz (1985a): Schrift – Schreiben – Rechtschreiben. In: Diskussion Deutsch 16, Heft 81, S. 4-25.
– (1985b): Lesen – Schreiben – Schrift. Die Demotisierung eines professionellen Arkanums im Spätmittelalter und in der frühen Neuzeit. In: Zft. für Literaturwissenschaft und Linguistik 15, Heft 59, S. 55-81.
Makino, Seiichi und Tsutsui, Michio (1989): A Dictionary of Basic Japanese Grammar. Tokyo: The Japan Times.
Malson, Lucien, Itard, Jean und Mannoni, Octave (1972): Die wilden Kinder. Frankfurt a. M.: Suhrkamp.
Meggle, Georg, Hg. (1979): Handlung, Kommunikation, Bedeutung. Frankfurt a. M.: Suhrkamp.
Mentrup, Wolfgang (1980): Zur entwicklung der groß- und kleinschreibung im deutschen. In: Wolfgang Mentrup, Hg. (1980): Materialien zur historischen entwicklung der groß- und kleinschreibungsregeln. Tübingen: Niemeyer. S. 279-333.
Mizutani, Osamu und Mizutani, Nobuko (1990): An Introduction to Modern Japanese. Tokyo: The Japan Times.
Monk, Ray (1994): Wittgenstein. Das Handwerk des Genies. Aus d. Engl. übertr. von Hans Günter Holl und Eberhard Rathgeb. Stuttgart: Klett-Cotta.
Mythos ohne Illusion (1984): Mit Beiträgen von Jean-Pierre Vernant, Marcel Detienne, Pierre Smith, Jean Pouillon, André Green und Claude Lévi-Strauss. Aus d. Frz. von Ulrike Bokelmann. Frankfurt a. M.: Suhrkamp (= es 1220).

Naumann, Carl Ludwig (1988): Gesprochenes Deutsch und Orthographie. Linguistische und didaktische Studien zur Rolle der gesprochenen Sprache in System und Erwerb der Rechtschreibung. Bern: Lang.

Nerius, Dieter u. a. (1987): Deutsche Orthographie. Von einem Autorenkollektiv unter Leitung von Dieter Nerius. Leipzig: Bibliogr. Institut.

New Japanese-English Character Dictionary (1990). Editor in Chief: Jack Halpern. Tokyo: Kenkyusha.

Nietzsche, Friedrich [1980]: Sämtliche Werke. Kritische Studienausgabe in 15 Bänden. Hg. von Giorgio Colli und Mazzino Montinari. München: dtv, Berlin/New York: de Gruyter. Zitiert als *Werke*.

Nündel, Ernst und Schlotthaus, Werner (1978): Angenommen: Agamemnon. Wie Lehrer mit Texten umgehen. München, Wien, Baltimore: Urban & Schwarzenberg.

Ockham, Wilhelm von [1984]: Texte zur Theorie der Erkenntnis und der Wissenschaft. Hg., übers. und komment. von Ruedi Imbach. Stuttgart: Reclam.

Ong, Walter J. (1987): Oralität und Literalität. Die Technologisierung des Wortes. Aus d. Amerikan. übers. von Wolfgang Schömel. Opladen: Westdt. Vlg.

Peirce, Charles Sanders [1931 ff.]: Collected Papers. Vols. I-VI ed. by Charles Hartshorne and Paul Weiss. Cambridge/Mass. 1931-1935. Vols. VII-VIII ed. by W. Burks. Ibid. 1958: Belknap Press. Zitiert als *Collected Papers*.

Pfohl, Gerhard, Hg. (1968): Das Alphabet. Entstehung und Entwicklung der griechischen Schrift. Darmstadt: Wiss. Buchges. (= Wege der Forschung Bd. LXXXVIII).

Piattelli-Palmarini, Massimo, Ed. (1980): Language and Learning. The Debate between Jean Piaget and Noam Chomsky. Ed. by Massimo Piattelli-Palmarini. Cambridge, Mass.: Harvard Univ. Press. (Frz.: Théories du langage, théories de l'apprentissage. Paris 1979: Ed. du Seuil.)

Platon [1990]: Werke in 8 Bänden; Griechisch und Deutsch. Hg. von Gunther Eigler. Darmstadt: Wiss. Buchges. Zitiert als *Werke*.

Popper, Karl R. und Eccles, John C. (1989): Das Ich und sein Gehirn. 8. Aufl. München und Zürich: Piper.

Portmann, Paul R. (1990): Sprachnorm und Sprachlernen. Fremdsprachendidaktische Anmerkungen. In: Christian Stetter, Hg. (1990), S. 163-182.

Prauss, Gerold (1971): Erscheinung bei Kant. Ein Problem der »Kritik der reinen Vernunft«. Berlin: de Gruyter.

Quine, Willard Van Orman (1960): Word and Object. Cambridge, Mass.: The M.I.T. Press. (Dt. [1980]: Wort und Gegenstand. Aus dem Englischen übersetzt von Joachim Schulte in Zusammenarbeit mit Dieter Birnbacher. Stuttgart: Reclam.)
– (1961): From a Logical Point of View. 2nd. ed. New York: Harper and Row. (Dt.: Von einem logischen Standpunkt. Neun logisch-philosophische Essays. Mit einem Nachwort von Peter Bosch. Frankfurt a. M., Wien, Berlin: Ullstein.)
Quintilianus, Marcus Fabius [1988]: Ausbildung des Redners (institutio oratoria). Hg. und übers. von Helmut Rahn. 2., durchges. Aufl. Darmstadt: Wiss. Buchges.

Rädle, Fidel (1974): Otfrids Brief an Liutbert. In: Ernst-Joachim Schmidt, Hg. (1974): Kritische Bewahrung. Beiträge zur deutschen Philologie. Festschrift für Werner Schröder zum 60. Geburtstag. Berlin: Erich Schmidt Vlg. S. 213-240.
Richter, Wolfgang (1978): Grundlagen einer althebräischen Grammatik. St. Ottilien: Eos.
Ricœur, Paul (1986): Die lebendige Metapher. München: Fink.
Rieger, Burghard (1989): Unscharfe Semantik. Die empirische Analyse, quantitative Beschreibung, formale Repräsentation und prozedurale Modellierung vager Wortbedeutungen in Texten. Frankfurt a. M.: Lang.
Ries, John (1931): Was ist ein Satz? Prag: Taussig.
Rösler, Wolfgang (1983): Schriftkultur und Fiktionalität. Zum Funktionswandel der griechischen Literatur von Homer bis Aristoteles. In: Aleida und Jan Assmann und Christof Hardmeier, Hg. (1983), S. 109-122.
Russell, Bertrand [1971]: Über das Kennzeichnen. In: Ders.: Philosophische und politische Aufsätze. Hg. von Ulrich Steinvorth. Stuttgart: Reclam (Engl.: On Denoting, Mind 1905).
Ryle, Gilbert (1939): Plato's ›Parmenides‹. In: Mind 48, No. 190, 1939, S. 129-151 und 302-325. Repr. in: Collected Papers, Vol. 1, S. 1-44.
– (1963 [1949]): The Concept of Mind. London: Peregrine Books. (Dt. [1969]: Der Begriff des Geistes. Stuttgart: Reclam.)
– [1960]: Letters and Syllabes in Plato. In: The Philos. Rev. LXIX, 1960. Repr. in: Collected Papers, Vol. 1, S. 54-71.
– (1971): Collected Papers. Oxford: Hertford Coll.

de Saussure, Ferdinand (1967): Cours de linguistique générale. Edition critique par Rudolf Engler. Wiesbaden 1967 ff.: Harrassowitz. Zitiert als *EC*.
– (1972): Cours de linguistique générale. Édition critique préparée par Tullio de Mauro. Paris: Payot. Zitiert als *CLG*.

– (1974): Cours de linguistique générale. Édition critique par Rudolf Engler. Tome 2, fascicule 4. Wiesbaden: Harrassowitz.
von Savigny, Eike (1983): Zum Begriff der Sprache. Konvention, Bedeutung, Zeichen. Stuttgart: Reclam.
– (1988 f.): Wittgensteins »Philosophische Untersuchungen«. Ein Kommentar für Leser. Bd. I und II (1989). Frankfurt a. M.: Klostermann.
Schadewaldt, Wolfgang (1988): Die Anfänge der Philosophie bei den Griechen. Die Vorsokratiker und ihre Voraussetzungen. Tübinger Vorlesungen Band 1. Unter Mitwirkung von Maria Schadewaldt hg. von Ingeborg Schudoma. 5. Aufl. Frankfurt a. M.: Suhrkamp.
Scharf, Hans-Werner, Hg. (1989): Wilhelm von Humboldts Sprachdenken. Essen: Hobbing.
– (1994): Das Verfahren der Sprache: Humboldt gegen Chomsky. Paderborn: Schöningh.
Schleiermacher, Friedrich D. E. [1977]: Über den allgemeinen Schematismus und die Sprache. In: F. D. E. Schleiermacher [1977]: Hermeneutik und Kritik. Mit einem Anhang sprachphilosophischer Texte Schleiermachers hg. und eingel. von Manfred Frank. Frankfurt a. M.: Suhrkamp (= stw 211). S. 443-467.
Schneider, Hans J. (1992): Phantasie und Kalkül. Über die Polarität von Handlung und Struktur in der Sprache. Frankfurt a. M.: Suhrkamp.
Schulz, Walter (1967): Wittgenstein. Die Negation der Philosophie. Pfullingen: Neske.
Searle, John R. (1971): Sprechakte. Ein sprachphilosophischer Essay. Frankfurt a. M.: Suhrkamp.
– (1982): Ausdruck und Bedeutung. Untersuchungen zur Sprechakttheorie. Frankfurt a. M.: Suhrkamp (= stw 349).
– (1987): Indeterminacy, Empiricism, and the First Person. In: The Journal of Philosophy 84, 1987, S. 123-146.
Shimano, Eido Tai, und Tani, Kogetsu, (1990): Zen Wort, Zen Schrift. Zürich und München: Theseus.
Siebs [Theodor] (1969): Deutsche Aussprache. Reine und gemäßigte Hochlautung mit Aussprachewörterbuch. Hg. von Helmut de Boor, Hugo Moser und Christian Winkler. 19., umgearbeitete Aufl. Berlin: de Gruyter.
Simon, Josef (1971): Philosophie und linguistische Theorie. Berlin/New York: de Gruyter.
– (1989): Philosophie des Zeichens. Berlin, New York: de Gruyter.
Specht, Ernst Konrad (1963): Die sprachphilosophischen und ontologischen Grundlagen im Spätwerk Ludwig Wittgensteins. Köln: Universitäts-Vlg.
Sprute, Jürgen (1982): Die Enthymentheorie der aristotelischen Rhetorik. Göttingen: Vandenh. & Rupr.

von Stechow, Arnim und Sternefeld, Wolfgang (1988): Bausteine syntaktischen Wissens. Ein Lehrbuch der generativen Grammatik. Opladen: Westdt. Vlg.
Stegmaier, Werner (1992): Philosophie der Fluktuanz. Dilthey und Nietzsche. Göttingen: Vandenh. & Rupr.
– (1992): Schema, Schematismus. In: Hist. Wb. d. Phil. Bd. 8, Sp. 1246-1261.
– (1994): Weltabkürzungskunst. Orientierung durch Zeichen. In: Josef Simon, Hg. (1994): Zeichen und Interpretation. Frankfurt a. M.: Suhrkamp (= stw 1158). S. 119-141.
Stegmüller, Wolfgang (1969): Hauptströmungen der Gegenwartsphilosophie. Eine kritische Einführung. 4., erweiterte Aufl. Stuttgart: Kröner.
Steinthal, Heymann [1961]: Geschichte der Sprachwissenschaft bei den Griechen und Römern mit besonderer Rücksicht auf die Logik. 2. verm. und verb. Aufl. Bonn: Dümmler. Unveränderter Nachdr. d. 2. Aufl. Berlin 1890.
Stekeler-Weithofer, Pirmin (1986): Grundprobleme der Logik. Elemente einer Kritik der formalen Vernunft. Berlin, New York: de Gruyter.
Stetter, Christian (1974): Sprachkritik und Transformationsgrammatik. Zur Bedeutung der Philosophie Wittgensteins für die sprachwissenschaftliche Theoriebildung. Düsseldorf: Schwann.
– (1976): Die Idee der Semiologie bei Ferdinand de Saussure. Ein Beitrag zur Klärung des linguistischen Erkenntnisinteresses. In: Deutsche Sprache 4, 1976, S. 289-304.
– (1979): Peirce und Saussure. In: Kodikas/Code 1, 1979, S. 124-149.
– (1983): Peirces semiotische Schemata. In: Achim Eschbach und Jürgen Trabant, Hg. (1983): History of Semiotics. Amsterdam/Philadelphia: Benjamins Publ. S. 277-310.
– (1986): Linguistische Konsequenzen der Semiologie Saussures. In: Ludwig Jäger und Christian Stetter, Hg. (1986): Zeichen und Verstehen. Akten des Aachener Saussure-Kolloquiums 1983. Aachen: Rader. S. 35-52.
– (1987): Platon – *Kratylos*. In: Vom »Rolandslied« zum »Namen der Rose«. Meisterwerke der Weltliteratur Bd. I. Ringvorlesung der Philosophischen Fakultät der RWTH Aachen im WS 1986/87. Hg. von H. Siepmann und F.-R. Hausmann. Bonn: Romanistischer Verlag. S. 172-192.
– (1989 a): Der Vorschlag zur Neuregelung der deutschen Orthographie – Reform ohne Theorie? In: Mitteilungen des Deutschen Germanistenverbandes, Heft 3, 1989, S. 8-20.
– (1989 b): Gibt es ein graphematisches Teilsystem der Sprache? Die Großschreibung im Deutschen. In: Peter Eisenberg und Hartmut

Günther, Hg. (1989): Schrift und Orthographie. Tübingen. S. 297-320.
– (1989 c): »Über Denken und Sprechen«: Wilhelm von Humboldt zwischen Fichte und Herder. In: Hans-Werner Scharf, Hg. (1989): Wilhelm von Humboldts Sprachdenken. Essen: Hobbing. S. 25-46.
– (1990): Die Groß- und Kleinschreibung im Deutschen. Zur sprachanalytischen Grundlegung einer Theorie der Orthographie. In: Christian Stetter, Hg. (1990), S. 196-220.
– Hg. (1990): Zu einer Theorie der Orthographie. Interdisziplinäre Aspekte gegenwärtiger Schrift- und Orthographieforschung. Tübingen: Niemeyer.
– (1991 a): Text und Textur. Hat die Sprechakttheorie eine historische Dimension? In: Dietrich Busse, Hg. (1991): Diachrone Semantik und Pragmatik. Untersuchungen zur Erklärung und Beschreibung des Sprachwandels. Tübingen: Niemeyer. S. 67-81.
– (1991 b): Was ist eine orthographische Regel. In: OBST (Osnabrücker Beiträge zur Sprachtheorie), Heft 44, 1991: Orthographiereform. Hg. von Jakob Ossner. S. 40-67.
– (1991 c): Weltansichten – Wilhelm von Humboldts Idee einer allgemeinen Sprachkunde. Zum Verhältnis von Philosophie und Sprachwissenschaft. In: Begegnung mit dem ›Fremden‹. Grenzen – Traditionen – Vergleiche. Akten des VIII. Internationalen Germanisten-Kongresses Tokyo 1990. Bd. 3: Sprachgeschichte, Sprachkontakte im germanischen Raum. München: iudicium. S. 206-214.
– (1992 a): Ferdinand de Saussure. In: Marcelo Dascal, Dietfried Gerhardus, Kuno Lorenz und Georg Meggle, Hg. (1992): Sprachphilosophie. Ein internationales Handbuch zeitgenössischer Forschung. Berlin – New York: de Gruyter. 1. Halbbd. S. 510-523.
– (1992 b): Philosophie der Grammatik. Zum Verhältnis von Fremdsprache und Muttersprache. In: Jahrbuch Deutsch als Fremdsprache 18, 1992, S. 30-64.
– (1994): Rezension von: Hans Julius Schneider [1992]: Phantasie und Kalkül. Frankfurt a. M.: Suhrkamp. In: Philos. Literaturanzeiger 47, 1994. S. 225-232.
– (1995): Strukturale Sprachwissenschaft. In: Tilman Borsche, Hg. (1995): Klassiker der Sprachphilosophie. München: Beck. S. 421-445.
Strauss, Leo (1977). Naturrecht und Geschichte. Frankfurt a. M.: Suhrkamp.
Strawson, Peter F. (1964): Intention and Convention in Speech Acts. In: Phil. Rev. 73, 1964, S. 439-460.
Szlezák, Thomas A. (1985): Platon und die Schriftlichkeit der Philosophie. Interpretationen zu den frühen und mittleren Dialogen. Berlin, New York: de Gruyter.

Tarski, Alfred [1972]: Die semantische Konzeption der Wahrheit und die Grundlagen der Semantik. In: Johannes Sinnreich, Hg. (1972): Zur Philosophie der idealen Sprache. Texte von Quine, Tarski, Martin, Hempel und Carnap. München: dtv. S. 53-100.

– [1973]: Der Wahrheitsbegriff in den formalisierten Sprachen. In: Karel Berka und Lothar Kreiser, Hg. (1973): Logik-Texte. Kommentierte Auswahl zur Geschichte der modernen Logik. 2., durchgesehene Aufl. Berlin: Akademie-Vlg. S. 447-559.

Tesnière, Lucien (1969): Éléments de syntaxe structurale. 2e éd. corrigée par P. Garde, avec une préface de J. Fourquet. Paris. (Dt. [1980]: Grundzüge der strukturalen Syntax. Stuttgart.)

Thukydides [1993]: Geschichte des Peloponnesischen Krieges. Griechisch – deutsch. Übersetzt und mit einer Einführung und Erläuterung versehen von Georg Peter Landmann. München: Artemis.

Trabant, Jürgen (1986): Apoliotes oder Der Sinn der Sprache. Wilhelm von Humboldts Sprach-Bild. München: Fink.

Tugendhat, Ernst (1976): Vorlesungen zur Einführung in die sprachanalytische Philosophie. Frankfurt a. M.: Suhrkamp (= stw 45).

– (1979): Selbstbewußtsein und Selbstbestimmung. Sprachanalytische Interpretationen. Frankfurt a. M.: Suhrkamp (= stw 221).

– (1988): TI KATA TINOΣ. Eine Untersuchung zu Struktur und Ursprung aristotelischer Grundbegriffe. 4., unveränderte Aufl. Freiburg und München: Alber. (1. Aufl. 1958.)

– und Wolf, Ulrike (1983): Logisch-semantische Propädeutik. Stuttgart: Reclam.

Wandschneider, Dieter (1995): Grundzüge einer Theorie der Dialektik. Rekonstruktion und Revision dialektischer Kategorienentwicklung in Hegels ›Wissenschaft der Logik‹. Stuttgart: Klett-Cotta.

Weinrich, Harald [1983 (1963)]: Semantik der kühnen Metapher. In: Anselm Haverkamp, Hg. (1983): Theorie der Metapher. Darmstadt: Wiss. Buchges. S. 316-339. (= Wege der Forschung Bd. 389) [Zuerst erschienen in: Dt. Vierteljahrsschrift 37, 1963, S. 325-344.]

Wieland, Wolfgang (1982): Platon und die Formen des Wissens. Göttingen: Vandenh. & Rupr.

Wittgenstein, Ludwig (1984): Werkausgabe in acht Bänden. Frankfurt a. M.: Suhrkamp. Zitiert als *Werkausgabe*.

– (1989): Vortrag über Ethik und andere kleine Schriften. Hg. und übers. von Joachim Schulte. Frankfurt a. M.: Suhrkamp (= stw 770).

Wörner, Markus H. (1990): Das Ethische in der Rhetorik des Aristoteles. Freiburg/München: Alber.

von Wright, Georg Henrik (1991): Erklären und Verstehen. Aus dem Englischen von Günther Grewendorf und Georg Meggle. 3. Aufl. Meisenheim: Hain.

Wyller, Egil A. (1960): Platons Parmenides in seinem Zusammenhang mit Symposion und Politeia. Interpretationen zur Platonischen Henologie. Oslo: Aschehoug.
– (1970): Der späte Platon. Tübinger Vorlesungen 1965. Hamburg: Meiner.

Personenregister

In dieses Verzeichnis wurden nur die Namen von Personen aufgenommen, auf die im Text Bezug genommen wird. Alle Namen im Kontext von Literaturhinweisen sind im Literaturverzeichnis repräsentiert.

Abel, G. 25 Anm. 10
Adelung, J. Ch. 68 ff., 70, 73 f., 89, 141, 175
Apel, K. O. 522 Anm. 20
Aristoteles 14, 26, 37, 43, 89, 91 Anm. 28, 115, 131, 150 ff., 170, 174, 277, 300 ff., 317 ff., 331, 350, 352, 356 ff., 391 ff., 425, 461, 495 f., 516, 541 f., 543, 558, 589 f., 610, 633 f.
Augustinus 544 ff.
Austin, J. L. 29, 33 f., 38, 90, 170, 214, 245, 259, 282 f., 293, 375 Anm. 70, 441, 485, 497, 511, 541, 565

Barthes, R. 368, 371, 374, 611 Anm. 272
Bierwisch, M. 178 Anm. 12, 184, 191 f.
Black, M. 30 Anm. 20, 73, 85, 575 ff., 621 Anm. 299
Bopp, F. 491
Bremerich-Vos, A. 17
Burckhardt, J. 319 f.
Bühler, K. 364 Anm. 38, 583

Carpenter, R. 58
Chomsky, N. 10, 13, 15, 77, 80, 90 Anm. 23, 98, 113, 119 ff., 143 f., 156 f., 163, 165 f., 169, 172, 176 ff., 179, 192, 197, 198 Anm. 52, 199 ff., 226, 229 ff., 275 f., 292, 294, 387, 396, 419, 428, 444 f., 457, 504, 519, 520 f., 528, 537, 565 Anm. 155, 571, 601 f. Anm. 248, 602 ff., 619
Cicero 358
Condillac, E. B. de 402 Anm. 32

de Saussure, F. 13, 15, 23 ff., 25, 37, 42, 98 f., 119 ff., 126 ff., 145 ff., 199 ff., 274 f., 387, 413, 423, 434, 436, 442, 447 Anm. 143, 448, 491, 519, 593, 553, 600
Derrida, J. 34, 43, 124, 151, 276 f., 278 f., 292 Anm. 39, 295 f., 299, 300, 305, 384, 467
Dilthey, W. 129
Dionysios Thrax 172, 393, 477 Anm. 229, 484
Duden, K. 70 f., 73
Durkheim, E. 214

Ehlich, K. 74 Anm. 54
Eisenberg, P. 109 Anm. 56
Engler, R. 153 f.

Fichte, J. G. 400 ff., 413, 439
Fillmore, Ch. J. 233
Frege, G. 239, 406, 492, 545, 588

Gatzemeier, M. 17
Goethe, J. W. 163, 175, 405
Gottsched, J. Ch. 89
Grewendorf, G. 231 Anm. 86, 520 Anm. 15, 636 f. Anm. 330

Grice, P. 29 f., 125, 145, 283, 408, 429
Grillparzer, F. 175
Grimm, J. 23, 221, 491

Hamann, J. G. 396, 399, 590
Hegel, G. W. F. 279
Herder, J. G. 16, 144, 158 f., 194 f., 280 f., 400 ff., 409 f., 416, 422, 439, 441, 444, 460, 484, 486, 516, 563
Heringer, H. J. 480
Humboldt, W. v. 11, 13, 16, 21 f., 31 f., 36 f., 59, 61 f., 79, 81, 86, 96, 98 f., 101 f., 119, 131, 135, 140 f., 144, 163 ff., 169, 172, 175, 201 ff., 221, 223, 276, 280 f., 391 ff., 516 ff., 535, 563, 569 f., 607, 628, 635, 644, 646

Itard, J. 228, 602 Anm. 248
Ivo, H. 17 f., 468 Anm. 198

Jäger, L. 17, 111 Anm. 62, 179 Anm. 15
Jakobson, R. 463 ff., 483, 644

Kant, I. 10 Anm. 3, 11, 16, 91, 98, 114 f., 164, 169, 184, 338, 358, 395 ff., 402 ff., 422, 424, 428, 435, 439, 458 f., 492, 496, 503, 506, 511, 533, 535, 538 f., 565, 570, 577 f.
Kleist, H. v. 114
Kohrt, M. 72
Kraus, K. 192, 628
Kripke, P. 573 f. Anm. 178

Labov, W. 221
Leibniz, G. W. 403
Lenk, H. 34
Leroi-Gourhan, A. 9, 113 Anm. 62, 133, 158 Anm. 48, 173, 288, 292 Anm. 39, 445 Anm. 138, 472
Lewis, D. 73 f.
Lichtenberg, G. Ch. 191, 628
Liebrucks, B. 407, 408 Anm. 53, 410
Lüdtke, H. 159
Lysias 306 ff.

Martens, E. 324 Anm. 77
Mentrup, W. 74
Müller, M. 205

Nietzsche, F. 25, 422, 628

Ong, W. J. 37

Parmenides 295, 316 f., 318, 326, 331 ff.
Pauß, S. 17
Paul, H. 205, 206 Anm. 23
Peirce, Ch. S. 24 f., 122, 492
Platon 11, 37, 43, 50, 58, 131, 150 f., 235, 243, 273, 299 ff., 356 ff., 474, 541, 544, 560, 563, 611, 643 Anm. 346
Popper, K. 124, 197, 221, 253

Quine, W. v. O. 565 Anm. 155, 612 f. Anm. 276, 617 f. Anm. 290, 623 f. Anm. 305, 642 Anm. 344
Quintilian 68, 157, 356, 358, 379, 394, 479, 539

Rask, K. 23, 221
Ricœur, P. 362
Russell, B. 588 ff.
Ryle, G. 38, 70 Anm. 44, 80 f., 91, 98 Anm. 36, 144, 282, 293, 331 ff., 333 Anm. 111, 422, 559

Schiller, F. 163, 175, 405, 406, 414

Schleiermacher, F. 95, 169, 305 Anm. 15, 309, 332 Anm. 111, 643 Anm. 346
Schulz, W. 523
Schneider, H. J. 17, 152 Anm. 32, 169 Anm. 82, 183 Anm. 23, 189 Anm. 36, 232 Anm. 88, 239 Anm. 104, 641 Anm. 431
Searle, J. R. 94, 96, 612 Anm. 276, 623 f. Anm. 305
Simon, J. 25 Anm. 11, 43 Anm. 53, 396 Anm. 20, 424 Anm. 88
Skinner, B. F. 169, 258
Sokrates 31 Anm. 21, 148, 195, 299 ff., 544 f., 556 ff., 611
Stegmaier, W. 129
Steinthal, H. 90 Anm. 25
Sternefeld, W. 162 Anm. 60, 247 Anm. 122, 264 Anm. 151
Strawson, P. F. 29, 293

Tarski, A. 211
Tesnière, L. 106
Thukydides 142, 354, 359
Tugendhat, E. 144 f., 637

von Savigny, E. 74 Anm. 54
von Stechow, A. 162 Anm. 60, 247 Anm. 122, 264 Anm. 151

Wandschneider, D. 17, 336 Anm. 123
Wittgenstein, L. 11, 13, 16, 33, 82, 121 f., 144, 155, 190, 194, 223, 282, 406, 424, 485, 493, 497, 511, 515 ff.
Wolf, F. A. 401
Wyller, E. A. 311, 313, 314 Anm. 41, 321 Anm. 66 und 68

Zenon 316 f., 331 f.

Sachregister

Abbild 144, 311, 432 ff.
Abbildtheorie 527, 529 ff., 542 f., 564
Adäquatheit
- deskriptive 230, 248 ff.
- explanative 230, 248 ff., 487 Anm. 254
Ästhetik, ästhetisch 158 f., 172 f., 184, 190 ff., 280, 376 f., 386, 401, 414, 419 ff., 435 ff., 451, 453 f., 458, 470, 473, 488, 511 ff.
Alphabet 9 f., 13, 43, 47 ff., 56 ff., 61 ff., 135 ff., 273 f., 279 ff., 284 ff., 299 ff., 456, 463, 466 ff., 474, 476, 514, 534
Analogie 88 ff., 98 f., 115, 161 ff., 215, 224, 412, 425, 426 ff., 452, 458, 461, 539
- Analogien der Erfahrung 406, 428, 435
Anomalie 175, 539, 632 ff.
Antinomie 335
Anthropologie 401 f.
Arbitrarität 22, 55, 124, 143 ff., 190, 202, 219, 232, 236 ff., 248, 384, 411, 413, 427, 431, 434, 446, 452 f., 455, 457, 485, 489, 491, 534, 540, 569 ff., 635
- radikale 146 f., 153 f., 155 f., 166, 211
- relative 147, 153, 213
Artikulation 41, 402, 403 f., 419, 421, 426, 433 f., 446, 448, 452 ff., 462 ff., 473, 475 ff., 484

Begriffsschrift 152, 522 ff., 539
Beispielsatz 176 ff., 181 ff., 187 ff.
Bilderschrift 279 f., 466, 471 f.
Boguslawsi-Phänomen 129, 235, 423
Buchstabenschrift 48, 61 f., 279 ff., 525 f.
Buchdruck 66 ff., 69, 71

Chinesisch 39, 47 f., 415, 433, 440, 466, 507 f.
chinesische Schrift 10, 13, 26, 47 f., 49 f., 132 ff., 138 f., 277, 456, 466, 471, 473 ff.

Deklination 109 ff.
Dependenz 93, 106 ff., 498 f.
Diachronie, diachronisch 120 ff., 153, 160, 213, 220, 419, 600
Dialektik 299 ff., 312 f., 320, 331, 361, 363 f., 366
- formale 313 ff., 317, 321 ff., 331 ff.
dialektische Übung [des Parmenides] 14, 338 ff.
Differenz 43, 64 f., 97 ff., 124, 196, 212 ff., 256, 275, 278, 285, 552
Digitalisierung 66 ff., 90, 137 Anm. 41
Distributionalismus 144, 166, 232
Druckschrift 64 ff., 289
Dualis 165, 412 ff., 510, 518

Einbildungskraft 98, 114 f., 140, 221, 398, 405 ff., 409 ff., 420, 421, 433, 435 ff., 460 f., 463 ff., 469, 508, 512, 539 ff., 647 f.
Eindeutigkeitsprinzip 350 f.
Elementarsatz 532 ff.
energeia 425, 447 ff., 450, 453, 457, 461, 482, 646

Enthymem 374 f.
ergon 425, 447 ff., 450, 453, 457, 461, 481
Extension, extensional 26, 53, 65, 71 Anm. 47, 72, 106 f., 180 f. Anm. 18, 212, 217, 231, 237, 238 f., 405 ff., 424, 429, 472, 494, 524 ff., 541, 543, 563, 584 f., 588 ff.
Extensionalitätsprinzip 523 Anm. 25, 524 ff., 531, 538

faculté du langage 443 ff., 448, 464, 490, 519
fait linguistique 23, 121 ff., 128, 140, 148, 206
Figurenschrift 280, 471 ff.
Fluktuanz 44, 126 ff., 201, 206, 220, 223, 419, 424, 455, 481, 513, 600
Form 97 ff., 159, 173, 236, 252, 261 ff., 279, 434 f., 457 ff., 462, 475, 484
- grammatische 493 ff., 500 ff., 502 ff., 510 ff.
- logische 150 ff., 494, 500 f.
- sprachliche 97, 150 ff., 451 ff.
- und Inhalt 91, 152, 252 Anm. 134
- und Substanz 149
Formalitätsprinzip 14, 88, 97 f., 104, 187, 269 ff., 273 ff., 298, 299 ff., 501
Fremdsprache 77 ff.

Gebrauchstheorie [der Bedeutung] 97 f., 561 ff.
Geschmack 94, 114, 174 ff., 197, 381, 414, 488 f., 505, 535
Gorgias 357 f., 364, 382
Grammatik, grammatisch 9 ff., 52 f., 63, 76, 77 ff., 80, 82 ff., 89 ff., 100 ff., 172 f., 174 ff., 185 ff., 200 ff., 240, 250, 275, 378 ff., 386 f., 391 ff., 439, 484 ff., 491 ff., 500 ff., 515 ff., 536 ff., 616 f., 632 ff.
- analogische 105 ff.
- funktionale 91 Anm. 27, 112 ff.
- generative 157, 204, 224, 230, 236 ff., 241 Anm. 108, 423, 506, 540
- transzendentale 395 ff., 427, 508 ff., 518 f., 522 ff.
- symbolisierende 502 ff.
Grammatikalität 192, 196, 386, 648
Graphem 62, 127, 285
Graphematik 133
Graphismus 41, 133 ff., 268, 273 f., 468 f., 526, 531 f.
Gricescher Mechanismus 29 f., 125, 192 f., 217, 283 f., 292, 367, 408, 606 ff.
Griechisch 10, 56 ff., 62 f., 87, 103 f., 162, 226 f., 301 ff., 433, 446, 488, 502

Han ze 47 ff., 473
Hieroglyphen 303, 466, 471

Idealsprache 522 ff., 543
Ideenlehre 311, 319, 333 ff.
Ideographie 47 ff., 280, 466, 472 ff.
Illokution 99, 170, 224 f., 297, 366, 383 f., 540, 565
Indogermanistik, vergleichende 22 f., 128, 160
Intension, intensional 72, 177, 212, 238 f., 406 f., 435 f., 471 f., 585, 588 ff., 596 ff.
Intention, intentional 29 f., 155, 217, 228, 283 ff., 289, 294, 297, 431, 534

Interpretationsphilosophie 25 f., 34
Intuition 99 f., 102, 176 ff., 182 f., 186

Japanisch 39, 87, 94, 180 Anm. 17, 241, 433
japanische Schrift 11, 42, 131 f., 135, 138 f., 286 Anm. 25, 473 ff., 475 Anm. 222, 483 Anm. 240, 597, 634 Anm. 323
Junggrammatiker 22 f., 123, 205 ff.

Kalligraphie 51 f., 474
Kategoriai 383 ff., 392, 495 f.
Kategorien
– grammatische 98 ff.
– lexikalische 179 ff.
Kern [der Grammatik] 167, 226, 233, 240, 246, 254 f., 258
Knowing-how 38, 70 ff., 80 f., 96, 282 ff., 292 ff., 523, 559, 563, 628
Knowing-that 71 Anm. 47, 80, 282 ff., 292 ff., 422, 559, 563
Kognitivismus 40, 113, 157, 162, 194, 200, 231 ff., 440
Kohabitation 9, 14, 140, 172, 274, 303, 391, 408
Kompetenz 40, 94 ff., 99, 121, 163 f., 170 f., 192 f., 198, 226, 232, 240, 490, 559
– kommunikative 95 f., 102, 111, 173, 278 Anm. 9
Konjugation 87 f., 109 ff.
Konsonantenschrift 56 f., 303 f.
Konstituenz 93, 95 f., 498 f.
Konstituentenstruktur 105 ff., 112 ff., 167, 550
Konvention 41, 42 ff., 53 ff., 66 ff., 138, 207, 209, 289, 293 f., 320, 384, 502, 534, 557, 575 ff., 599 f., 607
koreanische Schrift 10 Anm. 2, 139, 525 f.
Kratylos 195, 308 f., 312, 314 f., 319 ff., 545, 556 f., 563
Kreativität 98, 147 f., 189, 419 ff., 428 f., 514, 516
Kursivschrift 51, 63 ff.

langage 228, 447 ff., 454, 469, 481, 490, 501
langue 98, 119 ff., 146, 149 ff., 212 ff., 221 ff., 225 ff., 228, 447 ff., 453, 461, 469, 481, 485, 490, 569, 600
Latein 60, 85 ff., 103 f., 162, 180 Anm. 17, 227, 241
Lautieren 61
Laut 61 f., 420 Anm. 80, 434
Lautsystem 454, 456 f., 462 ff., 471, 473, 481
Leroischer Mechanismus 292, 323, 470 f.
Lexikonregel 167, 177 f., 429
lexis 378 ff.
Linearität 212 f., 227, 250, 256, 261 ff., 459, 526, 533
Literalität 139, 141, 312, 368, 391, 468
Logische Form 237 ff., 243 ff.
logos apophantikos 383 f., 425, 541 f.
Logozentrismus 43 f., 276 f.
Lokution 224 f., 297

memoria 291 f., 331, 345, 368
Mentalismus 15, 77, 120, 156, 165 f., 200, 504
Metapher 155, 174, 195 ff., 198, 266 f., 376 ff., 380 ff., 391 f., 452, 515 ff., 537, 632 ff., 645

Metaphysik, metaphysisch 13, 44, 119 ff., 243, 346 ff., 385, 422, 424, 453, 496, 524, 528, 531, 540, 564, 568 f., 592, 593, 595, 616
Mimesis 437
Morphologie 123, 559
Muttersprache 77 ff., 226, 422, 559

Name 531 ff., 543, 545 f., 556 ff., 587 ff., 596 ff.
native speaker 122, 160, 234
Nominalansicht [der Sprache] 203 Anm. 9, 491 ff.
Norm, Normierung 67, 73 ff., 78, 85, 93, 141, 190, 286 f.

Oberflächengrammatik 520 f., 554 f., 621, 647
Oberflächenstruktur 167, 229, 236 ff., 255 ff., 261 ff., 294, 634
Oralität 37, 43, 141, 290, 391, 451
Orthographie, orthographisch 43, 47 ff., 51 ff., 62, 67 ff., 138 f., 286 f., 534
orthographische Register 52 ff., 64 f., 75, 476
orthographischer Mythos 51 ff., 73 ff., 75

Paradigma, grammatisches 515
Parmenides 308 Anm. 26, 331 ff., 593
parole 60, 119 ff., 149 ff., 161, 168, 212 ff., 289, 424, 447 ff., 453
partes orationis 89, 356, 392 ff., 552 Anm. 113
Performanz 35, 232, 289, 290
Peri hermeneias 383 ff., 541 f.
Peripherie [der Grammatik] 167, 226, 233, 240, 245, 254 f., 258
Perlokution 313, 366, 565
Phaidros 291, 305 ff., 360 f., 364
Phantasie 506
Philologie 185, 222
Phonem 54, 59, 133, 463 ff., 476 ff., 483
Phonismus 41, 133 ff., 273 f.
Phonogramm 133 ff., 472 Anm. 216
Phonologie 89, 451 ff., 462 ff., 476 f.
Prädikation 322 f., 550
Prädikationstheorie 322 ff.
Prinzip
– der kontinuierlichen Sprachtransformation 129 f., 205 f., 208
– morphematisches 42, 56 ff., 63, 72, 74 f.
– phonematisches 56 ff., 61, 63, 67, 285
Prinzipien- und Parametermodell 234 ff.
Privatsprache 33, 571 ff., 579 ff., 596 ff., 602 ff.
Projektion 640 ff., 645
Pronominalansicht [der Sprache] 203, 491 ff., 519

Quantorenlogik 238 ff., 494

Rede, verbundene 417 ff.
Redeverbindung 79, 480 ff.
Referenz 217, 322 f.
Regel 73 ff., 80, 88 ff., 97 f., 167 f., 571 ff., 619 ff.
Rektion 497 ff.
Repräsentation 9, 24, 127, 133, 139, 151, 161, 165, 226, 261 ff., 273 ff., 285, 291, 298, 302, 304, 328, 362, 384 ff., 398, 415, 457, 466 f., 561, 646
Rhetorik 13, 35, 89 f., 137 f., 174, 293, 307 ff., 312, 356 ff., 451, 542, 617

rhetorische Gattungen 364 ff.
rhetorische Register 368

Satz 65, 80, 93, 168 f., 177, 179, 186, 230 ff., 235 f. Anm. 93, 263, 484, 486, 493, 497, 504 f., 512, 515, 530 ff., 557 f., 566 ff. 635 ff.
– Erfahrungs- 607 ff., 645
– grammatischer 537 f., 606 ff., 645
– Neben- 242
– paradigmatischer 195, 617 f.
Schema 189 f., 223, 340 Anm. 141, 480
Schematisierung, schematisieren 34 f., 95 ff., 105, 114, 224, 425, 430, 437, 443
Schreibschrift 51, 66, 289 f.
Schrift 40 ff., 47 ff., 55, 59, 75, 78, 84, 126 f., 131 ff., 141, 172, 201, 218, 259 ff., 269 ff., 274 ff., 282 ff., 291 ff., 299 ff., 353 ff., 379 f., 399, 408, 415, 450 f., 456, 461, 466 ff., 482 f., 487, 490, 513, 525 ff., 581 ff., 596 ff., 624 ff., 646
Schriftsystem 47 ff., 455, 597
Semantik 238, 250, 279, 473 f., 512, 548, 602 ff., 616, 619 ff.
– formale 387, 548 ff., 560, 590
– wahrheitsfunktionale 239, 531 ff.
Semiologie, semiologisch 204, 208 ff., 216, 491
Semiotik, semiotisch 21, 24 f., 128, 432 ff.
signe linguistique 124, 126 ff., 179, 212
Silbenschrift 56 ff., 303
Sophistes 308 f., 313, 316 ff., 319 ff., 383
Sprache, primitive 546 ff.
Spracherwerb 112 f., 225, 228 f., 253 f., 444 f., 464, 489, 601 f. Anm. 248
Sprachkompetenz 14, 16, 95, 98, 105, 142, 163, 171 f., 197, 443 f., 578, 630 ff., 642 ff.
Sprachkritik 523 ff., 564 ff.
Sprachregel 537 f., 609 ff.
Sprachspiel 26, 194, 536 ff., 568 ff.
Sprachstudium, vergleichendes 201, 437 ff.
Sprachsystem 37, 41, 42 f., 67, 119, 248 ff.
Sprachtyp 23, 56, 439 ff., 486 f.
Sprachverfahren 92 ff., 106 f., 438
Sprachwissenschaft 142, 143 ff., 146, 155 ff., 197 ff., 213, 229, 230 ff., 297, 426, 453, 489
Sprechakt 92 ff., 218, 224, 282 ff., 424, 449, 519
-theorie 96 f., 110 f., 214, 293, 375 Anm. 70, 617
Strukturalismus, struktural 89, 178, 208, 216, 232, 234, 237, 255, 465, 476 ff.
Subjektsprinzip 633 f.
Symbol 21 f., 24 f., 459 f., 502 ff., 508 ff.
Symposion 306 Anm. 18, 312 Anm. 35, 360 f., 364, 370 Anm. 54
Synchronie, synchronisch 120 ff., 153, 208, 213, 219 f., 419, 448, 535, 600
Syntagma, syntagmatisch 219, 550 ff., 644
Syntax, syntaktisch 193, 243 ff., 250, 498 f., 528 ff., 547 ff., 584, 602 ff., 616, 619 ff., 644
– autonome 166, 238, 243 f., 253, 263, 430, 602 ff., 636 f. Anm. 330

– logische 330, 525
Syntaxmodul 231 ff., 244, 253, 428 ff.

Text 128, 185 f., 273 ff., 294 f., 376 ff., 430, 482, 490
Textur 186, 273 ff., 294 f., 374, 386, 430, 469 ff., 482, 490, 627
Theaitetos 314 ff., 319 ff., 361, 455, 545, 592 f.
Tiefengrammatik 521, 537, 647
Tiefenstruktur 167, 204, 236 ff., 242 f., 250, 255 ff., 260, 261 ff., 294, 430, 521
Topik 370 ff.
Topik 363 f.
Transformation 238, 264 ff.
Transkription 126 ff., 158
transzendental, Transzendentalismus 128, 164, 235, 338, 387, 395 ff., 402, 408, 416, 503, 509 ff., 516 ff., 533, 539, 542 f., 564 f., 568 ff., 632 f.

Übersetzen 39, 528 ff., 544
Universalgrammatik 198, 234 ff., 241 ff., 260 f., 440, 519
Universalien 167, 179, 226 f., 246, 430, 446
– sprachliche 225, 231 ff., 446
– substantielle 246 f.
Urteilskraft 91, 114, 169, 214, 432, 505 f., 509, 514, 573, 577 f.
Urtypus, sprachlicher 32, 202 f., 412 ff., 445, 495

Valenz 107
Verb 86 ff., 109 ff., 494 ff.
Verbvalenz 108, 505
Verschriftung 60 f.

Wahrheitstafelmethode 526
Weltansicht 391 ff., 411, 416, 422, 424, 459, 514
Wert 123 ff., 218 f., 222 f.
Wort 21 ff., 27 ff., 40 ff., 50, 63, 65, 144, 164, 237, 412, 431, 432 ff., 438, 455 ff., 462 ff., 481 f., 499 ff., 508, 561 f., 566 ff.
Wörtervorrath 461, 482

Zeichen 21 ff., 25 ff., 40 ff., 49 ff., 143 ff., 152 ff., 164, 190, 207 ff., 215 f., 300, 432 ff., 459, 470, 525 ff., 545 ff., 568, 581 ff., 609, 626